미국 주식시장은
매일매일이 기회입니다

THE BIBLE OF THE U.S. STOCK MARKET INVESTING

미국 현지 프로 트레이더가 전하는 미국 주식투자의 모든 것

미국 주식 투자 바이블

레이저 Dean Choi 지음

한스미디어

미국 주식시장은 매일매일이 기회입니다

저는 현재 미국 주식시장에서 주식 및 파생 상품Options 프로 트레이더Pro Trader로 일하고 있습니다.

여러분의 소중한 자산을 주식에 투자하는 데에는 단 한 가지 목표가 있습니다. 돈을 버는 것입니다. 돈을 가능한 한 많이 버는 것입니다.

미국 주식시장은 매일매일이 기회입니다. 이 기회를 못 잡았다면 기회를 잡는 방법을 아직 몰랐을 뿐입니다. 미국 주식시장에는 전 세계의 유망 기업들이 상장되어 있습니다. 우리가 일상생활에서 사용하는 생필품, 가전, 자동차, 소비재 외에도 4차 산업을 이끄는 회사의 주식들이 미국 시장에 가장 많이 상장되어 있습니다.

공부해서 알고 경험을 쌓는 만큼 수익을 낼 수 있는 시장이 미국 주식시장입니다. 다르게 표현하면 미국 주식시장은 상당히 정직한 시장입니다. 그렇다고 해서 아무 주식이나 사거나, 또 좋은 주식이라고 하더라도 높은 가격에 사면 좋은 수익을 거둘 수 없습니다. 본인의 '감'에 의한 매수와 매도, 종목에 대한 근거 없는 자신감, 논리가 부족한 시장 판단은 다른 사람이 수익을 낼 때 손해 보는 결과를 초래할 수 있습니다.

매수를 고려하는 회사들의 펀더멘털Fundamental을 철저히 분석한 후 그 주식의 성장성 및 경쟁력을 분석하여 좋은 주식을 선택하고, 시장 흐름Market Trends, 가격 움직임 및 거래량(기술적 분석 및 차트 패턴 분석)을 가능한 한 정확하게 판단하여 자신의 투자 스타일별 목표를 정하고 최적의 매수·매도 시기를 찾아서 투자해야 가능한 많은 수익을 낼 수 있습니다.

전설적인 골프 선수 벤 호건Ben Hogan은 이렇게 이야기했습니다.

"골프는 잘 치는 샷의 게임이 아니라 잘못 친 샷의 게임이다Golf is not a game of good shots but bad shots."

골프에서 잘못 친 샷을 얼마나 빠르게 극복하는지가 상대방을 이길 수 있는 관건이라고 합니다. 이 말은 주식시장에도 적용됩니다. 누구든 실수를 안 할 수는 없습니다. 단, 실수를 점차 줄여가고, 실수를 하더라도 빠르게 극복을 해야 주식시장에서 승자가 됩니다.

미국 주식시장에 상장된 주식 수는 6,500개가 넘습니다. 지금 아무리 훌륭하고 미래가 좋아 보이는 주식이라고 하더라도 투자자들이 매번 수익을 낼 수는 없습니다. 시장의 소리를 겸손한 자세로 듣고 시장의 움직임에 대한 정확한 판단을 하면서 실수를 줄여가야 합니다. 성장성 혹은 주식 가치가 높아질 기업의 주식을 비교적 낮은 가격에 매수하여 목표 수익에 실현시키는 것이 가장 중요합니다.

실현되지 않은 이익은 실제 이익이 아니고, 실현되지 않은 손실은 손실이 아닙니다. 매도하는 순간 여러분의 계좌에 들어오는 현금이 수익이고 손실입니다. 그래서 매수만큼 중요한 것이 매도입니다.

미국 사회는 숫자로 분석이 가능한 통계자료를 기반으로 해서 움직이는 사회입니다. 경쟁에서 뒤처지면 시장에서 도태되는 기업 문화로 가득 차 있습니다. 미국 주식시장도 이와 비슷합니다. 오를 때는 무섭게 오르다가 떨어질 때는 또 무섭게 떨어집니다. 경험이 부족한 투자자들은 무섭게 오를 때 추격 매수하고(이와 같은 현상을 더 늦으면 나만 소외될 것을 우려하는 포모FOMO: Fear Of Missing Out 증후군이라고도 합니다), 무섭게 떨어질 때는 심리적으로 무너져 손절을 하게 됩니다. 최고점 근처에서 매도를 하고 다음 매수 기회를 노려야 하는데, 더 오를 것이라는 희망과 기대에 매도 적정 시기를 놓치고 어쩔 수 없이 장기 보유로 가는 분들도 많습니다.

미국 주식시장이 한국에서 많은 관심을 받고 있는 지금, 많은 분이 주식과 관련된 상담을 요청해오셨습니다. 안타까운 사연들이 많았습니다. 내 집 마련을 위해 10년간 꾸준하게 모은 돈을 투자하신 분, 대출을 내서 주식 투자금을 마련하신 분, 퇴직금을 투자하신 분 등, 처음에는 약간의 수익을 냈다가 인터넷에 떠도는 이야기를 듣고 묻지마 투자를 하거나 감에 의한 주식 투자로 30~40%가 넘는 손해 본 사연을 들으니 안타까웠습니다.

미국 주식시장은 매일매일이 기회이지만, 이 기회를 잡기 위해서는 시장 분석과 주식 관련 공부를 해야 합니다.

미국 주식시장은 근거 없이 움직이는 시장이 아닙니다. 경제의 모든 면과 상호 연관이 되어 움직입니다. 미국달러, 금, 원유, 채권시장, 주식시장, 선물시장, 옵션시장, 그리고 ETF 시장 등이 서로 톱니바퀴를 물며 함께 움직입니다.

이 연관된 부분들의 균형이 무너지거나 표준Norm이 손상되면 시장은 무섭게 돌변합니다. 이를 최전선에서 방어하는 기관이 미국 중앙은행인 연방준비은행US Federal Reserve System입니다. 2020년 3월 코로나 팬데믹에 의해 전 세계 금융시장이 빠른 속도로 붕괴될 때 연준은 모든 힘을 다해서 시장과 경제가 무너지지 않게 방어를 했습니다.

미국 주식시장의 역사는 아주 오래되었습니다. 한국에서는 조선 정조 16년이던 1792년에 미국의 뉴욕주식시장NYSE이 정식으로 개설했습니다. 역사가 오래된 만큼 주식 거래에 있어서 최소한의 규제 외에는 제약이 거의 없습니다. 그러나 이 최소한의 규제를 어기면 무거운 형벌과 투자자들의 고소가 뒤따르고 이를 이용하려는 변호사들 또한 줄을 서 있습니다.

한국 주식시장과는 달리 개인도 공매도Short Sell가 허용됩니다. 분기마다 발표되는 실적이 안 좋거나 분식회계 등으로 주주들을 속이거나 제약회사가 신약 개발에 실패하면 시장에서 퇴출되는 것은 순식간입니다. 공매도 세력 및 투자자들이 가만히 두지 않습니다.

철저히 수익 위주의 거래를 하는 트레이더Trader는 미국에서는 젊은 층에 인기 있는 직업입니다. 경제적 자유를 누릴 수 있기 때문입니다. 한국 정서에서 위험하다고 생각하는 파생상품 투자는 제대로 알고 접근하면 매우 안전한 투자 방법입니다. 워런 버핏Warren Buffet도 옵션의 대가입니다.

이렇게 우리가 한국에서 주식시장에 대해 알던 것과 미국 주식시장은 다른 면이 많습니다. 그렇기에 미국식 사고로 주식시장을 보고 공부해야 합니다.

장기 투자와 단기 투자 중 어떤 투자 스타일이 더 옳고 아닌지를 따지는 것은 소모적 논쟁입니다. 어떤 방식으로 하든 자산을 가장 많이 불리는 방법이 주식시장에서는 가장 좋은 방법입니다.

주식시장이라는 산을 멀리서 보고 등선의 생긴 모습을 파악한 후, 내가 들어갈 숲을 고르고 그 숲에서 내가 원하는 뿌리 깊은 나무를 찾아 적기에 열매를 따야 합니다. 산을 보고 등선을 분석하는 능력을 갖추는 것은 미국 금융시장의 흐름을 파악하는 것이고, 내가 들어갈 숲을 고르는 것은 포트폴리오 구성 및 주식시장의 섹터를 선택하는 것이며, 그 숲에서 원하는 나무를 고르는 것은 회사의 펀더멘털 분석을 통해 매수할 주식을 선택하는 것입니다. 기술적 분석과 차트 분석은 그 주식을 사고파는 최적의 시기를 포착하기 위해 필요합니다.

감정에 휘둘리지 않고 이성적으로 매수와 매도를 할 능력이 되면, 좋은 열매를 원하는 시기에 수확할 수 있습니다. 즉 미국 주식시장에서 꾸준한 수익을 올려 경제적 자유를 일찍 성취할 수 있습니다.

기초가 튼튼하고 성장성이 유망한 주식을 조기에 발견하여 장기 투자하는 것은 미국 주식시장에서 찾을 수 있는 최고의 매력입니다.

저는 지난 20여 년간 미국 주식시장 프로 트레이더와 미국 MBA 출신 경영 컨설턴트, 그리고 유럽 사모펀드에서 기업 인수합병M&A을 진행하며 쌓아온 지식과 경험을 여러분과 공유하며 미국 주식시장 투자의 길잡이가 되어드리려 합니다.

주식 투자에서 때로는 수익을, 때로는 손실을 보시겠지만, 수익이 손실보다 점점 더 많아지는 투자를 할 수 있도록 돕는 것이 이 책의 목표입니다. 수익이 일정하게 계속 늘어나는 실력을 갖추게 되면, 수익에 대한 만족도와 더불어 본인이 이뤄낸 것에 대한 성취감도 크게 느끼게 될 것입니다.

우리가 흘린 땀은 우리를 배신하지 않습니다. 만약 지금까지는 배신했다고 생각한다면, 흘려야 될 땀이 부족한 것일 뿐입니다.

이 책이 여러분의 경제적 독립 달성에 도움이 되길 진심으로 바라는 마음을 담아 최선을 다해 집필하였습니다.

＊＊＊

이 책은 미국 주식 투자 시 유념해야 할 모든 사항을 포함하고 있습니다. 제가 미국 시장에 입문한 후 이런 책이 있으면 좋겠다고 바라던 내용을 담았습니다.

가능한 한 이해하기 쉽게 집필했지만, 접해보지 않은 생소한 개념과 내용은 이해가 어려울 수도 있습니다. 읽는 중에 이해할 수 없는 부분이 있다면 편안하게 한번 읽고 다음 장으로 넘어갔다가 다 읽은 후 다시 돌아와서 보십시오. 내용을 모두 이해하는 것도 중요하지만, 전체 흐름을 끝까지 가보는 것도 중요합니다.

미국 주식시장에서 시장의 고수처럼 투자를 하려면 시간과 노력이 필요합니다. 절대로 서두르지 마십시오. 기회는 언제든지 다시 옵니다.

한국에서 미국 주식에 투자하려면 시간적 제약, 언어적 제약 등이 있습니다. 이 한계를 극복하고 수익을 창출할 수 있도록 하고, 매수·매도에 논리적 근거로 선택할 수 있는 지식과 방법을 소개하고, 개인 투자자로서 필수적으로 알아야 할 것, 그리고 본인의 투자 목표와 수준에 맞추어 지식을 선택하여 흡수할 수 있도록 만들었습니다.

특히 11장에서는 여러분이 자신의 레벨에 맞는 투자 방법도 소개합니다. 시장 흐름을 파악하는 법만으로도 급락장에서 손해를 최소화할 수 있는 방법, 장기 투자를 지향하는 분들을 위한 11년 동안 6번 정도의 매매만 했던 Go & Stop 투자 방법을 소개합니다.

전문가처럼 투자하고 싶은 분들을 위해 동일 자본으로 주식 수도 증가시키고 자산도 증가시키는 'Laser 1석2조 투자 방법'을 소개합니다. 1년에 5번 이내의 매매를 통해 보유만 하는 장기 투자보다 더 많은 이익을 창출할 수 있습니다.

이를 위해 주식시장에서 공부해야 할 모든 것들을 이 책에 담았습니다. 이 책에 사용된 차트는 차트 분석으로 미국에서 가장 신뢰도가 높은 stockcharts.com과 tradingview.com을 이용하였고 펀더멘털 분석, 주식 선정, 백테스트Back Test는 Finviz.com을 이용하였습니다. 용어는 한국어 위주로 사용하고 옆에 영어 표현을 같이 썼습니다. 미국 주식시장에서 편안하게 투자를 하려면 필수적인 영어 용어에 익숙해지는 것이 좋습니다. 처음에는 영어 용어가 생소하더라도 익숙해지면 적지 않은 도움이 될 겁니다. 참고로 한국말로 대체할 만한 용어가 없는 경우 또는 꼭 영어로 알아두어야 하는 경우는 영어 표현 그대로 표기하였음을 미리 밝힙니다.

독자 여러분이 이 책을 마스터하게 되면 제가 20년 넘게 익힌 이론과 현장에서 공부하고 경험한 모든 것을 전달받게 될 것입니다. 그런 다음에는 실제 경험을 통해 실전에 강한 투자자가 되어야 합니다.

이 과정이 생각보다 시간이 많이 걸릴 수 있습니다. 그러나 기회는 항상 있으니 너무 조급해하지 말고, 천천히 따라오면 어느 순간 처음 책을 접했을 때보다 많이 성장해 있는 모습을 발견할 것입니다.

이 책의 1장과 2장에서는 미국 시장을 대할 때 여러분께서 심리적으로 변해야 할 것들을 이야기했습니다. 3장은 미국 금융시장의 전체적인 이해를 돕기 위해 거시경제 흐름을 설명하는 내용입니다. 4장에서는 미국 중앙은행 시스템(연준The Fed)에 대해 이야기합니다. 5장에서는 주식시장에 꼭 필요한 전반적인 지식인 주식시장의 메커니즘에 대해 설명했고, 6장에서는 펀더멘털 분석을 통한 좋은 주식을 선정하는 방법, 7장에서는 시장 흐름을 판단하는 방법, 8장에서는 기술적 분석, 9장에서는 차트 패턴, 10장에서는 차트 설정, 11장에서는 실전 매매 기법을 설명했습니다. 마지막 12장에는 성공적인 투자자가 되기 위한 리스크Risk 관리, 포트폴리오 구성법, 그리고 투자자로서 필요한 제 조언을 담았습니다. 마지막으로 우리 아이들을 위한 주식 조기 교육에 대한 이야기를 담았고, 본문에 미처 담지 못한 이론적 내용과 백테스트는 부록으로 정리했으므로 참고하기 바랍니다.

이 책의 목적은 명확합니다.

산을 보고 등선을 파악할 수 있게 하고, 그 산에서 내가 가고 싶은 숲을 정할 수 있게 돕고, 그 숲에서 내가 원하는 나무를 찾아 적기에 그 열매를 딸 수 있는 기초 실력을 만들어드리고자 합니다.

이 책을 내도록 저에게 용기를 주시고 무한한 성원을 보내주신 블로그 이웃분들 및 항상 변함없이 저를 지원해주신 모든 분들께 감사드립니다.

따스한 가슴으로 세상을 살아오셨던 전 동력자원부 장관이자 나의 아버지 최동규 님, 그리고 저를 가슴이 따스한 사람으로 살 수 있게 항상 지원해주시고 믿어주신 나의 어머니 박세정 여사님. 두 분의 둘째 아들로 태어난 것에 감사드립니다. 어머니, 나의 최고의 등불 나의 어머니, 사랑합니다.

미국 서북부에서
레이저 Dean Choi 올림

이 책의 구성과 특징

1. 독자를 위한 맞춤형 단계별 구성

이 책은 그 빙대한 분량이 보여주듯이 오랜 기간의 고민과 연구를 거울 삼아 세상에 빛을 보게 되었습니다. 필자는 올바른 미국 주식에 대한 이해와 투자의 지식 습득을 위해서 다음과 같은 3단계의 접근이 필요하다고 보고 이를 책의 구성에 적용했습니다.

미국 주식 투자 바이블						
1단계 행동 심리학	미국식 사고로 미국 주식시장 바라 보기	주식시장에 맞는 나를 찾기				
2단계 거시경제	큰 시각에서 미국 금융시장 이해하기	연방준비제도 이해하기				
3단계 주식시장	주식시장에 대한 접근법	펀더멘털 분석	시장 흐름 분석	기술적 분석	차트 패턴 분석	차트 설정
	실전 매매 기법					
	리스크 관리 & 포트폴리오 구성하기					

● [1단계]: 미국 주식에 대한 관점 바로 세우기

1장과 2장은 미국 주식 투자를 위한 준비 단계입니다. 미국 주식 투자에 성공하기 위해 가장 먼저 갖추어야 할 것은 미국식 사고로 미국 주식시장을 바라보는 것입니다. 심리적으로 바뀌어야 한다는 것입니다. 한국 주식시장에서의 경험과 습관, 마인드를 그대로 유지한 채 미국 주식 투자를 시작해서는 결코 성공하기 어렵습니다. 시장과 제도, 마인드 등 모든 것이 다르기 때문입니다. 그런 다음 미국 주식시장에 적응할 수 있는 '나'를 찾을 수 있다면 미국 주식 투자의 첫 관문을 무사히 통과한 셈이 됩니다. 인간의 심리를 이해하는 데 큰 도움이 되는 '행동 심리학'은 많은 부분이 주식시장에도 그대로 적용되는데요. 필자는 이러한 행동 심리학의 내용을 1장과 2장을 집필하는 데 적지 않게 활용했습니다.

● [2단계]: 거시경제 흐름으로 미국 주식시장 이해하기

미국 주식시장에서 성공하는 이들은 확고한 투자 철학을 정립하고 이성적이고 논리적인 판단력으로 꾸준하게 수익을 내는 사람들입니다. 우리 한국의 투자자들이 이러한 철학과 판단력을 갖추기 위해서는 적지 않은 시행착오가 수반될 수밖에 없습니다. 3장과 4장은 이러한 리스크를 최대한 줄여주기 위한 내용으로 채웠습니다. 미국의 금융시장을 좀 더 크게 거시경제의 시각에서 바라보고 그 기본적인 메커니즘을 이해할 수 있다면 실전 투자가 한결 수월할 것입니다. 특히 미국 금융시장뿐 아니라 세계 경제를 좌우할 정도의 영향력을 지닌 '연방준비제도'에 대한 이해는 필수적입니다.

● [3단계]: 실전 주식 투자의 세계로

1단계와 2단계를 잘 마무리했다면 이제 본격적인 주식 투자의 세계로 들어갑니다. 투자 목적, 수익 목표, 원칙, 투자 스타일 등을 정한 다음 펀더멘털과 시장의 흐름을 분석하고 기술적 분석과 차트 패턴 분석, 그리고 차트 설정법에 대해 공부합니다. 이에 대한 학습이 끝나면 여러분이 가장 기다리던 실전 매매의 기법을 배우게 됩니다. 마지막으로 12장에서는 리스크 관리와 포트폴리오 구성을 익히는 것을 끝으로 미국 주식을 정복하는 대장정을 마무리합니다.

2. 주식시장의 메커니즘에 따른 구성

투자에 대한 실질적인 내용이 담긴 3단계의 5장부터는 다음 그림과 같이 주식시장의 메커니즘에 따라 내용을 구성하고, 독자들이 구분하기 쉽도록 단계별로 표시한 후 해설하였습니다. 따라서 책을 읽고 나면 부분 부분에 대한 이해가 아닌 주식시장 전체를 관통하는 큰 시각과 나에게 가장 효과적인 투자법을 발견하게 될 것입니다.

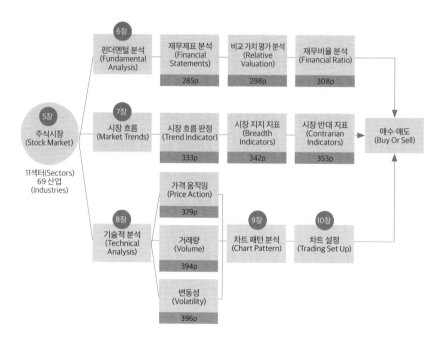

3. 독자의 학습 능력을 더욱 높여주는 난이도별 레벨 구성

주식에 대한 이해도와 투자의 경험 차이 등 책을 접하는 독자의 다양한 상황을 고려하여 독자 여러분을 레벨 1에서 레벨 3 투자자로 구분하고 난이도별 레벨을 표시해 설명했습니다. 레벨에 따라 필수적으로 습득해야 할 이론도 다르고 매매 방법도 차이가 있습니다. 따라서 독자 여러분은 이 레벨을 참고해서 투자 전략을 세우고 투자 전략에 따른 수익 목표를 위해 공부하면 더욱 빠르고 쉽게, 완벽하게 미국 주식을 정복할 수 있습니다(본문 260~262쪽 참조).

> 섹션별로 난이도 레벨이 표시되어 있어 자신에게 알맞은 학습 목표를 정한 후 보다 체계적으로 공부할 수 있습니다.

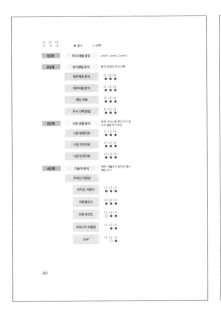

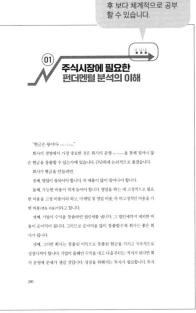

목차

THE
BIBLE
OF THE
U.S.
STOCK
MARKET
INVESTING

THE
BIBLE
OF THE
U.S.
STOCK
MARKET
INVESTING

1장

미국식 사고로
미국 주식시장을
보라

THE
BIBLE
OF THE
U.S.
STOCK
MARKET
INVESTING

01 월스트리트

1653년 네덜란드 식민지 시절 미국인들을 영국 군대와 원주민들Native Americans로부터 보호하기 위해 맨해튼Lower Manhattan 지역에 나무로 벽Wall을 세웁니다. 이 벽은 그 후 철거되었지만 이 지역은 계속 월스트리트Wall Street(월가)로 불리게 되었습니다.

1792년 5월 17일 24명의 주식 브로커들이 월스트리트에 모여 버튼우드 합의The Buttonwood Agreement에 따라 최초의 주식시장을 열었고, 25년 후인 1817년 3월 8일 정식으로 New York Stock & Exchange(NYSE)가 창설됩니다. 그래서 미국 금융시장의 중심을 '월스트리트'라 지칭합니다.

미국 금융 전문 방송인 CNBC나 블룸버그Bloomberg에서는 '디 마켓The Market'에 대한 이야기를 자주 합니다. '디 마켓'은 하나의 고유명사입니다. 디 마켓은 미국 금융시장을 포괄해서 부르는 말이기도 하고 월스트리트의 금융시장을 이야기하는 것이기도 합니다.

프로 트레이더 교육을 받을 때 들은, 월가의 유명한 프로 트레이더인 알렉산더 엘더 박사Dr. Alexander Elder가 월스트리트에 참여하는 투자자들의 유형에 대해 이야기한 내용이 인상 깊어 소개합니다.

"월스트리트는 원래 농장 동물들을 지키기 위해 담Wall을 세운 데서 유래되었어. 그 담 안에는 황소Bull, 곰Bear, 돼지Hog, 양Sheep, 이렇게 네 종류의 동물들이 살고 있지.

황소는 돈을 벌고, 곰도 돈을 버는데 돼지는 도살을 당하지. 왜 그럴까?

황소는 큰 뿔로 상내방을 올려 치면서Striking UP 싸워. 황소는 매수자Buyer로 시장 상승 랠리Rally에 베팅을 해서 주식 가격이 오를 때 돈을 벌어Buy low, Sell high.

곰은 큰 한 방을 위해 꾹 참고 있다가 때가 되면 날카로운 발톱으로 한 번에 크게 내리치면서Striking DOWN 싸워. 곰은 공매도자Short Seller*로 공매로 빌린 주식을 높은 가격에 먼저 팔아놓고 가격이 떨어지면 낮은 가격에 그 주식을 다시 사서 수익을 내Sell high, Buy low.

그런데 욕심 많은 돼지는 돈을 못 벌어. 황소는 공격적인 매수로 돈을 벌고 곰은 공매도로 돈을 버는데, 돼지는 가진 자본의 규모에 비해 욕심이 너무 커서 한 번에 너무 큰 베팅을 하지. 그러니 시장의 작은 반대 추세Reverse Move도 못 견디고 도살당하거나, 시장 추세가 바뀌었는데도 처음에 베팅한 방향을 끝까지 고수하다가 수익을 못 내고 말지.

양? 양은 굉장히 수동적이어서 변화되는 시장 흐름을 따르는 것을 두려워해. 어떤 때는 황소의 뿔을 쓰고 어떤 때는 곰 가죽을 입기도 하지만, 어떤 방향으로 갈지를 못 정해서 시장의 변동성Volatility이 커질수록 고점에 사고 저점에 팔아서 수익을 까먹어.

*매도 포지션으로 수익을 내는 방법을 한국에서는 공매, 미국에서는 Short Sell이라 부릅니다.

매일 주식시장에서는 황소는 사고 곰은 파는데 돼지와 양은 황소와 곰에게 짓눌리거나 결정을 못 해 우왕좌왕하지. 이것이 바로 우리가 알고 있는 월스트리트야."

황소가 되든 곰이 되든, 돼지가 되든 양이 되든, 이제 여러분은 미국 주식을 거래하게 되었습니다. 세계 주식시장의 심장, 치열한 미국 주식 투자의 세계로 첫발을 내딛게 된 것입니다.

"월스트리트에 오신 것을 환영합니다Welcome to Wall Street!"

미국식 관점으로 미국 주식시장 보기

《월스트리트저널》을 비롯한 미국 경제방송에서는 월스트리트Wall Street 와 메인스트리트Main Street 를 구분해서 이야기합니다. 월스트리트는 전문 투자자 그룹을 이야기하는 것이고, 메인스트리트는 일반 개인 투자자 그룹을 이야기 하는 것입니다.

월스트리트의 전문 투자자이든 메인스트리트의 일반 투자자이든 미국 주 식시장에 투자하는 압도적인 다수는 미국인입니다. 그래서 미국 시장에서 돈 을 많이 벌기 위해서는 동료 투자자인 미국인과 같은 시각으로 미국 시장을 볼 필요가 있습니다. 미국 주식시장을 미국인의 눈으로 볼 수 있도록 연습해 야 합니다. 미국인의 시각에서 보는 미국 주식시장은 다음과 같습니다.

규칙 안에서는 모든 것이 허용된다

편법이라는 단어는 일상생활에서 자주 사용되는 단어로서 불법적이지는 않지만 대부분의 사람들이 수긍하고 싶어 하지 않는 방법을 의미합니다. 오히려 적극적으로 활용을 고려해봐야 할 방법입니다.

많은 분들이 선호하는 미국 주식인 FAANGFacebook, Apple, Amazon, Netflix, Google과 마이크로소프트Microsoft는 민주당 샌더스 상원의원에 따르면 지난 10년간 1,000억 달러(약 110조 원)의 세금을 편법을 사용해서 피했다고 합니다. 한국의 기업들이 편법을 사용했다면 이에 대한 비난 기사가 멈추지 않을 것입니다. 한데 미국에서는 그렇지 않습니다. 월스트리트는 오히려 주주 가치 제고에 좋은 일을 했다고 칭찬합니다.

미국이 정한 회계 원칙Principle인 미국 일반 회계 기준GAAP: Generally Accepted Accounting Principle에 의해 규칙Rule 안에서 세금 보고를 했으므로 법을 어긴 것이 없기 때문입니다.

물론 규칙을 깨면 불법이기 때문에 응당한 대가를 치러야 합니다. 하지만 이 규칙 안에서 움직이면 아무 문제가 없습니다.

스포츠 게임에는 따라야 할 규칙인 룰북Rule Book이 있습니다. 이 규칙 안에서 경쟁을 하고 승자와 패자를 구분합니다. 규칙을 어기고 승자가 되면 승리를 몰수당할 수도 있습니다. 더 크게 규칙을 어기면 퇴출당합니다. 그러나 규칙 안에서의 경쟁은 무엇이든 허용됩니다.

주식시장도 마찬가지입니다. 규칙을 어기지 않는 이상, 이 시장에서 할 수 있는 모든 방법을 동원하여 수익을 내면 됩니다. 돈을 가장 많이 번 사람이 최고가 되는 시장입니다. 장기 투자, 가치투자, 단기 투자 등 그 어떠한 투자행위도 규칙 안에서만 거래를 한다면 모든 거래가 인정되고, 이를 통해 돈을 많이 벌면 존경받는 시장입니다.

미국에서 MBA 과정을 할 때 회계학 교수님이 첫 수업에서 하신 말씀입니다.

"나는 이 과목을 통해 여러분을 회계사로 키우려는 것이 아니다. 여러분이 MBA 출신으로 회사에서 일하게 될 때, US GAAP의 규칙 안에서 회사의 세금을 가장 적게 내는 방법을 습득하는 것이 이 과정의 첫째 목표이고, 회사의 회계부서에서 실수를 하면 이를 조기에 발견해서 대처할 수 있게 만드는 것이 두 번째 목표이다."

규칙을 깨지 않으면 모든 것이 허용되는 미국 주식시장. 이것이 미국식 시각으로 미국 주식시장을 보는 첫걸음입니다.

틀리다 vs. 다르다

외국 생활을 오래하고 외국에서 직장생활을 하면서 느낀 것 중 하나는 다르다Different와 틀리다Wrong에 대한 이해 차이입니다.

우리가 자라면서 받은 한국의 주입식 교육은 토론보다는 한 개의 정답을 추구하고 과목에 대한 깊이 있는 이해보다는 시험에서의 정답을 빠르게 찾는 과정입니다. 즉 맞고 틀린 것을 구별해서 맞는 것을 빨리 찾아내면 공부 잘한다고 칭찬받는 교육입니다.

어떤 문제에 대해 이견이 있으면 그 다른 의견이 나온 근거를 살피지 않고, '나와 다르다는 것'에만 초점을 두고 그 다른 의견을 '틀렸다'고 합니다. '맞고 틀리고'에서 끝나지 않고 다른 사람의 의견은 틀렸고 자신이 맞음을 증명하기 위해 토론Debate이 아닌 소모적인 논쟁Argument을 하는 경우도 있습니다.

미국 주식시장에서는 그러면 안 됩니다. 미국 주식시장에는 전 세계의 전문 투자자, 투자 펀드, 투기자, 도박사, 개인 투자자 등 셀 수 없는 목적을 가진 사람들이 돈을 벌기 위해 수많은 투자 기법을 동원하여 시장에 참여합니다.

미국 주식시장에 입문할 때 많이 혼란스러웠던 점은 다음과 같습니다.

첫째, 공매도Short Sell입니다. 공매도는 도덕적으로 옳지 않고 선한 사람들의 투자금을 빼앗아 가는 시장 교란* 의 행위로 인식했었습니다.

둘째, 콜옵션Call Option과 풋옵션Put Option을 하는 파생상품Derivatives은 투기에 가깝고 굉장히 큰 손실을 초래하기 때문에 가장 위험한 투자 방법이라고 미디어에서 많이 들었습니다.

셋째, 단타 위주로 차익을 노리는 데이 트레이더Day Trader는 시장 교란의 주범으로 인식되기도 합니다.

이러한 것에 대한 인식을 바꿔야 합니다.

공매는 하나의 공인된 투자 기법입니다. 엄청난 공부를 하고 이성적인 판단력을 가진 투자자들은 대부분 공매를 하나의 투자 기법으로 이용합니다.

옵션은 리스크 관리를 위해 도입된 금융상품인데 옵션을 제대로 이해하고 행하면 아주 안전한 투자 방법입니다.

데이 트레이더는 경제적 자유를 누릴 수 있는 미국에서 인기 있는 직업입니다.

위 세 가지 분야(공매, 파생상품, 데이 트레이딩Day Trading)는 시장에 대한 공부와 끝임없는 노력 없이는 수익을 낼 수 없는 고난도의 시장입니다. 이들이 틀린 것이 아니라 일반 투자자들과 다를 뿐입니다. 오히려 더 많은 노력을 하는 뛰어난 투자자들입니다.

이솝우화의 '여우와 신 포도' 이야기를 아시지요? 여우가 포도를 못 따니 신 포도일 것이라고 생각하며 자리를 떠나는 것이지 그 포도가 실제로 신 것은 아닙니다. 우리는 먹어보지도 않고 포도를 탓하는 여우가 되어서는 안 됩니다.

* '시장 교란'이라는 의미도 실은 일본 경제에서 자주 사용되는 단어입니다.

다양성

시각을 넓게 가지고 보면 다른 사고를 가진 사람들이 많이 보입니다. 이런 다양한 사고들이 다양한 아이디어를 내고, 이런 다양한 아이디어들이 다양한 회사를 만듭니다. 미국에는 50개의 주가 있는데 이 50개 주에 얼마나 많은 기업이 있겠습니까? 2020년 9월 현재 6,500개가 넘는 회사들이 미국 주식시장에 상장되어 있습니다.

이 중에 여러분이 투자를 하고 있거나 투자를 고려해본 회사는 몇 개가 있습니까?

미국 주식시장 투자를 안내하는 책들 중 상당수가 장기 투자를 권합니다. 장기 투자는 물론 좋은 방법입니다. 지금의 아마존Amazon이나 테슬라Tesla와 같이 될 회사를 초기에 발굴하여 장기 투자를 한다면 미래의 여러분의 부는 어떠하겠습니까?

현재의 우량 주식들도 좋지만 시각을 넓혀서 다양성Diversification 속에서 여러분의 다이아몬드를 찾으십시오. 미국 주식으로 아메리칸 드림American Dream을 이룰 수 있는, 성장성이 좋고 미래를 개척하는 회사를 찾아야 합니다. 6,500개나 되는 이런 다양한 회사 중 몇 개의 다이아몬드를 찾을 수 있는 능력을 갖추어야 합니다.

개인적 감정은 없어

한국은 정이 많은 사회입니다. 외국에 살면 한국 사회의 독특한 정이 그리울 때가 많습니다. 미국도 굉장히 친절한 사회입니다. 길 걷다가 눈이 마주치면 '하이Hi' 하고 눈인사를 하고, 보행자가 건널목을 건너갈 때 차는 무조건 기다려줍니다. 직장에서도 친절하고 예의 바른 동료들이 많습니다.

그런데 승부를 결정하는 스포츠에서는 아무리 친한 동료 사이라 하더라도 이기기 위해 최선을 다합니다. 친구와 시합은 별개인 것입니다. 저 둘이 친구가 맞나 할 정도로 철저하게 승부를 가립니다.

일상생활도 직장생활도 자신의 이익과 관련된 분야에서는 이러한 승부욕이 강합니다. 그리고 그 안에 냉정함이 있고 이유 없는 양보는 절대로 안 합니다. 그리고 이렇게 이야기합니다.

"개인적 감정은 없어. 비즈니스일 뿐이야Nothing personal. It is a business."

친하게 지내던 직장 동료에게 해고 통보를 할 때도 이 표현을 많이 사용합니다.

이런 냉정한 사람들이 황소가 되거나 곰이 되어서 돈을 벌기 위해 모이는 시장이 미국 주식시장입니다. 하루 변동 폭이 3%인 주식이 있다면 그 3% 안에서 5%의 수익을 내려 합니다. 이들이 주식시장을 이끌어갑니다.

조금만 방심하면 큰 손실이 나는 것은 순간입니다. '어어…' 하다가 갑자기 수익이 손실로 변합니다.

미국 주식을 하는 동안은 냉정해지시기 바랍니다. 냉정함을 유지해야 자산의 손실을 방지할 수 있습니다.

승자 독식Winner takes it all

스웨덴의 유명한 팝 그룹 아바ABBA를 아십니까? 어릴 때 아바의 〈Winner takes it all〉 노래를 따라 부르던 기억이 납니다. 스포츠에서는 대부분 1등만 기억하고 2, 3등은 기억을 못 합니다.

1988년 서울 올림픽 때 100미터 우승을 칼 루이스가 한 것을 기억하는 분들이 많을 것입니다. 그러나 2등과 3등은 기억하십니까?

미국은 1등을 지향하는 문화가 대단합니다. 물론 올림픽에 참가만 해도 대단하다고 합니다. 그러나 2관왕, 3관왕이 되면 부와 명성이 같이 옵니다.

미국 수영의 대표 선수였던 마이클 펠프스Michael Pelps는 올림픽 18관왕입니다. 어렸을 때 주의력 결핍 과잉 행동장애ADHD: Attention Deficit Hyperactivity Disorder를 극복하기 위해 수영을 시작했는데 프로 농구NBA 선수보다도 자산이 많습니다.

주식시장도 같습니다. 1등 회사로 시장의 승자가 되면 전체 시장을 주도합니다. 그 분야의 1등 자리를 차지한 후 1등을 계속 유지할 회사를 찾아 투자하거나, 앞으로 1등 기업이 될 만한 후보들을 선정해서 투자를 해야 합니다.

현재의 1등 기업이 아니거나, 앞으로도 그렇게 될 가능성을 보이지 않으면 시장에서 치고 올라가는 데 한계가 있습니다. 또한 현재의 1등 기업이라 하더라도, 앞으로 그 자리를 유지할 비전을 보여주지 못하면 미국 투자자들은 냉정하게 돌아섭니다.

FAANG 주식과 마이크로소프트 주식을 선호하는 이유는 이들이 현재의 1등 기업들이고 여전히 비전을 보여주고 있기 때문입니다. 이들이 처음부터 1등이 된 것은 아닙니다. 각고의 노력을 통해 현재의 1등이 되었습니다.

1등 기업의 경영진이 경영상의 판단 실수를 하거나 매 분기 발표하는 실적이 기대치에 못 미치면 마녀사냥이 시작됩니다. 곰들은 때를 기다리고 있다가 날카로운 발톱으로 한 번에 내리칩니다. 그 한 번의 공격이 엄청난 후폭풍을 가져오기도 합니다.

제가 MBA 과정을 공부하던 1990년대에 전 세계 최고 기업은 GEGeneral Electric였습니다. 제가 유럽 사모펀드에서 일을 하던 2000년대 초반 유럽의 최고 기업은 노키아Nokia였습니다.

현재 GE는 다우지수에서도 퇴출되었고, 노키아의 핸드폰 사업부는 마이크로소프트가 인수했다가 다시 중국 업체에 매각되었습니다.

20년 전 닷컴버블이 한창일 때 최고의 기업은 시스코Cisco였습니다. 시스코의 주가는 1999년 15달러에서 9개월 만에 62달러까지 상승했다가 2003년에는 7달러대까지 내려갔습니다. 아직도 20년 전의 최고 주가에 못 미칩니다.

애플이 2018년 11월 2일 실적 발표일에 아이폰iPhone 판매 대수를 더 이상 발표하지 않겠다고 선언을 했습니다. 선언하기 전 애플 주가는 216.81달러였는데 이 선언 후인 2019년 1월 초에는 138.94달러까지 35%가 하락했습니다.

골프 선수 타이거 우즈는 2013년부터 슬럼프를 겪었습니다. 허리 수술을 여러 번 하면서 골프 선수로서의 생명이 끝난 것으로 보였습니다. 시합 중 인터뷰에서 "나는 언제든지 8타차로 뒤진 상태를 뒤집어 우승할 수 있다"고 자신감을 보이자 비아냥거리는 마녀사냥이 쏟아졌습니다. 그러나 2018년 9월 23일 타이거 우즈가 투어 챔피언십Tour Championship에서 우승을 하자 수많은 사람들이 '황제의 귀환'이라고 환호하고 타이거 우즈의 우승을 마치 자기들의 우승인 것처럼 열광했습니다.

이렇게 1등에 열광하는 사회가 미국 사회입니다. 이는 미국 주식시장에서도 동일합니다. 1등에 환호해도 1등이 쇠퇴해지면 미련 없이 버립니다. 뒤도 안 돌아봅니다.

1등을 유지할 기업 혹은 1등이 된 기업을 찾는 것이 우선이고, 1등이 되기 위해 죽어라 일하고 계속 성장해가는 회사를 찾아서 투자해야 합니다. 1등 기업이 뒤처져 시장에서 외면을 받을 때 '황제의 귀환'이 가능한지를 잘 판단해서 가능하다면 비교적 저점에서 잡아야 합니다.

1등을 해본 친구들은 다시 1등이 되기 위해 죽어라 노력합니다. 이 점을 잘 이용해야 합니다.

한국보다 더 1등을 숭배하는 미국 주식시장. 이 문화를 잘 이용해야 합니다.

숫자는 거짓말을 하지 않는다

기업 인수합병M&A, Merger & Acquisition을 하기 위해 대상 회사를 실사하거나 인수 가격에 대한 협상을 할 때, "숫자는 거짓말을 하지 않아Numbers never lie"라는 표현을 많이 썼습니다.

미국 사회에서 판단의 중요한 근거는 모두 숫자로 표현됩니다. 시장조사든, 회사의 전략이든, 마케팅이든, 소비 심리든, 경영적 판단을 내릴 때든 숫자로 된 근거를 기본으로 해서 판단을 내립니다.

이런 판단의 근거가 되는 숫자를 만들어내는 과정은 복잡하고 이해가 어렵지만 그 결과값으로 나오는 수는 간단명료합니다. 숫자이기 때문입니다. 그리고 숫자는 거짓말을 하지 않습니다. 즉 숫자는 정확한 자료이고 판단의 훌륭한 근거 역할을 합니다.

주식시장에서도 이 원칙은 동일합니다. 개별 주식을 분석할 때 사용되는 숫자는 단순한 숫자가 아닙니다. 이 개별 주식과 관련된 경제 상황과 인간의 매수·매도 행위에 연관된 심리까지 포함한 것이 수입니다.

목표 주식 가격을 산정하고, 주식의 매수·매도 수급을 분석하고, 주식 가격의 움직임을 분석하는 데 사용되는 수식과 통계, 확률 등은 모두 숫자로 표현됩니다. 주식 가격의 움직임이 차트이고 이 가격의 움직임을 기술적 지표Technical Indicator로 분석하고, 일정한 패턴Pattern을 찾아내는 것이 기술적 분석이고 차트 패턴 분석입니다. 숫자에 강해야 이런 기술적 분석을 잘할 수 있습니다.

기술적 분석과 차트 분석은 가격을 예측하게 해주며 가격이 얼마나 상승할지도 예측해줍니다. 그래서 차트에서 가격 움직임을 분석하고 패턴을 찾아 최적의 매수·매도 시점을 찾아야 합니다. 이것이 차트를 보는 가장 보편적인 이유입니다.

미국 주식시장은 기술적 분석과 차트 분석을 잘 활용하면 꾸준한 수익을 창출하고 손실을 최소화할 수 있습니다. 그리 어렵지 않습니다. 하지만 제대로 하기 위해서는 공부를 해야 합니다.

한국인들은 답을 내는 숫자와 산수에 강합니다. 미국 주식시장에 사용되는 숫자 관련 이론은 모두 한국 중·고등학교 때 배웠습니다. 저는 산수에 강한 한국 사람들이 미국 사람들보다 더 미국 주식시장에서 잘할 수 있다고 믿습니다.

모든 것은 서로 연관되어 있다

저는 전 세계에서 일어나고 있는 경제활동들이 서로 연관되어 개별 주식의 가격으로 나타난다고 믿고 있습니다. 시장 참여자들의 희망, 욕심, 냉정함, 두려움이 공존하는 미국 주식시장은 예술이라고 생각합니다. 미국 주식시장만큼 '모든 것이 연관된Everything is related' 분야는 드뭅니다. 경제의 모든 요인이 연관되어 금융시장으로 들어가고, 금융시장 내의 여러 자산시장Assets Market들(외환시장, 커머더티 시장, 채권시장, 주식시장, 선물시장, 옵션시장)과 연계되어 개별 주식 가격으로 나타나는 곳. 이곳이 주식시장입니다.

그러면 무엇이 어떻게 연관되어 있는지를 알아야 합니다. 즉 공부를 해야 합니다. 그래서 간단하게 정리를 했습니다. 짙은 색 부분은 이 책에서 다루는 부분입니다. 단어들이 생소하더라도 지금은 한번 보기만 하십시오.

외환시장	커머더티 시장	채권시장
USD - 미국 달러	GOLD - 금	Yield - 채권 수익
EUR - 유럽 유로화	Crude Oil WTI (미 서부 텍사스 원유)	Coupon Rate - 채권 할인율
JPY - 일본 엔화	Silver - 은	10Y 2Y Spread - 미국 정부 10년, 2년 채권들의 Yield 차이
GBP - 영국 파운드 스털링	Copper - 동	

연준(Federal Reserve System)	선물시장	옵션시장
Monetary Policy - 통화정책	Fair Value	Call Option
Inflation(Stable Price) - 물가	Spot Price	Put Option
Employment Rate - 취업률	Premium	Put/Call Ratio - 풋-콜 비율
Federal Funds Rate - 연준 기준금리	Contango	Covered Call
Quantitative Easing - 경기 부양	Backwardation	Married Put

주식시장 - 펀더멘털 분석	주식시장 - 기술 지표	ETF 시장
Price - 가격	Price Action	Sector Rotation
Volume - 거래량	Candle Stick	Interest Sensitive ETF
Float, Short Float	Price Pattern	Defensive ETF
Market Capitalization - 시가 총액	Market Trends Indicator	XLE
Short Squeeze - 공매 포지션 해소	Market Breadth Indicator	XLK
Balance Sheet - 대차 대조표	Market Contrarian Indicator	XLB
Free Cash Flow - 잉여 현금 흐름	Trendline	XLU
Gross, Operating, Profit Margin	Support / Resistance	XLI
ROE, ROA, ROI	Moving Average(Simple)	XLF
Quick Ratio	Moving Average(Exponential)	XLC
Current Ratio	RSI	XLY
EPS	Stochastic(Full, Slow)	XLP
P/E Ratio, Forward P/E Ratio	MACD	XLV
P/S Ratio	Average Directional Movement	XLRE
P/B Ratio	ATR	XHB
P/Cash, P/FCF	Chaikin Money Flow Index	XBI

Debt/Equity	Reverse Pattern	IBB
Dividends	Continuation Pattern	
EV	Fibonacci Retracement	
EBITDA	Divergence & Convergence	

처음 보는 용어도 있고 알고 있는 용어도 있을 것입니다. 굳이 외울 필요는 없습니다. 필요하면 자연히 외워지게 됩니다. 각 항목에 대한 자세한 내용은 천천히 알아가면 됩니다.

제가 약속하는데, 개념을 알고 서로 간의 연관 관계만 알면 정말 별것 아닙니다. 영어로 이해하기 어려워도 괜찮습니다. 이 책에서 쉽게 설명하겠습니다. 이 개념들의 연관성을 알아야 하는 이유는, 금융시장의 전체 메커니즘mechanism을 파악해야 지금 버는 수익의 몇 배의 수익을 거둘 수 있기 때문입니다. 더 중요한 것은, 이 메커니즘을 파악할 수 있으면 주식시장에 큰 조정이 오기 전에 그 경고 사인Warning Sign을 미리 감지할 수 있기 때문입니다.

그래서 공부가 필요합니다. 미국 주식시장은 공부하고 아는 만큼, 그리고 실제로 투자 경험을 한 만큼 더 많은 수익을 올리게 됩니다.

리스크 관리

"최악의 순간을 대비하라Prepare for the worst"는 꼭 기억해야 하는 명언입니다. 시장이 매일 상승만 한다면 리스크 관리Risk Management는 필요 없습니다. 하지만 전체 시장이 10% 정도 하락하는 장이 1년에 어김없이 2번 정도는 옵니다. 그리고 개별 주식에 따라 하루에 10% 이상 하락할 때도 있고, 실적이 좋음에도 불구하고 시장 상황이 안 좋아서 실적 발표 후 20% 하락하는 경우도 있습니다. 어떤 주식은 투기나 도박과 같아서 하루에 50% 내외의 상승과 하락을 하기도 합니다.

미국 주식시장은 장기적으로는 안정적이지만, 단기적으로는 변동성이 큰 시장입니다. 이러한 변동성을 오히려 좋아하는 투자자들이 있습니다. 바로 고수들입니다. 고수들은 변동성이 높은 시장을 선호합니다. 변동성이 높을 때 일반 투자자들은 과감하게 매수·매도를 못 하지만, 고수들은 이 변동성을 이용해서 큰돈을 빌 수 있습니다. 돈이 주식시상에 널려 있다고 생각합니다. 그래서 고수들은 변동성을 좋아합니다.

고수들은 변동성이 높은 시장에서 고위험-고수익High Risk, High Return을 추구한다고 이야기를 합니다. 이들이 변동성 속에서 높은 수익을 추구하는 것은 맞지만 변동성 속의 위험을 제거하거나 최소화하는 방법을 같이 사용합니다. 그래서 고수라 부르는 것입니다. 고수 투자자들에게 리스크 관리는 아주 중요합니다. 좋은 주식을 찾는 것만큼 리스크 관리가 중요하다고 고수들은 생각하고 이를 투자에 반영합니다.

가장 최고의 리스크 관리는 자산의 손실이 없게 막는 것입니다. 리스크 관리는 다음과 같은 방법으로 할 수 있습니다.

- 현실적인 수익 목표 구간 설정 및 손실 구간을 설정해서 수익 관리하기
- 헤징을 통한 리스크 관리
- 투자 스타일에 따라 위험을 분산시키는 포트폴리오 구성하기
- 주식 매매 일지를 기록해서 나쁜 습관 버리기

위에 나열된 방법들에 앞서 원론적으로 유념할 것은,

- 떠도는 이야기를 듣고 묻지 마 투자를 하면 안 됩니다.

- 펀더멘털 분석도 없고 검증도 안 된 주식에는 투자하면 안 됩니다.
- 지금이 다시 안 올 평생의 기회이니 최대한의 빚을 내서 투자하라는 소리는 귀에 담지도 마시기 바랍니다.

이렇게 하는 투자는 도박입니다. 카지노의 겜블링도 공부를 안 하면 돈을 딸 확률보다 잃을 확률이 더 높습니다. 도박이 아니라 공부를 하며 합리적이고 논리적인 판단으로 투자를 해서 꾸준한 수익을 장기간 만들어가겠다는 마음가짐이 리스크 관리의 시작입니다.

기회비용

기회비용의 정의

한정된 자원으로 경제활동을 수행하는 경우 이는 다른 경제활동을 할 수 있는 기회의 희생으로 이루어집니다. 기회비용Opportunity Costs이란 여러 가능성 중 하나를 선택했을 때 그 선택으로 인해 포기해야 하는 가치를 비용으로 환산한 것입니다.

투자의 세계에서 이를 다시 해석하면,

한정된 투자 자금으로 주식 투자를 하는 경우, 하나의 주식에 자금을 투입하면 다른 주식을 투자할 기회를 놓치는 것입니다. 기회비용을 고려하라는 말은, 여러 주식 중 하나를 선택했을 때 그 선택으로 인해 포기해야 하는 다른 주식의 미래 수익까지 생각하고 투자를 결정해야 한다는 개념입니다.

쉽게 설명하자면, 애플과 테슬라 중 고민해서 애플을 골랐더니 애플이 10% 상승하는 동안 테슬라가 30% 올랐다면 테슬라의 20% 상승분이 애플을 선택한 데 따른 기회비용입니다. 기회비용이 커질수록 원래의 선택이 현명하지 않은 선택이 됩니다. 미래의 주식 가치는 정확하게 예측을 할 수 없으니 포트폴리오를 잘 구성해서 이 기회비용을 줄여나가야 합니다.

고점에서 하락하는 경고 사인을 포착하여 매도한 후, 동일 주식을 저렴한 가격에 다시 매수한다면 이것은 이익이 아닙니까? 같은 투자 금액으로도 보유 주식량을 늘릴 기회를 만들 수 있는 것입니다. 이 기회를 포착할 수 있는 지식, 경험, 판단력을 갖출 수 있다면 가능한 일입니다. 장기 투자 원칙을 지키면서도 시장 조정 전에 이익을 실현하고 시장 조정이 끝나가는 시점에 재매수를 해서 동일 투자금으로 주식 수를 늘려가면 분명히 좋은 일입니다.

좋은 것은 아는데, 어떻게 하는지를 몰라서 못 하는 분이 대부분입니다. 많은 개인 투자자들이 가장 어려워하는 부분이 매도입니다. 매도에 대한 훈련이 안 되어 있어서 매도를 해야 하는 시점을 놓치고 비자발적인 장기 투자로 가게 됩니다. 매도를 했다가 저점에 다시 잡지 못할 거라는 불안감으로 기회비용이 주는 기회를 만들지 못합니다.

기회를 잡기 위해서는 기회비용을 중요시하십시오. 정확한 시장 분석과 경험을 바탕으로 주식을 매수하고, 장기 투자로 목표를 잡아도 일정 부분의 주식은 수익 목표치에 도달하면 매도해서 손에 현금을 쥐고 다음 기회를 노리는 습관을 가지는 것이 중요합니다. 손에 현금을 쥐고 있어야 새로운 기회를 노릴 수 있습니다.

이 책을 읽는 독자들께서는 기회비용 개념을 꼭 생각하고 매수·매도를 하시기 바랍니다.

1장 정리

1. 월스트리트에서 되지 말아야 할 것

미국 금융시장의 중심 월스트리트에는 황소, 곰, 돼지, 양이 살고 있는데 부화뇌동해서 짓밟히는 돼지나 변화를 두려워해서 아무것도 못 하는 양이 되어서는 안 됩니다.

2. 미국식 사고로 미국 주식시장을 보라

① 규칙 안에서는 모든 것이 허용된다. 편법도 합법이면 허용된다.

② 내 생각과 다르다고 틀린 것이 아니다. 다른 것은 틀린 것이 아니다.

③ 미국 상장 주식은 6,500개나 있다. 여기에서 금맥을 찾아야 한다.

④ 시장 판단과 매수·매도는 냉정해야 한다. 그래야 살아남는다.

⑤ 1등을 선호하는 시장이다. 1등이 될 수 있는 기업을 찾자.

⑥ 숫자에 강해야 한다. 시장의 모든 판단 근거는 숫자로 표현된다.

⑦ 주식 가격은 세상의 모든 경제활동과 연관되어 있다.

⑧ 자본 손실을 최소화하는 리스크 관리가 중요하다.

⑨ 기회비용이 중요하니 매도의 기준을 정하라. 현금화로 다음 기회를 노려라.

2장

주식시장에 맞는
'나'를 찾아라

THE
BIBLE
OF THE
U.S.
STOCK
MARKET
INVESTING

스포츠에서 상대방을 이기기 위한 전략을 게임 플랜Game Plan이라고 합니다. 프로 트레이더들도 주식을 사고파는 것을 게임 플랜이라고 부릅니다. 주식시장에서는 누군가가 판 것을 내가 사고 내가 판 것을 누군가가 사기 때문에 사고파는 거래가 하나의 게임Game이 됩니다.

경제학에서는 이를 제로섬 게임Zero-Sum Game(시장 참여자들이 서로 영향을 주고받는 상황에서 모든 이득의 총합은 제로가 되는 상태)이라고도 합니다. 따는 사람이 있으면 잃는 사람도 반드시 있는 것이 제로섬 게임입니다. 따는 사람이 되기 위해서는 미국 주식시장에서 이기기 위한 지식을 갖추고 방법을 배워야 합니다. 즉 시장이 나에게 오는 것이 아니라 내가 시장에 들어가는 것이고, 자신을 시장에 맞는 방향으로 맞춰야 원하는 수익을 낼 수 있습니다.

그렇게 되기 위해 가장 중요한 첫걸음이 심리, 마음가짐입니다. 주식시장의 고수들과 수익률이 높은 펀드 매니저들은 "심리(마음가짐)가 전부다Psychology is everything"라는 말을 합니다. 아무리 좋은 상품이라고 하더라도 팔리려면 고객의 마음을 잡아야 합니다. 명품은 왜 팔릴까요? 제품의 질도 중요하지만 그 명품을 가지면 나 자신도 명품이 된다는 '심리'에 기인합니다. 심리에 기인한 인간의 행동을 경제학적인 측면에서 해석한 심리학이 행동경제학Behavioral Economics인데 이는 주식시장에 많이 적용됩니다.

주식시장의 심리학을 투자와 연결한 것이 트레이딩 심리학Trading Psychology입니다. 아무리 주식에 대한 지식이 뛰어나고 분석력이 좋아도, 매수 타이밍에 못 사고 매도 타이밍에 못 팔면 그 뛰어난 지식과 분석력이 수익을 올리는데 소용이 없습니다.

행동경제학*의 예를 들어보겠습니다. 다음의 문제를 한번 풀어보기 바랍니다.

야구 방망이하고 야구공하고 합쳐서 가격이 1.10달러입니다.
야구 방망이가 야구공보다 1달러 더 비쌉니다.
공 가격은 얼마일까요?

답**은 아래의 주석에 있습니다.

이 문제는 하버드, MIT, 프린스턴대학 신입생의 50% 이상이 틀리는 문제입니다. 어려운 문제도 아닌 것 같은데 왜 틀릴까요?

행동경제학 이론에 따르면, 인간의 뇌는 두 개로 나눠집니다. 하나는 살아오면서 만들어진 경험, 습관, 개인적 성향으로 이루어진 System 1이고 다른 하나는 열심히 학습하여 냉정하게 판단하는 System 2입니다.

System 1은 본능처럼 나오는 성향이 있고 System 2를 이용하려면 공부와 노력이 필요한데

* 프린스턴대학 심리학 교수이자 2002년 노벨경제학상 수상자인 대니얼 카너먼 박사가 이 분야의 최고 학자입니다.

** 공의 가격은 5센트입니다. 방망이를 A, 공을 B로 두면, A+B = 1.10. A=1.00+B, 1.00+2B=1.10, 2B=0.10, B=0.05. 그래서 5센트입니다.

보통 System 1이 System 2를 지배한다고 합니다. 냉정하게 판단하거나 노력을 하는 행위가 귀찮고 불편해서 본능적으로 System 1이 지배하게 된다는 것입니다. 사람들이 이성적인 판단보다는 비이성적이고 감성적인 판단을 많이 하게 되는 이유가 이것입니다.

앞의 문제도 수식을 써서 풀어야 하는 문제인데, 대부분은 귀찮아서 암산을 하니 답이 틀리게 됩니다. System 2가 결정을 많이 할수록 이성적이고 정확한 판단을 하게 되고, System 1이 판단을 하게 되면 노력을 기피하고 쉽게 판단해서 잘못된 결정을 내리게 된다는 것입니다.

행동심리학의 많은 부분이 주식시장에도 적용됩니다. 대니얼 카너먼Daniel Kahneman 교수의 이론과 제가 겪은 경험을 바탕으로 주식시장에서 갖춰야 할 심리(마음가짐) 여섯 가지를 정리해봤습니다. 이른바 식스룰Six Rule입니다.

Rule 1: 여러분은 누구보다도 더 큰 수익을 낼 수 있습니다. 단지 어떻게 하는지 그 방법을 몰랐을 뿐입니다.

Rule 2: 하루하루의 수익에 일희일비하지 마십시오.

Rule 3: 한두 번의 대박보다는 꾸준한 수익이 경제적 자유를 이룰 수 있습니다.

Rule 4: 목표 수익과 손절 가격을 정해서 수익을 관리해야 합니다.

Rule 5: 시장 앞에서는 겸손해야 합니다.

Rule 6: 거래 일지를 필수적으로 사용하십시오.

Rule 1
단지 어떻게 하는지
몰랐을 뿐이다

'왜 내가 주식을 사면 가격이 떨어지고, 내가 팔면 오를까?'라는 징크스 경험이 있으십니까? 대부분 주식시장에서 이런 경험을 해보셨을 것입니다.

가격 창에서 원하는 가격으로 매수·매도는 하지만, 그 뒤에 숨어 있는 주식의 펀더멘털과 가격의 움직임과 패턴, 그리고 이를 좌우하는 보이지 않는 영향력에 대해 모르기 때문입니다. 이를 모른다는 것은 여러분이 시장의 흐름을 파악하지 못하고 있다는 이야기입니다. 그래서 가격을 보다가 대충 원하는 가격대에서 매수하거나 매도를 하지만, 이 주식이 오르는 흐름Trend인지 내려가는 흐름인지 파악하지는 못합니다.

이렇게 되면 매수·매도 시점을 가능한 정확하게 잡기보다는 감으로 거래하게 되고, 주식 가격이 막 오를 때는 '지금 못 잡으면 이 가격에 다시 못 살 거야'라는 조바심에 사고, 조정을 받으면서 가격이 갑자기 하락을 하면 '이 돈이 어떤 돈인데. 더 잃기 전에 팔자'라는 심리적 압박감에 매도를 하게 됩니다. 제게 보내주신 이메일 상담 중 몇몇 내용을 소개하겠습니다.

"서점의 주식 책들은 미국 주식 중 가치가 좋은 주식들을 사서 보유만 하면 부자가 된다고 하는데, 현실적인 저의 수익은 그렇지 않습니다. 저는 10년 이상 주식 계좌에 돈을 넣어두려는 마음보다는 은행 이자보다 조금이라도 더 불리고 싶어서 안정적이라고 하는 미국 주식에 들어왔는데 결과는 기대와 다릅니다. 현재로서는 최소한 본전은 찾고 싶습니다. 도와주세요."

"지금 시장이 무너지고 있어서 무섭습니다. 매도를 해서 손실이 확정되는 게 두렵습니다. 그냥 지켜만 보고 있습니다."

"더 떨어질까 봐 매도를 했습니다. 다음 날 올라가는 것을 보고 재매수를 했는데 다시 떨어집니다. 이제 더 투자할 자산도 없습니다. 그냥 버티는 것이 낫겠습니까?"

이런 고민에 대한 해결 방법이 있습니다. 그렇게 어렵지 않습니다. 하지만 여러분이 노력을 해야 합니다. 공부하시면 됩니다. 주식시장의 흐름을 파악하려면 시간을 투자하여 공부를 해야 합니다. 미국 속담에 이런 말이 있습니다.

"세상에 공짜는 없다There is no such thing as a free lunch: TINSTAAFL."

이 말은 1장에서 언급한 기회비용에도 해당되는 구절입니다. 여러분이 원하는 수준의 고수가 되려면, 공부에 시간 투자를 해야 합니다. 미국 주식시장은 모든 것이 숫자로 연결된 과학적이면서 정직한 시장입니다. 그래서 공부하는 사람들만이 꾸준한 수익을 낼 수 있는 시장입니다.

여러분은 누구보다도 더 많은 수익을 낼 수 있습니다. 지금까지는 단지 어떻게 할지 몰랐을 뿐입니다. 공부에 시간을 투자하면 공부한 만큼의 꾸준한 수익을 줄 수 있는 세계 최고의 금융시장이 미국 주식시장입니다.

Rule 2
하루하루의 수익에 일희일비하지 마라

계좌 수익률이 두 자리가 되고 평가 금액이 올라가면 기분이 좋습니다. 그러다가 갑자기 조정을 받으면서 10% 넘게 평가 금액이 줄어들 때가 있습니다. 그 10%의 수익이 눈앞에서 왔다 갔다 합니다. 평가 금액이 5,000만 원이었는데 500만 원이 줄어들었다면 그 500만 원으로 할 수 있는 일들이 눈앞에 아른거립니다.

누구든 매번 수익을 낼 수는 없습니다. 예상보다 많은 수익을 올릴 때가 있으면 예상하지 못했던 손실이 날 때도 있습니다. 그런데 매도하지 않은 상태의 수익과 손실은 가상의 금액입니다.

부동산과 같습니다. 가지고 있는 아파트의 호가가 올랐다고 그 돈이 실제 현금으로 주어지는 것이 아닙니다. 이 돈은 실현되지 않은 수익, 소위 깔고 앉은 돈입니다. 실현을 하지 않은 상태의 수익이나 손실Unrealized Gain and Loss은 수익도 손실도 아닙니다. 수익이나 손실을 실현해야 비로소 수익이 되고 손실이 되는 것입니다.

실현하지 않은 수익이나 손실에 지나치게 민감하면 판단력이 흐려질 수 있습니다. 기관이나 프로 트레이더들도 최고점을 정확하게 잡아 매도하기는 어렵습니다. 그래서 이들은 '수익 목표' 지점을 잡아 이에 도달하면 기계적으로 수익을 실현합니다. 실현하지 않은 수익과 손실이 매일 바뀌는 것에 민감해하지 마십시오. 매수나 매도를 계획했다가 계획한 지점을 놓쳤다면 그것에 대해서는 다음 기회를 위해 반성을 해야 합니다. 하지만 이 경우에도 지나간 일에 미련을 가질 이유는 없습니다.

냉정하고 이성적으로 실현된 수익과 손실만 보십시오.

Rule 3
대박보다는 꾸준한
수익이 경제적 자유를
약속한다

주식시장에 입문을 할 때 한두 번의 대박을 노리는 분들이 꽤 있습니다. 2019년에 테슬라를 매수한 분들은 2020년 7월에 열 배에 해당하는 수익을 냈으니, 대박의 꿈이 불가능한 꿈은 아닙니다. 미국 시장의 장점은, 좋은 주식을 초기에 발견하면 이 대박의 꿈을 실현해줄 수 있는 주식들이 많다는 것입니다.

2020년 3월 이후 미국 주식을 시작한 분들 중에는 어떤 주식으로 몇 억을 벌었다는 뉴스를 듣고 시작한 분들이 많습니다. 하지만 우리 모두가 알다시피 대박은 확률적으로 자주 일어나는 일이 아닙니다. 대박 수익을 내기도 하지만 쪽박 손실을 가져다줄 수도 있는 것이 주식입니다.

카지노 이야기를 해보겠습니다. 대부분의 미국 주에서는 카지노가 합법입니다. 한국분들이 미국을 방문하면 호기심에 카지노를 많이 갑니다. 재미로 구경 삼아 가보는 것은 괜찮은데 빠져버리는 분도 있습니다.

A라는 친구가 1990년대 후반에 미국에서 학교를 다니면서 카지노에 갔습니다. 재미로 슬롯머신을 당겼는데 10분 만에 잭팟이 터져서 거금 2만

5,000달러가 생겼습니다. 그 당시 2만 5,000달러는 지금 돈으로는 10만 달러의 가치는 되는 돈입니다. 그 돈으로 친구들 밥 사주고 부모님 선물 사서 한국으로 보내고 아주 행복한 모습이었습니다. 그때 그만두었다면 인생 최고의 스토리 중 하나가 되었을 텐데, 그만두지를 못했습니다.

한 달 뒤에 다시 가서 1만 달러를 잃었습니다. 이 친구 머릿속에는 아직 1만 5,000달러가 수익입니다. 일주일 후에 다시 가서 7,000달러를 땁니다. 그러면 2만 2,000달러가 수익입니다. 일주일 후에 또 갑니다. 2만 달러를 잃습니다. 그래도 2,000달러 수익입니다. 이렇게 일주일마다 가는 것을 봤는데 갑자기 학교에서 볼 수가 없었습니다. 나중에 알고 보니 카지노에 가서 살고 있었습니다. 신용카드 빚을 끌어다 쓰고, 카지노에 있는 한국인 매니저에게서 신용대출까지 받았습니다. 친구들에게 100달러, 200달러씩 빌려서 카지노에 갔습니다. 나중에는 부모님께서 보내준 학비도 카지노에서 날렸습니다. 카지노의 신용대출 뒤에는 마피아가 있습니다. 방법이 없습니다. 결국 한국의 부모님께 연락이 가고 아버지가 직접 미국까지 건너와 빚을 해결하고 학교도 그만두고 한국으로 데리고 돌아갔습니다.

주식시장에도 대박만을 목표로 하는 트레이더들이 있습니다. 트레이딩을 시작한 지 6개월 만에 500% 수익을 낸 친구가 있었습니다. 나이도 젊고 패기에 가득 차 있었습니다. 큰 수익을 한 번 올려보면 욕심은 더 커지게 되고 더 위험한 주식에 투자를 합니다. 나중에 들리는 이야기로는 그동안 벌었던 돈을 모두 날리고 다른 직업으로 전환했다고 합니다.

주식시장에서 대박만 추구하다 보면 카지노에서 번 돈을 모두 날리는 사람의 모습이 될 수도 있습니다. 대박을 원하는 마음이 큰 만큼 손실이 나면 본인이 감당할 수 있는 능력보다 더 큰 자금을 투입하게 되고, 결국은 그 자금마저 손실이 납니다. 이런 경우를 많이 보았습니다.

일반 투자자들도, 전문 투자자들도 천천히 가면서 시장을 즐겨도 원하는 만큼의 수익을 낼 수 있는 시장이 미국 시장입니다. 급하면 체합니다.

미국 주식 전문가들이 일반 투자자들에게 권하는 투자 목표 중 가장 보편적으로 이야기하는 것은 "꾸준한 수익을 창출하라"입니다.

04

Rule 4
목표 수익과 손절 가격을
정하고 수익을 관리하라

개인 투자자의 투자 스타일에는 두 가지 케이스가 있습니다.

첫째는, 필요한 생활비 외의 자금이 생길 때마다 저축식으로 꾸준하게 좋은 주식을 사서 보유Buy and Hold 하는 경우입니다. 당분간 쓸 용도가 없는 돈으로 미래를 위해 저축형으로 주식 투자를 하는 경우입니다. 두 번째는 단기적으로 수익을 내서 그 돈으로 생활비를 충당하거나 투자금을 불려나가는 경우입니다. 이 두 케이스의 차이는 일정 기간 내에 목표로 하는 수익이 있는지 없는지의 차이입니다.

첫 번째 경우는 시장이 조정을 받을 때마다 그동안 준비한 현금으로 주식을 더 매수합니다. 목표 수익을 정해서 목표에 도달하면 이익을 실현하는 것이 아니라 주식 가격이 적당할 때마다 가용할 수 있는 자금을 더 넣어 저축처럼 운영을 합니다. 두 번째 경우는 목표 수익에 도달하면 수익 실현을 하고, 손실을 최소화하려는 투자 방법을 이용합니다. 조정이 오기 전에 팔아서 현금화시킨 후 조정이 끝날 무렵에 다시 매수를 하는 방법이 있습니다.

전체적인 통계자료로는 첫 번째 방법의 수익이 더 높습니다. 그러나 이런 수치는 개인 투자자들의 장기 보유보다는 401K라는 미국의 IRAIndividual Retirement Account(개인별 은퇴 계좌) 등의 펜션 펀드Pension Fund, 뮤추얼 펀드Mutual Fund 및 ETF의 장기 투자 비율이 높기 때문입니다. 이런 은퇴 계좌 및 뮤추얼 펀드들은 운용 매뉴얼상 한 번 투자하면 몇 년을 가지고 있습니다.

'Active Investors'라 불리는 공격적 투자자들 중 기관들은 10개의 기관 중 2~3개만 높은 수익률을 창출합니다. 공격직 투자자Active Investors들 중 개인 투자자들은 기관보다도 더 수익을 내지 못합니다. 좋은 주식 장에서도 수익을 못 내는 경우도 있습니다. 공격적인 단기 투자는 그만큼 위험도가 높기 때문입니다. 그 대신 성공하면 수익률은 경이로운 수준을 보여줍니다. 높은 수익률을 자랑하는 이 소수의 헤지펀드는 계좌당 최소 예탁 자금이 보통 100만 달러 이상으로 규모가 크고 위탁 수수료도 높아서 일반 투자자들이 접근하기는 어렵습니다. 제가 본 한국의 투자자들은 겉으로는 장기 투자가 스타일이라고 하면서, 실제로는 많은 분들이 투기성 주식에 투자를 합니다. 그리고 대다수의 분들이 손실을 봅니다.

주식시장에는 정답이 없습니다. 본인에게 가장 잘 맞는 것이 정답입니다. 시장이 나에게 맞추어주지 않습니다. 내가 시장에 맞춰나가야 합니다. 자신에게 맞는 투자 스타일을 정할 때 투자 경험, 승률, 투자 수익 목표에 따라 유연하게 투자 스타일을 정해가면 됩니다. 그래서 어느 한 방식을 정해 고수하기보다는 투자 시점의 나에게 맞는 투자 스타일을 찾아가면서 투자 원칙을 지켜나가야 합니다.

30년 이상의 투자 경험을 가진 펀드 매니저들과 헤지펀드 매니저들에게 주식시장에서 성공하려는 사람에게 해줄 수 있는 최고의 조언은 무엇인지 물어보았습니다. 이들이 공통되게 해주는 조언은 다음과 같습니다.

"펀드 매니저처럼 네 자본을 운영해라. 우선 목표 수익을 정해라. 그 목표 수익에 도달하면 50%는 이익을 실현해라. 나머지 50%는 장이 상승세이면 20%, 20%, 10%로 나누어서 이익 실현을 해라. 이익 실현만큼 중요한 것이 손절 가격을 미리 정하고 이를 철저히 지키는 것이다."

"기업가치를 평가해서 기업의 가격을 정하고 그 가격에 기업을 사고파는 인수합병과 주식시장은 서로 다른 시장이다. 기업가치 평가로 평가되는 주식의 가치와 주식시장에서의 주식 가치는 반드시 같이 가지는 않는다. 스스로 손절 가격을 정할 수 있어야 하고 그 가격까지 하락하면 기계적으로 팔아라. 그리고 한 발짝 물러나서 시장의 방향을 관찰하라. 그리고 다시 전략을 세운 후 매매를 해야 한다."

머리로는 쉽게 이해가 되지만 실제 행동으로 실행하는 데는 많은 연습이 필요했습니다. 특히 이성적인 매도를 잘하려면 많은 연습이 필요합니다. 목적이 이끄는 이성적인 투자Purpose Driven Rational Investment를 할 수 있으려면 매도 연습이 중요합니다.

Rule 5
시장 앞에서
겸손하라

미국 주식시장에서 꾸준한 수익을 내면서 경제적 자유를 누리는 사람들이 많습니다. 이들은 수익을 떠벌리지 않고 조용히 자신의 투자 인생을 즐깁니다. 이들이 진정한 고수입니다.

이런 고수들을 투자 세미나에서 만날 기회가 있습니다. 이분들은 자신들의 노하우Knowhow가 별게 없다며 투자 기법을 공개하지 않습니다. 자신들의 방법에는 특별한 것이 없다고 겸손하게 이야기합니다.

이분들의 공통적인 철학은 "겸손해라. 그렇지 않으면 시장이 너를 겸손하게 할 것이다Be humble, if not, the market will humble you."입니다.

이 이야기는 일개 투자자에게는 시장을 좌지우지할 수 있는 힘이 없으므로 시장의 흐름을 겸손하게 받아들이라는 뜻입니다.

찰스 다우가 1929년에 만든 다우지수DJIA: Dow Jones Industrial Average는 미국 산업을 대표하는 30개 회사를 선정하여 주가 지수를 만들어서 전체 시장의 추세를 보여주는 지수입니다. 찰스 다우는 다음과 같은 이야기를 했습니다.

"그 어떤 요소보다도 더 많이 월스트리트의 많은 사람들을 몰락하게 만든 것은 오만한 의견이다Pride of opinion has been responsible for the downfall of more men on Wall Street than any other factor."

개인이 시장을 지배할 힘이 없음에도 불구하고 시장 앞에 겸손하지 않고 자신의 시장 판단을 고집한 투자자들은 소리·소문 없이 사라졌다는 이야기입니다. 이를 다른 말로 표현하면, 자신이 희망하는 방향으로 시장을 예측하면 안 된다는 이야기입니다. 자신의 판단이 아무리 정확해 보이더라도 수많은 요소들이 만들어내는 내일의 시장은 알 수가 없습니다. 자신의 강한 믿음으로 시장 방향을 고집하지 말고 시장이 움직이는 데 맞춰서 대응하라는 이야기입니다.

수익을 어느 정도 내면 스스로가 시장을 이길 수 있다는 착각을 하게 됩니다. 그런 고집 때문에 시장의 움직임을 인정하지 않는 경우가 있습니다. 자신의 생각과 같은 방향으로 시장이 움직일 때는 수익을 많이 얻으나, 시장이 반대 방향으로 가면 자신의 의견과 맞지 않다는 것을 인정하기 싫어서 시장 추세와 반대 방향으로 베팅을 합니다. 이러한 투자 행동은 손실을 낳게 되고, 결국은 주식시장에서 실패하고 퇴장을 하게 됩니다.

전 세계의 얼마나 많은 사람이 미국 주식시장에 투자를 하고 있겠습니까? 그래서 시장 앞에서 정말로 겸손해야 합니다. 내가 보유한 주식이 올라가기를 바라는 강한 희망이 객관적 판단력을 흐리게 해서는 안 됩니다.

그렇다고 시장에 굴복하라는 것은 아닙니다. 시장을 영리하게 이용하라는 뜻입니다. 즉 시장이 상승할 때는 상승 동력을 단 종목에 돈을 싣고, 시장이 하락할 때는 그 전에 수익을 실현하고 관망하다가 저점을 딛고 올라갈 때 기회를 다시 잡으라는 이야기입니다.

그러기 위해서는 시장의 흐름을 알아야 하고 시장의 여러 정보를 최대한 활용할 줄 알아야 합니다. 그리고 매달, 매주, 매일 시장의 흐름에 대한 시나리오를 미리 만들어 대응하는 전략을 만들어야 합니다.

많은 분들께서 매수는 잘하는데 매도는 잘 못합니다. 그리고 내가 산 주식을 절대로 손해 보고는 팔 수 없다는 강박관념을 갖고 있습니다. 소중하기 짝이 없는 여러분의 돈을 정성스럽게 불리고 또 불려야 합니다. 소극적인 자세로 계좌를 관리하는 것보다 적극적으로 시장을 분석하고 냉정하게 매수·매도를 해야 합니다.

"시장 흐름은 나의 가장 친한 친구이다Trend is my best friend."*

시장 흐름을 친구 삼아 대응 시나리오를 미리 만들어서 시장 상황에 대응하십시오.

* 영어 발음으로는 트렌드 이즈 마이 베스트 프렌드. 의미와 운율을 고려해서 주식시장에 명언처럼 내려오는 이야기입니다.

60

06

Rule 6
거래 일지를 필수적으로 사용하라

주식 거래 일지 기록을 습관으로 만들기를 추천합니다. 이 일지 기록의 목적은 반복되는 실수와 투자의 나쁜 습관을 제거해서 시장을 좀 더 이성적으로 보려는 데 있습니다.

주식 거래 일지 기록에는 다음과 같은 사항을 고려하십시오. (제가 사용하는 거래 일지를 12장에 소개해놓았습니다.)

- 어떤 근거로 이 주식을 선택했는가?
- 회사 펀더멘털Fundamental 분석
- 이 주식은 연관된 ETF에서 어느 정도의 비중을 차지하고 있는가?
- S&P500 평균 주가수익비율P/E Ratio vs. 이 주식의 주가수익비율
- 매수 목표 가격(분할 매수 – 보통 3회 분할 매수)
- 매도 목표 가격(분할 매도 – 보통 3회 분할 매도)
- 수익 목표 가격
- 손절 목표 가격

- 전 분기 실적 vs. 현 분기 실적 vs. 다음 분기 실적 예상
- 배당 여부, 배당금, 배당일
- 52주 최고 가격, 최저 가격, 평균 가격
- 매수 일자, 시간

매도를 한 후에는 다음 질문을 해보십시오.

- 목표 수익에 매도를 하였는가?
- 매도하지 못했다면 그 이유는?
- 수익을 내지 못하고 손절을 하였다면 손절한 이유는?
- 수익을 떠나 논리적으로 설명 가능한 좋은 거래였는가, 나쁜 거래였는가?
- 좋은 거래Good Trade로 판단하는 근거는?
- 나쁜 거래Bad Trade로 판단하는 근거는?
- 좋은 거래로 판단했음에도 개선해야 할 점은?
- 나쁜 거래로 판단하는 경우, 반복적인 습관 및 실수에 의한 것인가?
- 반복적인 습관과 실수를 없앨 수 있는 방법은 무엇일까?

위의 사항들을 고려하여 여러분께 맞는 거래 일지를 기록하시길 추천합니다. 다시 한 번 강조하지만, 모든 주식 투자가 수익을 벌 수는 없습니다.

시장이 급격하게 무너져서 손절을 해야 하거나, 예상하지 못했던 회사의 나쁜 소식이 있는 경우는 개인으로선 불가항력입니다. 이것은 개인뿐 아니라 전문가들에게도 마찬가지입니다.

수익과 손실을 떠나 논리적 근거를 바탕으로 한 거래는 좋은 거래입니다. 이번 거래에서는 손실이 났다고 하더라도 부족한 점을 찾아서 제거하고 극복

해가면 됩니다. 수익이 엄청나게 났음에도 논리적 근거 없이 한 투기성 투자는 나쁜 거래입니다. 대부분의 나쁜 거래는 잘못된 습관 때문에 일어납니다. 이를 파악하여 반복적인 나쁜 습관을 없애고 실수를 제거해서 다음 투자에는 이러한 실수를 방지해야 합니다.

 필자가 만든 Trading
Journal 및 사용법 확인하기

2장 정리

주식시장에 정답은 없지만 공부는 필요합니다. 노력한 만큼 성취감을 느낄 수 있는 새로운 소득원이 생기는 시장입니다. 공부하고 노력한 것은 어디에도 가지 않고 나와 함께 남아 있습니다.

식스룰을 다시 한 번 머릿속에 되뇌어보십시오.
① 나는 누구보다도 더 많은 수익을 낼 수 있다. 단지 어떻게 하는지 몰랐을 뿐이다.
② 하루하루의 수익에 일희일비하지 않겠다.
③ 대박보다는 꾸준한 수익으로 경제적 자유를 만들겠다.
④ 목표 수익과 손절 가격을 정하고 수익을 관리하겠다.
⑤ 시장 앞에서는 항상 겸손하겠다.
⑥ 거래 일지를 필수적으로 쓰면서 나를 나날이 발전시키겠다.

THE
BIBLE
OF THE
U.S.
STOCK
MARKET
INVESTING

3장

미국 금융시장을
큰 시각에서
이해하기

미국 주식시장에서 성공하는 투자 그룹은 확고한 투자 철학을 정립하고, 이성적이고 논리적인 판단력으로 꾸준하게 수익을 내는 사람들입니다. 물론 기회를 포착하여 단 몇 번의 거래로 엄청난 부를 축적한 사람도 있습니다. 이들은 투자 철학을 만들어내기까지 많은 노력을 했으며 시장에 대한 공부를 그 누구보다도 많이 합니다.

　투자 성공 그룹의 공통점은 개별 주식들을 이해하는 것을 넘어 주식시장과 관련된 전반적인 금융시장에 대한 지식이 깊고, 이를 적재적소에서 활용할 수 있는 능력을 가지고 있습니다. 주식시장에 대한 이해를 하기 전에 주식시장을 둘러싸고 있는 거시경제와 다른 금융자산 시장들을 먼저 이해하고 이들의 관계를 공부해야 합니다.

　성공한 투자 그룹이 공통적으로 가지고 있는 거시적 관점의 능력은 다음과 같습니다.

"하늘에서 세상을 보며 불확실성에서 확실성을 찾는 능력"

월스트리트에서는 강세장Bull Market에서 돈을 버는 것을 '이지 머니Easy Money'라고 합니다. 괜찮은 주식 몇 개를 골라 보유만 하면 시장 금리보다 몇 배 더 많은 수익을 내기 때문입니다. 테슬라도 1년 사이에 거의 10배의 수익률이 난 주식입니다. 미국 주식시장에는 이런 주식들이 상당히 많이 있습니다.

주식시장에는 변수가 너무나 많습니다. 강세장에서 버는 이지 머니뿐 아니라 버블이 터지는 시기와 경기 후퇴기Recession에도 수익을 창출하는 사람과 손실을 최소화하는 사람이 진정한 투자의 고수입니다.

이러한 고수들의 일화는 증권가에 많이 떠돌아다닙니다. 흔히 진정한 고수는 폭락장에서 돈을 더 많이 번다고 이야기합니다. 이 고수들은 미래를 예견하는 초능력이라도 있는 것일까요? 이들은 시장을 보는 시각이 일반인들보다 넓고 지식도 높고 경험도 많기 때문입니다. 그리고 이성적이고 냉정한 판단력이 있습니다. 이렇게 보다 나은 시각과 판단력을 가지기 위해서는 많은 공부를 해야 합니다.

미국 시장에서 많은 종류의 주식을 트레이딩하다 보면 판단력이 무뎌지는 시기가 있습니다. 주식시장이 좋으면 경계심이 풀리기도 하고, 보유한 주식과 그 수익에만 집중해서 시야가 좁아지기도 합니다. 이렇게 시야가 좁아져 있을 때 조정이 오면 시장에 뒤통수를 맞게 됩니다. 좁은 시야로 시장을 보고 있을 때 조정이 오면 그 근본적 원인을 파악 못 하게 되고 시장 앞에 무기력하게 무너집니다.

미국 주식시장에서 매일 오는 기회를 잡으려면 준비가 되어 있어야 합니다. 준비란, 시장에 기회가 올 때 그 기회를 파악할 수 있는 능력이 있어야 한다는 말입니다.

이 능력을 갖추는 첫걸음이 미국식 관점으로 시장을 보고 주식시장에 맞는 나를 찾아서 만드는 것이었다면, 두 번째 걸음은 "하늘에서 세상을 보며 불확실성에서 확실성을 찾는 능력"입니다. 이 능력을 가지기 위해 미국 전체 금융시장을 이해해야 합니다.

* * *

2020년 3월 코로나 팬데믹으로 인한 시장 폭락 이후 많은 한국의 개인 투자자들이 미국 주식시장에 새로 입문을 했습니다. 언론에서는 미국 주식시장이 금광을 캘 수 있는 시장처럼 이야기했습니다. 그러나 현실의 미국 주식시장은 결코 쉬운 시장이 아닙니다. 치열한 경쟁이 벌어지는 머니 게임Money Game 시장입니다. 하루에 100% 상승하는 주식도 있고, 하루에 50% 이상 폭락하는 주식도 있습니다.

이 쉽지 않은 시장에서 꾸준한 수익을 내려면 공부를 많이 해야 합니다. 공부해서 알고 경험을 쌓는 만큼 수익을 낼 수 있는 시장이 미국 주식시장입니다. 다르게 표현하면 미국 주식시장은 상당히 정직한 시장입니다.

미국 경제의 큰 흐름과 연준의 정책을 파악하고, 경기순환 주기Economy Cycle· Business Cycle와 주식시장의 11개 섹터의 흐름을 파악해서 이를 전체적으로 종합할 수 있다면 상당히 높은 성공 확률로 시장 흐름을 알 수 있습니다. 이렇게 도출한 시장 흐름대로 투자하면 성공하기가 수월합니다.

제가 이렇게 생각하는 이유는 네 가지입니다.

첫째, 미국 시장은 전 세계 경제와 금융을 주도하는 시장입니다.

미국은 현재 세계 최고 수준의 경제를 가진 나라입니다. 경제의 모든 분야가 연관되어 개별 주식 가격으로 나타나는 곳이 미국 주식시장입니다. 큰 그림을 볼 줄 알고, 서로 연관되어 유기적으로 움직이는 개별 분야들의 관계를 잘 파악하면 주식시장에서 손실 확률을 줄일 수 있습니다. 연관 분야들 간의 상호 관계가 정상Norm에서 벗어나면 시장이 무너집니다. 이를 잘 파악하고 있으면 누구보다 더 큰 수익을 낼 수 있습니다.

둘째, 금융시장의 상호 연관된 것들의 관계에는 '메커니즘'이 있습니다.

세상의 모든 것에는 이치가 있다고 합니다. 주식시장, 더 크게 생각하면 금융시장에도 그 이치가 있습니다. 이 이치가 서로 맞물려 잘 돌아가도록 하는 것이 시장 메커니즘Market Mechanism입니다. 이 메커니즘을 파악할 수 있으면 주식시장의 방향을 제대로 파악할 수 있습니다. 시장이 폭락하기 전에 그 신호를 미리 감지하여 자산을 지킬 수 있는 능력이 생기게 되는 것입니다. 큰 폭락장을 한 번이라도 겪어본 분들은 그 공포와 스트레스가 얼마나 큰지를 알 것입니다. 이런 공포에서 벗어 날 수 있습니다.

셋째, 이 메커니즘에는 규범Norm이 있습니다.

금융시장 메커니즘은 금융시장 내 여러 자산시장이 서로 연결되어 있는 것입니다. 연준 기준금리, 시장 금리, 인플레이션과 채권시장, 외환시장, 금 및 석유 같은 커머더티 시장, 선물시장, 옵션시장, ETF 시장들이 주식시장과 서로 직간접적으로 연결되어 있습니다.

주식시장의 긴 역사 동안 이들은 서로 같은 방향이나 반대 방향으로 영향을 주고받아 왔고, 때로는 서로 영향을 주지 않는 기간을 유지하기도 합니다. 상당히 오랜 기간 동안 이렇게 연관된 관계들은 규범을 형성해왔고 유지해왔습니다. 이 규범을 정기적으로 관찰하는 것이 중요합니다.

넷째, 메커니즘은 조기 경고 사인을 보내줍니다.

미국 주식시장은 그 역사가 오래된 만큼 세계 어느 주식시장보다도 질서가 있으며 형성된 규범에 대한 논리적 근거가 있는 시장입니다. 통상 이 규범이 지켜지면서 시장이 무리 없이 돌아가면 상승을 합니다. 하지만 이 규범이 흔들리기 시작하면 얼마 지나지 않아 조정이 오고, 규범이 깨지기 시작하면 경기 불황Recession이 옵니다. 그러므로 이 메커니즘을 잘 활용하면 매수·매도 시기를 결정할 수 있으며, 규범이 깨지는 경고 신호Warning Sign를 누구보다 빨리 파악할 수 있습니다. 이를 파악해서 대응하면 손실을 최소화하면서 꾸준한 수익을 창출할 수 있습니다. 다시 말해 손실을 최소화하면서 돈을 많이 벌 수 있는 능력을 갖추게 되는 것입니다.

01 금융시장 메커니즘 이해

경제학적 용어로 시장 메커니즘은 주식을 매수·매도하는 구조에 대한 정의입니다. 금융시장 메커니즘은 상당히 거시적인 개념입니다. 단순하게 표현하자면 메커니즘은 하나의 구조를 뜻합니다. 자동차에는 2만 개의 부품이 들어간다고 합니다. 이 2만 개의 부품이 잘 연결되어 자동차를 잘 굴러가게 하는 것이 하나의 메커니즘입니다.

금융시장도 이와 같습니다. 메커니즘을 이해할 때는 주식만 보아서는 안 됩니다. 하늘에서 땅을 내려다보는 것처럼 채권, 외환, 커머더티, 주식, 선물, 옵션 등의 전체 금융시장을 파악하고 이들이 유기적으로 물려 잘 돌아가는 구조가 금융시장 메커니즘입니다.

더 쉽게 이를 이해하기 위해 다음의 [그림 1]을 같이 보겠습니다.

[그림 1]에서처럼 모든 금융자산 시장들은 서로 맞물려서 돌아가고 있는데, 이를 금융시장 메커니즘이라 부릅니다. 이 금융시장 메커니즘은 미국 중앙은행인 연준과 7개의 금융자산 시장들로 구성된 관계입니다.

7개 시장에 대해 먼저 설명하고 연준은 4장에서 설명을 하겠습니다. 7개

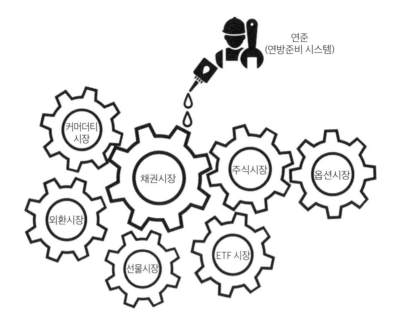

[그림 1] 금융시장 메커니즘

시장을 주식 투자에 있어서 중요한 순서대로 나열했습니다.

① 채권시장Bond Market : 미국 국채 및 회사채를 거래하는 시장

② 주식시장Stock Market : 주식을 거래하는 시장

③ 외환시장Foreign Exchange Market : 미국달러 및 여러 국가들의 화폐를 거래하
는 시장

④ 커머더티 시장Commodity Market : 금, 은, 구리, 원유 등 산업 원재료를 거래
하는 시장

⑤ ETF 시장ETF Market : ETF를 거래하는 시장

⑥ 선물시장Futures Market : 선물 계약을 거래하는 시장

⑦ 옵션시장Options Market : 옵션 계약을 거래하는 시장

미국 주식을 하면서 공부가 필요하다고 절실히 느낀 이유는, 미국 시장은 정직하기 때문에 공부를 해서 시장 안에 숨어 있는 논리적 구조를 알면 미국 시장이 돌아가는 원리를 볼 수 있기 때문입니다. 미국 시장은 연준 의장의 한마디나 연준 정책의 방향에 따라 크게 움직이고 개인이 보유한 주식에까지 큰 영향이 미치기 때문에 연준에 대한 공부도 필요합니다.

한 국가의 중앙은행이 목표로 하는 것은 크게 세 가지입니다.

① 최대 고용
② 물가 안정
③ 장기금리의 안정성

이 세 가지 목표 수행을 위해 중앙은행은 통화정책Monetary Policy이라고 해서 돈을 풀어주기도 하고 다시 회수하기도 하는 정책을 사용합니다. 다른 표현으로는 통화 공급 정책Money Supply Policy이라고 부릅니다.

이 통화정책을 수행하는 수단으로 사용하는 것이 금리 조정입니다. 연준 기준금리의 정식 영어 명칭은 'Federal Funds Target Rate'입니다. 이 연준 기준금리의 영향력은 어마어마합니다. 연준 기준금리에 따라 세계 경제가 들썩입니다.

연준 기준금리가 시장에 영향을 미치는 과정을 살펴보겠습니다.

① 연준이 FOMC(The Federal Open Market Committee) 미팅에서 연준 기준금리를 결정한다.
② 연준 기준금리는 미국 국채의 수익률Yield에 영향을 주고,
③ 미국 국채 수익률은 시장 금리에 영향을 주고,

④ 미국 국채 수익률의 변화에 따라 채권(국채와 회사채) 가격이 변화하면서 미국 주식시장에도 영향을 준다.

⑤ 연준 기준금리Fed Funds Target Rate 변동에 따라오는 시장 금리 변화에 의해 이자 민감 주식Interest Sensitive Stock의 섹터 로테이션Sector Rotation이 일어나고,

⑥ 섹터 로테이션과 관련된 개별 주식 가격의 변동이 이 주식들을 포함하는 ETF 가격에 반영된다.

⑦ 주식시장의 변화 및 시장 금리의 변화는 커머더티 가격에 영향을 미친다.

⑧ 주식시장과 커머더티 가격의 변화는 미국달러화 가치에 영향을 미친다.

통상 ①부터 ⑧까지가 연속적으로 순서대로 일어납니다. 하나의 시장이 다른 시장에 영향을 주는 데는 보통 1~2주에서 3개월 넘게 걸리기도 합니다. 이러한 시장의 움직임은 경기순환 주기에도 영향을 주게 됩니다. 이것이 금융 시장의 메커니즘이 되는 것입니다.

미국 주식시장에 장기간 투자를 하려면 이 관계를 잘 파악하는 것이 중요합니다. 이 책 3장과 4장에 나온 내용 정도면 미국 아마존 서점에서 책 5권 이상은 공부를 해야 파악할 수 있는 내용입니다. 그러므로 기초 체력을 만드는 것이 중요하다고 생각하고 3장과 4장을 숙지하기 바랍니다. 그렇게 기초 체력을 탄탄하게 한 다음에라야 더욱 심도 깊은 내용을 혼자서 공부할 수 있을 것입니다.

7개 시장과 연준에 대한 설명을 드리기에 앞서, 주식시장 이해에 필요한 이자율 11가지 개념을 설명하겠습니다. 이 개념을 모르거나 개념 정리가 안 되면 미국 시장의 큰 흐름을 놓치게 됩니다.

학창 시절 사회 경제 시간에 배운 내용이지만 체계적으로 정리가 안 된 분들이 많습니다. 하나씩 점검해보겠습니다.

02 이자율 관련 11개의 기본 개념들

여기에서는 미국 주식시장에 '가장 많은 영향을 미치는 이자율 관련 11개 개념들'을 정리하겠습니다.

미국 주식을 하면 미국 중앙은행인 연준 이야기를 많이 듣게 됩니다. 연준 기준금리와 경기부양책을 영어로 이야기하면 'Fed Funds Rate'와 'Quantitative Easing_{QE}'입니다. 연준 기준금리는 이자율의 출발점입니다. 시간을 거슬러 1980년대 중반으로 가보겠습니다. 1980년대 중반에 원금이 보장되는 정기예금 금리가 10%를 넘었습니다.

지금 한국 10년 국채의 이자가 12%라면 어떻게 하겠습니까? 빨리 달려가서 자산의 일정 부분을 채권에 안전하게 넣어두어야 합니다. 12%에 연이율에 복리이니까요. 원금이 보장되고 금리가 12%인 정기예금이 있다면 제 금융 투자 자산의 50% 이상을 넣겠습니다. 그런데 이런 고금리 시대는 한 나라가 선진국에 들어갈수록 다시 오기 어렵습니다.

중앙은행 금리와 시장 금리는 주식시장을 넘어 전체 경제 시장에 막대한 영향을 미칩니다. 이자율에 대한 개념을 먼저 파악한 후 개별 금융자산 시장들에 대해 공부를 하겠습니다.

개념 1: 이자율

이자율Interest Rate은 1년 기준입니다. 미국 금융시장에서 이야기하는 이자율이라고 하면 보통 연준 기준금리Fed Fund Rate라고 생각하지만 그렇지 않습니다. Fed Fund Rate(연준 기준금리)라고 명시를 하지 않으면, 미국 10년 국채 수익률US 10 Year Treasury Note's Yield – US T 10 YR Note Y이 시장 금리가 됩니다. 이 시장 금리가 주택 담보 대출금리나 자동차 할부 금리, 신용카드 이자율 등 실생활의 모든 금리에 큰 영향을 주거나 영향을 받습니다. 이 시장 금리가 미국 10년 국채 수익률에서 나오는 것임을 기억하십시오. 수익률은 영어의 'Yield'를 직역한 것이고 한국에서는 수익률을 금리라고 부릅니다. 책에서는 미국 주식시장에서 통용되며 더욱 명확한 의미 전달을 위해 '수익률'로 통일합니다.

개념 2: 단리

1년 기준으로 균등한 이자를 주는 방법입니다. 단순합니다. 그래서 영어로 'Simple Interest Rate'라고 합니다.

개념 3: 복리

이자와 원금의 합에 다시 이자를 붙여서 주는 것입니다. 단리보다 복리Compound Interest Rate인 경우 자산이 더 많이 늘어납니다.

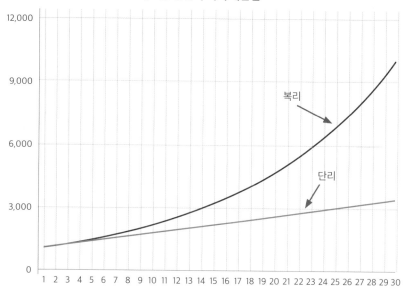

[그림 2] 단리·복리 계산법

자료: 와이즈노믹스

원금에 복리 이자가 붙어서 자산이 2배가 되는 기간을 찾는 방법을 소위 '72법칙'이라고 합니다. 72를 이자율 %로 나누면 자산이 2배가 되는 데 걸리는 시간이 나옵니다. 이 수식에 미국 10년 국채 수익률을 넣어 보겠습니다. 금일 채권 수익률이 0.824%입니다. 72÷0.824를 하면 87년이 나옵니다. 즉 오늘부터 87년 동안 복리로 넣어두면 자산이 2배가 되는 것입니다.

개념 4: 연준 기준금리

미국 중앙은행의 목표 금리Federal Funds Target Rate가 연준 기준금리Fed Fund Rate입니다. 뉴스에서 연준이 금리를 0.25% 올렸다, 내렸다 하면 이 금리를 이야기하는 것입니다.

연준 기준금리가 많은 사람에게 혼돈을 주는 이유는, 이 금리가 도대체 무슨 금리를 뜻하는 것인지 모르기 때문입니다. 연준 기준금리Fed Funds Rate는 연방중앙은행이 일반은행Commercial Bank들에게 빌려주는 돈의 이자율입니다. 연방중앙은행이 상업은행National Bank of Commerce에 돈을 빌려주면 상업은행이 그 돈을 기업이나 일반인들에게 대출을 해주는 것입니다.

연준 기준금리는 2020년 10월 현재 0~0.25%입니다. 명목상으로는 1년 이자가 0.25%인 것이지만, 연방중앙은행이 상업은행에 빌려주는 기간은 실제로는 1년이 아니라 하루에서 이틀 정도입니다. 그러므로 연준은 단기금리에만 직접적인 영향을 줄 수 있고 중장기 금리는 시장에서 결정이 되는 것입니다.

여기에서 우리는 두 가지를 알 수 있습니다.

① 연준의 금리 변화는 시장에 엄청난 파급효과를 줍니다.
② 연준이 금리를 통해 시장에 직접적인 영향을 줄 수 있는 이자는 단기금리가 유일합니다.

개념 5: 할인율

할인율Discount Rate이라는 용어는 미국 금융시장에서는 세 가지로 보아야 합니다. 첫째는 할인율의 의미인데, 개념 11에 나오는 현재 가치를 계산하는 데 사용되는 할인율을 이야기합니다. 두 번째로는 채권시장에서의 할인율인데 1년 미만의 (정부) 채권의 이자율로 생각하면 됩니다. 즉 단기 이자로 생각하면 됩니다. 세 번째는 중앙은행이 일반은행에 초단기Ultra Short-Term로 빌려줄 때 적용하는 이자율로 영어로는 'Federal Discount Rate, Interbank

Rate, Bank Rate'라고 합니다.

개념 6: 우대금리

우대금리Prime Rate를 이야기할 때, 은행의 입장에서는 세 고객이 있습니다. 첫째, 미국 대형 은행들이 소형 은행들에게 대출해줄 때Inter-bank Transaction 적용하는 우대금리입니다. 은행이 자체 보유 현금보다 더 많은 현금이 급하게 필요한 경우가 있습니다. 이런 경우 타 은행에서 단기로 빌려서 쓰는데 이때 보통 연준 기준금리에 3% 정도를 더해서 금리가 정해집니다. 이것이 우대금리입니다. 빌려가는 은행이 신용이 안 좋으면 우대금리보다 더 높은 이자가 부과됩니다. 둘째는 은행의 기업 고객 중 주요 고객에게 제공하는 금리입니다. 셋째는 중요한 개인 고객에게 제공하는 금리를 우대금리로 정의합니다. 이 우대금리는 연준 기준금리에 추가 금리(보통 +3%)를 더해서 결정됩니다.

개념 7: LIBOR 단기 이자율

3개월 단기 이자율의 기준을 찾을 때는 LIBOR 3 Month 이자율이 그 기준이 됩니다. LIBOR는 London Inter-bank Offered Rate의 줄임말입니다. 1980년대 중반부터 나온 이자율로 표현대로 은행들 간Inter-bank 자금을 융통할 때 쓰는 단기 이자율입니다. LIBOR 이자율은 런던에서 발표합니다.

미국 주식시장에서 왜 런던에서 발표하는 금리를 사용할까요? 전 세계 금융의 축은 뉴욕과 런던입니다. 영국의 금융 역사가 미국보다 더 오래되었습니다. 그래서 아직도 은행 간의 거래 및 대형 보험사의 재보험은 런던에서 거래하고 결제는 미국달러를 사용합니다. 이러한 배경으로 LIBOR를 단기금리의 대표로 보게 되었습니다.

개념 8: 수익률Yield

'Yield'의 원래 의미는 어떠한 상품에 투자를 했을 때 그 상품이 주는 이자 수익이나 배당 같은 수입Income을 이야기합니다. 그래서 영어로 'Return'이라고도 이야기합니다(예: ROE, Return on Equity). 수익률Yield은 투자한 원금 대비 수익을 퍼센트로 이야기합니다. 이 'Yield'는 채권의 수익률에 많이 사용되는 용어입니다. 채권 수익률로 공식적으로 사용되는 용어는 '만기 수익률'이라고 해서 영어로는 'Yield to Maturity', 줄여서 YTM이라 합니다. 채권의 수익률Yield은 채권 가격 및 연준의 정책을 이해하는 데 많은 도움이 됩니다. 주식시장에서 연준 기준금리만큼 중요한 것은 미국 국채들의 수익률입니다. 꼭 기억해야 합니다.

개념 9: 물가 상승

한 국가의 물가가 상승하는 것을 인플레이션Inflation이라고 합니다. 인플레이션의 반대말은 디플레이션Deflation입니다. 대부분의 경우 경제가 상승을 하는 시기에는 인플레이션을 많이 이야기하고, 불황이 올 때는 디플레이션을 많이 이야기합니다.

인플레이션의 상황을 파악하는 데 중요한 지표는 세 가지가 있습니다.

① CPIConsumer Price Index: 소비자물가지수

② PPI_{Produce Price Index} : 생산자물가지수

③ 수익률 곡선_{Yield Curve}

CPI와 PPI가 올라가면 인플레이션이 우려됩니다. 수익률 곡선_{Yield Curve}은 장단기 금리 차이를 보여주는 것인데, 그 장기금리와 단기금리의 차이가 커지면 인플레이션이 우려됩니다.

개념 10: 실질이자율

개념 8의 수익률과 함께 중요한 것은 '실질이자율_{Real Interest Rate}'입니다. 실질이자율은 금융시장에 큰 영향을 미칩니다. 이자율에서 물가 상승률을 빼서 나오는 숫자가 실질이자율입니다. 그러면 개념 1 혹은 개념 8의 이자율에서 개념 9의 인플레이션을 빼면 실질이자율이 됩니다.

이에 대해 더 쉽게 설명을 하겠습니다. 정기예금 이자가 1987년에 10%였습니다. 그해 물가 상승률은 3%였습니다. 그러면 실제로 내 손안에 들어온 이자는 7%입니다. 1980년으로 돌아가 보겠습니다. 당시 대한민국은 이란이 석유 생산량을 줄여서 원유값이 갑자기 2배가 되었습니다. 1979년의 정기예금 이자는 18.6%이고 물가 상승률은 18.3%였습니다. 그러면 실질이자율은 0.3%가 됩니다. 1980년은 정기예금 이자가 18.6%이고 물가 상승률은 28.7%로서 실질이자율은 -10.1%입니다. 마이너스입니다. 실제로 저 시기에는 정기예금 이자로 18.6%를 받아도 물가가 더 올라가 버렸기 때문에 실질이자율은 마이너스였습니다. 이러한 경우를 마이너스 금리라 부르는데 영어로는 'Negative Interest Rate'라고 합니다.

인플레이션을 감안한 실질금리가 마이너스 금리가 되면 미국 금융시장 전

반에 큰 영향을 미칩니다. 금을 포함한 산업 원자재의 가격이 상승하고(금 가격이 최고가를 기록하게 됩니다) 연준이 경기부양책 등의 새로운 정책을 펼치게 됩니다. 대부분의 경우 마이너스 금리일 때 금 가격이 최고가를 기록하게 됩니다.

개념 11: 순 현재 가치

기업가치 평가에 대한 이야기를 많이 들어보셨을 것입니다. 기업가치 평가라고 하면 복잡하고 어려운 방법이라고 생각들 하지만 그 기본 개념은 그리 어렵지 않습니다. 기업가치 평가 시 가장 많이 사용되는 방법은 순 현재 가치NPV: Net Present Value 평가법입니다.

오늘의 1억과 10년 후의 1억의 가치는 동일할까요? 당연히 아닐 것입니다. 오늘의 가치가 미래의 가치보다 더 클 것입니다. 물가가 상승하기 때문입니다. 반대로 10년 전의 1억과 오늘날의 1억을 비교하면 10년 전의 1억의 가치가 한참 큽니다.

이런 개념을 도입하여 회사의 미래 가치를 오늘의 가치로 환산하는 것을 순 현재 가치라 하고, 이 순 현재 가치를 계산하는 데 사용하는 방법이 현금흐름 할인 방법Discounted Cash Flow입니다.

어떻게 계산하는지 보겠습니다.

우선 회사가 현재의 사업과 미래에 예상되는 사업을 영위할 경우 창출할 수 있는 잉여현금Free Cash Flow을 예상합니다. 미래의 사업성까지 예상하는 것을 재무 예측Financial Forecast · Financial Pro Forma이라 하는데, 이 재무 예측을 기반으로 한 잉여현금Free Cash Flow을 현재 이자율Discounted Rate을 이용해서 복리 개념으로 나누어 현재의 가치Net Present Value로 환산되는 것을 순 현재 가치라 합니다.

예를 들어 1년차 현금이 A, 2년차가 B, 3년차가 C라 한다면, 다음과 같은 식이 만들어집니다.

$$NPV = (A \div (1+할인율)) + (B \div (1+할인율)^2) + (C \div (1+할인율)^3)$$

1년차, 2년차, 3년차를 계산해서 그 합을 합친 것이 순 현재 가치입니다. 현금을 할인율Discount Rate을 이용해서 계산을 하는 방법이어서 'DCF' 또는 'Discounted Cash Flow' 방법이라고 부릅니다.

이 개념이 중요한 이유는 주식시장에 이 개념이 크게 두 군데 사용되기 때문입니다.

① 채권 수익률 계산에 사용됩니다.
② 회사 가치 평가 방법에 사용됩니다.

이 계산법을 식으로 쓰면 다음과 같습니다.

$$순\ 현재\ 가치 = \frac{분자 A}{(1+B)^1} + \frac{분자 A}{(1+B)^2} + \frac{분자 A}{(1+B)^3} + \frac{분자 A}{(1+B)^4} + \frac{분자 A}{(1+B)^5}$$

분자에는 구하고자 하는 값을 넣으면 되는데, 위에서 기업이 매년 창출하는 잉여현금Free Cash Flow을 대입한다고 언급을 했습니다. 즉 기업가치가 높아지려면 수익을 내는 것도 중요하지만 얼마나 많은 현금을 만들 수 있는지가 중요합니다. 아무리 매출이 크더라도 비용을 제외하고 나서 적자이면 이 회사 가치는 아주 낮아지게 됩니다. 많은 분석가들이 "현금은 왕Cash is King"이라고 말하는 근거입니다.

그럼 분모 중 B에는 무엇을 쓸까요? 시장 금리를 많이 사용합니다. 매년 분모는 '복리'식으로 증가합니다. 그럼 1년차의 순 현재 가치가 5년차의 순 현재 가치보다 가치가 더 높겠지요?

실제 예를 하나 들어보겠습니다. 어떤 부동산을 5년간 임대해주는 계약을 했습니다. 연간 임대료는 1만 달러이고 시장 이자는 연 5%입니다. 이런 경우 임대 계약 기간 5년 동안 전체 임대료는 5만 달러인데 이 5만 달러의 현재 가치는 얼마일까요?

기간	임대료 현금(분자)	이자	순 현재 가치
1년차	10,000달러	5%	$\frac{10,000달러}{(1+0.05)^1}$ = 9,523.81달러
2년차	10,000달러	5%	$\frac{10,000달러}{(1+0.05)^2}$ = 9,070.29달러
3년차	10,000달러	5%	$\frac{10,000달러}{(1+0.05)^3}$ = 8,638.38달러
4년차	10,000달러	5%	$\frac{10,000달러}{(1+0.05)^4}$ = 8,227.02달러
5년차	10,000달러	5%	$\frac{10,000달러}{(1+0.05)^5}$ = 7,835.77달러
전체			43,294달러

계산을 해보겠습니다.

앞으로 5년간 받을 총 임대 수입 5만 달러의 가치는 4만 3,294달러입니다. 이러한 계산법은 적정 주가를 평가하는 데 영향을 미치게 됩니다. 즉, 시장 금리의 변동에 따라 금리가 낮아지면 밸류에이션Valuation의 분모가 작아지기 때문에 기업의 가치 평가는 자동으로 올라갑니다. 예를 들어 금리가 5%에서 3%로 하락을 하면 순 현재 가치는 4만 5,797달러로 상승합니다. 순 현재 가치 이론이 주식시장에 주는 영향력입니다. 그래서 시장 금리가 하락하면 주식시장이 올라가는 또 하나의 이유입니다.

순 현재 가치 이론이 우리에게 중요한 것은 단순히 순 현재 가치를 알기 위한 것이 아닙니다. 우리에게 중요한 시사점은 다음과 같습니다.

연준이 기준금리를 조정하면,

- 채권 가격이 변화하고 기입가치가 변합니나.
- 이 변화가 주식시장에 긍정적 영향 혹은 부정적 영향을 주는지 이해하는 데 필요한 연결고리를 제공한다는 것입니다.

11개의 개념은 그렇게 어려운 것이 아닙니다. 그러나 이렇게 한 번에 종합적으로 설명한 책이 별로 없습니다. 여러분에게 체계를 잡아주는 개념들이므로 이 개념들과 그 활용 방법을 잘 알아두기 바랍니다.

03 금융시장 내 자산시장들 간의 관계

　미국에서 시판되고 있는 책들 중 이 자산시장들 간의 관계에 대해 가장 잘 설명한 책은 존 머피John M. Murphy(stockcharts.com 최고 기술 분석가Chief Technical Analyst이면서 현재 뉴욕 소재 펀드의 리서치 수장)의《Trading Intermarket Analysis》입니다. 3장 3절은 존 머피의 책에 나오는 자료와 제 개인적인 지식과 경험을 바탕으로 쓰겠습니다.

　존 머피의 분석에 따르면, 보통 다음의 순서대로 금융시장이 서로 영향을 주는 관계가 형성됩니다.

- 연준의 정책 변화로 인한 금리 조정
- 단기~장기 이자의 변화
- 채권 수익률 변경
- 주식시장에 영향
- 커머더티 상품 가격 변화
  - 달러 가치와 커머더티 가격은 반대로 움직입니다.

– 달러가 하락하면 커머더티 가격이 상승하고,

– 달러가 상승하면 커머더티 가격이 하락합니다.

위의 순서가 통상적이라 할 수 있습니다. 금융자산시장들은 서로 직간접적인 영향을 주고받으면서 규범을 만들어왔다고 언급했습니다. 그리고 그 규범이 흔들리게 되면 조정이 옵니다.

큰 금융 위기가 오면 금융시장 내 자산시장Inter-Market들의 현재 관계는 변할 수 있습니다. 3장 3절은 2020년 기준으로 설명한 것인데 1년 후에는 이 설명이 달라질 가능성이 있다는 점을 유념하기 바랍니다. 이 점을 유념하고 이 시장들에 대해 이야기해보겠습니다.

연준이 공장장처럼 톱니바퀴들 사이에 기름을 치는 [그림 1](73쪽)을 기억하시죠? 그 기름 치는 일이 연준의 정책입니다. 이를 좀 더 공부하기 쉽게 [그림 3]을 만들었습니다. 가능하면 이 그림을 확대 복사해서 여러분이 공부한

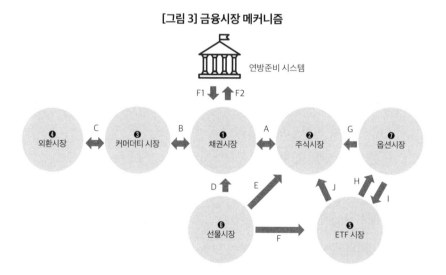

[그림 3] 금융시장 메커니즘

내용을 그림 위에 써보기 바랍니다. [그림 3]을 잘 이용하면 4장 연준 관련 설명의 이해가 쉽습니다.

책은 금융시장과 주식시장에 대한 이론들의 개념을 쉽게 이해하고 이를 제대로 활용하는 데에 초점을 맞추었습니다.

자, 그럼 '채권시장'으로 들어가 보겠습니다.

채권시장

본 책에서는 채권시장Bond Market에 대한 내용이 다른 시장 설명에 비해 많습니다. 이는 연준의 금리정책이 주식시장과 깊은 연관이 있기 때문입니다.

채권은 금융시장에서 원금이 보장되는 유일한 투자 상품입니다. 채권을 안전자산이라고 하며 영어로는 'Safe Haven'이라고 부릅니다. 위험이 없는 만큼 수익은 아주 낮습니다. 그래서 채권의 수익률은 주식 투자의 기준이 됩니다. 채권 수익률보다 더 높은 수익을 내기 위해 위험성을 안고 주식에 투자할 것인가, 아니면 위험성 없이 채권에 투자할 것인가의 결정이 투자의 경계선이 됩니다. 안전자산과 비안전자산의 선택의 경계가 되는 것이지요.

이 채권시장에 대해서는 두 가지 방향으로 설명을 드리겠습니다.

① 채권시장의 기본 개념
② 채권시장이 주식시장에 중요한 이유

채권시장의 기본 개념

한국에서 자동차를 구매하면 자동차 공채를 의무적으로 매수해야 합니다. 서울에서 2,000cc가 넘는 3,000만 원짜리 승용차를 구매하면 신차 등록 기준 도시 철도 채권 600만 원어치를 매수해야 합니다. 이 채권의 만기 7년 이자는 연 1.5%로 알고 있습니다. 이 채권은 지방자치 정부가 지하철 등 교통 인프라를 구축하는 자금으로 사용합니다. 이것이 우리 생활에서 가깝게 찾아볼 수 있는 채권의 종류입니다.

채권이라는 금융상품은 기본적으로 원금이 보장되는 안전한 상품입니다. 즉 투자 리스크가 거의 없는 상품입니다. 채권은 주로 발행하는 기관이 정부와 민간 두 가지입니다. 정부에서 발행하는 것은 국채이고 일반 회사에서 발행하는 것은 회사채입니다. 미국에서 발행되는 채권은 US Treasury Bond 와 Corporate Bond로 표기됩니다.

한 나라의 국채를 사면 그 나라가 망하지 않는 이상 원금은 절대적으로 보장을 받습니다. 즉 가장 안전한 금융상품입니다. 미국 정부가 가장 강력한 경제를 가지고 있으니 여러 나라의 국채 중에 미국 국채가 가장 안전할 것입니다. 미국 국채는 만기에 따라 정식 명으로 US Treasury Bill, Note, Bond 라 부릅니다.

채권은 단순하게 이야기하면 A와 B 사이의 관계입니다.

A는 돈을 빌려주는 사람인 채권자입니다.
B는 돈을 빌리는 사람인 채무자입니다.

B가 A에게서 돈을 빌리는 대신 담보(증서)를 제공하고 약속한 기간(만기)까지 매년 이자를 1년에 2번(6개월에 한 번씩) 지불하는 상품입니다. A는 돈을 빌려주는 시점에 확정된 이자를 1년에 2번 나누어 받고 만기 때는 원금을 돌려받는 거래입니다. 미국 국채로 보면 A는 투자자이고 B는 미국 재무부입니다.

채권의 발행 시장과 거래 시장

미국에서 채권과 관련된 시장은 두 곳이 있습니다. 발행 시장과 거래 시장입니다.

채권 발행 시장은 영어로 'Primary Market'이라고 합니다. 미국 국채는 미국 재무부 온라인 사이트에서 경매 방식으로 판매합니다. 보통 한 번에 2~4개 정도의 채권을 경매하는 데, 하나의 채권에 보통 미화 200억~500억 달러(한화 22조~55조 원) 정도를 미국 재무부에서 판매해 정부의 필요 자금을 조달합니다.

이 발행 시장의 구매자는 중국이나 일본같이 경제 규모가 큰 나라의 중앙은행이나 글로벌 투자은행이 주 고객입니다. 이렇게 발행된 채권들을 거래하는 시장이 따로 있습니다. 영어로 'Secondary Market' 또는 'OTC(Over-the-Counter) Market'이라 부르며, 이미 발행된 채권들의 수익률을 계산해서 채권 투자자들이 매수·매도하는 시장입니다. 채권 투자자들이 채권을 거래하는 목적은 이자 차이Interest Spread에 따른 수익률의 변화에 빠르게 대응해서 수익을 창출하는 것입니다. 미국 재무부에서는 매일 오후 3시 30분에, 당일의 모든 채권 거래들을 집계하여 정부 발행 채권들의 수익률을 발표합니다.

채권 발행 이자율 vs. 채권 수익률

채권 구매자로서 수익을 창출할 수 있는 방법은 두 가지가 있습니다.

첫 번째 방법: 순수 이자 수익을 받는 방법

채권 발행 시점의 확정된 이자로 만기 때까지 이자 수익을 차곡차곡 받는 방법입니다. 즉 만기 때까지 이자를 받으면서 기다리면 됩니다. 장기 투자자들이 선호하는 Buy & Hold의 원조입니다. 이자율은 발행 시 확정이고 매년 두 번에 나눠 확정된 이자 수익을 받게 됩니다. 그래서 채권을 미국에서는 'Fixed Income Securities'라 부르기도 합니다.

두 번째 방법: 채권 수익률로 거래 시장에서 판매하는 방법

발행된 채권을 거래 시장Secondary Market에서 거래해서 수익을 남기는 방법입니다. 발행된 채권의 액면가Face Value보다 높게 팔면 프리미엄Premium을 받고 판 것이고, 액면가보다 낮게 팔면 할인된Discounted 채권을 판 것이니 손해를 보는 것입니다. 그러면 채권 이자율과 채권 수익률에 대해 조금 더 알아보겠습니다.

채권 이자율: 첫 번째 방법의 순수 이자 수익

첫 번째 방법의 이자는 Coupon Rate라 부르고 발행 시점에 확정된 이자율입니다.

왜 Coupon Rate라 할까요?

지금은 채권을 전산으로 판매 관리하지만, 전산 시스템이 없던 과거에는 채권을 판매하면 고급 종이로 인쇄된 증서를 주었습니다. 거기에 또 하나의 증서가 있었는데 우표 같은 형식으로 이자 수익을 은행에서 찾을 수 있도록 한 교환권이 있었습니다. 10년 채권이라고 하면 20개의 교환권이 붙어 있는데 국채는 6개월에 한 번 이자가 지급되기 때문입니다. 이 우표같이 떼어낼 수 있는 교환권을 영어로 'Coupon'이라고 했습니다. 그래서 아직까지 'Coupon Rate'라고 합니다.

채권 수익률: 두 번째 방법의 수익

- 채권 수익률 변화에 따른 거래 시장에서의 매매

미국 10년 국채US Treasury 10YR Note: UST 10Y 1만 달러를 1% 이자로 샀다면, 10년 동안 1년에 2번씩 50달러를 이자로 받게 됩니다.

이런 방법이 첫 번째 수익 창출 방법인데, 채권과 같은 장기 투자의 가치는 '현재 가치'에 기준을 두어야 합니다. 즉 투자 원금과 이 투자의 현재 가치를 비교해서 현재 가치가 더 높아야 투자한 것이 이익인 것입니다. 오늘 1억 원짜리 부동산을 사려는데 그 부동산의 10년 후의 가격을 현재 가치로 환산을 했더니 8,000만 원이라면 누가 사겠습니까? 이 부동산을 사려면 1억 원이 아니라 8,000만 원 미만으로 낮추어서 사야 이익을 낼 수 있습니다. 채권 거래에 이 개념이 적용됩니다. 채권 만기 때까지의 이자 수익을 복리까지 모두 고려하여 순 현재 가치를 계산합니다. 이것이 이론상으로 그 채권의 현재 가치가 됩니다. 이 현재 가치를 기준으로 투자자들이 기존에 발행된 채권을 세컨더리 마켓Secondary Market*에서 매수·매도하게 됩니다.

그러면 무엇이 프리미엄 채권Premium bond이고 무엇이 디스카운티드 채권Discounted bond일까요?

프리미엄 채권: 판매가격 > 액면가(채권 발행 당시의 가격)

디스카운티드 채권: 판매가격 < 액면가

채권 발행 당시의 가격인 액면가보다 비싸면 프리미엄 채권이고, 액면가보다 낮으면 디스카운티드 채권입니다. 이것을 이해해야 다음의 이야기를 이해할 수 있

* Secondary Market이라고 해서 복잡하게 생각하실 수도 있지만, 주식 거래소도 Secondary Market입니다. 회사들이 주식을 발행할 때 액면가로 발행해서 이를 투자자들이 직접 회사에 투자를 합니다. 이것이 Primary Market이고, 이를 IPO를 통해 거래소에 등록해서 거래하는 것입니다. 그래서 이 거래소들도 Secondary Market이라고 합니다.

습니다.

"채권의 수익률이 올라가면 채권 가격이 하락한다. 채권 수익률이 상승하면 채권의 투자 매력도가 높아져서 투자 자금이 주식시장에서 빠져 채권시장으로 움직인다."

왜 그런지 보겠습니다.

여러분이 액면가 1만 달러인 만기 10년, Coupon Rate 4%인 미국 국채 A를 구매했습니다. 몇 년 후 이자(시장 금리)가 떨어져서 미국 국채 B가 액면가 1만 달러, 만기 10년, Coupon Rate 2%로 결정되었습니다.

이 중에 어떤 채권이 더 좋을까요? 당연히 이자 많이 주는 채권이 좋은 채권입니다. 그럼 A입니다. 새로 나온 B보다 시중에 나와 있는 A에 대한 투자자 수요가 높아집니다. 이자가 하락하기 전에 발행된 채권들은 확정 이자가 높으니 투자자들은 현재 하락한 이자로 발행되는 채권보다 높은 이자를 받는 이전 발행 채권을 선호하게 되는 것입니다.

수요가 높아지니 당연히 가격이 올라갑니다. 그래서 액면가 1만 달러, Coupon Rate 4%인 A 채권의 가격이 올라갑니다. 액면가보다 높은 가격에 판매되는 것입니다. 이 채권이 1만 500달러에 판매가 된다면 500달러가 프리미엄이 됩니다. 그래서 액면가보다 높은 가격에 거래되는 채권이 프리미엄 채권Premium Bond입니다. 반대의 경우를 디스카운티드 채권Discounted Bond이라 합니다. 이렇게 채권 수익률을 이용하여 거래 시장에서 매매를 통해 수익을 남기는 것이 채권 수익 창출의 두 번째 방법입니다.

채권은 안정성이 좋은 만큼 수익률이 낮아서(예: 현재 미국 10년 국채의 이자는 연 1% 미만입니다) 공격적인 투자자들은 선호를 하지 않지만 실제로 이 채권 시장의 규모는 상당합니다. 미국 통계청에 따르면 미국 국채의 일 거래량은 5,470억 달러 이상이라고 합니다. 지금 환율로 600조 원 정도입니다. 한국의

2020년 정부 예산이 513.5조 원(기획재정부 발표 자료)이니 그 규모가 상당함을 알 수 있습니다. 주로 글로벌 투자은행, 경제 규모가 큰 국가들의 중앙은행이 세컨더리 마켓에서 이 채권들을 거래합니다. 일반인들이 이들처럼 매매를 해서 수익을 남기기에는 너무나도 큰 시장입니다.

채권의 수익률 개념

채권 수익률과 주식시장의 관계

채권 수익률에 대해 공부할 때 채권의 수익률 움직임이 미국 금융시장과 주식시장에 어떤 영향을 미치는지를 아는 것이 가장 중요합니다.

위에서 언급한 대로,

채권의 수익률이 상승하면 채권 가격이 하락한다.
채권의 수익률이 상승하면 채권의 투자 매력도가 높아져서 투자 자금이 주식시장에서 채권시장으로 이동한다.

채권 수익률 변화에 따라 채권시장이 좋아지거나 주식시장이 좋아지는 것을 볼 수 있습니다. 경제 위기나 주식시장의 조정기가 오면, 이 위기가 오기 전에 자금이 많은 미국 '기관 투자자'들은 이미 주식시장에서 이익 실현을 한 후 그 자금을 안전자산 중의 하나인 채권시장으로 옮깁니다. 이들이 자금을 옮기는 것이 포착되면 개인 투자자들은 시장에 곧 조정이 올 것이라는 지표로 이를 이용해서 투자 전략에 반영합니다.

채권 수익률 산출하는 방법

채권의 수익률과 주식시장의 관계를 조금 더 자세히 확인하기 위해서는 채권 수익률이 어떻게 산출되는지를 이해해야 합니다. 채권의 수익률은 주식 시장과 연관되어 있을 뿐 아니라, 연준이 미국 국채들의 수익률을 모니터링해서 통화정책 방향을 결정하는 데 중요한 자료로 보고 있기 때문에 자세히 살펴볼 필요가 있습니다.

채권은 만기가 있는 상품입니다. 그러므로 만기 때까지의 수익을 계산한 깃이 수익률입니다. 이를 만기 수익률YTM: Yield to Maturity이라고 이야기하는네 줄여서 채권 수익률Yield이라고 합니다. 채권의 수익률을 이야기할 때는 YTM을 이야기하는 것입니다. YTM이 어떻게 계산되는지 보겠습니다.

만기 수익률은 $\dfrac{1\text{년 이자 수익} + \dfrac{\text{액면가}-\text{채권 거래 가격}}{\text{만기 년 회수}}}{\dfrac{\text{액면가}+\text{채권 거래 가격}}{2}}$ 로 계산을 합니다.

위의 식으로 계산된 수익률을 이용해서 채권의 현재 가치를 구하고 이 현재 가치가 채권 가격의 기준이 되는 것입니다.

채권 가격 $= \dfrac{\text{이자}}{(1+Yield)} + \dfrac{\text{이자}}{(1+Yield)^2} + \cdots + \dfrac{\text{이자}}{(1+Yield)^3} + \dfrac{\text{이자}}{(1+Yield)^4}$

채권 가격 계산식에서 분모가 커지면 어떻게 될까요? 앞에서 설명한 순 현재 가치 계산식처럼 분모가 커지면 구하려는 값은 떨어집니다.

채권의 수익률이 올라가면 채권 가격이 떨어집니다. 반대로 수익률이 내려가면 채권 가격이 올라갑니다.

미국 주식시장의 좋은 점 중 하나는 우리가 직접 계산할 필요가 없다는 점입니다. 관련된 정보를 몰라서 혹은 어떻게 찾는지를 몰라서 못 찾는 것이 문제이지 알고 보면 이 정보들은 실시간으로 계산되어 제공돼 있습니다. 이런 정보들을 잘 찾아서 이용만 잘하면 됩니다. 이렇게 계산된 수익률은 다음의 사이트에서 실시간으로 쉽게 확인이 가능합니다.

- CNBC: cnbc.com → Markets → Bonds
- 월스트리트저널: wsj.com → Markets → Bonds & Rates(구독 불필요)

미국 국채의 수익률 중 가장 중요하게 사용되는 것은 미국 10년 국채의 수익률입니다. 미국 10년 국채의 수익률은 미국 금융시장에서 소비자 금융의 기준 이자율, 즉 시장 금리가 됩니다.

[표 1]은 《월스트리트저널》에 나오는 자료입니다(2021년 1월 21일).

채권별로 발행 당시의 확정 이자율인 표면 금리Coupon rate를 보여줍니다. 그리고 현재 이 채권이 거래되고 있는 수익률을 실시간으로 보여줍니다. 그 옆에는 YIELD CHG(수익률 변화)가 있는데 수익률이 변화하는 양을 보여줍니

[표 1] 미국 국채 수익률

	COUPON(%)	PRICE CHG	YIELD(%)	YIELD CHG
30-Year Bond	1.625	5/32	1.848	-0.024
10-Year Note	0.875	2/32	1.096	-0.018
7-Year Note	0.625	23/32	0.772	-0.017
5-Year Note	0.375	0/32	0.440	-0.001
3-Year Note	0.125	0/32	0.188	0.000
2-Year Note	0.125	0/32	0.129	0.000
1-Year Bill	0	0/32	0.097	-0.004
6-Month Bill	0	0/32	0.093	0.001
3-Month Bill	0	0/32	0.077	-0.006
1-Month Bill	0	0/32	0.068	-0.008

자료: Wall Street Journal

다. 10년 채권의 YIELD CHG를 보면 −0.018하락을 했습니다. 이를 1.8베이시스 포인트_{basis point}가 하락했다고 말합니다.

Basis Points_{BPS}라는 것은 1%를 100베이시스 포인트라 정의를 해서 작은 비율(%)의 변화를 더 면밀하게 보기 위한 단위입니다. 일 거래량이 600조 원이 넘는 채권시장은 경쟁이 치열한 시장입니다. 앞서 언급한 바와 같이 채권 투자자들이 채권을 거래하는 목적은 이사 차이를 가지고 이익을 내기 위함입니다. 엄청나게 큰 투자 금액 규모에서 작은 차이_{Spread}를 더 면밀하게 보여주려고 생긴 단위가 bps입니다. 연준이 금리를 0.25% 올린다고 하면 그 수치가 크게 생각되지 않지만 25bps를 올렸다고 하면 상당히 커 보입니다(0.25%와 25bps는 같은 수치입니다). 채권시장에서는 엄청난 규모의 자금이 거래되기 때문에 1bps 차이로도 굉장한 수익이 왔다 갔다 합니다. bps의 작은 변화가 시장을 민감하게 받아들여야 하는 기관들에게는 유용하게 이용됩니다.

이러한 미국 국채들의 수익률_{Yield} 값을 가지고 수익률 곡선_{Yield Curve}을 만듭니다. 이 수익률 곡선의 모양이 미국 경제의 현재 모습과 미래 모습을 예측

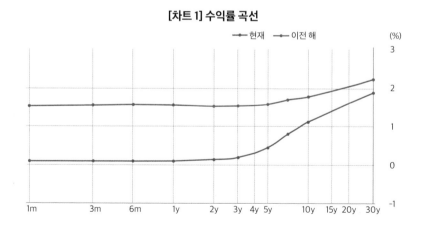

[차트 1] 수익률 곡선

자료: Wall Street Journal

하기도 합니다. 그만큼 중요한 개념입니다. 그래서 수익률 곡선을 연준에서 상당히 면밀하게 관찰합니다. 특히 2년 채권과 10년 채권을 중점적으로 봅니다. 이를 10Y2YS라고 하는데, 다음 장에서 더 설명을 하겠습니다.

마지막으로 미국 국채의 종류에 대해 보겠습니다. 미국 국채는 만기에 따라 세 가지 종류로 구분합니다.

(1) US Treasury Bill: 만기가 1년 미만의 미국 국채

① 주로 미국 군인들과 공무원 월급을 주기 위해 정부가 필요시 자금을 빌리는 채권

② 만기: 1개월, 2개월, 3개월, 6개월, 1년

③ 이자 지급 방법: 1년 미만이기 때문에 이자를 지급하는 것보다 채권 발행 시 이자만큼 할인해서 판매

④ 이자율을 단기재정증권Treasury Bill에서는 할인율이라고 한다.

(2) US Treasury Note: 만기가 1년 이상 10년 이하의 미국 국채

① 만기: 2년, 3년, 5년, 7년, 10년

② 이자 지급 방법: 1년에 2번, 6개월에 한 번씩 지급

③ 이자율을 표면 금리Coupon Rate라고 한다.

(3) US Treasury Bond: 만기가 주로 10년 이상의 미국 국채

① 만기: 20년, 30년

② 이자 지급 방법 및 이자율: Treasury Note와 동일

채권시장이 주식시장에 중요한 이유

채권시장이 주식시장과 금융시장에 중요한 이유는 네 가지로 정리할 수 있습니다.

- 첫 번째는 채권이 가지고 있는 상품성입니다. 채권시장과 주식시장은 서로 경쟁 관계로 생각을 하면 편합니다.
- 두 번째는 주식시장의 방향을 보여줍니다.
- 세 번째는 미국 10년 국채의 수익률이 미국 시장 금리가 되고 기업가치 평가를 할 때 사용하는 할인율로도 사용됩니다.
- 네 번째는 미국 국채는 경제지표Economic Indicator로 사용됩니다.

① 채권의 상품성

채권시장과 주식시장은 서로 경쟁 관계입니다. 채권과 금은 안전자산Safe Haven이라 불리며 주식시장이 안 좋을 때는 투자자의 자금이 채권시장으로 유입됩니다. 그래서 통상 경기가 호황일 때는 기업들의 실적이 좋아서 주식시장에 자금이 많이 유입되고, 경기가 불황일 때는 안전자산인 채권에 자산을 보호합니다.

② 주식시장의 방향을 보여줍니다.

'채권 수익률이 올라가면 주식시장이 떨어지고, 채권 수익률이 내려가면 주식시장은 올라간다'가 2021년 현재 가장 통상적인 채권시장과 주식시장 간의 관계입니다. 이 관계가 1990년 이후 세 번 변합니다.

(책에 사용되는 차트 중 5장까지는 Stockcharts.com을 사용했고, 이후는 Tradingview.com을 사용했습니다. $UST10Y는 미국 10년 정부 채권의 수익률을 나

타내고, $SPX는 S&P500 지수입니다. 주식시장 인덱스Index는 S&P500을 사용합니다.
$$FEDRATE은 연준 기준금리를, !PRIME은 Prime Rate의 티커Ticker입니다. 기간 중 색
이 있는 부분은 미국 통계청에서 발표한 리세션Recession 시기입니다.)

- 1998년 이전까지는 채권 수익률과 주식시장의 움직임이 반대Inversed로 움직였습니다.
- 1998년 이후 채권 수익률과 주식시장의 움직임은 같은 방향Positive Correlation으로 움직였습니다.
- 2008년 서브 프라임 사태 이후 시행된 두 번째 경기부양책(QE 2) 이후 채권 수익률과 주식시장은 1998년 이전처럼 다시 반대로 움직이고 있습니다.

[차트 2] 미국 10년 국채 수익률 vs. S&P500

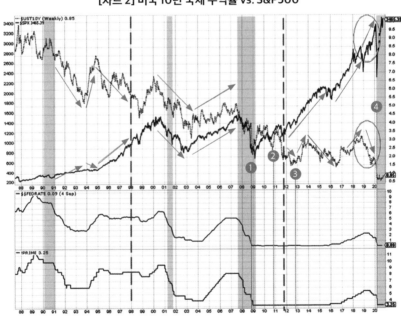

– 차트상으로 2번 정도 채권 수익률이 상승함에도 주식시장은 상승하는 현상이 보이지만, 시장 금리가 지난 10년보다 3% 정도 하락한 것을 감안하면 채권 수익률이 낮은 것으로 판단해도 무방합니다.

• 1~4번의 숫자는 연준의 경기부양책이 나온 시점입니다.

채권시장의 수익률이 먼저 움직인 후 주식시장이 움직이는 것이 현재로서는 통상적인 관계입니다. 하지만 이 현상이 동시에 일어나지는 않습니다. 시간차가 있어서 1~2달 혹은 그 이상 걸리기도 합니다.

경기부양책 하에서의 새로운 관계 형성

현재의 채권 수익률은 1988년 이후 최저 수준입니다. 채권시장의 수익률이 낮은데도 주식시장은 올라가는 양상이 2008년부터 다시 일어나고 있습니다. 이렇게 된 이유를 설명하겠습니다.

• 2008년 서브 프라임 사태 이후 연준은 경기부양책으로 세 번에 걸쳐 상당한 양의 돈을 시장에 공급합니다. 영어로는 'Quantitative Easing'이라고 하는데 연준 통화정책의 하나입니다. 무너진 경제를 살리기 위해 시중에 자금을 공급하면서 이 자금에 대한 이자를 최대한 낮게 조정을 합니다.

• 이자를 낮추어서 장단기 금리가 안정화되면 물가가 안정화되고, 기업은 미래 성장에 대한 확신으로 투자를 하게 되고, 그 결과 일자리가 늘어나고 주식시장이 성장하게 됩니다.

• 이는 연준의 가장 중요한 정책인 '최대 고용과 물가 안정'이라는 두 가지 의무Dual Mandate에 부합하는 결과로 이어집니다.

- 그래서 현재처럼 연준의 이자가 낮으면서 물가가 안정화되면 투자자들은 기업의 성장성을 보고 주식시장에 더 활발하게 투자를 합니다.
- [차트 2]에서 보듯이 2008년 이전에는 채권시장의 수익률과 주식시장이 같은 방향으로 움직였던 것과는 다른 양상입니다. 2008년부터 10년 넘게 연준이 기준금리를 낮추면서 이런 현상이 일어났습니다.

③ 미국 10년 국채의 수익률은 시장 금리의 측정 기준

미국 10년 국채(US 10Y T-Note) 수익률을 이자율의 측정 기준Benchmark으로 보는 이유는 다음과 같습니다.

- 기간이 짧은 1년 미만의 단기 국채의 수익률은 연준에서 관리가 가능합니다. 하지만 10년 국채의 수익률은 시장에서의 경매가에 따라 수익률이 결정됩니다. 그러기에 미국 10년 국채의 수익률은 시장 경제가 정하는 이자율로 정해집니다.
- 아래와 같은 다른 이자율의 측정 기준이 됩니다.
  - 회사채 이자율
  - 30년 주택 담보 대출이자율30-Year Mortgage
  - 신용카드 연간 이자율
  - 자동차 산업이 중요한 미국의 자동차 대출이자율(48개월)
  - 학자금 대출이자율
  - 개인 대출이자율
  - 저축 예금 계좌Savings Account 이자율

시장 금리는 중앙은행이 인위적으로 정하는 것이 아니라 시장의 제반 경제 상황이 고려되어 시장에서 결정되는 이자율인 것입니다.

미국 10년 국채 수익률의 움직임을 잘 보아야 하는 다른 한 가지 이유는, 기업가치 평가에서 상당히 중요한 요인이기 때문입니다. 10년 채권 수익률이 기업가치를 평가하는 할인율로 사용되기 때문에 이 채권 수익률이 낮아지면 기업가치가 올라가는 현상이 생깁니다.

④ 미국 10년 국채는 경제지표로 사용됩니다.

미국 10년 국채US 10Y T-Note의 수익률은 시장에 대한 투자자들의 자신감Confidence · Sentiment을 나타내는 지수로 사용됩니다. 수익률이 상승한다는 것은 투자자들이 앞으로의 시장에 대한 불안감 때문에-혹은 시장에 대한 자신감이 약해지면서- 리스크가 많은 주식시장보다 채권시장에 대한 선호도가 높아지고 자금이 채권시장으로 움직입니다. 즉 시장이 불안할 때 안전자산으로 자금이 이동하는 경우입니다.

반대로 미국 10년 국채의 수익률이 낮아지면 향후 시장에 대한 자신감이 높아지는 지표로 봅니다. 그래서 미국 10년 국채의 수익률은 주식시장에 대한 자신감을 나타내는 지표를 Investor Confidence 혹은 Investor Sentiment라고 합니다.

Economic Indicator 1: 10Y2YS(2S10S)

US Treasury Note(T-Note)는 2년, 3년, 5년, 7년, 10년이 있습니다. 이 T-Note들 중 가장 만기가 빠른 2년짜리와 만기가 늦은 10년짜리의 수익률을 비교해서 경제 상황을 판단합니다. 이 수익률 비교를 2S10S, US 2Yr/10Yr Spread, 10Y2YS라고 합니다. 기본적인 개념은 US T-Note

의 10년 수익률에서 2년 수익률을 차감하는 것입니다. 미국 10년 국채의 Spread는 경제지표Economic Indicator로 사용됩니다.

이 경제지표가 중요한 이유는,

- 10Y2YS(10 Year 2 Year Spread)의 일드 스프레드Yield Spread를 보고 경기 침체Recession를 예측합니다.
- 주식시장에서 일드 스프레드가 리세션과 경기 회복Recovery을 판단하는 가장 신뢰할 수 있는 지표라고 믿습니다.

이 10Y2YS(2S10S) 그래프를 보겠습니다([차트 3]).

점선으로 표시된 동그라미는 10Y2Y가 수익률의 차이가 거의 없거나 마이너스인 경우입니다. 차트의 회색 기둥 부분은 전미경제연구소NBER: The National Bureau of Economic Research에서 발표한 리세션입니다. 리세션 전에 10Y2Y는 항상 마이너스가 되었습니다. 10Y2Y가 마이너스이면 리세션이 1년 이내에 온다는 신호입니다. 10Y2Y가 마이너스라고 하면 미국 정부 2년 채권US 2Y T-Note의 수익률이 미국 10년 국채US 10Y T-Note의 수익률보다 높다는 뜻입니다.

[차트 3] 10Y2Y Spread(10Y2YS)

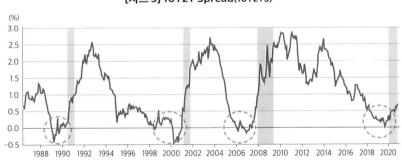

자료: 미국 세인트루이스 연방중앙은행

단기 수익률이 더 높다는 것은, 단기 위험이 높아졌으니 투자자들이 그 위험을 안고 투자를 하는 것에 수익률을 더 달라는 의미입니다.

이렇게 되면 'Inversed Yield Curve'가 만들어지는 것입니다. 그러면 조만간 리세션이 옵니다. 지금까지 거의 예외가 없었습니다. 그래서 미국 10년 국채는 연준에서도 항상 관찰하며, 연준의 금리정책에 많은 영향을 미칩니다.

Economic Indicator 2: Real Interest Rate

미국 재무부에서 발행하는 국채 중 TIPSTreasury Inflation-Protected Securities는 물가 상승률을 반영하여 실질 수익률을 보여주는 채권 상품입니다. 이 상품이 중요한 것은 실질이자율을 보여주기 때문입니다(https://fred.stlouisfed.org/series/DFII10).

연준에서 보여주는 그래프를 보겠습니다([차트 4]).

지난 10년간 실질금리는 1% 미만이었고, 2011년부터 2013년은 마이너스 금리의 시대였습니다. ①~④는 연준의 경기부양책 발표 시점입니다.

[차트 4] 실질금리와 금 가격

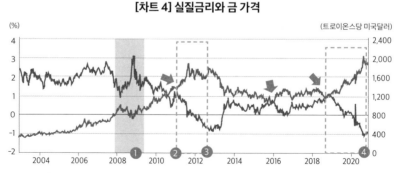

자료: Board of Governors, IBA, St. Louis Feb

초저금리 시대에 채권에 투자하면 수익률이 1% 미만입니다. 때로는 마이너스입니다. 지금은 당연히 실질 수익이 마이너스입니다. 여러분은 자산을 실질 수익이 마이너스인 채권에 투자하겠습니까? 세금도 내야 합니다. 그러면 투자하기가 꺼려지지요? 그러면 채권 외 어디에 투자를 하겠습니까? 주식시장과 금입니다.

그래서 1998년부터 2008년의 경우에는 채권의 수익률이 떨어지면 주식시장이 하락하고, 채권 수익률이 상승하면 주식시장이 상승하던 관계였는데, 이런 관계가 2012년 두 번째 경기부양책(QE 2) 이후의 마이너스 금리 혹은 저금리 시대에는 상당히 흔들리는 것입니다. 커머더티 시장 부분에서 설명을 드리겠지만, 이런 경우 금이 최고의 안전자산으로 각광받습니다.

최근 금값이 1트로이온스troy ounce에 2,000달러까지 갔었습니다. 금 가격이 상승한 주요 이유는 마이너스 금리 때문입니다.

채권시장에 대해 정리하겠습니다.

① 채권의 수익률은 현재의 시점부터 만기 때까지의 이자 수익을 현재의 가치로 계산한 것입니다.
② 시장의 움직임의 출발점은 시장 금리이고 이 시장 금리는 미국 10년 국채의 수익률입니다.
③ 시장에서는 이 채권의 수익률을 시장 이자율 혹은 시장 금리로 사용합니다. 이때 기준이 되는 채권은 미국 10년 국채로 영어로는 'US 10 Year Treasury Note'입니다.
④ 채권시장은 주식시장과 서로 경쟁 관계입니다.
⑤ 현재의 경우와 경기부양책에 의한 시장 저금리 시대에는 미국 국채의

수익률이 상승하면 주식시장이 하락을 합니다. 수익률이 하락하면 주식시장은 상승합니다.

⑥ 이는 2008년 서브 프라임 사태 이후 연준의 낮은 기준금리정책으로 인해 안정적인 물가 유지로 경제가 성장했고, 이로 인해 주식시장으로 자금이 몰리면서 미국 국채의 Yield가 낮음에도 불구하고 주식시장이 성장하게 되었습니다.

⑦ 미국 정부 10년 만기 채권과 2년 만기 채권의 수익률의 차이를 10Y2YS라고 하며, 이 차이를 가지고 경기가 침체Recession인지, 회복Recovery인지를 판단합니다.

⑧ 미국 국채 중 물가 상승이 반영된 TIPS 10년 채권은 실질금리를 보여줍니다.

주식시장

여기서는 많은 분이 알고 있으면서도 가볍게 넘어가는 내용을 다시 짚어 보겠습니다. 상당히 중요한 내용입니다.

반복해서 말하지만 미국 주식시장Stock Market에 상장된 주식 수는 6,500개가 넘습니다. 이 중에서 펀드, 해외 예탁증서 상장회사들, 신탁 펀드를 제외하면 순수한 상장 주식 수는 5,600개입니다.

여기서는 다음의 내용을 다룹니다.

① 미국 주식시장 인덱스 및 주식 분류
② 미국 주식시장 11개 섹터 소개 및 특징

주식시장 인덱스 및 주식 분류

미국 주식시장의 인덱스Index에는 여러 가지가 있습니다. 다우존스Dow Jones 지수, S&P500 지수, 나스닥 지수 등입니다. 이들에 대해 알아보겠습니다.

인덱스 구분

다우지수는 가장 오래된 전통을 지니고 있습니다. 1894년에 찰스 다우 Charles Dow에 의해 만들어졌고 에드워드 존스Edward Jones가 함께 하면서 완성된 지수입니다. 그래서 다우존스지수입니다.

다우존스지수

- 전통적인 지수
- 미국을 대표하는 30개 회사를 포함
- 30개의 회사가 6,500개 상장 주식의 움직임을 대표할 수 없기 때문에 주식시장 전체를 나타내는 지수보다는 미국 대기업 지수로 사용된다.
- 다우지수의 대표적인 기업이던 GE는 2018년 축출되었다.
- 지수를 나타낼 때 일반적으로는 시가총액을 활용하는 방법이 보편적이나, 다우지수는 30개 회사들의 주식 가격 합을 0.152(다우 factor라 부름. 항시 변함)로 나누어 지수를 구한다.
- 애플처럼 1:4(4 for 1)로 주식 분할이 일어나면 다우지수는 떨어지게 되어 있다. 이러한 지수의 급격한 하락을 방지하기 위해 기존 다우지수에 들어간 회사들을 변경하기도 한다.
- 2020년 8월 31일 기준으로 세일즈포스닷컴Salesforce.com(CRM), 암젠 Amgen(AMGN), 하니웰 인터내셔널Honeywell International(HON)이 새로 들어오고 엑손모빌Exxon Mobile(XOM), 화이자Pfizer(PFE), 레이시온 테크놀로지

Raytheon Technology(RTX)가 나갔다.

이 다우지수는 전통이 오래된 지수이기 때문에 CNBC 같은 곳에서는 다우지수에 대한 이야기를 많이 하지만, 실제로 S&P500이 미국 시장을 대표한다고 생각하는 투자자들이 더 많습니다.

S&P500 지수

미국 시장을 대표하는 500개 기업들의 주식 성과를 보여주는 지수입니다. S&P500($SPX)에서 여러분이 주의 깊게 보아야 할 것은 다음과 같습니다.

- S&P500은 시가총액으로 지수를 계산합니다.
- S&P500이 미국 전체 주식시장 시가총액의 75%를 차지하므로 미국 주식시장의 전체적인 움직임을 보기에 가장 좋습니다.
- 상위 10개 회사가 시가총액의 25% 전후를 차지합니다.
- 주식시장의 저항선Resistance과 지지선Support을 파악하기에 가장 좋은 지수입니다.
  - 2020년 3월 시장이 폭락할 때, 미국 주식시장에서 20년 이상 일을 한 사람들조차 폭락의 바닥이 어디인지를 모를 때 S&P500 지수는 피봇포인트Pivot Point의 지지선 2Support 2(S2)에 의해 그 바닥을 찍고 반등을 했습니다.
  - 당시 다른 지수들은 S2 미만으로도 많이 하락했습니다.
  - 이러한 경험으로 볼 때 SPX는 시장 상승과 하락을 보여주는 가장 좋은 지표입니다.
- S&P500의 ETF인 SPY의 활용도가 다양합니다.

- SPY는 워런 버핏이 추천했고 저축형 매수 방식을 취하는 대표 ETF
  입니다.
- 대부분의 옵션은 매주 금요일에(Weekly, Monthly 포함) 옵션 만기일이
  돌아오지만 SPY는 매주 월, 수, 금 옵션 만기일이 있습니다. 기관과
  전문 투자자들이 많이 사용하는 방식인 투기Speculation 및 위험 분산
  Hedging으로 많이 사용합니다.

나스닥 지수

기술주 위주의 거래소인 나스닥에 상장된 주식이 약 3,300개입니다.
6,500개 회사들이 미국 주식시장에 상장되어 있으니, 그 반이 나스닥에 상장
되어 있습니다. 나스닥 주식들의 성과를 보여주는 것이 나스닥 지수Nasdaq Index
로 $COMP가 티커입니다. 그리고 나스닥100NDX은 103개 나스닥 대표 회사
들의 성과를 보여주는 지수입니다.

러셀 2000 지수

러셀Russell 2000은 시가총액이 가장 작은 2,000개의 주식을 포함한 지수
입니다. ETF로는 IWM 티커를 가지고 있습니다. 이 지수를 보는 이유는 두
가지입니다.

첫째, 대형주가 상승을 할 때 소형주Small Cap가 같이 상승하지 못했다면 통
상 키 맞추기로 그 상승률을 쫓아갑니다.

둘째, 소형주가 시장이 꼭대기(고점)에 도달했는지를 보여주는 지표가 됩니
다. 보통 시장이 고점을 치고 하락을 할 때 소형주가 가장 먼저 하락을 시작합
니다. 이렇게 소형주의 상승이 멈추고 하락을 시작하면 Bull 시장이 마무리
되었다는 신호로 판단합니다.

구분	시가총액 규모	상장회사 수	비율
메가주(Mega Cap)	2,000억 달러	60	1%
대형주(Large Cap)	100억~2,000억 달러	329	5%
중형주(Medium Cap)	20억~100억 달러	825	15%
소형주(Small Cap)	3억~20억 달러	1,367	25%
마이크로주(Micro Cap)	5,000만~3억 달러	3,090	54%

주식 분류 방법: 시가총액 기준

미국 주식은 일반적으로 두 가지 방법으로 분류합니다. 첫째는 시가총액의 규모로 분류하고, 둘째는 섹터 및 산업별로 분류합니다.

시가총액이 영어로는 'Market Capitalization'인데 줄여서 'Market Cap'이라 부릅니다. 다음 표에서 구분을 보겠습니다.

한국과 미국의 상장 주식은 시가총액의 단위가 다른 점을 유념해야 합니다. 미국에서는 시가총액이 20억 달러(약 2조 원) 미만의 회사는 소형 주식으로 분류됩니다. 한국보다 단위가 월등하게 높습니다.

투자할 주식을 선택하는 과정에서 시가총액 분류 방식이 한 기준으로 쓰이게 됩니다. 시가총액이 높은 주식일수록 시장이 더 많은 관심을 가지고 그 회사의 미래 성장성에 대해 항상 점검을 할 것입니다. 안정성은 세계 최고의 기업들입니다. 시가총액이 낮은 기업은 앞으로의 성장성이 좋을 수는 있지만 안정성은 최고 기업들보다 낮을 수 있습니다. 미국 주식 경험이 적은 투자자들은 시가총액이 높은 FAANG 주식이나 ETF 위주로 투자를 합니다.

여러분은 오늘을 기준으로 20년 뒤에 아마존이 될 회사를 발굴할 수 있을까요? 발굴했다고 하더라도 그 회사에 많은 자금을 투자할 수 있을까요? 한번 고민을 해보아야 할 부분입니다. 이 고민을 6장 '펀더멘털 분석'에서 해결해드립니다.

구분	한국어	대표 ETF	대표 주식 티커
Energy	에너지	XLE	XOM(엑손모바일)
Materials	원자재	XLB	LIN(린드)
Industrials	산업재	XLI	UNP(유니온 퍼시픽)
Consumer Discretionary	경기 관련 소비재	XLY	AMZN(아마존)
Consumer Staples	필수소비재	XLP	PG(피앤지)
Health Care	헬스케어	XLV	JNJ(존슨앤존슨)
Financials	금융재	XLF	BRK(버크셔헤서웨이)
Information Technology	정보기술재	XLK	AAPL(애플)
Communication Services	통신재	XLC	FB(페이스북)
Utilities	유틸리티	XLU	NEE(넥스트라에너지)
Real Estate	부동산 리츠	XLRE/ IYR	AMT(아메리칸타워)

대표 ETF의 대표 주식은 2020년 9월 30일 현재 해당 ETF에 가장 많은 %를 차지하는 주식입니다.

주식 분류 방법: 섹터 구분 방법

미국 주식시장은 11개의 섹터와 69개의 산업군으로 분류됩니다. 이 섹터 구분은 임의적인 구분이 아니고 GICSThe Global Industry Classification Standard라는 전 세계적인 표준을 따른 것입니다. 인덱스를 분류하는 업체인 MSCI와 스탠더드앤드푸어스Standard & Poor's가 이 표준을 만들었습니다. 이 섹터 구분에 따라 미국 시장 및 전 세계 시장의 흐름을 분석할 수 있습니다. 다른 나라들도 이 분류를 따르고 있습니다.

이 11개 섹터에는 각각 대표 ETF가 있습니다. 전문 투자자들은 이 11개 섹터의 대표 ETF들을 지속적으로 관찰합니다. 11개 섹터 ETF들의 가격 상승과 하락이 경기순환 사이클을 나타내는 간접 지표이기 때문입니다.

대표 ETF의 대표 주식은 2020년 9월 30일 현재 해당 ETF에 가장 많은 %를 차지하는 주식입니다.

섹터 ETF를 잘 관찰하면 11개 섹터들 중 지금 누가 시장을 이끌고 있는지를 파악할 수 있습니다. 예를 들면 이들 중에 미래를 이끌어가는 산업, 경기순환의 변화, 연준 기준금리 변동에 따른 영향, 커머더티 가격에 따른 경기 변화 등이 반영되어 시장 상승을 이끄는 섹터가 있습니다. 섹터별 ETF는 시장 흐름에 민감하게 반응하기 때문에 주식시장의 흐름을 알 수 있게도 합니다. 강세인 섹터가 다른 섹터로 바뀔 때 영어로 'Sector Rotation'이라고 합니다. 섹터 로테이션Sector Rotation에 대해서는 'ETF 시장' 항에서 더 보겠습니다. 이 섹터 변화는 궁극적으로는 경기순환의 변화를 보여주는 지표가 되기에 상당히 중요하게 보아야 합니다.

경기 흐름에 민감한 주식 섹터도 있고, 이자에 민감한 주식 섹터도 있습니다. 이에 대해 함께 알아보겠습니다.

경기순환주

'경기순환주Cyclical Stocks'는 '경기민감주'로 해석하면 좀 더 쉽게 이해할 수 있을 것입니다. 경기가 좋아지면 소비자들의 소비가 늘어나고 안 좋으면 소비가 줄어듭니다. 위의 11개 섹터 중 '경기 관련 소비재 – Consumer Discretionary'가 여기에 해당합니다. XLY ETF가 경기순환주를 대표하는 ETF이기 때문에 경기가 좋은지 안 좋은지의 사이클을 보는 하나의 지표로도 이용되고 있습니다.

우리에게 익숙한 주식으로는 맥도날드, 월트 디즈니, 아마존, 포드가 있습니다.

경기방어주

'경기방어주Non–Cyclical Stocks: Defensive Stocks'는 경기가 약해지더라도 잘 견딜 수 있는 주식 섹터들을 이야기합니다. 필수소비재Consumer Staples인 P&GProcter

& Gamble, 존슨앤존슨, 필립모리스, 코카콜라 등이 이에 해당합니다. ETF로는 XLP가 여기에 해당됩니다.

이들의 특성 중 하나는 '배당'을 꾸준하게 지급한다는 것입니다. 그리고 대부분 '파산'과는 거리가 멉니다. 특히 연준 기준금리가 낮을 때는 배당을 높게 준다는 점이 안전한 자산 관리를 원하는 투자자들에게 매력적인 섹터입니다.

'경기민감주'와 '경기방어주'의 차이는 성장성입니다. 경기민감주는 경기 방어주보다 변동성이 높습니다. 경기가 성장을 할 때는 경기순환주가 훨씬 더 많은 성장을 합니다. 즉 여러분이 경기순환주 주식을 보유하고 있다면 주식 가격의 상승력이 더 높다는 장점이 있습니다.

경기방어주는 성장에는 한계가 있으나 안정적인 주식 가격과 비교적 높은 배당 때문에 리스크 관리에 효율적입니다. 특히 경기가 리세션Recession이 되는 신호가 오면 경기방어주 주식들은 오히려 투자가 많아집니다.

이 경기방어주에 더 추가할 수 있는 세 가지 섹터는 유틸리티ETF: XLU, 헬스케어ETF: XLV, 그리고 임대 아파트 리츠 주식(EQR, IRT, CPT, MAA 등)입니다. 이자가 낮으면서 경기 변동성이 높을 때는 유틸리티 주식으로 자금이 이동합니다. 가격 상승보다는 안전성을 추구하기 때문입니다.

금리민감주Interest Sensitive Stocks

연준 이자의 변동에 민감한 주식들이 있습니다. 채권시장에서 설명한 것처럼 연준 기준금리가 움직이면 시장 금리가 움직입니다. 미국 10년 국채 수익률(시장 금리)에 따라서도 민감하게 움직이는 주식들이 있습니다. 주로 금융 주식들과 높은 배당을 주는 주식들입니다. 이자의 변동에 민감하다고 해서 이 분야에 해당하는 주식들의 근본적 가치가 변하는 것은 아닙니다. 단지 회사의 사업 모델상 이자 변동이 실적에 영향을 주기 때문에 투자자 입장에서는 이를 현명하게 이용해야 한다는 의미입니다.

유틸리티, 리츠 그리고 통신회사들은 대부분 높은 배당을 주기 때문에 주식 가격 상승보다는 고정 수입을 원하는 투자자들에게 선호되는 주식 섹터입니다.

미국 10년 국채 수익률이 상승하면 시장 금리가 상승합니다. 그리고 채권 수익률이 올라가면 채권 투자자들이 고배당주들을 선호하게 됩니다. 이는 채권 가격이 내려가기 때문에 투자자들의 자금이 다른 곳으로 움직이되, 주식 중에서도 비교적 안전한 주식으로 옮기려 하기 때문입니다. 그래서 이 주식들을 '채권 대체 주식Bond Substitutes'이라고 이야기합니다.

또 위의 주식들은 경기방어주이기 때문에 시장이 불안할 때에도 주식 가격이 상대적으로 안정적이어서 이러한 이유로 유틸리티, 리츠, 통신회사들을 선호하는 투자자들도 있습니다.

대부분 은행들의 수익 모델은 이자 차액NIM: Net Interest Margin입니다. 그래서 NIM으로 수익을 남기는 금융권 주식들은 이자가 인상되면 수익이 상승하니 주식 가격이 상승하고, 이자가 하락하면 수익이 하락되어 주식 가격이 하락하는 구조를 가지고 있습니다.

인플레 경향Inflationary Trends(물가가 인상 되는 경우)

경제가 성장을 하면 물가는 당연히 올라가야 합니다. 물가가 너무 많이 올라가는 것이 문제가 되는 것이고, 좋은 경제 상황에서 물가의 완만한 상승은 경제가 건강하게healthy 상승한다는 의미입니다.

경제가 성장을 하면 금리에 인플레이션이 반영되어야 합니다. 특히 시장 금리는 인플레이션 반영 속도가 빠릅니다. 시장 금리가 상승하면 채권의 수익률도 상승을 합니다. 채권의 수익률이 오르면 채권 가격은 떨어집니다.

3장 3절에 나오는 커머더티 가격에 대해 잠시 이야기하겠습니다. 커머더티 가격이 상승하는 요인에는 몇 가지가 있습니다. 커머더티 가격은 인플레이션 추세의 선행 지수Leading Indicator입니다. 어떠한 영향, 예를 들면 달러 가치의 하락 혹은 금리의 하락이 있어서 커머더티의 명목상 가격이 상승하거나 혹은 한정된 공급에 비해 수요가 많아지는 경우 커머더티 가격은 올라갑니다.

이런 경우 통상적으로는 금 가격, 에너지 산업 관련 주, 그리고 경기순환주들이 혜택을 받습니다. 그러므로 커머더티 가격이 상승을 하면 이자가 상승하고 물가가 올라가는 '통상적인' 경제 흐름이 나타납니다. 인플레이션을 알려주는 선행지수 역할을 하는 것입니다.

다시 말씀드리지만 주식시장은 단독으로 움직이지 않습니다. 그래서 관심을 가지고 있는 주식이 어느 섹터에 속한 주식이고 거시경제의 어떤 영향을 받는 분야에 속해 있는지를 파악해서 주식을 선택해야 하고, 목표 수익에 도

[그림 4] 섹터와 시가총액으로 구한 주식 매트릭스

	MEGA CAP	LARGE CAP	MEDIUM CAP	SMALL CAP	MICRO CAP
XLE	EM	EL	ED	ES	EC
XLB	BM	BL	BD	BS	BC
XLI	IM	IL	ID	IS	IC
XLY	YM	YL	YD	YS	YC
XLP	PM	PL	PD	PS	PC
XLV	VM	VL	VD	VS	VC
XLF	FM	FL	FD	FS	FC
XLK	KM	KL	KD	KS	KC
XLC	CM	CL	CD	CS	CC
XLU	UM	UL	UD	US	UC
XLRE	REM	REL	RED	RES	REC

달하면 시장 흐름을 분석한 후 매수·매도를 결정해야 합니다.

[그림 4]는 여러분이 보유한 주식이 어느 위치에 있는지를 파악할 수 있는 매트릭스입니다. 11개 섹터를 세로축으로 하고 시가총액을 가로축으로 하는 매트릭스 안에서 내 주식이 어디에 있는지를 파악해보는 것입니다.

그림에서 박스 안의 영어는, 세로축인 ETF 이름의 마지막 철자와 가로축인 시가총액 기준 구분의 영어 철자 중 하나를 가지고 와서 만든 단어입니다. 예를 들어 YD라고 하면 XLY에 속하는 주식 중 Medium 범주의 시가총액에 속한 주식입니다.

여러분이 선택한 주식이 같은 박스 안에 속하는 다른 주식들과 비교하여 경쟁력이 있어야 합니다. 예를 들어 여러분이 투자하려는 주식이 YD에 속하는 주식이라면 'XLY의 Medium Cap'(경기 산업 관련주 중 시가총액이 2조에서 10조 원 정도 되는 중형주)입니다. 그러면 여러분은 세 가지를 보아야 합니다.

Q1: XLY가 지금 투자하기에 적기인 분야인가?

Q2: XLY 분야에서 Medium Cap 내의 주식들이 동일 XLY의 Large Cap 주식들에 비교하여 경쟁력이 있는가?

Q3: 내가 선택한 주식이 YD(XLY의 Medium Cap) 안에 있는 주식들과 비교하여 펀더멘털 경쟁우위Competitive Advantage인가?

미국 시장은 냉정합니다. 경쟁우위가 없으면 투자자들은 냉정하게 주식을 버립니다. 경쟁력이 밸류에이션보다 더 중요합니다. 경쟁력이 없으면 아무리 이름이 널리 알려진 회사라 하더라도 주식시장에서 외면을 받을 수 있습니다.

우리의 목적은 단 한 가지, 돈을 많이 버는 것입니다. 그런 면에서 펀더멘털이 좋으면서 경쟁우위에 있는 주식을 선택해야 합니다.

외환시장

외환시장Foreign Exchange Market 은 일반인들에게 익숙하면서도 먼 시장입니다. 뉴스에서는 원/달러 환율 변화에 대한 이야기를 많이 합니다. 수출로 경제성장을 이끌어낸 한국의 경우는 환율에 상당히 민감합니다. 외환시장에 대해 많이 들어는 보셨겠지만, 실제로 거래는 외국 여행을 가기 위해 환전하는 정도가 대부분입니다.

외환시장은 거래 규모 면에서 세계에서 가장 큰 시장입니다. 영어로는 'Foreign Exchange Market'인데 짧게는 'Forex Market', 더 짧게는 'FX Market'이라고 합니다.

전 세계 외환시장의 하루 거래 대금은 약 7조 달러라 합니다. 한화로 약 7,700조 원 정도 됩니다. 2018년 대한민국 GDP가 1.7조 달러이니 1,900조 원 정도 됩니다. 참고로 2020년 미국 하루 주식시장 거래 규모가 나스닥이 평균 3,000억 달러입니다. 2018년에는 하루 평균 거래 대금이 2,100억 달러였습니다. 채권시장은 하루 거래 규모가 5,470억 달러입니다. 하루 외환시장 거래 규모는 2018년 미국 주식시장 거래 규모보다 37배 정도 많습니다.

외환시장에 대해서는 다음 세 가지 분야를 보겠습니다.

① 외환시장의 특징
② 미국달러 가치에 영향을 주는 요소들
③ 미국달러의 가치가 금융시장에 미치는 영향

외환시장의 특징 - 상대성

외환시장은 두 가지 특징이 있습니다.

① 한 국가의 화폐를 사고파는 것이 아니라 두 국가의 화폐가 서로 짝_{Pair}을 이루어서 매수·매도가 동시에 되는 상대성 거래이다.

② 외환시장은 쉽게 생각하면 한 나라의 경제를 사고파는 시장이다.

상대성 거래

달러를 사려면 은행 외환 창구에 가서 원화를 주고 달러를 삽니다. 일본 사람들은 엔화를 내고 달러를 삽니다. 이것이 상대성입니다.

A라는 국가의 화폐를 사기 위해 B라는 국가의 화폐로 지불해야 합니다. A화폐는 사고 B화폐는 파는 거래가 동시에 이루어지는 시장입니다. 즉 외환시장은 절대평가가 아닌 상대평가입니다. 달러를 살 때 원화가 강세이면 달러를 싸게 살 것이고, 원화가 약세이면 비싸게 달러를 사야 합니다. 그래서 모든 화폐의 가치는 상대평가입니다. 표기도 USD/KRW = 1,158.40으로 합니다.

한 나라의 경제를 사고파는 곳

외환 거래를 쉽게 이야기하자면, 내 나라의 돈을 지불하고 다른 나라의 돈

[표 2] 전 세계 주요 화폐: 7개국 화폐들

국가	화폐	외환시장 심볼	애칭
유럽연합	EURO(유로)	EUR	Fiber
미국	Dollar(달러)	USD	Greenback
일본	YEN(엔)	JPY	Yen
영국	Pound(파운드)	GBP	Cable
스위스	Franc(프랑)	CHF	Swissy
호주	Dollar(호주달러)	AUD	Aussie
뉴질랜드	Dollar(뉴질랜드 달러)	NZD	Kiwi

* 금의 애칭은 Yellow Metal입니다.

을 구입하는 시점에서 양국 경제의 상대적인 우세와 열세에 의해 돈의 상대적 가치가 변하는 시장입니다. 예를 들어 EUR/USD를 산다는 것은 EUR을 사고 USD를 판다는 것입니다. 유럽연합 경제를 사고 미국 경제를 파는 것입니다. 그래서 외환 거래는 그 나라의 '일부분'을 사고파는 것이고 그 일부분이 '경제'라고 말을 합니다. 그 나라의 화폐는 그 나라 경제의 강하고 약함을 대변한다고 말합니다. 미국달러로 들어가기 전에 외환시장의 상식 두 가지를 말씀드리겠습니다.

외환시장의 딜러와 트레이더들은 일반인들이 못 알아듣는 약어로 트레이딩을 많이 합니다. [표 2]의 애칭은 별로 중요한 것은 아니지만 상식선에서 알아두면 좋습니다. 주식시장에서는 미국달러의 가치만 파악해도 충분할 것으로 판단됩니다.

저는 'Forex Market' 강의를 재무학 석사MS in Finance 과정에서 들었습니다. 그런데 궁금한 것이 있었습니다. 왜 GBP/USD이고 USD/GBP는 안 쓸까? 왜 USD/KRW이고 KRW/USD는 안 쓰는 걸까? 금융시장의 역사가 오래된 순서로 표기한다는 것이 교수님의 설명이었습니다. 외환을 표기하는 순서는 다음과 같습니다.

EUR > GBP > AUD > NZD > USD > CHF > JPY

그래서 ERU/GBP, EUR/AUD, EUR/NZD, EUR/USD 이런 식으로 표기가 되고 AUD/USD, CHF/JPY로 표기됩니다. 원화는 외환시장에서 '마이너 화폐Minor Currency'로 불리고 USD/KRW로 표현됩니다. 일본 엔과 한국 원을 표시하는 것도 JPY/KRW입니다.

미국달러 가치에 영향을 주는 요소들

미국달러는 세계 경제에서 중요하고 영향력이 큰 화폐입니다. 미국달러 가치에 영향을 주는 요소는 나열하기가 어려울 정도로 많습니다. 때로는 왜 달러 가치가 올라가고 내려가는지 그 명확한 이유를 파악하기 힘들 때도 있습니다. 이럴 때는 시장 전문가들이 내놓는 분석도 다 다릅니다. 그만큼 변수가 많습니다.

그렇다고 달러 가치가 갑자기 하루에 3% 이상 변동되는 경우는 거의 없습니다. 일주일에 3% 정도 급상승하는 경우는 2번 정도 보았습니다. 2008년 금융 위기 때 보았고, 최근에는 2020년 3월 10일에서 3월 19일 사이 달러 가치가 94.87에서 103.61까지 급상승하는 것을 보았습니다.

이런 금융 위기를 제외하고는 달러의 가치는 천천히 변합니다. 통상 환율이 변동하는 범위는 1년에 10% 이내입니다. 외환시장에서 한 국가의 통화가치가 10% 변하는 것은 큰 변화입니다. 통화가치는 다른 국가의 통화에 비해 '상대적'인 것이기 때문에 그 나라의 경제가 급격하게 흔들리는 경우가 아니라면 한 국가의 통화가치가 10% 이상 변하는 일은 흔치 않습니다.

미국달러의 가격에 영향을 미치는 요소는 크게 세 가지입니다.

- 미국달러의 수요와 공급 – 미국 경제의 성장Growth
- 달러 인덱스: 유럽연합 유로화EUR와의 교환 가치Exchange Rate
- 각 국가들의 외환 보유고

쉽게 설명을 해보겠습니다.

미국달러의 수요와 공급-미국 경제의 성장_{Growth}

한 나라의 화폐는 그 나라 경제의 상태를 보여준다고 했습니다. 미국 경제가 강할 때는 세 가지 상황이 펼쳐집니다.

첫째, 미국산 제품과 서비스의 수출이 많아지는데 이를 미국달러로 결제하기 위해 달러의 수요가 증가합니다. 이에 따라 각국 중앙은행들은 수출 대금 결제를 위해 충분한 달러를 비축_{Reserve}하게 됩니다.

둘째, 미국 경제의 안전성이 좋다고 판단한 외국 투자자들이 안전한 투자처_{Safe Haven}로 미국 국채 및 미국 회사들의 회사채를 사들입니다.

셋째, 여러분처럼 외국에서 미국 주식에 투자하는 수요가 커져서 미국 주식 투자를 위한 달러 수요도 늘어납니다.

이처럼 미국 경제의 호황을 미국달러를 통해 측정할 수 있기 때문에 달러의 수요와 공급을 미국 경제의 거시경제적 지표(Non-Farm Payroll data, GDP data, Consumer Confidence Index: CCI, 실업률)를 통해 간접적으로 판단할 수 있습니다.

달러 인덱스: 유럽연합 유로화_{EUR}와의 교환 가치_{Exchange Rate}

7개의 메이저_{Major} 화폐들은 그 국가들이 세계 경제에서 차지하는 위상 및 안전성이 있기 때문에 화폐 자체로서의 인덱스로도 존재합니다. 가장 많이 사용되는 인덱스는 'US Dollar Index(USDX)'와 'Euro Index(ECX)'입니다. 각 메이저 화폐의 인덱스는 그 국가의 경제 및 무역에 맞추어 다른 화폐들의 비중을 조정하여 만들어집니다.

'US Dollar Index'는 미국달러 가치를 평가하기 위한 지수로 사용됩니다. 'USDX, DX, DXY'의 심벌로 주식 플랫폼에서 달러 인덱스_{Dollar Index} 가격을 찾을 수 있습니다.

[차트 5] EUR/USD(위), US Dollar Index(아래)

[차트 5] EUR/USD(위), US Dollar Index(아래)

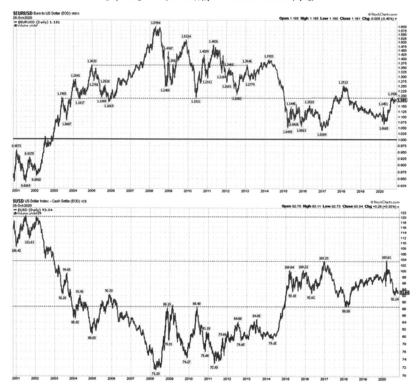

이 'US Dollar Index'의 상대적 비중 구성은, 유로(Euro) 57.6%, 일본 엔화(JPY) 13.6%, 영국 파운드스털링(GBP) 11.9%, 캐나다달러(CAD) 9.1%, 스웨덴 크로나(SEK) 4.2%, 스위스 프랑(CHF) 3.6%입니다. 유로화가 약 60%를 차지하기 때문에 인덱스와 가장 긴밀하게 움직입니다. 그래서 유로화와의 교환가치가 중요합니다.

EUR과 USD의 관계를 보겠습니다. EUR/USD의 차트를 보면 차트의 선이 상승할 때는 EUR이 강세일 때입니다.

이때 달러 인덱스를 보면 달러는 그 가치가 하락했습니다. 2003년 이후 12년 만인 2015년에 미국달러 인덱스가 100을 다시 넘습니다. 닷컴Dot.com

버블이 있을 때의 최고점은 120이었습니다. 이때가 달러의 가치가 가장 높던 시절이었습니다.

각 국가들의 외환 보유고

아시아 국가들은 1998년 외환 위기를 겪은 이후 엄격한 외환 보유 기준을 지키고 있습니다. 이 외환 보유고Foreign Exchange Reserve는 여러 가지 외환을 보유하지만 주로 달러 현금, 미국 국채 및 금을 보유합니다.

현재 자국의 외환 보유고에 달러를 가장 많이 보유하고 있는 나라는 중국과 일본입니다. 중국은 대외 통상의 뉴질랜드달러 2014년 약 4조 달러(한화 4,500조 원) 규모의 미국달러로 된 자산을 가지고 있었습니다. 당시 전체 외환 보유고의 60%가 달러로 된 자산들이었습니다.

중국 중앙은행인 중국인민은행The People's Bank of China에 따르면 2017년 이후 중국 화폐인 인민폐(CNY 또는 RMB)를 뉴질랜드달러 3조~3.2조 달러 규모의 외환 보유고를 가지고 있습니다. 외환 보유고를 통해 인민폐의 가치를 조절하고 있는 것입니다.

이러한 각 나라의 외환 보유고 정책이 달러 가치에 영향을 줍니다. 외환 보유고 정책에 의해 달러를 사들이는 경우 달러 가치는 상승을 하게 됩니다.

미국달러 가치가 금융시장에 미치는 영향

외환시장을 우리 입장에서는 두 가지 방향으로 볼 수 있습니다. '주식시장의 입장에서 외환시장을 볼 것인가', 아니면 '외환시장의 입장에서 주식시장을 볼 것인가'입니다. 비슷한 이야기 같지만 실제로는 상당히 다릅니다. 외환시장 입장에서 주식시장을 보는 것은 양 국가의 주식시장을 참고해 외환을 거래하는 것이고, 주식시장의 입장에서 외환시장을 보는 것은 양 국가의 상대적인 화폐가치가 주식시장에 어떤 영향을 미칠 것인가를 보는 접근법입니다.

주식시장의 입장에서 외환시장을 볼 때, 달러의 가치가 가장 큰 영향을 주는 시장은 커머더티 시장입니다. 자세한 설명은 뒤에서 하겠지만, 모든 커머더티는 그 가치를 미국달러로 나타냅니다. 달러 가치가 어떻게 커머더티 가격에 영향을 주는지 쉽게 설명을 하겠습니다. 금을 예로 들겠습니다.

호주는 전 세계 금 생산 2위 국가입니다. 호주에서 생산된 금 가격이 100미국달러였는데 갑자기 달러 가치가 100에서 90으로 감소되었다고 가정을 하겠습니다. 이 상황에서 금 매수자들이 100미국달러로 동일 양의 금을 구매를 하겠다고 하면 호주의 금 생산업자는 미국달러 가치 하락분을 반영하려고 할 것입니다.

이렇게 되면 호주달러/미국달러(AUD/USD)의 가치가 오르게 됩니다. 감소된 미국달러 가치만큼 호주달러가 상승을 해서 금 생산자가 원하는 호주달러 가격에 맞추어지는 것입니다.

그렇다면 미국달러로 지불하는 매수자는 미화로 111달러를 내야 합니다(100 ÷ 90 = 111). 이것을 미국달러 기준으로 보면 금 가격이 상승된 것입니다.

금의 수요가 증가해서가 아니라 달러 가치가 하락해서 금 가격이 상승을 하게 된 것입니다. 반대로 달러 가치가 상승하면 커머더티 가격은 하락을 하게 됩니다.

이런 의미로 미국달러와 커머더티 가격은 서로 반대 방향으로 움직이게 됩니다.

외환시장에 대해 정리하겠습니다.

① 모든 화폐의 가치는 상대적이다.

② 미국달러는 인덱스가 있는데 유로가 약 60%를 차지한다. 그래서 유로와 기 싸움을 한다.

③ 커머더티는 그 가치가 미국달러로 설정되기 때문에 달러와 서로 반대 방향으로 움직인다.

커머더티 시장 Commodity Market

'Commodity'라는 단어는 한국어로 해석하기가 모호합니다. 가장 근접한 해석으로는 '상품' 혹은 '원자재'라고 직역이 가능한데, 실제로 Commodity는 에너지(원유, 난방유, 천연가스 등), 농산품(옥수수, 코코아, 설탕, 오렌지 주스, 쌀, 밀가루, 귀리, 소고기, 돼지고기 등), 귀금속(금, 은, 플래티넘 등) 및 산업 광물(동, 구리 등)을 포함합니다.

커머더티 시장에는 하나의 상품에 두 개의 가격이 존재합니다. 현금 가격과 선물 가격입니다. 현금 가격은 오늘 현재 지금 시각에 사는 가격입니다. 영어로는 'Spot Price' 또는 'Cash Price'라고 합니다. 세계 최초의 선물시장은 일본 오사카 도지마 쌀 거래소(1697년)입니다. 이 선물이라는 것은 미래의 특정일에 물건을 인도받는 선물 거래 Futures Contract를 말합니다. 짧게는 한 달 후, 길게는 1년 후 인도받는 것을 지금 가격에 프리미엄을 얹어서 계산을 합니다.

한국에서 선물 거래를 가장 많이 하는 것은 원유입니다. 한국은 경제구조상 원유 없이는 생산을 할 수 없습니다. 1980년대 석유 파동을 겪은 이후 원유의 안정적 공급이 정부의 중요한 정책 중 하나가 되었습니다. 현재는 민간이 주도를 하지만 과거에는 정부 주도로 원유를 계약했습니다. 예를 들면 만

[표 3] 커머더티 선물 거래

Futures Contracts

자료: Wall Street Journal

약 A라는 정유회사가 안정적으로 원유 공급을 받기 위해 1년 공급분의 70% 는 1년 전에 가격을 결정하고 10%는 6개월 전에, 나머지 20%는 3개월 전에 그 가격을 결정하는 방법을 선택합니다. 이렇게 인도되는 시점보다 먼저 계약 하는 것을 선물 계약이라 하는데, 영어로는 'Futures(Contract) Price'라고 합니다.

커머더티 중 선물 거래되는 주요 상품을《월스트리트저널》에서 발췌해보 았습니다([표 3] 참조).

커머더티 시장은 산업 원재료 및 실생활 의식주의 원재료 시장입니다. 커 머더티의 가격이 약간만 올라도 소비자물가지수Consumer Price Index 가 상승하고 생산자물가지수Producer Price Index도 상승합니다. 즉 원재료 가격이 올라가면 소 비자가격이 상승하는 것입니다. 그래서 인플레이션에 상당히 민감한 시장입 니다. 커머더티 가격이 상승하면 이자가 상승하고 물가가 올라가는 '통상적 인' 경제 흐름이 나타납니다. 인플레이션을 알려주는 선행지수 역할을 하는 것입니다.

미국 시장에서 거래되는 커머더티는 100여 개가 있으며, 거래가 되는 시장도 50여 개입니다. 거래소가 많은 이유는 생산 지역에 따른 구분이 그 주된 이유입니다. 이 중에서 가장 큰 거래소는 CBOT_{Chicago Board of Trade}입니다. 주식 투자를 위해 100개가 넘는 커머더티를 모두 관찰하는 것은 개인 투자자들에게는 무리입니다. 그럴 필요도 없습니다. 그러나 이 커머더티가 주식시장과 거시경제의 흐름에 중요하게 영향을 주는 관계는 알아야 합니다. 커머더티의 전체 흐름을 보는 지수는 CRB 인덱스입니다.

커머더티 시장에서는 다음을 설명합니다.

① 커머더티 지수와 미국달러의 관계
② 커머더티 지수와 시장 금리의 관계
③ 커머더티 지수와 인플레이션 및 실질금리의 관계
④ 커머더티 지수와 금과 은

개인 투자자로서 커머더티 ETF의 투자도 좋은 전략입니다.

커머더티 지수와 미국달러의 관계

외환시장에서 설명한 것을 다시 리뷰하면 달러 가치와 커머더티 가격은 반대 관계라고 했습니다. 그 근본적인 이유는 커머더티의 가격이 달러로 표시되기 때문이라고 이야기했습니다. 그러나 100개가 넘는 커머더티를 모두 달러와 비교할 수는 없기 때문에 주식 지수처럼 커머더티도 지수를 만들었습니다. 이름은 'CRB Index'로 전체 이름은 'Commodity Research Bureau(커머더티 연구 기관)에서 만든 지수_{Index}'입니다.

[차트 6] CRB 인덱스 vs. USD(CRB: 실선, USD: 점선, ❶ ~ ❹ 연준 경기부양책 시점)

19개의 대표 커머더티를 가지고 전체 가격의 흐름을 보는 지수입니다.

[차트 6]은 지난 20년간의 자료인데, 한 번에 보아도 커머더티 지수와 미국 달러는 반대 관계입니다.

차트에서 보는 바와 같이 커머더티 지수와 미국달러의 관계는 아주 긴밀합니다.

커머더티 지수와 시장 금리의 관계

시장 금리와 그 흐름을 보려면 미국 10년 국채를 봐야 한다고 말씀드렸습니다. 이 관계를 차트를 통해 보겠습니다([차트 7] 참조).

둘의 관계가 거의 같은 방향으로 움직입니다. 2008년 서브 프라임 사태 등 3개의 박스가 있는 기간을 제외하면 방향이 거의 비슷합니다. 방향이 같다는 것은 시장 금리가 올라가면 커머더티 가격도 상승한다는 이야기입니다. 그러면 왜 시장 금리와 커머더티는 같은 방향으로 움직일까요?

가장 큰 이유는 커머더티의 특성 때문입니다. 커머더티는 유형의 상품으로 언젠가는 인도Delivery를 해야 하는 상품입니다. 고객은 인도 받은 상품을

[차트 7] CRB 인덱스 vs. 미국 10년 국채

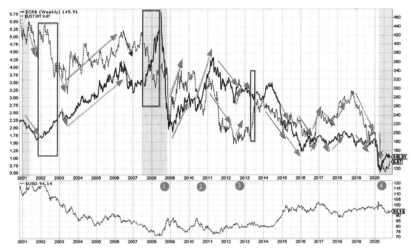

어떻게 해야 할까요? 어딘가에 보관을 해야 합니다.

쉽게 생각을 해보겠습니다. 모든 제조업체에는 재고Inventory가 있습니다. 재고에는 완성품 재고도 있고, 부품 재고도 있고, 원재료 재고도 있습니다. 어떤 회사는 원재료부터 완성품까지의 재고를 모두 가지고 있고, 어떤 회사는 제조 과정 중의 한 부분에 해당하는 재고만 가지고 있을 것입니다. 재고량이 커질수록 비용이 늘어납니다. 재고를 둘 저장소 비용, 전기 비용 등이 증가하는 것입니다. 시장 금리가 상승하면 이런 재고 비용도 상승하게 됩니다.

그래서 이러한 관계로 미국 10년 국채의 수익률 비교를 하게 됩니다. 이 비용을 영어로는 'Cost of Carrying Inventories'(재고 비용)라고 합니다. 재고 비용이 증가하면 커머더티 고객들은 주문을 늦추든지, 아니면 조금씩 주문하게 됩니다.

혹자는 '그 재고 비용 정도 가지고 뭘 그렇게 민감하게 반응하지?'라고 할 수도 있습니다. 그러나 여기는 미국입니다. 미국 옥수수 농장에서는 경비행기가 날아다니면서 농약을 뿌립니다. 대학원 다니던 동네에서 약간만 나가면 옥수수 밭이었습니다. 차를 타고 4시간을 가도, 8시간을 가도 옥수수 농장입니다. 단위가 다릅니다.

커머더티 지수와 인플레이션 및 실질금리의 관계

커머더티 시장이 중요한 이유는 '인플레이션'과 관련이 많기 때문입니다. 경세가 성장하면 개인별 소득이 늘어납니다. 소득이 늘어나면 소비가 늘어납니다. 소비가 늘어난다는 것은 수요와 공급의 측면에서 보면 수요가 증가하는 것이고, 공급이 이에 따라오지 못하면 소비자가격이 올라가게 됩니다. 그러면 공급을 늘리기 위해 한정된 자원인 원자재의 수요가 많아집니다. 그래서 원자재 가격이 올라갑니다. 이러한 구조 때문에 인플레이션율이 올라간다고 합니다. 경제가 성장을 하면 2% 이내의 인플레이션은 '건강한 경제성장Healthy Economic Growth'이라고 합니다. 이것이 통상의 인플레이션입니다.

이와 달리 달러 가치가 하락하거나 시장 금리에 의해 커머더티 가격이 올라가는 경우는 그때의 근본적 원인에 따라 주식시장에 긍정적인 영향 혹은 부정적인 영향을 줍니다. 이때 가장 유심히 보아야 하는 부분은 '실질금리'입니다. 실질금리는 미국 중앙은행 세인트루이스 지점에서 자료를 볼 수 있습니다(https://fred.stlouisfed.org/series/DFII10).

실질금리가 낮아지면 채권에서 자금이 빠져 주식시장으로 옮겨 갑니다. 어떤 다른 변수 때문에 주식시장 외의 투자처를 커머더티 시장에서 찾는다면 어떤 상품이 가장 민감하게 움직일까요?

실질금리가 떨어질 때 세계 최고의 안전자산은 '금'이 됩니다. 살펴보겠습니다.

금과 은

세 가지 측면에서 금 시장을 볼 수 있습니다.

- 금은 달러와 경쟁하는 관계이다.
- 금은 실질금리가 마이너스일 때 투자자들의 안심 자산이다.
- 금과 은의 관계로 주식시장의 방향을 가늠할 수 있다.

커머더티와 달러 가치는 반대 방향으로 움직인다고 했습니다. 커머더티의 금전적 가치를 달러로 표시하는 것이 주된 이유인데, 달러와 금의 관계는 통상적인 커머더티와 달러의 관계와는 다릅니다.

달러와 경쟁하는 금

지금은 미국달러가 '금본위제Gold Standard'가 아니지만 원래 미국달러는 금본위제 통화였습니다. 1933년 루스벨트 대통령이 대공황을 이기기 위한 통화정책 완화책으로 금본위제를 중지합니다. 이후 1973년 닉슨 대통령이 미국달러의 금본위제 철폐를 공식화합니다. 그러나 미국달러를 금과 연계하는 심리적 경향Psychological Tilt은 아직까지 남아 있으며, 달러가 약하면 금을 선호하는 통화 화폐Monetary Currency의 관계가 지속되고 있습니다.

이는 각 나라 중앙은행의 외환 보유고 정책에도 나타납니다. 금을 하나의 자산으로 보유하는 것입니다. 스위스 프랑이 7개의 주요 통화중 하나로 선정된 데에는 스위스 은행의 전통적인 중립성에도 기인하지만, 스위스 프랑이 금본위제 화폐이기 때문입니다. 100% 금본위제는 아니나 40%를 유지하는 화폐였습니다. 2014년 11월 '스위스 골드 이니셔티브Swiss Gold Initiative'로 금 비율을 20%로 줄였지만 여전히 금본위제 화폐입니다. 이렇게 '금'은 화폐 시장에

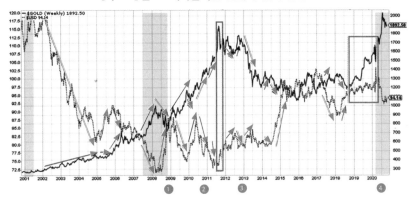

[차트 8] 금 vs. 미국달러(금: 실선, 미국달러: 점선)

서 가지는 상징성이 크고 FX 시장에서는 여전히 금을 하나의 개별 통화로 인
식합니다.

[차트 8]을 통해 미국달러와 금 가격의 움직임을 보면서 확인해보겠습니다.

대체로 금과 달러는 반대 방향으로 움직여왔습니다. 달러 가치가 떨어지
면 투자자들은 금을 매수합니다. 그런데 차트의 박스 부분에서는 같은 방
향으로 움직였습니다. 달러가 강세인데도 금 가격이 폭등을 한 것입니다.
2012년에는 금 1트로이온스가 1,900달러까지, 2020년에는 2,000달러를
넘어섰습니다.

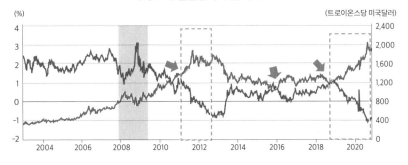

[차트 9] 실질금리와 금 가격

실질금리가 마이너스일 때 투자자들의 안심 자산 = 금

과연 무슨 일이 있었기에 이렇게 금이 올라갔을까요?

이 박스 기간 동안 미국 10년 국채 수익률을 기준으로 본 실질이자가 '마이너스 금리'였기 때문에 달러 가치가 높은데도 금이 최고 가격으로 오른 것입니다. 특히 미국 10년 국채의 수익률과 금값이 비율적으로 '크로스'가 되는 화살표 지점 세 곳에서는 금값의 랠리가 극명하게 보입니다. 즉 실질금리가 마이너스 금리가 되면 금값의 랠리가 공격적으로 펼쳐집니다.

은과 금의 관계

금:은의 관계Gold/Silver Ratio는 금과 은의 가격을 비교하는 것이지만 그 이상의 의미가 있습니다. 금과 은은 귀금속Precious Metal입니다. 은은 또한 산업재이기도 합니다. 은 가격이 올라가면 경제성장을 하는 것이고 은 가격이 떨어지면 경제성장이 멈추거나 하락한다고 생각을 합니다. 이는 구리Copper도 마찬가지입니다.

[차트 10]을 통해 Gold/Silver Ratio가 아닌 Silver/Gold Ratio를 보

[차트 10] Silver/Gold Ratio(은·금: 실선, S&P500: 점선)

겠습니다. (차트에서 찾을 때는 Gold/Silver 또는 GOLDSILVER로 찾을 수 있습니다. 이 경우는 차트를 반대로 보여주는 기능이 있습니다. 이를 사용하기 바랍니다.)

금 대비 은 가격이 급하게 오르면 경제성장이 빠르다는 것을 나타내고 주식시장이 상당히 성장을 하게 됩니다. 6개월간 20% 이상 상승을 하는 경우가 그러합니다.

커머디티 시장에 대해 정리하겠습니다.

① 미국달러 가치와 커머디티 가격은 대부분 반대 방향으로 움직인다.

② 시장 금리(미국 정부 10년 채권 수익률)가 상승하면 커머디티 가격이 상승한다.

③ 이러한 커머디티 가격 인상은 인플레이션의 한 원인이 된다.

④ 금은 달러와 경쟁하는 상품이다. 달러 가치가 하락하면 금 가격이 올라간다.

⑤ 실질금리가 마이너스 금리이면 '금' 가격이 최고가를 경신한다.

⑥ 은/금의 비율이 급격하게 상승하는 경우 주식시장이 상승한다.

ETF 시장: Economy / Business Cycle Index

ETF의 역사는 1993년에 S&P500 지수 연동 ETF를 AMEX_{American Stock Exchange} 거래소에 창설하는 것에서부터 시작합니다. SSGA_{State Street Global Advisor}라는 운용자산 규모 3.5조 달러의 세계 3위 자산운용사가 1993년 SPY ETF를 처음으로 만듭니다. ETF는 뱅가드_{Vanguard}, 인베스코_{Invesco}, 피델리티_{Fidelity} 같은 대형 자산운용사에서 상품을 만들어서 판매합니다.

개별 종목에 대한 이해가 적을 경우 ETF 투자는 상당히 안정적인 투자입니다. ETF는 1990년대에 시장에 소개되었고 현재는 뮤추얼 펀드보다 인기가 있으며 좋은 상품들이 많습니다.

개별 종목의 ETF는 그 종류가 아주 많습니다. 금융시장 내 개별 자산시장의 모든 것이 다 ETF에서 커버되어 있습니다. 최근에는 암호화폐 ETF를 만들기 위해 SEC에 심사를 요청한다는 뉴스도 있었습니다.

ETF는 시장의 흐름을 보여주는 인덱스입니다. 투자 전문가들은 미국 국채 수익률, 외환시장, 커머더티 시장을 보면서 시장의 흐름과 이상 신호를 파악할 수 있습니다. 이 흐름을 최종적으로 확인하거나 다른 시장을 안 보고 빠르게 시장 흐름을 파악할 수 있는 방법이 ETF 시장의 흐름입니다.

현재 미국 주식시장에서 거래되는 ETF는 약 2,000개 이상입니다. 전체 자산 규모는 3조 5,130억 원(3.8조 원)이며 운용 수수료Expense Ratio는 평균 연간 0.54%입니다. 이 운영 수수료는 쉽게 이야기하면 각 ETF마다 펀드 매니저가 있으며 이들에게 주는 수수료라고 생각하면 됩니다. 즉 ETF 1만 달러를 보유할 경우 54달러를 운용 수수료로 낸다고 생각하면 됩니다. 수수료는 매수·매도할 때마다 매번 붙습니다.

뮤추얼 펀드의 연간 수수료는 1.5~2.0% 정도입니다. 워런 버핏이 추천했고 개인 투자자들이 가장 많이 투자하는 ETF인 SPY의 운용 수수료는 0.0945%로 0.1% 수준입니다. 10년에 1%, 20년 2%, 30년 3% 미만의 수수료로 안전하게 투자하는 것이니 상당히 저렴하다고 할 수 있습니다.

저축형 장기 투자자분들께 더할 나위 없이 제일 좋은 투자처입니다.

ETF: Economy / Business Cycle Index

ETF에는 저렴한 수수료 외에도 여러 가지 장점이 있어서 많은 자본이 투입되고 있습니다. 이렇게 큰 자본이 ETF에 들어가서 운용되고 있기 때문에

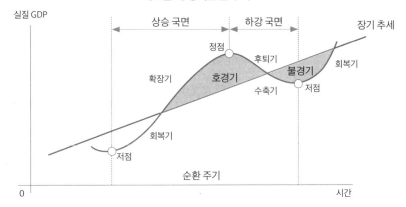

[그림 5] 경기순환 주기

실질 GDP

상승 국면 / 하강 국면

장기 추세

정점

후퇴기

회복기

확장기 / 호경기 / 불경기

수축기 / 저점

회복기

저점

순환 주기

0 / 시간

자료: 한국은행

ETF에 몰리는 돈의 흐름을 보면 시장 흐름을 빠르게 알 수 있습니다. 즉 ETF의 흐름을 보면 경기순환 주기를 나타내는 섹터 로테이션이 일어나는지, 일어난다면 어떤 섹터로 돈이 이동하는지를 파악할 수 있습니다.

경기순환 주기 그림은 [그림 5]와 같습니다.

우상향으로 가는 사선에서 '경기 회복 및 호황기Expansion → 경기 정점Peak → 경기 후퇴 및 침체기Contraction → 경기 저점Through → 회복기Expansion'의 순환을 하게 되는 것입니다.

주식시장의 고수들은 주식시장이 경기순환 주기보다 3~6개월 혹은 최소한 1~2개월은 선행한다고 합니다. 즉 실제 경기순환 주기의 전환이 일어나기 전에 주식시장이 먼저 움직인다는 것입니다. 먼저 움직일수록 돈을 벌겠지요. 고수들은 왜 주식시장이 선행을 한다고 이야기할까요? 이론적이든 경험적이든 그 근거가 있을 텐데 그 근거를 찾아보겠습니다.

이 선행이라는 개념을 잘 알아야 합니다. 2020년 3월 주식시장이 폭락한 후 일반인들은 리세션Recession이 왔다고 생각했습니다. 전미경제연구소NBER: The National Bureau of Economic Research는 2020년 6월 9일 전미의 리세션은 2020년

2월 4일부터 시작되었다고 발표했습니다.

경제학자들이 판단하는 경기순환 주기는 매달 발표하는 자료를 기준으로 판단해야 합니다. 예를 들어 소비자물가지수Consumer Price Index를 보겠습니다. 9월의 지수는 10월에 발표합니다. 9월 지수를 10월에 발표하고 이 지수를 근거로 해서 경기순환 주기를 판단하여 발표하는데 또 1달에서 2달이 걸립니다. 그래서 통상적으로 경기순환 주기는 '후행 지표Lagging Indicator'라고 이야기합니다.

주식시장은 현재 및 미래에 초점을 맞추는 시장이다 보니 경기순환 주기 발표 시점보다 3~6개월 앞서서 움직인다고 이야기하는 것입니다. 주식시장의 투자자들은 지금 현재, 다음 주 및 가까운 미래의 일에 대한 희망과 불안을 근거로 주식을 사고팝니다. 예를 들어 테슬라의 현재 판매 대수는 1년에 50만 대입니다. 도요타는 연간 953만 대를 만들어 판다고 합니다(2020년 기

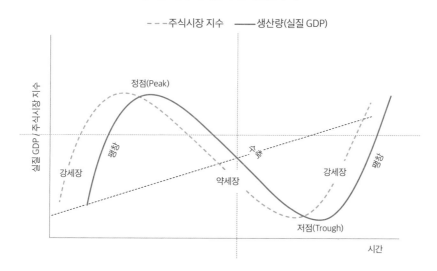

[그림 6] 주식시장과 경기순환 주기

자료: The Tortoise Mindset

준). 그런데도 테슬라의 시가총액이 도요타를 앞섰습니다. 테슬라 주식을 매수하는 분들은 현재가 아닌 미래를 보고 매수하는 것입니다. 이렇게 투자자들의 미래에 대한 희망과 불안이 움직이는 시장이 주식시장입니다.

그러나 경제학자들은 희망을 가지고 현시점의 경기를 호황이나 불황으로 판단할 수는 없는 것입니다. 이분들은 이미 발생한 사실에 대한 데이터를 취합해서 사후에 분석하여 결정을 해야 하기 때문에 경기 지표는 늦게 발표되는 것이고 시장은 앞서 나가는 것입니다. [그림 6]을 보겠습니다.

[그림 6]이 여러분께서 항상 생각해야 하는 실질 경기와 주식시장의 관계입니다. 실질 경기가 안 좋은데 주식시장이 상승을 하거나 경기가 좋은데 갑자기 떨어지는 경우는 의심을 가지고 시장을 주의 깊게 보아야 합니다.

주식시장의 11개 섹터로 자본은 옮겨 다닙니다. 기관 및 큰 자본들은 한곳에 저축형으로 오래 머물러 있지 않습니다. 다음 표를 통해 주식시장을 대표하는 11개 섹터의 ETF(주식 분류 방법 참조)를 다시 한 번 보겠습니다.

구분	한국어	대표 ETF	대표 주식 티커
Energy	에너지	XLE	XOM(엑손모바일)
Materials	원자재	XLB	LIN(린드)
Industrials	산업재	XLI	UNP(유니온 퍼시픽)
Consumer Discretionary	경기 관련 소비재	XLY	AMZN(아마존)
Consumer Staples	필수소비재	XLP	PG(피앤지)
Health Care	헬스케어	XLV	JNJ(존슨앤존슨)
Financials	금융재	XLF	BRK(버크셔헤서웨이)
Information Technology	정보기술재	XLK	AAPL(애플)
Communication Services	통신재	XLC	FB(페이스북)
Utilities	유틸리티	XLU	NEE(넥스트라에너지)
Real Estate	부동산 리츠	XLRE	AMT(아메리칸타워)

이 11개 ETF들이 주식시장에서 로테이션Rotation을 합니다. 주식시장의 순환 사이클The Stock Market Cycle을 따라가니 실제 경기순환보다 더 빠르게 강세장Bull Market과 약세장Bear Market을 파악할 수 있습니다. 그래서 통상 이 ETF들의 성과를 보면 경기의 흐름을 판단할 수 있습니다. 또한 많은 투자자가 이 흐름에 맞추어 자금을 움직이기도 합니다.

비즈니스 사이클Business Cycle에는 여러 가지가 있지만 통상 세 가지가 많이 참고됩니다.

첫 번째는 미국 대통령의 임기 기간에 맞추는 프레지던셜 주기Presidential Cycle로, 4년을 하나의 주기로 봅니다. 두 번째는 채권 주기Bond Cycle인데, 미국 정부 발행 채권 중 기간이 가장 긴 30년 채권의 기간을 하나의 주기로 보는 이론입니다. 세 번째는 러시아 경제학자의 이름을 딴 콘드라티예프 파동The Kondratiev Wave으로, 55~60년마다 큰 리세션이 온다고 하는 이론입니다.

이 중 주식시장에서 가장 많이 참고하는 것은 프레지던셜 주기입니다. [차트 11]은 120년 동안의 프레지던셜 주기를 분석한 자료로 만든 그래프입니다.

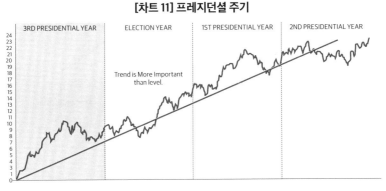

[차트 11] 프레지던셜 주기

자료: Calamos Investments

취임 3년차에 가장 경기가 상승을 하고 선거 해인 4년차에는 여름부터 오르기 시작해서 9월까지 오르고 10월에 조정을 받고 다시 1월 취임식까지 상승 랠리가 일어나는 것이 통상의 경우입니다.

2016년과 2020년 모두 10월에 시장 조정이 있었습니다.

투자할 때 프레지던셜 주기를 참고하면 상당히 좋습니다. 미국 대형 투자 은행과 펀드들의 투자 알고리즘에 프레지던셜 주기를 반영하고 있습니다. 주식시장의 고수가 될수록 역사적 데이터를 상당히 신뢰합니다. 고수들은 역사는 반복된다는 신념을 가지고 있습니다. 그래서 펀드 및 거대 자본이 움직일 때는 같이 움직이는 것이 좋습니다. 모두가 'Yes' 할 때 'No' 하면 주식시장에서는 손실을 낼 확률이 수익을 낼 확률보다 훨씬 높습니다.

[차트 11]은 미국 대통령 선거 해당 연도에는 항상 10월에 시장이 조정(최고점 대비 10% 하락)을 한 것을 보여줍니다. 2016년과 2020년도 예외가 아니었습니다.

[그림 7] 주식시장 선행 사이클(실선), 경기순환(점선), 섹터 로테이션

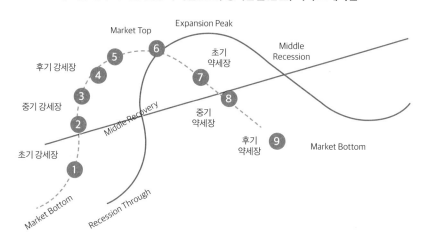

[그림 7]은 수십 년의 자료를 바탕으로 주식시장이 실제 경기순환보다 3~6개월 선행한다는 것을 많은 학자와 투자자들이 보여주는 그래프입니다. 1~9번 지점마다 수익이 제일 좋은 ETF가 있습니다. 이를 '섹터 로테이션'이라고 합니다.

1-XLY, 2-XLK, 3-XLI, 4-XLB, 5-XLE, 6-XLP, 7-XLV, 8-XLU, 9-XLF

그러므로 이 경기순환 주기를 관찰하면서 투자를 하면 상당한 수익 혹은 투자자들이 판단하는 경기순환 주기를 파악할 수 있습니다.

다음 표는 미국 피델리티 증권사에서 분석한 자료를 인용했습니다.

섹터	Market Bottom to Bull Market (1-3)	Market Top (4-5)	Bear Market (6-7)	Bear Market to Market Bottom (8-9)
Financials	+			
Real Estates	++			--
Consumer Discretionary	++	+	--	
Information Technology	++	+	--	--
Industrials	++			--
Materials		--	++	-
Consumer Staples	-		+	++
Health Care	-		++	++
Energy	--		++	
Communication Services	--			++
Utilities	--	-	+	++

자료: Fidelity Investment

이 표를 자세히 보면 +, ++가 있습니다. 즉 시간이 지난다고 주식 섹터가 갑자기 A에서 B로 확 바뀌지는 않습니다. ++면 그 시점에 성장이 제일 좋고 +가 되면 좋아지다가 -가 되면 줄어들다가 --면 상당히 가격이 약해지는 것을 보여줍니다.

천천히 [그림 7]과 맞추어서 연필로 써보기 바랍니다. 보유하고 있는 주식이 어떤 ETF에 가장 많이 포함되어 있는지를 파악하는 것이 좋습니다. 특성 ETF에서 그 주식의 비중이 10%가 넘는다면 이 ETF와 주식은 값이 같이 움직입니다. 그러기에 매수·매도 타이밍에 유용한 지표로 활용할 수 있습니다.

ETF 시장에 대해 정리하겠습니다.

① ETF는 투자로서 좋은 상품이며, 11개 대표 ETF는 이코노미 혹은 비즈니스 사이클을 파악하는 인덱스로 시장에서 널리 사용된다.
② 주식시장은 이코노미/비즈니스 사이클보다 3~6개월 선행한다.
③ 비즈니스 사이클은 미국 대통령의 재임 기간인 4년에 주로 맞추는데 이를 프레지던셜 사이클이라 하며, 재임 3년차의 주식시장이 역사적으로 가장 많이 상승한다.
④ 주식시장이 이코노미 사이클보다 선행하는 흐름을 파악할 수 있는 가장 빠른 방법은 11개 ETF의 흐름이다.

선물시장: 시장 선행 지수 Market Leading Indicator

먼저 선물 계약의 개념을 설명하겠습니다. 선물 거래 시장에서 커머더티 중 하나의 상품을 미래의 특정 날짜에 인도하겠다고 매수·매도 거래를 계약하는 것을 선물 계약이라고 합니다. 미래 특정 시점에 매수·매도하겠다는 계약을 하면 인도 시점에는 무조건 계약 시점의 계약 가격으로 선물(예: 금)을 매도자가 매수자에게 실물을 인도하고 매수자는 계약한 선물 가격을 지불해야 합니다. 현금으로 커머더티 한 상품을 사는 것을 현금 가격Spot or Cash Price이라 부르고 선물 계약 가격은 선물 가격Futures Price이라고 합니다.

[표 3](128쪽)에서 본 것처럼 선물시장에서는 유형의 커머더티 상품과 무형의 금융상품이 거래됩니다. 유형의 상품에는 금, 은, 석유, 옥수수 등 금속, 원유, 농산물 등이 있고, 무형의 상품에는 외환, 이자, 인덱스 선물 등이 있습니다. 이 무형의 상품들은 미국 주식시장이 생소한 분들께는 이해가 어려운 부분일 수 있습니다. [표 3]의《월스트리트저널》이 싣는 선물 거래 상품 리스트를 다시 한 번 살펴보기 바랍니다.

선물을 거래하는 목적은 두 가지입니다.

첫째는 헤징Hedging입니다.

영국에서는 주택들 사이에 담을 쌓지 않고 헤지Hedge라는 낮은 관목을 심어서 옆집과의 경계의 용도로 사용합니다. 변동성이 높은 금융시장에서 내 자본이 시장에 노출되는 위험을 가능한 한 이 경계선Hedge 내부로 한정하겠다는 의미로 '헤징'이라는 단어를 사용하게 되었습니다. 쉽게 말하면 헤징은 위험 회피 혹은 위험 최소화의 수단이라는 뜻으로 통용됩니다. 선물 거래를 통해 가장 많이 헤징을 하는 커머더티 상품은 원유입니다. 2020년은 코로나 팬데믹으로 인해 경제활동이 멈추어 원유에 대한 수요가 공급보다 현저히 적었습니다. 그러나 이는 예외적인 경우이고 전통적으로는 원유의 수요가 공급보다 더 많았고, 산유국의 생산 계획과 중동 지역에 산재한 리스크 때문에 선물거래에 헤징이 많이 이용됩니다.

두 번째는 스페큘레이션Speculation입니다.

'Speculation'은 사전적으로는 투기로 해석이 됩니다. 제 견해는

Speculation을 '투기'라 해석하는 것보다는 예리한 시장 분석 및 예측을 통해 남들보다 먼저, 상당히 많은 자본을 투자해서 더 많은 수익을 내는 방법이라고 생각합니다. 이런 Speculation은 헤지펀드들이 많이 합니다. 그래서 '투기'라는 표현보다는 '앞선 투자'가 더 맞는 표현입니다.

처음에는 커머더티 위주의 선물 거래가 주였는데 차츰 거래 단위가 큰 금융시장인 외환시장, 채권시장에서 자신들 포시션에 대한 위험을 줄이기 위해 선물거래가 사용되기 시작했습니다.

규모도 엄청나게 큽니다. 하루 평균 거래량이 4조 달러에서 12조 달러까지입니다. 4,000조 원에서 1경 2,000조 원입니다. 책을 쓰면서 '경'이라는 천문학적인 숫자를 많이 쓰게 되는데 미국 금융시장의 규모는 숫자로 보다시피 우리가 상상하는 그 이상입니다.

선물시장이 주식시장에 주는 의미

개인 투자자들 중 선물에 투자하는 사람들은 한정되어 있습니다. 그렇다면 이 선물시장이 주식시장에 주는 의미는 무엇일까요?

무형의 선물 상품 중 우리 눈에 익숙한 것이 있습니다. 인덱스 퓨처스Index Futures(주가 지수 선물 거래)입니다. 인덱스 퓨처스는 거래되는 선물 상품 중 하나로 주식시장 인덱스(예: 다우, S&P500, 나스닥 선물 지수 등)의 미래 움직임에 대해 선물로 계약을 해서 거래하는 상품을 지칭합니다. 앞으로 주식시장이 어떻게 될지 전문가들이 분석해서 미래를 예측하여 거래하는 선물 상품입니다. 인덱스 퓨처스는 주식 지수 관련 선물Equity Index Futures이기 때문에 가격의 변동성이 높습니다. 그리고 거래별로 예수금 및 작은 변화에도 수익 및 손실 금액이 크기 때문에 오랜 기간 동안 보유하는 것보다는 데이 트레이딩이 많습니다.

A 선물 계약 가격	A 인도 시점 현금 가격	매수자 이익 또는 손실	매도자 이익 또는 손실
100	110	+10	-10
100	90	-10	+10

이 인덱스 퓨처스가 움직이면 주식시장이 동일 방향으로 움직이게 됩니다. 장 시작 전 인덱스 퓨처스의 움직임이 그날 주식시장의 예상 흐름을 개장 이전에 파악할 수 있도록 해줍니다. 또한 주식시장 개장 시간 동안에는 아주 짧은 시간이지만 시장의 흐름을 보여줍니다. 지수 선물이 움직이고 나서 몇 초 후 주식시장 지수가 같은 방향(상승 혹은 하락)으로 움직입니다. 이 지수와 깊은 관련이 있는 주식들도 이에 따라 같은 방향으로 움직입니다.

이 흐름에 대한 논리적 이론적 설명을 쉽게 하기 위해 한 가지 예를 들어 보겠습니다. 선물 계약은 미래의 인도 시점보다 앞서 맺은 계약이기 때문에 계약 가격이 인도 시점의 가격보다 높을 수도 있고 낮을 수도 있습니다. 매도자가 팔기로 한 커머더티 A가 계약 시점보다 인도하기로 한 날의 가격이 싸면 이익을 창출하는 것이고, 반대면 손해를 보게 됩니다. 반대의 경우에도 인도 시점의 가격이 더 높으면 매수자는 이익을 내게 됩니다.

매수자로서는 100을 지불한 상품 A의 인도 시점 가격이 110이면 이를 자신이 사용하거나 10의 이익을 벌고 시장에 팔 수 있습니다. 그런데 이 경우 손해를 보게 되는 매도자는 손해를 볼 위험을 어떻게 회피할 수 있을까요? 매도자는 A 선물을 계약하기 이전에 이보다 낮은 가격(예: 95)으로 인도 시점의 선물을 계약했을 가능성이 높습니다. 아니면, 인도 시점까지 여러 가지 방법으로 계약 가격보다 낮게 계약한 선물 혹은 현물*을 보유하고 있을 것입니다.

* 지금 현재의 물건을 지금 현재의 가격으로 거래하는 경우 경제 용어로 현물이라고 합니다. 선물의 반대 개념을 설명하기 위해 만들어진 용어입니다.

콘탱고 vs. 백워데이션

미래 시점의 선물 가격이 현재의 현물 가격보다 높은 것이 정상적인 시장입니다. 이를 콘탱고Contango라 부르며 '정상 시장'이라는 의미를 가지고 있습니다. 반대로 선물 가격이 현재의 현물 가격보다 낮으면 백워데이션Backwardation 이라고 합니다. 'Forward'가 앞 방향이라는 뜻이니 'Backward'는 뒷방향이고, 여기에 명사형을 붙여서 만든 단어가 'Backwardation'입니다. 쉽게 생각해서 '반대로 가는구나. 순방향이 아닌 역방향이구나' 생각하면 됩니다.

콘탱고로 돌아가서, 선물 가격이 현물 가격보다 비싼 이유를 설명하겠습니다. 커머더티 시장을 설명할 때 재고 비용Cost of Carrying Inventories을 설명했습니다. 우리가 원유 판매 브로커로 선물 판매자라고 가정을 하겠습니다. 원유를 6개월 후 한국에 인도하는 계약을 체결하려 하는데 현재 1배럴에 40.83달러이고 6개월 후의 선물 가격은 42.50달러입니다. 선물 가격에는 6개월 동안 원유를 보관하는 데 드는 재고 비용과 이자 비용이 포함되기 때문에 현물 가격보다 비싸게 됩니다. 시간이 지나면서 이 선물 가격은 현물 가

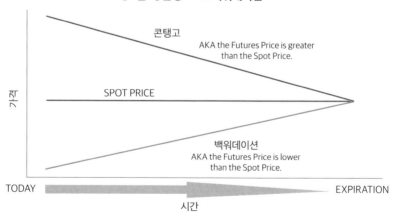

[그림 8] 콘탱고 vs. 백워데이션

자료: Harvest Exchange Group

격과 비슷한 수준으로 옵니다.

이를 그래프로 보면 [그림 8]과 같습니다.

콘탱고와 백워데이션의 기본 개념은 선물 가격과 현물(현금) 가격의 차이입니다. 시간이 지나면서 선물 가격이 현금 가격과 동일한 부근까지 간다는 개념입니다. 가로축은 몇 개월 이상의 시간입니다. 선물과 현물의 가격 차이를 통한 투자가 하루 안에 일어나는 경우, 이를 전문적인 용어로 차익 거래Arbitrage Trading라고 합니다. 주로 돈 많은 기관들이 이런 거래를 합니다.

한국 주식시장에서 많이 들어본 프로그램 매수·매도가 이 '차익 거래 방법'을 이용한 것입니다. 주식시장 지수는 선물 가격과 현금(현물) 가격으로 되어 있습니다. 선물 가격과 현물 가격의 차익 매매는 다음과 같이 이루어집니다.

- 선물 가격 > 현물 가격: 프로그램이 현물을 매수. 선물 매도. 선물 가격 하락 – 프로그램 매수
- 선물 가격 < 현물 가격: 프로그램이 현물을 매도. 선물 매수. 선물 가격 상승 – 프로그램 매도

프로그램 매매에는 '비차익 거래'라는 것도 있습니다. 선물 지수가 상승할지 하락할지를 예측해서 선물 지수만 매매하는 경우를 비차익 거래라고 합니다.

미국에서는 프로그램 매매라는 용어를 이제는 거의 사용하지 않습니다. 1990년대 초반에는 사용을 했지만, 요즘에는 알고리즘 트레이딩Algorithm Trading 혹은 머신 트레이딩Machine Trading이라고 해서 좀 더 난이도가 높은 트레이딩이 추세입니다.

선물시장: 시장 선행 지수

주식시장에서는 이 프로그램 매매의 흐름을 보아야 합니다. 대부분 프로그램 매매는 현물과 선물이 연계되어 움직입니다. 시간 차이는 일반인이 알 수 없을 정도로 미미하지만 다음의 순서로 움직입니다.

- 우선 주식 지수의 선물 가격이 움직이면 현금(현물) 가격이 움직입니다.
- 선물 가격과 현금 가격의 차이에 의해 차익 거래가 움직입니다.
- 이 경우 현물은 개별 주식이 아닌, 이 지수와 직접 연관된 ETF가 움직입니다. 선물 지수가 올라가면 해당 ETF가 움직입니다.
- 해당 ETF가 움직이면 소유한 주식들이 그 ETF에 속한 비중만큼 영향을 받는다고 생각하고 관찰하면 됩니다.
- ETF가 상승, 하락을 하게 되면 ETF 내 속한 주식들의 가격이 상승 하락을 하게 됩니다.

미국의 경우는 다음 세 가지 연결고리를 보아야 합니다.

① 다우존스지수 – 다우존스 선물 – 다우존스 ETF
② S&P500 지수 – S&P500 선물 – S&P500 ETF
③ 나스닥 지수 – 나스닥100 선물 – 나스닥100 ETF

현금 가격 (Spot Price)	선물 가격 (Futures Price)	ETF	Ultra ETF(2X / 3X)	대표 주식
$DJI	/YM	DIA	DDM / UDOW	UNH(7.57%), HD(6.62%), CRM(5.76%)
$SPX	/ES	SPY	SPUU, SSO / UPRO, SPXL	AAPL(6.45%), MSFT(5.65%), AMZN(4.77%)
$COMP	/NQ	QQQ, QQQM	QLD / TQQQ	AAPL(13.37%), AMZN(10.91%), MSFT(10.51%)

예를 들어보겠습니다. 보통 개장 전에 나스닥 선물 지수가 오르면 개장 후 나스닥 지수가 오릅니다. QQQ가 상승하고 동시에 애플 주가가 오릅니다. 이 것이 톱다운Top-Down 방식입니다. 지수가 오른 후 개별 주식의 주가가 오르는 방식입니다.

QQQ의 경우 애플이 차지하는 비율이 14% 정도로 아주 큽니다. 그래서 애플이 나스닥 지수를 상당 부분 움직이기도 합니다. 예를 들어 아이폰이 막 대한 수익을 창출한 날 애플이 3% 이상 상승을 하면 아마존, 마이크로소프 트 등의 주가가 변화가 없다고 하더라도 QQQ는 2% 정도, 나스닥 지수는 1.5~2% 정도 상승을 합니다. 이것은 바텀업Bottom-Up 방식입니다. 개별 주식 의 주가가 지수를 밀어 올리는 방식입니다.

이를 이용하면 매수하려고 하는 주식을 비교적 낮은 가격에 살 수 있습니 다. 선물 지수의 움직임을 관찰하고 그 주식이 많이 속해 있는 ETF의 움직임 을 살펴보면 상대적으로 저렴한 지점을 포착하여 매수할 수 있게 됩니다.

선물시장Futures Market은 전체 금융시장의 향후 방향에 대해 상당히 정확 한 확률로 이야기를 해줍니다. 그래서 선물시장을 시장 선행 지수Market Leading Indicator라고도 합니다.

선물시장에 대해 정리하겠습니다.

① 선물을 거래하는 주 목적은 리스크 헤징과 스페큘레이션이다.
② 선물 가격과 현금(현물) 가격은 차이가 있는데 시간이 갈수록 선물 가격 이 현물 가격과 비슷한 수준으로 움직이게 된다. 선물 가격이 현금 가 격보다 비싼 경우가 정상적인 경우인데 이를 콘탱고라 하고 그 반대의 경우를 백워데이션이라 한다.
③ 일 단위로 보았을 때 선물은 개장 전 그날 주식시장의 흐름을 미리 보

여주는 선행 지수이며 개장 시간 동안에는 주식시장의 흐름을 보여주는 선행 지수이다.

④ 지수 선물과 현금(현물) 가격 차이는 해당 ETF 가격의 상승과 하락을 직접적으로 이끌기 때문에 가격 흐름을 큰 방향에서 파악하게 해준다. 이를 잘 파악하면 내가 원하는 주식을 비교적 저렴한 가격에 매수할 수 있다.

옵션시장

대부분의 한국 투자자들은 옵션이 아주 위험한 상품이라고 믿고 있는데 이것은 맞기도 하고 틀리기도 합니다. 매우 공격적인 투자법이라는 점에서 옵션은 위험이 따릅니다. 그러나 변동성이 심한 주식시장에서 시장이 호황이든 불황이든, 보합장세이든 상관없이 수익을 창출할 수 있는 방법이 옵션이기도 합니다. 옵션 투자에서는 투자 리스크에 한계를 둘 수 있기 때문에 리스크가 관리된다는 점에서는 안정적인 투자 방법입니다. 옵션으로 안정적인 수익을 올리려면 상당한 시간을 들여 경험을 쌓고, 냉정한 판단력과 실행력이 있어야 합니다. 그렇다면 옵션시장Options Market에 참여하지 않는 개인 투자자들은 옵션시장을 어떻게 이용할 수 있을까요?

크게 다음과 같이 두 가지로 이용할 수 있습니다.

① 미래에 대한 시장 흐름 예측 판단
② 미래에 대한 변동성 예측 판단

옵션시장은 효율적인 시장이어서 최소한의 자본으로 최대한의 수익을 창

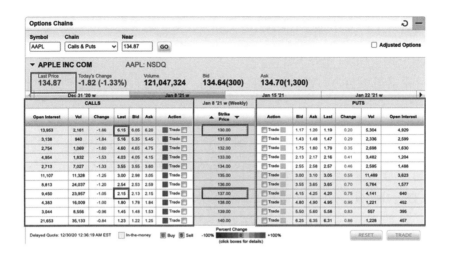

출할 수도 있습니다만 투입한 자본을 모두 날릴 수도 있는 위험한 시장입니다. 그러기에 욕심을 줄여야 하고, 투자 건마다 목표 수익을 정해서 목표에 도달하면 이익을 실현해야 하는 시장입니다.

옵션의 기본 개념을 보겠습니다.

옵션 상품은 선물 상품과 비슷합니다. 다른 점은, 선물은 인도일에 '무조건' 실물을 인도해야 한다는 것입니다. 옵션은 단어의 뜻처럼 선택을 할 수 있습니다. 매수 옵션(콜옵션)으로 주식을 살 수도 있고Exercise, 아니면 계약 수익만 받을 수 있는 선택이 있는 것입니다.

옵션 상품은 위 그림과 같이 'Options Chains'라는 표를 보면서 거래를 합니다. (옵션 설명에 대한 이해가 어렵다면 그냥 넘어가도 좋습니다.)

애플의 주식 가격이 2020년 12월 30일 134.87달러이고 그림에 나오는 옵션 가격표는 2021년 1월 8일의 가격표입니다. 좌측이 콜옵션CALLS, 우측이 풋옵션PUTS이고 가운데 중심축에 보이는 'Strike Price'가 옵션 투자자들이 선택하는 가격입니다.

옵션은 Strike Price를 선택하여 투자를 하는 것입니다. 현재 애플 주식의 가격이 134.87달러인데 일주일 후 가격이 상승할 것으로 분석한다면 그 가격을 예측하여 콜옵션을 매수합니다. 예를 들어 137달러의 콜옵션을 삽니다. 옵션 계약은 LAST라고 있는 부분의 가격이 마지막 거래 금액입니다. 137달러의 콜옵션 가격은 2.15달러입니다. 옵션은 주식과 달리 거래 기준을 '1계약(1Contract)' 단위로 하는데 100주 단위가 됩니다. 그래서 '2.15달러 × 100'으로 215달러를 지불하고 2021년 1월 8일 애플 주식 100주를 137달러에 살 수 있는 '권리'를 보유하는 것입니다.

실제로 애플 주식의 2021년 1월 8일 종가는 132달러였습니다. 투자자로서 132달러 주식을 137달러를 지불하고 손해 보면서 매수하는 사람은 없을 것입니다. 이 경우 계약금이었던 215달러는 허공으로 날아가는 것입니다.

그래서 콜옵션의 경우 계약 당시보다 높은 가격대를 OTM Out of The Money으로 부르면서 계약금을 모두 손해 볼 수 있는 위험 구간입니다. 12월 30일의 Strike Price는 ATM At-The-Money이라고 하며, 그 아래에 있는 금액을 ITM In-The-Money이라고 합니다.

만약 137달러에 계약을 하지 않고 ITM 구간인 130달러에 6.15달러로 계약을 한다면 1월 8일의 종가가 132달러로 2달러는 챙길 수 있습니다(132달러 - 130달러 = 2달러). 하지만 이 경우도 415달러를 손해 보게 됩니다(6.15달러 × 100 - 2달러 × 100 = 415달러).

정리를 하면, 옵션은 정해진 가격 Strike Price으로 미래의 정해진 날짜(옵션 만기일. 주로 매달 세 번째 금요일)에 매수 혹은 매도할 수 있는 권리 Premium를 매매하는 상품입니다. 콜옵션은 매수 권리를, 풋옵션은 매도 권리를 사는 것입니다.

위의 애플 주식을 콜옵션을 매수하지 않고, 137달러의 풋옵션을 -만기일에 애플 주식을 137달러에 팔 수 있는 권리- 매수했다면 5달러 비싸게 매도할 수 있는 권리를 가진 것입니다. 132달러 주식을 137달러에 매도할 수 있으니 풋옵션 매수자는 500달러 차익에 프리미엄 지급 비용을 제외한 수익을 남기게 됩니다. 만약 애플 주식이 140달러가 되었다면 풋옵션 매수자는 프리미엄을 모두 손해 볼 것입니다.

옵션 상품은 만기일 이전에 자유롭게 매매를 할 수 있습니다. 프리미엄 가격은 주식 가격과 연동해서 빠르게 변합니다. 그래서 옵션시장의 투자자들은 결정을 신속하게 해야 합니다. 이것이 기본적인 옵션 상품의 이해입니다. 좀 더 쉽게 주식시장의 입장에서 해석을 하면 다음과 같습니다.

콜옵션의 계약이 많으면 주식시장이 상승할 것이라는 데 투자를 많이 한 것이고, 풋옵션의 계약이 많으면, 주식시장이 하락할 것이라는 데 투자를 많이 한 것입니다. 옵션 투자자가 아니지만 콜옵션과 풋옵션을 살펴보면 시장의 미래 방향성을 볼 수 있습니다. 콜옵션의 계약 수가 많으면 주식 가격이 상승을 할 것이라 투자자들이 판단을 하는 것이고, 풋옵션의 계약 수가 많으면 반대의 경우가 될 것입니다.

시장은 투자자들이 움직이는 것입니다. 투자자들이 시장에 대해 가지는 심리를 시장 감수성Market Sentiment이라고 부르는데, 콜옵션과 풋옵션의 양을 보면 시장 방향성, 변동성 그리고 개별 주식에 대한 투자자들의 'Bull/Bear' 심리를 파악할 수 있습니다.

풋-콜 비율: 미래에 대한 시장 예측 판단

아주 가까운 미래의 시장이 상승할지 하락할지에 대한 투자자들의 심리를 보는 것으로 풋-콜 비율Put-Call Ratio을 이용합니다. 콜옵션을 분모로, 풋옵션을 분자로 두고 이 값을 가지고 판단을 합니다. 이론상으로는 0.5가 기준이 될 것 같으나, 실제로는 0.7을 그 기준으로 사용합니다.

이 값이 0.7에서 1 이상이면 더 많은 투자자들이 가까운 미래에는 시장이 하락할 것Bear Market이라고 믿는다고 판단합니다. 0.7에서 0.5로 내려가면 가까운 미래에는 시장이 상승할 것Bull Market이라고 믿는 것입니다.

$CPC, $CPCI, $CPCE(풋-콜 비율 심벌) 세 개의 풋-콜 비율을 찾을 수 있습니다. 이 자료는 CBOEChicago Board Options Exchange에서 제공하며, 이 풋-콜 비율은 시장에서 거래되는 모든 옵션을 포함합니다.

- $CPC – 전체 모든 옵션
- $CPCI – 인덱스 옵션Index Option입니다. 다우존스, S&P500, 나스닥, 러셀2000 등이 포함됩니다. 헤징을 많이 하기 때문에 전체 풋-콜 비율보다 항상 높습니다.
- $CPCE – 에쿼티 옵션Equity Option입니다. 개별 주식 옵션만으로 값을 산출합니다.

세 지수가 모두 1이 넘어가면 단기Short-Term에서는 약세장을 예상합니다.

VIX: 미래의 시장 변동성 예측

VIX는 향후 약 30일간의 콜옵션과 풋옵션의 계약수를 기준으로 시장 변동성을 보여줍니다. 흔히 '공포 지수Fear Index'로 이야기합니다. 풋-콜 비율이 시장의 방향성을 보여준다면, VIX는 변동성을 보여주는 것으로 시장의 상승·하락의 '폭'이 얼마나 될지를 보여줍니다. 조금 달리 표현해서 풋-콜 비율이 상승과 하락에 대한 확률을 보여준다면, VIX는 상승폭 혹은 하락폭에 대한 이야기를 해주는 것입니다.

식은 다음과 같습니다.

$$o^2 = \frac{2}{T} \sum_i \frac{\Delta K_i}{K_i^2} \; e^{RT} Q(K_i) - \frac{1}{T} \left[\frac{F}{K_0} - 1 \right]^2$$

상수들은 미리 결정이 된 것이며 평균, 분산, 표준편차, 미분 그리고 오일러 Euler 상수만 알면 됩니다. 그런데 요즘은 세상이 좋아져서 컴퓨터가 자동으로 계산을 해줍니다. 우리는 이 식을 가지고 나온 값이 어떠한 의미가 있고 이를 어떻게 해석해서 사용해야 하는지만 알면 됩니다.

- 이 VIX 값을 추출하는 데 사용되는 옵션 계약이 있습니다. 그 옵션의 주체는 S&P500 ETF인 SPY입니다.
- VIX는 옵션 계약 수를 전체를 보고 나오는 식이 아닌, OTMOut of The Money 구간의 콜과 풋 옵션의 계약을 보는 것입니다.
  - OTM 구간의 콜옵션 계약 수가 많은 것은 많은 투자자들이 그 주식이 상승할 가능성이 높다는 데 판단하는 것이고, 반대로 OTM 구간의 풋옵션 계약 수가 많은 것은 그 주식이 하락할 가능성이 높다는 데 판단을 하는 것입니다.
  - 예를 들어 현재 애플 주가가 118달러인데 상당히 많은 금액의 풋옵션이 30일 후, 90달러 이하에 베팅이 되어 있다면 많은 투자자들은 시장이 약세장으로 간다고 판단을 하고 베팅하는 것입니다.
  - 콜옵션도 마찬가지입니다. 현재 가격이 118달러인데 30일 후의 170달러 콜옵션에 베팅한 금액이 상당하다면 상당한 상승장을 예상하게 되는 것입니다.
- 공포 지수라고 불리게 된 것은 '식'의 특성 때문입니다. 식의 구조상 시장이 상승하면 VIX 값이 하락을 하고, 시장이 하락하면 VIX 값이 상승을 하는 구조입니다.

- 1997년 이후의 자료를 기준으로, VIX 가격은 보통 18~35 사이입니다. 12 미만이면 낮다고 판단을 하고 20 이상이면 높다고 판단을 합니다.
- 하지만 VIX를 주목하며 트레이딩Trading하는 사람들은 이런 이야기를 하기도 합니다. 많이 들어 본 "공포에 사고 환희에 팔라"는 말은 이 VIX 에서 나온 것입니다.
  - "VIX 수치가 높아지면 주식을 사야 하는 시기야If the VIX is high, it's time to buy."
  - "VIX가 낮을 때 더 낮은 곳을 보라. 즉 시장이 하락할 시기다When the VIX is low, look out the below."
- VIX가 25 이상이면 시장의 변동 폭이 상당히 높다는 의미로 받아들이 면 됩니다.

2020년 3월 16일에는 VIX 지수가 82.69까지 올랐습니다. 2008년 10월 24일 VIX 지수는 89.53였습니다. 이 두 시기는 주가지수가 최단기간에 가장 많이 떨어진 지점입니다.

현재 무료로 풋-콜 비율을 확인할 수 있는 곳은 CBOE(https://markets. cboe.com/us/options/market_statistics/daily/)와 Barchart(https://www. barchart.com/options)입니다.

Barchart.com에서는 개별 주식 풋-콜 비율도 확인 가능합니다.

옵션시장에 대해 정리하겠습니다.

⑴ 옵션시장은 베팅 금액을 모두 날릴 수 있는 위험이 있는 시장이지만 숙 련된 사람들에게는 가장 안정적인 수익을 주는 시장이다.

⑵ 옵션시장은 미래의 시장에 대한 투자자들의 심리를 보여준다.

① 풋–콜 비율은 강세장과 약세장의 방향을 보여준다. 0.7이 기준이 되며 1 이상이면 약세장을, 0.5 정도면 강세장으로의 방향성을 보여준다.

② VIX는 '공포 지수'라 불리는데 시장 변동의 폭을 보여준다. 시장이 가장 안정적이면 10, 보통의 경우 20 전후, 25 이상이면 시장 변동성이 높다는 의미다.

금융시장 메커니즘 요약

그럼 3장 1절에서 우리가 같이 본 내용을 정리해보겠습니다.

금융시장 메커니즘을 중심으로 설명하면,

[그림 3] 금융시장 메커니즘

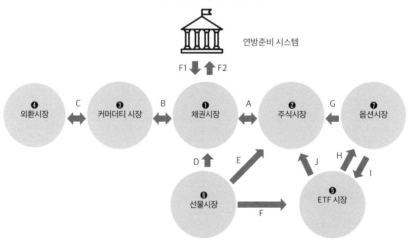

- 연준 기준금리가 변하면 채권의 수익률이 변한다. (F1)
- 시장 금리와 채권 가격은 반대 방향이다.
- 채권 수익률과 주식시장의 방향은 반대이다. (A)
- 커머더티와 시장 금리(미국 10년 국채 수익률)는 동일 방향이다. (B)
- 달러 가치와 커머더티는 반대 방향이다. (C)
- ETF 시장은 경제 순환 주기를 확인할 수 있는 시장이다. 이 순환에 따라 11개 섹터의 섹터 순환이 이루어진다. (F)
- 섹터 순환은 리밸런싱Rebalancing으로 개별 주식 가격에 영향을 미친다. (J, H)
- 선물시장은 시장 선행 지수이다. (D, E, F)
- 옵션시장의 풋-콜 비율과 VIX는 미래 시장의 흐름과 변동성을 판단할 수 있는 자료로 사용된다. (G, I)

미국 10년 국채 수익률을 중심으로 설명하면,

- 미국 10년 국채 수익률은 미국 시장 금리의 기준이 된다.
- 이 수익률은 순 현재 가치 계산 및 기업가치 평가의 할인율로 사용된다.
- 그러므로 수익률이 증가하면 순 현재 가치 및 기업가치가 자연스럽게 하락하며, 수익률이 하락하면 가치는 증가한다.
- 경제지표로 사용되며, 대표적인 지표는 10Y2YS로 미국 10년 국채와 2년 국채의 수익률의 차이다.
- 10Y2YS는 리세션을 가장 잘 나타내주는 지표로서 연준이 주의 깊게 관찰한다.
- 실질금리가 '마이너스 금리'가 되면 '금'의 가격이 최고가를 갱신하는 랠

리가 일어난다.

- 미국 10년 국채 수익률이 상승하면 이자가 상승하기 때문에 보관 비용
이 높아지는 커머더티의 가격이 상승을 한다. 그래서 이자가 상승하는
동안은 물가가 상승하고 커머더티의 수요는 줄어드는 현상이 발생한다.

금융 위기나 리세션이 오면 이런 통상의 관계가 바뀌기도 합니다. 예를 들어 1998년 이전에는 주식시장과 채권 가격이 같은 방향으로 움직였으나 지금은 반대 방향으로 움직입니다. 그러므로 위의 관계는 절대적인 것이 아니며 유동적이라는 사실을 주지하고 있기 바랍니다.

[차트 12]의 그래프를 분석해보면 다음의 사항을 발견할 수 있습니다.

- 2001~2003년까지 보면 순환하는 시간은 있지만 앞에 설명한 자산 시
장들의 방향은 모두 맞았습니다.
- 2007년 서브 프라임 사태 전을 보면 커머더티 가격과 미국달러의 연관
성을 보여주는 방향이 통상의 규범과는 달리 갑니다. 시간을 두고 천천
히 변화합니다.
- 이 규범이 흔들린 후, 2008년에 서브 프라임 모기지 사태가 나면서 주
식시장이 폭락하고 곧 연준의 경기부양책 1(QE1)이 실행됩니다.
- QE1의 덕택으로 주식시장이 다시 상승 국면으로 전환합니다.
- 10년 채권의 수익률이 하락하면서 다시 주식시장이 조정을 받습니다.
이때 연준에서 QE2가 실행됩니다.
- QE2가 실행되면서, 실질금리가 급격하게 하락하면서 1% 미만으로 떨
어집니다.
- 미국 10년 국채의 수익률이 계속 하락하면서 실질금리는 2011년 하반

[차트 12] 금융자산 시장들의 변화(2001~2020)

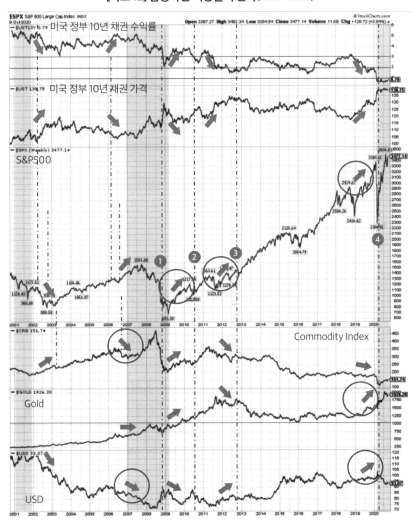

기부터 '마이너스 금리'가 됩니다.

- '실질금리'가 1% 미만으로 떨어지는 시기부터 '금'의 가격이 상승하기 시작해서 2011년 1,886.40달러를 기록합니다([차트 13]).

- 그리고 2012년 연준의 QE3가 실행되면서 낮은 연준 기준금리로 인하여 시장이 안정되기 시작합니다.

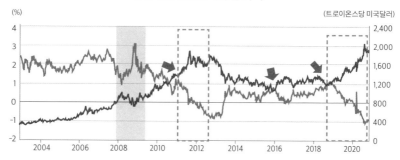

[차트 13] 실질금리와 금 가격

- 이렇게 해서 미국 주식시장 역사상 가장 긴 강세장이 2020년 초까지 진행된 것입니다.

트럼프 행정부 집권 이후 여러 경제 연구소에서 경제 및 주식시장의 버블을 경고했습니다. 연준은 연준의 재무제표를 보고 2016년부터 연준 기준금리를 조금씩 인상했습니다. 금리 인상에 따른 조정(최고점 대비 10% 하락)은 있었지만 건강한 조정Healthy Correction이라고 시장은 받아들였습니다. 트럼프 행정부 들어 친 기업 정책을 펴면서 시장이 다시 회복을 해서 2020년까지 랠리를 했습니다.

연준 기준금리의 상승에도 불구하고 2019년부터 '실질금리'가 하락했기 때문에 '금' 가격의 새로운 랠리가 시작되었고, 완전고용에 따른 임금의 상승은 물가 상승을 가져왔습니다. 부동산 가격도 많이 상승하고 금과 달러 가치도 동반 상승하는 현상이 나타났습니다.

결국 통상의 규범은 흔들렸지만, 미국 기업들의 실적이 역사상 가장 좋고 미국이 우수한 경쟁력으로 전 세계 테크놀로지Technology 산업을 이끌어가면서 미국 주식시장은 새로운 고점을 계속 갱신해갔습니다. 다우존스지수가 2009년 최저점인 6,469.95에서 2020년 2월에는 30,000을 바라보는

29,600까지 상승을 했습니다.

통상적으로 규범이 흔들리면 조정이 온다는 이론은 이번에도 어김없이 맞았습니다. 물론 직접적으로 시장을 강타한 원인은 코로나 바이러스였지만 시장은 이미 2019년 실질금리가 '마이너스 금리'일 때부터 규범이 깨지기 시작한 것입니다.

2020년 6월 9일 전미경제연구소NBER: The National Bureau of Economic Research의 공식적인 발표에 따르면 2020년 2월 4일부터 리세션은 시작되었습니다. 사실 많은 고수들은 코로나 팬데믹 이전에 이미 폭락장이 올 것이라고 예측하고 있었습니다. 여러분이 이 책 3장의 내용을 바탕으로 거시적인 시각에서 시장을 관찰하고 있었다면 시장 폭락기에 준비가 되어 있었을 것이고 '인생의 기회'를 만났을 수도 있었을 것입니다.

최고점 대비 10% 내외로 하락하는 조정Correction은 1년에 1~2번 정도는 옵니다. 그리고 리세션은 10년 주기의 통설이 맞다고 생각합니다. 이 기회를 잘 잡기 바랍니다.

제가 생각하는 주식시장에서 성공하는 능력은 다음과 같습니다.

① "하늘에서 세상을 보며 불확실성에서 확실성을 찾는 능력"

② "확실성을 가지고 내게 맞는 투자 전략을 선정하는 것"

③ "나의 투자 전략에 맞는 주식을 선정하는 능력"

④ "목표 수익과 승률을 분석하여 실수가 없는 투자 방법으로 가능한 모든 거래에서 수익을 내는 것"

⑤ "장기 투자, 단기 투자를 적절하게 배합하여 리스크를 관리하여 원금의 손실을 최소화하는 투자 능력"

⑥ "이를 실행하는 논리적 근거와 냉정한 실행력"

3장에서는 "하늘에서 세상을 보며 불확실성에서 확실성을 찾는 능력"을 말씀드렸습니다.

제가 주식시장에 입문을 하면서 가장 알고 싶었고 정리를 하고 싶었던 내용들입니다. 제가 느꼈던 갈증을 여러분께는 해소시켜드릴 수 있게 필요한 많은 정보를 3장에 담았습니다.

내용이 어렵다고 느껴지더라도 천천히 여러 번 읽어보기 바랍니다. 3장에 나오는 내용의 이해가 없으면 미국 주식시장에서 오랜 기간 성공할 수 없다고 믿습니다.

미국 주식시장에서 우리의 목적은 단 하나입니다. 돈을 많이, 가능한 아주 많이 버는 것입니다. 그러기 위해서는 시장 경제 흐름을 거시적으로 볼 수 있는 시각을 가져야 합니다. 거시경제를 잘 안다고 해서 주식시장에서 꼭 성공하는 것은 아닙니다. 하지만 주식시장에서 성공하기 위해서는 반드시 거시경제를 알아야 합니다.

4장

연준을 이해하고
친구가 되라

연준은 미국 중앙은행 시스템으로, 미국 금융시장뿐 아니라 세계 경제를 움직일 수 있을 정도의 영향력을 가지고 있습니다. 미국은 50개의 주와 워싱턴DC가 연합되어 있는 국가로, 민주주의가 발달되어 있으며 삼권분립이 잘 유지되고 있습니다.

정치의 삼권분립은 행정부, 사법부, 입법부의 삼권이 균형을 이루는 것이고 경제의 삼권분립은 행정부, 입법부, 중앙은행이 서로의 독립성을 보장하고 지원하면서도 서로를 견제하면서 균형을 이룹니다. 저는 미국에 살면서 미국 중앙은행, 미국 정부, 그리고 의회가 합심하여 경제를 지속적으로 성장시켜가는 것을 지켜보았습니다.

미국은 세계대전을 두 번이나 이긴 나라입니다. 세계대전이 끝나고 자칫 무너질 수 있었던 세계 경제를 일으키고, 여러 번의 금융 위기가 있을 때마다 이를 극복해온 힘의 중심에는 미국 중앙은행 시스템, 연준이 있습니다. 그러므로 미국 주식 투자를 통해 자산을 늘리기 위해서는 연준의 통화정책을 이해하는 것이 중요합니다.

특히 FOMC(The Federal Open Market Committee)에서 결정하는 통화정책과 그 정책의 배경에 대한 이해를 하면 경기순환 주기 및 미국의 경제 상황을 정확하게 파악하고 미래의 경제 상황을 예상할 수 있습니다. 연준의 정책 방향을 파악하는 것은 수익을 창출하는 데 도움이 되는 것은 물론, 자산의 손실을 최소화하는 데 큰 도움이 됩니다. 그러므로 연준이 정하는 정책을 바탕으로 투자 전략을 수립하는 것이 현명합니다.

연준의 통화정책과 주식시장의 흐름을 보면 리세션이 오기 상당 기간 전에 예측을 할 수 있습니다. 전미경제연구소의 발표에 따르면, 2020년 2월 4일부터 리세션은 시작되었습니다. 실제로는 1월 말에 주식시장이 하락을 했다가 2월 4일부터 2월 19일까지 아주 좋았습니다. 2월 20일 오후에 다우가 1,000포인트 빠지면서 리세션의 조짐이 보이기 시작했습니다.

실제로는 2019년에 '금' 가격이 상승을 했고, 2019년 하반기부터 '마이너스 금리'가 급속히 진행되었습니다. 10Y2YS가 2019년과 거의 차이가 없는 것을 파악한 투자자들은 2020년 초반 주식시장의 폭락을 이미 예견하고 이에 대한 대응을 하고 있었습니다. 이러한 경우 통상적으로 6개월에서 8개월 이내에 리세션이 크게 오기 때문입니다. 아직까지 예외가 없었습니다.

주식시장이 아주 좋았던 2월 4일부터 리세션이 시작되었다는 것을 판단한 투자자라면 자산이 두 배 이상 불어났을 것입니다. 단지 어떻게 파악하는지를 몰랐을 뿐입니다. 시장이 폭락하는 순간 이익 실현을 시작한다면 이미 늦은 것이 됩니다.

우리가 주식시장에서 미국 중앙은행 시스템의 움직임을 모니터링하는 이유는 한 가지입니다. 3장에서 연준 기준금리가 다른 자산시장에 어떤 방향으로 영향을 주는지 보았습니다. 채권시장은 물가 상승 및 미래 경기의 흐름을 예측하는 데 가장 영향력 있는 지표a Great Predictor입니다. 연준의 기준금리가 채권시장에 영향을 주고, 채권시장의 움직임은 주식시장에 영향을 줍니다.

주식 투자자의 입장에서 연준에 대해 너무 상세하게 알 필요는 없습니다. 거시경제를 잘 아는 것이 주식시장에서 성공하기 위한 필요충분 요소는 아니기 때문입니다. 그러나 거시경제 중 주식시장에 영향을 주는 사항은 알아두는 것이 성공의 필수 조건입니다.

이러한 관점에서 연준에 대해 다음의 내용들을 설명합니다.

① 연준에 대한 이해
② 연준 통화정책
③ 연준의 두 가지 의무를 위한 정책
④ 연준의 경기부양책 – "연준과 싸우지 마라Don't fight the FED."

01 연준(FED: Federal Reserve System)의 이해

연준의 정식 명칭은 연방준비제도The Federal Reserve System입니다. 줄여서 'the Federal Reserve' 혹은 간단하게 'the FED'라 부릅니다. '연준'은 미국 중앙은행의 시스템을 이야기합니다.

"연준이 미국 중앙은행 아닌가요? 왜 시스템을 붙이는 거죠?"란 질문을 할 수 있습니다. 연준은 미국 중앙은행이라는 의미로 쓰이지만, 엄밀하게 말하면 중앙은행이 아닙니다. 미국의 중앙은행 시스템입니다.

중앙은행과 중앙은행 시스템은 무슨 차이가 있을까요? 한 국가에는 보통한 개의 중앙은행이 있습니다. 미국에는 한 개가 아니라 12개의 중앙은행들Reserve Banks이 있습니다. 12개의 중앙은행이 생기게 된 연준의 탄생 배경은 이렇습니다.

미국은 50개의 주State들이 모여 하나의 국가인 미합중국United States이 되었습니다. 한 개의 주가 하나의 독립된 국가라고 생각하면 됩니다. 이 독립된 국가들이 모여서 합중국이 된 것이며, 이런 연방적인 개념이 미국 중앙은행 제도에도 적용됩니다. 미국에는 12개 지역에 중앙은행들이 존재합니다. 이

[그림 9] 연방준비 시스템

The Federal Reserve System

자료: 미국 공화당 정책 위원회

12개의 중앙은행들을 관리하는 최고 의사결정 기관인 연준 이사회Board가 있으며, 독립적이고 실용적으로 연준의 통화정책을 최종적으로 논의·결정하는 기관인 연방공개시장위원회FOMC: Federal Open Market Committee가 있습니다.

12개의 중앙은행, 연준 이사회, FOMC, 이 세 가지의 조합을 미국의 '연방준비제도'라 부르고 이 시스템 자체를 미국 중앙은행이라 통칭하여 부르고 있습니다.

[그림 9]를 보면 이해가 쉬울 것입니다.

영어로 풀어 보면, Federal(연방)의 Reserve(준비) System(시스템)인 것입니다. 미국 주식과 관련된 영어 기사를 읽을 때 혼동을 제거하기 위해 용어를 정리해보겠습니다.

- 연준(연방준비제도): The Federal Reserve System(FED)
- 연준 이사회: The Federal Reserve Board of Governors(FRB)
- 연방준비은행들(연방중앙은행들): Federal Reserve Banks(Reserve Banks)

- 연방공개시장위원회: The Federal Open Market Committee(FOMC)

우리가 중점적으로 알아야 할 것은 연준의 목표와 그 목표를 이루기 위해 펼치는 정책, 그리고 2020년과 같은 경제 위기가 일어났을 때 연준이 취하는 정책입니다.

우선 연준의 역사부터 살펴보겠습니다.

연준의 역사

1930년대 미국에서는 대공황이 일어났습니다. 대大공황이라는 말을 썼다는 것은 그 이전에 이것보다 작은 공황이 있었다는 이야기입니다. 1907년으로 돌아가 보겠습니다.

1907년 10월 19일 - 미국 3대 신탁회사의 파산 위기

당시 미국의 3대 신탁회사 중 하나인 니커보커 신탁Knickerbocker Trust Co.이 파산 위기에 몰리게 되는데 그 배경은 이렇습니다. 구리왕이라 불리던 오거스터스 하인츠Augustus Heinze는 구리로 엄청난 돈을 벌었고, 그 자금으로 뉴욕 월스트리트의 은행가인 찰스 모스Charles Morse와 함께 6개의 전국 은행, 10개의 주 은행들State Banks, 5개의 신탁회사Trust Companies, 4개의 보험회사의 경영권을 소유하고 있었습니다.

오거스터스의 동생인 오토는 월스트리트의 증권 브로커였습니다. 오거스터스는 유나이티드 코퍼 컴퍼니United Copper Company의 대주주였는데, 오토는 형이 대주주로 있는 이 회사 주식 중 상당수를 공매 세력이 빌린 것을 파악하고 소위 '작전'을 시도했습니다. '공매'라는 것은 누군가에게서 주식을 빌려

시장에 파는 것입니다. 높은 가격에 매도를 하고 이후 낮은 가격에 매수를 해서 그 차익을 버는 투자 기법입니다. 영어로는 'Short Sell'이라고 합니다. 유나이티드 코퍼 컴퍼니의 상당수 주식들이 이미 공매로 들어갔으니 대규모로 주식 매수를 하면 수급이 맞지 않아 주식 가격이 급등을 할 것이고, 공매 세력들은 손해를 줄이기 위해 숏 스퀴즈Short Squeeze(주식의 갑작스런 상승에 놀란 공매 세력들이 자신의 포지션을 정리하는 것) 실행 작전을 세웁니다.

동생의 작전에 동의한 오거스터스 하인츠는 동업자인 찰스 모스와 함께 니커보커 신탁의 회장인 찰스 바니를 만나고, 이 작전이 엄청난 거금을 벌 기회라는 생각에 니커보커 신탁에게서 작전 수행에 필요한 자금을 빌립니다.

1907년 10월 14일 - 일일 천하

예상대로 유나이티드 코퍼의 주식 가격은 숏 스퀴즈에 의해 39달러에서 52달러까지 상승했습니다. 오거스터스 하인츠는 자신의 주식을 빌려간 공매도 사람들에게 전화를 해서 10월 15일까지 빌린 주식을 갚으라고 합니다. 이때 주식 가격은 60달러까지 올라갔습니다. 여기까지는 원했던 작전대로였습니다. 이들이 실수를 한 것은, 주식을 다른 곳에서는 빌릴 수 없을 것이라는 오판이었습니다.

공매도 세력들은 유나이티드 코퍼의 주식을 다른 곳에서 빌려와서 더 심한 공매를 하기 시작했습니다. 결국 15일에 유나이티드 코퍼의 종가가 30달러로 마감함으로써 공매도 세력들의 승리로 돌아갔습니다.

1907년 10월 17일 - 뉴욕증권거래소에서 퇴출

갑작스러운 주식 가격 하락으로 시장은 이 회사에 대한 신뢰를 잃어버리게 되고 유나이티드 코퍼는 뉴욕증권거래소에서 퇴출됩니다. 당시 퇴출된 회사들은 뉴욕증권거래소 빌딩 밖 골목에서 주식 브로커 없이 거래OTC: Over-The-Counter를 하도록 내쫓겼습니다. 말 그대로 시장 퇴출입니다.

1907년 10월 18일 - 오거스터스 하인츠 소유 은행들의 지불 불능 사태

오토는 자신이 일하던 브로커 회사까지 파산하게 만들었습니다. 여기에서 끝났으면 공황까지 가지 않았을 것입니다. 오거스터스 소유의 은행들은 유나이티드 코퍼의 주식을 담보로 다른 은행에게서 빌린 돈에 대해 지불 불능Insolvency을 선언하게 됩니다. 이후 오거스터스와 그의 파트너 찰스 모스는 은행들과 관련된 이권을 모두 포기하게 됩니다. 이때까지만 해도 패닉이라고 할 정도는 아니었다고 합니다. 이들은 월요일에는 천국을, 금요일에는 지옥을 맛보게 된 것입니다.

1907년 10월 19일 토요일 - 미국 3대 신탁회사의 파산 위기

주말인 토요일에 니커보커 신탁이 파산을 할 것이라는 소문이 월스트리트에 돌기 시작했습니다.

1907년 10월 21일 월요일 - JP 모건이 니커보커 신탁과 관련된 결제 불가 통보

월요일 오전, JP 모건J.P. Morgan이 대주주로 있는 전국 상업은행에서 니커보커 신탁에 대한 클리어링 하우스Clearing House 서비스(수표, 회사채, 어음을 현금으로 교환해주는 것)를 하지 않겠다고 선언합니다. 이 당시에는 JP 모건과 같은 전국 규모 상업은행이 미국 정부의 중앙은행 역할을 하고 있었습니다.

1907년 10월 22일 화요일 - 뱅크런

화요일인 22일 전형적인 뱅크런Bank Run(예금자들의 예금 인출 수요가 급증하여 해당 은행이 다른 기관의 도움을 받아야 하는 사태)이 일어났습니다. 3시간 만에 800만 달러가 인출되었다고 합니다. 현재의 인플레이션을 고려하면 1910년의 1달러는 현재의 약 27달러 정도입니다. 1908년에 자동차 포드 모델 T가 850달러였다고 하니 얼마나 많은 자금이 인출되었는지 짐작이 되시지요?

이 니커보커 신탁의 뱅크런 불똥이 다른 신탁회사들에게도 튀었습니다. 1900년대 초에 미국 신탁회사들은 급격한 성장을 해서 자산 규모가 10년 만에 244% 증가했습니다. 같은 기간에 전국 은행National Bank들의 자산 규모

1907년의 패닉 및 뱅크런

자료: 위키피디아

가 97% 상승한 것에 비하면 굉장한 증가입니다. 수많은 사람이 다른 은행과 신탁은행들에서도 돈을 인출하기 시작했습니다. 대출이자는 70%까지 오르고, 브로커들은 돈을 빌릴 수가 없게 되었으며, 1907년 12월 주식시장은 50% 폭락했습니다.

1907년 10월 22일 화요일 오후 - JP 모건 주도의 긴급 자금 수혈

미국 재무부가 쓸 돈이 부족할 정도로 시중에서 현금을 인출해 갔다고 합니다. 당시 미국 정부의 통화정책으로는 갑작스러운 뱅크런을 막을 힘이 부족했습니다. 이에 JP 모건의 주도 하에 시중은행장들이 모여 긴급 자금 수혈을 결정합니다. 당시 미국 최고의 부호인 록펠러John D. Rockefeller도 1,000만 달러를 자금으로 지원합니다.

1907년 10월 24일 목요일 - 주식시장 붕괴 일보 직전

긴급 자금 수혈에도 불구하고 뉴욕 주식시장은 폭락하기 시작합니다. 주식을 현금으로 교환해줄 자금이 부족하게 되자 뉴욕증권거래소 회장이 JP 모건에게 가서 증권거래소를 일찍 닫아야겠다고 말할 정도였습니다. JP 모건은 더 큰 패닉이 일어나니 안 된다고 말립니다. 그리고 주식을 현금으로 교환해주는 50개의 주식 환전상Exchange House(1907년에는 주식과 현금을 교환해주는 곳이 있었다고 합니다)에 연락을 해서 10분 안에 2,500만 달러를 모으지 못하면 시장은 망할 것이라고 호소했고, 결국 10분 만에 14개 은행 회장들이 합의하여 2,360만 달러를 긴급 수혈했습니다. 그날 저녁에 인터뷰를 싫어하던 JP 모건이 신문기자들과 인터뷰를 합니다.

"사람들이 은행에 자금을 계속 유치하고 있기만 하면 모든 일이 순조롭게 잘 풀릴 것입니다If People will keep their money in the banks, everything will be all right."

1907년 10월 25일 금요일 - 주식시장의 정상 운영

금요일 주식 거래량은 목요일의 3분의 2로 줄어들었지만 정상을 되찾기 시작했습니다. 미국 경제 연구소는 1907년 5월부터 1908년 6월까지를 1907년 공황Panic of 1907이라 부르고 경기위축기Economy Contradiction로 기록하고 있습니다.

미국은 독립전쟁 이후 여러 번의 금융 위기를 경험했습니다. 1907년의 공황으로 미국 중앙은행 시스템을 개혁하자는 논의가 일어났으며 JP 모건이 주축이 되어 수년에 걸쳐 경제학자들과 유럽의 중앙은행 시스템을 연구하게 됩니다.

사실 1907년 공황 이전부터 미국 중앙은행을 설립해야 한다는 논쟁이 많았다고 합니다. 1907년의 공황은 미국 중앙은행 설립에 박차를 가하는 계기가 되었습니다. 많은 미국인들은 미국 중앙은행이 설립되어 통화 공급Money Supply을 하고 경제 상황에 따라 통화 팽창 및 수축 정책을 펼치는 것이 필요하다는 것에 동의를 하기 시작했습니다. 결국 1907년부터 1913년까지 전국 통화 위원회The National Monetary Commission의 과도기를 거쳐 1913년 연방 준비 법률The Federal Reserve Act이 미국 상원의원 투표에서 통과하면서 지금의 연준이 창설되었습니다.

연준은 미국 정부 소유가 아니다

중앙은행이 행정부의 입김을 받지 않으면서 경제 상황에 맞춘 적절한 정책을 펼치려면 독립성이 상당히 중요합니다. 대부분 국가의 중앙은행들이 독립성을 보장받지만, 그 독립성을 가장 우수하게 보장받는 곳이 미국의 연준입니다.

연준 홈페이지의 FAQs(자주 묻는 질문)에 가장 먼저 나오는 질문입니다.

"누가 연준을 소유하고 있는가Who owns the Federal Reserve?"

이에 대한 답을 연준 홈페이지에서 그대로 가져왔습니다.

연방준비제도는 그 누구도 '소유'하지 않습니다. 연준은 1913년 연방준비은행법에 의해 국가의 중앙은행 역할을 하기 위해 설립되었습니다. 워싱턴에 있는 연준 이사회는 연방 정부의 기관이며 의회에 직접 보고하는 책임을 가지고 있습니다.

(The Federal Reserve System is not "owned" by anyone. The Federal Reserve was created in 1913 by the Federal Reserve Act to serve as the nation's central bank. The Board of Governors in Washington, D.C., is an agency of the federal government and reports to and is directly accountable to the Congress.)

연방준비은행들은 연방 정부의 일부는 아니지만 의회의 연방준비은행법에 의해 존재합니다. 그들의 목적은 국민에게 봉사하는 것입니다. 그렇다면, 연준은 민간인가요, 공공인가요?

(The Federal Reserve Banks are not a part of the federal government, but they exist because of an act of Congress. Their purpose is to serve the public. So is the Fed private or public?)

민간이기도 하고 공공이기도 합니다. 이사회는 독립적인 정부의 기관이지만 연방준비은행들은 민간 기업처럼 설립되었습니다. 연방준비은행을 설립한 회원 은행들은 연방준비은행들의 주식을 소유하고 배당금도 지급받습니다. 주식은 소유하고 있지만 이 주식이 연방준비은행들의 통제 및 영리 목적의 재정적 이익에 이용되지는 않습니다. 소유한 주식은 대출을 위한 담보로 쓰일 수 없고 매각할 수도 없습니다. 회원 은행들은 각 은행 이사회 9명의 이사들 중 6명을 임명할 수 있습니다.

(The answer is both. While the Board of Governors is an independent government agency, the Federal Reserve Banks are set up like private corporations. Member banks hold stock in the Federal Reserve Banks and earn dividends. Holding this stock does not carry with it the control and financial interest given to holders of common stock in for-profit organizations. The stock may not be sold or pledged as collateral for loans. Member banks also appoint six of the nine members of each Bank's board of directors.)

연준의 책임 및 기능

한 국가의 경제정책을 경제학적 관점에서 이야기할 때 크게 두 가지 정책을 이야기합니다. 통화정책과 재정정책입니다. 통화정책은 영어로 'Monetary Policy'이고 재정정책은 'Fiscal Policy'입니다. 통화정책은 '통화'의 수요와 공급에 관한 정책으로 중앙은행에서 집행을 하고, 재정정책은 정부가 국가의 재정을 관리하는 것으로 국가의 수입과 지출에 대한 계획을 세우고 집행하는 정책입니다.

연준 통화정책의 목표는 미국 의회에서 결정하여 부여합니다. 1913년 연방 준비 법률에 의거하여 국민의 대표자로서의 입법기관인 미국 의회에서 다음 세 가지 목표를 연준에 부여합니다.

① 최대한의 고용Maximum Employment
② 물가 안정Stable Prices

③ 안정적인 장기금리Moderate long-term Interest Rate

그리고 이 세 가지 목표를 수행하기위해 연준은 다음의 다섯 가지 기능을
수행하고 있습니다.

① 미국의 통화정책 수행Conducting The Nation's Monetary Policy
② 금융 시스템의 안정성 추구Promoting Financial System Stability
③ 금융기관의 감독Supervising and Regulating Financial Institutions and Activities
④ 안정적이고 효율적인 지급과 결제 시스템 형성Fostering Payment and Settlement
System Safety and Efficiency
⑤ 소비자 보호와 지역 개발 촉진Promoting Consumer Protection and Community
Development

위의 내용은 연준에서 발간한《The Federal Reserve System:
Purpose & Function》의 내용을 그대로 옮긴 것입니다. 이 영어 단어들의
의미를 잘 보아야 합니다. 미국 최고의 전문 기관에서 단어를 선택할 때는 그
냥 하지 않습니다. 정확한 논리 하에 그 의미를 행간에 담고 있는 경우가 대부
분입니다.

Stable, Stability, Supervising, Regulating, Safety(안정적인, 안정, 감
독, 규제, 안전)이라는 단어를 보면, 연준이 목표로 하는 것이 무엇인지 알 수 있
습니다. 미국 최고의 기관이 자신들을 소개하기 위해 선택한 단어에는 그 사
이에 연결 논리가 있습니다. 이 연결 논리로 위의 말을 풀어보면 연준이 원하
는 것은 '지속적인 안정'입니다.

무엇을 지속적으로 안정시킨다는 말일까요?

연준의 첫 번째 기능인 '통화정책'의 지속적 안정입니다. 통화정책은 뉴스에 종종 등장하는 말입니다. 경기가 안 좋으면 시중에 유통되는 통화를 늘려 소비를 유발시키고 경기를 회복시키려는 '통화 팽창 정책'을 펴며, 경기가 과열되었다고 판단되면 시중의 돈 유통량을 축소시켜 경기 과열을 진정시키는 '통화 긴축 정책'을 펼칩니다.

통화 팽창 정책은 영어로 'Ease Monetary Policy'라고 하며 긴축은 'Tight Monetary Policy'라고 합니다. 코로나 팬데믹과 같은 금융 위기가 오면 연준은 경기부양책 혹은 양적 완화 정책이라고 해서 시중에 엄청난 돈을 푸는 위기 대응 정책을 펼칩니다. 이런 경기부양책의 정식 영어 명칭은 Quantitative Easing(QE)인데 여기에 'Ease'라는 단어가 들어갑니다. Ease라는 단어가 금융시장에 쓰이면 '그 주어에 대해' 느슨하게 하겠다는 의미로 받아들이면 됩니다. QE에서 나중에 더 설명하겠습니다.

연준의 구조

연준(연방준비제도FED: The Federal Reserve System)에는 다음 세 가지의 기관이 있다고 말씀드렸습니다.

- 연준 이사회: The Federal Reserve Board of Governors(FRB)
- 연방준비은행들(연방중앙은행들): Federal Reserve Banks(Reserve Banks)
- 연방공개시장위원회: The Federal Open Market Committee(FOMC)

이 세 기관들이 가지고 있는 목적과 책임을 보면 연준이 어떻게 독립적이면서도 권력을 분산해서 정책을 펼치는지 알 수 있습니다. 일반 조직에는 수직적 구조와 수평적 구조가 있습니다. 수직적 구조는 그 조직의 최고 책임자의 결정이 조직의 운명을 좌우합니다. 주로 일본이나 한국과 같은 유교적 문화권에 있는 조직입니다. 수평적 구조는 대부분의 경우 유럽에 많습니다. 어떤 구조이든 아무리 조직의 최고 결정자가 자신이 원하는 방향으로 결정을 내려도 담당자가 이에 따르지 않으면 그 방향으로 갈 수가 없습니다. 미국은 수직직 구조와 수평적 구조가 힙해진 하이브리드 조직 구조입니다.

이 하이브리드 조직 구조가 가장 잘 반영되어 있는 곳이 연준입니다. 연준의 세 가지 기관들은 서로 견제하면서 협력하고, 협력하면서 견제하는 구조입니다. 권력을 견제하는 것이 아니라 경제정책의 방향에 대한 견제입니다. 이 견제를 통해 가장 최적의 통화정책을 정하게 됩니다.

연방준비제도 기관과 의회의 관계를 보겠습니다.

[그림 10] 연방준비제도 기관들

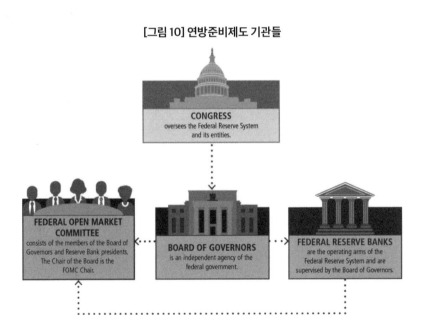

자료: 미국 연준

184

의회

연준과 입법부는 경제정책을 같이 수행하는 파트너이고 연준을 감독하는 기관이 미국 의회Congress입니다. 이러한 관계에 의해 미국 의회는 연준에 위에서 설명한 세 가지 목표를 부여했습니다.

이 목표가 잘 진행되고 있는지 확인하기 위해 미국 의회는 1년에 2번 연준에 대한 청문회를 요구하고, 연준 이사회 의장이 청문회에 출석해서 의원들과 국민들에게 미국 경제에 대한 예상과 이에 따른 연준의 통화정책 및 방향에 대한 설명을 합니다.

연준 이사회

왼쪽의 그림을 보면 'An independent agency of the federal govern-ment(연방 정부의 독립된 대리 기관)'이라고 표현하고 있습니다. 그만큼 독립성을 강조하고 있는 것입니다.

연준 이사회Federal Reserve Board of Governors는 연방준비제도의 총 관리자 역할을 하면서 12개 연방중앙은행들을 감독하는 역할을 수행합니다. 이사회의 이사 수는 7명이고 이사들의 재임 기간은 14년으로 상당히 긴 편입니다. 이 중 두 사람은 의장과 부의장인데 임기는 4년이고 한 번의 중임까지 가능합니다. 또한 7명의 이사 전원이 FOMC에 참석해서 연준 기준금리를 포함한 연준의 통화정책 결정에 투표권을 가지고 있습니다.

연준 중앙은행들

중앙은행으로서 해야 하는 일들은 많습니다. 12개 지역을 구분하여 구분된 지역마다 한 개의 중앙은행이 위치하고 있습니다. 간단하게 생각하면, 미국은 연방제를 채택하고 있는 합중국이기 때문에 12개 중앙은행들이 각각의 정해진 지역([그림 11] 참조) 내에서 중앙은행으로의 역할을 하는 것입니다. FOMC에서 결정한 통화정책을 정해진 지역 내에서 실행하고, 회원 은행 및 비회원 은행들을 관리·감독합니다. 각 중앙은행은 통화정책의 지역별 창구가 됩니다. 국민들이 일반은행 창구에 세금을 내면 그 세금을 거두어들이고, 국민들이 일반은행 창구에서 미국 국채의 이자 및 채권 투자 원금을 찾는 경우 이 자금을 각 지역의 중앙은행이 일반은행을 통해 지불해줍니다. 또한 시중은행들의 유동자금이 부족하면 이를 빌려주는 역할을 합니다. 즉 각 지역의 실질적인 중앙은행 역할을 하는 것입니다.

연방준비은행들 12곳의 위치는 [그림 11]에 나와 있습니다. 설립되던 당시인 1907년에는 미국 경제가 동부 해안 중심이었기 때문에 동부에 많은 중앙은행들이 밀집되어 있습니다. 중앙은행들은 관리 지역 내에 최소한 한 개 이

[그림 11] 12개 연방중앙은행들

자료: 연준 연간보고서

상의 지점Branch을 가지고 있습니다.

연준의 주 수익원은 회원 은행들에게 빌려주는 대출의 이자, 개인 및 기업의 수표의 현금화 수수료, 자금 이체 수수료 등입니다. 연준 은행들의 직원 월급 및 기타 비용을 제외한 순이익은 최대 100억 달러까지 미국 재무부로 귀속됩니다.

연방공개시장위원회FOMC

지난 20여 년 동안 연준의 활동을 볼 때 연방공개시장위원회FOMC: Federal Open Market Committee의 결과가 주식시장에 가장 민감한 영향력을 미칩니다. 이 미팅의 결과에 따라서 주식시장이 상승을 하기도 하고, 갑자기 하락하기도 합니다.

FOMC가 하는 일은 연준의 통화정책을 결정하는 곳입니다. FOMC 투표권자들이 1년에 8번 모여서 연방 기금 목표 금리 또는 연준 기준금리Fed-Funds Target Rate를 설정하여 중장기 금리를 안정적으로 이끌며 목표한 인플레이션 연간 목표(2%)를 유지하기 위해 통화정책의 세부 실행을 하게 됩니다.

이와 같은 세부 시행을 'Open Market Operation'이라고 합니다. 'Open Market'은 한국어로 개방 시장이라 해석하면 좋을 것 같습니다. 즉 모든 사람에게 개방된 시장의 의미이며 우리가 금융상품을 사고파는 일반 금융시장을 말합니다. 여기에서 미국 국채도 거래되며 연준은 미국 국채를 직접 매수·매도하여 단기·중기·장기 금리가 안정적으로 지속되게 통화정책을 실현합니다. 그래서 FOMC에서의 결정이 중요합니다.

FOMC에는 12명의 투표권을 가진 회원들이 참석하여 의사를 결정합니다. 연준 이사회 이사 7명, 뉴욕 중앙은행 행장, 나머지 11개 중앙은행들에서 4명(이 4명은 순서대로 돌아가면서 선정됩니다)이 의사를 결정하며, 투표권을 못 가진 7개 중앙은행의 행장들은 투표권과 상관없이 FOMC에 참석해서 논의를 할 수 있습니다.

FOMC는 1년에 8번 열리는데 시기는 1월 말, 3월 중순, 4월 말, 6월 초·중순, 7월 말, 9월 중순, 10월 말, 12월 중순이고 의사록은 3주 후에 공개됩니다. 일정에 없이 필요할 때에 열리기도 하는데, 이처럼 일정에 없던 FOMC가 열리는 것은 아주 위급한 상항이 왔거나 올 수 있다는 공식적인 경고 신호입니다. 이는 가능한 주식을 빨리 정리하라는 의미로 받아들이는 것이 좋습니다. 위기가 오지 않는다면 열릴 이유가 없기 때문입니다.

02 연준의 통화정책

미국 의회와 행정부가 서로를 견제하고 미국 중앙은행들에 독립성을 부여하기 위해 연준 이사회의 이사들은 미국 대통령이 지목을 하고 의회의 청문회를 통해 인가를 받게 됩니다. 또한 연준의 독립성을 보장하기 위해 연준 이사회의 이사들은 14년의 오랜 임기를 보장받습니다. 자발적으로 떠나는 경우 외에는 그 누구도 연준 이사회 이사들을 해임할 수 없습니다. 앞서 언급한 바와 같이 연준이 통화정책을 펼 때 입법기관인 의회에서는 세 가지 의무를 부여합니다.

세 가지 의무는 다음과 같습니다.

① 최대한의 고용Maximum Employment
② 물가 안정Stable Prices
③ 안정적인 장기금리Moderate long-term Interest Rate

이 세 가지 의무를 영어로 'Mandate'라 합니다. Mandate의 영어 뜻은

'An Official Order'입니다. 즉 의회가 연준에게 국민의 윤택한 경제생활을 도모하라고 명령을 내린 것입니다. 의회는 1년에 2번 연준 의장에 대한 청문회를 열어서 이 명령이 잘 수행되고 있는지, 어떤 문제가 있는 것은 아닌지를 확인합니다. 그런데 연준 관련 자료에는 'Dual Mandate(두 가지 의무)'로 명시되어 있습니다.

세 가지 의무를 두 가지로 이야기하는 이유는 다음과 같습니다.

물가가 안정되면 장기금리는 자연히 적당한 수준으로 안정화가 이루어집니다. 물가 안정이 되면 안정적인 장기금리는 자연히 따라오는 것입니다. 그래서 연준이 통화정책을 통해 이뤄야 하는 것은 결과적으로 두 가지, 최대한의 고용과 물가 안정인 것입니다. 이를 연준의 두 가지 의무The Federal Reserve's Dual Mandate라 합니다.

통화정책과 연준의 두 가지 의무Monetary Policy and Dual Mandate

연준의 두 가지 의무는 최대 고용과 물가 안정이라고 이야기했습니다. 이 두 가지 의무에 대해 이해를 해야 연준 통화정책의 실행 수단을 이해하는 데 도움이 됩니다.

총수요·총공급 이론(AD & AS)

거시경제학에 총수요·총공급 이론이 있습니다. 너무 깊게 들어갈 필요는 없고 제가 설명하는 흐름만 따라오면 됩니다. 우리는 주식시장을 이해하기 위해 거시경제를 보는 것이지 거시경제를 학문적으로 이해하려는 것이 아닙니다.

전체적인 흐름을 보겠습니다.

- 총수요AD: Aggregate Demand: 한 국가가 필요로 하는 상품과 서비스에 대한 전체적 수요입니다.

- 총공급AS: Aggregate Supply: 한 국가가 생산할 수 있는 상품과 서비스에 대한 전체적 공급입니다.

좀 더 자세히 설명을 하면,

총 수요AD =

- 소비자 지출Consumer Spending

- 기업 투자(생산을 위한 투자, Private Investment and Corporate Spending)

- 정부 지출(인프라, 의료 등에 대한 지출, Government Spending on Public Goods and Service)

- 무역 흑자Net Export

총 공급AS =

- 국내총생산Total supply of goods and services: GDP

[그림 12] 전통적인 총수요-총공급 모델

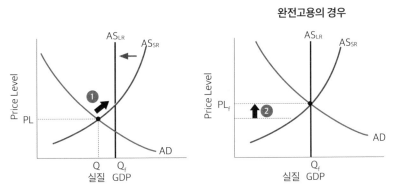

완전고용의 경우

이것을 그래프로 나타낸 것이 [그림 12]의 AD-AS 모델Model인데, 한국 고등학교 사회·경제 시간에 배웁니다.

[그림 12]의 그래프를 보면 연준의 두 가지 의무가 나와 있습니다. PL은 'Price Level'로 물가이고, 중간의 세로 직선인 AS·LR은 완전고용의 경우에 나타나는 국가의 최대 생산량입니다. LRLong-Run은 장기, SRShort-Run은 단기입니다.

쉽게 보겠습니다. 수요와 공급이 만나는 곳이 물가PL입니다. 완전고용 시의 총생산(AS·LR)이 한 국가가 생산할 수 있는 최대치라고 한다면, 그 최대치까지 실질 국내총생산Real GDP이 늘어나는 것이 완전고용에 도달하는 것입니다. 그러면 그래프가 ①의 방향을 따라 움직입니다. 그래서 오른쪽 그래프처럼 물가(PLf, f=future/미래)가 ②만큼 오를 수밖에 없다는 이론입니다. 이 이론이 1970~1980년에 배운 거시경제학입니다. 많은 미국의 경제학자들이 이렇게 생각을 했고 상당히 오랜 기간 이 의견이 변하지 않았습니다. 1990년대까지는 생산이 증가하면 물가는 자연적으로 오른다는 이론이 지배적이었습니다.

최대 고용

최대 고용을 쉽게 이야기하자면, 최고 수준의 고용률 혹은 최저 수준의 실업률을 말합니다. 경제학적 관점에서 바라보는 완전고용은 실업률이 3.5~4.5% 수준인 상태이고 실업률은 미국 노동통계청에서 발표를 합니다(이 수치에 대해서는 경제학자들 간에 논란이 있지만 3.5~4.5%의 실업률이 나오면 완전고용 상태라고 생각하면 됩니다). 일시적인 이직 등의 자연 실업률은 항상 존재하기 때문입니다. [차트 14]의 그래프에서 실업률이 2.5%와 5% 사이에 들어오면 완전고용으로 봅니다. AD-AS 모델에 따르면, 완전고용 상태에 이를 경우 필

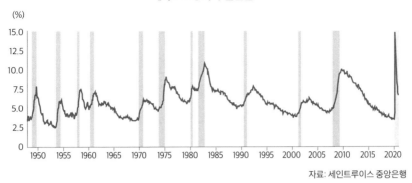

[차트 14] 미국 실업률

(%)

자료: 세인트루이스 중앙은행

수적으로 물가 상승이 따라온다는 것입니다.

하지만 2008년부터 연준은 물가가 오르지 않아도, 혹은 낮은 물가를 유지하면서도, 고용시장이 활성화되어 실업률을 낮은 수준으로 유지할 수 있다는 자신감을 가지게 됩니다. 미국 경제학자들이 그동안 생각해온, 고용률이 높아지려면 경제가 성장을 해야 하므로 그에 따라 상당히 높은 인플레이션이 일어날 것이라는 이론과는 반대 방향입니다. 1964년 물가 상승률 1%, 실업

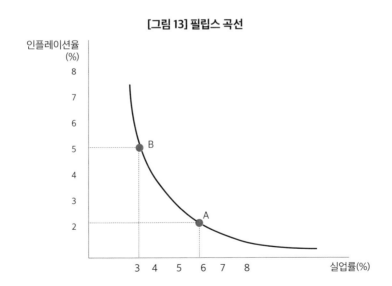

[그림 13] 필립스 곡선

률 5%에서 10년 후 물가 상승률이 12%, 실업률이 7% 이상이 되었을 때 경제학자들은 '필립스 커브Phillips Curve' 이야기를 많이 했습니다. 필립스 커브는 물가 인상과 실업률의 관계를 보여주는 그래프입니다.

쉽게 말해서 물가가 낮아지면 실업률이 높아지고, 물가가 상승하면 실업률이 낮아진다는 이론입니다. 이렇게 물가와 고용률은 반대 관계라고 생각했던 미국 경제학자들이, 물가가 오르지 않고 안정되어 있으면서도 고용시장이 활성화되어 실업률을 낮은 수준으로 유지할 수 있다는 것을 경험하게 됩니다. 특히 2008년 경제 위기 이후 경기부양책을 통한 경기 확장으로 연준은 그 전의 물가보다 더 낮은 수준을 유지하면서도 고용시장이 활성화되는 것을 경험했고, 이런 정책 방향이 미국 사회와 가정에 많은 혜택을 줄 수 있겠다며 판단에 자신감을 가지게 됩니다.

이와 같이 연준은 물가를 안정시켜 오히려 더 많은 일자리를 창출할 수 있게 하는 정책을 펼치게 되었고, 물가 안정을 이루면 경제가 성장을 한다는 결론에 도달합니다. 그래서 2012년 연준 의장 벤 버냉키Ben Bernanke는 연 목표 물가 상승률Inflation Targeting을 2%로 정하는 정책을 도입하여 물가 안정을 도모하게 됩니다. 현재까지도 연 2% 목표 물가 상승률은 유지되고 있습니다.

물가 안정

이론이 바뀌는 데에는 상당한 시간이 걸립니다. 특히 경제학에는 고전학파, 케인스학파, 신고전학파, 신케인스학파 등 학파들이 많습니다. 대니얼 L. 손턴Daniel L. Thornton이라는 세인트루이스 중앙은행의 부행장을 지낸 경제학자가 있습니다. 제가 다닌 대학원인 세인트루이스 워싱턴대학Washington University in St. Louis에서는 저명한 학자, 기업가, 전직 대통령을 초청해서 정기적으로 강연을 엽니다. 이 강연에서 기억에 남는 연설을 한 분입니다. 이분이 쓴 칼럼에서 인용을 하겠습니다. 제목은 'How did we get to inflation targeting and where do we need to go now? A perspective from the U.S. Experience. 2012'입니다.

"1970년대에 경제학을 배운 학자들은 중앙은행이 물가 안정을 위해 개입할 필요가 거의 없다고 생각했었다. 이들은 중앙은행의 통화정책보다는 정부의 재정정책이 물가에 영향을 준다고 생각했다. 그래서 중앙은행이 연 목표 물가 상승률을 정한다고 하자 이에 대해 반대하는 학자들이 많았다."

즉 이전의 경제학자들은 연준 통화정책의 도움 없이 정부의 재정정책만으로도 물가 조절을 할 수 있다고 생각했습니다. 목표 물가 상승률을 정하지 않고 적정 인플레이션이 일어나는 것을 허용하면서도 공공 부문과 민간 기업의 성장, 그리고 경제 수지 흑자 등을 통해 일자리가 창출된다고 믿었던 것입니다. 연준의 위원들 중에 이런 정책을 선호하는 사람들을 매파Hawks라고 합니다. 이것이 미국 경제학자들이 1970~1980년대까지 물가에 대해 가졌던 보편적인 의견이었습니다.

계획 경제의 선두 모델은 독일(구서독)입니다. 서독은 1970년부터 연 목표 물가 상승률을 설정하고 이 안에서 물가를 조절하려고 했습니다. 1920년대 경험한 대공황에 따른 초 물가 상승의 재발을 막으려는 독일 정부의 노력이었습니다. 1990년대에는 개발도상국들이 이 물가 상승 목표 안에서 통화정책과 재정정책을 펼쳤습니다. 뉴질랜드, 캐나다, 영국, 스웨덴, 호주, 브라질, 칠레, 체코, 이스라엘, 대한민국, 폴란드 등이 매년 물가 상승 목표를 정하고 목표대로 성공하는 모습을 미국 경제학자들과 연준이 지켜보게 됩니다.

벤 버냉키 연준 의장(2006~2014)은 이 연 목표 물가 상승률을 미국 통화정책에 도입한 경제학자입니다. 버냉키가 취임한 후 2012년에 연준은 연간 물가 상승률을 2% 내외로 유지해서 물가를 안정시키는 것이 연준의 의무라

[차트 15] 기대 인플레이션율(10-Year Breakeven Inflation Rate)

고 공식적으로 이야기합니다. 연준의 연 목표 물가 상승률 2%가 이때부터 출발하게 된 것입니다.

이후 연준은 연간 물가 상승률을 2%로 정해 이 안에서 물가 상승을 억제해 왔습니다. 2020년 9월 '평균 물가 목표제Average Inflation Targeting'라고 해서 물가 상승률을 평균 2%로 허용하겠다고 발표했습니다. 2020년 9월의 물가 상승률은 평균만 2%로 맞추겠다는 것이니 항상 2% 이내를 억제하겠다는 그간의 정책 방향에서 변화한 것입니다. 이 말은 물가의 일시적인 상승을 허용하겠다는 의미입니다. 시장의 반응은 혼돈이었습니다. 앞으로 어떤 결과가 나올지 면밀하게 관찰하면 좋은 학습 기회가 될 것입니다.

물가 상승을 관찰하기 위해 보아야 하는 지수들이 많지만 연준에서 가장 크게 참고하는 지수는 소비자 지수PCE: Price Consumption Expenditures입니다. [차트 16]의 그래프는 1960년부터 지금까지의 소비자 지수입니다. 이 그래프에서 보아야 할 지점은 2000년 지수 6,535입니다. 그로부터 20년 후인 2020년의 지수는 14,880입니다. 물가가 20년간 127% 올랐습니다. 20년간 주식에 투자해서 수익이 127% 미만이면 물가 상승률에 못 미치는 것이니 현재 가치로 계산했을 때 손해인 것입니다.

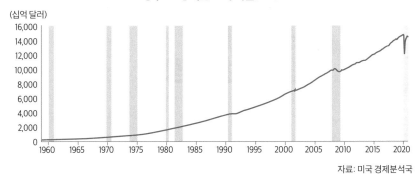

[차트 16] 개인 소비 지출(PCE)

(십억 달러)

자료: 미국 경제분석국

연준의 두 가지 의무는 최대 고용과 물가 안정이라고 소개했습니다. 연준이 이 두 가지 의무를 어떻게 실현하는지를 알기 위해 더 보아야 할 부분은 다음과 같습니다.

- 연준의 통화정책 방향
- 연준의 통화정책 실행 방법
- 경기부양책Quantitative Easing
- 수익률 곡선 컨트롤Yield Curve Control

연준에 대해 이 정도의 지식을 갖추면 미국 주식 장기 투자에 필요한 거시경제 흐름을 잘 파악할 수 있습니다. 이런 흐름 파악은 주식시장에서의 성공에 필수적이라고 생각합니다.

03 연준의 통화정책 방향

　미국 최고의 경제학자들이 미국 연준에서 일하고 있습니다. 이들의 목표는 단 한 가지입니다. 미국 경제를 세계 최강으로 만드는 것, 그리고 최강이 된 미국 경제를 계속해서 최강으로 유지하는 것입니다.

　이들은 연준의 두 가지 의무─최대한의 고용과 물가 안정─를 수행하기 위해 여러 가지 정책을 실행합니다. 가장 최적의 정책을 찾아서 그때그때의 경제 상황에 맞추어 이를 적용합니다. 이 두 가지 의무는 서로 상호 보완적인 Complementary 성격을 가지고 있습니다. 이 상호 보완적인 관계가 어떻게 같은 방향으로 가도록 연준에서 정책을 펼치는지에 대해 보겠습니다. 정확성을 높이기 위해 4장 3절은 부시 행정부 때 연준 이사회 이사였던 프레드릭 미쉬킨 Fredric Mishkin의 발표 자료를 토대로 설명하겠습니다.*

* FED Function, Conducting Monetary Policy, Monetary Policy and the Dual Mandate, Governor Fredric S. Mishkin, April 10, 2007.

연준 통화정책의 큰 방향: 2% 내의 안정적인 물가 유지

연준 통화정책의 큰 방향은 '2% 내의 안정적인 물가 유지'에서 시작합니다. 지금까지의 설명은 이 정책의 큰 방향을 인지하기 위한 상식이라 생각을 하시고, 이제부터는 연준의 정책을 좀 더 면밀하게 살펴보겠습니다. 먼저 연준이 안정적인 물가를 추구하는 이유를 보겠습니다.

물가에 대한 연준의 인식은 다음과 같습니다. "직장을 찾는 대부분의 사람들이 안정적으로 고용되고, 상품과 서비스의 가격이 평균적으로 안정적이 될 때 비로소 연준에 명시된 책임을 성취할 수 있다. 안정적인 물가가 정착되면 다음 세 가지의 경제적 결과를 이룩할 수 있다."

① 최대 지속 가능한 경제성장Maximum Sustainable Economic Growth
② 최대 지속 가능한 고용Maximum Sustainable Employment
③ 안정적인 장기금리Moderate Long-Term Interest Rates

익숙하게 들어 본 '지속적Sustainable'이라는 표현이 나옵니다. 연준에서 지난 100여 년간 수많은 통화정책을 펼치면서 여러 가지 현상을 맞이했습니다. 완전고용에 가까운 낮은 실업률을 한동안 유지하다가 갑자기 경제 상황이 변하면서 실업률이 급등하는 현상이 나오고, 이렇게 갑작스럽게 경제 상황이 변하면 미국 국민과 기업들은 미래 경제에 대한 불확실성 때문에 위기감을 느끼게 됩니다. 위기감을 느낀 미국 국민들이 소비 지출을 하지 않으면 기업도 투자를 주저하게 되는 소비 및 투자 위축 현상이 생깁니다. 당시의 경제가 좋다고 하더라도 미래에 대한 불확실성이 짙으면 기업은 투자를 하지 않게 되고, 이에 따라 일자리 창출이 줄어들고 소비자는 지출보다는 불확실성에 대비한 저축을 하게 되면서 국가 경제활동이 위축됩니다. 이렇게 되면 일

자리 창출이 높았다가 급격하게 낮아지는 롤러코스트 같은 현상이 반복됩니다. 1990년 이전까지 이러한 현상이 지속적으로 일어났습니다.

2008년 서브 프라임 금융 사태 이후 연준이 경기부양책을 내놓음에 따라 저금리, 저물가 현상에 의한 경기의 지속적인 안정화가 이루어집니다. 그 결과 투자자들의 미래에 대한 위기감과 불확실성이 현저하게 낮아지고, 미래에 대한 안정성은 주식시장을 상승시키고 일자리가 지속적으로 창출되며, 이직이 줄어드는 현상, 즉 국민들이 경제 안정화 혜택을 누리게 되었습니다. 이에 연준은 이 정책에 대한 자신감을 가지게 되었고, 물가 목표 정책Inflation Targeting을 2012년에 공식적으로 선언하고 지속적으로 펼치게 됩니다.

목표로 하는 '수치 선정Nominal Anchor'은 국가 정책에서 상당히 중요하다고 합니다. 연준 이사였던 미쉬킨에 따르면, '수치 선정' 정책을 수행하는 데 있어서 이 '수치'를 목표로 하는 것이 득이 될지 실이 될지 토론을 많이 했다고 합니다. 실업률의 경우는 득보다 실이 많아서 목표 수치를 정하지 않는다고 합니다. 만약 완전고용 수준으로 목표 수치를 정하게 된다면 실질 노동 인구가 다 취업을 하고도 수치에 도달하지 못해 은퇴를 계획한 사람들에게 은퇴하지 말고 계속 일하게 국가가 유도해야 하는 상황이 생길 수도 있는 것입니다. 그래서 미국 연준은 '실업률'에 있어서는 '목표 수치'를 두지 않습니다. 그러나 '안정적인 물가'가 가져오는 혜택이 너무 많다 보니 실업률과는 달리 2012년부터 '2%'라는 목표 수치를 사용하게 되었다고 합니다. 그 이후 '물가 목표 수치'는 성공적으로 운영돼왔습니다.

다시 정리를 해보면 연준의 통화정책 목표는 다음 순서로 이루어집니다.

① 최대한 지속 가능한 경제성장을 이루기 위해 안정적인 물가 목표 수치인 2%를 정하고,

② 안정적인 물가와 저금리는 최대한 지속 가능한 고용으로 이어져서 경제가 안정적으로 성장을 하고,

③ 이 결과 국민들의 생활도 안정적이면서 윤택해지고,

④ 이를 바탕으로 먼 미래의 경제적 위험도가 낮아지기 때문에 단기·중기·장기 금리의 안정화도 이루어질 수 있다.

이러한 연준 내부의 정책, 낮은 금리와 낮은 물가로 경제성장을 이룰 수 있다는 것을 선호하는 학자들을 비둘기Dove 학파로 부릅니다('Hawk'라 불리는 매파와는 상반되는 정책을 선호합니다).

연준 통화정책의 세부 방향

지속 가능한 경제성장, 최대 고용, 안정적인 장기금리를 위해 연준은 다음과 같은 세부 방향을 설정해서 정책을 수행합니다.

(1) 연준 목표 금리의 변화를 통한 통화정책

　　①단기금리

　　②장기금리와 주식시장

　　③미국달러 가치와 국제 무역

　　④부와 지출에 대한 영향

(2) 경기 과열 및 불경기 수준에 따른 통화정책

(3) 통화정책 발표 후, 체감 경기 때까지의 시간적 차이에 대한 보완 정책

(4) 급작스러운 경제 변화에 의한 수요와 공급의 충격에 대한 정책

연준의 통화정책 세부 방향은 '목표 물가 2%'에서 시작합니다. 현재 연준이 추구하는 하나의 목표는 2% 내의 안정적인 물가, 낮은 금리를 통한 통화 공급의 적절한 조정, 이에 따른 기업의 성장, 기업의 성장에 따른 일자리 창출 및 안정적인 유지, 그리고 주식시장의 지속적인 성장이라고 보면 됩니다.

연준 목표 금리의 변화를 통한 통화정책

① 단기금리Short-Term Interest Rates

단기금리는 연준 기준금리Fed-Funds Target Rate에 따라 변하게 됩니다. 단기금리가 변하면 아래의 항목들도 변하게 됩니다.

- 미국 국채(1년 이상 채권부터 30년 채권까지)의 수익률
- 회사채의 할인율 및 수익률
- 모기지 이자율(주택 담보 대출) 및 기타 소비자 이자율
- 중장기 경제에 대한 예측에 의한 중장기 금리 변화
  - 단기금리는 연준에서 조정을 하지만, 중장기 금리는 시장(다른 표현으로 시장의 힘Market Forces)에 의해 결정됩니다.
  - 단기금리가 변하면 시장(대부분의 투자자들)은 중장기 경제의 미래에 대해 예측을 하게 되고, 그 예측에 따라 투자를 결정하게 됩니다. 미래의 경기가 희망적이라고 판단을 하면 국채의 단기 수익률은 안정이 되고 장기 수익률은 올라도 안정적으로 오르게 됩니다. 단기적 위험이 없으니 이에 대한 리스크 부담이 없어지는 것이지요. 그러면 단기 채권 수익률이 안정됩니다. 장기 채권은 단기 채권보다 불확실성이 더 있기에 장기 채권을 보유하는 만큼 미래에 대한 리스크에 대한

프리미엄을 원하기 때문에 장기 채권의 수익률이 약간 더 높은 것입니다.

- 그래서 미국 정부 채권 기준으로 보면 단기, 중기, 장기 채권의 수익률이 안정적으로 서로 차이를 두게 됩니다. 이를 보여주는 것이 수익률 곡선입니다.
- 일정 기간을 정해 연준 기준금리를 어느 선에서 유지하겠다고 선언을 하면 채권 수익률 시장은 안정되면서 이 수익률을 보여주는 수익률 곡선이 가장 바람직한 모습을 갖추게 됩니다.

연준의 금리 조정은 연준이 펼치는 통화정책 중 가장 넓고 깊게 시장에 영향력을 미칩니다. 그래서 이 연준 기준금리를 결정하는 연방공개시장위원회의 회의 결과에 전 세계 금융시장이 주목하는 것입니다.

② 장기금리와 주식시장Long-Term Interest Rate and Stock Market

연준 단기금리의 변화에 따라 시장의 장기금리가 결정되기 때문에 주식시장은 단기금리의 변화에 영향을 받습니다. 대부분의 미국인들은 직간접적으로 주식을 보유하고 있습니다. 간접적인 경우로는 연금 펀드 및 401K라는 세금 우대 연금 계좌에 주식을 보유하고 있습니다. 그러므로 많은 미국 국민들이 주식시장에 상당히 민감할 수밖에 없습니다. 각 행정부의 경제정책의 성과로 주식시장이 성장하기도 합니다. 좋은 예가 트럼프 행정부입니다.

단기금리가 안정적으로 지속되면 투자자들은 미래 경기가 안정적이며 지속적으로 성장할 것이라고 예측하기 때문에 주식시장에 대한 수요가 높아지게 되는 것입니다.

2020년 3월 코로나 팬데믹 이후 연준은 경기부양책으로 2023년까지 저금리를 유지하겠다고 선언했습니다. 이는 장기간 단기금리를 안정시키겠다는 의지를 보여준 것이기 때문에 주식시장이 빠르게 회복하는 데 도움을 주었습니다. 이와 같이 가장 빠르고 영향력이 큰 통화정책 실현 수단은 연준 기준금리의 조정입니다.

연준이 안정적인 단기금리의 정착을 위해 중장기 미국 채권을 매수·매도하는 경우가 있습니다. 상기 채권의 수익률이 단기 채권 수익률에 비해 너무 높거나 낮은 경우 이를 조정하려는 것입니다. 중장기 국채 및 회사채를 일반 시장에서 직접 매매하는 방법을 이용해서 이를 조정하게 되는데 이를 공개시장 운영Open Market Operation이라고 합니다.

연준이 10Y2Y Sspread의 차이를 보면서 경기부양책과 비슷한 정책으로 수익률 곡선에 관여하는 경우가 있는데 이를 수익률 곡선 컨트롤YCC: Yield Curve Control이라고 합니다. 이 수익률 곡선 컨트롤은 일반적으로 한 나라의 중앙은행이 장기 채권의 목표 수익률을 내부적으로 정한 다음에 이 목표 수익률에 도달할 때까지 장기 국채를 매수하는 방법입니다. 특히 지금처럼 단기금리가 0%에 가까운 경우에는 연준이 경기 부양을 위해 연준 기준금리 외에 부양책으로 사용할 수 있는 방법 중의 하나입니다.

③ 미국달러 가치와 국제 무역Dollar Exchange Rate and International Trade

미국달러의 가치는 양면의 동전입니다. 달러 가치에 영향을 주는 변수들이 많습니다. 통화정책도 이 달러의 가치에 변화를 주는 요인 중 하나입니다. 연준의 통화정책에 의해 연준 기준금리가 낮아지면 국채들의 수익률이 낮아진다고 설명을 해드렸습니다(수익률이 낮아지고 채권 가격은 상승한다. 3장 3절의 '채권시장' 참고).

수익률이 낮아지면 중국, 일본 중앙은행 등 규모가 큰 외국 구매자들에게 미국 국채의 인기가 낮아질 것입니다. 이런 경우 미국 국채를 사기 위한 미국 달러의 수요도 낮아집니다.

그러나 달러 가치가 하락하면 미국 생산 제품들의 수출 가격이 낮아지므로 미국 제품의 가격 경쟁력이 높아집니다. 동시에 수입 상품 및 커머더티 가격은 상승하기 때문에 물가 상승이 예견될 수 있습니다. 이런 경우 미국 정부는 'Made In USA' 제품 구매에 장려금Incentive을 지원하는 정책을 펼치게 됩니다.

④ 부와 지출에 대한 영향Effects on Wealth and Spending

이자율이 낮아지면 국민들에게 여러 가지 혜택이 생깁니다. 첫째로는 모기지 이자율(주택 담보 대출이자)이 낮아지면서 집 수요가 늘어납니다. 미국은 하우징Housing 관련 산업이 미국 전체 GDP의 18% 정도를 차지하는데 GDP를 구성하는 항목 중 가장 큰 부분입니다. 기술Technology 산업은 시가총액이 가장 높은 애플, 마이크로소프트 등을 포함한 모든 테크 산업들을 합쳐도 GDP의 8%가 안 됩니다. 그래서 모기지 이자율이 경제성장에 상당히 큰 영향을 미치는 것입니다. 모기지 이자율이 낮아지면 낮은 이자율에 더 많은 모기지를 받는 리파이낸싱Refinancing을 하게 되고 가용 현금이 늘어나니 다른 소비재군에 대한 구매력이 증가됩니다.

정리를 해보겠습니다.

연준 기준금리가 안정적으로 낮으면 미국 국채의 수익률을 낮게 만듭니다. 특히 미국 10년 국채 수익률이 낮아지게 됩니다. 미국 10년 국채 수익률은 시장 금리의 기준이 된다고 설명했습니다. 낮은 시장 금리는 모기지, 자동차 할부 이자, 기업 부채의 이자율을 낮추게 되고, 국민들은 안정적인 미래 경제활동에 대한 기대감을 가지게 되니 주식시장이 상승하고, 낮은 달러 가치

로 인해 미국 기업들이 경쟁력을 가지게 됩니다. 이러한 변화들은 기업 투자
와 소비자의 지출 증가를 가져와서 경제가 지속적으로 상승하는 효과를 가
져오게 됩니다.

연준의 통화정책은 경제의 상승이나 하락보다는 '지속적인 안정'에 가장
집중합니다. 이런 정책을 정한 방향대로 펼치기 위해서는 연준의 정책을 실행
하는 기관들이 사용힐 수 있는 무기가 있어야 합니다. 다음에서는 어떤 무기
가 있으며, 어떤 무기를 언제 어떻게 사용할지를 결정하는 연준의 기관에 대
해 살펴보겠습니다.

연준 통화정책의 실행 방법

연준에는 세계 최고 수준의 교육을 받고 유능함이 검증된 경제학자들이
모여 일을 합니다. 연준의 의사결정이 국가 전체의 경제를 좌우하고 세계 경제

[그림 14] 연준 통화정책 순서

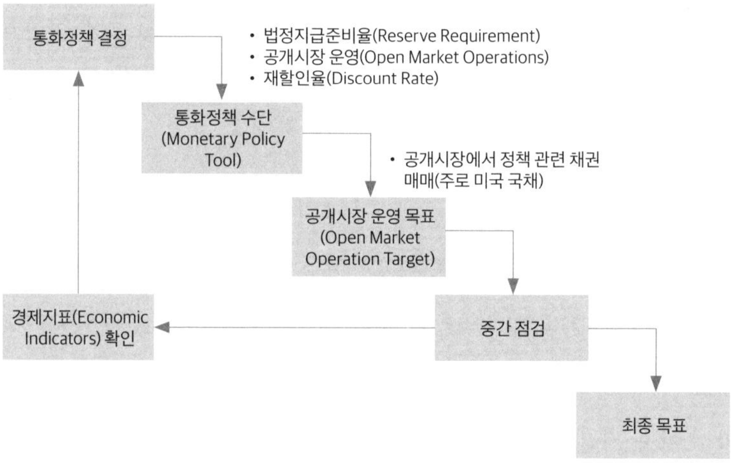

자료: IMF 교육자료

에도 영향을 미치기 때문에 의사결정 과정에서 여러 단계의 심도 있는 토론 과정을 거칩니다. 연준의 통화정책 결정은 다음과 같은 순서로 진행됩니다.

연준은 다른 국가 기관으로부터의 독립성도 보장받지만 조직 내에서도 권한이 한곳에 집중되지 않도록 분산화Decentralization를 추구합니다. 그래서 정책의 실행 기관이 모두 다릅니다. 연준이 통화정책을 조절할 수 있는 무기를 '도구' 혹은 '수단Tool'이라고 하고, 이 도구들을 통틀어 '도구 세트Toolkit'라 합니다. 이 도구 세트는 세계를 뒤흔들 수 있는 강력한 힘을 지니고 있습니다.

이 도구들 중에 다음의 세 가지가 가장 많이 사용되는 정책 실현 도구입니다.

① 법정지급준비금
② 공개시장 운영
③ 재할인율

아래 표에서 도구의 한국어 번역은 '금융위원회'의 금융용어사전을 참조하였습니다. 이 세 가지 도구들이 어떻게 사용되고 어떤 효과를 내는지 보겠습니다.

TOOL	한국어	책임 소재	영향력
RESERVE REQUIREMENT	법정지급준비금	연준 이사회	통화정책 중심 역할
OPEN MARKET OPERATION	공개시장 운영	FOMC	통화정책 중심 수단
DISCOUNT RATE	재할인율	연준 이사회	통화정책 부가 수단

법정지급준비금

어느 나라나 중앙은행을 중심으로 하는 은행 시스템은 비슷합니다. 대부분의 시중은행은 국가의 승인을 받아야 설립됩니다. 은행이 부실 운영되면 단순히 그 은행의 문제로 끝나지 않고 국민들에게 큰 피해가 가기 때문입니다. 그래서 시중은행의 자산 운영 건전성을 보장하기 위해 고객 예금 대비 비율(%)을 정해 중앙은행에 일정한 현금과 채권을 예치하도록 필수적으로 요구하고 있습니다.

이것이 한국말로 '지급준비제도Reserve Requirement System'입니다. 이 '법정지급준비금Reserve Requirement'은 고객이 예금을 인출하거나 당좌 수표를 현금화할 때 필요한 자금으로 쓰일 수도 있습니다. 1907년 미국에서 일어난 '뱅크런'이 다시 발생할 때 지급할 돈이 없어 지급을 못하는 것을 방지하는 역할도 합니다.

연준의 회원 은행Member Bank은 미국 전체 은행 8,039 중 38%가 회원이며, 회원은 중앙은행의 지분을 가지고 있음과 동시에 일정 비율의 '법정지급준비금'을 중앙은행에 예치해야 합니다. 전국에 지점을 보유한 은행들은 필수적으로 연준의 회원 은행이 되어야 하며, 비회원 은행인 경우도 연준이 요구하는 법령을 따라야 합니다.

예금 대비 지급준비금의 필요 비율은 '법정지급준비율Required Reserve Ratio'이라 부르는데 연준에서 정해줍니다. 연준의 최고 의사결정 기관인 연준 이사회에서 결정하며, 통상의 경우는 3~10%의 '지급준비율'을 요구합니다.

그러나 2020년의 코로나 바이러스 사태와 같이 통상의 경우가 아닌 때에는 이 비율을 조정하게 됩니다. 2020년 3월 26일 연준은 이 지급준비율을 0%로 해주었습니다.

연준에서 법정지급준비율을 낮추어주면 은행들은 더 많은 돈을 시장에 빌려줄 수 있게 되고 통화량이 증가합니다. 반대로 법정지급준비율을 높이면 시중에 통화량이 줄어들어 경기 수축을 유도합니다.

회원 은행들은 중앙은행에 법정지급준비율에 해당하는 예금을 예치하면서 이에 대한 이자 수익을 연준에서 받습니다.

- 법정지급준비금 금리IORR: Interest Rate On Required Reserves
  - 지급준비금에 해당하는 예금의 이자
  - 이자율: 0.10%(2020년 3월 16일 기준)
- 초과 법정지급준비금 금리IOER: Interest Rate On Excess Reserves
  - 법정지급준비율Required Reserve Ratio을 초과해서 예치한 예금이자
  - 이자율: 0.10%(2020년 3월 16일 기준)
- 법정지급준비율과 법정지급준비율 이자는 연준 이사회에서 결정합니다.

연준의 통화정책을 이야기할 때 연준 기준금리에만 집중하는 경향이 있습니다. '연준 기준금리가 낮으면 주식시장이 활황이다'라는 단순한 논리로 접근하기보다는 좀 더 깊이 들어가 보겠습니다. 아래 내용이 지급준비금 부분 중 가장 중요한 내용입니다.

'법정 지급준비금'은 연준 통화정책의 중심 역할을 합니다.

현 연준 기준금리의 적정성 판단
- 연준은 시중은행들의 법정지급준비금을 항상 모니터링합니다.
- 만약 회원 은행들의 법정지급준비금이 약간 부족하다는 것은 소비자들의 안정적인 자금 수요Stable level of Demand가 있었다는 이야기입니다. 즉 소비자와 기업이 지나치지 않은 수준으로 필요한 자금을 대출해 간다

는 뜻입니다.
- 이를 연준에서는 안정적인 자금 수요가 시장에서 이루어지고 있다고 판단하며, 이 판단이 연준 금리의 적정성을 평가합니다.

공개시장 운영 정책 수행의 근거

- A라는 회원 은행 또는 시중은행이 법정지급준비금이 부족하게 되면 다른 회원 은행들에게서 이자를 주고 빌립니다. 대부분 24시간 정도 빌립니다. 이때 적용되는 이자가 연준 기준금리입니다.
- 회원 은행들의 법정지급준비율이 많이 부족한 경우가 생기면, 연준에서 이 부족분을 충당해주는 방법이 있습니다. 회원 은행들의 자산을 매입해주는 것인데 이를 공개시장 운영이라 합니다.
- 매입 자산의 대상은 미국 국채, 주택저당증권MBS: Mortgage Backed Securities 입니다.
- 공개시장 운영에 대해서는 다음 항에 설명을 합니다.

현 연준 기준금리의 적정성, 공개시장 운영 정책 수행 여부에 대한 판단은 전체 금융시장 및 국민들의 생활 현황을 파악하는 근거가 됩니다. 이는 곧 통화정책을 결정하는 판단의 근거 중 하나로 이용됩니다.

이러한 이유로 법정지급준비금은 통화정책의 중심적인 역할을 하게 됩니다.

공개시장 운영

공개시장 운영OMO: Open Market Operation은 연준이 회원 은행들의 미국 국채 및 주택저당증권을 매매하여 시장 금리를 조정하는 중요한 수단이고 궁극의 목적은 금리 안정을 통한 물가 안정입니다. 연준이 금리를 안정화하기 위해 직접 개입하여 할 수 있는 정책은 연준 기준금리의 조정입니다. 연준이 금리 안정을 통한 안정적인 물가 정책을 위해 간접적으로 개입할 수 있는 방법이 공개시장 운영입니다.

예를 들면 FOMC에서 결정한 통화 팽창 정책에 의한 낮은 금리로 연준의 회원 은행 및 비회원 은행들은 기업과 개인들에게 대출을 적극 장려합니다. 순수하게 은행의 입장에서 본다면, 은행은 자신들이 가지고 있는 모든 금액을 대출해서 수익을 창출하려 할지 모릅니다. 이러한 경우 은행에서 현금이 부족하여 지급 불능 사태인 '뱅크런'이 일어날 수도 있어서 연준은 '법정지급준비금'을 법령으로 정한 것입니다.

회원 은행들 및 비회원 은행들인 시중은행들은 매일 영업시간 이후 정산을 합니다. 대출이 많아지는 경우 은행이 당일 영업 마감 이후 정산을 하면 대출 및 입금의 차이 때문에 급작스럽게 법령이 정한 '법정지급준비율' 기준에 부족한 경우가 발생합니다. 그러면 법정지급준비율을 맞추기 위해 은행은 주로 연준의 회원 은행에 자금을 빌려서 이를 충당합니다.

빌리는 기간은 대부분 하룻밤Overnight 정도입니다. 이때 빌리는 자금의 이자는 연준 기준금리이며 현재 연준 매 금리인 0~0.25%의 범위에서 결정을 합니다. 'FED Fund Rate'을 이용하는 자금이어서 이 자금을 'FED Fund'라고 합니다.

그러면 시장이 원하는 만큼의 자금을 빌려주는 회원 은행들의 자금이 부족해지지 않도록 연준은 회원 은행들의 자산을 매입해서 시장에 유동성을 부여하고, 결국 연준의 기준금리 변화로 금융시장은 유연한 유동성이 확보되어 안정되어 갑니다.

금융시장이 안정되면 단기금리도 안정적이 됩니다. 여기에서 이야기하는 단기금리는 앞에서 설명한 LIBOR 금리입니다. LIBOR 금리는 1개월~1년 금리가 있으며 변동금리의 벤치마크(기준이 되는 지표)로 사용됩니다.

LIBOR 금리가 안정(단기금리 안정)이 된다는 것은 변동금리가 안정된다는 것이고, 미국인의 실생활에 직접 영향을 주는 자동차 대출금리, 주택 변동금리가 안정적이 됩니다. LIBOR 금리는 또한 우대 기업 및 우대 고객에게 은행이 제공하는 우대금리Prime Rate의 벤치마크로도 사용됩니다. 이러한 단기금리가 안정이 된다는 의미는 중장기 금리도 안정되어 간다는 의미입니다.

공개시장 운영의 과정을 통해 연준이 추구하는 가장 큰 목적인 '중장기 금리'의 안정화가 최종적으로 이루어집니다. 중장기 금리의 안정화는 물가의 안정화로 연결되고, 이렇게 되면 연준의 두 가지 의무 중 하나인 '물가 안정'이 성취됩니다.

4장 3절에서 이야기한 것을 다시 가져오겠습니다.

물가에 대한 연준의 인식은 다음과 같습니다. "직장을 찾는 대부분의 사람들이 안정적으로 고용되고, 상품과 서비스의 가격이 평균적으로 안정적이 될 때, 비로소 연준에 명시된 책임을 성취할 수 있다. 안정적인 물가가 정착이 되면 다음 세 가지의 경제적 결과를 이룩할 수 있다."

① 최대 지속 가능한 경제성장Maximum Sustainable Economic Growth
② 최대 지속 가능한 고용Maximum Sustainable Employment
③ 안정적인 장기금리Moderate Long-Term Interest Rates

장기금리가 안정화되면 미래 경제에 대한 전망이 긍정적이 되기 때문에 기업은 투자를 늘리고 개인은 지출을 늘리게 됩니다. 경제가 성장하게 되고 지속 가능한 최대한의 고용을 이끌어내게 됩니다. 낮은 금리와 지속적인 경제 발전을 하면 주식시장에 투자가 지속적으로 이루어지는 효과를 창출하게 되는 것입니다. 그래서 연준은 FOMC에서 결정한 통화정책을 이 공개시장 운영을 통해 완성하는 것입니다.

참고로, 지금처럼 2023년까지의 연준 기준금리에 대한 가이드를 공식적으로 준 경우를 제외하고는 다음 사이트에서 연준 기준금리의 방향에 대해 참고할 수 있습니다. CME FED WATCH TOOL이라는 사이트입니다 (https://www.cmegroup.com/trading/interest-rates/countdown-to-fomc. html). 여기에서는 향후 9개월의 연준 기준금리에 대한 예측을 제시합니다.

재할인율

시중은행들이 법정지급준비금이 부족한 경우 뉴욕 중앙은행의 '할인 창구Discount Window'를 통해 급하게 자금을 빌리는 경우가 있습니다. 백업이라고 생각하면 되는데 빌리는 이자가 연준 기준금리보다 항상 비쌉니다.

이 'Discount Rate'는 다른 말로 'Federal Discount Rate' 또는 'Bank Rate'라고 합니다. 이 이자율은 14일마다 변경되고 연준 이사회에서 결정합니다.

할인 창구에서 빌리는 대출은 보통의 경우가 아닐 때 많이 일어납니다. 지급준비금이 부족하면 시중은행들은 다른 시중은행들에게서 자금을 빌리고 이때의 이자 기준은 연준 기준금리입니다. 상식적으로 생각해도 다른 시중은행에서 저금리에 빌릴 수 있으면 비싼 할인 창구를 사용할 필요가 없습니다. 시중은행들이 할인 창구를 통해 비싸게 빌린다는 것은 시장에 현금 유동성이 부족하다는 의미입니다. 뭔가 이상한 조짐이 보인다는 것입니다. 이 경우 재할인율이 올라가게 됩니다. 보통 두 가지 경우에 이런 일이 일어납니다. 첫째, 대출 수요가 지나치게 많거나 물가가 급격하게 올라갈 수 있다는 전망입니다. 둘째, 기업과 개인의 당좌 수표 현금화 등 시중은행에서 현금 결제해주어야 하는 것이 많아져서 은행의 현금이 부족하다는 것입니다. 현금의 수요가 많아져서 부족할 수도 있고 은행이 운영을 잘못해서 그럴 수도 있습니다. 그러므로 갑작스러운 시장의 이상 움직임을 관찰할 때는 이 재할인율도 봐야 합니다.

재할인율은 보통의 경우 연준 기준금리보다 0.5% 비쌉니다. 이 금리의 확인은 연준 'Discount Window' 홈페이지(https://www.frbdiscountwindow.org/pages/discount-rates/current-discount-rates)에서 확인 가능합니다.

> **레포 금리**
>
> 재할인율을 이야기할 때 레포 금리Repo Rate도 이야기를 합니다. 레포 금리는 쉽게 설명하면, 시중은행들이 미국 국채를 담보로 이자 장사를 하는 시장이면서 또한 연준이 사용하는 통화정책 수단의 일종이기도 합니다. 즉 A라는 시중은행이 유동성이 부족한 경우 미국 국채를 담보로 연준에서 대출을 받습니다. 보통 24시간 정도입니다. 이 경우 24시간 후에는 다시 미국 국채를 인수하겠다는 계약을 합니다. 이것이 재구매 계약Repurchase Agreement이며 이때 사용되는 이자가 레포 금리입니다. 주로 은행이 지급준비금을 초과한 자금이 있는 경우 이를 초단기적으로 운용하면서 작은 이자 수익을 내기 위한 시장입니다. 유동성이 부족한 시중은행에게 현금을 지급하는 연준의 통화정책의 한 수단이기도 합니다. 일반적으로 재할인율 > 레포 금리로 재할인율이 레포 금리보다 큽니다.

04 연준 경기부양책

　4장 3절에서는 통상의 경우 연준의 통화정책에 대해 말씀드렸습니다. 주식시장이 강세장과 약세장 사이에서 왔다 갔다 할 때의 이야기입니다. 이때는 목표 물가 2% 이내에서 시장을 안정적으로 유지하기 위한 정책이 주를 이룹니다.

　그런데 10년에 한 번씩 아주 큰 경제 위기가 옵니다. 2008년 서브 프라임 모기지 사태에 이어 2020년 코로나 팬데믹으로 인한 경제 위기가 왔습니다. 이럴 때는 경기부양책QE: Quantitative Easing을 사용합니다.

　통상의 경우에 쓰이는 통화정책과 비통상적인 경우의 통화정책이 어떻게 구분되는지 보겠습니다.

　2008년의 서브 프라임 모기지 사태 이후 2012년까지 4번의 경기 부양책QE이 펼쳐집니다. 이 QE 정책 덕에 미국 경제가 안정적으로 성장했습니다. 물가가 안정되고 민간 소비 지출이 증가하고 기업은 투자를 늘려 일자리가 지속적으로 창출되고 주식시장의 성장세도 아주 좋았습니다. 2008년 이후 실질금리는 거의 1% 미만으로 유지되어 미국 경제가 성장할 수 있는 힘을 연준

[그림 15] 경기부양책과 수익률 곡선 컨트롤

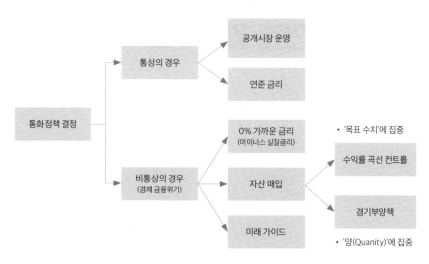

이 만들어준 것입니다.

영국의 중앙은행에서 발표한 양적 완화 전송 메커니즘The Quantitative Easing Transmission Mechanism의 설명이 QE의 큰 그림을 이해하는 데 도움이 됩니다([그림 16]).

일반적인 의미의 QE는 중앙은행이 시중은행들에게서 금융자산인 장기 채권을 매입하는 경우를 말합니다. 연준이 주로 매입하는 자산은 미국 장기 국채입니다. 연준에게 국채를 판 시중은행들은 유동성이 풍부해져서 이 현금을 대출 상품으로 이용할 수 있게 됩니다. 이러한 매입으로 중장기 국채의 수익률이 낮아지면서 금리가 낮아지고 시간이 지날수록 금리가 안정화되는 효과를 창출하게 됩니다. 통화의 양적 팽창을 통해 경제 위기를 극복하는 정책이 경기부양책QE입니다.

QE는 양적 팽창이기 때문에 '양Quantitative'이 늘어나는 것입니다. QE는 어떠한 수익률 목표치를 주지 않고, 단지 일정한 양의 자금을 풀어 어떠한 자산

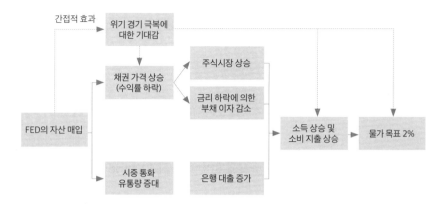

[그림 16] QE 메커니즘

자료: 영국 중앙은행(Bank of England)

을 매입하겠다는 정책입니다.

2020년 3월의 경우를 보겠습니다.

2020년 3월 15일 연준 이사회 의장 제롬 파월Jerome Powell은 미국 역사상 처음으로 일요일에 긴급 기자회견을 열었습니다. 그리고 다음의 QE 정책을 발표합니다.

- 연준 기준금리를 3월 16일부터 0.0~0.25%로 하향
- 2조 3,000억 달러(한화 약 2,500조 원)의 양적 팽창

미국 경제는 아직도 위 QE 정책의 영향을 받고 있으니 더 자세하게 보겠습니다.

(1) 연준 기준금리의 제로화Near-Zero Interest Rates

2020년 3월 3일 연준 기준금리는 1.5%였습니다. 이를 0.0~0.25%로 낮

춥니다. 당시는 갑작스러운 경제 위기 때문에 시장 금리가 상승하던 상황이었는데 단기금리의 조정으로 모든 금리가 하향 조정되었습니다.

(2) QE: 양적 팽창 정책

최대 (2조 3,000억 달러의 양적 팽창을 발표했습니다. 이에 따른 '자산 매입' 정책으로 미국 국채 5,000억 달러, MBSMortgage-Backed Securities) 2,000억 달러를 매입합니다. 그 후 6월 10일에는 자산 매입 규모를 800억 달러/월, MBS를 400억 달러/월로 줄입니다.

연준은 3월 중순부터 11월 말까지 3.1조 달러의 자금을 시중에 유통시켰습니다.

(3) 은행들의 적극적 대출 장려

시중은행들의 법정지급준비율을 0%로 하향 조정하여 적극적으로 대출을 장려하였습니다. Repo 운영도 일평균 2~4조 달러에서 무제한 받아주기 시작했습니다. 은행들로 하여금 적극적으로 대출을 해주게 해서 경제 위기를 극복하고자 한 것입니다.

또한 위에서 이야기한 할인 창구의 재할인율도 1.75%에서 0.25%로 하향 조정하였습니다. 할인 창구에서 빌리는 자금은 통상 24시간이 최대인데 이를 90일까지 연장해주었습니다.

(4) 기업 및 자영업 지원

(5) 주 정부 및 지방 정부 지원

(6) 미래 가이드Forward Guidance(미래에 대한 방향 제시)

QE에서 중요한 것은 미래 가이드Forward Guidance입니다. 연준이 향후 경제를 어떻게 회복시킬 것인지에 대한 가이드 제시입니다. 연준은 2020년 9월 16일 두 가지 미래 가이드를 주었습니다. 첫째는 2023년까지 현재의 연준 기준금리를 유지하겠다는 것입니다. 둘째는 목표 물가를 2%로 하겠다는 것입니다. 기존에 고수해오던 목표 물가는 목표를 늘 2% 이내로 억제하겠다는 정책이었지만 이것을 2% 이상 상승도 용인하고 평균만 2% 이내로 맞추겠다는 것으로로 바꿉니다.

연준이 미래 가이드를 QE에 발표하면 시장은 미래에 대한 불안이 해소되어 더 안정이 되어갑니다. 목표 물가 내에서 양적 완화를 하면서 경제를 빠르게 회복시키는 것이 QE 정책의 목적입니다.

정리를 하면 [그림 17]처럼 나타납니다.

[그림 17] QE 진행 메커니즘

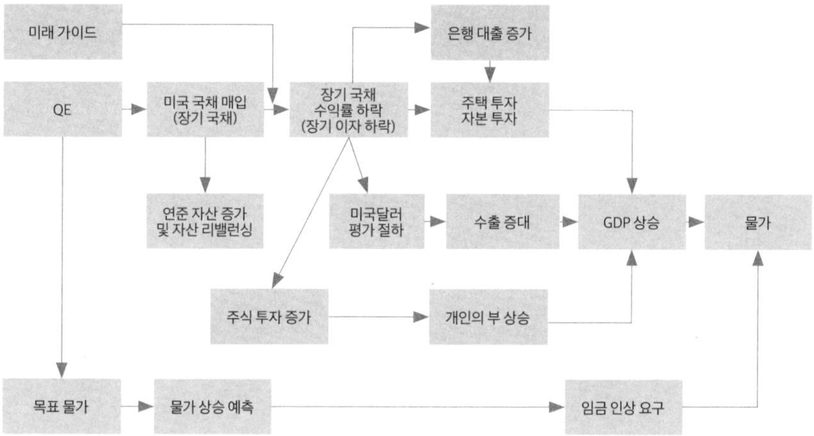

자료: World Economic Forum

QE 정책은 매번 경제 위기가 올 때마다 미국 경제를 다시 회복시키는 뿌리가 되었습니다. 이러한 역사적 검증 때문에 시장에서는 "연준과 싸우지 마라Don't fight against the FED"라는 이야기를 합니다.

투자자들은 연준의 정책 방향과 일치되게 투자를 하는 것이 현명합니다. 연준의 정책에 맞서서 반대 방향으로 투자를 하면 손실이 날 확률이 높습니다. 연준의 FOMC 미팅 이후 기사회견 발표 다음에 주식 가격이 하락하는 경우도 있습니다. 이것은 발표 내용이 시장의 기대치보다 낮아서입니다. 그러나 결국에는 연준의 큰 방향을 따라가는 것이 수익을 극대화하는 방법입니다.

05 수익률 곡선 컨트롤
(Yield Cruve Control)

　수익률 곡선 컨트롤은 QE의 연장선상에 있습니다. 수익률 곡선 컨트롤과 QE가 동일한 점은 둘 다 미국 국채라는 자산을 매입한다는 것입니다. 한편 QE는 양적 팽창이기 때문에 얼마의 자금(양)을 연준이 쓰겠다고 발표하지만, 수익률 곡선 컨트롤은 연준이 목표로 한 미국 국채의 수익률에 도달하면 정책이 완료되는 것이 다른 점입니다. 즉 수익률 곡선 컨트롤에는 목표로 하는 양이 있는 것이 아니라 목표로 하는 국채 수익률의 수치가 있는 것입니다.

　장기 미국 국채의 수익률은 단기 국채의 수익률보다 높은데 이는 리스크 프리미엄Risk Premium과 인플레이션 프리미엄Inflation Premium 때문입니다. 먼 미래의 불확실성 때문에 장기 채권에 대해서는 이자를 더 달라고 요구하는 것이 리스크 프리미엄이고, 자연적 물가 상승에 따른 물가 인상분도 고려를 해달라는 것이 인플레이션 프리미엄입니다.

　수익률 곡선에서 나타나는 10Y2YS(10년 국채와 2년 국채의 수익률 차이)는 리세션을 예측할 수 있는 경제지표로 쓰입니다. 그 이유에 대해 살펴보겠습니다.

수익률 곡선Yield Curve의 종류

수익률 곡선은 단기와 장기 미국 국채의 수익률에 따라서 네 가지 그래프가 나타납니다.

① 정상적인 수익률 곡선Normal Yield Curve(정상의 경우)

② 가파른 수익률 곡선Steep Yield Curve(기울기가 높은 경우)

③ 평평한 수익률 곡선Flat Yield Curve(기울기가 0에 가까운 경우)

④ 반전된 수익률 곡선Inverted Yield Curve(기울기가 마이너스인 경우)

다음 [그림 18]을 보십시오.

네 가지 수익률 곡선을 어떻게 해석하고, 각 수익률 곡선이 있을 때 주식시장이 어떤 상태를 보여주는지를 알아보겠습니다.

[그림 18] 수익률 곡선 종류

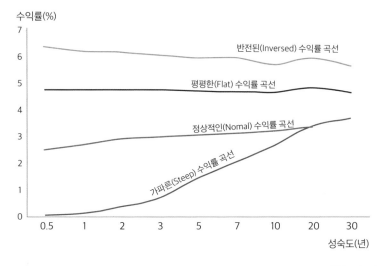

자료: xplaind.com

우선 수익률 곡선의 시작점은 연준 기준금리입니다. 연준 기준금리는 시장 이자에 영향을 미친다고 말씀드렸습니다. 이 단기 이자는 단기 미국 국채의 수익률에 영향을 미치게 됩니다. 이를 기준으로 설명하겠습니다.

정상적인 수익률 곡선(정상의 경우)

시장이 리세션도 아니고, 과열Overheating도 아닐 때는 정상적인 수익률 곡선이 생겨납니다.

가파른 수익률 곡선(기울기가 높은 경우)

장기 미국 국채의 수익률이 높아져서 단기 미국 국채와 장기 미국 국채의 수익률의 차이가 큰 경우입니다. 두 가지 경우에 이런 곡선이 나타납니다.

- 장기 미국 국채의 수익률이 단기 미국 국채의 수익률보다 빠르게 상승하는 경우
- 장기 미국 국채의 수익률은 오르고 단기 미국 국채의 수익률은 하락하는 경우

경제가 높은 성장을 하고 있으면 앞으로 물가가 상승할 것이라고 예상을 하게 되고, 그 결과 인플레이션 프리미엄에 의해 장기금리가 상승해서 장기 미국 국채의 수이률이 상승하는 것입니다. 이 경우 시중은행들은 단기금리로 타 금융기관으로부터 대출을 받아서 이 자금을 소비자들에게 대출해줍니다. 이때 시중은행들은 장기 대출 상품을 '강력하게' 추천하게 됩니다. 장단기 이자 차익으로 수익을 내는 것입니다.

평평한 수익률 곡선(기울기가 0에 가까운 경우)

단기 미국 국채의 수익률과 장기 미국 국채 수익률의 차이가 아주 적은 경우에 일어납니다. 장기 미국 국채의 수익률이 정상적인 수익률 곡선보다 낮아진다는 것은 미래가 불확실하고 경기가 침체되고 있다는 조기 경고 신호입니다.

경기가 침체되면 경기가 회복될 때까지 물가와 이사가 낮은 수준으로 유지되기 때문에 투자자들이 장기 미국 국채를 매입하지 않습니다. 연준에서 경기를 부양하기 위해 곧 연준 기준금리를 하향 조정할 것이라는 예상을 시장이 하기 때문에 장기 미국 국채의 수요가 없어지고, 이는 장기 미국 국채의 수익률이 낮아지는 현상으로 이어지며, 시중은행에서의 대출도 보류하게 됩니다.

그래서 평평한 수익률 곡선은 리세션의 전조로 시장에서 생각합니다.

반전된 수익률 곡선 Inversed Yield Curve(기울기가 마이너스인 경우)

단기적 위험성이 높아져서 단기 미국 국채에 대해 높은 이자를 시장에서 요구할 때 생기는 곡선입니다. 단기 미국 국채 수익률이 갑자기 높아집니다. 이 현상이 일어나면 5~9개월 이내에 무조건 리세션이 옵니다. 지금까지 예외가 없었습니다. 이 현상이 일어나면 무조건 우리는 주식시장의 폭락에 대비해야 합니다.

10Y2YS(미국 10년 국채와 2년 국채의 수익률 차이)

10Y2YS는 미국 10년 국채의 수익률에서 2년 국채의 수익률을 뺀 결과 Spread입니다. 이 결과 수치는 수익률 곡선의 기울기를 보여줍니다. 지난 20년

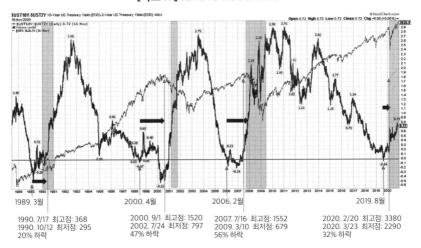

[차트 17] 10Y2YS vs. S&P500

1989. 3월
1990. 7/17 최고점: 368
1990. 10/12 최저점: 295
20% 하락

2000. 4월
2000. 9/1 최고점: 1520
2002. 7/24 최저점: 797
47% 하락

2006. 2월
2007. 7/16 최고점: 1552
2009. 3/10 최저점: 679
56% 하락

2019. 8월
2020. 2/20 최고점: 3380
2020. 3/23 최저점: 2290
32% 하락

동안 최대 기울기는 2011년 초의 2.91이며 가장 최저치는 2000년 닷컴 버블일 때 -0.52를 기록했습니다. 이 수치가 마이너스이면 반전된 수익률 곡선이고, 0에 가까우면 평평한 수익률 곡선입니다.

[차트 17]을 보겠습니다.

- 1989년 3월: 10Y2Y = −0.20, 1990년 7월 17일부터 주가 20% 하락, 16개월 걸림. 전미경제연구소 발표 리세션: 1990년 4월

- 2000년 4월: 10Y2YS = −0.07, 2000년 9월 1일부터 주가 47% 하락, 5개월 걸림. 전미경제연구소 발표 리세션: 2001년 3월

- 2006년 2월: 10Y2YS = −0.14, 2007년 7월 16일부터 주가 56% 하락, 14개월 걸림. 전미경제연구소 발표 리세션: 2007년 12월

- 2019년 8월: 10Y2YS = 0.20, 2020년 2월 20일부터 주가 32% 하락, 6개월 걸림.

10Y2YS가 마이너스가 되면 리세션이고, 미국 정부는 실물경제 리세션보다 늦게 확인한다는 사실을 유념해야 합니다. 그러므로 반전된 수익률 곡선 Inversed Yield Curve이 생기면 꼭 리세션을 준비하기 바랍니다.

10Y2YS는 세인트루이스 중앙은행에서 자료를 발표합니다(https://fred.stlouisfed.org/series/T10Y2Y).

시장이 조금이라도 불안하다고 생각되면 이 지표를 꼭 확인하기 바랍니다.

수익률 곡선 컨트롤Inversed Yield Curve을 하는 방법

[그림 15]에 보면 경기부양책 중 하나에 수익률 곡선 컨트롤이 있습니다. QE는 자산 매입이라는 통화정책에 의해 미국 국채를 연준이 정한 금액만큼 매수하는 것입니다. 2020년 3월 15일 연준은 최대 2.3조 달러(2,500억 원)의 양적 팽창을 발표했습니다. 이렇게 발표한 금액만큼 자산을 매입하는 것이 QE입니다.

이와는 달리 수익률 곡선 컨트롤은 장기 미국 국채의 이자율을 정하는 것입니다. 이 이자율이 시장에서 안정적으로 정착될 때까지 자금을 '무한정' 투입하여 장기 미국 국채를 매입하는 정책입니다. 투입되는 금액은 정해져 있지 않으며 연준의 목표 이자율 혹은 장기 미국 국채 가격Prices of Bonds이 어떻게 정해지는지가 중요합니다.

[그림 15]를 다시 보겠습니다.

미국 국가 경제 연구소의 리서치*에 따르면 리세션을 빠르게 회복할 수 있는 방법은 낮은 금리를 바탕으로 안정적인 물가를 정착시키는 것입니다.

QE, 미래 가이드, 마이너스 실질금리를 펴도 경

* The Federal Reserve's current framework for monetary policy: a review and assessment, June 2019

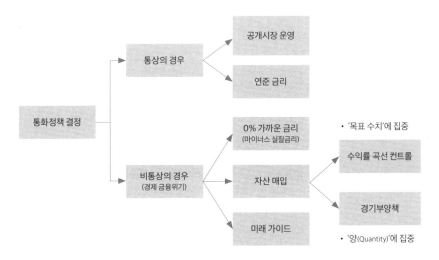

[그림 15] 경기부양책과 수익률 곡선 컨트롤

기 부양이 더 이상 어려운 경우에 연준에서 쓸 수 있는 추가 양적 팽창 통화정책은 수익률 곡선 컨트롤입니다. 과거에 이와 비슷한 경험을 한 국가에는 일본이 있습니다. 그래서 연준은 일본의 중앙은행Bank of Japan 사례를 많이 분석한다고 합니다.

이 수익률 곡선 컨트롤이 시장에 주는 영향은,

- 단기금리의 안정을 더욱 확고하게 해줍니다.
- 연준이 장기 미국 국채의 이자 목표를 정하고 그 목표치에 도달할 때까지 무제한 자금을 투입하면 그 정한 이자 가격을 기준으로 한 채권 금리Yield가 정착됩니다.
- 단기금리의 안정은 중장기 금리의 안정으로 이어지고 금리가 안정되면 결국 경제가 회복됩니다. 연준이 원하는 '안정된 물가와 최대 고용'을 빠른 시일 내에 이룰 수 있는 것입니다.

이런 목적을 달성하기 위해서는 연준이 시장에 신뢰Confidence를 주어야 합니다.

- 연준의 미래 가이드가 흔들리면 안 됩니다. 시장은 연준이 발표한 미래 가이드를 제대로 실행하는지 안 하는지에 대한 평가를 내립니다. 이 미래 가이드가 흔들리면 시장은 다시 흔들리기 시작합니다.
- 미래 가이드가 시장에서 잘 실행되고 있다면, 투자자들은 연준에 대한 신뢰성을 가지게 되고, 수익률 곡선 컨트롤Yield Curve Control에 의해 정해지는 미국 장기 채권의 가격에 맞추어 매매를 하게 됩니다. YCC가 정한 장기 채권 가격이 시장 가격이 되는 것입니다.
- 이렇게 안정화가 되면 연준이 더 이상 자금을 투여하지 않아도 되며 대차대조표Balance Sheet를 더 이상 확장하지 않아도 됩니다. 즉 연준의 부담이 적어지게 됩니다.
- 또한 이렇게 안정화되면 연준이 '마이너스 금리'를 고려하지 않아도 되기에 연준 기준금리에 대한 부담도 줄어들게 됩니다.

이것이 우리가 주식시장 투자를 위해 알아야 하는 수익률 곡선 컨트롤의 개념입니다. 바이든 대통령은 전 연준 이사회 의장인 재닛 옐런Janet Yellen을 재무장관으로 지명했습니다. 옐런 전 의장은 YCC를 통한 적극적인 경기 부양 통화정책의 지지자입니다. 바이든 행정부 취임 이후의 주식시장을 차차 보아야 하겠지만, 현재로서는 연준과 미국 재무부의 통화정책과 재정정책이 잘 균형을 맞추어서 진행될 것이라고 조심스럽게 예측해봅니다.

06 주요 경제지표의 이해

4장 2절에 다음 글을 썼습니다.

"물가가 안정되면 장기금리는 자연히 적당한 수준으로 안정화가 이루어 집니다. 물가 안정이 되면 안정적인 장기금리는 자연히 따라오는 것입니다. 그래서 연준이 통화정책을 통해 이뤄야 하는 것은 두 가지, 최대한의 고용과 물가 안정인 것입니다. 이를 연준의 두 가지 의무The Federal Reserve's Dual Mandate 라 합니다."

연준의 의무 중 가장 중요한 것은 물가 안정, 영어로 'Stable Price'입니다. 연준에서는 이를 위해 목표 물가 상승Inflation Targeting을 2%로 두고 있습니다.

모든 연준의 정책은 궁극적으로 '물가 안정'에 목표를 둔다고 결론을 내릴 수 있습니다. [그림 14] '연준의 통화정책 순서'에서 연준은 물가가 안정되어 있는지 중간 점검을 하기 위해 여러 경제지표를 확인한다고 말씀드렸습니다. 물가 변화를 주기적으로 파악하기 위해 참고할 경제지표들은 다음과 같습니다. 이 지표들은 주식시장에 영향을 주는 지표들입니다.

지표 명	설명	발표 시기	발표 기관
GDP	전반적인 경제 성과	매월 4주 중간 오전 08:30 ET	경제분석국
Nonfarm Payroll Employment	고용시장 및 실업률	매월 첫째 주 목요일 오전 08:30 ET	노동통계국
Consumer Price Index (CPI)	소비자물가지수	매월 둘째 주 수요일 혹은 목요일 오전 08:30 ET	노동통계국
Producer Price Index	생산자물가지수	CPI와 동일	노동통계국
Personal Consumption Expenditure Price Index (PCE)	개인 소비 지출 지수	매월 4주 중간 (GDP 발표일과 동일) 오전 10:00 ET	경제분석국
Consumer Confidence Index	소비자 신뢰 지수	매월 마지막 화요일 오전 10:00 ET	The Conference Board
New Home Sales	새 주택 판매	매달 17번째 근무일 (23~26일) 오전 10:00 ET	인구조사국
Personal Income & Spending	개인 수입 및 지출	매월 말일(23~31일) 오전 10:00 ET	경제분석국
Initial Claims	실업률	매주 목요일 오전 08:30 ET	노동통계국
Industrial Production	산업 생산 지수	매월 중순(15~17일) 오전 09:15 ET	연준
Retail Sales	소매 판매	매월 중순(15~17일) 오전 08:30 ET	인구조사국
EIA Oil Inventory	오일 저장량	매주 수요일 오전 10:30 ET	에너지조사국(EIA)

* * *

연준에 대한 내용은 상당히 딱딱하고 복잡합니다. 이를 실생활과 관련된 금융 단어들과 연결하려고 노력했습니다. 연준의 정책을 100% 이해하면서 주식 투자를 하는 것은 쉽지 않지만 분명히 도움은 됩니다. 특히 영어로 발표된 것을 번역해서 보는 경우 번역자의 해석이 연준의 취지와는 다른 경우 시장에 대한 오판을 하게 됩니다.

연준의 정책을 오판해서 주식시장의 하락 시기에 자금을 빼지 못했을 경우 최대 2년 정도 버티면 원금이 회복돼왔습니다. 미국 통계청에 의하면, 1930년 대공항 이후 실제로 최근 가장 긴 리세션은 2007년 서브 프라임 모기지 사태로 회복에 1년 6개월이 걸렸습니다. 하지만 주식시장은 2007년 12월 이후 그 가격으로 돌아오는 데 1,911일(5년) 이상 소요되었으며, 2001년 닷컴 버블이 붕괴된 후 리세션은 공식적으로 8개월 후에 종식되었지만 주식시장 회복은 2,135일로 거의 6년이 소요되었습니다.

3년 이상을 가슴앓이 하는 것은 바람직하지 않습니다. 이 책을 읽으신 분들은 더 이상 소극적으로 시장을 보면 안 됩니다. 적극적으로 시장 흐름을 읽고 헤지펀드 매니저처럼 한 발자국 빠르게 움직여야 합니다. 그러기 위해서는 연준의 정책과 경제지표를 항상 유심히 보아야 합니다.

이상으로 4장을 마무리하겠습니다.

4장 정리

- 연준은 두 가지 의무를 지고 있습니다. '안정적인 물가와 이를 바탕으로 이루어지는 최대한의 고용'입니다.
- 단기금리가 안정되면 중장기 시장 금리도 안정이 되고, 이는 안정적인 물가로 이어집니다. 연준은 목표 물가 수치를 정하는데 2012년부터는 2%로 정하고 있습니다.
- 연준은 통화정책의 수단으로, 시중은행들의 '법정지급준비금'을 정하고, '연준 기준금리'를 결정하며, '재할인율'을 정하여 통화량 공급을 조절합니다.
- 연준의 통화정책을 결정하는 곳은 FOMC이며 1년에 8번 회의를 개최합니다. 약 6주마다 열립니다.
- FOMC에서는 연준 기준금리를 결정하고, 이 연준 기준금리가 중장기 시장 금리까지 안정적으로 정착을 시킬 수 있도록 통화정책 수단을 펼칩니다.
- 공개시장 운영 정책으로 미국 국채의 매매를 통해 중장기 이자를 안정적이며 지속적으로 유지되게 합니다.
- 금융 및 경제 위기가 오는 경우 연준은 경기부양책을 실시합니다. 주로 사용하는 방법이 낮은 금리 유지입니다. 낮은 금리로 소비자와 기업의 대출을 장려하여 소비자의 지출과 기업의 투자를 이끌어냅니다.
- 통화 팽창 정책을 펴서 유통되는 통화량이 많아지면 달러 가치는 하락하게 되고, 달러 가치의 하락은 미국산 수출품의 가격 경쟁력을 높여줍니다.
- 경기부양책을 실시하여 특정 양의 자금을 시중에 투입합니다. QE는 투입되는 자금의 '양'과 관련된 경기부양책입니다. 주로 미국 국채를 연준이 매수하는데 이를 자산 매입이라고 합니다.
- QE를 진행하면서 연준은 미래에 대한 가이드를 보여줍니다. 현재로서는 2023년까지 연준 기준금리를 0~0.25%로 유지하고, 미국 경제가 최대 고용과 안정된 물가를 이루었다는 자신감이 생길 때까지 연준이 무제한 도와주겠

다고 선언을 했습니다.

- 제로 금리와 미래 가이드, QE에도 불구하고 경기 부양에 한계가 보이면 사용할 수 있는 것이 수익률 곡선 컨트롤입니다. QE가 자산 매입의 매입 총액에 대한 것이라면, YCC는 미국 국채들의 목표 이자를 정해서 이 이자율이 시장에 정착될 때까지 무제한 자금을 투입하는 것입니다.

- 반전된 수익률 곡선이 보이면 향후 5개월에서 1년 이내에 주식시장이 20% 이상 하락하는 폭락이 옵니다. 예외가 없었습니다. 2019년 11월 반전된 수익률 곡선이 나타났을 때, 많은 경제학자들이 이번은 예외일 것이라고 했지만 결국 2020년 3월에 리세션이 왔습니다. 이때는 포트폴리오를 리밸런싱하라는 매우 강력한 경고 신호입니다.

다시 한 번 강조하지만, 거시경제와 연준을 누구보다도 잘 안다고 해서 주식시장에서 성공하는 것은 아닙니다. 그러나 주식시장에서 성공하려면 이 책에 쓰인 3장과 4장 내용은 숙지하고 있어야 합니다. 이해가 어려울 수도 있습니다만, 우리 생활에서 밀접하게 사용되는 금융 용어들을 가지고 퍼즐을 맞춘 것이라고 생각하고, 틈나는 대로 편하게 읽다 보면 점점 익숙해질 겁니다. 그래야 주식시장에서 장기간 성공할 수 있는 뿌리 깊은 나무로 성장할 수 있습니다.

THE
BIBLE
OF THE
U.S.
STOCK
MARKET
INVESTING

5장

주식시장은 매일매일이 기회다

다음 질문에 대한 여러분이 답은 무엇인지 생각해보십시오.

질문 1: 왜 미국 주식에 투자를 하십니까What is your purpose of investing in US stocks?

질문 2: 투자 목표는 무엇입니까What is your investing objective?

질문 3: 투자의 원칙이 있다면 무엇입니까What is your principle in investing?

질문 4: 투자 원칙을 실행하는 투자 스타일은 무엇입니까What is your investment style?

특정 회사의 CEO를 존경하며 그 회사에 대한 개인적인 믿음과 애착을 가지고 주식을 매수했습니다. 주식을 장기 보유하면서 주주로서 회사와 같이 성장해 가자는 목소리를 듣고 주식을 매수했습니다. 실적과 재무제표가 좋은 회사의 건전성을 믿고 장기 투자를 하려고 생각했지만 이 회사보다 실적이 안 좋은 다른 회사의 주가가 몇 배 더 상승하는 것을 보면 투자를 잘못했나 하는 의구심이 생깁니다.

이론적으로는 기업 실적이 주가에 반영되어 '적정 주가'가 형성되는 것이 맞습니다. 그런데 주식시장에서는 실적이 좋지 않은데도 주가가 솟는 회사가 있습니다. 그 회사의 미래를 보고 주가가 상승한다고 하지만 사람들의 희망대로 앞날이 밝을지 확신하긴 어렵습니다. 그럼에도 주가가 상승하니 유혹의 손길에 마음이 흔들립니다. 추격 매수를 하자니 불안하고 지켜보고 있으려니 나만 게임에서 뒤처지는 것 같습니다.

추격 매수를 한 후 떨어지기 시작해서 반 토막이 나고 몇 개월이 지났음에도 상승할 기미는 보이지 않습니다. 결국 이 주식을 팔고 다른 주식으로 갈아타니 손절했던 주식은 오르고 갈아탄 주식은 떨어집니다. 이런 경우 위의 네 가지 질문에 대해 명확하게 답을 할 수가 없었을 것입니다.

우리가 투자에 실패할 때에는 그 원인이 있습니다. 가장 중요한 원인은 스스로의 투자 목적, 목표, 원칙, 투자 스타일이 없었기 때문입니다. 이 네 가지를 명확하게 정하고 주식시장에 들어오면 주식 투자에 실패는 없습니다.

01 투자 목적, 수익 목표, 원칙, 투자 스타일 정하기

투자 목적: 나는 왜 미국 주식시장에 투자를 하는가?

미국 주식시장에는 수많은 기회가 있습니다. 앞서 몇 차례 말했듯이 고를 수 있는 주식 종류도 6,500가지가 넘습니다.

미국 주식시장은 정직합니다. 시장 참여자들이 정직하다는 이야기가 아닙니다. 주식시장을 움직이는 메커니즘 안에서 가격이 움직일 뿐 일부의 작전 세력이 주가를 좌지우지할 수 없습니다.

그래서 비교적 공정한 기회가 있는 곳입니다. 또한 경제적 자유를 실현시켜줄 수 있는 잠재력을 가진 주식이 아주 많습니다. 전 세계의 사람들이 미국 주식시장에 투자하는 이유는 세계에서 가장 큰 경제 규모와 성장을 이루고 있는 미국 경제를 믿기 때문입니다. 워런 버핏이 항상 하는 이야기입니다.

"미국에 대항하여 베팅하지 마라Don't bet against America."

미국 시장에 대한 객관적 분석 정보도 넘쳐나기 때문에 이 정보에 대한 공부를 열심히 하면 공부한 만큼의 수익을 주는 시장이 미국 주식시장입니다. 리스크를 줄일 수 있는 방법이 많아서 손실을 최소화할 수도 있습니다.

시장에 대해 공부하고, 시장의 흐름을 파악하고, 시장에 역행하지 않고 순응하면 매년 꾸준한 수익을 주는 시장이 미국 시장입니다. 그래서 저는 미국 주식시장을 선택했습니다.

투자 수익 목표

저의 투자 목표는 단순합니다. 돈을 버는 것입니다. 그것도 아주 많이 버는 것입니다. 가능한 많이 번다고 해서 한 번에 대박을 노리는 것이 아니라 꾸준하게 수익을 거두는 것이 목표입니다. 꾸준하게 수익을 내기 위해 노력을 하다 보면 가끔 대박도 나옵니다. 이런 경우는 감사할 따름입니다.

돈을 많이 벌어서 그 돈을 어떻게 쓰는가는 개인마다 다릅니다. 하지만 막연하게 언젠가 돈을 많이 벌면 이렇게 쓰겠다는 것보다는 지금 현실적으로 가능한 만큼 벌어서 그 돈을 어떻게 사용하겠다는 것이 더 현명합니다.

제일 중요한 것은, 투자 수익 목표는 현실적인 목표로 설정해야 한다는 것입니다.

투자 원칙

첫째, 주식시장에 나를 맞춥니다.

시장 앞에 겸손한 마음을 가져야 합니다. 미국 주식시장에서 개인 투자자는 보이지 않는 아주 작은 존재입니다. 너무나도 작기에 시장을 움직일 힘이 없습니다. 그래서 시장을 움직이는 메커니즘에 의존하여 시장을 냉정하고 이성적으로 바라봐야 합니다.

둘째, 목표 수익을 항상 정합니다.

투자 건별 목표 수익을 정합니다. 절대적인 수치로 정하지는 않지만 보통 15~25% 정도로 정합니다. 시장 상황, 투자 자금, 투자 기간, 리스크 관리의 제반 상황을 고려해서 정합니다. 목표 수익에 도달하면 시장에 대한 판단에 따라 보유 기간을 연장하기도 하고 부분 매도하여 이익을 실현하는 습관도 가져야 합니다.

셋째, 손절 구간을 항상 정합니다.

트레이더들 사이에 통용되는 원칙Rule of Thumb으로는 한 달 기준 수익률이 투자 원금의 마이너스 6%가 되면 손절을 합니다. 마이너스 5%는 한 달 사이에도 상당히 많이 발생하지만 6%는 이 범위를 벗어나기 때문에 경고 사인으로 받아들여집니다. 전반적인 시장이 좋더라도 마이너스 6%의 손실이 나면 나의 투자 전략과 포트폴리오에 문제가 있다는 이야기입니다.

넷째, 철저한 자기반성을 합니다.

인간은 자신의 선택을 옹호하려는 본능이 있습니다. 실패한 투자에 대해 그냥 넘어가서는 안 됩니다. 내가 무슨 이유로 이번 투자에 실패했는가를 반성하고 그 원인을 찾습니다. 그 잘못됨이 습관이 되지 않도록 제거하는 노력을 해야 합니다.

다섯째, 주식과 회사는 별개라는 생각을 가지고 시장을 지켜봅니다.

아무리 회사의 펀더멘털이 좋아도 오르지 않는 주식이 있습니다. 이런 회사는 펀더멘털이 좋은 회사여도 주식으로서는 좋은 주식이 아닙니다. 투자한 기간 동안 최대한의 수익을 안겨주는 주식이 가장 좋은 주식입니다.

주식은 이론적인 가치 평가에 의한 적정 주가Fair Value로 거래되는 경우가 오히려 드뭅니다. 주식이 적정주가로 거래되는 것이라면 테슬라의 적정 주가와 시장 가격의 괴리는 도저히 설명할 수 없습니다. 회사는 우량한데 주식 가격이 좋지 않으면 투자자들은 그 회사의 최고경영자와 재무관리자를 비난합니다. 주주 만족Shareholders' Satisfaction은 경영진의 주요 업무 중 하나이긴 하나 회사가 직접적으로 주가를 상승시킬 수 있는 방법은 자사주 매입밖에는 없습니다. 경영진은 회사의 주가 상승보다는 회사의 성장, 수익 극대화, 미래 성장 동력을 찾는 일에 더 매진해야 합니다. 회사는 우량한데 주가가 이를 못 받쳐주는 것은 회사의 문제가 아니라 주식시장에서 그 주식을 평가하는 투자자들의 시각이 다르기 때문입니다. 시장이 그 회사를 재평가할 때까지 시간을 가지고 기다리거나 재평가를 받을 때까지는 다른 주식을 사는 것이 맞습니다.

여섯째, 투자 승률을 기록합니다.

최소한 S&P500의 성장률보다는 높은 수익률을 내야 합니다. S&P500이 2019년에 28.9% 성장을 했습니다. 최소 이보다 10~20% 더 높은 수익률인 31.79~34.68%를 달성하지 못했다면 성공한 투자라 할 수 없습니다. S&P500의 연 상승률보다 높은 수익률을 올릴 자신이 없으면 S&P500 지수 ETF를 매수하는 것이 현명한 방법이기도 합니다.

일곱째, 매일 주식시장 개장 시간 외에 하루에 최소 1시간 공부를 합니다.

공부를 하지 않고 시장 분석을 게을리하면 아무리 좋은 정보가 넘쳐나더라도 시장 파악에 실패합니다. 그러면 투자 역시 실패하기 쉽습니다. 이용할 수 있는 정보를 종합하여 내일, 이번 주, 다음 주, 이번 달, 다음 달, 이번 분기, 다음 분기, 금년, 내년의 시장 움직임을 예측해서 시나리오를 만들어야 합니다. 시장의 변동성이 높을수록 미리 만들어서 머릿속으로 시뮬레이션을 돌려본 시나리오가 있으면 시장 대응에 많은 도움이 됩니다. 자만심에 차서 방심할 때 뒤에서 덮치는 파도는 작은 파도가 아니라 쓰나미이기 때문입니다.

여덟째, 남들이 추천하는 주식을 분석 없이 매수하지 않습니다.

워런 버핏이 A라는 주식을 사라고 하더라도 스스로 분석을 하기 전에는 매수를 하지 않습니다. 남의 이야기를 듣고 주식을 매수하는 것은 시장에 돈을 뿌리는 것과 같습니다. 단기간은 그 주식이 오르더라도 내가 분석하지 않은 주식은 그 주식 가격의 변동성을 모르기 때문에 시장이 흔들릴 때 패닉셀Panic Sell하기 쉽습니다.

아홉째, 수익이 나면 일정 부분의 현금은 주식 외의 계좌로 넣습니다.

많은 투자자가 수익으로 투자 원금이 늘어나면 이를 주식에 재투자합니다. 현금을 주식 계좌에 가지고 있으면 성급하게 재투자를 하기가 쉽습니다. 수익으로 거둔 현금 중 일정 부분을 주식 외의 계좌에 보관하다가 정말 매수 기회가 생겼을 때 이용하는 것이 좋습니다. 이를 실천하는 사람과 실천하지 않는 사람의 차이는 상당히 큽니다. 특히 시장에 조정이 올 때 이것을 기회로 만드는 사람과 투입할 자본이 없어서 기회를 놓치는 사람의 수익률 차이는 아주 큽니다.

열 번째, 목표 수익을 초과한 일정 부분을 기부합니다.

자신의 노력으로 수익을 거둔 것일 수도 있고 시장이 전반적으로 좋아서 누구든 돈을 번 것일 수도 있습니다. 목표 수익보다 초과한 수익을 내면 그 돈은 선물이라 생각하고 일정 부분을 의미 있는 곳에 기부를 하면 주식 투자를 하는 것에 대한 만족감을 더 느낄 수 있습니다.

열한 번째, 주식시장이 나를 버릴 때는 투자한 주식의 바닥을 끝까지 봅니다.

손절할 매도 시기를 놓쳤는데 시장이 끝도 없이 추락할 때가 있습니다. 이럴 때는 운동으로 체력을 키우면서 기운을 차려야 합니다. 기운이 나면 폭락장에서 떨어지는 주식이 이 상황에서 어떻게 움직이는지를 분석합니다. 다음에 이런 폭락장이 다시 올 때를 대비해서 분석을 하는 것입니다. 마음은 쓰라리지만 더 큰 발전을 위해 보고 또 봅니다. 그리고 추락하는 상황과 반등하면 반등하는 상황을 자세히 기록합니다. 다음에 이런 일이 생기지 않기 위해서.

열두 번째, 심리적으로 무너지지 않기 위해 부단히 노력합니다.

목표한 수익을 올리지 못하거나 시장이 빠른 속도로 무너질 때는 스스로에게 말을 합니다.

'이런 변수들은 누구도 예측이 불가능해. 이번 실패가 다음의 더 큰 수익을 위한 공부가 될 수 있어. 미국 시장은 매일매일이 기회야. 이번의 놓친 기회는 공부하는 기회이고 다음 기회를 잡자.'

미국 주식시장에서 하나의 정답은 없습니다. 여러분의 투자 목적, 목표 및 원칙을 세워서 투자를 하면 됩니다.

투자 스타일

'장기 투자가 좋다, 단기 투자가 좋다. 데이 트레이더가 제일이다' 등 투자 스타일에 대해 여러 의견이 있습니다.

본인의 성격 및 취향에 맞추어 편한 대로 정하면 됩니다. 하지만 한 가지 스타일에만 매달리지 마십시오. 미국 주식시장은 아주 빠르게 움직입니다. 장기 투자를 선택했을 때라도 투자한 지 얼마 안 되어 큰 조정이 오는 것이 감지되면 매도를 해야 합니다. 그러면 단기 투자가 됩니다. 그렇다고 여러분의 투자 스타일이 무너진 것일까요?

인터넷에서 투자 스타일에 대해 무엇이 맞다, 틀리다로 토론하는 경우를 보는데 저는 소모적인 논쟁이라고 생각합니다. 투자 스타일은 시장 상황에 따라 계속 변하고, 또 변해야 합니다. 변해야 할 때는 변해야 합니다. 오히려 그 논쟁의 시간에 주식시장을 공부하기 바랍니다.

스윙 트레이딩은 단기적으로 5~10%의 목표 수익에 도달하면 매도하는 기법이고 데이 트레이딩은 그날 하루 내에 주식을 사고팔아 수익을 내는 기법입니다. 데이 트레이더들은 주식을 소유하지 않는 것이 원칙입니다. 하루 목표 수익이 달성되면 주식을 모두 매도하고 컴퓨터를 끕니다. 이런 투자 기법은 상당한 지식과 고도의 기술, 그리고 냉정한 판단력과 실행력을 필요로 합니다. 하고 싶다고 해서 단기간에 성공적으로 할 수 있는 분야가 아니라 많은 시행착오와 훈련이 필수적입니다.

장기 투자만을 목표로 하는 분들은 1년에 한두 번은 어김없이 오는 조정 기간을 매도와 저점 재매수의 기회로 삼을 것인지, 특정 기간마다 한 번 정도만 매도할 것인지, 어떤 경우에도 팔지 않고 쌓아만 갈 것인지 투자 전략을 정해야 합니다.

매도해서 이익을 현금화할 생각이 없는데도 계좌 수익률이 플러스가 되면 안심하고 마이너스가 되면 불안해하는 분들이 많습니다. 저축형 장기 투자가 원칙이면 매일의 수익을 안 보는 것이 더 마음 편합니다. 미국 주식시장을 믿으면 됩니다.

혹시 장기 투자를 투자 원칙으로 정하지 않았는데 어떻게 해야 할지 몰라서 비자발적으로 장기 투자를 하는 경우도 있을 수 있습니다. 마음속으로는 투자 원금으로 최대한의 수익을 내고 손실을 최소화하고 싶지만 시장이 어디로 갈지를 몰라서 그냥 지켜보는 경우도 많았을 것입니다.

행동경제학의 대가인 다니엘 카너먼 교수의 책에 어떠한 일이 지나고 나서 "그런 줄 알았어I knew it!"라고 외치는 사람들의 심리에 대해 나옵니다. 지나고 나니 그럴 줄 알았다는 말이지 실제로 그 상황이 일어나는 시점에서는 이성으로 판단할 수 있는 행동 심리를 가지지 못한 사람들입니다.

2001년, 2008년, 2020년의 S&P500은 각각 47%, 56%, 35% 하락을 했습니다. 2019년 8월 반전된 수익률 곡선Inverted Yield Curve이 나온 이후,

S&P500는 2020년 2~3월 35% 하락했습니다. 35%가 하락을 하면 54%가 상승을 해야 원점으로 돌아오는 것입니다. 47%가 하락을 하면 89% 상승을 해야 원점이 됩니다. 통상의 경우에는 리세션이 오면 2년 내의 경제 회복 기간을 거치게 됩니다. 하지만 주식시장의 회복은 2년 이상 소요됩니다.

또한 1년에 많으면 2번, 최소한 1번 정도는 시장 조정Correction(주식 지수 최고점 내비 10% 하락)이 일어닙니다. 어떤 주식은 10% 하락을 하는 데 멈추고 어떤 주식은 20% 하락도 합니다.

내가 보유하고 있거나 관심을 가지고 보던 주식이 20% 하락할 때 가만히 지켜보겠습니까? 아니면 미리 공부를 해서 적극적으로 기회를 만드시겠습니까? 이런 기회가 올 때는 도전해볼 만한 가치가 있습니다. 이솝우화의 '여우와 신 포도'처럼 내가 준비가 안 되어 잡지 못하는 기회를 좋지 않은 기회라고 외면하게 되어서는 안 됩니다.

거시경제를 분석하고, 주식시장의 흐름을 판단하고, 회사의 펀더멘털을 분석하고, 기술적 지표를 보고 판단하고 매매를 결정하는 것. 그렇게 어렵지 않습니다. 처음이 어렵지 노력만 하면 절대로 어렵지 않습니다.

나의 투자 목적, 목표, 원칙을 잘 정립해서 내게 가장 잘 맞는 방향을 잡길 바랍니다.

02 투자자의 종류

제가 추천하는 포트폴리오는, 50%는 아주 안전한Risk-Averse 주식, 30%는 중소형주 위주로 리스크가 약간 있는Moderate Risk Taking 주식, 10%는 고위험 고수익High Risk, High Return 주식, 나머지 10%는 현금으로 두는 것입니다(옵션이 가능한 외국 거주자의 경우는 20%의 중소형주와 10%의 옵션입니다).

안전한 주식은 장기 투자용으로 저축하는 형식의 투자입니다. 리스크가 약간 있는 주식은 장기와 중기 사이의 기간을 잡아 손실 제한 구간을 설정하고 펀더멘털 분석으로 주식을 선정한 후 기술적 지표 위주로 매매합니다. 10% 고위험 고수익 주식은 철저하게 목표 수익과 손실 제한 구간을 정해서 기계적인 매매 결정을 합니다. (10% 파생상품-옵션은 헤징 위주 전략 및 스프레드 전략을 통한 안전한 투자를 지향합니다. 하지만 때로는 리스크를 정하고 펀더멘털과 기술적 분석을 바탕으로 과감한 베팅을 하는 담력도 필요합니다.) 현금 비중 10%는 시장이 후퇴할 때Pull Back, 기회라고 생각되면 더 투입할 자금입니다.

이렇게 포트폴리오를 짜면 장기 투자, 중기 투자, 단기 투자가 동시에 가능합니다. 주식시장에서 한탕을 꿈꾸지 않고 오랜 기간 동안 이 시장을 즐기며 수익을 내려면 여러 가지 투자 스타일을 시도해보는 것이 좋습니다. 그러면서 자신의 투자 원칙을 만들고 이를 계속 발전시키면서 금융시장과 친구처럼 동행하시길 바랍니다.

투자자, 트레이더, 그리고 도박꾼

미국 주식시장에 입문을 하면 세 가지의 길이 있습니다. 투자자, 트레이더 그리고 도박꾼입니다. 투자자는 가장 양지바른 곳에 앉아 있으면서 대부분 생존을 합니다. 그리고 차이는 있지만 상당한 수익도 창출합니다. 트레이더는 아주 깊은 미지의 숲으로 들어갑니다. 영화에 나오는 마녀가 있는 숲으로 들어갑니다. 마녀의 유혹을 이기지 못한 트레이더는 숲에서 사라지고, 이를 모두 이겨내어 숲의 끝까지 통과하고 나오는 사람은 극소수이지만 투자자들로서는 상상도 못 하는 부를 가지게 됩니다. 트레이더 중 극소수만 성공을 할 수 있기에 통계상으로는 장기 투자가 더 큰 이익을 창출하는 것입니다. 도박꾼들은 늪으로 갑니다. 원칙이 없는 투자자와 트레이더는 자기도 모르게 도박꾼이 되어서 늪으로 가고 빠져나오지 못합니다.

어느 길로 가볼 것인지는 각자의 선택입니다.

투자자

현명한 투자자가 되기 위해서는 그냥 주식을 사서 보유만 한다고 되는 것이 아닙니다. 많은 전문가들이 매수 후 보유 전략이 가장 좋은 투자 방법이라고 이야기를 하니까 이를 맹목적으로 따라갑니다. 그러나 진정으로 현명한 투자자가 되려면 마음이 가는 주식이나 남들이 좋다고 하는 주식을 사서 보유만 해서는 안 됩니다.

우선 시장의 큰 흐름과 현재의 경제 상황을 읽고 미래의 성장 동력이 될 회사들을, 시장이 그 기회를 깨닫기 전에 먼저 찾아내려는 노력이 필요합니다.

많은 분들이 10년, 20년 장기 투자 이야기를 하지만, 10년은 아주 긴 세월입니다. 지금처럼 4차 산업의 초입에 들어서는 시기에는 10년이라는 세월은 세상이 몇 번이나 변할 수 있을 만큼 긴 시간입니다. 이렇게 긴 세월 동안 묻어둘 만한 주식을 찾으려면 그 방법을 알고 방법을 숙지하는 노력을 해야 합니다. 이게 아니다 싶으면 과감히 바꿔 타는 결단력도 있어야 합니다.

여러분께 조금 더 욕심을 내자고 이야기하고 싶습니다. 지금까지 10년에 꼭 한 번은 아주 큰 경제 위기가 왔습니다. 지난 100여 년 동안 예외가 없었습니다. 경제 위기가 오기 전에 이익을 실현한 후 한 발자국 물러나서 위기가 올 때를 대비하십시오. 위기가 올 때 동일한 자본으로 보유 주식 수를 늘려가는 것이 가장 발전된 모습의 현명한 투자자입니다.

10년에 한 번 정도 오는 큰 경제 위기는 주식시장이 30~40% 하락하는 위기이고, 1년에 1~2번 정도는 최고점 대비 10~15% 정도 하락을 하는 조정기Correction가 옵니다. 조정이 오기 전에 현금화를 하고 조정이 끝나는 무렵에 재매수를 하는 방법이 가장 이상적인데, 이를 적절히 실행하기 위해서는 상당한 지식과 기술 분석력이 따라줘야 합니다. 즉 이성적인 논리적 근거가 있어야 하는 것입니다. 이 논리적 근거로 판단한 자신의 결정을 믿고 실행하려면 경험도 쌓여야 합니다.

11장에서 소개할 매매 기법에서 이렇게 할 수 있는 방법에 대해 설명을 하겠습니다. 대부분의 개인 투자자들의 경우, 기술적 분석을 할 수 있다고 하더라도 매도 버튼을 누르는 것이 쉽지 않습니다. 여러 이유가 있겠지만, 자신이 선택한 주식에 대한 강한 믿음이 있기 때문입니다. 그 믿음을 선택한다면, 추가로 투입할 현금을 항상 준비하고 있다가 조정의 끝에서 추가 매수를 하면 됩니다.

특정 주식을 선택해서 장기 투자를 원칙으로 하는 경우에 이에 따르는 필수 요구 사항이 있습니다. 상당한 인내심을 가져야 한다는 것입니다. 조정기가 되면 모든 경제 뉴스에서 시장이 붕괴할 것처럼 이야기를 합니다. 이를 이겨나가는 것이 선택한 주식에 대한 믿음과 내가 정한 이성적이고 논리적인 투자 원칙에 대한 믿음입니다.

현재 시가총액 1위인 애플도 항상 가격이 오른 회사는 절대로 아닙니다. 일례로 애플이 2018년 11월 2일 실적 발표일에 아이폰 판매 대수를 더 이상 발표하지 않겠다고 선언한 후 당시 216.81달러이던 주가가 2019년 1월 초 138.94달러까지 -35% 하락했습니다. 15개월 상승한 주식 가격이 단 2개월 만에 모두 없어졌습니다. 주식 커뮤니티마다 애플 CEO 팀 쿡Tim Cook에 대한 험악한 글들로 도배되었습니다. 언론에서는 애플의 시대는 끝났으며 더 이상 성장을 못 하고 쇠락의 길로 갈 것이라고 하면서 애플 주주들에게 공포감을 주었습니다. 자산의 상당 부분을 애플에 투자한 투자자들은 자산이 35% 하락하는 것을 지켜봐야 했습니다. 이 가격이 원래대로 회복하는 데 1년 이상이 걸렸습니다. 회복이 되는 순간, 다시 시장의 조정이 와서 겨우 전 고점을 회복했던 애플이 지난 저점 근처까지 다시 하락했습니다.

2018년의 애플과 같은 일은 어떤 주식에게도 일어날 수 있습니다. 이런 상황이 닥칠 때 현명한 투자 방향을 선택하는 것은 확고한 투자 원칙입니다.

투자 원칙에는 정답이 없습니다. 실현하지 않은 이익은 이익이 아니고, 실현하지 않은 손실은 손실이 아닙니다. 내가 매도를 해서 현금화를 하는 순간이 이익이고 손실인 것입니다. 경험을 쌓으면서 원칙을 정립해가십시오. 원칙은 진보할 수 있지만 원칙의 뿌리는 타협을 하면 안 됩니다.

트레이더

트레이더는 주식시장의 꽃이라고 불립니다. 하지만 성공한 트레이더는 극소수입니다. 적은 자본으로 빠른 수익을 내려는 도전의식을 가진 사람들이 트레이더로 입문합니다. 승부욕이 높은 사람들이 성공할 확률이 더 높다고 합니다. 대부분 20대 중반의 젊은 친구들입니다. 빨리 돈 벌어서 집도 사고 좋은 스포츠카도 사고 남들 앞에서 재력을 과시하면서 살고 싶은 친구들이 많습니다. 약간만 돈을 벌어도 유튜브와 인터넷에 자랑을 합니다.

단기 투자로 5~10% 정도의 수익을 목표로 트레이딩을 하는 사람은 스윙 트레이더Swing Trader인데, 이들은 시장 분석을 통해 거래하기 좋은 주식을 발견해서 짧게는 2일, 길게는 1달 정도의 단기로 투자합니다.

데이 트레이더는 주식을 소유하지 않는 것을 원칙으로 하고 기술적 분석에 100% 의존하여 수익을 냅니다. 미국에서는 데이 트레이더가 되려면 주식 계좌에 최소 자본금 2만 5,000달러가 있어야 합니다. 최소 자본금이 없으면 아무나 들어와서 시장을 흔들 수도 있기 때문입니다. 미국의 젊은 친구들에게 데이 트레이더는 경제적 자유를 추구할 수 있는 인기 있는 직종입니다. 데이 트레이더는 주식보다는 선물, 선물보다는 외환시장을 더 선호합니다. 데이 트레이더들의 거래 시간은 대부분 오전 9:45에서 11:30까지입니다. 오전 9:45부터 11:30까지 급격하게 오르다가 떨어지는 주식들을 본 적 있지요? 이 데이 트레이더들이 개입했다고 생각하면 됩니다.

데이 트레이더들의 일 거래량은 정확한 통계는 없지만, 하루 총 거래량의 30~50%까지 차지한다고 합니다. 이들에게는 주식시장이 머니 게임을 하는 합법적인 장소입니다.

트레이더들은 특정 주식의 가격이 상승하려 할 때 매수를 하고 상승세가 꺾일 때 매도를 합니다. 가격이 하락할 때 공매Short-Sell를 하고 바닥을 찍고 올라오는 순간 공매 포지션을 정리합니다. 방법은 단순하지만 순간적으로 판단해서 실천에 옮기는 것은 쉽지 않습니다.

월스트리트에서 인정받는 애널리스트가 되는 것은 어렵습니다. 하지만 성공한 트레이더가 되는 것은 더 어렵습니다. 성공한 트레이더가 되기 위해 중요한 것은 세 가지 요소입니다. 전문적인 지식, 심리적 우위성, 그리고 돈 관리입니다.

트레이딩은 50%는 이성적 판단이고 50%는 감성적 판단입니다. 이성적 판단이 높을수록 트레이딩은 성공을 합니다. 트레이딩 경력이 짧은 사람들은 소탐대실의 길로 많이 갑니다. 성공한 프로 트레이더는 이성적인 판단을 합니다. 특히 시장이 상승세가 강할수록 일반 투자자들은 감성적으로 변합니다. 시장의 가격의 변동성이 높아질수록 감성적 판단의 비중이 더 높아집니다. 이럴수록 일반 투자자들은 흥분을 하게 되지만, 프로 트레이더들은 침착하고 냉정하게 판단을 내리려고 합니다. 시장이 흥분할 때 일반 투자자들은 대박 수익을 생각하고 프로 트레이더들은 매도를 통한 출구 전략Exit Strategy을 찾습니다. 시장에서의 패배자는 감정에 휘말려 흥분을 많이 하고 프로 트레이더들은 최고의 승률을 위해 냉정하게 움직입니다. 일반 투자자들 중 빠른 수익을 내고자 하는 스타일은 자주 트레이딩을 하고, 프로 트레이더들은 기회를 잡기 위해 기다릴 줄 알고 때로는 시장에서 빠져 관망할 줄도 압니다.

20세기 월스트리트의 위대한 트레이더인 제시 리버모어Jesse Livermore는 다음과 같은 명언을 남겼습니다.

"투자를 해야 할 시기가 있고, 공매를 해야 할 시기가 있다. 그리고 낚시를 하러 가야 할 시기도 있다There is time to go long, time to go short, and time go fishing."."

트레이더는 결코 쉬운 직업이 아닙니다. 승률도 낮습니다. 하지만 이긴 자에게 주어지는 보상은 우리의 상상을 넘어섭니다. 그래서 재능이 뛰어난 트레이더들이 높은 수익이라는 욕망에 눈이 가려져 늪으로 빠지는 경우를 많이 봅니다.

트레이더들에게 여러분이 배워야 하는 것은 투자 원칙과 투자 방법을 정립하고 꾸준하게 이를 발전시키는 과정입니다. 그러한 과정을 거치면 여러분이 상상한 것 이상의 경제적 부를 가져다주는 곳이 미국 주식시장입니다. 하지만 자만과 방심을 하게 되면 자신도 모르게 늪에 빠져 빠져나오지 못하는 곳이 또한 이 시장입니다.

도박꾼

도박사는 철저한 분석과 승률을 가지고 전문적으로 베팅을 하는 직업입니다. 감으로 하는 직업은 아닙니다. 전설적인 투자자인 피터 린치 Peter Lynch 와 워런 버핏은 경마를 아주 좋아하는데 주식 고르는 것과 비슷하다고 이야기합니다. 워런 버핏은《Horse Handicapping》(경마의 일종으로 뛰어난 말에 무게를 지위 비교적 평등하게 경주하는 종목의 잡지)을 발간하기도 했습니다.

제가 처음 라스베이거스 카지노에 갈 때 도박을 즐기는 지인으로부터 다음의 조언을 들었습니다.

"100달러만 가지고 가서 포커나 블랙잭을 해라. 그 돈을 다 잃으면 구경 잘했다고 생각하고 미련 없이 일어나라. 100달러를 가지고 200% 수익을 내서 300달러가 되면 무조건 일어나라. 같이 간 친구들에게 밥도 사주고 기름값도 줘라. 도박은 재미로 하는 것이지 이성을 잃으면 안 된다."

원칙이 없는 투자자나 트레이더는 손실이 나면 이성적인 판단보다는 감성적인 판단으로 투자가 아닌 도박을 하게 됩니다. 자신의 실수에 대한 반성과, 반성을 기반으로 한 발전을 하려는 마음가짐 없이 손실 금액만 생각하게 됩니다. 주식시장에서 매일 돈을 벌 수는 없습니다. 그렇게 도박꾼이 되어갑니다.

초보자들은 수익을 내면 자신에게 재능이 있다고 믿습니다. '초보자의 운'은 대부분의 사람들에게 일어나는 일입니다. 그분들이 투자를 잘했다기보다는 시장이 아주 좋은 때에 운 좋게 들어간 경우입니다.

도박꾼은 자금 관리를 안 합니다. 돈이 조금만 생겨도 투자라는 이름으로 계속 베팅을 하고, 잦은 수식 거래 및 갈아타기를 하기 때문에 상승장에서도 수익에 한계가 있을 뿐더러 하락장에서는 견디지를 못합니다. 그래서 빚을 과도하게 내거나 집 마련 자금을 투자해서 날리는 경우가 생기는 것입니다. 욕심이라는 감성이 냉정한 이성을 지배하기 때문에 벌어지는 일입니다. 이러한 경우는 투자가 아니라 도박을 하는 것입니다. 원칙이 없고, 감성이 지배하고, 자금 관리의 원칙이 없는 투자는 투자가 아니라 도박입니다. 제가 본 도박꾼 성향을 가진 투자자들 중에 시장 지수보다 높은 수익을 올리는 사람은 본 적이 없습니다.

어떠한 투자자의 모습으로 미국 시장을 대할지는 여러분 스스로가 선택하는 것입니다.

03 주식시장에서 돈 버는 방법

여러분이 어떠한 스타일의 투자자가 될 것인지는 여러분의 결정에 달려 있지만, 우리에게는 주식시장에서의 공통적인 목표가 있습니다. 돈을 버는 것입니다. 그것도 가능한 아주 많이 버는 것입니다.

5장 3절부터 9장까지는 제가 여러분께 주식시장에서 돈 버는 방법을 가르쳐드립니다. 저는 주식시장에서의 제 수익률을 원칙적으로 공개하지 않는 투자자입니다. 하지만 여러분께 제가 어떠한 방법으로 주식을 선정하고 투자를 하고 수익을 내는지 보여드리기 위해 제 목표 수익률과 실제 수익률을 보여드리겠습니다([그림 19]).

제 연간 목표 수익률은 200%입니다. 즉 1억을 투자했다면 2억을 버는 투자 수익이 제 목표입니다. 실제로는 매년 약 300% 이상의 수익률을 만듭니다.

[그림 19]에서 좌측 수익률은 지난 3개월간 120.89%의 수익률이고, 우측은 지난 6개월간 143.10%의 수익률입니다. 실제로 지난 6개월간의 수익률은 300%가 좀 넘습니다. 수익률 그래프를 보면 갑자기 하락을 하는 이유는 저 지점에서 목표 수익률이 넘었기 때문에 수익 실현 후 현금화하여 현금

[그림 19] 투자 수익률

구좌로 이체를 했기 때문입니다. 저는 가능한 매월 말, 분기 말, 그리고 연말에 수익의 대부분을 현금화하여 현금 구좌로 이체를 하는 전략을 취합니다. 그리고 항상 예외 없이 다가오는 조정을 기다리며 투자의 기회를 노립니다. (제 TD Ameritrade 구좌는 현금을 인출하면 그 금액이 수익률에서 마이너스 처리가 됩니다. 그래프의 폭이 넓은 이유입니다.)

우선 여러분께 투자의 전반적인 흐름을 설명하고, 여러분 스스로 투자 전략을 선택할 수 있도록 할 것입니다. 9장까지 습득을 한 후, 여러분께 제일 잘 맞는 투자 전략을 선정하기 바랍니다.

1단계: 나의 상황을 정확하게 판단하여 내 실력에 맞는 투자 전략을 선택한다.

2단계: 펀더멘털 분석은 '내 투자 전략에 제일 잘 맞는 주식을 선택하는 분

석'이다

3단계: 시장 흐름Market Trend을 분석하여 시장 진입 시기와 퇴장 시기를 결정한다. 즉 투자 적기와 수익 실현 적기를 판단하는 분석이다.

4단계: 기술적 지표의 도움을 받아 매수와 매도 결정을 한다. 가격 움직임, 거래량 및 변동성의 분석을 가지고 최적의 시점에서 매수와 매도를 한다.

5단계: 주가 흐름과 주가 변화의 폭을 예측할 수 있는 차트 패턴 분석을 통해 매수와 매도 성공률을 높인다.

6단계: 내 수준에 맞는 매매 방법을 찾아서 실행한다.

7단계: 목표 수익을 초과하면 일정 부분을 현금화하여 현금 전용 구좌로 이체한다.

8단계: 1년에 4번 정도 5% 이상 하락하는 시장 기회가 온다. 5% 내외는 1년에 2~3번 정도의 작은 조정이 오고, 10% 내외는 1년에 1~2번의 조정이 온다. 이 기간에 현금 전용 구좌의 현금을 투입하여 공격적인 투자를 한다.

9단계: 목표 수익에 도달하면 분할 매도를 통한 수익 실현으로 현금을 현금 전용 구좌로 이체한 후 다음 기회를 노린다.

본격적으로 들어가기에 앞서 5장 3절에서 9장까지는 펀더멘털, 기술적 분석의 이론보다는 활용성에 초점을 두었습니다. 펀더멘털, 시장 흐름 분석, 기술적 분석, 차트 분석에 대한 이론과 백테스트는 모두 책 후미의 부록에서 다루었으니 이 부분을 좀 더 공부하고 싶은 분들만 보기 바랍니다. 이와 같은 내용을 책의 뒷부분에서 설명하는 이유는 이 책을 가능하면 편한 마음으로 읽으면서 지식을 전달받아야 하는데 이론적 식이 나오면 여러분이 방향을 잃어버릴 가능성이 너무 높기 때문입니다.

주식시장에서는 이 검증된 이론들을 활용하는 법이 더 중요합니다. 또한 자기 수준을 정확하게 판단해서 선택해야 합니다. 특히 기술적 지표 및 차트 패턴은 공부하기가 쉽지 않습니다. 많은 분들이 이 부분을 공부하고 실제 매매에 적용하다가, 큰 그림을 놓치고 작은 그림에만 집중한 나머지 투자 실패를 하는 경우를 많이 봅니다.

주식시장에서 돈을 많이 벌려면 이성적으로 내 수준을 판단하고 내가 할 수 있는 범위 내에서 투사를 해야 합니다. 첫 세단에서 정상에 있는 세단까지 올라가려면 한 계단씩 올라가는 것이 정답입니다. 욕심은 무리를 부르고, 무리는 이성적 판단을 저해하며, 비이성적 판단은 큰 수익만을 노리게 되며, 결국은 소탐대실의 길로 들어가게 됩니다.

나를 알고 시장에 나를 맞추면 나는 성공합니다. 주식시장은 매일매일이 기회입니다.

1단계: 나의 상황을 정확하게 판단하자

제 블로그, 카페 및 방송 사이트 구독자분들은 대부분 한국에서 미국 시장에 투자를 하는 분들입니다. 그리고 이 책도 한국에서 투자하는 분들께 더 집중해서 만든 내용입니다. 한국에서 미국 시장에 투자하려면 세 가지 제약이 있습니다.

첫 번째, 시간적 제약입니다. 미국 섬머타임이 없는 경우, 밤 11:30에서 새벽 6시까지 미국 시장이 개장합니다. 섬머타임의 경우 밤 10:30에서 새벽 5시까지입니다. 본업이 있는 경우 이 시간에 주식시장을 놓치지 않고 본다는 것은 불가능합니다. 미국 주식 투자를 전업으로 하여 낮과 밤이 바뀐다고 하더라도 제 경험에 의하면 체력적으로 절대 쉽지 않습니다. 이 제약이 제일 큽니다.

두 번째, 언어적 제약입니다. 우리는 한국 사람입니다. 우선 영어와 어순 Syntax도 다르고 한국말로 이해하기 힘든 용어들을 영어로 이해하는 것은 더 무리가 있습니다. 공부를 해야 하는 것은 공감을 하는데, 바쁜 일상생활 속에서 시간 내는 것이 생각만큼 쉽지 않습니다.

세 번째, 미국에 살지 않기 때문에 그 주식에 해당하는 기업을 알고 싶어도 한계가 있습니다. 저처럼 미국에서 거주하지 않으면 대부분 여행 및 유학 시절 미국을 체험한 것 외에는 없습니다. 그런데 우리는 미국 기업에 투자하고자 합니다. 그 기업에 대해 알 수 있는 것은 미국 애널리스트들이 작성한 자료인데, 이마저 영어입니다. 그래서 한국어로 읽을 수 있는 누군가의 블로그 및 누군가의 자료에 의존할 수밖에 없는 현실입니다. 그래서 결국은 간접적으로 접한 기업의 주식을 선택하는 한계가 있는 것입니다.

그래서 제가 여러분을 레벨 1에서 레벨 3 투자자로 구분하겠습니다. 이 레벨에 따라서 여러분을 대입하여 투자 전략을 세우고, 투자 전략에 따른 수익 목표를 위해 공부하면 됩니다.

LEVEL	시간 제약	언어 제약	경험 제약	연 수익률 목표
LEVEL 1(L1)	있음	있음	있음	SPX + 10% 이내
LEVEL 2(L2)	있음	노력하겠음	노력하겠음	SPX +> 25%
LEVEL 3(L3)	상관하지 않음	원어민은 아니나, 영어 독해는 문제없음	상관하지 않음 공부하면서 도전하겠음	SPX +> 50%

무리하지 말고, 정확하게 내가 어느 레벨로 들어갈지를 정하기 바랍니다. 이 레벨에 따라 이 책에서 필수적으로 습득해야 할 이론도 다르고, 매매 방법도 다릅니다. 레벨이 높을수록 공부할 것이 많습니다. 다음은 선택한 레벨에 따라 여러분께서 취사선택하여 습득할 내용 및 순서입니다.

L1	L2	L3			
○	○	○	● 필수	○ 선택	

1단계 | 투자 Level 결정 | Level 1, Level 2, Level 3

2단계 | 펀더멘털 분석 | 목적: 최적의 주식 선택

재무제표 분석

L1	L2	L3
●	●	●

재무비율 분석

L1	L2	L3
●	●	●

Beta 이해

L1	L2	L3
●	●	●

주식 선택 방법

L1	L2	L3
●	●	●

3단계 | 시장 흐름 분석 | 목적: 주식시장 투자 적기 및 수익 실현 적기 판단

시장 방향지표

L1	L2	L3
●	●	●

시장 지지지표

L1	L2	L3
●	●	●

시장 반대지표

L1	L2	L3
●	●	●

4단계 | 기술적 분석 | 목적: 개별 주식 최적의 매수·매도 시기

Trendline 이용법

지지선, 저항선

L1	L2	L3
●	●	●

이동평균선

L1	L2	L3
●	●	●

피봇 포인트

L1	L2	L3
○	●	●

피보나치 되돌림

L1	L2	L3
●	●	●

GAP

L1	L2	L3
	○	●

기술적 지표			

주가 움직임 지표			
	L1	L2	L3
RSI	○	●	●
슬로우 스토케스틱		●	●
MACD		●	●
ADX			●

거래량 지표			
	L1	L2	L3
CMF		○	●
OBV			○

변동성 지표			
	L1	L2	L3
ATR		○	●

5단계 | 차트 이용 | 목적: 주가 예측 분석

차트 패턴			
	L1	L2	L3
3의 법칙	○	●	●
채널 패턴		○	●
삼각형 패턴		○	●
더블탑 패턴	●	●	●
헤드앤숄더 패턴		○	●
컵앤핸들 패턴		●	●

6단계	차트 설정	목적: 주가 예측 분석
	일 기준 차트	L1 L2 L3 ● ● ●
	4개 차트 선정	L1 L2 L3 　○ ●
	차트의 고수가 되는 기본법	L1 L2 L3 　　●
	6가지 일(Day) 패턴	L1 L2 L3 　　●
7단계	매수·매도 방법	목적: 투자전략 별 수익 극대화
	시장 흐름 매매	L1 L2 L3 ● ● ●
	Go & Stop	L1 L2 L3 ○ ● ●
	기본 차트 매매법	L1 L2 L3 ○ ● ●
	Laser 1석2조 투자법	L1 L2 L3 　　●

다음 항부터 본격적인 내용으로 들어가기에 앞서, 큰 시각의 축을 설명한 후 가능한 쉽게 이해할 수 있는 펀더멘털 분석, 시장 흐름 분석, 기술적 분석, 차트 패턴 및 설정 방법, 매수·매도 방법에 대해 소개를 하겠습니다.

2단계: 펀더멘털 분석의 목적을 이해하자

시중에서 종종 "펀더멘털을 모르면 주식시장에 투자하지 마라"라는 소리를 듣습니다. 네, 맞습니다. 펀더멘털의 주요 내용은 재무제표 분석입니다. 그런데 여기서 우리가 정확하게 알고 가야 할 것이 있습니다.

재무제표는 그 사용 목적에 따라 분석해야 하는 범위와 찾아야 하는 답이 다른 것을 인지하기 바랍니다. 경영학에서 유일하게 정답이 있는 곳이 회계학입니다. 회계학의 끝은 그 회사의 재무제표로 나오는 숫자이고, 이 숫자가 맞는지 틀린 지를 보는 것이 회계사들의 본업 중 하나인 감사Audit입니다.

주식 투자에 회계 감사 수준의 재무제표 분석은 절대로 필요 없습니다. 회사의 가치 평가 Valuation도 마찬가지입니다. 회사를 하나의 상품으로 사고파는 M&A의 경우에는 그 회사의 절대가치를 평가해야 합니다. 그러면 회사의 적정 가치가 나옵니다. 가치 평가 방법은 상당히 난해하고 어렵습니다. 하지만 재무제표를 기반으로 하는 적정 가치가 M&A에서 취급하는 만큼 필요하지 않습니다.

주식시장에서 재무제표를 분석하는 목적은 단 한 가지입니다. 우리가 선택하려는 주식이 다른 주식에 비해 지니고 있는 경쟁우위*의 유무 여부만 판단하면 됩니다. 이를 위해 몇 가지 지표를 활용하는 방법만 알면 펀더멘털 분석은 충분합니다.

펀더멘털 분석의 목적은 '내 투자 전략에 제일 잘 맞는 주식 선택Stock Screening'입니다. 여기에만 집중하기 바랍니다.

> *** 경쟁우위**
> (Competitive Advantage)
>
> 경영 컨설팅에서 많이 사용되는 개념으로서, 마이클 포터Michael E. Porter가 1985년에 출간한 책 《Competitive Advantage》는 컨설턴트들에게 필독서 중 하나입니다. 쉽게 설명하면, 회사의 모든 면이 경쟁자보다 우수하면 회사가 시장에서 살아남고 결국 최우수 기업이 된다는 이야기입니다.

3단계: 시장 흐름 분석

시장 흐름은 영어로 'Market Trend'입니다. 주식시장에서 가장 중요한 부분입니다.

"시장 흐름은 나의 가장 친한 친구이다Trend is my best friend."

이미 2장 5절에서 소개했습니다. 주식시장은 시장 흐름을 파악하는 법만 알면 절대로 손해 보지 않습니다. 오히려 여러분께서 수익을 아주 많이 만들 수 있습니다. 이 기본적이고 필수적인 시장 흐름을 파악하는 법을 모르기 때문에 일반 투자자들이 우왕좌왕하고 약간의 시장 하락에도 불안한 마음을 떨칠 수 없습니다.

시장 흐름에서는 세 가지 접근 방법을 가시고 종합적으로 판단할 수 있는 능력을 소개할 것입니다. 이 방법은 월스트리트의 대형 펀드 및 전문 투자자들이 보는 방법 중 하나입니다. 레벨에 상관없이 모두 필수적으로 습득해야 합니다.

첫째, 시장 흐름을 확인하는 방법입니다. 상승장과 하락장을 판단하는 법입니다.

둘째는 이 상승장과 하락장의 지지 지표입니다. 시장 지지 지표Market Breadth Indicator를 보고 이 흐름이 얼마나 견고한지를 판단하는 방법입니다.

셋째는 흐름이 확인이 잘 안 되는 경우 시장 흐름 반대 지표Market Contrarian Indicator를 보고 시장의 흐름이 변할지 안 변할지를 판단하는 방법입니다.

두 축 모두 일주일에 한 번 혹은 두 번만 보면 됩니다. 미국 시장이 시작하기 전 한국 시간으로 일요일 혹은 월요일, 가장 변동성이 높은 목요일에 확인하면 됩니다. 이 책을 읽고 나면 확인하는 데 5분도 소요되지 않습니다.

일주일에 한두 번 5~10분가량의 투자가 여러분 투자 자산의 수익 규모를 배가 되도록 바꾸어줄 것입니다.

4단계: 기술적 분석

펀더멘털 분석으로 여러분의 투자 전략에 가장 적합한 주식을 선택을 하고, 시장 흐름을 파악해서 시장 진입 시기를 알았다면 기술적 지표를 이용해서 개별 주식의 최적의 매수 및 매도 시기를 파악하는 것이 기술적 분석입니다.

'기술적Technical'이라는 단어 때문에 또는 새로운 것을 공부해야 한다는 부담감 혹은 한국 주식시장에서 기술적 분석을 하대하는 분위기 때문에 망설이는 것을 잘 알고 있습니다.

제 경우를 이야기하겠습니다. 20년 넘게 재무제표를 분석하고 M&A 한 사람이 왜 주식시장에서 기술적 지표를 참조할까요?

다른 이야기를 하나 더 해보겠습니다. 우리가 매일 보는 다우존스지수를 만든 찰스 다우는 미국의 기술적 분석과 차트 분석의 1세대입니다. 기술적 분석과 차트 분석이 필요 없다면 우리는 찰스 다우가 만든 다우지수도 볼 필요가 없는 것입니다.

또 있습니다. 왜 미국 시장을 전문적으로 분석하는 대부분의 사람들이 차트를 보여주면서 설명을 할까요?

여기에 소개하는 기술적 지표는 제가 기술적 지표에 대해 아무것도 모르는 상태에서 수년에 걸쳐서 30여 권이 넘는 책을 공부하고 실전을 통해 터득한 가장 효과적인 지표들만 소개합니다.

주식시장은 가격의 움직임, 거래량 그리고 변동성, 이 세 가지가 개별 주식의 가격을 결정합니다. 세 축을 다 보면 좋겠지만, 레벨에 따라 구분했습니다.

- 레벨 1은 아주 기본적인 기술적 분석입니다. 어렵지 않고 이해하기도 아주 쉽습니다. 저를 믿고 따라만 오시면 됩니다.
- 레벨 2는 가격 움직임을 필수적으로 습득해야 합니다. 거래량과 변동성은 선택 사항으로 두었습니다. 레벨 2는 레벨 1보다 보아야 할 것이

많지만, 무리가 안 가는 수준에서 정했습니다. 특히 시간적 제약과 언어적 제약이 있으나, 한번 도전해보겠다는 분들을 위해 정한 것입니다.

- 레벨 3는 도전할 것이 많습니다. 한 번 보고 100% 이해하기 어려울 수도 있고, 실전에서도 도전이 있을 것입니다. 하지만 이해를 한 후 두 번의 실적 발표 시기를 경험하면 레벨 3 분들은 뉴욕 맨해튼의 하늘에서 월스트리트를 바라보며 먹이를 찾는 매Hawk가 되어 있을 것입니다. 주식시장을 보는 시각이 근본적으로 달라지는 것입니다.

5단계: 차트 이용

주식 전문가들을 보면 모니터 4개 이상 켜고, 차트를 보면서 매매하는 모습이 많이 나옵니다. 이런 모습들이 부러울 수도 있고, 저들은 도대체 무엇을 보나 하고 궁금해하는 분들도 많을 것입니다. 모두 설명해드리겠습니다.

차트는 주가를 예측할 수 있습니다. 지난 100여 년의 역사 속에서 투자자들의 심리는 대부분 비슷합니다.

대박의 꿈을 꾸고 욕심을 내다가 실패하고, 꾸준한 수익을 올리는 사람이 성공을 하고, 상승장이 오래되면 저축형 투자가 최고라고 언론에서 치하하고, 주식시장이 -30% 이상 하락하면 주식은 위험하니 개인들에게 도박 같은 것이 주식시장이라고 비하합니다.

이탈리아의 폼페이Pompeii는 예수가 태어나기 전의 당시 로마제국의 사회를 그대로 보여줍니다. 그곳을 가면 지금 우리 생활에 있는 모든 것이 다 있습니다. 법원, 경찰, 상점, 음식점, 술집, 극장, 전당포, 부자, 중산층, 소시민 등 지금 우리네가 사는 모습과 시대만 다르고 최신 전자 제품만 없을 뿐 동일합니다. 지금부터 2,000년 전의 사회입니다. 주식시장도 동일한 인간의 역사와 심리의 반복입니다. 아무리 AI 알고리즘이 감정을 없애고 냉정한 거래를 한다 하더라도, 이를 디자인하고 운영하는 것은 사람입니다.

개별 주식의 종류만 다를 뿐, 투자자들의 투자 패턴은 비슷합니다. 주식시장은 10년에 한 번 리세션이 오고 1년에 2번 정도 5% 이상 하락하는 조정이 옵니다. 큰 틀에서 시장은 우상향합니다. 그러면 왜 떨어지는 것 없이 올라가면 되지, 시장이 왜 조정을 받아야 하나요?

주식을 사는 사람과 파는 사람이 있기 때문입니다. 나스닥에서만 하루 거래 대금이 300조가 넘어갑니다. 이 모든 투자자들의 투자를 기록하고 분석하여 주가의 흐름을 분석한 것이 차트 패턴입니다. 그래서 증권사 및 투자회사에 다니는 수많은 분들이 차트를 보고 이 주식이 이제 올라간다, 내려간다 이야기를 하는 것입니다. 그 속에 투자자들의 군중심리가 있기 때문입니다.

레벨 3 분들이라면 차트 패턴을 집중해서 보기 바랍니다. 레벨 1은 '3의 법칙'이라는 기본 룰과 가장 기본이 되는 두 가지 패턴만 알면 충분합니다. 레벨 2는 레벨 1이 알아야 하는 것에 2개 정도를 더 추가합니다. 이 중 하나는 선택입니다.

차트를 설정하는 방법에 있어서 레벨 1은 가장 기본적인 차트 설정만 보여 드립니다. 그 이상 볼 필요는 없습니다. 레벨 2는 5분, 15분, 30분, 일 차트의 네 가지 차트를 이용하는 법까지는 알아야 합니다.

레벨 3는 차트의 고수가 되는 법과 여섯 가지 일 패턴Day Pattern을 숙지해야 합니다. 대부분의 개별 주식이 이 여섯 가지 일 패턴 내에서 움직입니다. 이를 숙지하면 매수 혹은 매도를 결심한 날 가장 최적의 가격에 매매를 할 수 있습니다. 또한 이 6개의 일 패턴이 그다음 날, 그다음 주 및 급작스러운 시장의 변화를 미리 판단할 수도 있습니다. 꼭 숙지하기 바랍니다. 그래야 레벨 3는 3개월(1분기)마다 남들이 1년에 버는 수익률 이상을 창출할 수 있는 능력을 갖출 수 있게 됩니다.

6단계: 매수·매도 방법론

세 가지 매수·매도 방법을 소개할 것입니다.

- 시장 흐름에 의한 매수·매도 방법
- Go & Stop 매매 방법
- Laser 1석2조 매수·매도 방법

레벨 1은 시장 흐름에 의한 매매 방법을 소개합니다. 이를 통해 시장 흐름을 보고 시장 진입과 시장 퇴장 시기를 알 수 있게 해드립니다. 시장 퇴장 시기는 매도를 해야 하는 시기입니다. 처음에는 정말인가 하면서 그냥 보고 있을 것입니다. 개인 투자자들의 본성이기 때문입니다. 그래도 좋습니다. 미국 주식 시장에 1~2년이 아닌 길게 보고 투자할 분들은 처음 1년은 매도 없이 보아도 좋습니다.

제가 소개한 방법이 익숙해지고 믿을 수 있다는 여러분 스스로의 자신감이 붙으면 그때 실행을 해도 충분합니다.

두 번째 방법은 레벨 2와 레벨 3 분들에게 추천하는 방법입니다. 레벨 2는 이 방법을 위해 ATR의 선택 사항을 공부해야 합니다. 특히 하루 가격 움직임의 폭이 넓은 테슬라TSLA, 트레이드 데스크TDD, 핀듀오듀오PDD 등 새로운 모멘텀Momentum을 가진 주식들에 제일 적합한 투자 방법입니다.

세 번째 방법은 레벨 3에 국한합니다. 많은 노력과 경험을 필요로 합니다. 꾸준하게 시장을 보아야 하는 제약이 있지만, 노력만큼 그 이상의 수익을 만들 수 있는 매매 기법입니다.

다시 한 번 이야기하지만, 미국 시장은 정직합니다. 공부한 만큼 수익을 주는 곳입니다. 그런데 공부를 많이 하고 싶어도, 시간과 언어 제약을 극복할 상황이 안 되면 그 상황에 맞추어야 합니다. 물리적 제약을 정신적 자세로 물리치려 하지 않기 바랍니다. 그러면 무리가 따릅니다. 무리를 하지 않아도, 미국 주식시장에서 돈을 많이 벌 수 있습니다.

주식시장 메커니즘

5장 3절의 내용은 주식시장의 메커니즘을 설명한 것입니다. 3장에서 금융시장의 메커니즘을 습득했다면, 개별 주식의 주가를 결정하는 메커니즘은 더 세분화되어 있습니다. [그림 20]은 주식시장의 메커니즘을 한눈에 들어오도록 만들었습니다.

레벨 1에서 레벨 3에 이르기까지 습득해야 할 내용은 차이가 있지만, 이 그림은 항상 기억을 하기 바랍니다. 어떠한 분야가 중요하고 중요하지 않다고 이야기는 못 합니다. 단지 여러분의 레벨에 따라 활용도가 다를 뿐입니다. 여러분께서 레벨에 따라 이를 활용할 줄 아는 것이 중요합니다.

지금까지 여러분께서 감에 의해 혹은 논리적 근거가 부족하게 주식을 선정하고 매매를 했다면, 앞으로는 여러분 스스로 투자에 있어서 논리적 근거가 생기게 됩니다.

그러면 주식 투자가 재미있고 활기차고 불안에 떨지 않고, 내 수익 목표를 항상 생각해서 투자할 수 있습니다. 도움이 많이 될 것입니다.

[그림 20] 주식시장 메커니즘

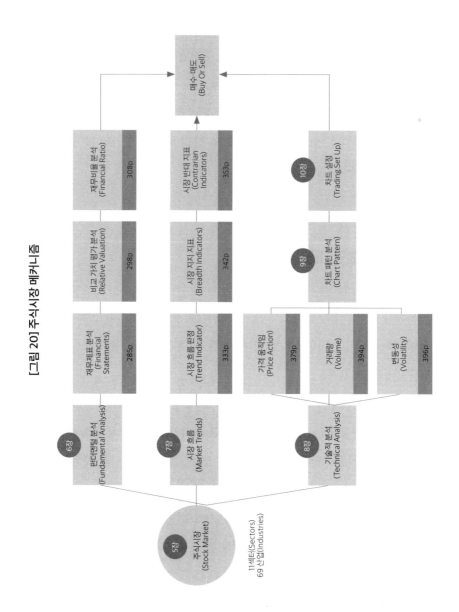

5장
주식시장
(Stock Market)

11섹터(Sectors)
69 산업(Industries)

6장
펀더멘털 분석
(Fundamental Analysis)

재무제표 분석
(Financial
Statements)
285p

비교 가치 평가 분석
(Relative Valuation)
298p

재무비율 분석
(Financial Ratio)
308p

7장
시장 흐름
(Market Trends)

시장 흐름 판정
(Trend Indicator)
333p

시장 지지 지표
(Breadth Indicators)
342p

시장 반대 지표
(Contrarian
Indicators)
353p

8장
기술적 분석
(Technical Analysis)

가격 움직임
(Price Action)
379p

거래량
(Volume)
394p

변동성
(Volatility)
396p

9장
차트 패턴 분석
(Chart Pattern)

10장
차트 설정
(Trading Set Up)

매수·매도
(Buy Or Sell)

270

5장 정리

5장은 여러분이 주식 투자를 하면서 돈을 많이 벌기 위한 목적, 목표, 원칙과 투자 스타일에 대해 이야기를 했으며, 6장부터는 여러분의 레벨에 맞추어 여러분이 무엇을 이 책에서 습득해 실전에서 100% 활용할 수 있는지에 대한 길을 보여드릴 것입니다.

5장 2절까지의 내용은 많은 주식 고수들이 이야기하는 공통적인 내용일 것입니다. 읽기도 쉽고, 생각하기도 쉽고, 마음가짐도 쉽지만, 실제 행동으로 옮기는 데 제일 어려운 부분입니다.

주식시장에서 돈을 벌고 싶은 욕망이 여러분의 이성적 판단을 지배하지 않아야 합니다. 주식시장이 아닌 우리의 일상생활에서도 똑같은 일이 벌어지지 않나요? 그 후회를 주식시장에서 하게 되면 눈 뜨고 코 베어 가는 상황이 연속적으로 발생합니다.

여러분의 소중한 자산을 가능한 많이 불리고, 손해를 없애기 위해서 항상 마음 속에서 생각하고 실천하기 바랍니다.

THE
BIBLE
OF THE
U.S.
STOCK
MARKET
INVESTING

6장

펀더멘털 분석

THE
BIBLE
OF THE
U.S.
STOCK
MARKET
INVESTING

회사의 펀더멘털 분석은 재무제표를 기준으로 합니다. 같은 재무제표를 사용하더라도 일반적으로 회계사들이 보는 재무제표와 M&A를 하기 위한 재무제표 분석, 그리고 경영 컨설팅을 하기 위한 재무제표 분석은 그 목적이 다르기 때문에 해석이 달라질 수 있습니다.

주식시장에서 회사의 재무제표를 분석하는 목적은 세 가지입니다.

- 회사의 수익성을 보고,
- 회사의 자산과 부채의 균형Balance이 잘 이루어져 있는지를 파악하고,
- 다른 회사의 재무제표와 비교하여 회사들의 경쟁우위를 찾아내는 것이 목적입니다.
  - 특히 EPSEarning Per Share(주당 실적)와 P/E RatioPrice/Earnings Ratio(실적 기준 주가 비율)를 보고 다른 주식들과 비교해서 그 주식의 우위를 봅니다.

금융 이론으로 적정 주식 가격은 그 회사의 가치 평가Valuation를 근간으로

합니다. 3장 2절 개념 11에서 설명한 순 현재 가치를 뼈대로 하는 현금할인법이 기업가치 평가의 일반적인 방법으로 사용됩니다.

재무제표Financial Statements는 세 가지로 나누어집니다.

① 대차대조표
② 손익계산서
③ 현금흐름표

미국의 회계법은 GAAPGenerally Accepted Accounting Principle로 한국에서 표준으로 쓰이는 IFRSInternational Financial Reporting Standards와는 차이가 있습니다. IFRS는 유럽식 표준입니다. 유럽식 표준은 연결재무제표를 이용하기 때문에 기업에는 유연성을 주는 장점이 있습니다. 단점으로는 투자자들이 사업의 세세한 부분을 알 수가 없다는 점입니다. 미국은 리먼브러더스 사태 이후 회계 부정의 가능성을 없애기 위해 사베인스-옥슬리법Sarbanes-Oxley Act을 통과시켜 기업들이 분기별로 실적을 세세하게 발표해야 하고 다음 분기의 예상 실적도 발표해야 합니다. 유럽식 표준보다 더 엄격하다고 보아야 합니다.

주식시장을 위한 재무제표는 필요한 것만 확인하면 됩니다. 회계사 정도의 지식을 필요로 하지 않습니다. 제가 M&A와 경영 컨설팅을 한 경험을 바탕으로 주식시장의 회사들을 분석해보니 재무제표를 이용하여 회사 분석을 할 때 중점을 두고 보아야 할 분야는 두 가지입니다.

첫째는 잉여현금Free Cash Flow 창출 능력입니다. 영어로는 'Free Cash Flow(FCF)'라고 합니다. 회사가 운영을 하면서 얼마나 많은 잉여현금FCF(영업을 통해 창출된 현금에서 필요 비용 및 향후 투입되어야 하는 투자비용을 제외한 현금)을 창출할 수 있는지가 아주 중요합니다. 잉여현금 창출 능력이 높으면 이 회사는 성장을 할 확률이 아주 높기 때문입니다. 잉여현금 창출 능력이 뛰어나면 당연히 영업이익과 순이익도 높습니다.

두 번째는 재무적 균형이 얼마나 잘 이루어져 있는지를 보아야 합니다. 저는 이 부분을 가장 중요시합니다.

회계사나 저처럼 M&A 업무를 하면서 오랜 기간 재무제표를 분석해 본 사람들을 제외하고는 대차대조표를 봐도 회사의 상태가 한눈에 안 들어옵니다. 재무제표를 보아도 그 표에 숨어 있는 회사의 약점이 보이지 않습니다.

그럼 어떻게 해야 할까요? 이런 경우 재무적 균형을 파악하는 것이 가장 간단하면서 해석하기도 쉽습니다.

대차대조표는 영어로 'Balance Sheet'입니다. 즉 회사의 균형Balance이 얼마나 잘 이루어져 있는지를 종이Sheet 위에 보여주는 것입니다. 대차대조표를 포함한 한 회사의 재무적 균형을 우리는 재무비율Financial Ratio에서 분석할 수 있습니다. 많은 분들에게 생소할 수 있지만, 가장 객관적으로 여러 회사를 비교할 수 있는 방법입니다. 기업의 재무비율을 보면 유사한 다른 회사들과 비교 분석을 할 수 있고 더 우량한 회사를 선택할 수 있습니다.

펀더멘털 분석을 할 때 당연히 실적도 보아야 합니다. 재무제표는 과거 분기에 일어난 일을 발표하는 것이지 미래의 모습을 보여주는 것은 아닙니다. 과거의 실적만으로는 미래의 성장성을 엿보기 어렵습니다. 그래서 기업이 실적 발표를 할 때 다음 분기의 실적을 예측하여 보여주는 어닝 가이던스Earning Guidance 혹은 포워드 스테잇먼트Forward Statement를 내놓습니다.

펀더멘털 분석의 궁극적 목적은 '무슨 주식을 매수할 것인가What to buy?'입니다. 주식시장에 투자해서 돈을 많이 벌려면 당연히 좋은 주식 혹은 여러분의 투자 목적에 맞는 주식들을 선택해야 합니다. 6,500개가 넘는 주식 중 여러분의 포트폴리오에 5~7개의 주식이 있다면 전체 주식의 0.1%를 선택하는 것입니다. 그러므로 선택을 할 때는 여러 조건을 고려해서 신중하게 골라야 합니다.

6장은 다음의 순서로 진행합니다.

(1) 주식시장에 필요한 재무제표 이해

- 수익성 항목: 매출총이익Gross Profit, 영업이익률Operating Profit, 순이익률Net Profit
- 비교 가치 평가 및 재무비율에 필요한 항목 이해

(2) 비교 가치 평가 항목 이해

- 주가수익비율P/E Ratio, PEG, 가격-판매 비율P/S Ratio, 주가순자산비율P/B Ratio

(3) 재무비율Financial Ratio 평가 항목 이해

- 당좌 비율Liquidity Ratio : Quick Ratio
- 지급여력 비율Solvency Ratio : Debt Ratio
- 경영활동 비율Profitability Ratio : 수익성 항목의 비율(%)

(4) 투자 목적에 따른 세 가지 투자 전략별 주식 선정 기준

특히 세 가지 주식 선정 방법은 다음과 같습니다.

- 제가 추천하는 Laser 성장형 주식 선택 방법Laser Growth Stock Selection
- 실적 위주의 공격적 투자를 위한 두 가지 선택 방법Aggressive Profit-Oriented Stock Selection

- 가치주를 선택하는 두 가지 선택 방법Value Stocks Selection

6장은 지금 현재 여러분께서 재무제표를 전혀 모른다 하더라도 여러분의 투자 목적에 맞추어 펀더멘털 분석의 기준을 정하고, 여러분의 투자 목적에 맞는 주식 리스트들을 찾고, 이 주식들이 지난 1년간 얼마나 수익을 창출했는지를 참조하여 최종적으로 여러분의 투자 목적에 맞는 주식 후보군을 선택하는 방법론을 가르쳐줍니다. 이번 6장이 앞으로 여러분이 주식을 선택하는 데 있어 논리적 근거의 기초가 되기를 바랍니다.

주식시장에 필요한 펀더멘털 분석의 이해

"현금은 왕이다Cash is King."

회사의 경영에서 가장 중요한 것은 회사의 운영Operation을 통해 얼마나 많은 현금을 창출할 수 있는가에 있습니다. 간단하게 논리적으로 풀겠습니다.

회사가 현금을 만들려면,

첫째, 영업이 잘되어야 합니다. 즉 매출이 많이 일어나야 합니다.

둘째, 가능한 비용이 적게 들어야 합니다. 영업을 하는 데 고정적으로 필요한 비용을 고정 비용이라 하고, 마케팅 및 영업 비용, 즉 비고정적인 비용을 가변 비용(변동 비용)이라고 합니다.

셋째, 기업이 수익을 창출하면 법인세를 내는데 그 법인세까지 제외한 비용이 순이익이 됩니다. 그러므로 순이익을 많이 창출할수록 회사는 좋은 회사가 됩니다.

넷째, 그러면 회사는 창출된 이익으로 창출된 현금을 가지고 지속적으로 성장시켜야 합니다. 기업이 올해만 수익을 내고 다음부터는 적자가 된다면 회사 운영에 문제가 생길 것입니다. 성장을 위해서는 투자가 필요합니다. 투자를 하기 위해서는 지금까지 모아둔 잉여현금Free Cash Flow을 이용해서 할 수도 있고, 부족하면 돈을 대출을 받든지 회사채를 발행해서 현금을 조달하든지, 아니면 기존의 주주 및 신규 주주들에게 돈을 더 투자하라고 해야 합니다. 대출은 부채가 되는 것이고, 투자로 받은 자금은 회사의 자본이 되는 것입니다. 이러한 자본을 한국말로는 자기자본, 영어로는 'Shareholders' Equity'라고 합니다. Equity는 주식시장에서 두 가지 의미로 사용됩니다. 첫째는 주식을 전체로 일컬을 때 'Equity'라고 합니다. 그다음 회사의 재무제표 내의 Equity는 '자본'으로 사용됩니다.

다섯째, 부채와 자본은 회사의 운영을 위해서 사용됩니다. 대출을 한 부채는 회사의 공장 부지를 매입했다고 가정하면 그 공장 부지는 회사의 자산이 됩니다. 자산은 영어로 'Asset', 부채는 'Debt'이지만 재무제표에서는 더 넓은 뜻으로 'Liabilities'로 표기하며, 부채에 대해 갚아야 하는 책임을 이야기합니다.

여섯째, 그럼 회사 입장에서는 내 자본(자기자본Equity)과 부채Liabilities로 회사의 운영을 하기 위한 자금원이 됩니다. 이 자금원으로 1년 단위의 회계연도 마지막 날까지 회사의 운영을 통해 남은 현금, 재고, 공장 및 사무실 매입 투자금 등이 이 회사가 가진 자산이 됩니다.

일곱째, 동일한 자금을 이용해서 사용했기 때문에 자산은 자기자본 및 부채의 합과 동일해야 합니다.

여덟째, 자산은 현금도 있을 것이고 재고도 있을 것입니다. 부채도 대출한 돈이 있을 것이고 주어야 할 돈도 있을 것입니다. 자기자본은 자본을 생성할 때마다 현금을 받은 것입니다. 이 현금이 얼마나 있고, 그 현금의 원천이 어디 있는지를 따로 관리해야 합니다. 그래서 회계연도 마지막 일의 회사 통장에 있는 잔고와 이 현금 계산이 동일해야 합니다.

아홉째, 현금 계산을 하면서 현금이 어디에서 창출된 것인지를 구분하게 됩니다. 회사의 영업에서 창출된 현금, 회사가 대출을 해서 받은 현금, 회사가 공장을 20년 전에 매입했는데 국가에서 지역 개발 때문에 이전을 시키면 토지 보상금을 받게 됩니다. 이러한 현금은 투자 활동으로 창출된 현금입니다. 이러한 현금이 어디에서 창출되어 현재 얼마나 있는지를 확인해야 합니다.

이 일련의 과정이 재무제표입니다. (이해가 한 번에 안 되셔도 괜찮습니다. 곧 나오는 재무제표 분석에서 신혼부부 생활에 비유해서 풀어드립니다.)

- 첫째부터 셋째까지는 손익계산서입니다.
- 넷째부터 일곱째까지는 대차대조표입니다.
- 여덟째부터 아홉째까지는 현금흐름표입니다.

우리가 주식을 선정하기 위해 5개의 회사를 비교한다고 하면, 매출이 큰 회사가 좋은 회사라고 단정할 수 없습니다. 회사별로 매출이 다르기 때문에 매출액만 가지고 비교를 하는 것은 오류가 됩니다.

그래서 비교할 수 있는 지표들을 만들고 이들 중 가장 비교성이 객관성이 높은 지표를 찾아냅니다. 이 방법이 '비교 가치 평가'입니다.

이 비교 가치 평가 방법은 두 가지 목적으로 구분됩니다.

- 첫째는 주식시장에서 주가를 기준으로 보는 목적입니다.
- 둘째는 회사 운영 본연의 측면에서 회사 경영의 효율성Management Efficiency 을 측정하는 방법입니다.

주식시장에서 주가를 기준으로 비교를 하는 방법 중 가장 객관적으로 사용하는 비교 지표는 주당순이익EPS: Earnings Per Share과 주가수익비율P/E Ratio입니다.

주당순이익

주당순이익은 주당 얼마의 이익을 창출했는지를 보는 지표입니다.

$$주당순이익 = \frac{순이익}{총\ 주식\ 수}$$

이 지표는 주식 수가 회사별로 다르기 때문에 이를 절대적 기준으로 참조하는 것은 무리가 있습니다. 대신 매 분기별 성장성을 분석하는 데 주로 사용됩니다. 매 분기별 흑자 및 성장성이 좋아서 EPS가 계속 증가하는 회사는 투자자들의 제1투자 후보가 됩니다.

주가수익비율

주가수익비율은 한국에서는 PER라고 표현을 하지만 미국에서는 P/E Ratio가 정식 명칭입니다. P/E Ratio는 '주가 ÷ EPS'를 계산하여 주식 가격이 주당 순이익을 기준으로 값을 구해서 다른 주식들과 비교를 하게 됩니다. 주로 S&P500의 회사들의 전체 평균 P/E Ratio보다 그 값이 높으면 고평가로, 낮으면 저평가로 판단을 하고, 저평가된 기업들을 가치주를 찾는 하나의 기준으로 활용합니다.

P/E Ratio가 높으면 높을수록 그 회사는 고평가되었다고 이야기합니다. 시가총액이 2,000억 달러(약 220조 원)를 넘는 메가주Mega Cap 중 테슬라가 1,263으로 제일 높고, 시가총액 1위인 애플은 35.67입니다.

이렇게 비교를 할 수 있는 지표를 '비교 가치 평가' 지표라고 합니다.

회사 경영의 효율성Management Efficiency을 가지고 회사들을 비교할 때, 재무비율Financial Ratio로 분석을 합니다. 매출의 수치보다는 비율(%)로 변환해서 비교를 합니다.

이 재무비율 분석은 주식시장에서 회사의 펀더멘털 효율성을 측정하기 위한 세 가지 분석 목적으로 사용됩니다.

- 유동성 비율Liquidity Ratio: 채무사로서 1년 이내의 난기 채무(부채)를 갚을 수 있는 능력을 측정합니다. 나중에 설명할 당좌비율Quick Ratio이 여기에 속합니다.
- 지급여력 비율Solvency Ratio: 단기 채무에 장기 채무까지의 모든 채무를 갚을 수 있는 회사의 현금이 충분한지 아닌지를 분석합니다. 'Debt Ratio'과 'Debt To Equity Ratio'를 사용하는데, Debt To Equity Ratio를 더 많이 사용합니다.
- 수익성 비율Profitability Ratio: 매출총이익, 영업이익률, 순이익률이 여기에 속하며, ROE도 여기에 포함됩니다.

정리를 하면 다음과 같습니다.

(1) 재무제표는 회사의 이익을 절대수치(비교를 위한 수치가 아님)로 나타냅니다. 회계 마감일을 기준으로 과거의 실적을 보여주는 표로서
① 자산, 부채, 자기 자본을 정산한 표를 대차대조표Balance Sheet
② 매출, 비용, 순이익을 정산한 표를 손익계산서Income Statement
③ 회사의 현금을 집계하여 정산한 표를 현금흐름표Cash Flow Statement
이상과 같은 세 표를 합쳐서 재무제표라 하며 영어로는 'Financial Statements'라고 합니다.

(2) 이 재무제표에서 나온 순이익ₑₐᵣₙᵢₙ₉ₛ을 현재의 주식 가격과 비교하여 나온 수치를 토대로 다른 주식과 비교할 수 있는 비교 가치 평가 지표가 나오게 됩니다. 순이익은 현금입니다. 현금 창출의 중요성을 보여주는 것입니다.

(3) 재무비율Financial Ratio 분석은 회사 경영의 균형Balance이 잘 잡혀 있는지를 보여줍니다. 수익성, 유동성, 지급여력 비율의 균형이 잘 잡혀있는 회사들이 수익도 높고 성장성도 좋습니다.

이 세 가지 축으로 여러분의 투자 전략에 맞는 주식을 찾아서 투자하는 것입니다. 이것이 펀더멘털 분석의 목적입니다.

재무제표 분석 L1 L2 L3 ● ● ●

경영학을 전공했거나 재무제표 분석이 능숙한 분들은 이 장을 넘어가도 좋습니다. 재무제표의 이해가 어려운 분들만 읽기 바랍니다.

이미 말했듯이 재무제표에는 대차대조표, 손익계산서, 현금흐름표라는 세 가지 표가 있습니다. 재무제표에 대한 이해를 좀 더 쉽게 하기 위해서 신혼부부의 생활을 예로 들어 설명해보겠습니다.

[그림 21] 재무제표

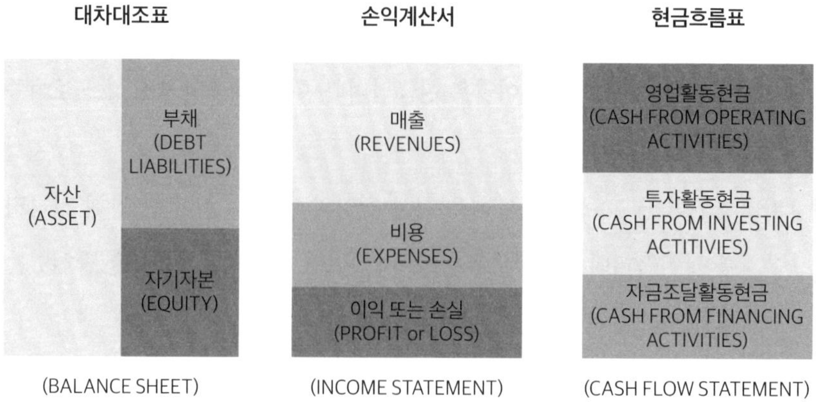

대차대조표	손익계산서	현금흐름표

자산 (ASSET)	부채 (DEBT LIABILITIES)	매출 (REVENUES)	영업활동현금 (CASH FROM OPERATING ACTIVITIES)
	자기자본 (EQUITY)	비용 (EXPENSES)	투자활동현금 (CASH FROM INVESTING ACTITIVIES)
		이익 또는 손실 (PROFIT or LOSS)	자금조달활동현금 (CASH FROM FINANCING ACTIVITIES)
(BALANCE SHEET)		(INCOME STATEMENT)	(CASH FLOW STATEMENT)

대차대조표의 이해   L1 L2 L3 ● ● ●

신혼부부가 새로운 출발을 하게 되었습니다.

대부분 처음에는 각자 싱글일 때 모아둔 저축 등의 자금으로 출발을 합니다. 이 출발금이 신혼부부의 '자기자본'입니다. 그러면 이 자금에서 신혼집을 마련하고, 가구 및 전자 제품을 장만합니다. 이는 자산Asset으로 귀속됩니다. 두 사람이 출발하는 순간 가진 현금, 예금, 주식, 패물 등은 바로 현금화가 가능하기 때문에 현금으로 분류되어 자산에 귀속됩니다. 지인들에게 빌려준 돈 등 확실하게 받을 돈이 있는 경우도 자산으로 귀속됩니다. 신혼부부의 집에 있는 현금 및 생활을 하기 위해 장만한 모든 제품들이 자산에 귀속됩니다.

부채를 보겠습니다. 신혼부부가 신용카드를 사용해 가구를 12개월 할부로 구매했다면 이는 단기 부채가 되는 것이고, 12개월 이상 할부를 했다면 13개월부터의 부채는 장기 부채가 되는 것입니다. 그리고 주택 담보 대출 및 주식을 위해 대출을 받았다면 이는 부채로 귀속됩니다.

자기자본은 신혼부부가 출발할 때 시작한 자본입니다.

가구 및 전자 제품은 시간이 지날수록 중고가 되어서 가격이 하락합니다. 이를 감가상각Depreciation이라고 하는데 시간이 지날수록 자산의 가치가 떨어지기 때문에 이에 대한 하락 가치를 감안해야 합니다.

세월이 지나 부모님께 재산을 상속받거나 혹 로또에라도 당첨되어 자본이 증가할 수 있습니다. 이는 자기자본이 증가하는 것입니다. 이 자금을 현금으로 두거나 집을 넓히면서 이사를 하면 자산이 증가될 것입니다. 만약 늘어난 자본에 대출을 받아서 집을 한 채 더 장만한다면 집은 자산으로, 대출은 부채로 귀속됩니다.

자산은 내가 현재 가진 것이지만, 이 자산을 장만하기 위해 부채와 내 자본을 이용한 것입니다. 이를 집계한 것이 대차대조표입니다.

그럼 이 신혼부부의 대차대조표를 기업의 입장으로 전환하겠습니다.

자산에는,

- 회사의 현금, 현금화 가능 자산, 매출 채권Account Receivable로 구분됩니다.
- 자산 가운데 빌딩, 자동차, 컴퓨터 등 회사의 운영에 필요한 자산은 시간이 갈수록 가치가 하락하기 때문에 여기에 감가상각비를 제외한 장부 가치를 기입합니다. 장부 가치는 실제 중고 가치와는 차이가 있습니다. 실제 중고 가치를 반영하는 것은 전 세계의 회사들에 비효율적이고 균일한 가격이 적용되지 않기 때문에 일정한 비율로 감산을 해줍니다. 예를 들어 공장 기계의 경우 10~15년 동안 균일한 비용을 감산하게 해줍니다.
- 현금화할 수 있는 자산을 유동자산이라고 하며, 이는 영어로 'Current Asset'이라 부릅니다. 일반적으로 1년 이내에 현금화할 수 있는지 없는지를 기준으로 'Current'라는 형용사를 'Asset' 앞에 붙이게 됩니다.

- 재고 자산Inventories은 현금화 자산이 되지만, 악성 재고(재고로 있으나 판매 가 안 되는 상품)의 경우 일정 기간 동안은 장기 자산Long-Term Asset으로 분류를 하다가, 손실을 내고 처리를 하게 됩니다. 이 경우 자산은 줄어들게 됩니다.
- 이러한 방식으로 정산을 하고 남은 자산이 전체 자산Total Asset이 됩니다.

부채에는,

- 미지급금 또는 외상 매입금Account Payable이 있습니다. 예를 들면 하청업체에 물건을 먼저 납품하라고 한 후, 외상 대금을 나중에 지불하는 것을 미지급금이라 합니다.
- 부채 중 1년 이내에 갚아야 하는 돈은 단기 부채Current Liabilities이고 1년 이후에 갚아야 하는 돈은 장기 부채Long-Term Liabilities가 됩니다.

자기 자본에는,

- 초기 자본금Shareholders' Equity
- 증자를 하면서 초기 자본금보다 주당 높은 가격으로 증자를 하는 경우 생기는 초과 자본으로 주식 발행 초과금Paid-In Capital
- 과거의 이익이 계속 적립되어 계산하는 이익잉여금Retained Earning
- 이러한 자본금 항목을 모두 합하면 전체 자기자본으로 영어로는 'Total Shareholders' Equity'라 합니다.

대차대조표는 대변Debit과 차변Credit을 대조하는 의미입니다. 뜻을 영어로 보면 단순히 '대조'하는 의미 이상의 활용도를 찾아낼 수 있습니다.

대차대조표는 영어로 'Balance Sheet'입니다. 'Balance'를 주목하기 바랍니다. 재무제표는 '자산'과 '부채 + 자기자본'의 균형Balance을 표기하는 것입니다. 그리고 균형이 얼마나 잘 이루어져 있는지를 확인하는 것이 재무비율Financial Ratio 분석입니다.

재무비율의 균형이 잘 이루어진 회사는 경영을 잘하는 것입니다. 수익성이 높고 현금을 많이 창출하더라도, 부채비율이 너무 높으면 그 회사는 경제 위기일 때 경영 상태가 갑자기 악화될 가능성이 농후합니다. 그래서 재무비율이 잘 균형을 이룬 회사들이 계속 성장을 하고 잉여현금Free Cash Flow을 많이 창출하고, 상장한 경우는 투자자들이 경영 효율성과 성장성을 높이 평가하여 주가가 계속 오르게 되는 것입니다.

부채와 자기자본의 비율을 보는 것이 부채비율Debt To Equity Ratio입니다. 보통 부채와 자기자본 비율이 2 이하인 회사를 부채를 잘 다루는 회사로 판단합니다.

갑자기 천재지변 및 코로나 바이러스 사태와 같은 급변하는 위기 상황이 와서 회사의 유동성 문제가 생기는 경우, 이를 해결하지 못하면 부도처리를 해야 하는 상황이 올 수 있습니다. 이러한 경우 이를 해결할 수 있는 능력을 보는 것으로 유동비율Current Ratio과 당좌비율Quick Ratio이 있습니다.

자산 및 자기자본 대비 수익을 비교하여 수익성 지표로 사용하는 것에는 총자산순이익률ROA: Return On Assets, 자기자본이익률ROE: Return On Equity이 있습니다. 수익률Yield을 설명할 때 Yield는 '수익'이라 하였고 다른 영어로 'Return'이라고 했습니다. 여기에서 'Return'은 수익으로 보면 됩니다.

주식을 선정하는 데 ROA는 산업 섹터의 특성상 차이가 있어서 이를 모든 산업군에 적용하는 데는 무리가 있습니다. 하지만 ROE는 좋은 비교 지표가 됩니다.

워런 버핏은 오래전부터 다음과 같은 이야기를 해왔습니다.

"ROE가 높은 기업에 주목하라. ROE 15% 이상을 매년 유지할 수 있다면 주요 투자 대상이 될 수 있다."

- 2020년 S&P500의 평균 ROE는 14%이고
- 시가총액 상위 10위 기업들을 보면, 애플 90.60%, 마이크로소프트 42.20%, 아마존 24.50%, 구글 17.30%, 페이스북 20.86%, 알리바바 16.70%, 대만반도체 26.70%, 버크셔 8.90%, 비자카드 37.70%입니다.
- 시총 10위 기업 중 하나인 테슬라는 집계가 현재로는 불가능합니다. 집계가 불가능한 이유는 2년 평균 자기자본 대비 수익을 측정해야 하는데 테슬라의 경우 아직까지는 1년만 수익을 창출했기 때문입니다.

손익계산서의 이해 ^{L1 L2 L3} ● ● ●

손익계산서를 신혼부부의 생활로 비유하면, 생산활동(예: 월급 또는 자영업 등)을 해서 창출하는 돈이 매출이 됩니다. 그리고 이 생산활동을 위해 지불하는 돈이 비용이 됩니다. 매출은 영어로 'Revenue', 비용은 'Expense'라고 합니다.

비용 중 생산활동을 하는 데 필수적인 비용을 영어로 'COGS(Cost of Goods Sold)'라고 합니다. 매출에서 필수 비용을 뺀 이익이 매출총이익_{Gross Profit}이 되는데, 자영업이라 생각하면 인건비 및 영업을 위한 원재료 비용이 COGS에 속합니다.

생산을 위한 필수 비용 외의 마케팅, 가게 월세, 전기료, 보험금 등을 SG&A(Sales, General & Administration) 비용이라고 합니다. 이 비용을 매출총이익에서 뺀 이익이 영업이익입니다. 영어로 'Operating Income'이라고 합니다.

영업이익은 감가상각비도 제외합니다. 이는 생산활동을 위해 투자한 돈을 비용으로 처리하여 법인세를 가능한 적게 내주기 위한 회계 규칙입니다. 그러면 투자가 많이 필요한 회사는 감가상각비가 높아서 영업이익이 줄기 때문에 다른 회사들과의 비교에 있어서 불평등한 면이 생깁니다. 이를 제거하기 위해 비교하는 수익이 EBITDA입니다.

EBITDA는 Earnings Before Interest, Depreciation, and Amortization의 약어입니다. Amortization은 R&D 등 투자는 필요하나 무형의 자산으로 정의되는 자산의 감가상각비입니다. M&A 시 EBITDA는 기업의 순수 영업이익을 판단하는 좋은 지표가 됩니다.

영업이익의 다른 표현은 EBIT(Earnings Before Interest and Tax)로 순수 영업이익을 지칭하는 다른 표현입니다. 신혼부부가 주식 투자를 해서 만들어낸 수익은 부부의 순수 생산활동으로 귀속시키지 않는다고 생각하면 이해가 쉬울 것입니다.

이 영업이익에 세금을 뺀 이익을 순이익Net Income/Net Profit 혹은 순손실Net Loss로 표현합니다. 즉 매월 남은 현금을 1년 단위로 계산한 금액이 순이익(손실)입니다.

손익계산서에서 주식을 선정하는 데 중요하게 보는 것은 매출총이익Gross Profit Margin, 영업이익Operating Profit Margin, 순이익Net Profit Margin입니다. (Profit을 Income으로 혼용해서 사용합니다.)

그러면 [표 4]의 2021년 1월에 발표한 마이크로소프트의 실적 발표 요약

[표 4] 2021년 1월 마이크로소프트 Q2 실적 발표

Q2 Financial Summary

FY21 Q2	(billions, except per share, GM % and OI %)	Growth	CC growth*
Productivity and Business Processes	$13.4	13%	11%
Intelligent Cloud	$14.6	23%	22%
More Personal Computing	$15.1	14%	13%
Revenue	$43.1	17%	15%
Gross margin	$28.9	18%	16%
Gross margin percentage	67%	1 pts	
Operating income	$17.9	29%	26%
Operating income percentage	42%	4 pts	
Net income	$15.5	33%	29%
Diluted earnings per share	$2.03	34%	31%

* See Appendix for reconciliation of GAAP and non-GAAP measures, including constant currency ("CC").
Based on the carrying amount of server and network equipment included in property and equipment, net as of June 30, 2020, the effect of the change in estimated useful life for FY21-Q2 was an increase in operating income of $787 million and net income of $649 million, or $0.09 per diluted share.
All growth comparisons in this presentation relate to corresponding period of last fiscal year unless otherwise noted. Numbers may not foot due to rounding.

[표 5] 시가총액 상위 10위권 회사들의 수익성

	매출총이익	영업이익	순이익	EPS
S&P500 평균	40%	7~8%	2%	32.98
애플	38.80%	25.20%	21.70%	3.70
마이크로소프트	68.40%	39.20%	33.50%	6.71
아마존	40.20%	5.70%	5.00%	34.15
구글	53.60%	20.30%	20.80%	51.75
페이스북	80.60%	38.00%	33.90%	10.09
테슬라	21.00%	–	–	0.63
알리바바	43.30%	16.30%	22.60%	7.53
대만반도체	53.10%	36.70%	34.00%	3.57
버크셔	21.50%	5.60%	14.50%	22,565.36
비자카드	79.30%	67.20%	51.90%	4.55

자료: Finviz.com, 2021년 2월 1일

서를 보겠습니다.

요약Summary이기는 하지만, 우리가 손익계산서에서 볼 수 있는 중요한 내용은 모두 있습니다. 어느 사업에서 매출이 제일 많이 일어났는지 매출 성장성Growth을 볼 수 있습니다. 매출총이익 마진Gross Margin이 67%, 영업이익 마진Operating Income Margin 42%, 당기순이익 마진Net Income Margin이 33%입니다. 마이크로소프트는 재무적으로 아주 훌륭한 회사입니다.

[표 5]에 나온 시가총액 상위 10위권 회사들의 수익성을 보겠습니다.

손익계산서를 기준으로 보는 재무비율은 매출총이익 마진, 영업이익 마진, 당기순이익 마진을 분석하며 이를 수익성Profitability 분석이라고 합니다.

그러면 정식으로 실제 기업 분석에 사용된 손익계산서를 보겠습니다. 다음 페이지의 [표 6]은 제가 10여 년 전 투자와 관련해서 만든 재무제표에서 가지고 온 손익계산서입니다. 현재에서 미래 5년을 예측하여 만드는 예상 재무제표를 영어로 'Financial Pro Forma'라고 합니다. 이 손익계산서 옆에 퍼센트가 나옵니다. 이 비율이 매출총이익 마진(1), EBITDA 마진(2), EBIT 마진(3), 당기순이익 마진(4)입니다.

제조업으로는 좋은 마진이고 아시아권에 위치하는 제조업으로서는 이상적인 재무비율Financial Ratio로 볼 수 있습니다. 유능한 CFO는 이상적인 재무비율을 목표로 회사를 운영합니다. 이 재무비율 분석은 회사 운영의 실질적 경쟁우위 성과를 보여준다고 해도 과언이 아닙니다.

현금흐름표 L1 L2 L3 ●●●

신혼부부가 매월 말일에 현금이 얼마 있는지를 확인하고, 현금이 어디서 유입되고 나가는지를 현금만 고려해서 정산한 표가 현금흐름표입니다.

현금의 유입과 흐름을 세 가지 측면에서 분석합니다.

[표 6] 손익계산서 예시

	FY 01	FY 01 + 1	FY 02 + 2	FY 03 + 3	FY 01+4	FY 01	FY 01+1	FY 02+2	FY 03+3	FY 01+4
Revenue										
Sales	$18,247,906	$103,585,745	$249,849,663	$417,813,114	$520,659,418					
Number of Unit Sold	15,496	86,405	196,457	304,192	350,991					
AVG Unit Price	$1,400	$1,400	$1,512	$1,633	$1,764					
Total Sales	$18,247,906	$103,585,745	$249,849,663	$417,813,114	$520,659,418					
Less Cost of Goods Sold										
Materials	($13,173,085)	($73,451,467)	($178,691,697)	($293,280,633)	($355,316,204)	72.2%	70.9%	71.5%	70.2%	68.2%
Labor	($271,000)	($700,450)	($1,075,990)	($1,955,986)	($1,955,986)	1.5%	0.7%	0.4%	0.5%	0.4%
Total Cost of Goods Sold	($13,444,085)	($74,157,917)	($179,767,687)	($295,236,619)	($357,272,190)	73.7%	71.6%	72.0%	70.7%	68.6%
Gross Profit	$4,803,881	$29,427,828	$70,081,976	$122,576,495	$163,387,229	26.3%	28.4%	28.0%	29.3%	31.4%	←1
SG&A Expenses										
Salaries and wages	($839,600)	($1,210,650)	($1,546,352)	($1,637,408)	($2,179,009)	4.6%	1.2%	0.6%	0.4%	0.4%
Employee benefits	($55,530)	($95,855)	($131,117)	($179,670)	($206,750)	0.3%	0.1%	0.1%	0.0%	0.0%
Rent	$0	($15,400)	($125,840)	($255,552)	($351,384)	0.0%	0.0%	0.1%	0.1%	0.1%
Utilities	($305,959)	($2,071,715)	($4,996,993)	($8,356,262)	($10,413,188)	2.0%	2.0%	2.0%	2.0%	2.0%
Insurance	($182,480)	($1,035,857)	($2,498,497)	($4,178,131)	($5,206,594)	1.0%	1.0%	1.0%	1.0%	1.0%
Marketing/promotion	($552,439)	($3,107,572)	($4,996,993)	($8,356,262)	($10,413,188)	3.0%	3.0%	2.0%	2.0%	2.0%
Professional fees	($38,996)	($207,171)	($499,699)	($835,626)	($1,041,319)	0.2%	0.2%	0.2%	0.2%	0.2%
Traveling	($96,240)	($517,929)	($1,249,248)	($2,089,066)	($2,603,297)	0.5%	0.5%	0.5%	0.5%	0.5%
Bad Debt	($182,480)	($1,035,857)	($2,498,497)	($4,178,131)	($5,206,594)	1.0%	1.0%	1.0%	1.0%	1.0%
Admin Expenses	($369,959)	($2,071,715)	($4,996,993)	($8,356,262)	($10,413,188)	2.0%	2.0%	2.0%	2.0%	2.0%
Miscellaneous	($192,480)	($1,035,857)	($2,498,497)	($4,178,131)	($5,206,594)	1.1%	1.0%	1.0%	1.0%	1.0%
EBITDA	$1,927,719	$17,022,249	$44,043,250	$79,975,993	$110,146,123	10.6%	16.4%	17.6%	19.1%	21.2%	←2
Depreciation	($441,778)	($864,028)	($1,875,558)	($2,054,444)	($2,684,806)	2.4%	0.8%	0.7%	0.5%	0.5%
Amortization	($163,333)	($318,333)	($500,000)	($520,000)	($520,000)	0.9%	0.3%	0.2%	0.1%	0.1%
EBIT (Operating Income)	$1,322,608	$15,839,887	$41,867,694	$77,401,548	$106,941,317	7.2%	15.3%	16.8%	18.5%	20.5%	←3
EBITA	$1,159,274	$15,521,554	$41,367,694	$76,881,548	$106,421,317	6.4%	15.0%	16.6%	18.4%	20.4%
Nonoperating Income (Loss)	($96,386)	($851,112)	($2,202,162)	($3,998,800)	($5,507,306)	0.5%	0.8%	0.9%	1.0%	1.1%
Income (Loss) Before Taxes	$1,226,222	$14,988,775	$39,665,532	$73,402,749	$101,434,011	6.7%	14.5%	15.9%	17.6%	19.5%
Income Taxes	($306,556)	($3,747,194)	($9,916,383)	($18,350,687)	($25,358,503)	1.7%	3.6%	4.0%	4.4%	4.9%
Net Income (Loss)	$919,666	$11,241,581	$29,749,149	$55,052,062	$76,075,508	5.0%	10.9%	11.9%	13.2%	14.6%	←4

첫째는 생산활동의 측면에서 봅니다(영업활동현금흐름Cash from Operating Activities). 신혼부부의 월급 혹은 자영업 순수입이 여기에 해당됩니다. 회사의 측면에서는 본연의 생산 및 영업을 통해 창출된 현금으로, 이 현금이 제일 중요합니다. 본업에서 현금이 창출되지 않으면 어딘가 근본적인 문제가 있거나 혹은 회사가 초기 성장 중에 있다는 등의 현재 상황을 판단할 수 있습니다. 손익계산서의 당기순수익Net Income은 이 부분으로 귀속됩니다.

둘째는 투자활동 부문에서 현금입니다(투자활동현금흐름Cash from Investing Activities). 투자라고 하면, 처음 접하는 분들은 주식과 같은 투자를 생각하지만 그 투자가 아닌, 생산활동을 위한 투자입니다. 예를 들면 신혼부부가 남편은 일반 회사에서 월급을 받고 부인이 가계 생활을 윤택하게 하려고 작은 카페를 운영하기 위해 작은 상가를 인수했습니다. 그런데 갑자기 이 상가가 재개발에 들어간다고 해서 상가 가격이 몇 배가 오르게 된 것이지요. 이 경우 상가를 매각해서 생기는 차익이 투자활동 부분에서 얻는 현금입니다. 회사의 경우는 공장 부지 이전에 따른 매매 차익이 여기에 속합니다.

셋째는 자금조달 활동 현금입니다(재무활동현금흐름Cash from Financing Activities). 이것은 생산활동 측면의 현금으로는 부족한 경우 이용합니다. 신혼부부의 부인이 첫째 아이를 가지게 되었고 태어날 아이를 위해 집을 확장하고자 자금 조달 방법으로 금융권에서 대출을 받았습니다. 이러한 경우의 현금 유입은 자금 조달 활동 현금에 해당됩니다.

주식 분석 및 선정을 위한 현금흐름표에서 제일 중요한 것이 있습니다. 바로 잉여현금FCF: Free Cash Flow인데 영어로는 'Free Cash Flow'입니다. 잉여현금은 생산활동으로 창출된 현금에서 향후 투입되어야 하는 투자 비용을 제외한 현금을 지칭합니다. 신혼부부의 입장에서 월급 또는 자영업으로 창출한 현금에서 투자한 금액(예: 부부 출퇴근 노후 차량 교체 및 컴퓨터 교체 등)을 제외한 자유롭게 사용할 수 있는 현금입니다.

잉여현금Free Cash Flow은 현금흐름표에 직접 나오지 않고 다음 식을 이용해서 계산해야 합니다.

FCF =
생산활동 부분 창출 현금Cash From Operating Activities − CAPEXCapital Expenditure

FCF가 양수이면 이 회사 자체 영업 활동으로 창출되는 현금으로 현재의 사업을 충분히 유지하고 미래에 대한 투자도 할 수 있다는 의미입니다. CAPEX(카펙스)는 Capital Expenditure(투자 비용)의 약자입니다.

회사의 입장에서는 잉여현금Free Cash Flow이 아주 중요합니다. 잉여현금Free Cash Flow 창출 능력이 높으면 이 회사는 향후 지속적인 성장을 할 수 있는 확률이 아주 높기 때문입니다. 잉여현금Free Cash Flow 창출 능력이 뛰어나면 당연히 영업이익과 순이익도 높습니다. 이익이 없으면 잉여현금을 창출할 수 있는 능력이 없기 때문입니다.

잉여현금은 회사에게 성장에 대한 선택의 폭을 넓혀줄 수 있습니다. 기회를 만들 수 있는 방법이 많아집니다. 특히 배당주를 선호하는 분들은 잉여현금Free Cash Flow을 자세히 보아야 합니다. 잉여현금에서 배당금을 할당하기 때문입니다. 또한 잉여현금으로 기업이 자사주 매입Stock Buyback · Share Purchase을 통해 주식 가치를 상승시킬 수도 있습니다.

회사를 평가할 때 FCF를 'The Best Fundamental Indicator(최고의 펀더멘털 지표)'로 부릅니다. 그만큼 FCF가 가진 의미가 높습니다.

제 경험과 판단으로 재무제표는 이 정도만 이해하면 충분하다고 봅니다. 재무제표를 감사Audit할 정도의 수준까지 이해한다고 주식 투자를 잘하는 것은 아닙니다. 그렇다고 재무제표를 이해할 줄 모르고 투자를 하는 것은 투기에 가까운 투자가 될 가능성이 있습니다. 왜냐하면 재무제표는 좋은 주식을 선정하는 첫걸음이기 때문입니다. 그러므로 재무제표의 의미 있는 숫자들만을 이용하여 주식 분석 및 선정에 기준이 되는 방법을 습득하는 것이 더 중요

[표 7] 애플 현금흐름표

	Three Months Ended	
	December 26, 2020	December 28, 2019
Cash, cash equivalents and restricted cash, beginning balances	$ 39,789	$ 50,224
Operating activities:		
Net income	28,755	22,236
Adjustments to reconcile net income to cash generated by operating activities:		
Depreciation and amortization	2,666	2,816
Share-based compensation expense	2,020	1,710
Deferred income tax benefit	(58)	(349)
Other	25	(142)
Changes in operating assets and liabilities:		
Accounts receivable, net	(10,945)	2,015
Inventories	(950)	(28)
Vendor non-trade receivables	(10,194)	3,902
Other current and non-current assets	(3,526)	(7,054)
Accounts payable	21,670	(1,089)
Deferred revenue	1,341	985
Other current and non-current liabilities	7,959	5,514
Cash generated by operating activities	38,763	30,516
Investing activities:		
Purchases of marketable securities	(39,800)	(37,416)
Proceeds from maturities of marketable securities	25,177	19,740
Proceeds from sales of marketable securities	9,344	7,280
Payments for acquisition of property, plant and equipment	(3,500)	(2,107)
Payments made in connection with business acquisitions, net	(9)	(958)
Other	204	(207)
Cash used in investing activities	(8,584)	(13,668)
Financing activities:		
Proceeds from issuance of common stock	—	2
Payments for taxes related to net share settlement of equity awards	(2,861)	(1,379)
Payments for dividends and dividend equivalents	(3,613)	(3,539)
Repurchases of common stock	(24,775)	(20,706)
Proceeds from issuance of term debt, net	—	2,210
Repayments of term debt	(1,000)	(1,000)
Proceeds from/(Repayments of) commercial paper, net	22	(979)
Other	(22)	(16)
Cash used in financing activities	(32,249)	(25,407)
Decrease in cash, cash equivalents and restricted cash	(2,070)	(8,559)
Cash, cash equivalents and restricted cash, ending balances	$ 37,719	$ 41,665
Supplemental cash flow disclosure:		
Cash paid for income taxes, net	$ 1,787	$ 4,393
Cash paid for interest	$ 619	$ 771

합니다.

[표 7]은 애플의 현금흐름표입니다. 지금까지 설명한 내용을 가볍게 확인하는 수준으로 보기 바랍니다.

비교 가치 평가분석   ^{L1 L2 L3} ● ● ●

주식에 입문하는 분들이 주위에서 많이 듣는 이야기가 그 회사의 가치 평가Valuation입니다. 가치 평가 대비 고평가되어 있다, 저평가되어 있다는 이야기를 많이 들으셨을 것입니다. 저 역시 과거 10여 년간 M&A를 하면서 수많은 기업들을 시장에서 평가할 수 있는 방법으로 가치 평가를 했습니다.

M&A에는 기업가치 평가 방법이 아주 유용하게 사용됩니다. 기업을 상품으로 전환하여 매수·매도하기 위한 적정 가격을 산출하는 논리적 근거이기 때문입니다. 하지만 개별 주식의 가치 평가는 기업의 가치 평가 방법의 방법론에서는 동일 선상에 있으나, 그 가치 평가의 실용성에 있어서는 차이가 있습니다. 주식 가치 평가 가격은 매매를 위한 참고용으로만 이용하는 것이 좋습니다. 주식의 가격이 주식 가치 평가 가격을 그대로 반영하는 경우는 그다지 많지 않습니다.

오히려 '이 주식은 기업가치 대비 주식 가격이 높다'는 이야기가 시장에서 돌면, 곧 조정이 올 수도 있다는 시장 투자자들의 심리로 판단하여 하나의 조기 경고 신호로 보면 됩니다.

월스트리트에서 유명한 이야기가 있습니다.

"무슨 문제가 생기기 전까지 주식 가치 평가는 주식 가격과 상관이 없다Valuation doesn't matter until it matters."

이 이야기는 무서운 이야기이지만 시장에서 통용되고 있습니다. 테슬라는

298

기업가치 평가 방법으로는 현재의 주식 가격에 대한 논리적 근거를 만들기가 어렵습니다. 바이오테크Bio-Tech 회사들 중에는 매출도 없이 계속 연구에 투자하고 신약 일정도 5년 넘게 남은 회사들인데도 시가총액은 5조 원이 넘는 회사들이 아주 많습니다.

그래서 이 책에는 여러분께서 좋은 주식을 선정할 수 있는 필수적 가치 평가 방법인 '비교 가치 평가'만 소개를 해드리고, 그 '비교 가치 평가'에서도 가장 중요한 것들만 소개를 하겠습니다.

주식의 가치 평가 방법은 세 가지가 있습니다.

- 절대 가치 평가: 순 현재 가치 평가 방법 등
- 비교 가치 평가: 주가수익비율, 미래 주가수익비율, PEG, 주가순자산비율 등
- 재무제표 가치 평가: EV/Revenue, EV/EBITDA

[그림 22]는 금융시장에서 사용하는 가치 평가 방법입니다.

6장에서는 짙은 색 박스 부분만 설명을 할 것입니다. 나머지 중 일부는 부록을 통해 추가로 설명했는데 필수적인 사항은 아니며, 관심 있는 분들이라면 참고하기 바랍니다. 펀더멘털 분석의 궁극적 목적은 좋은 주식을 선정하는 작업이며, 비교 가치 평가 부분과 EPS, ROE만으로도 충분히 좋은 주식을 찾아서 선택할 수 있습니다.

비교 가치 평가에 들어가기 전에 절대가치 평가에서 필요한 두 가지만 이해를 하면 좋습니다. 순 현재 가치 평가 방법으로 기업의 절대가치를 평가할 때, 잉여현금Free Cash Flow이 분자가 됩니다. 잉여현금을 창출 못 하면, 기업가치 평가가 아주 낮게 나옵니다. 그래서 이 점에서도 잉여현금이 중요한 것입니다.

[그림 22] 가치 평가 방법

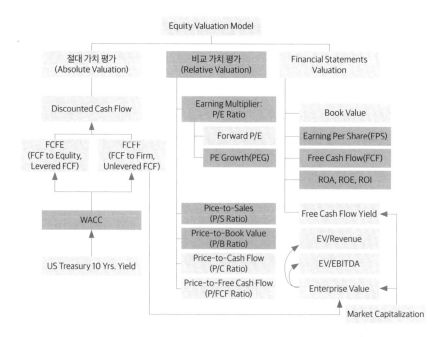

순 현재 가치 방법에서 할인율을 기억할 것입니다(3장 2절 참조). 이 할인율이 기업가치 평가로 오면 가중평균 비용WACC: Weighted Average Cost of Capital이라는 친구가 사용됩니다. 즉 부채의 이자비용과 내 자본(자기자본)의 시장 금리를 부채와 자본의 비율로 계산을 하는 것입니다. 가중평균 비용보다 기업이 돈을 많이 벌면 사업 유지의 정당성이 부여되고, 가중평균 비용보다 낮으면 '기업이 돈을 못 벌면 사업을 접으세요' 하는 의미입니다.

여러분이 주식 투자를 위해 대출을 했고 대출 연이자가 5%라고 가정하면, 무조건 1년 동안 5% 이상 수익을 내야합니다. 이와 동일한 개념입니다.

한 가지 기억해야 하는 부분은, 가중평균 비용WACC에 미국 10년 국채의 수익률(시장 금리)이 사용된다는 점입니다. 미국 10년 국채 수익률이 하락하면 분모의 값이 줄어듭니다. 그러면 절대가치 평가는 자연히 기업가치가 상승

300

하는 평가 결과를 도출하고, 반대의 경우에는 기업가치가 자연스럽게 하락을 하게 됩니다. 이 이야기는 여러 번 했습니다.

그러므로 시장 금리가 낮아지면서 단기 및 중장기 금리의 안정화에 의해 물가가 안정되고, 이를 바탕으로 기업이 미래 투자를 하면서 일자리가 많이 창출되는 연준의 목표가 이루어집니다. 또한 자연스럽게 기업가치가 상승하여 주식 평가 가격도 올라가는 연쇄효과가 발생한다는 점을 다시 한 번 강조합니다.

비교 가치 평가는 기업의 성과를 비교하여 경쟁우위를 판단하는 방법입니다. [그림 22]에서 보듯이 비교 가치 평가지표는 총 7가지가 있는데 여기에서는 4개 지표만 소개합니다. 나머지 지표에 대해 궁금한 분들은 부록을 참고하기 바랍니다.

비교 가치 평가에서 중요한 지표는 3개입니다.

(1) 주가수익비율P/E Ratio(Price/Earnings Ratio)

(2) 주가수익성장비율PEG Ratio(Price/Earnings to Growth Ratio)

(3) 주가순자산비율P/B Ratio(Price/Book Value Ratio)

한 가지를 더 추가한다면, 가치주를 찾는 지표로 주가매출비율Ratio P/S(Price/Sales Ratio)이 사용됩니다.

주가수익비율P/E Ratio

Price-Earnings Ratio라고 하며 미국에서는 대부분 P/E Ratio로 부릅니다. PER라고 한국에서 많이 부르는데 동일 개념입니다. 미국에서 자료를 찾으실 때는 PER로 하면 나오지 않고 P/E Ratio로 해야 관련 자료를 찾을 수 있으니 참조하기 바랍니다.

$$Price/Earnings\ Ratio = \frac{Market\ Price\ per\ Share(1주\ 주식\ 가격)}{Earning\ per\ Share(EPS,\ 주당\ 실적)}$$

예를 들어보겠습니다([표 8]).

시가총액 상위 22개 회사들을 보면 P/E Ratio가 14.47(JP 모건)에서 1,263.58(테슬라)까지 폭이 넓습니다. P/E Ratio가 14.47이면 실적에 비해 14.47배의 가격을 지불하고 주식을 소유하는 것이고, 1,263.58이면 실적에 비해 1,263.58배의 가격을 지불하고 있다는 의미입니다.

시장보다 고평가 및 저평가를 판단할 때는 S&P500의 평균 P/E Ratio와 비교를 합니다.

[표 8] 시가총액 상위 20위권 비교 가치 평가 지표 지수

No.	Ticker	Company	Sector	Market Cap	P/E	Forward P/E	PEG	P/S	P/B
1	AAPL	Apple Inc.	Technology	$ 2,306.30	35.67	28.66	2.43	7.84	33.75
2	MSFT	Microsoft Corporation	Technology	$ 1,802.06	34.55	28.69	2.07	11.76	13.45
3	AMZN	Amazon.com, Inc.	Consumer Cyclical	$ 1,624.49	93.89	70.22	2.86	4.67	19.41
4	GOOG	Alphabet Inc.	Communication Services	$ 1,260.17	35.47	29.77	2.11	7.34	5.84
5	GOOGL	Alphabet Inc.	Communication Services	$ 1,256.82	35.31	29.65	2.1	7.32	5.83
6	FB	Facebook, Inc.	Communication Services	$ 754.80	25.61	19.14	1.19	8.78	5.75
7	TSLA	Tesla, Inc.	Consumer Cyclical	$ 752.19	1263.58	143.13		23.85	46.38
8	BABA	Alibaba Group Holding Limited	Consumer Cyclical	$ 705.52	33.71	20.44	9.71	7.78	5.15
9	TSM	Taiwan Semiconductor Manufacturing	Technology	$ 557.11	34.06	26.59	1.39	11.64	9.87
10	BRK-B	Berkshire Hathaway Inc.	Financial	$ 553.72		20.96		2.23	0
11	BRK-A	Berkshire Hathaway Inc.	Financial	$ 543.68	15.25	21.43		2.21	1.32
12	V	Visa Inc.	Financial	$ 463.30	42.46	28.02	3.07	21.21	12.24
13	JNJ	Johnson & Johnson	Healthcare	$ 445.32	30.2	15.97	5.69	5.39	6.66
14	WMT	Walmart Inc.	Consumer Defensive	$ 406.71	20.28	24.42	2.93	0.74	4.89
15	JPM	JPMorgan Chase & Co.	Financial	$ 396.60	14.47	11.33	11.29	6.15	1.64
16	MA	Mastercard Incorporated	Financial	$ 323.28	49.62	30.52	3.33	21.13	54.63
17	NVDA	NVIDIA Corporation	Technology	$ 323.14	84.9	44.5	3.85	21.87	20.94
18	PG	The Procter & Gamble Company	Consumer Defensive	$ 321.01	24.23	21.17	2.64	4.34	6.71
19	UNH	UnitedHealth Group Incorporated	Healthcare	$ 320.84	20.81	15.81	1.68	1.25	4.86
20	DIS	The Walt Disney Company	Communication Services	$ 311.84		35.37		4.77	3.64
21	HD	The Home Depot, Inc.	Consumer Cyclical	$ 299.35	23.41	21.86	2.74	2.38	189.38
22	PYPL	PayPal Holdings, Inc.	Financial	$ 278.62	88.49	51.59	3.85	13.73	14.86

자료: https://www.multpl.com/s-p-500-pe-ratio

해당 주식의 P/E Ratio가 S&P500보다 높으면 시장 대비 고평가로 이야기하고, 반대의 경우는 저평가로 이야기합니다. 2021년 2월 5일 S&P500의 P/E Ratio는 40.93이며, 평균Mean 값은 15.88이고 중간Median 값은 14.84입니다. 현재의 P/E Ratio는 지난 12개월 기준이고, 평균과 중간값은 1880년부터의 자료를 통계치로 낸 가격입니다.

P/E Ratio의 자료를 찾다 보면 TTM이라는 단어가 뒤에 붙는 경우가 있습니다. Trailing Twelve Months인데 지난 12개월의 자료라는 의미로, 이 TTM이 없어도 P/E Ratio는 지난 12개월 자료를 기준으로 계산했다는 의미입니다.

P/E Ratio의 단점은 과거의 실적을 기준으로 판단을 하는 것이기 때문에 미래에 대한 성장성을 보여주는 지표로는 부족하다는 것입니다.

주가수익성장비율PEG Ratio

P/E Ratio의 단점을 보완해서 보는 비교 가치 평가 지표로는,

- Forward P/E Ratio
- PEG

가 있습니다. Forward P/E Ratio는 기업이 발표하는 다음 분기 실적 예상치를 이용하나, 기업이 '깜짝 실적Earnings Surprise'을 위해 보수적으로 발표하는 경우가 대부분이어서 시장에서는 PEG를 더 많이 신뢰합니다. PEG는 P/E to Growth Ratio로, P/E Ratio를 EPS Growth Rate의 평균 성장률로 나누어서 나온 값입니다.

$$PEG = \frac{P/E\ Ratio}{EPS\ Growth\ Rate}$$

EPS Growth Rate은 지난 12개월의 EPS 성장률과 다음 1년, 3년, 5년 치를 예상하여 이를 평균 성장률로 환산하여 계산합니다. 야후 파이낸스 는 5년치 성장률을 보고, 대부분은 1년 정도의 성장률을 이용합니다. EPS Growth Rate은 기업 및 애널리스트들이 발표한 자료를 기준으로 계산합니 다. 우리는 값만 찾아서 활용하면 됩니다.

A주식의 현재 P/E Ratio가 35이고 EPS 성장률이 10%였다고 가정한다 면 PEG는 3.5가 됩니다(35 ÷ 10 = 3.5, 분모에 10%라고 해서 0.1을 사용하는 것이 아 닌 %를 제외한 10을 사용함).

PEG 값은 1을 기준으로 1 이상이면 고평가되었고 1 이하이면 저평가된 주식으로 봅니다. PEG 값이 적을수록 좋습니다.

PEG를 1 이하의 주식들을 찾으면 6,500개에서 200개 회사가 나옵니다. 2021년 2월 현재 시장이 강한 회복세를 거쳐 상승장이 지속되는 경우, PEG 1 이하의 주식 중 여러분의 눈에 익은 주식은 골드만삭스Goldman Sachs, 페덱스 FedEx, 이베이eBay 정도입니다. (실제로 책을 쓰던 2021년 2월부터 책이 발간되는 6월까 지 골드만삭스는 34%, 페덱스는 29%, 이베이 24.7%가 상승했습니다.)

그래서 PEG를 단독으로 사용하는 경우보다는 P/E Ratio와 같이 사용 하면 좋은 주식을 선정할 수 있습니다. 이는 P/E Ratio가 S&P500의 P/E Ratio보다 높다고 무조건 고평가되었다는 기존의 해석을 주식시장의 현실 에 맞도록 교정해줍니다.

- P/E Ratio가 높아도, PEG가 낮으면 성장 가능성이 높은 주식으로,
- P/E Ratio가 낮아도, PEG가 높으면 성장 가능성이 낮은 주식으로 판

[표 8] 시가총액 상위 20위권 비교 가치 평가 지표 지수

No.	Ticker	Company	Sector	Market Cap	P/E	Forward P/E	PEG	P/S	P/B
1	AAPL	Apple Inc.	Technology	$ 2,306.30	35.67	28.66	2.43	7.84	33.75
2	MSFT	Microsoft Corporation	Technology	$ 1,802.06	34.55	28.69	2.07	11.76	13.45
3	AMZN	Amazon.com, Inc.	Consumer Cyclical	$ 1,624.49	93.89	70.22	2.86	4.67	19.41
4	GOOG	Alphabet Inc.	Communication Services	$ 1,260.17	35.47	29.77	2.11	7.34	5.84
5	GOOGL	Alphabet Inc.	Communication Services	$ 1,256.82	35.31	29.65	2.1	7.32	5.83
6	FB	Facebook, Inc.	Communication Services	$ 754.80	25.61	19.14	1.19	8.78	5.75
7	TSLA	Tesla, Inc.	Consumer Cyclical	$ 752.19	1263.58	143.13		23.85	46.38
8	BABA	Alibaba Group Holding Limited	Consumer Cyclical	$ 705.52	33.71	20.44	9.71	7.78	5.15
9	TSM	Taiwan Semiconductor Manufacturing	Technology	$ 557.11	34.06	26.59	1.39	11.64	9.87
10	BRK-B	Berkshire Hathaway Inc.	Financial	$ 553.72		20.96		2.23	0
11	BRK-A	Berkshire Hathaway Inc.	Financial	$ 543.68	15.25	21.43		2.21	1.32
12	V	Visa Inc.	Financial	$ 463.30	42.46	28.02	3.07	21.21	12.24
13	JNJ	Johnson & Johnson	Healthcare	$ 445.32	30.2	15.97	5.69	5.39	6.66
14	WMT	Walmart Inc.	Consumer Defensive	$ 406.71	20.28	24.42	2.93	0.74	4.89
15	JPM	JPMorgan Chase & Co.	Financial	$ 396.60	14.47	11.33	11.29	6.15	1.64
16	MA	Mastercard Incorporated	Financial	$ 323.28	49.62	30.52	3.33	21.13	54.63
17	NVDA	NVIDIA Corporation	Technology	$ 323.14	84.9	44.5	3.85	21.87	20.94
18	PG	The Procter & Gamble Company	Consumer Defensive	$ 321.01	24.23	21.17	2.64	4.34	6.71
19	UNH	UnitedHealth Group Incorporated	Healthcare	$ 320.84	20.81	15.81	1.68	1.25	4.86
20	DIS	The Walt Disney Company	Communication Services	$ 311.84		35.37		4.77	3.64
21	HD	The Home Depot, Inc.	Consumer Cyclical	$ 299.35	23.41	21.86	2.74	2.38	189.38
22	PYPL	PayPal Holdings, Inc.	Financial	$ 278.62	88.49	51.59	3.85	13.73	14.86

자료: https://www.multpl.com/s-p-500-pe-ratio

단을 할 수 있습니다.

[표 8]을 다시 한 번 보겠습니다.

시가총액 상위 20위권의 주식들 중 다음 3개의 주식이 저평가되었다고
판단할 수 있습니다.

- P/E Ratio가 S&P500 P/E Ratio(40)보다 작은 회사들입니다. 13개의 회
  사를 찾을 수 있습니다.
- AAPL, MSFT, GOOG, FB, BABA, TSM, BRK-A, JNJ, JPM, MA,
  PG, UNH, HD (여러분, 이 13개 회사가 S&P500의 평균 P/E보다 낮은 것에 놀라
  셨죠? 그만큼 다른 주식들이 상당히 고평가되었다는 이야기입니다.)
  – PEG가 1보다 적은 회사들: 없음

- PEG가 1.5보다 적은 회사들: FBFacebook, TSM

- PEG가 2보다 적은 회사들: UNH

• 그러므로 P/E Ratio와 PEG를 이용하는 경우 FB, TSM, UNH가 투자
후보로 판단할 수 있습니다.

PEG는 많은 정보를 우리에게 전달합니다. P/E Ratio의 한계인 미래 성장
성에 대한 한계를 PEG가 보완을 해주기 때문에 실제로 시장에서는 PEG가
P/E Ratio보다 더 좋은 지표로 판단합니다. 특히 P/E Ratio와 PEG를 같이
사용하면 여러분께서 더 좋은 주식을 찾는 데 많은 도움을 줍니다.

주가순자산비율P/B Ratio

Book Value는 한국말로 '장부가치'라 하며 보통 주주의 가치Common Stock
Shareholder's Value입니다. Book Value는 두 가지 방법으로 산출합니다. '총자산
– 부채'로 계산을 하거나 '자기자본 – 우선주 자본' 식으로 계산을 하는 두
가지 방법이 있습니다. 식을 외울 필요는 없습니다. 그냥 보기만 하세요. 저런
식을 이용한 계산은 애널리스트들 및 서비스 제공업체들이 다 해줍니다. 우
리는 저 값을 활용하기만 하면 됩니다.

$$P/B\ Ratio = \frac{Market\ Price\ per\ Share(주식\ 가격)}{Book\ Value\ per\ Share(주당\ 장부\ 가격)}$$

$$Book\ Value\ per\ Share = \frac{Total\ Shareholder's\ Equity\text{-}Preferred\ Equity}{Total\ Number\ of\ Shares}$$

이 지표는 장부가격 대비 몇 배로 주식시장에서 거래가 되는지를 분석하
는 것입니다.

306

예를 들어보겠습니다. S&P500의 P/B Ratio가 4.04(2021년 2월 1일 기준)입니다. 이는 S&P500의 500여 개의 기업들이 장부가격 대비 4.04배로 주식이 팔리고 있다는 의미입니다.

P/B Ratio는 저평가된 가치주를 찾을 때 주로 사용되며, ROE Return on Equity와 같이 사용하면 그 효과가 배가됩니다.

- 고평가 주식: 낮은 ROE, 높은 P/B Ratio
- 저평가 주식: 높은 ROE, 낮은 P/B Ratio

P/B Ratio의 값이 어느 정도가 되어야 좋은 수치라고 정해진 것은 없습니다. 통상적으로는 1.0 이하이면 좋은 수치라고 하고 '가치주' 투자자들은 3.0 이하를 선호합니다. ROE는 보통의 경우 15~20%가 좋은 수치입니다.

(이 조건에 어떠한 회사들이 있고, 지난 12개월간의 주식 성과에 대해서는 부록에 정리했으므로 참조하기 바랍니다.)

주가매출비율 P/S Ratio

$$P/S\ Ratio = \frac{Market\ Price\ per\ Share(주식\ 가격)}{Sales\ per\ Share(주당\ 매출)}$$

매출 대비 주식 평가를 보는 지표로 '가치주'를 찾을 때 사용합니다. P/S Ratio는 매출은 있으나 수익이 없는 업체를 찾을 때 유용하게 사용됩니다. 수익이 없으니 P/E Ratio를 구할 수가 없습니다. 그래서 P/S Ratio를 이용합니다. 즉 창업 초창기 회사들 중 가치주를 찾을 때 사용되는 것입니다. 혹시 아나요? 제2의 테슬라, 아마존을 찾을 가능성도 있습니다.

우선은 이 네 가지 지표만을 이해하기 바랍니다. 특히 P/E Ratio와 PEG는 제일 중요합니다. 다른 지표들은 잊어먹는다고 하더라도 P/E Ratio와 PEG는 항상 기억하기 바랍니다.

[표 4](292쪽)의 짙은 색 박스 중 재무제표 가치 평가의 EPS, FCF는 이미 소개했으며, ROE는 부분으로 설명했는데 다음 장에서 좀 더 보완하여 설명하도록 하겠습니다.

재무비율Financial Ratio 분석 ^{L1 L2 L3} ●●●

이 책을 읽는 분들 가운데 미래에 CFO가 되고 싶은 분들은 이 재무비율Financial Ratio을 꼭 기억하기 바랍니다. 1997년 IMF 사태 이후 대한민국의 기업들은 경영 컨설팅을 엄청나게 받았습니다. 이 중 회계의 투명성을 위한 ERP, 장기 경영 목표 달성을 위한 균형성과표Balanced Scorecard, 결점이 없게 만드는 6시그마Six Sigma, 요즘에도 많이 사용하는 KPI가 1990년대 후반부터 나온 것입니다.

이 모든 컨설팅의 목표는 한 가지입니다. 회사가 모든 면에서 균형이 잘 이루어져서 개선을 하고 혁신을 하고 성장을 하는 것입니다.

재무적인 측면에서는 재무비율이 이를 담당합니다. M&A에서 기업가치 평가를 통한 인수 및 판매 가격도 중요하지만, 최소 10조 원이 넘어가는 매수 대금을 지불할 때는 그 회사의 보이지 않는 면을 세세히 분석해야 합니다. 그 회사를 분석하는 출발점이 바로 재무비율입니다. 이 재무비율만 잘 분석하면 그 회사가 성장성이 좋은 회사인지 문제가 많은 회사인지 충분히 판단할 수 있습니다.

그러므로 재무비율을 토대로 하여 회사의 경쟁우위와 균형 잡힌 경영 상

[그림 23] 재무비율

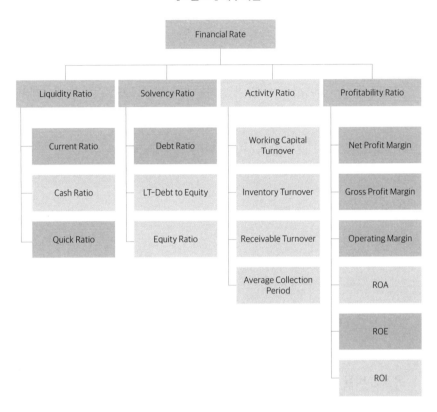

태를 판단하면 좋은 회사를 여러분의 투자 목적에 따라 발굴할 수 있습니다.

이것이 옥석 고르기Stock Screening입니다. 그냥 떠도는 소리 및 검증 안 된 뉴스를 보고 주식을 찾는 것이 아닌, 철저한 분석을 통한 주식을 선정하는 것입니다. 좋은 회사는 수익도 많이 내고 장기 보유하면 애플과 아마존의 신화를 이룰 수도 있습니다. 남들이 못 하는 주식 선정 방법을 여러분은 이 책을 통해 가지게 되는 것입니다.

[그림 23]은 재무비율의 기본적인 이해도입니다.

CFO가 되려는 분들은 위의 비율Ratio뿐만이 아닌, 더 많은 재무비율을 공부해야 합니다. 저는 대학원 시절 한 학기 동안 엄청 공부했습니다. 도움이 많이 될 것입니다.

그러나 주식시장에서 돈을 많이 벌려는 우리는 저 모든 것이 아닌 3개의 분야에서 7가지 비율 지표만을 볼 것입니다. 이미 4개는 설명을 한 것입니다. 그러므로 딱 3개의 지표만 습득하면 됩니다. 간단합니다.

(1) 유동성 비율Liquidity Ratio

(2) 지급여력 비율Solvency Ratio

(3) 수익성 비율Profitability Ratio

그럼 보겠습니다. 아주 간단합니다. 편하게 읽으면 됩니다.

유동성 비율

유동성 비율Liquidity Ratio은 채무자로서 기업이 현재의 부채Current Liabilities를 갚을 수 있는 능력을 평가하는 것입니다. 돈을 갚으려면 돈이 있어야 합니다. 당장 현금화해서 갚을 능력을 보는 것이라 외부에서 자금을 조달할 능력이 있다고 하더라도 이 부분은 제외하고 평가합니다.

자산Asset과 부채Liabilities에 'Current(현재)'라는 형용사가 붙으면 1년 이내에 현금화할 수 있는 자산과 갚아야 하는 부채를 이야기합니다. 유동비율Current Ratio과 당좌비율Quick Ratio을 주로 봅니다.

유동비율

$$유동비율 = \frac{유동\ 자산(Current\ Assets)}{유동\ 부채(Current\ Liablities)}$$

단기 유동성 능력을 평가합니다. S&P500에 속한 회사들의 중간값Median
이 1.5~2.1입니다. 보통의 경우 1.2~2 정도면 좋다고 평가합니다.

당좌비율

$$당좌비율 = \frac{현금+단기\ 매출\ 채권(Cash + Current\ AR)}{유동\ 부채(Current\ Liablities)}$$

유동비율보다 보수적으로 단기 유동성 능력을 평가합니다. 영어 단어만
보더라도 'Current'는 현재이고 'Quick'은 아주 빠른 의미이니 아주 단기
적 능력을 평가하게 됩니다.

단기적 평가이니, 현금 및 현금성 자산과 단기 매출채권만이 안정적이고
빠르게 현금화를 할 수 있습니다. 재고의 경우는 악성 재고도 있을 수도 있어,
당좌비율에는 제외합니다.

당좌비율에는 특이한 다른 명칭인 산성 시험 비율Acid-Test Ratio도 있지만 별
로 중요하지 않습니다. S&P500의 평균은 1.2~1.6 정도이고 1.35 이상이면
좋은 수치로 판단을 합니다.

[표 9]를 보기 바랍니다. 시총 상위 20위권 회사들의 유동비율과 당좌비
율을 보면 1.2 이상을 못 맞추는 회사는 아마존 하나입니다. 당좌비율을 보
면 1.2 이하의 회사들은 아마존Amazon, 월마트Walmart, P&G, 홈데포Home Depot
가 있습니다.

[표 9] 시총 20위권 유동비율과 당좌비율

No.	Ticker	Company	Sector	Market Cap	P/E	PEG	P/B	Current Ratio	Quick Ratio
1	AAPL	Apple Inc.	Technology	$2,306.30	35.67	2.43	33.75	1.2	1.1
2	MSFT	Microsoft Corporation	Technology	$1,802.06	34.55	2.07	13.45	2.6	2.5
3	AMZN	Amazon.com, Inc.	Consumer Cyclical	$1,624.49	93.89	2.86	19.41	1.1	0.9
4	GOOG	Alphabet Inc.	Communication Services	$1,260.17	35.47	2.11	5.84		
5	GOOGL	Alphabet Inc.	Communication Services	$1,256.82	35.31	2.10	5.83	3.4	3.4
6	FB	Facebook, Inc.	Communication Services	$ 754.80	25.61	1.19	5.75	5.1	5.1
7	TSLA	Tesla, Inc.	Consumer Cyclical	$ 752.19	1263.58		46.38	1.6	1.3
8	BABA	Alibaba Group Holding Limited	Consumer Cyclical	$ 705.52	33.71	9.71	5.15	2	2
9	TSM	Taiwan Semiconductor Manufacturing	Technology	$ 557.11	34.06	1.39	9.87	1.8	1.6
10	BRK-B	Berkshire Hathaway Inc.	Financial	$ 553.72			0		
11	BRK-A	Berkshire Hathaway Inc.	Financial	$ 543.68	15.25		1.32		
12	V	Visa Inc.	Financial	$ 463.30	42.46	3.07	12.24	1.9	1.9
13	JNJ	Johnson & Johnson	Healthcare	$ 445.32	30.2	5.69	6.66	1.5	1.2
14	WMT	Walmart Inc.	Consumer Defensive	$ 406.71	20.28	2.93	4.89	0.8	0.2
15	JPM	JPMorgan Chase & Co.	Financial	$ 396.60	14.47	11.29	1.64		
16	MA	Mastercard Incorporated	Financial	$ 323.28	49.62	3.33	54.63	1.9	1.9
17	NVDA	NVIDIA Corporation	Technology	$ 323.14	84.9	3.85	20.94	3.9	3.5
18	PG	The Procter & Gamble Company	Consumer Defensive	$ 321.01	24.23	2.64	6.71	0.8	0.6
19	UNH	UnitedHealth Group Incorporated	Healthcare	$ 320.84	20.81	1.68	4.86		
20	DIS	The Walt Disney Company	Communication Services	$ 311.84			3.64	1.3	1.3
21	HD	The Home Depot, Inc.	Consumer Cyclical	$ 299.35	23.41	2.74	189.38	1.4	0.7
22	PYPL	PayPal Holdings, Inc.	Financial	$ 278.62	88.49	3.85	14.86	1.4	1.4

유동비율과 당좌비율의 2개만 가지고 판단을 한다면 구글, 페이스북, 엔비디아NVIDIA가 유동성 비율에 있어서는 기준을 맞추는 회사로 판단할 수 있습니다.

지급여력 비율

유동성 비율은 단기 부채를 갚을 수 있는 능력이고, 지급여력 비율은 장단기 부채를 포함한 모든 부채를 갚을 수 있는 회사의 현금흐름Cash Flow이 충분한지를 평가하는 것입니다. 부채비율Debt to Equity, Debt/Equity, Long-Term Debt/Equity, 부채율Debt Ratio · Equity Ratio, 배당지급배율Dividend Payout Ratio이 있습니다. 우리는 단 한 가지만 봅니다.

그 한 가지는 부채비율입니다.

$$부채비율 = \frac{총부채(Total\ Liabiliites)}{총자기자본(Total\ Equity)}$$

상식적으로 부채비율이 낮으면 좋다고 평가를 할 수 있지만, 회사의 경영적 측면에서는 시장 금리가 낮은 경우 부채가 증가하기도 합니다. 낮은 금리를 이용하여 회사 투자에 도움을 주는 전략도 있습니다.

일반적으로 1~1.5 정도면 좋은 상태이고, 제조업 같은 경우는 2 이하도 무방합니다. 부채비율이 2 이상의 주식인 경우 주식 선정에 있어서 제외를 하는 것이 좋습니다.

수익성 비율

앞에서 설명한 매출총이익, 영업이익률, NI 마진과 ROE가 여기에 속합니다.

- 매출총이익 > 40%
- 영업이익률 > 30%
- NI 마진 > 8%

위의 기준이 좋은 주식을 선정하는 기준이 됩니다.

가치주를 찾거나 성장성이 높은 주식을 찾는 경우,

- 매출총이익 > 35%
- 영업이익률 > 8%
- NI 마진 > 0% (수익 창출)

로 비율을 조정하기도 합니다.

펀더멘털 분석이 마무리되었습니다. 간단하지요? 재무제표도 상세한 분석이 필요 없으며, 단지 12개 지표만 알면 됩니다. 12개가 무엇인지 숙제입니다. 지금 방금 다 습득한 것들입니다.

베타 L1 L2 L3 ● ● ●

12개 지표로 끝나면 아쉬울 것 같아서 하나 더 추가합니다. 베타Beta, β는

Beta > 1	이론적으로 시장 평균보다 변동성이 높으니 유의하라는 의미.
Beta = 1	시장 평균과 동일하니 시장 움직임과 별반 차이가 없다는 의미.
Beta < 1	시장 평균보다 낮으니 안정적인 회사라는 의미.
Beta < 0	시장과 반대로 움직이니 투자에 고려를 하지 말라는 의미.

주식을 선정할 때 변동성을 보는 지표입니다.

베타는 금융Finance에서 개별 주식의 변동성을 전체 시장과 비교한 수치입니다. 베타값은 개별 주식 펀더멘털 섹션에 보면 대부분 이 값을 보여줍니다. 베타값은 다음과 같은 의미를 부여합니다.

이론적 평가와 실제 매매에는 해석을 좀 다르게 볼 수 있는 것이 베타가 1 이상인 경우 변동성이 시장보다 높은 리스크는 있지만, 그만큼 높은 수익도 기대할 수 있다는 의미로 해석이 가능합니다. 주식을 선택할 때 1 이하가 제일 안전한 주식이고 1.2~1.4 이하면 선택권에 들어옵니다.

애플이 1.27, 마이크로소프트가 0.84, 아마존이 1.15입니다. 테슬라는 2.11입니다. 시총 상위 20위권의 주식들은 대부분 1.2 미만입니다.

내 투자 목적에 적합한 주식 고르기 L1 L2 L3 ● ● ●

개인 투자자에게 매수·매도 시점을 찾는 것도 쉽지 않지만, 더 어려운 것은 좋은 주식을 찾는 방법론입니다. 연차보고서Annual Report 등을 읽으면서 사업을 이해할 수도 있지만, 그렇다고 6,500개가 넘는 주식을 다 읽을 수도 없습니다.

미국의 저명한 애널리스트들의 의견 혹은 미국 주식 유튜브 및 씨킹알파Seeking Alpha 등의 유료 서비스를 이용해서 찾을 수도 있지만, 미국 주식시장에서 10년 이상 투자를 하려면 좋은 주식을 남들보다 빨리, 가능한 낮은 주가에 찾아야 합니다. 이것이 바로 여러분이 '아메리칸 드림'을 이룰 수 있는 최선의 방법입니다.

앞에서 이야기한 '내가 원하는 숲(섹터)에 들어가서 내 마음에 드는 뿌리 깊은 나무(주식)를 찾는 것'이 미국 주식시장에서 매일매일 기회를 발굴하는 첫 단계입니다.

소개해드리는 주식 선택은 여러분이 모두 생각하는 세 가지입니다.

- 제가 추천하는 Laser 성장형 주식 선택 방법Laser Growth Stock Selection
- 실적 위주의 공격적 투자를 위한 두 가지 선택 방법Laser Aggressive Profit-
  Oriented Stock Selection
- 가치주를 선택하는 두 가지 선택 방법Laser Value Stocks Selection

성장형 주식 선택 방법 L1 L2 L3 ● ● ●

성장형 주식은 시가총액 기준으로 세 가지 분류 방법을 사용합니다. 우선
공통적 조건을 열거하겠습니다.

- P/E Ratio는 0 이상, 즉 수익을 내는 주식들을 대상으로,
- Forward P/E Ratio는 S&P500의 평균 P/E Ratio가 21.8인데 이보다 작
  은 15를 기준으로 15 이상을 조건으로 둡니다.
  - Forward P/E Ratio는 P/E Ratio보다 작으면 향후 성장으로 봅니다.
  - S&P500 미래 주가수익비율은 구글에서 찾으면 나옵니다.
- EPS 성장과 매출 성장은 매 분기별 10% 이상 성장하는 회사를 조건으
  로 찾습니다.
- 가격은 50달러 이상의 주식에서 찾습니다.
- 기관 보유량Institution Ownership은 50% 이상을 주어야 기관들이 관심 있어
  하는 주식을 찾을 수 있습니다.
- 평균 거래량은 20만 주 이상을 조건으로 합니다.

개별 조건으로는 시가총액과 베타 기준으로 구분합니다.

- 메가주Mega Cap(2,000억 달러 이상) + Beta 1.5 이하

- 대형주Large Cap(100억~2,000억 달러) + Beta 1.5 이하

- 중형주Medium Cap(20억~100억 달러) + Beta 2 이하

시가총액	P/E	FWD P/E	EPS 성장 (분기별)	매출성장 (분기별)	가격	평균 거래량	Beta	12개월	주식 수
메가주 (>2,000억 달러)	>0 Profitable	>15	>10%	>10%	>$50	>200K	1.5 이하	65.71%	10
대형주 (100억~ 2,000억 달러)	>0 Profitable	>15	>10%	>10%	>$50	>200K	1.5 이하	53.62%	78
중형주 (20억~ 100억 달러)	>0 Profitable	>15	>10%	>10%	>$50	>200K	2 이하	86.51%	48

두 번째와 세 번째 주식 수가 78개, 48개로 너무 많이 나옵니다. 이때 여러분께서 써야 하는 지표가 PEG와 ROE입니다.

시가총액	P/E	FWD P/E	EPS 성장 (분기별)	매출 성장 (분기별)	가격	평균 거래량	Beta	PEG	ROE	12개월	주식 수
대형주 (100억~ 2,000억 달러)	>0 Profitable	>15	>10%	>10%	>$50	>200K	1.5 이하			53.62%	78
대형주 (100억~ 2,000억 달러)	>0 Profitable	>15	>10%	>10%	>$50	>200K	1.5 이하	2 이하	15% 이상	62.60%	17
중형주 (20억~ 100억 달러)	>0 Profitable	>15	>10%	>10%	>$50	>200K	2 이하			86.51%	48
중형주 (20억~ 100억 달러)	>0 Profitable	>15	>10%	>10%	>$50	>200K	2 이하	2 이하	15% 이상	111.7%	9

이 방법을 영어로 제 블로그 이름을 섞어서 'Laser Growth Stock Selection'이라 지었습니다.

실적 위주의 공격적 투자 주식 선택 방법 ● ● ●

제 블로그에서 몇 번 이야기를 했지만, 주식 중 가장 성장성이 좋은 가격대가 60~80달러 사이입니다. 이 정도 범위에 실적이 적자에서 흑자로 변환하고 지속적으로 두 분기 정도의 실적이 좋으면 주식 가격이 140달러는 쉽게 넘고 200달러를 넘보는 주식들이 많습니다. 룰루레몬LULU, 핀듀오듀오PDD, 데이터독DDOG, 스퀘어SQ 등이 여기에 해당합니다.

이러한 주식들은 중형주(20억~100억 달러)에 많이 위치해 있습니다. 실적이 좋아지는 것에 집중을 하는 주식들이기 때문에 공격적인 수익 위주Aggressive Profit-Oriented 주식 선정 방법입니다.

이 주식들을 선택하는 법을 보여드리겠습니다.

턴어라운드 어닝즈 포커스(Turnaround Earnings Focus)

- 중형주
- 금년 EPS 성장률: 5% 이상
- 후년 EPS 성장률: 10% 이상
- 향후 5년 EPS 성장률: 10% 이상
- 매출총이익: 35% 이상
- 당좌비율Quick Ratio: 1.5 이하
- 부채비율: 2.0 이하
- 평균 거래량: 200K 이상
- 가격: 40달러 이상

시가총액	EPS 성장 (금년)	EPS 성장 (후년)	EPS 성장 (향후 5년)	Gross Margin	Quick Ratio	평균 거래량	가격	12개월 수익률	주식 수
중형주 (20억~ 100억 달러)	5% 이상	10% 이상	10% 이상	35% 이상	1.5 이하	200K 이상	$40 이상	103.80%	9

이 전략에 있는 주식들은 지난 12개월간 103.80% 성장을 했습니다. 이 투자 전략은 기업이 구조조정 혹은 성장의 전환기를 맞이하는 기업들, 즉 턴어라운드Turnaround 기업들을 찾기에 적합한 전략입니다. 당좌비율이 1.5 이상이 보통의 경우 바람직하지만, 턴어라운드하는 기업들은 우수한 기업들보다 부채가 좀 많습니다. 그러므로 턴어라운드를 하면서 경영 실적을 호전적으로 만드는 그 과정에 있는 기업들입니다.

리스크가 있을 수 있다면, 한 가지 조건을 더 주면 됩니다.

- ROE > 15%

시가총액	EPS 성장 (금년)	EPS 성장 (후년)	EPS 성장 (향후 5년)	Gross Margin	Quick Ratio	ROE	평균 거래량	가격	12개월 수익률	주식 수
중형주 (20억~ 100억 달러)	5% 이상	10% 이상	10% 이상	35% 이상	1.5 이하	>15%	200K 이상	$40 이상	489.22%	2

기업 수가 2개로 줄어들고 지난 12개월 수익률도 경이적인 489.22%를 이루는 기업들을 찾을 수 있습니다.

2개의 기업은 RH(Restore House라는 중저가 가구 판매업에서 유럽 고가 가구로 변신한 업체)로서 워런 버핏도 보유한 주식입니다. 두 번째 회사는 APPSDigital Turbine으로 삼성, 버라이즌Verizon, AT&T, 우버Uber 등 핸드폰 사용자에게 제일 잘 맞는 앱과 광고를 찾아주는 회사입니다. 지난 1년간 1,163.34% 성장한 회사입니다.

주식 선정 과정은 6,500개 기업 중 우리에게 잘 알려지지 않은 기업들을 찾는 작업입니다. 갯벌에서 최고의 진주를 찾는 과정으로 생각하면 됩니다.

다음 주식 선택 전략은 어닝즈 브레이크아웃Earnings Breakout입니다. 지난 12개월 동안 적자를 기록하다가 흑자로 돌아서는 기업들을 찾아서 공격적으로 투자를 하는 전략입니다.

어닝즈 브레이크아웃(Earnings Breakout)

- 대형주 이상
- 지난 5년간 EPS 성장률: < 0 Negative(적자)
- 금년 EPS 성장률: > 0 Positive(수익)
- 후년 EPS 성장률: 5% 이상
- 부채비율: 1 이하
- 매출총이익: 20% 이상
- 기관 보유율Institution Ownership: 30% 이상
- 가격: 30달러 이상
- 섹터: 소비자 주기Consumer Cyclical, 통신 서비스Communication Service, 테크놀로지Technology

시가총액	EPS 성장 (지난 5년)	EPS 성장 (금년)	EPS 성장 (후년)	Gross Margin	부채 비율	기관 소유	평균 거래량	가격	12개월 수익률	주식 수
대형주 이상 (>100억 달러)	<0 적자	>0 흑자 전환	>5%	20% 이상	1 이하	30% 이상	200K 이상	$30 이상	103.80%	4

4개의 기업들은 테슬라, 우버, CMG(치폴레), WDC_{Western Digital Company}(SSD 제조업체)가 있습니다. 치폴레의 경우 2017년 매장에서 노로바이러스 감염 소식이 일어나서 당시 500달러대 주가가 50% 이상 하락한 회사였으나, 새로운 CEO의 영입과 함께 잘 극복해서 현재는 주가가 1,400달러대입니다.

이런 기업들의 실적Earnings이 흑자로 전환되고 2분기 이상 흑자가 지속되면 시장에서 기관들의 매수세가 들어오면서 주식은 성장하게 됩니다.

가치 주식 선택 방법 L1 L2 L3 ● ● ●

가치 주식을 선택하기에 앞서서 두 가지 유념을 할 것은 리스크와 인내성입니다. '가치'라는 단어는 경영 컨설팅부터 모든 경영활동에 제일 많이 사용되는 단어입니다. 글을 쓰는 현재 SK하이닉스의 성과급PS: Profit Sharing의 기준이 되는 경제적 부가가치EVA: Economic Value Added를 철회한다는 이야기를 기사를 통해 듣습니다. EVA는 기업 경영에 있어서 아주 훌륭한 지표인데 직원들의 반감이 있는 것 같습니다. 이렇게 '가치'라는 이름이 원래 의미와는 달리 실제 생활에 다르게 나타날 수 있습니다. 주식시장도 동일합니다.

가치 주식이라는 이름으로 시장 저평가된 주식을 찾는데, 여기에 함정이 하나 있습니다. 아무 기준으로나 저평가된 기업을 찾는 경우 아주 오랜 기간 고전을 하게 됩니다. 즉 시장이 외면한 주식을 선택할 가능성이 있습니다. 그러므로 이 가치 주식 선택 방법은 여러분의 포트폴리오에 5% 이상은 담지 말기 바랍니다. 이 주식들이 성장을 하는 경우 더 매수를 하더라도 2020년 이후 많은 자금이 유입된 상태에서도 시장보다 평가가 안 좋은 회사들은 가치주식일지, 아니면 시장에서 외면한 주식일지를 잘 판단해야 합니다.

제가 가치주를 선택할 때 제일 효과가 좋았던 방법 한 가지를 소개하겠습니다.

S&P500의 지표들과 비교를 하는 것이지만, 최근 1년의 지표가 아닌 미국 주식시장이 개장한 후 기록이 있는 시점부터 중간값Median을 사용합니다. 중간값과 평균의 차이는 평균은 편차가 크다는 것입니다. 중간값은 가장 많은 주식들이 위치한 값입니다. 네이버 및 다음에 보면 중학교 수학에 설명이 잘되어 있습니다.

중간값은 multpl.com에 나옵니다.

가치 주식 선택 조건을 보여드리겠습니다.

- 주가수익비율P/E Ratio: 25 이하(S&P500 역사적 P/E Ratio 중간값은 15입니다. 여기에 10을 더합니다.)
- 주가매출비율P/S Ratio: 2 이하
- 주가장부가치비율P/B Value: 3 이하
- 당좌비율Quick Ratio: 1.5 이하
- 부채비율Debt to Equity: 1.6 이하
- 매출총이익Gross Margin: 20% 이상
- 거래량: 200K 이상
- 가격: 5달러 이상

시가총액	P/E	PEG	P/S	P/B	ROE	Quick Ratio	부채 비율	Gross Margin	거래량	가격	12개월 수익률	주식 수
	25 이하	2 이하	2 이하	3 이하	10% 이상	1.5 이상	1.6 이하	20% 이상	20만 이상	$5 이상	41.67%	10

한 가지 당부하고 싶은 이야기는 가치 주식은 시장이 강한 상승장에서는 가능한 선택하지 말라는 것입니다. 이렇게 좋은 상승장에서는 가치주보다는 공격적 수익 주식이 여러분의 자산을 많이 불려줍니다.

Finviz.com을 이용하여 주식 선택하는 방법

제가 주식 선택 전략을 소개하면서 주식 수만 보여드리고 어떤 주식이 있는지는 몇 개의 주식을 제외하고는 이야기를 하지 않았습니다. 이유는 여러분께서 직접 조건을 넣고 찾아보는 재미를 느끼게 해드리고 싶어서입니다.

트레이더 사이에서 제일 좋은 평가를 받는 사이트는 Finviz.com입니다. 무료로도 사용 가능하고, 유료의 경우는 월 39.50달러입니다.

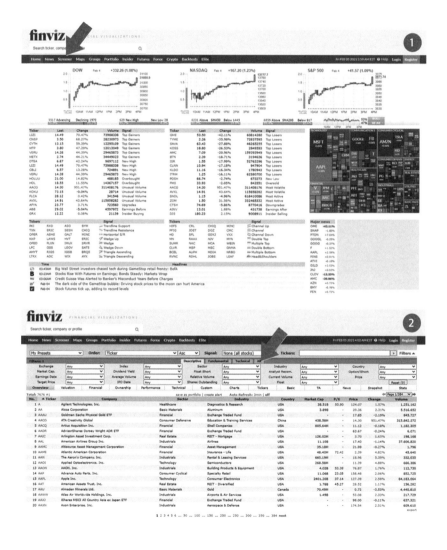

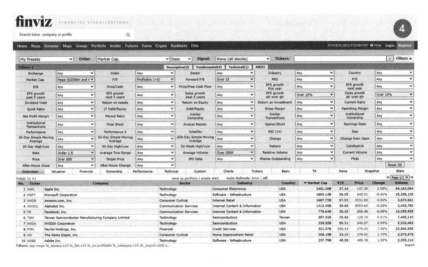

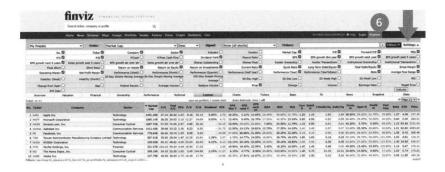

우선 Finviz.com을 들어가면 그림과 같은 화면이 나옵니다.⑥

시장 정보를 한눈에 볼 수 있습니다. 먼저 그림 상단의 메뉴바에서 'Screener'를 누르기 바랍니다.

그러면 조건을 넣은 칸이 보이면서 'All'이라는 탭이 보이니 이를 누르기 바랍니다.②

그러면 저 박스 안의 각 칸에 여러분께서 제가 소개한 전략에 따라 조건을 넣으면 그 주식들 리스트가 밑에 나오게 됩니다.③ 이를 각자 원하는 정보를 맞춤화해서 볼 수 있는 것이 'Custom'이고 지난 12개월 동안의 주식 성과 및 각종 정보를 볼 수 있는 곳이 'Stat'입니다.

마지막 장의 포트폴리오 구성에서 이야기를 하겠지만, 제일 처음에 소개한 'Laser Growth Stock Selection' 포트에서 50% 담기를 추천하기 때문에 이 조건을 넣어보겠습니다.

가능한 여러분도 책을 읽으면서 컴퓨터를 통해 같이 해보기 바랍니다.

그림 ④와 같은 결과가 나옵니다. 9개 주식으로는 애플, 마이크로소프트, 아마존, 구글, 페이스북, 대만반도체, 엔비디아, 페이팔, 홈디포, 어도비가 나옵니다.

실제 시가총액 기준 상위 20위의 회사들입니다. 비교를 한번 해보기 바랍니다.⑤

이 결과를 'Custom'으로 들어가면, 여러분께서 보고 싶어 하는 지표들과 같이 비교할 수 있습니다.(❻)

그리고 'Stats'을 누르면 그림과 같은 정보가 나옵니다. 'Stats'은 유료 서비스 사용자에게만 나옵니다.

Selected stocks vs. SPY

S&P500	90%	P/E	41.38	EPS this Y	15.72%	Perf Week	3.06%
Market Cap	9955.12B	Fwd P/E	32.96	EPS next Y	15.09%	Perf Month	7.49%
Dividend	0.47%	PEG	2.08	EPS next 5Y	19.93%	Perf Quart	17.78%
Recom	1.85	P/S	7.81	EPS past 5Y	38.62%	Perf Half	19.12%
Rel Volume	17.69	P/B	13.48	Sales past 5Y	14.82%	Perf Year	54.37%
Avg Volume	195.47M	P/C	18.32	Float Short	0.61%	Perf YTD	6.58%
Volume	172.94M	P/FCF	47.62	Short Ratio	1.11	Change	0.96%

그러면 9개 주식들의 지난 12개월의 주식 성과 및 관련된 자료들이 하단에 같이 나옵니다.

유료 서비스를 사용하고 말고는 여러분의 판단입니다. 저는 좋은 유료 사이트는 구독을 하며 꽤 많은 돈을 월 사용료로 지불합니다. 이 사용료보다 몇 배 수익을 내는 데 도움을 준다면 그 돈이 저에게 좋은 투자가 된다고 생각합니다.

6장 정리

6장 펀더멘털 분석은 레벨에 상관없이 숙지해야 합니다. 겨우 13개의 지표들을 봅니다. 그 13개의 지표는 우리가 투자자로서 미국 주식시장에 있는 많은 사람들보다 우리 스스로 경쟁우위를 가지기 위한 능력을 소개했습니다.

지금까지 내가 이름을 들어본 회사의 주식, 남들이 추천하는 주식, 인터넷에서 떠도는 소리에 의해 주식을 선택했다면, 이제는 여러분 스스로 주식을 분석하고 선택하는 능력이 생기는 것입니다.

이제 시장 흐름, 기술적 지표, 차트 분석 등 여러분에게 익숙하지 않은 내용이 소개됩니다. 만약 7장부터 내용이 어렵거나 이해가 어렵고 주식 매수·매도 시기를 잡기 어려우면 5장에서 멈추어도 좋습니다.

좋은 주식은 여러분께 좋은 결과로 보답을 할 것이기 때문입니다. 제 개인적으로 욕심을 내자면, 레벨 1 분들에게는 새로운 시도일 수 있겠지만, 먼저 7장에 도전한 다음 이동평균선 50일, 200일, 일 기준 차트, 그리고 10장 시장 흐름에 의한 매매 시기 결정에 도전해보기 바랍니다.

감히 장담하는데, 여러분께서 지금 생각하는 것의 열 배 이상 여러분의 주식 인생에 큰 도움을 받을 것입니다.

다음 7장부터는 문어체에서 구어체로 전환을 합니다. 7장에서 9장까지는 내용이 딱딱해서 여러분께서 길을 잃을 가능성이 많습니다. 그래서 가능한 잘 따라오게 문체를 바꾸겠습니다. 재미있게 읽으면서, 모두들 잘 따라오기를 바라겠습니다.

THE
BIBLE
OF THE
U.S.
STOCK
MARKET
INVESTING

7장

시장 흐름 분석

우리가 주식시장에 투자할 때 종종 전문가들이 신문 혹은 인터뷰를 통해 "곧 조정이 옵니다" 하거나 "지금 상승장입니다"라고 이야기하는 것을 보면, 저분들은 어떻게 이 모든 것을 다 알까 하고 생각한 적 없었나요? 무슨 초능력이 있어서 세상일을 훤히 뚫어 보는 것도 아닌데요.

미국 시장의 전문가들이 영어로 시장이 이렇다 저렇다 이야기하면 참 궁금하시죠? 아무리 많은 전문가들이 "시장 흐름Market Trend이 나의 최고의 친구가 되어야 해Trend is my best friend"라고 해도, 우리는 시장 흐름과 친구가 되고 싶은데 그 친구가 우리를 안 좋아하면 우정을 쌓기 쉽지 않습니다.

도대체 주식시장 전문가들은 무엇을 보고 이야기할까 하고 많이들 궁금해하셨을 것입니다. 제가 7장에서 그 모든 비밀을 풀어드리겠습니다.

주식시장은 세 가지 방향입니다. 상승, 하락, 보합. 영어로는 'Bullish, Bearish, Sidewalk'입니다. 이 시장 흐름을 판단하고 확인하는 세 단계가 있습니다. 잘 습득해보기 바랍니다.

첫째, 제가 시장 흐름을 판단하는 방법을 우선 설명합니다. 월스트리트의 많은 펀드 및 대형 기관들이 참조하는 방법과 자료를 바탕으로 제가 좀 걸러서 여러분께 소개하는 것입니다.

둘째, 이 시장 흐름이 견고한지 아닌지를 보는 것이 시장 지지 지표입니다. 'Market Breadth Indicator'가 영어의 정식 이름이고 보통 8개 정도를 보는데 개인 투자자 분들은 4개 정도 보면 충분합니다. 어렵지 않은 지표들입니다.

셋째, 시장 흐름을 결정하기 애매한 경우가 있습니다. 이 경우에 보는 것이 시장 반대 지표입니다. 시장이 상승 같아 보이나, 시장 반대 지표의 지수가 강하면 시장의 흐름이 변할 수 있는 가능성이 높다는 것을 이야기해줍니다.

시장 흐름에서 상승, 하락, 보합 장을 판단하는 데는 차트를 이용합니다. 이 방법이 제일 무난하고 제일 잘 맞습니다. 레벨 1의 경우 차트 활용이 어려울 수도 있으나, 제가 하나씩 설명을 하니 따라오기만 하면 됩니다.

보물을 발견하러 비밀의 성으로 들어가는데, 너무 쉬울 리는 없을 것입니다. 그렇다고 난이도가 너무 높은 것들은 제 손에서 먼저 제거하고 레벨에 상관없이 가장 필요한 것들만 가지고 설명을 해드리겠습니다.

01 시장 흐름 판정 방법

　시장 흐름을 보는 여러 가지 이유 가운데 첫 번째는 누구보다 먼저 위기를 파악하고 이를 통해 상승장에서 큰 하락장으로 가기 전에 빨리 매도하여 자산을 지키기 위함입니다. 두 번째 이유는 기회를 다른 사람들보다 빨리 잡는 것입니다. 하락장에서 상승장으로 넘어갈 때 6장의 주식 찾는 법에서 여러분의 투자 전략에 의거해 선택한 주식들을 가능한 낮은 가격으로 매수할 수 있습니다.

　자, 그럼 제가 시장 흐름을 판단하는 비밀의 차트를 먼저 보여드리겠습니다.

　[차트 18]은 아주 간단한 차트입니다. S&P500의 지수 SPX에 2개의 선과 하나의 기술 지표입니다. 이 차트에는 2개의 그래프가 있습니다. 이들의 역할을 보겠습니다.

　[차트 19]의 상단 그래프는 시장 흐름의 변화를 제일 먼저 파악하는 곳입니다. 검정선이 S&P500의 지수인 SPX의 가격입니다. 그리고 비슷하게 움직이는 2개의 선이 있습니다.

[차트 18] 시장 흐름 판단 차트

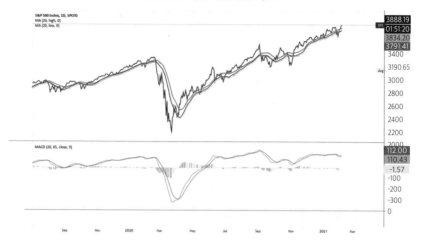

[차트 19] 시장 흐름 차트

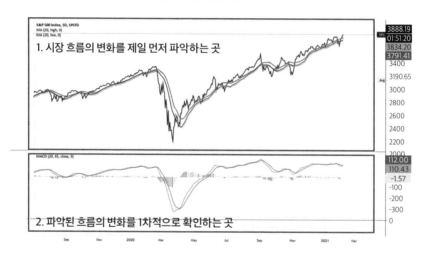

- S&P500의 지수가 파란색 선 밑으로 내려가려는 접점부터 우리는 '상승 흐름이 무너질 가능성이 있는 지점'으로 잠정적인 판단을 합니다.

- 반대로 S&P500의 지수가 빨간색 선 위로 올라가는 접점부터 '하락 흐름을 마무리하고 상승 흐름으로 전환되는 가능성이 있는 지점'으로 잠

정적 판단을 합니다.

이 흐름의 변화를 1차적으로 확인하는 곳이 [차트 20]의 그래프입니다.
이 그래프는 MACD라고 부르는 기술적 지표입니다. 이 MACD의 선들을 이
용해서 시장 흐름의 변화를 1차적으로 확인하는 작업을 진행하게 됩니다.
(MACD는 곧 설명합니다.)
레벨 1 분들을 위해 조금 더 큰 그림으로 설명을 하겠습니다.

1단계: 상승 및 하락 흐름이 전환될 가능성이 있는 지점 파악

- 상승 흐름이 무너질 가능성이 있는 곳 (❶)
  - S&P500 지수(SPX)의 가격선이 위의 선과 접점이 되는 순간부터는
    상승세가 무너질 가능성이 있는 지점이 됩니다.

[차트 20] 시장 흐름 가격 차트 - 가격 부분

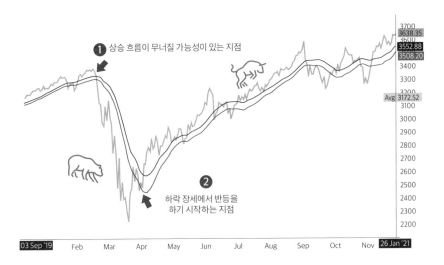

- [차트 20]에서 이해를 돕기 위해 ❶만 표기했지만, S&P500 지수 (SPX)가 위의 선과 만날 때마다 상승 흐름이 무너질 가능성이 있는 지점이 됩니다.
- 하락 흐름이 반등되어 상승 흐름으로 전환될 가능성이 있는 곳(❷)
  - S&P500 지수의 가격선이 아래의 선을 뚫고 올라가려는 점이 반등을 하려는 지점이 됩니다.
  - 매번 S&P500 지수가 아래 선을 뚫고 올라가려고 할 때마다 하락 흐름에서 상승 흐름으로 전환을 시도하는 지점이 됩니다.
- 상승 흐름 및 하락 흐름 유지
  - S&P500의 가격선이 위의 선 위에서 황소가 놀고 있으면 '상승 흐름'입니다.
  - S&P500의 가격선이 아래 선 밑에서 곰에게 짓눌려 지내고 있으면 '하락 흐름'입니다.

[차트 21] 시장 흐름 MACD

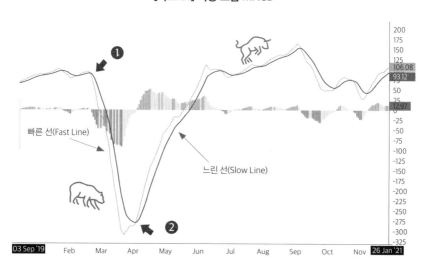

그러면 ❶과 ❷의 접점에서 흐름을 확인하는 방법을 보겠습니다. 이 확인을 MACD 지표Moving Average Convergence Divergence를 통해 1차로 확인을 해야 합니다. (MACD는 8장에 설명합니다. 레벨 1은 활용 방법만 습득하면 됩니다.)

2단계: 상승 흐름 및 하락 흐름의 가능성을 흐름의 전환으로 확인시켜주는
단계

- 이 MACD에는 2개의 선이 있습니다.
  - 빠르게 움직이는 빠른 선Fast Line과 느린 선Slow Line이 있습니다.
  - 느린 선이 기준이 되어서 빠른 선이 느린 선 위에 있다가 느린 선과 접점을 이룬 후, 하락을 하면 '상승 흐름이 무너지는 가능성이 있는 지점'을 '상승 흐름이 무너지기 시작하는 점'으로 확인을 해주게 됩니다.
  - 하락 흐름에서 상승 흐름은 반대로 빠른 선이 느린 선 위로 올라가게 되면 '하락 흐름을 마무리하고 상승 흐름으로 전화되는 가능성'에서

[차트 22] 시장 흐름 확인 차트 1

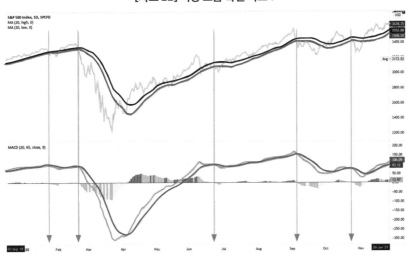

'상승 흐름을 시작하는 지점'으로 확인을 해주게 됩니다.

- 확인 작업에는 1단계와 2단계의 현상이 동시에 일어나야 합니다.

그럼 2개의 그래프를 하나의 차트로 보면서 확인 작업을 해보겠습니다.

상승 흐름에서 하락 흐름으로 전환이 시작되는 점은 2개의 그래프가 '동시'에 상승 흐름이 무너지는 현상이 일어나는 지점입니다.

레벨 1에서 레벨 3까지는 저 상승 흐름에서 하락 흐름을 판단해서 어느 지점에서 매수 및 매도를 할 것인지가 그 수준에 맞는 매매 전략을 선택하는 것입니다. 그럼 이 부분을 S&P500 지수 기준으로 하락을 했는지 보겠습니다.

- 1의 지점은 접점 대비 −1.69% 하락을 했습니다.
- 2의 지점은 접점 대비 −33.25% 하락을 했습니다.
- 3의 지점은 접점 대비 −4.43% 하락을 했습니다.

[차트 23] 시장 흐름 확인 차트 2

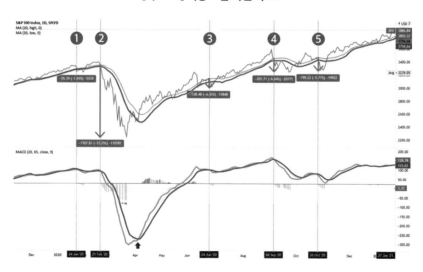

- 4의 지점은 접점 대비 −6.04% 하락을 했습니다.
- 5의 지점은 접점 대비 −5.77% 하락을 했습니다.

그럼 "저 지점에서 매도를 해야 하나요?" 하는 질문이 나옵니다.

아직은 아닙니다. 이 질문에 대한 답은 시장 지지 지표와 시장 반대 지표를 통해 확인한 후 결정을 하게 됩니다. 매수도 동일한 과정으로 진행하게 됩니다. 지금은 시장 흐름에 대한 확인 여부만을 결정하는 단계입니다.

[그림 24]를 보면서 더 설명을 하겠습니다.

[그림 24] 시장 흐름에 따른 매수·매도 결정 방법

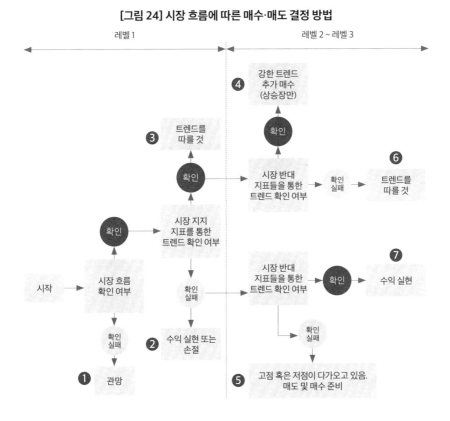

[그림 24]는 시장 흐름, 시장 지지 지표, 시장 반대 지표만을 가지고 여러분께서 시장의 진입 시기와 수익 실현 적기를 판단하는 기본적인 매매 프로세스입니다. 7장에서 소개하는 방법만 습득을 해도 여러분의 자산에 대한 손실은 거의 없을 수 있습니다.

위의 과정은 여러분이 시장 흐름 확인 후 시장 지지 지표와 시장 반대 지표를 확인하면서 시장을 관망할지, 시장 흐름을 따를지, 수익을 실현하거나 손실을 최소한으로 하기 위한 손절 기능을 설정할지에 대한 판단을 여러분의 레벨에 따라 결정할 수 있도록 도와줍니다.

레벨 1은 1~3의 과정에서 결정을 하는 법을 추천하고, 레벨 2~레벨 3는 1~7의 방법을 추천합니다. 레벨 3는 시장 흐름의 매수·매도 시기를 파악하고, 더 세밀하게 개별 주식의 흐름을 파악하여 매수·매도 시기를 결정하는 법을 기술적 지표와 차트 패턴 분석, 그리고 Laser 1석2조 투자법을 통해 습득하게 될 것입니다.

시장 흐름의 확인 여부는 다시 한 번 강조하면, [차트 22]와 [차트 23]과 같이 2개의 그래프의 신호가 동시에 일어나면 시장 흐름을 확인하는 지점이 됩니다.

이 시장 흐름은 다음 주기로 확인을 하기 바랍니다.

- 레벨 1: 일주일 1번 혹은 2번 – 한국 시간 일요일 오후 혹은 월요일 오전, 금요일 오전
  - 금요일 오전은 미국 목요일 마감 장을 기준으로 확인하는 것입니다.
  - 대부분의 하락 장은 목요일 오후 시장의 흐름이 그다음 주에 영향을 줍니다.

- 레벨 2 & 레벨 3:
  - 레벨 3: 매일 개장 전 확인
  - 레벨 2: 레벨 1과 레벨 3 중 선택

차트 설정입니다.

- 차트 상단
  - 단순 이동평균선Simple Moving Average: SMA 20일
  - 위의 이동평균선 조건: 최고가High
  - 아래 이동평균선 조건: 최저가Low 이동평균선은 보통 20일간의 종가 기준으로 평균 가격 움직임을 계산한 가격이지만 여기 시장 흐름에서는 종가 기준이 아닌 하루의 최고가와 최저가를 기준으로 설정합니다.
- 차트 하단
  - 수정 MACD
  - 20, 65, 9

제가 소개하는 시장 흐름은 20일 기준이기 때문에 단기 흐름으로 생각할 수 있으나, 가장 빠르고 정확하게 시장 흐름을 파악할 수 있는 장점이 더 많은 설정입니다. 그리고 최종 판단은 시장 지지 지표와 시장 반대 지표를 확인한 후 결정하기 때문에 정확성이 아주 좋습니다. 즉 다른 투자자들보다 기회를 더 많이 만들 수 있는 방법입니다.

독자분들께서 이 방법을 1년 정도 이용한 후 그 결과를 보고 나면 이 책을 선택한 것이 정말 다행이라고 생각할 것입니다.

02 시장 지지 지표

대부분의 미국 주식시장 개인 투자자들은 50일과 200일 이동평균선을 참조하여 시장 흐름이 변화되는 지점을 판단합니다. 이동평균선의 단점은 후순지표lagging Index라고 해서 이미 일이 벌어진 후에 그 결과를 보여주기 때문에 대형 펀드 및 기관들 모두 매도하면서 급락하는 중간에 매도를 하게 되고, 반대로 그들이 먼저 매수한 후 이익을 실현할 때 개인 투자자들은 매수를 하게 되는 현상이 역사적으로 반복해서 일어납니다.

이 시장 흐름을 개인 투자자들이 대형 기관 및 펀드같이 판단하지 못하는 이유는 정보를 활용할 줄 모르기 때문입니다. 주식시장의 흐름을 확인하는 모든 정보는《월스트리트저널》에 있습니다. 제가 MBA와 MS 파이낸스Finance를 하던 1990년대 후반은 인터넷이 없어 스스로 자료를 찾아서 시장을 분석하는 시절이었습니다. 그 중심에 항상《월스트리트저널》이 있었습니다.《월스트리트저널》은 1889년에 창간되었으며, 다우지수를 만든 찰스 다우 또한《월스트리트저널》의 컬럼에서 다우지수를 연재했고, 그 지수가 1930년까지 아무 지표가 없던 미국 주식시장에 시장의 흐름을 판단하는 기본적인 지수가 되었습니다.

지금은 S&P500 지수인 SPX가 이 자리를 차지하고 있습니다. 《월스트리트저널》의 'Business & Finance' 섹션에 보면 어제의 주식시장에 대한 정보가 차트와 함께 나오는데 그 페이지 우측 중간에 보면 'Trading Diary'가 있습니다. 이것이 시장 흐름의 방향을 확인하는 비밀을 푸는 열쇠입니다. Trading Diary는 전일 주식시장의 상승 주식 수, 하락 주식 수, 상승 주식의 거래량, 하락 주식의 거래량, 52주 신규 최고가 및 신규 최저가의 숫자를 NYSE와 나스닥 거래소별로 보여줍니다.

주식 가격을 결정하는 세 가지 요소가 있습니다. 이 세 가지 요소는 여러분께서 주식시장에서 투자를 하는 동안 절대로 잊어서는 안 되는 요소입니다.

앞의 [그림 20](270쪽)에서 소개한 가격 움직임Price Action 거래량Volume, 변동성Volatility은 결코 잊으면 안 됩니다. 여기에 주식시장의 모든 비밀이 다 담겨 있습니다.

- 가격의 움직임은 개별 주들의 가격 폭을 봅니다.
- 거래량은 주식 가격을 결정하는 데 제일 중요한 요소라고 합니다. (Volume leads price – 거래량이 가격을 이끈다). 주식 가격이 급상승할 때 거래량이 늘어납니다. 즉 많은 돈이 유입되기 때문입니다. 반대로 급하락하는 경우도 거래량이 늘어납니다. 많은 돈이 유출되기 때문입니다.
  – 만약 가격은 상승하는데, 거래량이 늘지 않고 줄어들면 그 개별 주식의 가격은 통상적으로 곧 하락을 하게 됩니다.
- 변동성은 안정된 주식 가격의 적군입니다. 변동성이 높을수록 주식 가격 움직임의 폭이 커지는 것이고 이 경우 개인 투자자들은 잘못된 판단으로 자산 손실 확률이 높아집니다.

Trading Diary — Volume, Advancers, Decliners	NYSE	NYSE Amer.
Total volume*	1,003,438,936	48,387,612
Adv. volume*	660,875,225	28,689,775
Decl. volume*	333,349,918	19,156,083
Issues traded	3,296	276
Advances	2,338	158
Declines	874	107
Unchanged	84	11
New highs	207	14
New lows	3	0
Closing Arms'	1.49	0.74
Block trades*	5,640	435

	Nasdaq	NYSE Arca
Total volume*	7,170,551,163	202,139,787
Adv. volume*	4,542,660,459	130,721,195
Decl. volume*	2,563,982,934	70,463,083
Issues traded	3,995	1,477
Advances	2,861	1,055
Declines	1,031	396
Unchanged	103	26
New highs	332	170
New lows	3	32
Closing Arms'	1.57	1.52
Block trades*	51,809	1,072

*Primary market NYSE, NYSE American NYSE Arca only.
'(TRIN). A comparison of the number of advancing and declining issues with the volume of shares rising and falling. An Arms of less than 1 indicates buying demand; above 1 indicates selling pressure.

이 세 가지 요소를 지금 설명하는 이유는 Trading Diary에서 나오는 숫자들을 설명하고 이 숫자들이 시장 지지 지표Market Breadth Indicator로 활용되는 의미를 보여주려는 것입니다.

Trading Diary에는 NYSE와 나스닥 거래소에서 매일 시장에서 거래되는 통계를 보여줍니다.

우선 저 10가지 줄에 표현된 것들이 무엇인지를 보겠습니다(마지막 Block trades는 제외).

Total Volume: NYSE 전체 거래량 + Nasdaq 거래량

- 하루 거래량이 얼마나 증가가 되고 감소가 되는지를 봅니다.
- 급한 상승장이면 거래량이 늘어날 것이고, 급한 하락장에서도 손절 때문에 거래량이 늘어납니다.

Adv. (Advance) Volume: 거래량 중 상승 주식의 거래량을 이야기합니다.

Decl. (Decline) Volume: 거래량 중 하락 주식의 거래량을 이야기합니다.

Issues Traded: 전체 거래 주식 수입니다. Issues는 발행된 주식으로 생각하면 됩니다.

Advances: 상승 주식 수입니다.

Declines: 하락 주식 수입니다.

Unchanged: 가격 변동이 없는 주식 수입니다.

New Highs: 52주 (지난 1년) 신규 최고가를 기록한 주식 수입니다.

New Lows: 신규 최저가를 기록한 주식 수입니다.

Closing Arms: 단기 Trading Index(TRIN)이라고 하는데

- 분자: Advanced Stocks/Decline Stocks
- 분모: Advancing Volume/Declining Volume
- 상승한 주식 수와 거래량의 관계입니다.
- 저희는 다루지 않을 것입니다. 너무 단기적인 단점이 있습니다.

이 10가지를 가지고 시장 지지 지표로 전환하여 앞 장에서 확인된 시장 흐름을 확인하게 됩니다. 아주 간단하고 쉽습니다.

그럼 앞에서 설명한 가격 움직임, 거래량, 변동성과 시장 지지 지표와 연관을 지어보겠습니다. S&P500의 지수인 SPX가 시장 흐름을 판단하는 데 보는 가격입니다. 500개가 넘는 개별 주가들의 움직임의 합이 SPX입니다. 그러므로 시장의 전반적인 가격 움직임을 SPX를 통해 보면서 시장의 흐름을 판단하게 됩니다.

거래량을 기준으로 보는 것이 시장 지지 지표입니다. 상승 및 하락 주식들의 주식 수와 거래량을 연계하여 분석하고, 52주 최고가와 최저가를 보면서 시장의 흐름을 판단하는 지표로 사용합니다. 이 지표들은 1930년대 이후부터 꾸준하게 사용되어 왔기에 역사적 고증考證은 마무리된 지표들입니다. 그래서 대형 기관과 펀드들은 이 지표를 보면서 시장의 흐름을 확인하게 됩

니다.

변동성은 다음 장에 소개하는 시장 반대 지표입니다. 주로 사용되는 것은 풋-콜 비율, VIX, AAII 센터먼트 서베이Sentiment Survey, 스마트 머니Smart Money 등이 있습니다.

레벨 1은 풋-콜 비율, VIX 그리고 AAII 센터먼트 서베이만 참조하면 될 것이고, 스마트 머니는 유료 서비스를 통해 제공받습니다. 때문에 여기에서 스마트 머니는 제외하겠습니다.

그럼 거래량과 상승 및 하락 주식 수를 가지고 생성한 시장 지지 지표에 대해 알아보고 그 활용 방법을 보겠습니다. 각 지표들의 상세한 내용은 부록을 참조하기 바랍니다.

이 10개를 가지고 나오는 시장 지지 지표는 모두 8개입니다. 우선 각 지표들의 개략적 설명을 먼저 한 후 차트를 보면서 확인할 것입니다(TRIN을 제외한 7가지만 설명을 합니다).

	지표 이름	지표 내용
1	Advance-Decline Line	순수 상승(Net Advance) 주식 수
2	Advance-Decline Volume Line	순수 상승(Net Advance) 거래량
3	High-Low Index	52주 최고가 및 최저가 비율
4	Above SMA 50	SMA 50위에 위치한 주식 비중
5	Above SMA 200	SMA 200 위에 위치한 주식 비중
6	수정 MACD	단기 EMA와 중기 EMA 비교
7	McClellan Summation Index	Net Advance를 MACD 형태로 변형

(1) Advance-Decline Line AD Line

- 순 상승 주식 수를 선Line으로 나타낸 것입니다. 상승장은 당연히 올라 가고 하락장은 당연히 내려올 것입니다

(2) Advance-Decline Volume Line AD Volume Line

- 통상 AD Line이 상승하면 AD Volume Line도 같이 상승을 해야 합니다.

- 그런데 AD Line은 상승하는데, AD Volume Line이 하락하는 경우가 있습니다. 이를 디버전스Divergence라고 합니다.

- 디버전스가 일어나면 시장은 하락을 한다는 조기 경고 신호입니다. 레벨 3는 이 디버전스를 기술적 지표에서 찾는 능력을 키워야 합니다. 개별 주식의 경우에도 디버전스가 생기면 주식 가격이 상당히 하락을 하게 됩니다.

(3) High-Low Index는 부록을 참조하기 바랍니다. 의미는 있으나 해석이 복잡해서 추천을 하지 않습니다.

(4) Above SMA 50

- NYSE, 나스닥 거래소에 상장된 전체 주식 중 주식 가격이 50일 이동평균선 위에 있는 주식의 비율을 보여줍니다.

- 시장 지수 및 개별 주식의 가격이 50일 이동평균선이 밑으로 내려가면 매도 혹은 새로운 매수 시점이 되는 경계선입니다.

- 시장 흐름이 하락으로 평가된 후 SMA 50위의 주식들 비율이
  ① 50% 이상이면 그 하락 흐름을 확인 못해주는 수준이고,
  ② 50% 이하면 그 하락 흐름을 50% 확인해주는 수준이고,
  ③ 40% 이하면 완전히 확인해주는 수준입니다.

- 이동평균선이 후순지표Lagging Index이기 때문에 이 단점을 없애기 위해

주식 수 기준으로 판단하는 것입니다.

(5) Above SMA 200

- Above SMA 50에서 200일로 변한 것뿐이고 의미는 동일합니다.
- 200일선은 마지노선으로 생각을 하기 바랍니다.
- 개별 주식도 200일 선이 무너지면 손절하라는 의미입니다.
- 50% 미만으로 내려가면 시장은 급격하게 무너질 수 있습니다.

(6) 수정 MACD

- 앞장의 시장 흐름 판단에만 사용합니다.
- 레벨 2와 레벨 3는 8장의 설명을 참조하기 바랍니다.
- 앞장에서 MACD는 두 가지 선으로 구성된다고 설명했습니다.
- 수정Modified이라는 이름을 붙인 것은 MACD라는 기술적 지표를 선택하면 (12, 26, 9)로 설정되어 있습니다. 이를 (20, 65, 9)로 변경하세요. 변경하는 이유는 제가 검증을 한 숫자로서 시장 흐름을 판정할 때 가장 적합한 숫자이기 때문입니다.

(7) 맥클레런 서메이션 인덱스McClellan Summation Index

- 시장 흐름을 확인하는 최종적인 지표이자 하락장을 제일 정확하게 확인할 수 있는 지표입니다.
- 양수이면 상승을, 음수이면 하락을 이야기해주는 좋은 지표입니다.

[차트 24] 시장 지지 지표

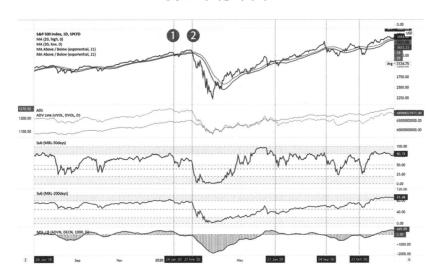

그럼 이 지표들을 차트로 보겠습니다([차트 24]).

차트로 보면 익숙하지가 않아서 복잡해 보이거나 어려워 보이거나 거부감도 생길 수 있습니다. 수정 MACD는 차트가 좁아서 시장 흐름이 하락 흐름으로 전환되는 것이 잘 보이지 않아 판정된 부분에 수직선을 그었습니다. 시장 지지 지표를 확인하는 순서는 다음과 같습니다(❶과 ❷ 기준으로 시장 하락 흐름을 분석).

순서	지표 및 참조 사항
시장 흐름 확인	SPX, SPX 이동평균선, 수정 MACD
AD Line + AD Volume line	SPX와 방향이 동일한지 확인 AD Line과 AD Volume Line의 방향이 다르면, 시장 하락 확인
Above SMA 50	50% 이상: 시장 하락 확인 불가 50%: 경계선으로 시장 하락 가능성 40% 미만: 시장 하락 확인
Above SMA 200	50% 미만: 손절
Mcclellan summation	마이너스 구간은 하락 흐름 플러스 구간은 상승 흐름

❶의 경우를 보겠습니다. 실제로 ❶의 지점에서 SPX는 -1.69% 하락했습니다.

순서	지표 및 참조 사항	확인 여부
시장 흐름 확인	SPX, SPX 이동평균선, 수정 MACD	하락 확인
AD LINE + AD VOLUME LINE	SPX와 방향이 동일한지 확인	디버전스 없음
	AD Line과 AD Volume Line의 방향이 다르면, 시장 하락 확인	확인 불가
ABOVE SMA 50	50% 이상 - 시장 하락 확인 불가	66.47% - 하락 확인 불가
	50%: 경계선으로 시장 하락 가능성	
	40% 미만: 시장 하락 확인	
ABOVE SMA 200	50% 미만: 손절	76.16% - 하락 확인 불가
맥클레런 서메이션	마이너스 구간은 하락 흐름	플러스 구간 - 하락 확인 불가
	플러스 구간은 상승 흐름	

우선 시장 흐름은 하락 흐름으로 판정을 했지만, 시장 지지 지표를 통한 시장 흐름을 확인하는 데는 실패했습니다.

이 경우 수익 실현 및 손절이 추천입니다. 레벨 1의 경우는 수익 실현보다는 손절매 기능을 설정하기 바랍니다. 손절매는 레벨 1이 정하는 가격에 오면 자동으로 매도되는 기능입니다. 제 경험으로는 -6%가 제일 적당합니다.

여기는 레벨 1까지 추천하는 프로세스입니다. 레벨 2와 레벨 3는 시장 반대 지표 확인을 한 후 최종 결정을 할 것입니다.

[그림 24]를 통해 확인하기 바랍니다.

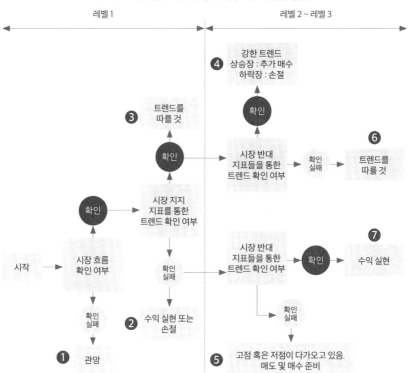

[그림 24] 시장 흐름에 따른 매수·매도 결정 방법

그럼 2의 케이스를 보겠습니다.

이 시점에서는 하락이 확인됩니다. 레벨 1은 매도를 해야 합니다.

레벨 2와 레벨 3는 시장 반대 지표까지 확인 후 최종 결정을 할 것입니다.

[차트 25] 시장 지지 지표에 의한 시장 엑시트 차트

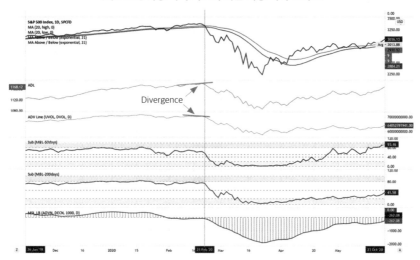

순서	지표 및 참조 사항	확인 여부
시장 흐름 확인	SPX, SPX 이동평균선, 수정 MACD	하락 확인
AD LINE + AD VOLUME LINE	SPX와 방향이 동일한지 확인	디버전스 있음
	AD Line과 AD Volume Line의 방향이 다르면, 시장 하락 확인	하락 확인
ABOVE SMA 50	50% 이상 - 시장 하락 확인 불가	50.79% - 하락 가능성 있음
	50%: 경계선으로 시장 하락 가능성	
	40% 미만: 시장 하락 확인	
ABOVE SMA 200	50% 미만: 손절	74.87% - 하락 확인 불가
맥클레런 서메이션	마이너스 구간은 하락 흐름	마이너스 구간 - 하락 확인
	플러스 구간은 상승 흐름	

03 시장 반대 지표

시장 반대 지표는 3장 3절의 '옵션시장' 항에서 이미 설명한 개념을 사용합니다. 변동성에 대해서도 이미 많이 이야기를 했기 때문에 추가 설명을 하지 않겠습니다.

AAII는 American Association of Individual Investors의 약자이며, 사이트의 주소는 다음과 같습니다. https://www.aaii.com/sentimentsurvey. 이곳에서는 개인 투자자들이 다음 주 시장에 대해 어떻게 생각하는지 의견의 투표 결과를 볼 수 있습니다.

미국 시장의 개인 투자자들의 서베이Survey로서 많은 사람들이 참조를 합니다. 이 서베이를 100% 신뢰하는 것은 어렵지만, 하나의 참조 자료로 변동

지표 이름	판단 지수 값	평가
PUT CALL RATIO	0.7 이상	변동성 높음
	1 이상	하락에 베팅
VIX	25 이상	위험 수위
	30 이상	하락 가능성 높음

[그림 25] AAII 서베이

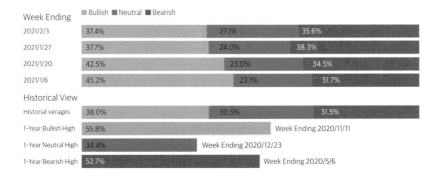

케이스	판단 지수 값	평가
1	Put Call Ratio: 1.11	시장 반대 지표 평가
	VIX: 14.1	50:50 - 확인 불가
2	Put Call Ratio: 1.11	시장 반대 지표 평가
	VIX: 16.8	50:50 - 확인 불가

[차트 26] 시장 반대 지표

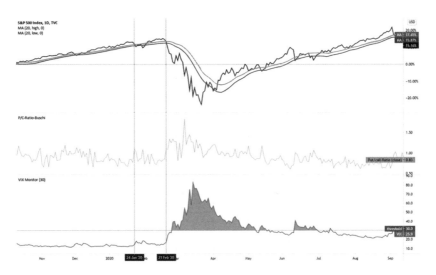

성 결정에 도움을 줍니다.

그럼 풋-콜 비율과 VIX를 가지고 앞 장에 이어서 최종 결정을 보겠습니다.

[그림 24]에 의해 1의 경우는 5로 귀착이 되면서 시장 고점Top이 다가온다는 신호를 접할 수 있습니다. 2의 경우는 6으로 결론이 나면서 트렌드를 따라야 합니다. 2의 경우에는 분할 매도를 시작해야 합니다. 시장 흐름 매매 방법론에 대해서는 10장에서 더 자세하게 설명하겠습니다

[그림 24] 시장 흐름에 따른 매수·매도 결정 방법

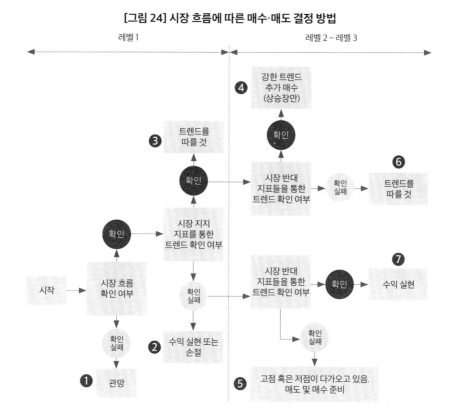

7장 정리

7장에서 설명한 시장 흐름을 파악하고 시장 진입과 시장 엑시트(Exit)의 적기를 찾는 이 방법은 많은 펀드들이 사용하고 있으며, 장기 투자 및 레벨 1 투자자들이 안전하게 투자할 수 있는 방법입니다.

그리고 레벨 2와 레벨 3의 투자자들은 좀 더 적극적으로 투자할 수 있는 시장 흐름의 확인을 통해 더 많은 기회를 잡을 수 있습니다.

시장의 변화가 적을 때는 최소 일주일에 한 번은 레벨에 상관없이 확인을 하고, 시장이 급격하게 움직이는 상황이 있으면 정기적으로 지표들을 확인하고, 디버전스를 꼭 확인하는 습관을 가지기 바랍니다.

THE
BIBLE
OF THE
U.S.
STOCK
MARKET
INVESTING

8장

기술적 분석

THE
BIBLE
OF THE
U.S.
STOCK
MARKET
INVESTING

L1 L2 L3

기술적 분석과 차트 분석은 1장 2절의 '숫자는 거짓말을 하지 않는다'라는 미국의 문화에서 나왔다고 생각합니다. 1930년 찰스 다우부터 많은 학자들이 기술적 분석에 대해 연구를 했고 그 분석이 주식시장에서 하나의 교과서처럼 사용되고 있습니다. 레벨 1은 기술적 지표가 어려울 것입니다. S&P500의 수익률보다 최소 25% 이상 수익을 내고 싶은 레벨 2부터라면 기술적 분석은 필수로 알고 있어야 하는 사항입니다.

우선 기술적 분석에 들어가기 전에 한국 및 미국에서도 기술적 분석의 필요성에 대해 논쟁이 많습니다. 저도 기술적 분석을 믿지 않았던 사람이었기에 왜 제가 지금은 기술적 분석과 차트 분석을 펀더멘털 분석보다 더 하는지에 대해 이야기를 하겠습니다.

저는 앞서 2장 6절에서 거래일지를 필수적으로 사용하라고 추천했습니다. 거래일지의 기록 목적은 투자별 승률을 높이기 위한 것입니다. 승률이 세금 제외하고 51%만 되어도 여러분은 주식시장에서 돈을 버는 것

레벨 1은 8장부터는 선택입니다. 읽어보다가 어려우면 이동평균선만 필독하고 9장으로 가면 됩니다. 가능한 8장 1절부터 3절까지는 읽기 바랍니다.

입니다.

승률에 대해 짧은 이야기를 하면, 남자 프로테니스의 1위는 노박 조코비치입니다. 체격이 비교적 왜소한 조코비치를 정상에 올린 것은 코치가 스트로크의 승률을 51%만 얻을 수 있도록 훈련시킨 데 있습니다. 이를 위해 강력한 탑스핀을 무기로 한 세컨드 서브를 장착했고 리턴 게임을 지배하도록 했습니다. 그렇게 세컨드 서브의 승률이 전 세계 1위(57.55%)가 되고 리턴 게임 승률도 34.23%가 되어서 이후 정상을 차지하고 유지하게 되었습니다.

승률은 확률에서 나옵니다. 이 확률을 위한 기초 자료가 통계학입니다. 통계학은 모든 이론의 기초로 사용됩니다. 주식시장에서는 행동경제학이 중요한데, 행동경제학의 대가는 이미 소개한 프린스턴대학의 대니얼 카너먼 교수입니다. 이분의 이론 중에 전망 이론Prospect Theory이 있습니다. 2장 첫 부분에 야구 방망이 문제 기억하시나요? 카너먼 교수의 책에서 가지고 온 것입니다.

행동심리학에서 사용되는 가설이 이론이 되려면 통계 모델을 사용해야 합니다. 그래서 결과가 충분한 모집단을 대상으로 확률적으로 일정 퍼센트가 넘으면 가설이 이론이 됩니다. 전망 이론에 사용된 단순한 가설을 이론화하기 위해 5,000명이 넘는 인원을 모집단으로 해서 1979년 3월에 논문을 발표했으며, 2002년 카너먼 교수는 행동경제학으로 노벨 경제학상을 받았습니다.

기술적 지표는 주식시장에서 개별 주식의 가격이 투자자들의 수요와 공급에 의해 가격이 결정되고, 그 뒤에 가격 움직임, 거래량, 변동성을 분석해서 투자자들의 '군중심리Crowd Psychology'를 나타낸 것입니다.

이 군중심리를 파악하기 위해 통계학을 이용하여 군중심리에 의한 가격의 방향과 가격대를 예측하도록 도와주는 것이 기술적 지표입니다. 통계학은 불확실성에서 확실성을 찾는 학문입니다Find certainties among uncertainties.

이렇게 훌륭한 지표들이 논쟁의 대상이 되는 이유는 Investopedia.com

에 따르면 다음과 같습니다.

- 많은 사람들이 기술적 지표를 단기 투자 및 데이 트레이더용으로 생각하지만 실제로는 절대로 그렇지 않습니다. 기술적 분석 및 차트는 길게는 지난 10년 이상의 자료를 분석해주는 툴이 됩니다.
- 개인 투자자들만이 기술적 지표를 사용한다? 아닙니다. 대형 투자은행 및 펀드들도 기술적 지표를 사용합니다. 예를 들어 골드만삭스는 지난 20년 동안 자동 매매 시스템을 도입하기 위해 600여 명의 트레이더들을 해고하고 200명의 프로그래머들을 고용했습니다. 주식시장을 하나도 모르는 프로그래머들을 고용했습니다. 그러면 역으로 이 프로그래머들은 무엇을 기준으로 프로그램을 만들까요?
  - 지금까지 12개 대형 투자 기관에서 해고한 트레이더들이 2018년 기준 6,000명이 넘습니다.
  - 이 자리에 프로그래머들이 자동 매매 알고리즘을 만들고 운영하고 있는 것입니다.
- 기술적 지표를 이용한 것이 오히려 승률이 낮다? 그렇지 않습니다. 성공한 트레이더들은 대부분 기술적 지표를 이용합니다. 이는 잭 슈웨거의 책《Market Wizards: Interviews with Top Traders》에 나옵니다.
- 기술적 분석은 빠르고 쉽다? 굉장히 어렵습니다. 처음 접하면 하얀 것은 종이요, 검은 것은 글씨라고 할 정도로 어렵습니다. 쉽게 적용한다고 유튜브에서 이야기하는 것은 별로 믿지 않는 것이 좋습니다.
- 기술적 분석은 정확한 가격을 예측해준다? 아닙니다. 차트 패턴을 이야기하는 것인데, 차트 패턴을 공부하면 가격의 방향을 예측해주고 그 가격의 예상 범위를 보는 것입니다. 정확한 가격은 그 누구도 모릅니다.

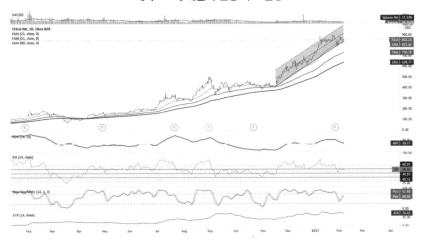

기술적 지표 및 차트 패턴이 여러분의 차트에 기본적으로 있는 툴이 되려면 20년 넘게 그 검증 과정을 거쳐야 합니다. 차트 패턴은 지난 20년 넘게 모든 사례를 분석해서 성공 확률이 70%가 넘는 패턴만 시장에서 통용되는 것입니다. 30%의 실패 확률도 있습니다. 하지만 성공 확률이 70%가 된다면 한번 사용해볼 만하지 않나요?

[차트 27]은 레벨 3를 위한 테슬라 투자 전용 차트 설정입니다. 이렇게 지난 1년의 가격 움직임을 보면서 매수·매도하는 것과, 오른쪽의 가격 창만 보고 매수·매도하는 것은 차이가 있을 것입니다.

어른들 말씀 중 하기 싫은 일을 해야 할 때, "언젠가 너에

	852.28	
	852.27	
	852.26	
	852.25	
	852.24	
	852.23	
	852.22	
	852.21	
	852.20	
	852.19	
	852.18	

362

게 도움이 될 것이야" 하는 이야기 많이 들어보았을 것입니다. 기술적 지표와 차트 패턴은 여러분께 분명 도움을 줄 것이고 레벨 3 분들에게는 아무도 성취하지 못한 경제적 자유를 주는 도구가 될 것입니다.

미국에서 발행한 기술적 지표 및 차트 패턴 책들은 어렵습니다. 미국 대학교 교과서 같은 빽빽한 글자 사이즈에 보통 500페이지 정도 되고 1,000페이지 넘는 것들도 많습니다. 제가 40대 중반의 나이에 미국 주식시장에 입문하면서 읽은 책이 50권은 넘을 것입니다. 이 중에서 가장 필요하고 좋은 내용, 그리고 제가 경험해서 공유하고 싶은 내용을 담았으니, 레벨 2와 레벨 3는 꼭 여러분의 것으로 만들기 바랍니다.

기술적 분석과 차트 분석에 익숙해지면 미국 주식시장에 새로운 눈을 뜨게 될 것입니다. 그리고 기술적 분석과 차트 분석은 한국 주식시장에도 사용할 수 있으니, 좀 어렵다고 해도 포기하지 말고 천천히 음미하면서 여러분의 자산으로 만들기를 바랍니다.

제 책에서는 가능한 여러분께서 이해에 도움이 되도록 필수적인 기술적 지표들을 선택해서 설명할 것입니다. 가다가 길을 잃어버리지 않도록 내용이 길어지는 이론 설명은 부록에 옮겼습니다.

기술적 지표에 대해 설명을 하기 전에 여러분께 도움을 드리고자 [그림 26]을 만들었습니다. 한눈에 기술적 지표를 이해하도록 만든 그림입니다.

개별 주식의 주가는 가격 움직임, 거래량 그리고 변동성의 세 축으로 결정된다고 설명했습니다. 이 세 축은 기술적 분석에도 적용됩니다. [그림 26]의 가격 움직임 밑에는 차트 가격 분석과 기술적 지표로 나누어집니다. 차트 가격 분석에 사용되는 지표들은 차트 위에 직접 표현하는 지표들이고 기술적 지표는 차트 하단에 별도로 보는 지표를 이야기합니다. 이 부분을 오실레이터Oscillator라고 일반적으로 이야기합니다.

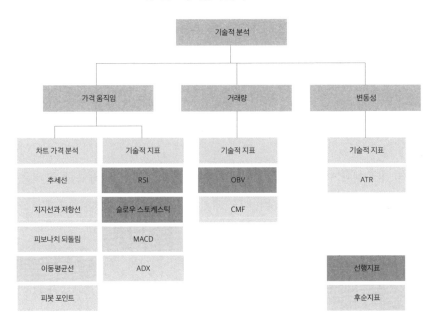

[그림 26] 기술적 분석 Outlook

[그림 26]을 보면 선행지표Leading Indicator와 후순지표Lagging Indicator가 나옵니다.

	선행지표	후순지표
방법	미래의 가격 움직임을 예측	현재 가격 움직임의 유지 여부 판단
장점	조기 매수·매도 신호로 인한 많은 기회 포착 가능	주가 트렌드를 유지하는지에 대한 판단 제공
	주가 트렌드 파악에도 사용 가능	매수 진입 이후에 주가 트렌드 확인 제공
단점	조기 신호가 항상 맞는 것은 아님	트레이딩 및 보합에서는 잘못된 신호 가능성 존재
	잘못된 신호의 가능성 존재	시장 혹은 개별 주식의 움직임보다 신호가 늦을 수 있음
예	RSI, 스토케스틱 오실레이터, OBV	이동평균선, MACD

기술적 지표들의 성격을 알기 전에 이 선행지표와 후순지표를 적절하게 혼합해서 사용하는 것이 기술적 지표 설정의 기본이 됩니다.

레벨 1이 사용을 하려고 한다면 RSI 단독 혹은 RSI와 슬로우 스토캐스틱 Slow Stochastic을 설정해서 사용하는 법을 추천할 것입니다. 레벨 2의 경우 RSI, 슬로우 스토캐스틱을 선행지표로 보고, MACD로 확인하는 법을 추천할 것입니다.

미리 이야기하는 것은 자신들의 레벨이 나올 때 조금 더 집중해서 보게 하려는 의도입니다.

[차트 28]은 가장 일반적으로 사용되는 차트 설정입니다.

[차트 28] 일반적인 차트

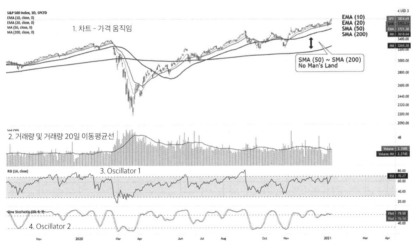

책을 집필하면서 여러 번 내용을 바꾸는 작업을 많이 했습니다. 어디서부터 시작을 해야 여러분이 가장 쉽게 이해하면서도 도움을 많이 줄 수 있을까 하는 고민을 몇 달은 한 것 같습니다.

그래서 결론을 내린 것이 추세선Trend line 같은 선을 그리는 것도 중요하지만, 그 목적을 우선 보여드리고 상세한 부분으로 가는 것이 최선의 방법이라고 생각을 했습니다.

먼저 차트 분석의 선구자인 찰스 다우의 '다우 이론'과 'Accumulation & Distribution Cycle'(한국말로 대체할 만한 용어가 없어서 그냥 영어로 표현했습니다)을 먼저 설명하면 여러분이 주식시장을 큰 안목에서 보게 도와줄 수 있을 것으로 판단합니다.

01 다우 이론

찰스 다우의 다우존스지수Dow Jones Industry Average Index는 찰스 다우가 먼저 만든 다우 이론Dow Theory을 가지고 존스가 업그레이드해서 완성된 것입니다.

다우 이론은 1930년대에 만들어져서 이제는 한계도 있지만, 그의 이론 대부분은 아직까지 시장 트렌드 및 차트 패턴의 기본이 되고 있습니다. 전 세계 주식시장에서 아직도 가장 많이 보는 지수는 다우지수일 것입니다. 100년 전에 만든 이 지수를 우리가 아직까지 중요시하는 것은 찰스 다우의 이론이 시장의 통념이 되었기 때문일 것입니다. 모든 주식 이론의 기본이 된 '논어' 혹은 '손자병법'입니다. 이해를 쉽게 할 수 있는 중요한 다우 이론만 가지고 왔습니다.

이론 1: The Averages Discount Everything.

1800년대 후반 미국에서 가장 유망한 산업은 기차 산업이었습니다. 철도 회사나 철도를 만드는 회사, 철도 운영회사 등이 지금의 테크놀로지 산업과 비슷합니다. 이때 주식시장 지수로 사용된 것이 2개 있습니다. 산업 전체의 트렌드를 확인하는 DJIA_{Dow Jones Industrial Average} 와 DJTA_{Dow Jones Transportation Average}입니다. The Averages Discount Everything에서 'Averages'는 평균의 의미가 아닌, 이 2개의 지수를 합쳐서 이야기하는 것입니다. 그래서 복수형이 사용된 것입니다. 그러므로 여기서의 Averages는 시장_{The Market}이라는 의미입니다.

찰스 다우는 시장의 모든 정보는 이미 주식 가격에 반영되어 있다는 이론을 펼쳤습니다. 주식 가격에 가격 결정 요소가 이미 모두 반영되었다 전제하고 이야기를 하는 것이지요. 즉 투자자들의 미래에 대한 희망, 공포, 기대가 포함되었으며, 연준 기준금리, 시장 금리의 변동성, 실적 기대치, 매출 예상치, 대통령 선거 등의 다가올 정보들이 가격에 반영되었다는 의미입니다. 그래서 미래에 대한 리스크 때문에 가격이 디스카운트_{Discount}되었다라고 정의를 합니다.

이 이론은 실적이 좋았음에도 주식 가격이 하락하는 이유가 "이미 주식 가격에 실적 상승분을 미리 예측해서 포함되었기 때문"이라고 말합니다. 이러한 이론이 월스트리트의 명언 중 하나인 "소문에 매수하고, 뉴스에 매도한다_{Buy the rumors, Sell the news}"가 탄생한 배경입니다. 소문이 돌기 시작하면 매수자들이 몰려들면서 가격이 상승하고, 뉴스가 나올 때 가격이 오를 만큼 올라서 매도를 시작한다는 이론입니다. 특히 좋은 실적을 냈음에도 주식 가격이 하락할 때는 대부분 실적 예상분이 주식 가격에 반영되는 경우(실적 발표 4주 전부터 주식 가격 상승)가 많으며, 다우의 이론은 이렇게 증명이 어려운 상황을 설명해 줍니다.

이론 2: There Are Three Primary Kinds of Market Trends.

첫 번째 트렌드는 3달 이상의 트렌드로 강세장 또는 약세장으로 정의하는 트렌드입니다. 즉 3달 내에 반대적 주식 흐름이 있다 하더라도 큰 흐름에는 변동이 없는 것을 'Primary Trend'라 정의했습니다.

두 번째는 3주에서 3달 사이의 트렌드로 강세장 혹은 약세장 내에서의 풀백Pull Back을 이야기합니다. 이를 두 번째 혹은 'Secondary Trend'라 정의했습니다.

세 번째는 3주 미만의 트렌드로 아주 경미한 변화를 정의합니다.

이론 3: Primary Trends Have Three Phases.

다우 이론 다음에 소개할 'Accumulation & Distribution'이 기초 이론입니다. 다우 이론의 강세장과 약세장이 서로 3단계가 있다는 이론입니다. 그런데 1930년대의 이론이 현재의 주식시장과 거의 동일합니다. [그림 27]을

[그림 27] 강세장 & 약세장 단계

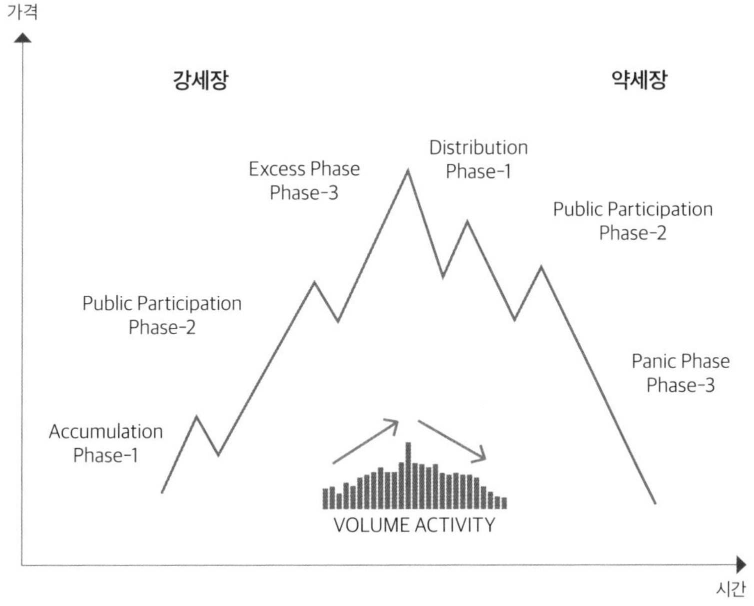

가격

강세장　　　　　　　　　　　약세장

Distribution
Phase-1

Excess Phase
Phase-3

Public Participation
Phase-2

Public Participation
Phase-2

Panic Phase
Phase-3

Accumulation
Phase-1

VOLUME ACTIVITY

시간

자료: Investing Answers

보겠습니다.

프라이머리 트렌드Primary Trend는 강세장에서 다음의 3단계가 있다고 정의했습니다.

- Accumulation Phase: 기관(스마트 머니) 매수 단계
- Public Participation Phase: 개인 투자자 매수 단계
- Excess Phase: 과열 단계

시장이 정점을 찍고 난 후의 약세장에서는,

- Distribution Phase: 기관의 이익 실현 단계
- Public Participation Phase: 개인 투자자의 이익 실현 단계
- Panic Phase: 급하락 시장에서 패닉 매도 단계

지금의 현실과 거의 동일합니다.

이론 4: Volume Must Confirm the Trends.

거래량은 중요합니다. 찰스 다우가 정의한 이론에서 1~3은 가격의 움직임에 대한 것으로, 찰스 다우의 이론이 현재의 차트 분석 및 기술 분석에도 영향을 미친다는 것을 단적으로 보여줍니다. 프라이머리 트렌드를 계속 유지하려면 일정량의 거래량이 있어야 하며, 주식시장이 상승을 하더라도, 거래량이 하락을 하면 프라이머리 트렌드의 유지가 어려우면서 곧 반전 패턴이 나올 수 있습니다. 그래서 가격의 움직임과 거래량의 관계가 반대로 되면서 곧 트렌드가 변화하는 것을 디버전스Divergence(사이가 벌어지는 것)와 컨버전스

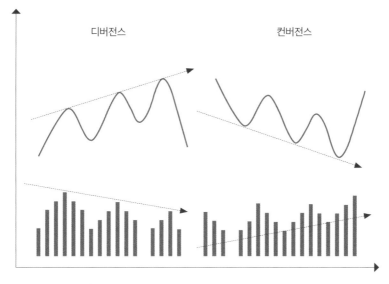

[그림 28] 디버전스 vs. 컨버전스

디버전스

컨버전스

Convergence(사이가 하나로 모이는 것)라 정의합니다.

디버전스는 강세장 트렌드에서 거래량의 감소로 곧 트렌드가 끝날 것임을 경고해주고, 컨버전스는 약세장 트렌드에서 거래량의 증가로 곧 시장이 상승할 것임을 미리 알려주는 '조기 경고 신호'이자 '조기 기회 신호'입니다.

기술적 분석에서 가장 중요한 것 중의 하나입니다. 특히 레벨 3는 이 디버전스를 제대로 활용해야 합니다. "거래량이 가격을 이끈다Volume leads the price"라는 전설적인 말이 월스트리트에서 아직까지 유효하게 쓰이는 데는 그만한 이유가 있기 때문입니다.

이론 5: Trends Persist until a Clear Reverse Occurs.

시장 트렌드는 확실한 반전이 보이기 전까지는 현재의 트렌드가 유효하다고 믿었습니다. 하지만 단점 중 하나로 프라이머리 트렌드의 반전과 세컨드리

트렌드를 구분하는 것이 어려웠다고 합니다. 그래서 다우 이론을 따르는 사람들은 확실한 반전이 보이는 프라이머리 트렌드의 반전을 확인하기 전까지는 프라이머리 트렌드가 유지된다고 믿었습니다. 이론 5가 앞선 7장의 내용으로, 100여 년의 시간 동안 주식 분석가들이 다우 이론을 근거로 하여 더욱 훌륭한 이론으로 발전시킨 증거입니다.

02

Accumulation & Distribution Cycle

우선 [그림 29]를 먼저 보겠습니다.

다우의 세 번째 이론을 위코프Wyckoff가 더 상세하게 발전시킨 이론인데요. 참으로 정확합니다. [그림 29]가 3개월 안에 일어날 수도 있고 10년 동안 일어날 수도 있는 이론이지만, 차트를 보면 실제 현실에서 일어나는 일들입니다. 1930년에 만든 이론이 2021년에도 적용되는 것입니다.

[그림 29] 위코프 가격 사이클

그림의 SM은 Smart Money의 줄임말로서 '기관'을 의미합니다.

[그림 29]는 개인이 사면 기관이 팔고, 기관이 사면 개인이 파는 군중심리를 가격 사이클로 만든 것입니다. 언제 개인이 팔고 기관이 사는지 한눈에 보이지요? 개인 투자자에게 주식시장은 요지경입니다.

1단계: Accumulation

기관이 개인 투자자 몰래 사는 구간입니다.

Accumulation의 대표 해석은 '축적'입니다. 그런데 영어가 재미있는 것은 그 단어에 숨은 뜻이 많다는 것입니다. Accumulation에 '모으다 Gathering'의 뜻도 있고 '뭘 많이 가지고 있다'라는 의미의 Mass라는 뜻도 있습니다.

1의 단계는 'SM Accumulates Long Position'으로 기관이 매입을 하는 시기입니다. 즉 대형 투자 기관들이 막대한 자금을 바탕으로 주식을 모으는 시기입니다. 이런 경우는 주식시장인 보합장세Sidewalk · Ranging Market에서 많이 일어납니다. 이런 시기에 일반 개인 투자자들은 이 주식을 매도하거나 쳐다보지를 않습니다.

이 시기에는 대형 기관들이 일반 투자자들은 눈치채지 못하게 가격 움직임을 최소화하면서 아주 조심스럽게 매수합니다. 때문에 이 시기에 매수하는 자금을 'Smart Money'라고도 이야기합니다. 문제는 비교적 작은 자금의 개인 투자자들은 이 시기를 모른다는 것입니다. 주식 가격이 움직이지를 않는데 누가 이 시기에 매수를 하려고 하나요?

아마존 주식이 2019년 8월 5일에서 12월 24일까지 5개월 동안 가격대가 1,700~1,800달러 사이에서 움직이지를 않았습니다. 애널리스트들이 목표 가격을 2,400달러 이상 잡고 있었는데 이 시기 동안 아마존 주주들이 많이 지쳐서 인터넷 게시판에 비판적인 글들을 적지 않게 남겼던 기억이 납니다. 주식 사이클에 대한 접근이 아니라 주식 가격만 보는 습관이 큰 움직임을 못 보게 한 것이지요. 이렇게 Accumulation 시기는 일반 대중의 시선을 전혀 잡지 못하는 시기이자, 스마트 머니인 대형 기관들에게는 주식을 모으는 좋은 시기가 됩니다.

2단계: Mark Up

개인 투자자들이 사고, 기관은 일정 물량의 이익을 실현하는 구간입니다.

이러한 Accumulation 단계에서 주식이 갑자기 저항선을 뚫고 상승을 하게 됩니다. 이 단계는 전형적인 상승장입니다. 개인 투자자들이 주식 가격의 움직임을 파악하고 매수를 시작합니다. 이 매수세에 의해 주식이 빠르게 상승을 합니다. 이때 스마트 머니인 기관들이 자신들이 보유한 주식을 일부 매도하여 수익 실현을 하거나(2: Profit Release), 가격이 더 상승할 것으로 판단하면 추가 매수를 합니다(2': Re-Accumulates Long Position). 만약 가격이 다시 또 상승을 하면 공매도 투자자들의 Short Squeeze(공매한 주식을 다시 매수하는 것)를 하면서 주식은 더욱 상승하게 됩니다(2": Market Up). 마크 업 Mark Up 단계에서는 기관들이 수익 실현을 하면서 주식 가격의 움직임을 관찰하게 됩니다.

3단계: Distribution

늦게 뛰어든 개인 투자자는 사고, 기관 투자자들은 이익 실현을 마친 뒤, 나아가 공매도를 하는 구간입니다. 특히 개인 투자자들은 포모FOMO: Fear Of Missing Out(나만 소외되는 것) 심리에 의해 고점에 주식을 매수합니다.

주식은 계속 상승할 수가 없습니다. 상승 흐름의 힘이 약해지면서 Distribution 단계에 진입을 합니다. Distribution은 이익을 실현하든지, 아니면 기관들이 공매도로 포지션을 바꾸는 것입니다. 그래서 Distributes Long Position(매수 포지션을 분배, 즉 매수 포지션을 줄이는 의미)을 하면서 SM Accumulates Short Position(기관이 공매도 주식들을 모은다)으로 전환을 하는 것입니다.

이 부분에시의 문제는 스마트 미니인 대형 기관들은 매도 및 공매도를 하지만, 개인 투자자들은 대부분 상승이 지속될 것이라 믿으면서 계속 보유 혹은 추가 매수를 하게 된다는 것입니다. 이렇게 개인 투자자들이 추가 매수 및 계속 보유하는 것을 파악하면 스마트 머니인 대형 기관들은 쇼트 포지션Short Position을 더 늘리게 됩니다. 이러한 경우 시장은 보합장세가 만들어집니다. 이 단계를 Distribution이라 합니다.

4단계: Mark Down

그나마 판단이 빠른 개인 투자자는 매도를 하고, 기관은 공매도 포지션의 일부를 청산하면서 수익을 올리는 구간입니다.

Distribution 단계가 마무리되면 시장은 상승 흐름의 힘이 약해지고 개인 투자자들이 더 이상 상승하지 않을 것이라 판단하면서 매도를 시작합니다. 이 단계를 마크 다운Mark Down이라 합니다. 시장이 하락을 함에 따라 스마트 머니는 공매도 포지션을 클로징하면서 수익을 냅니다(4). 주식 하락세가 강해질수록 다른 개인 투자자들도 심리적으로 무너지면서 매도를 하게 됩니다. 이렇게 주식이 계속해서 하락하는 단계를 마크 다운이라고 합니다. 이후 매도세가 지지선을 찾아서 그 힘이 약해지면 다시 개인들은 반등을 기대하면서 롱 포지션Long Position을 하지만, 기관은 다시 공매도 포지션으로 새로운 Accumulation(4')을 합니다.

새로운 1단계: Accumulation

기관은 새롭게 매수를 시작하고, 손해를 많이 본 개인 투자자들은 기다림에 지쳐서 손절하는 구간이 됩니다.

4단계가 시작됩니다. 개인 투자자들이 손해 보고 손절하는 기간이 또 시작되는 것이지요. 이 마크 다운 단계가 끝나면 시간이 지루한 1단계인 Accumulation이 시작되고, 거래량의 변동이 없는 상태에서 손해를 많이 본 개인 투자자들은 상당한 손해를 보고 매도를 합니다. 이 시기가 기관들은 매수를 하는 단계가 됩니다. 스마트 머니인 대형 기관들은 이 사이클을 상당히 잘 이용합니다.

이 사이클은 통상 몇 년에 걸쳐서 진행됩니다. 우리가 흔히 이야기하는 '존버' 전략을 하는 경우, Accumulation & Distribution을 보고 큰 인내심을 가지고 지켜보면 됩니다. 저축형 투자의 경우 Accumulation 구간에 더 매수하면 좋습니다.

만약 레벨 1인 분들께서 시장 흐름 분석에 의한 매매 전략을 습득하면 Distribution 단계에서 매도하고 Accumulation에서 매수만 해도 같은 자본으로 +20% 넘는 주식 수를 가질 수 있습니다. 제가 레벨 3에게 보여주는 Laser 1석2조 투자법은 이 Accumulation과 Distribution에 기초를 하고 있습니다.

큰 그림에서 차트 분석과 기술적 지표는 이 Accumulation과 Distribution을 보다 빠르고 정확하게 파악하기 위한 도구이자 전략입니다. 큰 그림에서 차트 분석과 기술적 지표가 들어가야 합니다. 이를 잊으면 안 됩니다.

특히 레벨 1은 이 사이클을 이해를 잘해야 합니다. 그래서 시장 흐름 매매법만 가지고도 손해 없이 상당한 수익을 창출할 수 있다고 제가 장담을 하는

것입니다.

아마존을 보면서 실제 사례를 분석해보겠습니다([차트 29]).

아마존의 지난 2년간의 차트입니다. 아마존은 참 좋은 회사이지만 아무리 좋은 회사라도 Accumulation과 Distribution이 있습니다. 이 차트를 보면서 생각해보세요. 레벨에 상관없이 어느 시점에 아마존 주식을 매수하고, 기관처럼 이익을 실현했다가 다시 저점에서 살 수 있는 방법은 없었을까 생각해보고, Accumulation의 시기라면 가능한 어느 지점에서 매수를 해야 여러분의 기회비용을 잘 운영할 수 있을지도 생각해보기 바랍니다. 큰 그림을 보아야 매수·매도하는 시기를 제대로 잡을 수 있습니다.

매수는 아무나 원하는 시기에 할 수 있습니다. 하지만 매도 시기를 파악하는 것은 어렵다고 합니다. 간단한 이유입니다. 아무도 매도해야 할 시기를 가르쳐주지 않았고 알 수 있는 방법도 몰랐기 때문입니다.

이제부터라도 기술적 지표와 차트 분석의 도움을 받아서 실력을 상승시키면 됩니다.

(03) 기술적 분석 기초

레벨 2와 레벨 3는 이 장을 정확하게 이해하고 다음 장으로 넘어가기 바랍니다. 가장 기초가 되지만, 기초가 약한 투자자들을 많이 보았기 때문입니다. 개별 주식 가격을 결정하는 세 가지 요인-가격 움직임, 거래량, 변동성-에 대해 기초 지식을 쌓고 기술적 분석으로 가려고 합니다. 이 세 가지 요인들의 특성을 알아야 기술적 지표들을 보아도 제대로 이해할 수 있습니다.

가격 움직임 L1 L2 L3 ● ● ●

(이 부분은 레벨 1도 필수로 이해를 하면 좋습니다.)

가격 움직임Price Action은 차트의 기본입니다. 가격 움직임을 정해진 시간 단위(1분, 3분, 5분, 15분, 30분, 1시간, 2시간, 4시간, 1일, 1주일, 1달 등)를 기준으로 일정 시간 혹은 선정한 기간 (일반적으로 1일~1년) 동안의 움직임을 관찰하여 분석을 하는 것입니다. 기본적으로 가격의 움직임을 차트에서 나타내는 방법은 세 가지입니다.

- 라인Line
- OHLC 바Bar
- 캔들 스틱Candle Stick

다음은 테슬라 2020년 12월 24일 라인, OHLC, 캔들 스틱 차트입니다.
위의 차드는 각 바Bar 하나당 15분 기준으로 선정한 차트입니다.

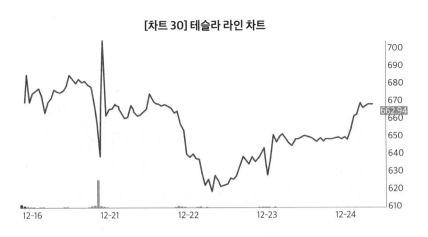

[차트 30] 테슬라 라인 차트

[차트 31] 테슬라 OHLC 차트

[차트 32] 테슬라 캔들 스틱 차트

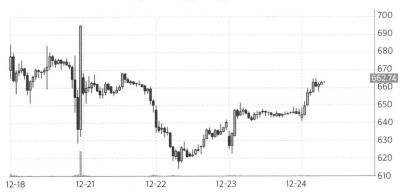

라인 차트

라인 차트Line Chart의 장점은 일반적인 트렌드를 한눈에 확인할 수 있다는 것입니다. 하지만 한눈에 볼 수 있다는 장점을 제외하면 더 깊숙한 정보, 즉 시작 가격, 종료 가격 그리고 하루의 최고 최저 가격을 알 수 없어서 트레이더들이 기피하는 차트입니다.

OHLC 차트

바 차트Bar Chart는 OHLC 바를 이용하기 때문에 OHLC 차트라고도 부릅니다. 주어진 시간(예: 5분, 15분, 1시간 등) 동안 한 개의 바는 네 가지 정보를 보여줍니다. 시작 가격, 종료 가격, 최고 가격, 최저 가격입니다. OPEN-시작 가격, HIGH-최고 가격, LOW-최저 가격, CLOSE-종료 가격. 그래서 OHLC 바로 이름을 지었습니다.

OHLC 바가 어떻게 표현되는지를 보겠습니다.

일반 차트의 가격의 흐름이 항상 왼쪽에서 오른쪽으로 움직이는 것처럼 OHLC 바도 왼쪽에서 시작을 합니다.

좀 이해하기 쉽게 인위적인 숫자를 대입했습니다. 어느 하루의 가격 움직

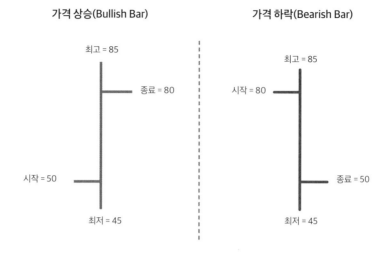

[그림 30] OHLC 바

가격 상승(Bullish Bar)　　　　　　　　가격 하락(Bearish Bar)

임이라 가정하고 보겠습니다. 이날 시작 가격Open이 50달러였고, 하루 최저가는 45달러, 최고가는 85달러를 기록하고 80달러가 종가로 하루의 시장이 마무리되는 표시입니다. 주어진 시간 동안 가격이 상승을 했기에 'Bullish Bar'로 부르고, 그 반대는 'Bearish Bar'라 이야기를 합니다. 시작 가격이 80달러에서 고점 85달러 이후 45달러 최저점까지 내려갔다가 50달러에 장 종료를 한 경우입니다.

　　장점으로는 네 가지 정보를 모두 보여주지만, 단점으로는 패턴과 트렌드를 파악하는 시각적 부분이 미약하다는 평가를 받고 있습니다.

캔들 차트

　　캔들 차트Candle Chart 혹은 일본 촛대 차트Japanese Candlestick Chart는 OHLC 정보를 모두 보여주면서 시각적으로 트렌드를 파악하는 것이 더 편하다고 판단하고 시장에서도 제일 널리 사용됩니다. 가격 움직임만을 단독으로 분석하는 경우 캔들 스틱을 이용하여 분석하는 것이 제일 보편적입니다. OHLC 바

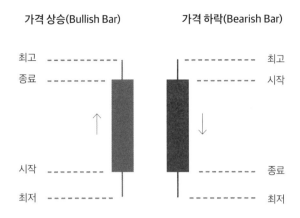

[그림 31] 캔들 스틱

가격 상승(Bullish Bar)   가격 하락(Bearish Bar)

최고   최고
종료   시작

시작   종료
최저   최저

와 차이점을 보겠습니다.

[그림 31]에 숫자를 한번 대입해보면, 상승_{Bullish} 바와 하락_{Bearish} 바의 그림이 동일합니다. 캔들 스틱은 색의 구분을 통해 상승과 하락을 구분합니다. OHLC 바는 색의 구분에 상관없이 상승과 하락을 구분할 수 있지요.

미국은 상승이 녹색, 하락이 빨간색입니다. 한국은 상승이 빨간색, 하락이 파란색입니다. 문화적 차이인데요, 미국은 달러의 색이 녹색이어서 녹색이 돈을 벌어주는 색으로 생각합니다. 1860년 미국 독립전쟁 당시 화폐를 발행하면서 뒷면이 녹색이었습니다. 그래서 당시에는 달러를 그린백_{Greenback}(뒷면이 녹색)이라 불렀으며, 이러한 연유로 녹색이 'Bullish'의 상징이 되었습니다.

아시아 국가들은 주식시장 상승을 빨간색, 하락은 파란색으로 표기합니다. 중국 문화에서는 빨간색이 행운, 기쁨, 행복, 축하, 활력, 다산의 의미를 가지고 있다고 하며 불운을 막는 색으로 상징되어 왔습니다. 일본에서 도지_{DOJI}라는 이름으로 만들어진 캔들 스틱은 중국 문화의 영향을 받아서 음양_{Yin Yang}을 상징하는 의미로 색을 선택하게 되었으며, Bullish Bar를 Yang Line 陽線으로 Bearish Bar를 Yin Line陰線으로 표기했습니다. 이러한 연유로 아시아 주식시장은 상승에는 빨간색, 하락에는 파란색을 사용합니다.

이 가격 움직임에서는 캔들 스틱을 이용해서 차트를 분석하는 법을 보겠습니다. 차트 분석은 세밀한 분석도 필요하지만, 더 중요한 것은 시장 트렌드를 파악하는 것처럼 개별 주식의 큰 흐름을 '가격'에 집중해서 분석하는 것입니다.

캔들 스틱 주요 사항 ○ ● ● L1 L2 L3

트레이더들이 주식시장에서 큰 수익을 만들려고 미지의 숲에 들어가서 길을 잃는 경우는 어느 한순간 큰 그림을 놓치고 너무 작은 변화에 민감하게 대응하는 행동 때문이라고 생각합니다. 캔들 스틱은 스틱 몇 개만으로 가격 방향의 여러 정보를 줍니다.

캔들 스틱을 이용하는 패턴은 40개가 넘습니다. 이 캔들 스틱은 1697년 세계 최초의 선물시장인 일본 오사카 도지마 쌀 시장에서 쌀 가격을 기록하며 이 패턴을 작성한 데서 시작되었습니다. 이 캔들 스틱이 미국에 도입된 것은 1990년 초반으로, 미국에 도입되면서 일본 상인들이 기록한 패턴도 같이 도입되었습니다. 문제는 패턴이 너무 많고, 아주 단기적인 흐름에만 효과적입니다. 그래서 40개가 넘는 캔들 스틱의 단기 패턴에 의존하는 트레이더들같이 길을 잃어버리게 하여 숲에서 못 나오게 할 수도 있습니다.

캔들 스틱은 다음 두 가지 사항을 기준으로 시장을 분석합니다.

- 가격의 움직임: 상하의 움직임
- 시간 프레임Time Frame: 정해진 시간 단위의 움직임을 정해진 시간 동안 흐름을 분석

정해진 시간 단위(1분, 5분, 15분, 30분, 45분, 60분, 2시간, 4시간, 1일, 1주, 1달)에서 주식 가격 움직임의 폭(시가, 고가, 저가, 종가)을 정해진 시간(1일, 3일, 1주일, 2주일, 1달 1년 등) 동안의 전체적 흐름을 큰 시각으로 분석하는 것입니다.

쉽게 이야기하면 정해진 시간 동안 매수자·매도자들이 진행하는 밀고 당기는 세력 다툼을 보고 누가 주도권을 쥐고 있는지, 승자가 누구인지를 파악하는 것입니다. 더 쉽게 이해하려면 권투 경기의 1라운드 3분 동안 두 선수 중 누가 잘 싸웠는지를 판단한다고 생각하면 됩니다.

차트의 시간 단위는 아래 기준으로 많이 사용됩니다.

5분 차트	1~5일	15분 차트	2주일(거래 기준 10일)
30분 차트	한 달(거래 기준 20일)	1시간 차트	1분기(거래 기준일 60일)
일 차트	1년	주 차트	5년

일 단위 차트(레벨 1 필수)

우선 일 단위입니다. 일 단위 기준(일봉)으로 보는 캔들 스틱 차트는 1년이 가장 적합한 관찰 기간입니다 필요에 의해 5년까지도 볼 수 있습니다. 5년이 넘어가면 일 기준으로 볼 수도 있지만, 그러면 캔들 스틱의 숫자가 1,300개가 되어 너무 복잡해지는 관계로 주 단위로 보게 됩니다.

[차트 33] 테슬라 캔들 스틱 차트 - 일 단위 차트(1년)

　　2010년 1월 22일 기준으로 1년 동안의 주식 가격 움직임을 본 것입니다. 여기에서 보이는 줄은 추세선Trendline입니다. 다음 4개의 차트-1시간 단위(3달 또는 1분기), 15분 단위(2주 혹은 10일), 5분 단위(5일) 차트 2개-를 보겠습니다.

[차트 34] 테슬라 1시간 단위 3개월 차트

[차트 35] 테슬라 15분 단위 2주 차트

[차트 36] 테슬라 5분 단위 5일 차트

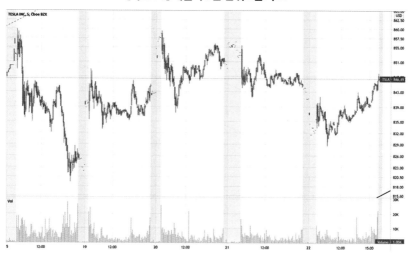

[차트 37] 테슬라 5분 단위 3일 차트

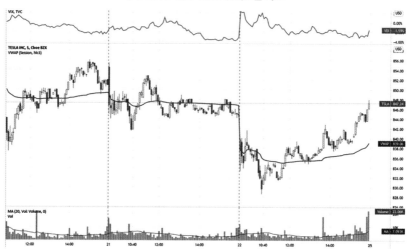

5분 단위 차트는 보통의 경우 5일을 관찰하지만, 트레이더들은 5분 단위 차트를 3일 이내로 보면서 트레이딩을 합니다.

1분 차트는 전문 트레이더들도 많이 보지 않습니다. 너무 급박하게 움직이기 때문에 훈련이 상당히 된 투자자 외에는 심리적 감당이 어렵습니다. 대신 3분 단위 차트를 소개하겠습니다.

[차트 38] 테슬라 3분 단위 일 차트

[차트 38]에 보이는 것은 지수 이동평균선들과 피봇 포인트Pivot Point입니다.

캔들 스틱을 이용한 주식 가격의 움직임을 제대로 여러분의 것으로 만들려면 캔들 스틱의 정해진 시간 단위와 차트 기간을 눈으로 관찰하여 몸으로 느끼는 법을 연습해야 합니다(10장 1절에 상세 설명. 레벨 3 필수).

제가 추천하는 캔들 스틱을 이용하는 방법은 두 가지가 있습니다.

첫째는 10장 1절에서 소개할 가격 흐름을 단기부터 장기까지 몸으로 느낄 수 있도록 파악을 하는 방법입니다. 아무도 저처럼 이 필요성에 대해 설명을 해주지 않을 것입니다. 시장의 흐름은 강물의 흐름과도 같습니다. 세상의 모든 것에 흐름이 있다면 그 흐름이 급격하게 변할 때에는 이에 타당한 이유가 있는 것입니다.

조기 경고 신호로는 채권시장, 연준 기준금리를 포함한 통화정책, 외환시장, 커머더티 시장의 영향이 있을 것이고, 이러한 흐름에 의한 ETF 11개 섹터의 전환이 있을 것입니다. 이러한 흐름의 변화를 선물시장은 제일 먼저 반영할 것이고, 내가 소유한 주식이 속한 비중이 가장 높은 ETF가 반응할 것이고, 우리가 미처 알지 못하는 이유도 있을 것입니다.

차트 위에 추세선, 이동평균선, 피봇 포인트, 피보나치 등을 보면서 차트를 몸으로 느끼는 것이 중요합니다.

둘째는 1697년부터 오사카 도지마 쌀 시장 가격의 움직임을 분석한 패턴(약 40여 개 이상)을 기준으로 주식시장의 가격 움직임을 판단하고 그 패턴에 맞추어서 미래 가격 움직임을 예측하는 것이 있습니다. 캔들 스틱의 패턴은 크게 상승Bullish과 하락Bearish의 두 축으로 구분되며, 이 패턴들이 지속Continuation 또는 반전Reverse을 예측해줍니다.

이전에 이야기했듯이 캔들 스틱 패턴은 단점이 있는 관계로 저는 가장 유용한 장악형Engulfing만을 소개합니다.

캔들 패턴 이름: 하락장악형 Bearish Engulfing

- 상승 시장 트렌드에서
- 상승Bullish Candle이 고점을 형성한 후,
- 그다음 날 전일 종가보다 높은 가격에서 시작 가격이 형성되었다가 가격이 하락을 해서 종료가 되고
- 시작 가격과 종료 가격의 폭이 전일 시작 가격과 종료 가격의 폭보다 큰 경우,
- 다음 날 캔들 스틱이 전일 캔들 스틱을 삼켜 먹었다Engulf 하여
- 이름을 하락장악형Bearish Engulfing이라고 함.

[그림 32] 하락장악형

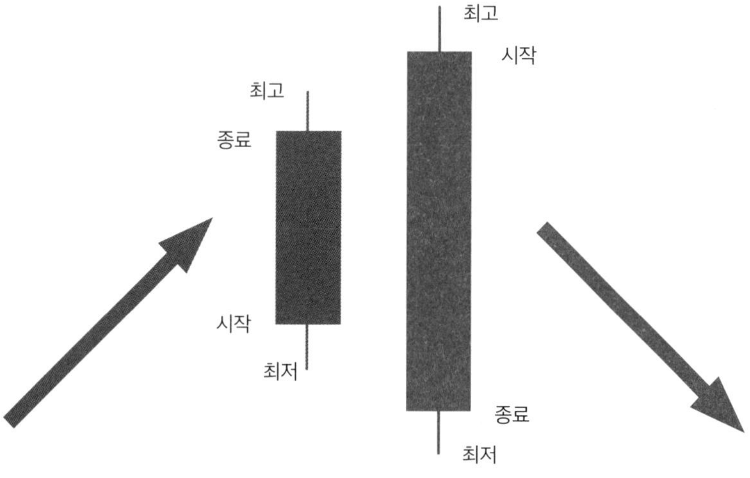

통계적 검증 결과

하락장악형의 캔들 스틱이 보이면 79% 확률로 강세장 트렌드에서 하락 반전으로 전환됩니다.

[차트 39]에서 마이크로소프트의 하락장악형 패턴 실 사례를 보겠습니다.

마이크로소프트의 2020년 하락장악형을 분석해보면, 총 5번의 하락장악형 패턴 중 2번의 케이스만 하락장악형 패턴이 효과적으로 보여주었고 나머지 3번은 실패를 했습니다. 마이크로소프트의 실질적 사례에서 보듯이 캔들 스틱 패턴의 두 가지 큰 단점이 있습니다.

첫째, 단기 위주입니다.

캔들 스틱 패턴은 주로 지난 1~3일간의 패턴을 판단하여 향후 1~2주 정도의 가격 움직임을 예측합니다. 어떠한 패턴은 하루만 예측을 합니다. 또한 반전 패턴은 단기간 역전이지 전체적인 흐름을 변화하는 패턴은 아닙니다. 하지만 선물Futures, 외환Forex, 커머더티Commodity 트레이더들은 캔들 차트를 선호합니다.

[차트 39] 마이크로소프트 하락장악형 패턴

둘째, 제가 소개한 패턴 외 대부분의 유효성이 70% 미만입니다.

10년의 기간 동안 S&P500 주식을 가지고 캔들 스틱 패턴을 분석한 결과, 103개 캔들 스틱 패턴 들 중 69% 정도만이 유효성이 발견되었습니다. 캔들 스틱 패턴은 단기적인 패턴을 보여주어 이를 조합을 이루어서 사용해야 현재 시장 흐름의 지속 및 반전 패턴을 보여줍니다. 103개의 캔들 스틱을 가지고 402개의 조합을 만들어서 유효성을 테스트한 결과 24%만이 유효성이 있다고 판단되었습니다. (토마스 불코우스키Thomas N. Bulkowski(2007),《Encyclopedia of Candlestick Charts》)

또한 제 경험상으로도 이 캔들 스틱 차트 패턴을 추천하지 않는 이유는 패턴이 너무 많아서 적용하려면 암기를 해야 하는데 이 암기가 쉽지 않기 때문입니다. 또한 모든 패턴을 외운 다음 이를 적용하려면 기계적인 움직임을 바탕으로 해야 하는데 이를 매매로 실행하기에 한계가 있습니다.

그리고 단기적 효과를 위해 너무 캔들 스틱 패턴에 집중을 하니 시장 전체의 흐름을 놓치는 경우가 많았습니다. 또한 캔들 스틱 패턴들의 유효성이 너무 낮아서 시간 투자 대비 수익 창출은 거의 기대하기가 어려웠습니다. 그래서 저는 개인적으로 캔들 스틱 패턴을 활용하는 것은 추천하지 않습니다.

제가 판단하는 캔들 스틱 차트의 중요성은,

- 그 패턴보다는 캔들 스틱의 단위(예: 5분, 30분, 1일)를 기준으로 시장에서 누가 현재 주도권을 가지고 있는지,
- 그 주도권은 얼마나 강하게 유지되고, 그 기간은 얼마나 오랫동안 유지하고 있는지,
- 주도권의 변화가 예측된다면 이 주도권의 변화가 단기인지 장기인지를 분석하는 것

입니다. 이 변화를 여러분께서 몸으로 느끼도록 하는 것이 가장 중요하고 제일 좋은 캔들 스틱 차트 이용 방법이라고 믿습니다. 지금은 무슨 말인가 할지 모르지만, 10장 1절을 읽은 후 훈련이 되면 제 이야기를 알게 될 것입니다.

거래량 Volume   L1 L2 L3
○ ● ●

(레벨 2와 레벨 3는 거래량 분석에 뛰어나야 고수로 가는 문을 열 수 있습니다.)

다우 이론에서 'Volume confirms the trends(거래량이 트렌드를 확인한다)'를 소개했습니다. 거래량이 중요한 것은 거래량이 가격의 움직임보다 선행하기 때문입니다. 그래서 시장에서는 "거래량이 가격에 우선하여 움직인다 Volume precedes price"고 이야기합니다.

주식시장에서 거래량의 변화는 시장 트렌드의 지속 Continuation, 반전 Reverse 에 중요한 판단의 근거를 주며, 가격의 움직임과 거래량의 관계를 관찰하여 현재 시장 트렌드 방향의 변화를 미리 감지할 수 있습니다. 이러한 변화의 패턴을 디버전스라 합니다.

거래량을 가장 편하게 이해하는 방법은 거래량이 평균보다 증가되면 매수 혹은 매도에 대형 투자 기관들의 참여 비율이 높아진다는 의미로 받아들이는 것입니다. 상승 시장에서 거래량이 증가되면 시장 상승이 더 지속되는 것이고, 하락 시장에서 거래량이 증가되면 시장 하락 속도가 급격해진다는 의미입니다. 일반적으로 시장 하락의 속도가 상승의 속도보다 빠릅니다.

거래량의 중요성을 세 가지로 요약했습니다.

(1) 거래량은 주가 흐름의 방향성을 완성시킵니다.

① 주식시장에서 거래량의 지원 없이 가격은 움직일 수 없다는 사실을

명심하기 바랍니다.

(2) 거래량으로 지금 진행되고 있는 개별 주식 흐름의 강도를 확인할 수 있습니다.

① 가격의 움직임은 주식 흐름의 방향을 보여준다면,

② 주식의 거래량은 주식 흐름의 방향의 강도를 보여줍니다.

③ 시장 지지 지표에서도 언급한 것처럼 상승 주식의 거래량이 하락 주식의 거래량보다 많아야 상승 시장이 유지될 수 있습니다.

④ 만약 주식이 상승하는데 거래량이 줄어드는 현상을 디버전스라 하고, 이러한 현상이 일어나면 가까운 미래에 시장 트렌드가 변화할 수 있는 가능성이 높습니다.

(3) 거래량으로 대형 투자 기관의 상황을 파악할 수 있습니다. 대형 투자 기관이 투자를 하는 형태는 두 가지입니다.

① 가격이 하락하는 동안 최저점에 도달했다고 판단하면 일정 기간 동안 많은 양의 거래가 반복적으로 이루어집니다.

② 주식시장 랠리가 종점에 가까워졌다고 판단이 되면 매도 거래량이 증가합니다.

③ 거래량이 20일 평균 거래량보다 급작스럽게 높아지는 경우는 대형 투자 기관들이 매수·매도를 한다고 판단합니다.

거래량은 주식시장에서 위의 세 가지 중요성을 보여주고 있습니다. 이 책에서 소개할 거래량 기술 지표는 다음과 같습니다.

- OBV: On-Balance Volume
- CMF: Chaikin Money Flow Index

- VWAP: Volume Weighted Average Price
- Force Index

이 중 OBV와 CMF는 본문에, VWAP과 Force Index는 부록에서 찾을 수 있습니다.

변동성 L1 L2 L3 ○ ● ●

(변동성을 잘 이해하기 어려운 레벨 1은 여기를 꼭 필독하기 바랍니다.)

변동성Volatility은 위험과 기회라는 양날의 칼이라고 합니다. 높은 변동성을 위험하다고 생각해서 시장 변동성을 측정하는 것을 '공포 지수Fear Index'로 부르기도 하지만, JP모건자산운용J.P. Morgan Asset Management은 변동성은 '기회Opportunity'라고 하면서 2020년에 TV 광고를 대대적으로 하기도 했습니다.

주식시장에서 변동성을 좀 쉽게 설명해주는 사람이 없을까요? 변동성을 어떻게 이용해야 주식시장에서 돈을 벌 수 있을까요? 이론적으로 변동성의 의미는, 주식 가격이 매일 오르거나 내려가면서 변화하는 폭을 측정한 것입니다. 그런데 변동성이 가격 폭을 측정하지만, 그 폭이 갑자기 커지는 경우가 있습니다. 그 이유에 대해 이해하기 쉽게 설명을 하겠습니다.

여러분께서 숲에 들어가 있는데 투명인간(변동성)을 따라가고 있다고 생각해보세요. 여러분이 볼 수 있는 것은 투명인간이 지나온 발자국만 볼 수가 있습니다. 즉 투명인간의 발자국만 쫓아서 가는 것입니다.

그러면 여러분이 예상할 수 있는 것은 두 방향일 것입니다. 지금까지 쫓아온 발자국의 방향(방향 1)의 연속선상에서 쫓아가는 것이 일반적입니다. 그런데 투명인간에게 급박한 일이 생긴 것 같아요. 갑자기 방향을 바꿉니다 (방향 2).

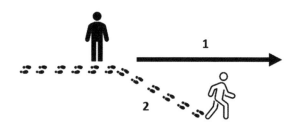

두세 발자국을 가는데 지금까지 온 방향 1과 달리 방향 2로 갑니다. 여러분은 이 지점에서 고민을 하게 됩니다. 이 투명인간이 방향 2로 계속 갈지, 아니면 다시 방향 1로 돌아와서 원래 가던 방향으로 다시 갈지. 투명인간이 가는 방향을 예측해서 따라가면 좋겠지만, 투명인간이니 보이지가 않습니다. 그런데 이 투명인간이 세 발자국 더 가서 가만히 있습니다. 그렇다면 여러분은 세 발자국 뒤에서 지켜보는 수밖에 없습니다. 이때 우리는 생각을 하게 됩니다. 투명인간이 다시 방향 1로 올 것인지, 아니면 방향 2로 갈 것인지. 그런데 갑자기 방향 2로 투명인간이 뛰기 시작합니다.

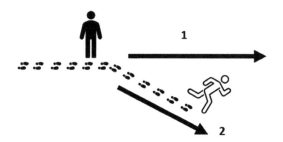

왜 뛰는가 하고 뒤를 돌아보니 곰이 갑자기 쫓아오고 있습니다. 그러면 여러분도 같이 뛰기 시작해야 합니다. 뛰다가 넘어지면 그 끝은 상상도 하기 싫은 결과가 나올 것입니다.

재미있게 풀어드리고자 이야기를 만들었는데 이해가 쉬울지 모르겠습니다. 만약 이 투명인간이 세 발자국 정도 걸었을 때, 여러분이 이 투명인간의 발자국 방향을 예상할 수 있었으면 곰에게 쫓겨 생사를 걱정하지는 않을 정도가 되었을 것입니다.

제가 생각하는 변동성은 매수자와 매도자의 의견 충돌Disagreement입니다.

우리는 시장의 모든 투자자들의 생각을 읽을 수 없습니다. 시장의 방향이 약간 바뀌면 어떠한 투자자들은 패닉 전 단계에서 매도를 할 것이고, 어떠한 투자자들은 조정의 분위기를 저가 매수의 기회로 삼고 매수를 할 것입니다. 이러한 매수·매도자들의 매매 활동이 변동성을 만들고 이 의견 충돌이 크면 클수록 변동성의 폭이 과거보다 커질 것입니다.

그래서 변동성 지수가 높아지는 것은 시장 분위기가 변할 수 있다는 신호로 사용될 수 있습니다. 이렇게 변동성 지수가 높아지기 시작하면 시장 투자자들은 안전을 선택하거나 기회를 노리는 두 그룹이 만들어질 것입니다. 그리고 이 변동성이 더욱 급박하게 커지는 순간, 투자자들은 더 이상 토론을 하지 않고 행동으로 옮기기 시작합니다. 즉 가격만이 움직이게 됩니다. 이 이야기는 투자자들은 결정을 했으며 행동으로 실천하고 있다는 말입니다. 변동성은 시장의 많은 정보를 종합적Collective 분석에 기인하여 움직이는 것입니다.

변동성이 커지면서 시장의 의견 충돌은 더욱 커질 것이고, 그 결과로 인해 투자자들의 심리는 불안해질 것입니다. 이 불안한 심리는 공포에 눌린 행동 Fear-based Action으로 이어져서 소위 패닉 매도Panic Sell로 이어지고, 주식 가격의 변동은 더욱 커질 것입니다. 주식시장은 떨어질 때의 속도가 올라갈 때의 속도보다 훨씬 더 빠릅니다. 그래서 불안한 심리가 공포로 변하게 되는 것입니다.

그렇다고 계속해서 이 패닉 분위기가 이어지지는 않습니다. 공포 분위기가 옆으로 빠지기 시작하면서 변동성의 폭이 줄어들기 시작합니다. 그러면 기회를 찾는 투자자들은 저점이라고 생각하고 매수를 하기 시작합니다.

변동성을 읽을 줄 아는 것은 여러분이 시장 분위기에 대한 정보를 모으는 것이고, 이를 다른 사람들보다 정교하고 정확하게 읽을 수 있다면 여러분께서는 다른 사람들보다 더 빠르고 더 안전하게 투자를 할 수 있습니다.

개별 주식의 변동성은 어떠한 의미를 주고 어떠한 지표를 참조해야 할까요? 일반적으로 시장에서 인기가 있는 주식과 저가의 주식들은 주식 가격의 변동성이 높습니다. 이 변동성을 과거의 데이터를 기준으로 측정하여 주식 가격의 움직임 폭을 예상하고 이 폭을 넘어서는 경우는 매수 혹은 매도의 기회로 보고 투자를 하게 됩니다. 변동성은 가격의 방향을 보여주는 것이 아닙니다. 하지만 기회를 잡기에는 충분히 이용할 수 있습니다.

개별 주식의 변동성을 확인하는 방법은 세 가지입니다. 첫째는 베타Beat, β를 이용하는 방법, 둘째는 표준편차를 이용하는 방법이고, 셋째는 ATRAverage True Range을 이용하는 방법입니다.

베타는 6장 1절(314쪽)에서 설명했으므로 여기에서는 표준편차만 이야기를 하겠습니다. ATR은 8장 5절 기술적 지표에서 이야기를 하겠습니다.

표준편차 이용 방법

미국은 모든 것이 숫자적 근거가 없으면 토론을 할 수 없는 문화입니다. 그러면 숫자로 보이는 이 주식 가격은 그 뒤에 얼마나 많은 숫자로 표현하는 논리가 들어 있겠습니까? 한국인들이 미국 주식에서 다른 외국인들보다 더 뛰어날 수 있다고 믿는 논리는 우리가 수학 이론은 잘 몰라도 숫자에는 저 친구들보나 강한 면이 있기 때문입니다.

고등학교 정규 수학 시간에 배운 적이 있는 표준편차를 떠올려보기 바랍니다. 혹 정규분포곡선이 기억나는지요? 잘 모르겠다면 단순하게 미국 '자유의 종' 같은 종 모양을 생각하면 됩니다. 종Bell은 대칭이 맞지 않으면 달기도 힘들고 소리도 안 좋다고 하네요. 이러한 종 모양이 정규분포곡선입니다.

여기에서 보이는 기호(δ: 시그마)는 표준편차Standard Deviation를 의미합니다. 표준편차를 구하기 위해서는 모집단의 평균을 구해야 합니다. 그래서 모집단의 평균에서 표준편차별로 모집단 구성원들이 분포된 확률을 이야기하는 것입니다.

[그림 33] 정규분포곡선

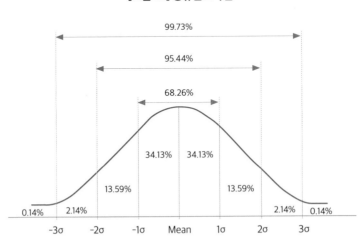

400

[그림 33]에서 모집단 인원이 100명이라고 한다면 평균에서 68.26명이 1δ 표준편차의 구간에 있다는 것이고, 2δ 표준편차가 되면 95.44명이 그 안에 있다는 이야기입니다.

[차트 40]의 애플 차트를 보면, 정해진 기간 동안 2δ 표준편차를 이용해서 추세선을 그리면 자동으로 평균값을 계산해서 애플의 주가가 이 정해진 기간 동안 95.4%의 확률로 그 안에서 움직일 것이라는 의미입니다.

애플을 예시로 1δ와 2δ의 예를 보겠습니다.

기술적 지표로는 '회귀 추세Regression Trend'라 하며, 차트 위에 선을 긋는 곳에서 찾을 수 있습니다. 보통 한자로 '석 삼(三)'자처럼 있는 것이 있으니 이를 여러분께서 관찰하고 싶은 구간을 정해서 이으면 됩니다.

주로 1δ는 공격적인 투자자들이 참조하는 가격 변동 폭으로 ±1δ에서 움직일 확률을 68.2%로 두고 이 범위에서 상승Up Breakout하면 매수의 기회를 모색하고, 이 밑으로 내려가면Down Breakout 매도의 기회를 봅니다. 그러면 2δ를 변동 폭으로 두는 경우를 보겠습니다.

[차트 40] 2020년 애플 주가 변화 - 1δ

[차트 41] 2020년 애플 주가 변화- 2δ

±2δ의 경우 시장의 급격한 하락이 없는 이상은 대부분 이 범위에서 주식 가격이 변화합니다. 이 안에서 다른 기술적 지표 및 차트 패턴과 연계해서 매수·매도를 결정합니다.

이 표준편차의 과거 자료를 가까운 미래에 이용하는 방법은 표준편차를 가지고 만들어진 선을 오른쪽으로 연장하면 됩니다. 단, 주식 트렌드가 바뀌는 경우는 다시 그 변하는 지점부터 시작하기를 추천합니다.

이 표준편차 방법은 상당히 널리 사용됩니다. 장점이 아주 많은데, 여러분이 보유한 주식들을 가지고 동일한 기간을 선정해서 비교해보면 그 변동 폭의 정확성이 상당히 유용함을 깨닫게 될 것입니다. 단, 2δ를 추천합니다. 1δ는 너무 민감하고 3δ는 확률이 99.7%이니 이 범위 내에 다 들어옵니다. 그러면 별 의미가 없겠지요?

기술적 지표 및 차트 분석을 위한 기초를 마쳤습니다. 이제 본격적으로 기술적 지표에 대해 알아볼 것입니다.

[그림 34] 기술적 분석

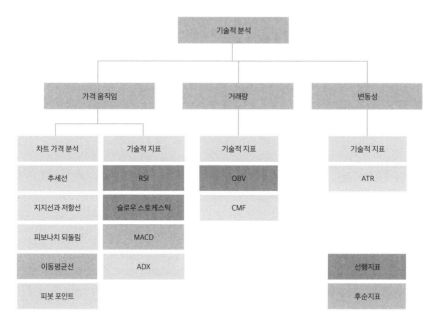

순서는 [그림 34]를 참조하기 바랍니다. 좌측부터 우측으로 진행할 예정인데, 혹시 길을 잃어버리면 여기로 다시 와서 확인하고 본인이 어디에서 무슨 내용을 습득하는지 항상 주지하기 바랍니다.

04 추세선(Trendline)

(레벨 1도 추세선에 대해 공부하기를 추천합니다. 다른 기술적 지표는 몰라도, 이 추세선만 잘 알아도 개별 주식 매수·매도에 도움이 됩니다.)

Trendline, 한국말로 추세선이란 주식 가격의 흐름을 미리 파악해서 어느 순간 상승과 하락을 하는 지점을 가능한 정확하고 빠르게 파악할 수 있는 선을 말합니다.

차트 분석의 기본으로 가격 움직임을 분석하는 것이나, 거래량과 연계하여 브레이크아웃Breakout되는 지점을 파악할 수 있습니다.

레벨 1에게도 도움이 되는 것은 시장 흐름 분석에 의해 진입 시기가 정해지면 그동안 투자 후보로 정한 주식들의 최적의 매수 시기를 판단할 수 있습니다. 시장 지수 및 개별 주식의 매수·매도 시기에 추세선은 아주 많은 도움을 줍니다. 기술적 지표가 어려울 수 있는 레벨 1과 레벨 2는 이 추세선만 100% 적용해도 개별 주식의 흐름을 파악할 수 있습니다.

추세선에 어떠한 것들이 있는지 우선 큰 그림을 보겠습니다.

추세선은 [차트 28](366쪽)에 소개한 '1. 차트 – 가격 움직임' 부분에 그리

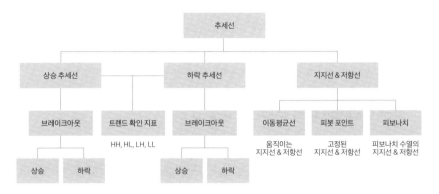

[그림 35] 추세선 구분

는 것입니다. 수평으로 그리는 지지선과 저항선까지는 여러분이 직접 그리는 것이고, 이동평균선, 피봇 포인트Pivot Point는 시스템에서 자동으로 생성을 해 줍니다. 피보나치Fibonacci는 알아보고자 하는 가격의 고점과 저점을 연결하면 자동으로 그 구간이 나오게 되어 있습니다.

트렌드 확인 지표는 시장 지수 및 개별 주가의 큰 흐름을 파악하는 것으로 시장 흐름을 판정할 수 있는 방법입니다. 이 방법은 7장의 시장 흐름 판정과 연계해서 사용하면 시장 흐름을 판단하는 데 더 큰 도움이 됩니다.

추세선을 그리기에 앞서서 지지선과 저항선의 개념을 알고 추세선을 그리 면 좋습니다.

지지선은 주가가 하락을 할 때 어느 한 지점에서 이를 지지Support해주는 지 점들이 있습니다. 이 지점들을 연결한 것이 지지선입니다. 지지선은 수평선이 될 수도 있고, 주가가 상승을 하는 경우는 사선으로 만들어집니다.

저항선은 주가가 상승을 할 때 이 지점에 가면 이상하게도 주가가 더 이상 상승하지 못하는 지점이 나옵니다. 이 지점을 연결한 선이 저항선Resistance입 니다.

지지선과 저항선 안에서 움직이면 이를 채널Channel이라고 합니다. [차트 28]에서 표준편차를 이용한 회귀 추세Regression Trend가 채널의 일종입니다.

상승 추세선과 하락 추세선 L1 L2 L3 ●●●

상승 추세선과 하락 추세선은 다음의 [그림 36]과 같습니다.

상승 추세선의 특징은 우측으로 올라가는 흐름입니다. 이해하기 쉽게 아래 꼭지 부분이 상승 추세선에 모두 접하도록 그렸지만 실제로는 이런 그림이 안 될 수도 있습니다.

> ** 회사 이름을 가지고 예를 들 때 가능한 회사명은 한국 이름으로, 그리고 주식 티커는 영어로 사용하는데 앞에 $ 표시가 있으면, 주식 티커입니다.*

그래서 추세선을 만드는 조건으로 최소한 두 개의 저점(아래 꼭지)이 연결되어야 합니다.

위의 설명과 가장 부합한 차트와 더 강한 매수세로 상승하는 차트 2개를 보여드리겠습니다.

[차트 42]는 페이스북($FB), [차트 43]은 테슬라($TSLA)*

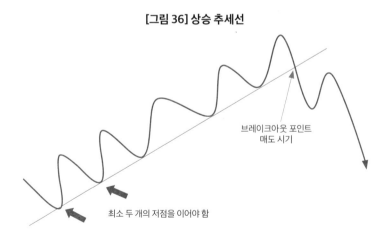

[그림 36] 상승 추세선

브레이크아웃 포인트
매도 시기

최소 두 개의 저점을 이어야 함

[차트 42] 페이스북, 상승 트렌드 + 하락 브레이크아웃

[차트 43] 테슬라, 상승 트렌드 지속 추세선

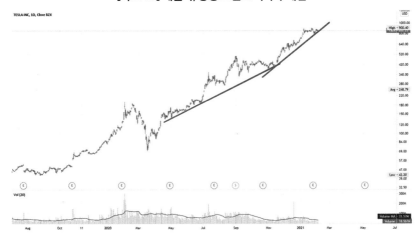

입니다. [차트 42]에서 보면 세 번째 아래 꼭지 부분이 약간 내려오는데, 저 정
도는 감수해도 상관이 없습니다.

L1 L2 L3
●

레벨 3는 [차트 43] 같은 추세선을 'Bump and Run Pattern'이라고 말합니다. 인터넷에서 찾아 개별적으로 공부하기 바랍니다. 테슬라 주식같이 급상승하면서 변동성이 높은 주식은 이 추세선과 Laser 1석2조를 잘 혼합하면 같은 자본으로 꽤 많은 주식 수를 늘릴 수 있습니다.

하락 추세선입니다([그림 37]).

[그림 37] 하락 추세선

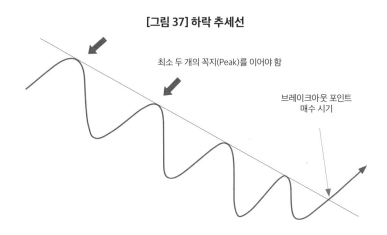

최소 두 개의 꼭지(Peak)를 이어야 함

브레이크아웃 포인트
매수 시기

조건은 상승 추세선과 동일하게 2개의 꼭지(Peak)를 이어야 합니다. 저는 상승 추세선보다 레벨 1부터 이 하락 추세선을 꼭 마스터해서 잘 이용하라고 강력하게 추천합니다. 좋은 주식을 저가에 매수하는 방법에는 저평가된 주식을 사는 방법도 있지만, 좋은 주식을 조정의 단계에서 매수 시기만 제대로 파악하면 그 가격에 다시는 살 수 없는 기회도 올 수 있습니다.

이런 기회에서 많은 개인 투자자들이 매수의 적기를 파악 못 하는데, 이 하락 추세선이 많은 도움을 줍니다. 실제 사례를 보겠습니다([차트 44]).

빅커머스($BIGC)라는 웹서비스 회사로 쇼피파이_{Shopify}($SHOP), WIX($WIX)와 경쟁을 하는 회사입니다. 처음 이 부분을 집필할 때가 2021년 1월 23일이었으며, 그 당시에 하락 추세선이었습니다.

[차트 44] 빅커머스, 하락 추세선 2021년 1월 23

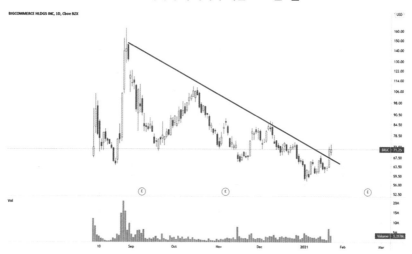

[차트 45] 하락 추세선 + 상승 브레이크아웃

현재 2월 7일인데 2주 동안 이 가격이 어떻게 변했는지 확인해 보기 바랍니다([차트 45]).

L1 L2 L3   (레벨 2 이상에게만 추천합니다.)
● ●

수평선은 11장 실전 매매 기법의 IPO 주식 트레이딩에서 자세하게 설명합니다. 이 하락 추세선은 IPO 주식이 처음 상장하면 기대감에 의해 주식 가격이 폭등합니다. 그리고 조정을 6~12개월 정도 받습니다. 그 기간에 저점에서 매수를 하는 것이 아닌, 상승 브레이크아웃Up Breakout하는 시점에 매수를 하면 여러분께 효자 노릇을 단단히 하는 주식이 될 것입니다. 물론 펀더멘털이 좋은 IPO 주식만을 선택해야 합니다.

2021년 2월 18일에 실적을 발표합니다. 앞으로 2번에 걸쳐서 실적이 좋으면, 6장의 실적 위주 공격적 투자 주식에 속하게 됩니다. 1월 23일 이후 IPO 트레이딩에서 선정한 구간인 95.71달러까지 상승을 했다가 글을 쓰는 현재 82.30달러입니다. 실적이 좋으면 120달러까지는 충분히 상승을 할 수 있는 회사입니다.

이렇게 하락 추세선만 잘 분석해도 여러분께 효자가 되는 종목을 선정할 수 있습니다. 브룸($VRM)을 가지고 이 하락 추세선을 더 보겠습니다([차트 46]).

브룸Vroom이라는 미국 온라인 중고차 회사입니다. 회사는 현재 성장기이기 때문에 수익은 창출 못 하는 회사입니다. 이렇게 수익을 못 내는 회사는 P/S를 보라고 했습니다. P/S는 4.29, P/B는 4.43이고, 당좌비율은 4.20, 부채비율은 0.19로 부채가 거의 없는 회사로 판단하면 좋습니다. 시장에서의 평가는 좋아서 기관의 주식 보유율이 78.60%가 되며, 제가 알고 있는 헤지펀드들도 꽤 많이 투자한 회사입니다. 초기에 빌 게이츠가 투자했던 회사입니다.

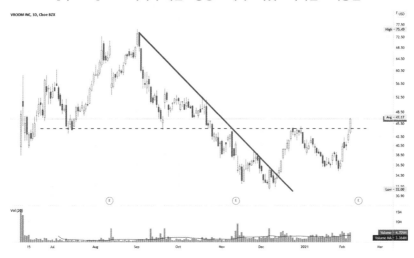

[차트 46] VRM 하락 추세선 + 상승 브레이크아웃 + 지지선 & 저항선

처음 상장을 한 날 47.92달러에서 최고가인 75.49달러까지 갔다가 다른 주식들이 산타 랠리Santa Rally 할 때 32달러까지 하락했습니다.

하락 추세선을 34달러에서 상승 브레이크아웃하고 현재는 46.71달러입니다. 수평선이 과거에는 지지선이었다가 저항선이 되었습니다. 현재 저항선을 뚫고 상승하는 모습입니다. 이렇게 하락 추세선은 여러분이 좋은 주식을 저가에 매수할 수 있는 기회를 제공해주는 가장 간단하면서도 좋은 추세선입니다.

Accumulation & Distribution를 참조하면 상승 및 하락 추세선은 마크 업Mark Up 또는 마크 다운Mark Down 단계에 일어납니다. 마크 업 이후 Accumulation이 되는 경우를 통합Consolidation으로 이야기하기도 합니다.

큰 그림으로는 Accumulation과 Distribution을 보고, 추세선은 작은 그림으로 보고 매수 시기 혹은 매도 시기를 찾는 것입니다.

통합Consolidation**, 지속**Continuation**, 전환 패턴**Reversal Pattern

L1 L2 L3
● ● ●　(레벨 1도 가능한 숙지하면 좋습니다.)

Accumulation과 Distribution에서 소개한 아마존 차트를 다시 가지
고 왔습니다.

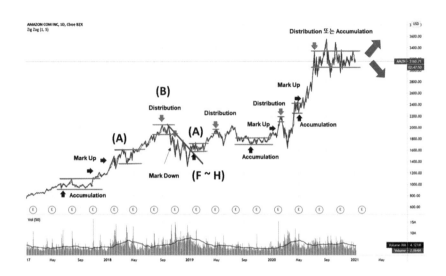

[차트 47]의 상승 추세선의 브레이크아웃 유형 (A)와 (B)는 아마존 차트에
보면, (A)는 Accumulation 구간에서, (B)는 Distribution 구간에서 발생됩
니다. [차트 47]의 통합Consolidation 구간이 아마존 차트의 Accumulation 혹
은 Distribution구간이 됩니다. 통합에서 상승을 다시 하면서 마크 업이 되
는 경우도 있고, 통합에서 하락을 하는 경우 마크 다운이 됩니다.

[차트 47]은 이해하기 쉽도록 모든 접점이 상향 추세선 위에 있지만, 실제
로는 그렇지 않은 경우를 보여드리겠습니다. [차트 48]은 상향 추세선에서 생
기는 현상이고, [차트 49]는 하락 추세선에서 생기는 경우입니다.

[차트 48]과 [차트 49]는 일반적으로 볼 수 있는 것이지만, 브레이크아웃까

[차트 47] 상승 추세선 브레이크아웃 사례

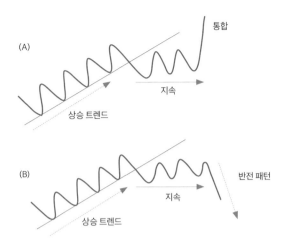

[차트 48] 상승 추세선 브레이크아웃 사례 중 고점에서 생기는 경우들

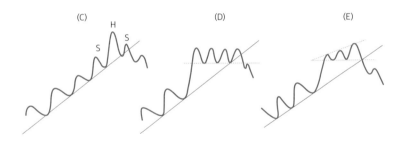

[차트 49] 상승 추세선 브레이크아웃 사례 중 저점에서 생기는 경우들

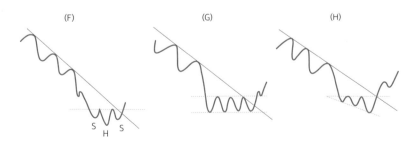

지의 기간이 짧게는 일주일도 있을 수 있고, 길게는 몇 달이 걸릴 수도 있습니다.

또한 브레이크아웃이 될 듯하면서 하락 추세선을 계속해서 내려가는 경우도 있습니다. 이때 레벨 1 분들 중 매도를 못 하고 소위 '존버' 전략인 분들은, 현금을 준비하고 있다가 브레이크아웃하면서부터 2~3번 정도에 추가 매수하는 것도 좋은 전략입니다. 물론 펀더멘털이 좋은 회사에만 국한합니다. 추가 매수해서 평균 단가를 낮추는 것은 어쩔 수 없는 경우에만 해야 합니다.

트레이더에게 불문율 중 하나가 평균 단가를 낮추기 위한 추가 매수입니다. 추가 매수를 안 하는 이유는 추세선을 읽을 줄 모르는 것이 아닌, 트레이더의 심리가 무너지기 때문입니다. 그래서 트레이더들도 심리적 무너짐이 있는데 레벨 1의 개인 투자자들은 더 심리가 무너질 수 있습니다. 그러므로 추세선을 잘 읽고 관찰하는 습관을 가지면 좋은 수익을 창출할 것입니다.

[차트 50]은 추세선이 브레이크아웃한 후 평균적으로 움직이는 가격 폭으로 통계적 검증을 마친 것이며, 미국 주식 투자자들의 대부분은 알고 있습니다.

[차트 50] 브레이크아웃 이후 예상되는 가격 폭

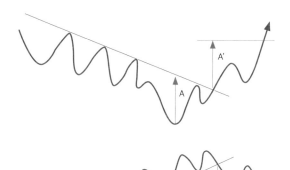

애플 차트를 통해 실 사례를 보겠습니다([차트 51]).

[차트 51] 애플 주식 상승 트렌드 반전

- 2020년 9월 3일 최고가 137달러를 기록하고 트렌드가 변해서 12월 29일에 138달러를 기록했습니다. 약 4개월의 기간 동안 반전 패턴 이후 통합을 보여줍니다.
- 8월 6일이 A지점이 되고 그날 종가 113.90달러이며 추세선의 가격은 약 99.20달러입니다. 가격의 폭이 14.70달러가 됩니다.
- A'에서 브레이크아웃된 지점의 가격이 127.31달러 부근입니다. 하락의 폭인 14.70달러를 차감하면 112.61달리입니다.
- 실제로 브레이크아웃 이후 9일간 그 가격까지 내려왔고 실제로는 더 내려갔었습니다. 이 가격을 지지선으로 딛고 상승한 11월 24일 이후 애플 주가는 다시 상승하기 시작합니다.
- 2021년 2월 7일 현재의 가격이 136.76달러입니다.

10주 정도 보유하면 14.70달러는 140.70달러밖에 안 되지만, 만약 1,000주를 보유하고 있다면 14,070달러의 차익을 더 얻을 수 있는 상황이 됩니다. 레벨 3는 이 포인트를 잘 깨닫고 있기를 바랍니다.

아마존의 실 사례를 보겠습니다([차트 52]).

[차트 52] 아마존 주가 추세선 브레이크아웃

- 아마존은 Accumulation 기간이 다른 주식에 비해 상당히 긴 시간을 유지합니다. 그림에서 좌측 하단의 Accumulation은 601일 동안 지속되었습니다.
- 그리고 브레이크어웨이Breakaway GAP(450쪽 설명 참고) 이후 마크 업Mark Up 단계가 됩니다.
- 이 기간 동안 상승 추세선과 최저 가격 간의 가격이 292달러입니다. 약 290달러로 보면 좋습니다.
- 2,836달러에서 브레이크아웃이 생기면서 3,134달러까지 상승합니다.

416

- 그리고 한 번 더 상승해 290달러가 올라가면서 3,436달러를 기록합니다.
- 최고점인 3,552달러 이후 현재 158일 동안 Accumulation 혹은 Distribution 단계에 있습니다.

추세선에 대해 이미 어느 정도 알고 있던 독자라도 이렇게 폭을 넓혀서 보면 많은 기회를 잡을 수 있을 것입니다. 추세선은 가장 단순하고 쉬우면서도 가장 강력한 무기로, 여러분이 주가의 흐름을 판단할 수 있게 하는 튼튼한 뿌리가 되어줍니다.

재미있지 않나요?

이처럼 차트 분석은 그동안 우리가 접근하기 어려웠거나 몰라서 그렇지 한번 숙지해놓으면 미국 주식시장에서 성공하는 아주 강력한 무기가 되는 것입니다.

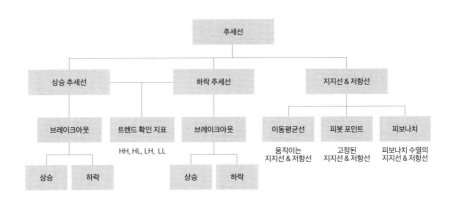

상승 추세선과 하락 추세선을 설명했습니다. 다음 항에서는 트렌드 확인 지표인 HH, HL, LH, LL에 대해 설명하겠습니다.

트렌드 확인 추세선(HH, HL, LH, LL)

(레벨 1도 가능한 숙지를 하기 바랍니다.)

7장의 시장 흐름을 확인하는 데 있어서 이를 보는 것도 어려워하는 분들은 이 항을 습득하면 도움이 될 것입니다. 들어본 분들도 있겠지만 가격의 움직임이 파도Wave처럼 움직인다는 비유를 하곤 하는데, 이 파도처럼 움직이는 주식 가격을 고점과 지점을 연결해서 보는 법이 HH, HL, LH, LL입니다.

이 HH, HL, LH, LL은 기본적인 가격의 움직임입니다. 그러면 이 HH, HL, LH, LL의 의미와 어떻게 해석을 하는지 설명하겠습니다.

영어로 읽으면 혼란이 있을 수 있지만, 이렇게 해석하면 좋습니다.

HH	Higher High	LH	Lower High
HL	Higher Low	LL	Lower Low

- Higher: 상승
- Lower: 하락
- Higher High: 상승 고점
- Higher Low: 상승 고점 이후 하락했지만 여전히 상승세 유지 가능 지점
- Lower High: 하락 저점 이후 상승한 고점. 이후 하락세로 돌아서는 지점
- Lower Low: 하락 저점

HH, HL, LH, LL을 통한 트렌드 분석은 가격 움직임 파악의 기본이 됩니다. [그림 38]을 보면서 설명을 해드리겠습니다.

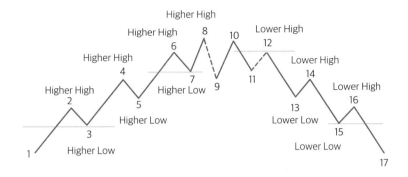

[그림 38] HH, HL, LH, LL

HH	2, 4, 6, 8	LH	12, 14, 16
HL	3, 5, 7	LL	13, 15

HH가 되는 룰이 있습니다.

- 2번의 고점이 된 후 3이 되는 HL의 지점이 1번보다 높아야 합니다.
- 새로운 HH인 4번은 2번보다 높아야 합니다.
- 이러한 규칙 때문에 영어로 비교급 Higher가 사용되는 것입니다.
- 이렇게 지속적으로 HH와 HL이 만들어지면서 주가가 올라가면 상승 구간Uptrend으로 봅니다. 이런 경우 1번에서 8번까지는 상승 흐름으로 판단합니다.

Lower는 반대의 의미를 가지고 있습니다.

9번에서 12번까지의 구간은 HH, HL, LH, LL를 정의 못 하는 상황입니다.

- 13번이 만들어 지고서 12번이 Lower High가 됩니다.
- 12번이 11번보다 하락을 하면서 13이 LL가 됩니다. 12번이 하락 흐름의

출발점이 됩니다.

- 13번의 경우 하락을 하는 저점이 되고(LL: Lower Low)
- 14번은 하락 중 반등을 하면서 LH(Lower High)를 만들고
- 15번 LL가 됩니다.
- 하락 흐름이 되는 것입니다.

이 구간을 Accumulation과 Distribution의 관점에서 본다면,

- Mark Up이 1번에서 7번까지 구간입니다.
- Distribution이 7번에서 12번입니다.
- 12번에서 17번까지는 마크 다운Mark Down이 됩니다.

　　HH, HL, LH, LL의 점들을 이어서 상승 및 하락 추세선을 그릴 수 있습니다. HL을 이어서 그리면 상승세의 추세선이 되고, LH를 이어서 그리면 하락세의 추세선이 됩니다.

[그림 39] 추세선

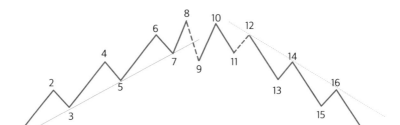

이제 지지선과 저항선은 이 HH, HL, LH, LL을 이용하여 만드는 것입니다.

[그림 40] 지지선 & 저항선

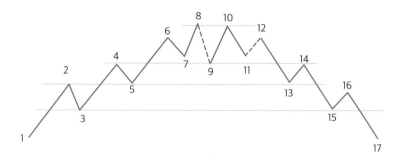

1번에서 17번까지의 지지선과 저항선에 대해 설명하겠습니다. 1번에서 시작할 때 주식 A가 새로운 고가를 형성하면서 상승을 한다고 가정해보겠습니다.

- 2번에서 HH가 되면 3번이 HL를 만들고 다시 새로운 HH인 4번을 향해 올라갑니다.
- 그러면 2번의 HH의 수평선이 저항선이 됩니다.
- 4번의 HH에서 하락을 하는 경우 5번의 HL 지점은 대부분 2번 HH 지점이 지지선이 되어 이 가격대에서 반등을 합니다. 이 지지선이 지지를 못 해주면 HL가 무너지면서 새로운 출발점이 생기든지, 아니면 13과 같은 LL로 전환을 하게 됩니다.
- 12번 LH에서 13번 LL로 내려가는 경우 4번 HH 지점이 지지선이 되다가 무너지면서 2번 H 지점이 지지선이 되면서 반등을 하는 경우입니다. 그리고 그 반등도 4번 HH가 저항선이 됩니다.

이렇게 지지선과 저항선은 대부분 같습니다. 주식이 상승을 하는 경우는 저항선이 되고, 하락을 하는 경우는 지지선이 됩니다.

HH, HL, LH, LL은 주식의 흐름을 보여줄 뿐만 아니라 지지선과 저항선을 만드는 지점이 됩니다. 특히 7장의 시장 흐름 판정에 대한 판단이 어려운 경우 HH, HL, LH, LL을 이용하면 좋습니다.

[차트 53]은 프리미엄 아울렛Premium Outlet을 소유한 REITs의 대표적인 주식인 사이먼 프로퍼티 그룹($SPG)입니다. 저 차트 위에 여러분께서 직접 그리는 방법도 있지만 레벨 1 같은 분들같이 어떻게 해야 하나 생각하는 분들을 위해 제가 쉬운 방법을 가르쳐드리겠습니다.

기술적 지표에서 ZigZag 기능을 찾으세요. 그리고 차트를 일Day 차트가 아닌 주Week 차트로 설정을 하기 바랍니다. 그러면 [차트 54]와 같은 차트를 볼 수 있습니다.

이 기능을 사용하면 레벨에 상관없이 주가 흐름을 파악하기 좋을 것입니다.

[차트 53] SPG

[차트 54] SPG + ZigZag

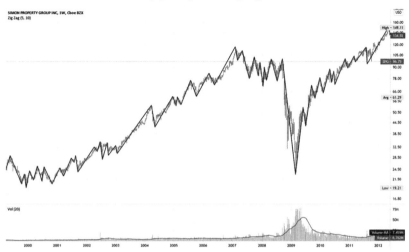

지지선과 저항선　L1 L2 L3
○ ● ●

(레벨 1도 숙지하면 좋으나 이해가 어려우면 한번 읽어보고 넘어가도 괜찮습니다.)

지지선과 저항선에 대해 실 사례를 보여드리면서 약간 더 공부를 하겠습니다.

에드워즈Edwards와 맥기Mcgee가 저술한《Technical Analysis of Stock Trends》의 11번째 개정판(2019) 189쪽에 다음과 같이 지지선과 저항선에 대해 쉬운 설명이 있어 인용합니다. 참고로 첫 번째 판은 1948년에 출간되었습니다.

"A Support Level is a price Level at which sufficient demand for a stock appears to hold a downtrend temporarily at least, and possibly reverse it, that is, start prices moving up again. A Resistance Zone, by the same token, is a price Level at which sufficient supply of a stock is forthcoming to stop, and possibly turn back, its uptrend…. A Support Range represents a concentration of demand, and a Resistance Range represents a concentration of supply."

해석을 해보면,

"지지선은 주식이 최소한 잠정적이라도 하락하지 않고 가능하면 역전되어서 상승할 수 있도록 하는 주식 매수 수요가 많은 곳의 가격대이다. 저항선 존Resistance Zone은 같은 맥락으로 가격이 더 이상 상승하지 않고 그곳에서 머물거나 하락하도록 하는 주식 매도 공급이 많은 곳이다. 지지선 범위는 매수 수요가 집중된 곳이고, 저항선 범위는 매도 공급이 집중된 곳이다."

지지선Support은 매수자들이 저가의 기회라고 사는 투자자들이 많고, 저항선Resistance은 매도자들이 수익 실현을 하는 기회라 판단하여 매도하는 투자자들이 많은 곳입니다.

기본적인 지지선과 저항선은 수평선입니다. 앞서 설명한 HH, HL, LH, LL 지점에서 5년 이상 전의 지점도 지지선 및 저항선이 되는 경우가 있습니다.

지지선과 저항선이 투자자들의 심리를 제일 잘 표현합니다. 더 재미있는 것은 숫자의 묘미입니다. 대부분 0이 있는 곳에서 저항을 받거나 지지를 받습니다. 80달러대 주식이 100달러를 뚫기 어렵고, 100달러 중반대 주식이 100달러를 지키려고 노력합니다.

인간의 심리가 재미있는 것은 80달러대 주식이 100달러를 넘을 듯하면 못 넘고 못 넘을 듯하다가 최소 3번 정도를 건드리면 이를 뚫고 올라갑니다.

그래서 이를 '3의 법칙'이라 합니다. 차트 패턴에서 설명할 것입니다.

지지선과 저항선의 개요 그림을 보겠습니다. 지지선과 저항선에는 세 가지 룰이 있습니다.

   Ⅰ. 전 고점 및 전 저점이 지지선과 저항선 후보입니다.

   Ⅱ. 지지선이 역으로 최저점에서 반등하고 오는 경우 저항선이 됩니다.

   Ⅲ. 저항선을 뚫고 상승을 했다가 다시 하락하는 경우 저항선이 지지선이 됩니다.

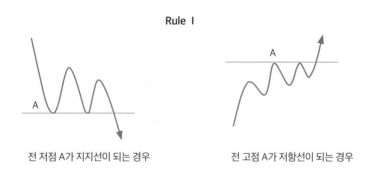

Rule Ⅰ

전 저점 A가 지지선이 되는 경우　　　　전 고점 A가 저항선이 되는 경우

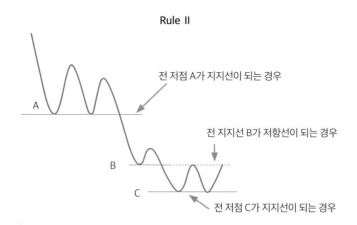

Rule Ⅱ

전 저점 A가 지지선이 되는 경우

전 지지선 B가 저항선이 되는 경우

전 저점 C가 지지선이 되는 경우

• Rule II는 Rule I의 지지선이 뚫려서 하락한 후 B선이 지지선이 되지만 이 또한 무너지고 C의 지지선에서 반등합니다. C의 경우 2번 다 지지선에 닿고 반등하는 경우를 더블바텀Double Bottom이라 합니다. 전 지지선 B가 저항선이 되어 이를 뚫고 상승세를 이어가든지, 아니면 다시 하락을 하는 경우가 있습니다. B지점을 지나서 상승할 수도 있고 하락을 다시 할 수도 있습니다. 이는 시상 상황과 그 해당 주식의 거래량이 좌우하게 됩니다.

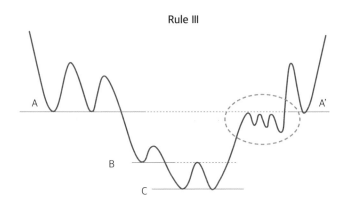

Rule III

• Rule III는 Rule II의 저항선 B를 다시 뚫고 상승합니다. 그러면 이 주식은 A지점의 지지선이 A'의 저항선이 되어 몇 번을 뚫으려고 노력을 하게 됩니다. 물론 이때 거래량을 주요 변수로 같이 고려를 해야 합니다.

• A'의 저항선에서 3번 정도 A'를 넘으려고(동그라미 부분) 하면서 거래량이 증가된다면 저항선을 뚫고 상승할 확률이 높습니다. 그리고 상승을 한 후 하락을 하면 A'는 지지선이 됩니다.

애플의 실 사례 연구

L1 L2 L3
● ● ●　　(레벨 1과 레벨 2는 지지선과 저항선의 범위에 대해 애플 사례를 통해 파악
해보기 바랍니다.)

2018년 11월 1일 애플의 실적 발표 날 최고경영자 팀 쿡이 애플은 더 이
상 아이폰 판매 대수를 실적 발표일에 집계해서 발표하지 않겠다고 선언했습
니다. 아이폰 판매 대수에 민감했던 시장 투자자들은 팀 쿡의 발표 이후 피도
눈물도 없이 냉정하게 애플 주식에 대해 투매를 시작했습니다. [차트 55]를
한번 보겠습니다.

- 애플 주식이 2달 만에 35.9%가 하락합니다. 실적 발표일 종가가
  222.12달러였는데 그다음 날부터 수직 하락을 하게 됩니다. 2019년 1월
  3일 주가가 142.32달러까지 하락합니다. 이 가격은 분할 가격 전 기준입
  니다.

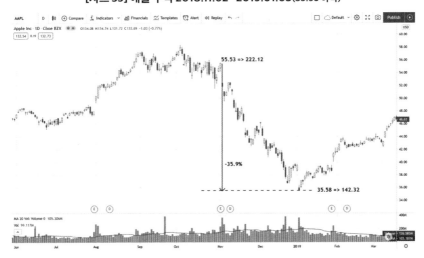

[차트 55] 애플 주식 2018.11.02~2019.01.03(35.95 하락)

- 언론 및 뉴스에서 애플은 더 이상 성장을 멈추었고 '이제 애플 주식은 가치가 없다'는 기사들이 언론 및 증권 커뮤니티에 도배되기 시작했습니다. 여기에 트럼프 대통령의 중국과의 무역 전쟁으로 중국에서 전 제품을 생산하던 애플은 더 치명상을 입게 됩니다.

- 당시 많은 전문가들이 "애플 주가가 160달러까지 하락을 할 것이다. 150달러 미만까지 하락을 할 것이다"라며 각종 미디어에서 이야기하곤 했습니다.

- 실제로 펀더멘털의 흔들림은 별로 없었습니다. 그리고 팀 쿡은 오히려 "다음 분기 실적이 더 좋을 것이다"라고 말하며 미래 가이드를 긍정적으로 발표하고 CNBC와 인터뷰도 합니다.

- 성급한 투자자들은 매수의 기회라고 보고 180달러대에 매수를 했고 실적이 좋을 것이라고 판단한 투자자들은 200달러대에서 매수를 했습니다. 이 시기에 여러분께서 애플 주식을 200달러에 사셨더라면 어떻게 했을까 하고 상상을 하면서 [차트 56]을 보기 바랍니다.

[차트 56] 애플 재무 성과

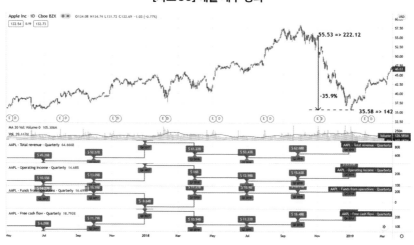

428

- 차트 밑의 부분은 재무 성과입니다. 매출, 영업이익, 영업현금 창출, 잉여현금 모두 상승했습니다. 그러면 펀더멘털 분석만 기준으로 투자한 분들은 무엇이 문제인지 하고 고민을 하게 됩니다. 특히 고점에 매수한 투자자들은 패닉이 오게 되는 것이지요.

- 2달 만에 애플이라는 회사의 주식 가격이 35%를 하락하니, 예를 들어 1억을 투자한 분들은 3,500만 원이라는 거금을 그냥 눈 뜨고 손실이 나는 것입니다.

- 이렇게 주가가 하락을 할 때는 빠르게 지지선을 찾아보아야 합니다. 또한 피보나치 되돌림Fibonacci Retracement에서 소개를 하겠지만 이 지표도 빠르게 사용해서 하락하는 동안의 지지선을 찾아야 합니다. 어디에서 손절을 하고 어디에서 다시 매수를 할 것인지, 아니면 관망 기간을 얼마나 두어야 할지, 재매수를 한다면 어느 지점까지 기다리다가 분할 매수에 들어갈지 등의 전략을 만들어야 합니다.

- 항상 분석과 논리 없이 접근을 하면 심리적으로 추격을 당하는 상태가 되기 때문에 하락세가 급한 상태에서 매수를 하고, 이후 계속해서 급격한 하락을 하면 패닉 매도를 하게 됩니다. 10억을 투자했다면 3억 5,000만 원이 허공으로 날아가는 느낌입니다. 그러면 상당히 많은 투자자들이 패닉에 빠지게 됩니다.

- 이를 빠르게 역으로 이용하는 사람이 일반 투자자들보다 2배, 3배의 수익을 낼 수 있습니다. 물론 쉽지 않습니다. 하지만 레벨 3는 이 지점을 이용하여 수익을 크게 창출해야 합니다.

- [차트 57]을 보면 지지선을 찾을 수 있습니다. 2년 전의 저항선 혹은 지지선이 다시 지지선이 되는 것입니다.

- 첫 지지선 ❶은 3개월 전의 저항선입니다.

[차트 57] 애플 차트

- 두 번째 지지선 ❷는 6개월 전의 저항선입니다.
- 세 번째 지지선 ❸은 9개월 전의 저항선입니다.
- 네 번째 지지선 ❹는 12개월 전의 저항선입니다.
- 마지막 지지선 ❺는 15개월 전의 저항선입니다.
- 지난 15개월 동안의 상승이 단 2개월 만에 허공으로 날아갔습니다.
- 차트를 보면 15개월 동안의 상승분이 2개월 만에 허공으로 날아가고, 다시 4개월에 걸쳐서 200달러까지 상승합니다.

무조건 매수 후 보유Buy-and-Hold보다는 저 상승, 하락을 잘 이용하면 여러분은 동일 수의 애플 주식을 보유하더라도 그 주식 수를 증가할 수 있는 Laser 1석2조 투자 방법을 만들 수 있습니다(레벨 3에만 해당하는 이야기입니다).

미국 개인 투자자들은 굉장히 똑똑하고 공부도 많이 하고 이익에 민감합니다.

- 이런 점에서 차트 분석이 여러분께 도움을 아주 많이 줄 수 있다는 논리입니다. 차트 분석을 알기 전에는 그냥 차트를 볼 뿐 분석은 못 했던 것이지요. 몰랐기 때문입니다. 단순합니다. 알면 투자에 있어서 고수가 될 수 있는 것입니다.
- 지금은 지지선과 저항선을 설명하는 부분이지만, 다음에 소개할 이동평균선, 피봇 포인트, 피보나치 및 여러 기술적 지표들을 조합하면 더 세밀하면서도 정확한 판단을 여러분의 논리적 근거에 둘 수가 있게 됩니다.

대형 투자은행, 대형 펀드 매니저들도 사람이고 우리도 사람입니다. 아무리 알고리즘이 뛰어난 프로그램이 투자를 한다고 해도 이를 설계하고 만든 것은 사람입니다. IT 전문가들이 이 알고리즘을 만들 때 조건을 줄 수 있는 것은 우리가 보는 차트 분석과 기술적 지표가 기준이 될 수밖에 없습니다.

그 외에는 조건을 줄 수 있는 것이 아직 주식시장에는 없기 때문입니다. 이 점을 꼭 명심하기 바랍니다.

이동평균선 L1 L2 L3 ● ● ●

이동평균선만큼 주식시장 차트 분석에 필수적으로 사용되는 기술적 지표는 없을 것입니다. 비록 후순지표라고 해도 그 사용도는 어느 지표보다 많이 사용됩니다. 이동평균선은 움직이는 지지선과 저항선으로, 즉 역동적으로 움직이는 지표라고 생각해야 합니다.

이동평균선은 그 계산 방법에 따라 크게 세 가지로 구분됩니다.

(1) 단순이동평균선SMA: Simple Moving Average · MA

(2) 지수이동평균선EMA: Exponential Moving Average

(3) 가중이동평균선WMA: Weighted Moving Average

이 중 가장 무난히 사용되는 것은 단순이동평균선SMA과 지수이동평균선 EMA입니다. 둘의 차이는 쉽게 설명을 하면 우리가 중학교 수학 시간에 배운 방정식을 생각하면 됩니다.

- 단순이동평균선의 개념은 $y = ax$ 로 생각을 하면 되고,
- 지수이동평균선은 $y = ax^2$ 으로 생각을 하세요.

지수 함수의 기울기가 더 급하다는 것은 우리가 아는 사실입니다. EMA는 SMA보다 조금 더 민감하고 역동적으로 움직인다고 생각하면 됩니다. 더 민

[차트 58] 아마존 이동평균선 20,50,200

감하게 움직인다는 것의 의미는 새로운 트렌드를 더 빠르게 발견할 수 있지만, 그만큼 더 민감하게 휩소Whipsaw(톱니처럼 자주 상승과 하락을 보여주는 형태를 지칭) 같은 상황이 나온다는 뜻입니다.

이동평균선의 기간은 여러 가지 조건을 줄 수 있는데 장기 투자는 50일, 200일선이 기본입니다. [차트 58]은 가장 보편적으로 사용되는 이동평균선 조합을 보여주고 있습니다.

다음으로 [차트 59]는 제가 선호하는 이동평균선 조합의 모습입니다.

이동평균선의 조합은 정답이 없습니다. 본인이 원하는 기간을 설정하면 됩니다. 일반적으로 SMA 50, SMA 200을 많이 사용합니다. 저는 EMA 21, 50, 89, SMA 200을 설정으로 합니다.

[차트 59] 아마존 EMA 21, 50, 89, 200

이동평균선의 특성에 대해 알아보겠습니다.

⑴ 이동평균선은 주가 흐름을 보기 위하여 설정한 날들의 평균으로 보는 선입니다.

⑵ 이동평균선은 지지선과 저항선으로 사용됩니다.

⑶ 설정한 날이 적으면 적을수록 단기적인 변화를 보는 것이고, 길면 길수록 장기적인 관점에서 주가의 변화를 보는 것입니다.

⑷ 10, 20, 50, 200을 많이 사용하는 이유는,

　① 10은 2주

　② 20은 1달

　③ 50은 1분기

　④ 200은 1년으로 주식시장에서 보기 때문입니다.

⑸ 50일선과 200일선의 중요성

　① 50일선은 건강한 조정의 경계선으로 판단합니다.

　② 200일선은 마지노선으로 봅니다.

⑹ 50일선과 200일선 사이 구간 = No Man's Land

　① 주가 지수가 이 구간 안에 들어가면, 앞으로 어떤 일이 벌어질지 모른다고 해서 'No Man's Land '라고 부릅니다.

　② 시장 변동성이 높은 시기입니다.

⑺ 50일선과 200일선의 가격 차이가 4% 이내이면 200일선이 무너질 가능성이 높습니다.

　① 이 책을 읽은 분들은 이 시기에 이미 7장 시장 흐름 분석에 의해 분할 매도를 시작하고 있어야 합니다.

⑻ 이동평균선 위주의 매매는 시간적으로 늦습니다.

① 후순지표로서 7장의 시장 흐름 분석을 판단으로 분할 매도가 진행된 후 이를 확인하는 지표로 사용하는 것이 바람직합니다.

② 이것이 힘들면 SMA 대신 EMA를 사용해야 합니다.

③ 대부분 이동평균선을 기준으로 만드는 기술적 지표(예: MACD)도 EMA를 기준으로 값을 구합니다.

(9) EMA 89

① 50일선과 200일선 사이에서 시장 흐름 판정 방법으로 매수 기회를 잡는 데 유용한 시간입니다.

② 레벨 3는 이 EMA 89를 잘 활용해보기 바랍니다.

(10) 골든 크로스Golden Cross & 데스 크로스Death Cross

① 50일선과 200일선을 기준으로 이야기를 하는 것입니다.

② 골든 크로스: 50일선이 200일선을 뚫고 상승하는 것을 의미합니다. 일반적으로 이러한 경우 강세장으로 전환하는 패턴으로 인식하고 많은 매수와 거래량이 통상적으로 많아집니다.

③ 데스 크로스: 골든 크로스와 반대로 50일선이 200일선 밑으로 내려가는 경우 매도가 급격하게 진행되는 것을 이야기합니다.

④ 저는 이 시기를 보고 매수 및 매도 결정을 하는 것은 소 잃고 외양간 고치는 격이라고 감히 이야기합니다. 늦습니다. 항상 늦습니다. 기회를 놓칩니다.

⑤ 대신 여러분이 7장의 시장 흐름 판단법으로 매수·매도를 한 후, 확인하는 지표로 사용하기 바랍니다.

실 사례로 2020년 S&P500 차트를 보겠습니다([차트 60]).

• (1)의 지점은 지수(주가)가 50일선이 무너지는 경우입니다. 이때가 빠른

[차트 60] SPX 이동평균선 SMA 50 200

경고가 되는 경우입니다.

- 대부분의 개인 투자자들은 보유를 하고 있는 시기입니다.

- 펀드는 이미 분할 매도를 시도하고 있는 시기입니다.

- 트레이더들도 분할 매도를 시도하고 있는 시기입니다.

- (2)의 경우 200일선이 무너졌기 때문에 손절을 해야 하는 구간입니다.

- 데드 캣 바운스Dead Cat Bounce(급락장에 잠시 반등하는 흐름)에 의해 200일선

  이 넘어서 성급한 매수자들은 이때 매수하는 경우가 많습니다.

- 200일선이 무너지면 매도 시기를 놓친 개인 투자자들은 패닉 매도 혹

  은 '버티기' 작전을 선택하게 됩니다.

- 이동평균선이 후순지표Lagging Indicator인데 빠르게 수직 하락하는 시장

  에서는 이러한 시장 트렌드를 반영하는 것이 아닌 확인시켜주는 한계

  점이 있기 때문입니다.

그럼 7장 시장 흐름 판단과 비교를 해보겠습니다.

시장 흐름 판단 방법에 의해 우리는 (2)의 지점에서 분할 매도 결정을 했습

니다.

일반 개인 투자자들이 SMA 200에서 매도를 시작했을 때 우리는 시장 반대 지표의 하락세 확인에 의해 모두 손절을 하는 날이 2020년 2월 27일이 되어야 합니다. 이것이 저희 시장 흐름 판단법과 SMA 200 기준 매도한 것과의 차이입니다.

이후 SPX는 -27.81%가 더 하락했습니다.

제가 레벨 1부터 당부하는 것은 여러분이 시장 흐름 지표를 정기적으로 안 보는 경우 EMA 21 및 EMA 50 선이 시장 지수 혹은 여러분의 주식 가격과 만나게 되면 시장 흐름 지표를 반드시 확인하라는 것입니다.

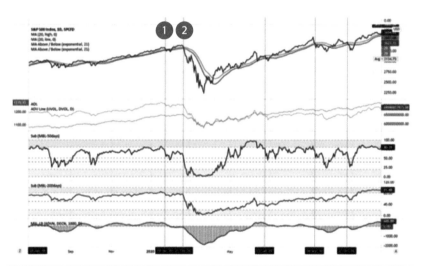

	시장 흐름 판단법	이동평균선
매도 시기	2020년 2월 21일	2020년 2월 27일
지수 차이		-9%
애플 가격 하락	매도	-14%
아마존 가격 하락	매도	-9%
테슬라 가격 하락	매도	-26%

우리에게 이동평균선은 매수 매매 시기를 결정하기 위해 사용하는 것이 아닌, 매수와 매도의 확인을 하는 원래대로의 후순지표로 사용해야 합니다.

이제 이동평균선보다 더 중요한 피봇 포인트, 피보나치에 대해 설명하겠습니다.

피봇 포인트 ○ ● ● L1 L2 L3

(레벨 1은 개념만 보기 바랍니다. 레벨 2는 필수적으로 숙지해야 합니다. 레벨 2에 맞는 매매법에 피봇 포인트와 피보나치가 포함됩니다.)

제 블로그에 피봇 포인트Pivot Point를 소개하면서 대부분의 분들께서 이 개념을 모르고 있었다는 것에 놀랐습니다. 피봇 포인트는 트레이더들이 제일 중요시하는 지표입니다.

피봇 포인트는 중심점입니다. 이 중심점을 기준으로 저항선 1, 2(R1, R2)와 지지선 1, 2(S1, S2)의 사이에서 주가의 움직임을 관찰하는 것입니다.

이 피봇 포인트는 보고자 하는 기간(1일, 1주일, 1달, 1분기, 6개월, 1년)을 설정해서 그 전 기간의 고가, 저가, 종가의 평균을 내면 그 지점이 피봇 포인트가 됩니다. 그리고 고정되어 움직이지 않습니다.

저항선과 지지선은 최대 레벨 5까지 만들 수 있는데 대부분 레벨 2까지 봅니다. 이를 줄여서 R1, R2, S1, S2라 합니다. R1은 피봇 포인트 값을 2배로 하여 저번 기간의 저가를 감산하고, R2는 피봇 포인트 값에 저번 기간의 고가와 저가를 감산하여 이를 합산해서 계산합니다. S1은 피봇 포인트 값 2배에 저번 기간의 고가를 감산하고, S2는 피봇 포인트에서 저번 기간 고가에서 저가를 감산한 후, 이를 다시 피봇 포인트에서 감산하여 계산한 값입니다.

개인적으로 여러분께서 계산할 필요는 없습니다. 모두 여러분의 차트에서 자동으로 계산해줍니다.

이 피봇 포인트가 중요한 것은 상승장보다도 하락장에서 그 효과를 발휘하기 때문입니다. 2020년 3월 우리는 미국 주식 역사상 이렇게 하락하는 시장을 처음으로 보았습니다. 아마 이런 급락을 앞으로 보기는 힘들 것입니다. 그런데 이런 하락에서 저점을 알아야 하는데 솔직히 이 저점을 아는 사람들이 별로 없었습니다. 이번 3월 저점을 판단한 사람들은 아주 극소수였습니다. 경력이 20년 넘는 친구들도 "내가 주식 투자 20년 했는데 지금은 어떻게 해야 할지를 모르겠어" 하는 의견이 대부분이었습니다. 이를 극복한 사람들은 제일 쉽게 사용하는 피봇 포인트를 보고 판단할 수 있었습니다.

나스닥과 다우지수들은 S2가 이미 무너진 상태이지만, 시장을 전체적으로 보는 데는 S&P500 지수를 보아야 합니다.

[차트 61]에서 보듯이 SPX 지수는 S2를 건드리지 않고 반등을 하기 시작했습니다. 즉 바닥을 지나갔다는 신호입니다.

S2에서 반등하면서 S2의 50% 지점(화살표 지점)이 매수를 공격적으로 하

[차트 61] 2020년 SPX 피봇 포인트

[차트 62] 시장 흐름 판단법 + 피봇 포인트

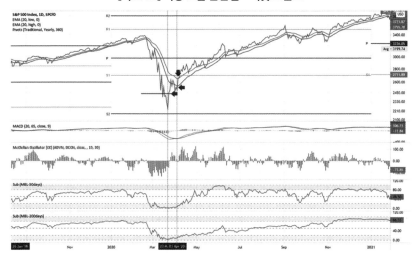

는 시점이 되는 것입니다. S2에서 반등을 하면 통계적으로 최소한 S1까지는 회복을 합니다. S2에서 피봇 포인트까지 회복을 못 한 적은 2008년 단 한 번 정도입니다.

피봇 포인트 기간을 설정할 때 (증권사 플랫폼마다 다를 수 있지만 통상적인 경우) 다음과 같이 설정되기도 하고, 시간에 상관없이 피봇 포인트 기준을 선정하는 법이 있습니다.

(1) 15분 미만: 1일 단위 피봇 포인트

(2) 4시간 미만: 1주일 단위 피봇 포인트

(3) 1일 단위: 1달 단위 피봇 포인트

(4) 1주 단위: 1년 단위 피봇 포인트

이 설정을 여러분의 투자 목적에 맞추어서 차트를 보기 바랍니다.

레벨 1은 가능한 1년 및 1달 기준으로 보기 바랍니다. 레벨 2는 1주일, 1달,

1년으로 보기 바랍니다. 레벨 3는 네 가지(1일, 1주일, 1달, 1년)를 항시 확인해야 합니다.

피보나치 되돌림 & 익스텐션 _{L1} ○ _{L2} ● _{L3} ●

(레벨 2와 레벨 3는 꼭 마스터하기 바랍니다.)

피보나치Fibonacci의 수열로 우리에게 잘 알려진 이탈리아 수학자 피보나치 (1170~1240 또는 1250)는 제 판단으로는 좀 과장해서 이야기하면 세상의 진리를 숫자로 발견했다고 생각합니다. 피보나치의 순열에 의해 이루어진 황금비율Golden Ratio은 후대 사람들이 기술적 분석을 통해 더욱 발전시켰습니다.

레벨 1과 2 분들 중 기술적 지표를 공부하기 싫은 분들은 단지 이 피보나치의 황금비율 하나만 가지고도 지지선과 저항선을 파악할 수 있으며, 이 피보나치만 가지고 여러분의 투자 수익률을 상당히 향상시킬 수 있습니다.

여러분이 만약 "이 책에서 가장 중요한 기술적 지표 하나 가르쳐주세요"라

고 말한다면 저는 1초도 망설임 없이 "피보나치 되돌림입니다"라고 답할 것입니다(피보나치 이론은 부록에서 추가로 설명했습니다).

우선 지지선과 저항선에 사용한 애플 차트를 다시 한 번 보도록 합니다.

피보나치 되돌림의 예를 보겠습니다. 지지선과 저항선에서 사용한 애플을 통해 2018년부터 오늘까지 얼마나 효과가 있는지 확인할 수 있습니다. 끝까지 보면 이 피보나치 되돌림이 상승장과 하락장에서 얼마나 큰 위용을 드러내는지 직접 깨닫게 될 것입니다.

441쪽 차트에 두 점(시작점, 종료점)을 기준으로 피보나치 되돌림 선을 아래에서 위로 만들었습니다.

[차트 63] 애플 차트 + 피보나치 되돌림 1

제가 처음에 만든 지지선과 저항선보다 더 정확한 지지선을 만들었습니다. 그뿐 아니라 2017년 6월 16일부터 애플 주가가 상승하면서 만들어진 저항선도 너무 정확하게 맞습니다. [차트 63]이 지지선을 찾기 위한 피보나치

[차트 64] 애플 차트 + 피보나치 되돌림 2

되돌림이었다면, 바닥을 찍고 올라가는 상승장에서의 저항선을 찾아보겠습니다. 한번 직접 차트 위에 해보기 바랍니다. 이 피보나치 되돌림과 시장 흐름 분석법이 레벨 2가 기본적으로 갖추어야 할 Stop & Go 매매법이 됩니다.

[차트 65] 애플 차트 + 피보나치 되돌림 3

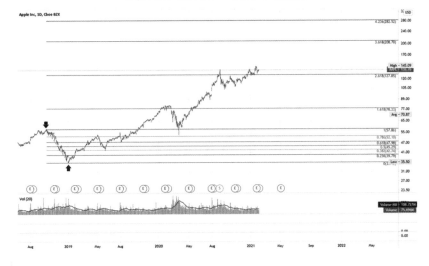

그럼 여러분을 조금 더 놀라게 해드리겠습니다.

[차트 65]는 [차트 64]의 기간을 2021년 2월까지 늘린 모습입니다. 재미있지요? 2020년 3월 폭락장에도 이를 알았다면 우리는 분할 후 가격 57.86달러(분할 전 가격 231달러)의 아주 저점에서 매수할 수 있는 논리적 근거를 찾을 수 있었습니다.

그럼 2020년 3월 하락장에서 어떻게 상승을 했는지, 그리고 앞으로 얼마나 상승할지도 [차트 66]과 [차트 67]에서 한번 확인해보겠습니다.

[차트 66] 애플 차트 + 피보나치 되돌림 4

감탄이 나오지요? 피보나치 선에 의하면 150달러가 넘어갈 경우 그 저항선은 219달러입니다. 그럼 이 구간이 Accumulation이 아니고 Distribution 이라면요? 그리고 만약 큰 하락장이 온다고 하면요?

[차트 67] 애플 차트 + 피보나치 되돌림 5

이제 잠깐 책 읽는 것을 중단하고 증권 프로그램의 차트를 열어보세요. 여러분이 가장 애착하면서 소유한 주식 3개를 가지고 1시간 정도 연습해보세요. 시작점과 종료점을 여기 저기 HH, HL, LH, LL 및 지지선과 저항선, 1년 기간, 2년 기간, 3년 이상 등 여러분께서 원하는 기간의 저점과 고점에 연결하면서 어디가 지지선이고 저항선임을 보기 바랍니다.

[차트 68] 피보나치 + 거래량 + RSI

그리고 이 지지선과 저항선을 보면서 하단에 거래량과 거래량에 20일 이동평균선이 나오게 해보세요. 그리고 RSI라는 기술적 지표를 선정해서 차트를 설정해보기 바랍니다.

그러면 [차트 68]처럼 설정이 됩니다.

RSI의 값 40, 50, 60에 선을 만드세요. 이제 이 차트 위에 마우스 커서를 가격을 따라 움직이면서 피보나치의 시시선과 저항선을 시날 때마나 거래량과 RSI가 30~70 사이의 값에서 어떻게 움직이는지 관찰하기 바랍니다. RSI는 기술적 지표의 근간이 됩니다. 여러분의 차트 설정에 무조건 사용하는 지표입니다.

GAP ^{L1} ^{L2} ^{L3} ○ ●

(레벨 2는 이 GAP을 적용할 때, 실수를 할 수 있습니다. 우선은 레벨 3가 되기 전까지 참조하기 바랍니다.)

GAP은 한국어로 '격차'라 해석할 수 있는데 현대사회에서는 그냥 영어 발음 '갭'을 사용하는 것으로 알고 있습니다. [차트 69]는 2019년 10월 23일 LRCX의 실적 발표 후 10월 24일 주가가 +13.90%가 상승합니다. 이런 경우가 GAP이라고 합니다.

GAP은 [차트 69]에 두 가지 종류가 모두 나옵니다. 2019년 10월 24일처럼 상승하는 것도 GAP이고 2020년 2월 21일처럼 하락하는 것도 GAP입니다. 즉 중간이 없는 것입니다. 제가 소개할 GAP은 세 종류입니다.

- 브레이크어웨이Breakaway GAP
- 런어웨이Runaway GAP

446

- 이그조스천Exhaustion GAP

위의 세 가지 종류를 설명하기 전에 GAP에 대해 좀 이해하기 쉽게 설명하겠습니다. 차트는 투자자들의 심리를 표현한다고 여러 번 이야기를 했습니다. 심리적으로 설명하겠습니다. GAP은 상당한 '감정Emotion'이 들어갔다고 생각하세요.

예를 들어 여러분이 친구 혹은 지인하고 정치적 주제를 가지고 토론을 합니다. 정치 토론은 상당히 민감해서 토론을 하다가 감정이 섞이게 됩니다. 그러면 목소리가 커지고 서로 좋았던 사이가 감정 싸움을 하게 되지요. 결과가 어떻게 되든 그 순간은 오랜 기간 동안 서로의 기억에 남게 됩니다. 그와 같은 순간을 'GAP'으로 생각하세요.

올라가는 GAP은 토론이 아닌, 연인이 되고 싶었던 사람과 소위 '썸'이라는 것을 타다가 서로 연인이 된 순간으로, 내려가는 GAP은 토론 중 서로 심하게 싸운 순간으로 생각을 해보세요. 그러면 이 GAP을 잊기는 어려울 것입니다.

주식시장의 GAP은 이렇게 심리적으로 이성적 구간이 아닌, '감정적' 구간입니다. 이 감정적 구간이 지지선 또는 저항선으로 되는 경우가 거의 대부분입니다. 그리고 이 구간에서 상당히 거래량이 많아집니다. 더 재미있는 것은 이 GAP에 의해 만들어진 구간이 지지선하고 저항선으로 변하는 부근에서도 거래량이 많아집니다.

즉 이 지점이 '지지선'이 되어 반등할 것이라 생각해서 매수하고, 반대로 이 지점이 '저항선'이 되어 다시 하락할 것이라 믿고 매도하는 투자자도 많다는 것을 보여줍니다. 여기를 매수자와 매도자들 간 서로의 감정이 좋지 않은 구간으로 생각하세요.

[차트 70] LRCX GAP이 지지선과 저항선으로 연결되는 사례

그러면 앞서 소개한 세 종류의 GAP에 대해 설명을 하겠습니다.

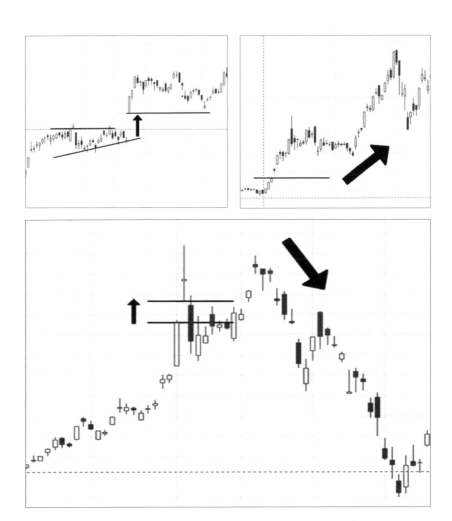

좌측부터 브레이크어웨이 GAP, 런어웨이 GAP, 이그조스천 GAP입니다.

브레이크어웨이 GAP은 주가가 한동안 보합장세Ranging Market에서 가격이 높게 상승하며 그 가격대를 브레이크Break 했다고 해서 '브레이크어웨이 Breakaway'라는 이름이 지어졌습니다. 런어웨이 GAP은 새로운 모멘텀Momentum

에 의해 가격이 상승을 하면서 계속해서 상승하는 GAP입니다. 그동안 짝사
랑했던 사람이 연인이 되었다고 생각하면 됩니다. 이그조스천Exhaustion GAP
은 상승세가 아주 강하게 유지되다가 거의 마지막으로 한 번 더 강하게 상승
을 하고, 'Exhaustion'의 뜻처럼 기진맥진해져서 더 이상 못 오르고 하락을
하는 GAP의 패턴을 이야기합니다.

실제 사례를 보겠습니다.

브레이크어웨이 GAP

브레이크어웨이 GAP에 의해 상승된 가격만큼 대부분 한 번 더 상승을 합
니다. 물론 시간은 걸립니다. 그래서 LRCX의 매수를 (5)에서 하고 8개월 동
안 보유를 하는 논리적 근거 중의 하나가 된 것입니다. 브레이크어웨이 GAP
은 주가가 하락할 때도 나타납니다.

알리바바BABA의 경우를 보겠습니다. 2020년 하반기와 2021년 1분기는

[차트 71] LRCX 브레이크어웨이 GAP

[차트 72] BABA 브레이크어웨이 GAP(하락 트렌드)

알리바바에 참 뼈아픈 기억을 주는 순간이 될 것입니다. 실적이 좋았음에도 2020년 11월 10일 잭 마Jack Ma가 예정한 앤트 그룹Ant Group(금융 서비스)의 홍콩 시장 상장이 중국 정부에 의해 상장 며칠 전 취소되었습니다. 그리고 또 한 번 모든 시장이 좋았음에도 불구하고, 2020년 12월 24일 중국 정부가 알리바바의 독과점에 대해 조사한다는 소식이 전해졌습니다. 그래서 한 번 더 브레이크어웨이 GAP이 하락 트렌드Downtrend로 발생했습니다.

중국은 시장 경제를 추구하지만, 정치는 사회주의라고 하기보다는 공산주의입니다. 그래서 미국 시장에서 중국 기업들의 주식을 투자할 때는 중국의 정치적 리스크와 중국 기업들의 불투명한 회계 보고서를 상당히 조심해야 합니다.

미국에 상장된 중국 회사들은 장기 보유보다는 모멘텀에 의한 투자를 추천하며, 장기 투자의 경우는 항상 중국의 정치 리스크, 경영 불투명에 대해 그 리스크를 생각하기 바랍니다. 그리고 가능하면 차트를 켜시고 알리바바의 브레이크어웨이 GAP에 나온 선을 한번 과거로 2018년까지 연결해보기 바랍니다. 그러면 가장 아래 있는 선이 흥미로운 곳에 연결될 것입니다. 지지선이 어디까지 연결되는지 한번 확인해보기 바랍니다.

브레이크어웨이 GAP이 다운트렌드에 나타나는 경우는 제약업체 중 신약 승인에 제일 많이 나옵니다. 이것도 참조하기 바랍니다.

런어웨이 GAP

2020년 7월 1일 테슬라 주식은 판매 대수의 증가로 1,115달러에서 1,371달러로 이틀 만에 +12.3%가 증가합니다. 이렇게 좋은 뉴스와 회사의 미래에 대한 기대감으로 상승하는 경우는 가격이 높다고 생각하는 것보다는 기회라고 생각하고 매수를 고려하는 것이 좋습니다. 말 그대로 도망가는 Runaway 트렌드가 생기기 때문에 향후 얼마나 더 상승할지 모를 정도로 상승하는 추세가 됩니다.

[차트 73] 테슬라 런어웨이 GAP

펠로톤PLTN: Peloton의 경우를 보겠습니다. 실내 자전거 제조업체인데, 큰 모니터가 있어서 유무료로 스피닝 클래스를 자기 수준에 맞추어 보면서 운동을 하는 스피닝 생산업체입니다. 이번 코로나 바이러스로 판매 대수가 급격하게 증가해서 런어웨이 GAP이 2020년 5월 7일부터 2021년 1월 7일까지 +400%가 성장한 회사입니다. 런어웨이 GAP은 이처럼 +400%를 상승할지, +20%를 상승할지는 모르지만 상승이 대세인 GAP입니다.

[차트 74] 펠로톤 런어웨이 GAP

이그조스천 GAP

캔들 스틱 패턴에 Island Reversal이라 부르는 패턴이 있습니다. 테슬라와 아마존의 실제 사례를 보겠습니다.

주가가 엄청나게 상승을 했으니 지치겠지요? 물론 2020년 3월 코로나 바이러스에 의한 금융 사태가 주 영향이지만, 지쳐가고 있을 때 뺨 열 대 정도 맞은 상황입니다. 농그라미는 몇 개의 캔들 스틱이 따로 있는 모양을 이야기합니다. 이 경우의 동그라미 부분이 하나의 섬처럼 생겼다고 해서 아일랜드 Island라는 이름과 저런 캔들 스틱 패턴이 생기면 반전Reverse 패턴이 생긴다고 해서 만들어진 이름이 Island Reversal 패턴입니다.

아마존의 경우도 보겠습니다.

[차트 76]을 보면 이해가 잘 될 것이라 믿습니다. 아마존은 이그조스천 GAP이 생기는 지점의 가격이 아직까지 최고점인 3,552달러를 찍고서 2,871달러까지 하락했습니다. 이렇게 이그조스천 GAP이 가격 상승에 의해

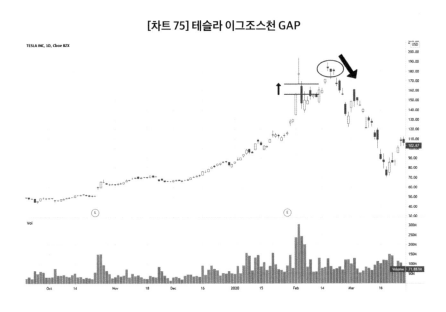

[차트 75] 테슬라 이그조스천 GAP

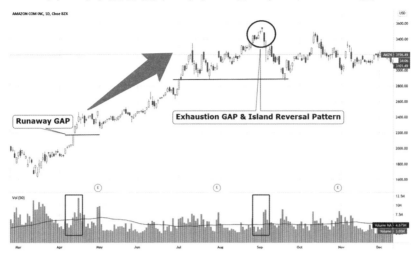

[차트 76] 아마존 런어웨이 GAP, 이그조스천 GAP, Island Reversal 패턴

지치는 경우 주가는 하락을 하게 되며 지지선을 찾아서 반등을 하게 됩니다. 그러므로 이그조스천 GAP이 일어나는 경우는 좋은 매수의 기회도 찾을 수 있습니다.

이 세 가지 GAP은 주식의 흐름을 '감정'에 의해 단 한 번에 변하게 할 수 있는 흐름입니다.

브레이크어웨이 GAP은 실적이 갑자기 좋아지거나 신약이 승인을 받는 경우 등에서 많이 발견됩니다. 그리고 상당히 간단한 투자 전략입니다.

브레이크가 되면서 런어웨이가 될 수 있는 경우도 많습니다. 왜 간단하다고 하냐면 가격 움직임과 거래량만 보면 되기 때문입니다. 그리고 제가 설명한 피보나치 지지선 및 저항선도 그리면서 분석하면 정확성이 더 좋아집니다. 레벨 3 여러분의 주식 투자 수익률 증가에 상당한 도움을 줄 수 있는 분석이니 꼭 잊지 마시기 바랍니다.

기술적 지표

여기까지 오시느라 수고 많았습니다. 조금만 더 하면 됩니다. 글쓴이의 정성을 생각해서라도 끝까지 이 책을 마스터하기 바랍니다. 이제 기술적 지표 7개를 설명할 것입니다.

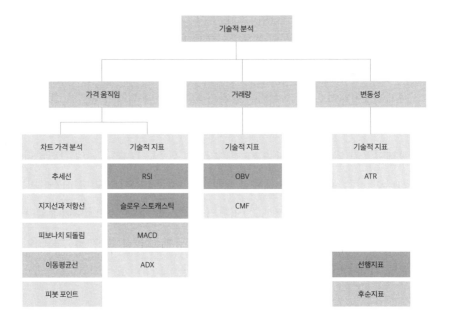

LEVEL	RSI	SL.STO	MACD	ADX	OBV	CMF	ATR
1	선택						
2	O	O	O			선택	선택
3	O	O	O	O	선택	O	O

기술적 지표Technical Indicator에는 가장 설명이 잘 되어 있는 Stockcharts. com에 47개가 있습니다. 제가 다 공부해보았는데, 이 중 7개가 제일 사용하기 편하고 정확합니다. 그렇다고 여러분이 이 7개를 다 사용하지는 않을 것입니다.

레벨 3는 다 공부해야 합니다. 주식 투자로 수익을 많이 내려면 공부가 뒷받침이 되어서 실전에서 활용해야 하기 때문입니다.

가격 움직임 기술적 지표

지금까지 설명한 기술적 분석은 차트의 가격 움직임 위에 분석한 것입니다. 반면 이제부터 나오는 것은 차트 하단에 그 기술적 지표가 원하는 것을 보여주는 것입니다.

- 특히 가격 움직임 또는 움직임의 속도를 분석해서 지표 값을 산출하여 그 지표의 움직임을 보고 판단하는 지표를 지칭합니다.
- 단기적인 움직임(주로 14일 정도)을 보는 것으로서 매수·매도 결정을 지원해주는 지표입니다.
- 이 부분에 나오는 친구들을 '오실레이터Oscillator'라 부릅니다.
- 원래 전파 혹은 전류가 위아래 움직이는 것을 보여주는 것입니다. 이공계열을 나온 분들은 쉽게 이해할 것입니다. [그림 41]처럼 파도Wave 같은

[그림 41] 오실레이터

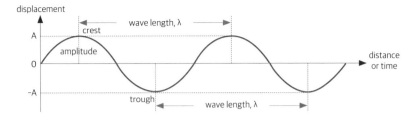

모양이 나오게 되는 것입니다.

오실레이터 지표들은 범위를 정의해서 그 범위(예: 0~100) 내에서 움직이며, 지표의 움직임이 임의로 정한 값 이상 올라가면 과열 매수Overbought(예: 80), 내려가면 과열 매도Oversold(예: 20)되었다고 하면서 차트 분석 및 다른 기술적 지표들과 함께 매수·매도 시기 결정을 도와줍니다.

오실레이터에 해당하는 지표들은 측정하는 지표를 환산해서 그 값이 0~100 사이에서 움직이도록 만든 것입니다. [그림 41]에서 A는 100, -A는 0으로 보면 됩니다.

- 오실레이터는 대부분 단기간을 관찰합니다.
- 대부분 14일을 기준으로 설정을 합니다.
- 통상의 경우 70~80 이상을 과열 매수로 정의하고
- 과열 매도는 20~30이라고 정의합니다.
- 오실레이터는 황소와 곰의 힘겨루기를 판단하는 것이라 이해하면 편합니다. 현재 황소와 곰이 싸우고 있는데 누가 이길 것인가를 보는 것입니다. 그런데 이 싸움은 끝이 없는 싸움입니다. 어느 때는 황소가 이기고 어느 때는 곰이 이깁니다. 황소와 곰 중 누가 힘이 더 강하고 얼마나 지

속되는지가 모멘텀Momentum입니다.

- 이 싸움은 여러분이 차트를 보는 기간에 따라 달라집니다. 14라는 기간이 일 차트면 14일, 주 차트면 14주가 됩니다. 5분 차트면 70분(14×5=70)이 됩니다.

- 제 책에서 이 과열 매수와 과열 매도는 RSI, 슬로우 스토캐스틱Slow Stochastics 및 체이킨 머니 플로우 인덱스Chaikin Money Flow Index입니다.

그러면 여기에서 습득해야 하는 기술적 지표에 대해 요약 설명을 하겠습니다.

기술적 지표	목적
RSI	지난 14일간의 가격 움직임의 변화 폭과 속도 분석
슬로우 스토캐스틱	주식 가격의 가까운 미래의 모멘텀
MACD	EMA 9,12,26을 이용하는 가격 흐름(Trend) 방향 확인 지표
ADX	가격 흐름 강도(지지) 확인 지표

RSI와 슬로우 스토캐스틱은 선행지표이고, MACD과 ADX는 후순지표입니다. 트레이더 소개에서 이야기를 한 것처럼 초보 트레이더는 기술적 지표를 복잡하게 하고, 프로 트레이더는 가능한 쉽고 정확한 지표들만 이용합니다.

기술적 지표를 바르게 사용하는 방법은,

- 시장 흐름 평가법으로 시장 흐름을 확인하고
- 추세선을 확인하고
- 레벨 2와 3는 특히 피보나치 선을 필수적으로 확인을 한 후,
- RSI와 슬로 스토캐스틱의 선행지표로 판단을 하고

- MACD와 ADX로 최종 결정을 한다.
- 레벨 3는 디버전스를 확인할 필요가 있는 경우, CMF를 확인하고(8장 5절, 472쪽)
  - 주식 가격의 고점과 저점 확인은 ATR을 이용하여(8장 5절, 479쪽)
  - 최종적으로 매수 및 매도 결정을 한다.

앞의 표에 있는 4개의 기술적 지표는 제가 사용해본 경험과 저보다 더 뛰어난 친구들에게 배운 지표 선정입니다. 특히 ADX는 테슬라 매매에 사용됩니다. (눈이 커지나요?)

지표들의 상세한 설명은 부록에 있습니다. 여기서는 개념에 대한 이해, 그리고 활용법에 더 치중하겠습니다.

RSI   L1 L2 L3
　　　　○ ● ●

RSI: Relative Strength Index

우선 차트에서 가장 보편적으로 사용되는 RSI부터 설명을 하겠습니다. RSI는 Relative Strength Index의 약자입니다.

- 'Relative'라는 단어는 미국에서 꽤 중요하게 사용되는 단어입니다. 절대평가를 하기보다는 비교평가를 합니다.
- 'Relative'를 사용한 이유는 이 지표가 다른 것은 아무것도 고려하지 않고 그 주식 하나의 가격 움직임Price Action만을 관찰한 것이기 때문입니다.
- 가격 움직임에서도 변화의 폭과 속도를 분석한 지표입니다.
- 이 가격의 움직임을 절대값(예: 1달러, 10달러, 100달러) 기준의 평가가 아

닝, 가격 움직임의 폭과 속도를 지난 값과 현재 값을 비교하여 분석한 값을 보여주는 지표입니다.

- 가격은 종가Closing Price만을 기준으로 합니다.
- 1978년에 만든 지표가 RSI로서 50년 넘게 기술적 지표에서 대표적인 지표로 사용되고 있습니다.

RSI는 아래 그림과 같이 주식 차트 하단에 표현됩니다.

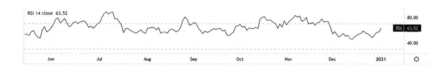

- 다른 지표들과 마찬가지로 일반적으로 14일을 사용합니다. 그래서 보통 RSI(14)라고 표현하는 것입니다.

종가를 기준으로 계산한 이유를 설명하겠습니다.

- 하루의 주식시장에서 과장될 수는 있지만, 가장 중요한 것은 종가입니다. 종가는 그날 하루 투자자들의 매매 행위의 결과를 나타내기 때문에 가장 중요하다고 평가를 합니다.
- 상승해서 시장이 마무리되면 Bull에 베팅한 투자자들이 이익을 챙기고 반대로 하락을 하면 Bear들이 이익을 챙기게 됩니다. RSI는 이러한 Bull과 Bear들의 힘겨루기 결과를 보여주는 것입니다.

RSI의 과열 매수 구간은 70, 과열 매도 구간은 30으로 통상적으로 선정을 합니다. 과열 매수와 과열 매도를 약간 쉽게 설명하겠습니다.

- 과열 매수: RSI 값이 70을 넘어가면 고평가되었다고 판단해서 곧 반전
  패턴이나 풀백이 일어날 확률이 높은 상태를 이야기합니다.
- 과열 매도: RSI 값이 30 이하로 내려가면, 저평가된 상태로 곧 매수세
  가 일어날 확률이 높은 상태를 이야기합니다.
- 14일을 선정한 이유는 1달의 반을 이야기한 것인데 약간 재미있습니다.
  사실 1달 동안 주식시장이 열리는 날은 20일 정도입니다. 그러면 10을
  써야 정확합니다.
- 그런데 이분이 14일을 쓴 이유는 28일을 한 달로 본 것이고, 이 28일이
  음력으로 해를 계산하면 28일이 한 달이 됩니다. 그래서 14일을 사용한
  것이라고 언급했습니다. 그럼에도 창시자가 설정한 14일을 기본으로 사
  용하고 있습니다. 10으로 바꾸어도 상관은 없지만, 모두들 14를 사용
  할 때는 그냥 따라가는 것이 좋습니다.

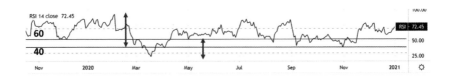

주식이 상승 트렌드인 경우
- RSI 범위: 40~90
  - 40~50: 지지 구간

	10	20	30	40	50	60	70	80	90
상승 트렌드					■				
상승 후 하락 시 지지 구간				■	■				
하락 트렌드	■								
하락 후 상승 시 저항 구간					■	■			

주식이 하락 트렌드인 경우

- RSI 범위: 10~60

  - 50~60: 저항Resistance 구간

RSI에서는 위의 표를 절대로 잊어서는 안 됩니다.

레벨 2와 레벨 3를 위한 훈련입니다.

아래 RSI를 보고 잠정 매수·매도 구간을 체크해보는 것입니다.

- 상승 고점 매도: 1
- 상승 하락 후 반등 시 추가 매수: 2
- 상승 하락 시 손절: 3
- 하락 저점에서 매수: 4
- 하락 반등에서 저항선에서 매도: 5
- 하락 반등에서 저항선 브레이크 후 매수: 6

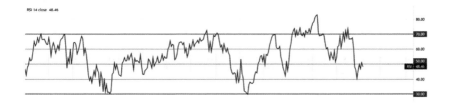

RSI 14 close 48.46

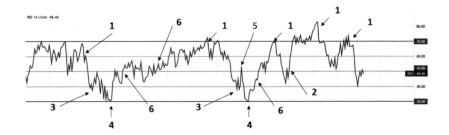

잠정이라고 한 이유는 RSI가 선행지표라고 해도 매수·매도에 도움을 주는 지표이기 때문입니다. 지표만을 보고 매수·매도를 결정할 수는 없습니다. 하지만 여러분의 훈련을 위해 체크를 해보라는 것입니다.

저는 위의 그림처럼 잠정 결정합니다. 이 잠정적인 결정을 주가 움직임, 이동평균선으로 비교하는 것이 보통의 경우이고, 우리는 시장 흐름 판단법, 추세선 및 추가 기술적 지표와 같이 종합적으로 판단할 것입니다. 우선은 잠정적 결론의 실제 매매 결과 가능성에 대해서 다른 기술적 지표와 보면서 종합적으로 판단할 것입니다. 이 방법은 Go & Stop과 연계되는 매매 방법입니다.

슬로우 스토캐스틱

스토캐스틱Stochastic은 추측 통계학이라는 학문입니다. 모집단에서 추출한 표본에 따라 모집단의 상태를 추측하는 학문입니다. 이 단어의 어원은 그리스어 stochastikē technē에서 유래했다고 하며 의미는 '기술적 추측'입니다.

쉽게 설명을 하면, 전체 가격이 모집단이고 14일 동안의 주식 가격 움직임이 추출한 표본이 되어 가격 움직임을 분석해서 주식 가격의 향후 모멘텀을 추측하는 것입니다. 식은 난이도가 있습니다. 식의 이해를 원하는 분들은 제가 부록에서 이해가 비교적 편하도록 설명을 했습니다. 여기서는 활용 방법에 대해 집중을 하겠습니다.

스토캐스틱의 종류는 세 가지가 있습니다. 풀Full, 패스트Fast, 슬로우Slow인데 시장에서 제일 유용하게 사용되는 것은 슬로우입니다. 슬로우 스토캐스틱에는 %K와 %D 2개의 선이 나옵니다.

%K가 패스트 라인Fast Line이 되고 %D가 슬로우 라인Slow Line이 됩니다. 그러면 매수·매도의 신호는 빠른 선(%K)이 느린 선(%D)을 지날 때 잠정적 매수·매도 신호가 나오는 것입니다.

슬로우 스토캐스틱을 가지고 이를 활용하는 방법은 세 가지입니다.

(1) 과열 매수 & 과열 매도 구간

(2) 디버전스

(3) 크로스오버

(1) 과열 매수 & 과열 매도 구간

목적	%K	%D	과열 매수	과열 매도	비고
통상의 경우	14	3	80(%)	20(%)	다른 지표와 같이 사용
Laser 추천	25	5	80(%)	20(%)	단독 또는 다른 지표와 같이 사용

- 과열 매수 구간에서의 매도 신호
  - 80을 넘어서 상승을 하다가 80이하로 내려가면 매도 신호로 판단합니다.
- 과열 매도 구간에서의 매수 신호
  - 20 미만으로 하락을 했다가 30 이상을 상승을 하면 매수 신호로 판단합니다.

(2) 디버전스

디버전스는 여러 번 이야기한 것처럼 가격의 움직임과 지표의 움직임을 보는 것입니다. 가격은 하락하는데, 지표가 상승하면 매수 기회가 오는 것이고 Bullish Divergence, 가격은 상승하는데 지표가 하락을 하면 조기 매도 신호를 보내주는 것입니다Bearish Divergence.

슬로우 스토캐스틱은 주식 가격의 움직임이 반전되기 전에 디버전스를 통해 신호를 주는 기능이 뛰어납니다. 특히 하락 디버전스Bearish Divergence의 경우 2~5일 전에 이러한 신호가 나옵니다.

하지만 이 지표가 변동성이 높을 때는 폴스 알람False Alarm을 보내주기 때문에 저는 다음과 같이 추천을 드립니다. 공격적 투자자들이라면 슬로우 스토캐스틱과 RSI는 선행지표로서 신호를 조기에 확인하여 시장 흐름 판단 방법론에 사용된 EMA(20) - 최고가 및 최저가를 이용하는 방법 혹은 EMA(21)로 확인하는 것이 좋습니다.

MACD는 후순지표로서 확인을 해주는 것이 그 목표이기 때문에 MACD가 확인을 해줄 때라면 이미 버스는 떠난 시점이 되는 경우가 많습니다.

(3) 크로스오버

%K - 패스트 라인, %D - 슬로우 라인

• 상승 흐름으로 전환 중인 경우의 매수 신호

　- %K와 %D라인이 과열 매도 구간인 20 이하로 내려간다.

　- 매수 1: 이 두 라인들이 과열 매도 선인 20을 상승하면 매수한다.

　- 매수 2: 과열 매도 선인 20이상에서 %K 라인이 %D 라인을 뚫고 상
　　승하면 매수한다.

• 하락 흐름으로 전환 중인 경우의 매도 신호

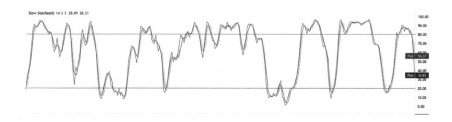

슬로우 스토캐스틱(14, 3, 3)

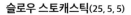

슬로우 스토캐스틱(25, 5, 5)

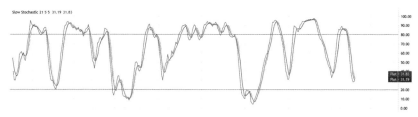

- %K와 %D 라인이 모두 과열 매수 구간인 80 이상으로 상승한다. 그리고 첫 번째 피크Peak를 만든다.
- 매도 1: 두 라인이 모두 과열 매수 구간인 80 이하로 하락하는 경우
- 매도 2: 과열 매수 선인 80이상에서 %K 라인이 %D 라인 밑으로 내려가는 경우

슬로우 스토캐스틱을 단독으로 사용하는 것보다는 최소한 RSI와 같이 사용하면 기술적 분석을 이용하는 데 상당히 유용합니다. 단순한 것을 원하는 트레이더들은 RSI와 슬로우 스토캐스틱만을 사용하기도 합니다.

위의 두 그래프에 크로스오버 부분 매수 1, 2(B1, B2. B=Buy) 매도 1, 2(E1, E2. E=Exit) 신호를 체크해보기 바랍니다.

슬로 스토캐스틱(14, 3, 3)은 일반적으로 많이 사용되나, 너무 매수·매도

신호가 많아서 폴스 알람_{False Alarm}이 많이 발생하고, 슬로우 스토캐스틱(25, 5, 5)은 제 경험상 매수·매도를 단독으로 사용해도 좋을 만큼 비교적 정확합니다. 8장 5절의 마지막에서 레벨 2 및 레벨 3를 위해 종합적으로 판단할 때 어느 것이 더 유용한지를 여러분 스스로 결정하기 바랍니다.

MACD

대부분 주식 투자를 하면서 MACD에 대해 들어보았을 것입니다. 많은 사람들이 이에 대해 이야기도 하고 주식을 분석하는 기사에서 이 MACD를 많이 언급하기도 합니다.

MACD는 Moving Average Convergence Divergence의 약자로, EMA 3개의 흐름을 분석하여 크로스오버를 보는 것입니다.

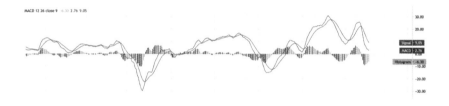

보통 많이 사용하는 것은 MACD(12, 26, 9)로서 다음과 같은 의미가 있습니다.

- EMA(9)일이 슬로우 라인 또는 MACD 라인이라고 하며 기준선이 됩니다. EMA(9)는 이동평균선의 단기 움직임을 보는 것으로 가격 차트의 EMA(9)와 동일하게 움직입니다.
- 12, 26은 EMA(12) – EMA(26)의 값을 구하는 것입니다.
    - 보통 단기 이동평균선이 장기 이동평균선 위에 있습니다.

- 50일선과 200일선을 생각하면 쉽습니다.
- 양수가 되면 12일선이 26일 선 위에 있는 것으로 주식이 상승세를 유지하는 것입니다.
- 음수가 되면 12일선이 26일선 밑에 있는 것으로 하락세를 보여주는 것입니다.
- 이 차이를 막대그래프로도 표현을 해주어 MACD 지표에 같이 나오기도 합니다.

- 그래서 이 차이가 양수의 위치에 있으면 디버전스Divergence이고 음수의 위치에 있으면 컨버전스Convergence라고 합니다.
- 이동평균선 자체가 후순지표이기 때문에 MACD는 추세 지표Trend Following Indicator로 말하기도 하며 주로 RSI, 슬로우 스토캐스틱 같은 선행지표들을 통한 주가 흐름에 대해 확인해주는 지표입니다.
- 패스트 라인이 슬로우 라인 위로 가면 잠정적 매수 신호로,
- 패스트 라인이 슬로우 라인 아래에 위치하면 잠정적 매도 신호로 판단을 합니다.

ADX L1 L2 L3 ●

많은 투자자분들이 다양한 고민을 하겠지만 특히 다음과 같은 경우가 제일 고민스러울 것입니다.

'아. 지금 상당히 오른 것 같은데 지금 들어가도 괜찮을까? 너무 고점이 아닌가?'

'지금 트렌드가 너무 좋은데 언제 바뀔지 몰라. 지금 좀 매도를 해서 수익을 실현할까?'

이러한 경우 제일 유용하게 사용하는 지표가 추세 지표입니다. 두 추세 지

기술적 지표	목적
MACD	EMA 9,12,26을 이용하는 가격 흐름(Trend) 방향 확인 지표
ADX	가격 흐름 강도(지지) 확인 지표

표를 비교해보겠습니다.

ADX Average Directional Movement 는 추세 강도Trend Strength에 더 우세하게 판단을 하는 지표입니다.

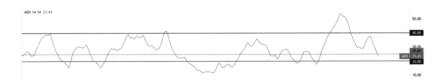

그래서 대안으로 ADX를 많이 참조합니다. ADX를 판단하는 것은 세 가지 정도로 압축됩니다.

- 20~40 범위 기준
  - 20 미만인 경우, 주식이 일정 범위 내에서 움직이는 상태
  - 20 이상인 경우, 새로운 트렌드가 시작되는 상태(이 경우 바로 전 피크 Peak 지점에서 20까지 하락한 후 다시 상승하는 경우입니다)
- 25 기준
  - 25 이상이면 피크로 가는 경우, 아주 강한 트렌드의 지속
- 10 기준
  - 10 미만이면 매수·매도세가 상당히 정적이며, 시장에서 관심이 거의 없어진 상태

ADX를 분석하면서 유의할 점은 가격의 방향을 나타내는 지표가 절대로

아니라는 것입니다. 상승 및 하락의 강도Strength를 보여주는 것입니다. 하락장에서도 20을 넘어가면서 ADX가 상승하면 하락장의 강도가 강해지는 것으로 판단해야 합니다. 상승장에서도 10 이하로 내려가면 상승이 거의 멈춘 상태로 보아야 합니다.

ADX는 테슬라처럼 급상승하는 주식이 Accumulation 및 Distribution에 있을 때 참조하면 매수 시기를 파악하는 데 좋은 지표입니다.

거래량 기술적 지표 L1 L2 L3 ○ ●

'Volume leads the Price'라는 말은 투자자들에게 주는 의미가 상당합니다. 즉 거래량 관련 지표들은 대부분 선행지표에 속한다는 이야기로 거래량이 시장 및 주식의 움직임을 먼저 파악할 수 있도록 설계되었습니다.

우선 두 가지 지표들 CMFChaikin Money Flow Index와 OBVOn Balance Volume를 비교해보겠습니다.

구분	CMF	OBV
목적	일정 기간 동안의 자금 유입과 자금 이탈을 계산하는 지표	매수 거래량과 매도 거래량을 비교하여 주식의 트렌드를 확인하여 주는 지표
특징	Accumulation & Distribution 사이클 추적	스마트 머니 추적
핵심	가격과 거래량을 조합해서 계산. 거래량의 MACD임	거래량을 축적하여 계산
기준 기간	21을 기준으로 측정	차트 기간 선정에 따라 계산 3개월 차트 또는 3년 차트에 가장 효율적
디버전스	패턴 파악에 사용	패턴 파악에 사용
장점	단기 및 장기에 적합	장기 부정확
한계	브레이크아웃 GAP이 있는 경우, 이를 반영 못 함	3년 이상을 관찰하는 경우 정확성이 떨어질 수 있음

두 지표의 큰 차이를 살펴보겠습니다. 먼저 CMF는 Accumulation & Distribution에 효과적이어서 제가 소개하는 시장 흐름 판단법을 근간으로 하는 매매법과 레벨 2를 위한 Stop & Go 매매 방법에 효과적입니다. 그래서 이 지표를 레벨 2 분들도 숙지하기를 바랍니다.

OBV는 거래량을 축적하여 보여주는 단순한 지표이나, 가격과 거래량의 디버전스를 파악할 수 있는 시표입니다. 단, 2년 이하로 보아야 하는 단점이 있습니다. 레벨 3는 투자 전략을 실행하는 데 있어서 이러한 조기 신호Early Sign를 잘 활용해야 합니다.

거래량 부분은 부록으로 돌리지 않고 여기에서 모두 설명합니다. 좀 복잡하고 길어도 꼭 알아두어야 합니다.

거래량은 가격을 이끌어갑니다. 쉽게 생각을 하세요. 여러분께서 10여 마리가 넘는 개썰매를 운전하는데, 제일 앞의 리더 강아지가 거래량이라고 생각해야 합니다. 거래량이 뒷받침해주지 않는 주식은 자산을 불리는 입장에서 본다면 주가 상승보다는 하락의 확률이 더 많습니다.

CMF   L1 L2 L3
          ○ ●

(CMF는 복잡하니 레벨 3만 보시기 바랍니다.)

이 지표를 만든 마크 체이킨Marc Chaikin에 의하면, 이 지표를 가중 평균 Accumulation & Distribution(Volume-Weighted Average Accumulation & Distribution)이라 하고, 분석을 위한 관찰 기간을 조건으로 둡니다.

다음 그림이 체이킨 머니 플로우 인덱스Chaikin Money Flow Index입니다.

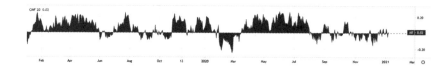

- '0'을 기준으로 +100에서 −100의 범위를 가지고 있습니다. '0' 이상은 순 매수분Net Buying이고 '0'이라는 순 매도분Net Selling으로 정의합니다. 어떠한 곳은 '0' 이하를 빨간색으로 표기합니다.

체이킨 머니 플로우Chaikin Money Flow는 하루의 고가, 저가, 종가를 이용하여 머니 플로우 멀티플라이어Money Flow Multiplier를 계산한 후, 이를 가지고 거래량을 곱해서 머니 플로우 볼륨Money Flow Volume을 계산합니다. 그래서 21일 동안의 이 값을 계산하는 것입니다. 즉 한 달 정도의 기간을 관찰하게 됩니다.

- 머니 플로우 멀티플라이어

$$\frac{(종가 - 저가) - (고가 - 종가)}{고가 - 저가}$$

- 거래량을 이용하여 머니 플로우 볼륨 계산

  머니 플로우 멀티플라이어 × 당일 거래량

- CMFChaikin Money Flow

$$\frac{21일\ 동안의\ 머니\ 플로우\ 볼륨}{21일\ 동안의\ 거래량}$$

- 창설자에 의하면 관찰 기간은 21일을 기준으로 하는데 많은 증권 거래 차트에서는 20일이 기준으로 된 곳도 있으나, 별 차이는 없습니다.
- 창설자는 21일을 기준으로 자금 흐름의 '지속성Persistency'을 관찰하는데, '0' 이상 혹은 '0' 이하의 트렌드가 6~9개월 정도 지속되면 대형 기관 투자자들이 Accumulation 혹은 Distribution이라고 정의합니다.
- 직접적으로 기관 투자자들의 자금 흐름을 분석한 것이 아닌 가격과 거래량만을 가지고 유추한 것이지만, 기술적 분석으로는 이 이론을 많이 수용하고 있습니다.

OBV와 같이 디버전스가 있는 경우 조기 신호로 판단합니다. 체이킨 머니 플로우 인덱스를 활용하는 방법은 다섯 가지입니다.

케이스	전제 조건	활용
1	CMF 값이 0 이상인 경우	주식 상승 흐름이 강함
2	CMF 값이 0 이하인 경우	주식 상승 흐름이 약해지고 있음
3	추세선, 지지선, 저항선과 함께 사용하는 경우	CMF와 같이 이용해서 브레이크아웃을 확인. 예: 주식 가격이 상승 방향으로 저항선을 뚫고 브레이크아웃하는 경우, CMF가 '0' 이상인 것을 확인하고 매수해야 함
4	하락 디버전스	매도 신호 주식이 HH로 과열 매수 구간에 있으며, CMF 값이 내려가는 추세에 있으면 가격 하락이 시작된다고 판단
5	상승 디버전스	매수 신호 주식이 LL로 과열 매도 구간에 있으며, CMF 값이 상승하는 추세에 있으면 가격 상승이 시작된다고 판단

실 사례를 보겠습니다. 이 다섯 가지 경우를 기준으로 아마존의 3년 차트를 보면서 11번의 결정 시기에서 결론을 어떻게 내려야 하는지를 보겠습니다. 3년에 11번이면 분기에 1번도 안 됩니다. 3개월에 1번 정도 이 CMF를 이용

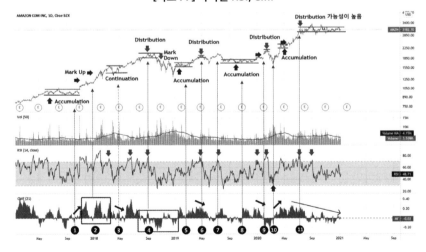

[차트 77] 아마존 RSI, CMF

NO	케이스 NO	가격대	활용 방법
1	3	932~1,007	Accumulation 단계에서 2017년 10월 4일 CMF가 양수로 변합니다. 그리고 RSI도 35에서 상승하는 추세에 있습니다. 매수를 할 수 있는 시기입니다.
2	1	972~1,598	2017년 10월 27일 실적 발표 후, 마크 업으로 단계가 변하면서 상승세가 강하게 이어집니다. CMF도 지속적으로 양수의 위치에 있습니다. 중간에 1,429에서 1,339까지 하락을 하지만, RSI가 20 이하로 내려가지 않기 때문에 보유를 하는 시기입니다.
3	브레이크 아웃 GAP	1,517~1,572	CMF의 단점이 GAP이 있는 경우입니다. 이때는 그 가격대가 움직인만큼 상승과 하락분을 제대로 측정하지 못합니다. GAP이 일어나는 경우는 CMF를 지표로 보지 않아야 합니다. 다시 CMF의 정확성이 되돌아오는 시기는 20일이 지나면 됩니다.
4	4	2,048~1,343	Distribution 단계에서 CMF가 급속하게 음수로 변합니다. 가격 차트도 HH를 더 이상 형성하지 못합니다. RSI는 과열 매수 구간(79)에서 하락을 합니다. 하락 디버전스가 형성되는 경우는 매도를 해야 합니다. -35% 가격이 하락을 합니다.
5	3	1,583~1,716	이 부분이 고민스러운 부분이 될 수 있습니다. CMF는 2018년 12월 24일부터 증가를 하고, RSI는 30인 과열 매도 경계선에서 반등을 합니다. CMF와 RSI만을 이용하면 이 저점인 1,300달러에서 매수 결정을 하기가 어렵습니다. 이 경우 시장 흐름 판단법, RSI, 슬로우 스토캐스틱을 함께 보면서 매수 결정을 해야 합니다.
6	4	1,892 ~ 1,964	하락 디버전스
7	브레이크 아웃 GAP	1,692~2,011	세번의 GAP이 생깁니다. 2019년 6월3일, 9일, 10일. 이런 경우는 CMF를 멀리하고 RSI, 슬로우 스토캐스틱에 OBV를 추가로 보아야 합니다. CMF를 보는 경우, 매수·매도에 있어서 잘못된 방향으로 판단을 할 수밖에 없는 상황이 옵니다. 이 여파가 7월30일까지 옵니다.
8	3	1,698~1,807	Accumulation 단계로서 CMF가 양수로 변하는 2019년 10월 24일부터 매수 기간이 됩니다.
9	4	1,974~2,189	하락 디버전스가 나오는 시기입니다. 그러나 GAP이 있어서 OBV와 RSI, 슬로우 스토캐스틱을 같이 참조하면 좀 더 정확한 매도 시기를 잡을 수 있습니다.
10	5&1	1,636~3,164	2020년 3월16일부터 상승 디버전스가 시작되는 구간으로 8월 4일까지 마크 업이 지속됩니다. 이 기간 동안 CMF 값이 양수로 계속해서 있습니다. 7월 31일 실적 발표 후 GAP이 생기면서 판단이 어려워지는 단점이 또 발생합니다.
11	4	3,531~3,182	하락 디버전스가 오랜 기간 동안 진행되고 있습니다. 만약 이 구간 동안 CMF가 양수로 변하면서 축척 되는 거래량이 많아지면 브레이크아웃이 되면서 상승할 가능성이 생기나, 현재의 분석으로는 브레이크아웃되면서 하락할 가능성이 더 많아 보입니다. 하지만 RSI가 40 지지선을 받쳐주고 있으며, 슬로우 스토캐스틱도 과열 매도 경계선에 있으니, 좀 더 판단을 유보해야 하는 상황이 됩니다.

해서 판단하는 것입니다.

거래량 기술적 지표를 활용할 때 주의점은 단독으로 사용해서는 안 된다는 것입니다. CMF를 활용하는 케이스를 보면 과열 매수 및 과열 매도 구간에서 활용하는 법이 나옵니다. 이때는 RSI와 같이 사용하는 것이 제일 무난하면서 많이 활용되는 방안입니다.

반드시 본인의 차트를 킴퓨터로 보면서 확인하고 생각해야 합니다. 눈으로 보는 것은 눈을 감으면 잊어먹습니다.

CMF는 2018년 12월 24일부터 증가하고, RSI는 30인 과열 매도 경계선에서 반등합니다.

CMF와 RSI만을 이용하면 이 저점인 1,300달러에서 매수 결정을 하기가 어렵습니다. 이 경우 시장 흐름 판단법, RSI, 슬로우 스토캐스틱을 함께 보면서 매수 결정을 해야 합니다.

CMF는 장점도 있지만, GAP이 생기는 경우 현저한 단점이 생깁니다. 하지만 Accumulation 및 Distribution 단계에서 상당히 의미 있는 지표입니다. 그래서 CMF를 다음과 같이 활용하기 바랍니다.

- Accumulation 및 Distribution을 확인하는 경우에 중점적으로 사용하기 바랍니다.
- 디버전스에도 상당히 유용하니, 이러한 현상이 보이면 OBV와 MACD도 같이 보면서 디버전스가 동일한지를 확인하기 바랍니다.
- GAP이 있는 경우는 잘못된 길을 가르쳐주니, 그때는 CMF를 버리기 바랍니다. 그리고 관찰기간 21일 이후부터 다시 참조하기 바랍니다.
- GAP이 생기는 경우 OBV로 대처하기 바랍니다.

OBV ^{L1 L2 L3} ●

OBV_{On Balanced Volume}는 우선 계산하는 방법이 쉽습니다. '특정일'로 시작해서 전날의 가격에 따라 거래량을 더해주거나 감산하는 방식입니다.

- 주식 가격(종가 기준)이 전일보다 상승하면 그 거래량을 더해주고, 주식 가격이 전일보다 하락하면 그 거래량을 감산합니다. 가장 편하게 이해를 할 수 있는 기술적 지표입니다.
- 만약 오늘 종가가 어제보다 상승했으면 어제의 OBV에 오늘의 거래량을 더해주는 것입니다. 종가가 어제보다 하락을 하면 감산을 하는 것이고요. 만약 오늘 종가가 어제하고 비교해서 변동이 없으면 OBV도 변동이 없습니다.

그러면 우리는 여섯 가지 경우를 생각할 수 있습니다.

- 3번과 4번의 경우는 Accumulation 또는 Distribution에 해당합니다.
- 5번과 6번은 디버전스에 해당하는데, 디버전스가 생기는 경우는 가격

케이스	주식 가격	OBV	가격 트렌드	OBV 트렌드	해석
1	상승	상승	상승 트렌드	상승 트렌드	상승 트렌드가 유지될 가능성이 높음
2	하락	하락	하락 트렌드	하락 트렌드	하락 트렌드가 유지될 가능성이 높음
3	보합	상승	Ranging Market	상승 중	상승 브레이크아웃 가능성
4	보합	하락	Ranging Market	하락 중	하락 브레이크아웃 가능성
5	상승	하락	상승 트렌드	고점 이후 하락	상승 트렌드에서 하락으로 전환될 가능성 높음: 네거티브 디버전스 (Negative Divergence)
6	하락	상승	하락 트렌드	저점 이후 상승	하락 트렌드에서 상승으로 전환될 가능성 높음: 포지티브 디버전스 (Positive Divergence)

트렌드가 변하는 조기 신호입니다. 디버전스는 그렇게 많이 나타나지 않습니다. 그러나 이 디버전스가 장기간의 관찰 기간 동안에 걸려서 생긴다면 기술적 지표로는 다음과 같이 해석합니다.

- 네거티브 디버전스Negative Divergence(또는 하락 디버전스Bearish Divergence)는 시장이 정점에 도달했다는 조기 신호입니다.
- 포지티브 디버전스Positive Divergence(또는 상승 디버전스Bullish Divergence)는 시장이 바닥에 도달했다는 조기 신호입니다.

글을 쓰는 시점의 아마존은 위의 이론을 따르면 네거티브 디버전스가 되어 아마존 주가가 2020년 9월 2일 3,552달러의 최고가를 기록한 이후 2021년 1월 8일 3,182달러로 최고점 대비 -11% 하락한 상태입니다. 이 이론이 맞을지 틀릴지는 지금 책을 읽는 순간 여러분께서 판단해보기를 바랍니다. 그럼 아마존의 실제 경우를 3년 차트, 3개월 차트로 확인해보겠습니다.

[차트 78] 아마존 차트 + OBV

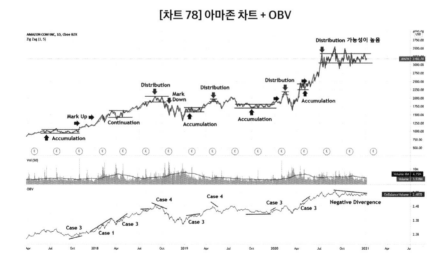

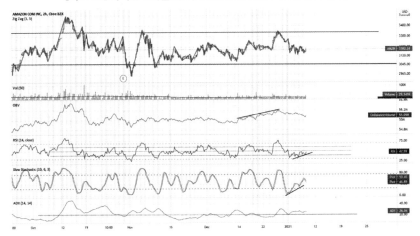

이 2개의 차트를 보면서 책 읽는 시점에 아마존 주식이 어떻게 변하였는지를 확인해보기 바랍니다.

OBV의 단점은 기간을 너무 길게(예: 3년 이상) 보는 경우 거래량이 축적되기 때문에 정확성을 놓칠 수 있습니다. 그래서 이러한 단점을 보완하기 위해 OBV 외에 다른 가격 움직임의 기술적 지표들을 꼭 참조해야 합니다.

변동성 기술적 지표ATR L1 L2 L3 ○ ●

(ATR 변동지표는 트레이더들에게는 아주 중요한 지표입니다. 레벨 2는 이해가 어렵고 적용할 수 있는 분야도 적을 수 있습니다. 레벨 3는 필수적입니다.)

ATRAverage True Range에 대한 이해

• 변동성은 매수자와 매도자의 의견 충돌입니다.

우리는 시장의 모든 투자자들의 생각을 읽을 수 없습니다. 시장의 방향이 약간 바뀌면 어떠한 투자자들은 패닉 전 단계에서 매도를 할 것이고 어떠한 투자자들은 조정의 분위기를 저가 매수의 기회로 삼고 매수를 할 것입니다.

이러한 매수·매도자들의 의견 불일치가 매매 활동의 변동성을 만들고 이 의견 충돌이 크면 클수록 변동성의 폭이 과거보다 커질 것입니다. 그래서 변동성 지수가 높아지는 것은 시장 분위기가 변할 수 있다는 신호로 사용할 수 있습니다.

- 매수자와 매도자의 의견 충돌로 인해 간극이 벌어진다면 변동성이 높아집니다. 그러면 ATR 값이 상승합니다.

많은 주식이 최고가를 만드는 시기는 변동성이 높습니다. 이는 최고가에 대한 Bull과 Bear의 의견이 다르기에 변동성을 측정하는 ATR 값도 높을 것입니다. 하지만 시장이 안정되게 상승하거나 너무 과열되어 하락하는 것에 대해 이견이 없어지면 변동성도 낮아집니다. 그래서 변동성이 낮은 시기에는 상승장에서는 계속 상승을 하고, 하락장에서는 계속 하락할 것입니다.

ATR과 VIX의 차이점

ATR과 VIX의 차이점은 ATR은 개별 주식의 실제 가격 움직임을 계산한 True Range(TR)을 보는 것이고, VIX는 주가 지수 위주의 변동성을 분석하는 것으로 주가 지수 옵션시장의 주문량 및 거래량을 보고 판단하는 것입니다.

ATR의 식을 분석해보면 다음과 같습니다.

우선은 True Range 값을 구합니다.

[그림 42] True Range

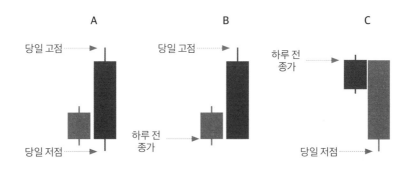

자료: Stockcharts.com

[그림 42]의 세 가지 방법을 통해 값을 구한 다음 이 세 가지 중 가장 높은 값이 TR이 됩니다.

A: 당일 고점에서 당일 저점을 감산

B: 당일 저점에서 하루 전 종가를 감산하여 절대값으로 환산

C: 당일 고점에서 하루 전 종가를 감산하여 절대값으로 환산

$$ATR = \frac{(\text{전일의 } ATR \times 13) + (\text{당일의 } TR)}{14}$$

A, B, C 중 가장 높은 값이 TR이 됩니다. 그래서 보통의 경우 14일을 기준으로 계산합니다.

ATR은 가격 방향과 전혀 상관이 없습니다. 가격이 최고가가 되어도 변동성이 높아지고, 최저가가 되어도 변동성이 높아집니다. 주가의 실제 가격 움직임의 폭이 변동성이 되는 것입니다. 이 점이 대부분 ATR에 대해 이해하기 어려워하는 대목입니다.

다음 그림은 이름만 이야기하면 우리가 아는 주식들의 ATR입니다. 레벨 3로 SPX보다 +50% 수익을 올리려면 다음 차트만 보고도 어느 주식인지 알

아야 합니다. 공부만 필요한 것이 아닌, 관심종목들의 꾸준한 관찰도 필요합니다.

한번 보고 추측해보기 바랍니다.

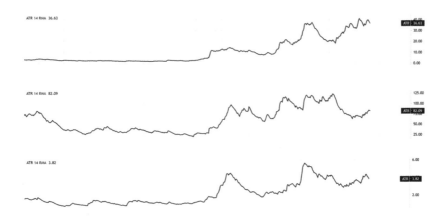

답은 테슬라, 아마존, 애플입니다. 그리고 지금 현재의 주가 차트를 한번 보고 확인하기 바랍니다.

ATR 활용 방법

ATR의 활용 방안은 두 가지 신호가 있습니다.

첫째는 ATR 값이 높아지는 경우와 두 번째는 변동이 거의 없이 낮은 값을 유지할 때입니다.

- ATR 값이 높은 것은 Bull과 Bear의 투자자들의 의견 간극이 커지는 것으로 시장 고점 혹은 바닥이라는 신호입니다.
  - 시장 고점이면 곧 하락을 할 가능성이 높으며,

– 시장 저점이면 곧 상승을 할 가능성이 높습니다.

- ATR 값이 낮은 것은 주식 트렌드가 안정화Consolidation되면서 그 상승
혹은 하락세가 유지되는 경우 및 변동이 없는 보합장이라는 뜻입니다.

그러므로 ATR 값이 최고 최저점이 되는 경우는 다음과 같이 판단해야 합
니다.

케이스	ATR	해석
1	ATR 최고치	• 주식 가격의 최고점 전에 최고치가 됩니다. • 주식 가격의 최저점 전에 최고치가 됩니다. 즉 주식 가격이 최고점이거나 최저점으로 가면, Bull과 Bear의 의견 간극이 커진다고 생각하면 됩니다. 간극이 커지면 변동성이 높아집니다. 그래서 ATR 값이 최고치 (Peak)가 되는 것입니다. ATR이 최고치가 되면 조만간 곧 반전 패턴이 나옵니다.
2	ATR 값이 낮은 경우	• 상승장에서 ATR 값이 낮으면 그 상승이 지속됩니다. • 하락장에서 ATR 값이 낮으면 그 하락이 지속됩니다. 즉 ATR값이 낮다 라는 것은 현재의 추세에 Bull과 Bear의 이견이 없는 것입니다. 보합장에서 ATR 값이 낮으면 Accumulation 및 Distribution 단계 로 해석합니다. 주식 가격에 대한 변동이 별로 없다는 것입니다. Accumulation 단계가 되면 스마트 머니가 개인 투자자들 눈치 안 채게 매수를 하는 단계입니다. 가격과 거래량의 변화가 눈에 띄지 않도록 매수를 하는 것입니다.
3	ATR 최고치에서 하락하는 경우	• 반전 패턴이 유지되는 단계입니다. 하락장에서 상승장으로 반전 패턴이 생기는 경우, 상승장의 세력이 커질수록 변동성은 낮아지는 것입니다.
4	ATR 최고치에서 하락 후, 다시 상승하는 경우	• 브레이크아웃을 하는 경우에 하락 후, ATR 가격이 비교적 낮은 상태로 있으면, 보합장이 되는 경우 아니면 브레이크아웃을 상승 혹은 하락으로 갈 수 있는 경계선으로 해석을 합니다. • 지지선 및 저항선의 경계에서 움직이면 지지선에서는 반등을, 저 항선에서는 하락을 예견할 수 있습니다. • 이후 급격한 상승이 아니면 변동성은 어느 정도 있으나 이때의 추세가 유지되는 것입니다.
5	2차 랠리 이후	• 주식이 2차 랠리 이후 ATR은 최고치로 향하게 됩니다. 2차 랠리 이후의 최고치는 반전 패턴으로 주식 가격이 움직입니다.

실 사례로 애플 주식 차트를 사용해서 ATR을 보겠습니다.

ATR을 해석하는 데 중요한 것은 ATR은 가격 움직임과 동일 방향으로 움

직이는 것이 아니고, ATR이 상승하면 주가 변동성이 커지는 것으로 주가가
고점 혹은 저점이라는 점에 있습니다.

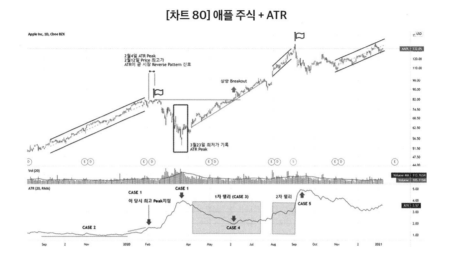

[차트 80] 애플 주식 + ATR

파생상품과의 연계(해외 거주자용)

파생상품을 이용할 수 있는 해외 거주자의 경우 커버드 콜Covered Call을 이
용해서 보유 주식의 헤징을 할 수 있습니다. ATR은 커버드 콜 스트라이크 값
Covered Call Strike Price을 결정하는 논리적 근거로 사용될 수 있습니다. 커버드 콜
을 파는 경우 대부분 전 고점 혹은 가격 흐름을 보면서 판단하는 것이 일반적
입니다. 파생상품 트레이더들은 ATR 1.5~2배 값을 구하여 현재 가격에 합
을 해서 해당 스트라이크 값의 커버드 콜을 팝니다. 단, 만기일이 현재부터
30일 이내인 경우에만 추천합니다.

지금까지 기술적 지표에 대한 내용을 설명했습니다. 레벨에 상관없이 RSI,
슬로우 스토캐스틱, MACD를 이용하는 기본 차트 설정 방법에 대해 설명을
하고 8장을 마무리하겠습니다.

차트 설정 및 목적

목적: 적용하려는 기술적 분석이 백테스트상으로 사용해도 제대로 적용되는지를 확인하기 위함.

- EMA(20): 최고가(High), EMA(20): 최저가(Low), EMA(89)
- RSI(14)
- 슬로우 스토캐스틱(25,5,5)
- MACD(12, 26, 9)

실 사례: Lam Research Corp($LRCX) – LRCX는 Laser 1석2조 매매에서도 인용될 것입니다. 이때 LRCX를 선정하는 펀더멘털 분석의 근거부터 모두 설명합니다.

1단계: 5년 차트를 보면서 가격 흐름을 본다.

[차트 81] LRCX 5년 차트

2단계: 잠정적인 Accumulation과 Distribution을 찾아본다.

[차트 82] LRCX - 잠정적 Accumulation & Distribution

3단계: 피보나치 되돌림 선의 적용

- 출발점과 종료점을 찾는다.
- 2년 전의 가격 중 최고점과 최저점을 찾아서 연결한다.
- 단, 하락의 경우 최저점이 최고점 이후를 연결해야 하고, 상승의 경우 최고점이 최저점 이후의 가격을 연결해야 한다.
- 이때 반드시 두 가격 지점은 Accumulation과 Distribution 지역에 있어야 한다.
- 그리고 피보나치 되돌림이 제대로 적용되는지를 확인한다.

[차트 83]에 피보나치 선에 의한 지지선과 저항선이 잘 적용되어 있습니다. 향후 피보나치 선을 타 구간에 적용해도 문제가 없을 것입니다.

- 이 과정을 제 스스로는 '투자자 군중심리Investors' Crowd Psychology' 확인 과정으로 이야기합니다.
- 차트를 설정하는 데 있어서 기술적 지표가 맞는 것을 먼저 확인해야 향후 전략에 사용할 수 있는 것입니다.

[차트 83] LRCX 피보나치 선 적용 확인

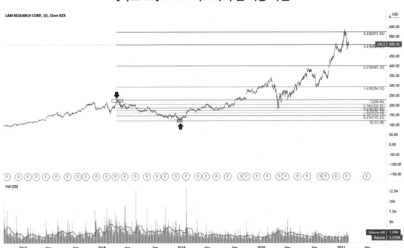

4단계: 지난 12개월간 기술적 지표의 활용도 확인

기술적 지표 설정 방법

이동평균선 설정: EMA 20(최고가), EMA 20(최저가), EMA(89)

제1확인 기술적 지표: RSI

제2확인 기술적 지표: 슬로우 스토캐스틱

제3확인 기술적 지표: MACD

거래량은 맨 위로 보내면서 거래량에 20일 이동평균선을 적용합니다.

EMA(89)는 하락장에서 최후의 손절 지점으로 확인합니다.

[차트 84] LRCX 차트 설정 완료

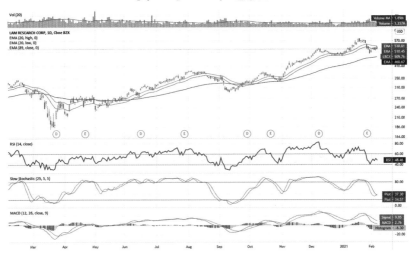

5단계: 8장 5절(464쪽)의 RSI에서 1~6번을 표시한 지점을 기준으로 차트에 수직선을 연결

8장 5절에서 표시한 1~6번 그림입니다. 이를 차트에 적용해봅니다.

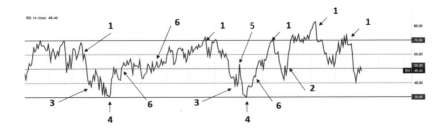

[차트 85] LRCX 차트 확인 1

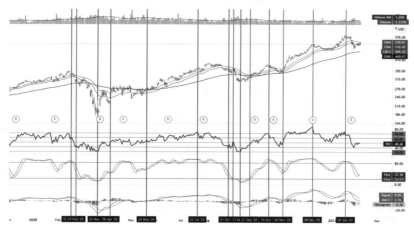

6단계: 1년의 기간에서 1달 기간으로 상세하게 확인하는 단계

[차트 86] LRCX 차트 확인 2~3개월

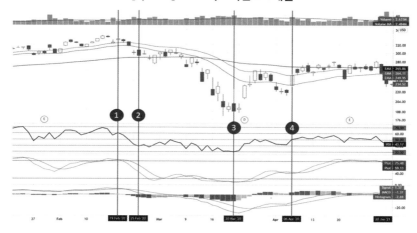

	수직선 1	수직선 2	수직선 3	수직선 4
RSI	1	3	4	6
슬로우 스토캐스틱	매도 신호	하락 확인	Buying into Weakness	Buying into Weakness
MACD	Selling into Weakness	매도 확인	관망	상승 확인
EMA(20. 최고가)	주가 흐름 전환 가능	하락 확인	관망	관망
EMA(20, 최저가)		하락 확인	관망	매수
EMA(89)		손절 추천	관망	관망
기술적 지표 분석 결과	매도 추천	매도 강력 추천	관망 또는 공격적 분할 매수	매수 4: 관망 2
결정	분할 매도	주식 청산 또는 공매도 포지션	자산 25% 분할 매수	자산 25% 분할 매수

RSI 기준
- 상승 고점 매도: 1
- 상승 하락 후 반등 시 추가 매수: 2
- 상승 하락 시 손절: 3
- 하락 저점에서 매수: 4
- 하락 반등에서 저항선에서 매도: 5
- 하락 반등에서 저항선 브레이크 후 매수: 6
Buying into Strong: 상승장에서 매수
Buying into Weakness: 약세장에서 반등의 기미가 있어 보이는 경우 매수
Selling into Strong: 상승장에서 시장 톱이 온다고 생각하고 매도
Selling into Weakness: 하락장에서 매도

결정에 대한 기준을 여러분께서 만들어보아야 합니다. 이렇게 나머지 부분도 여러분께서 나머지 8개 수직선(저의 기준)을 확인하기를 바랍니다.

기술적 지표를 백테스트하는 이유는 다음과 같습니다.

- 대부분의 투자자들은 자신이 선호하는 주식들만 일정 주기로 매매를 합니다. 애플 애널리스트는 테크놀로지 섹터Technology Sector 전문입니다. 이 애널리스트가 어느 날 갑자기 에너지 섹터를 분석하지는 않습니다. 투자자들도 동일합니다.
- 반복적으로 매매를 하는 투자자들의 투자 패턴은 가격과 거래량에 반

영됩니다. 그래서 이들의 매매 군중심리가 기술적 지표로 표현된 것입니다.

- 그러므로 모든 기술적 지표가 동일하게 적용되지는 않습니다. 그래도 가장 유용하고 잘 맞는 기술적 지표가 RSI, 슬로우 스토캐스틱, MACD 입니다.

- RSI와 슬로우 스토캐스틱을 선행지표로 EMA(20) 최고가, 최저가와 같이 활용하면 최적의 선행지표로 사용됩니다.

  - 이를 MACD로 확인합니다. EMA(89)는 하락장에서 마지노선으로, 상승장에서는 현금 비율 외 나머지 자산을 투입하는 기준입니다. LRCX로는 2020년 5월 20일입니다.

  - 이 설정에 의한 매매 방법은 레벨 1 일부분들과 레벨 2 이상은 모두 적용됩니다.

[차트 87] LRCX 차트 확인 2

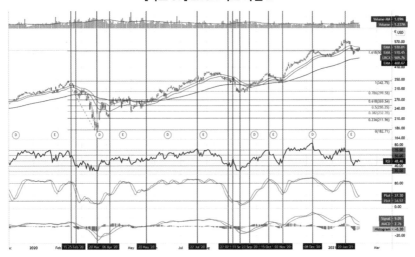

레벨 2와 레벨 3는 [차트 87]처럼 피보나치 되돌림까지 넣어서 백테스트를 하기 바랍니다. 그러면 제가 소개한 방법으로 LRCX 및 여러분의 관심 종목에 대한 매수·매도 시점을 정확하게 파악하게 될 것입니다.

레벨 3는 Laser 1석2조 투자법을 상세히 마스터하기 바랍니다. 그리고 가상적으로 양도세까지 포함해서 실제 매매법으로 이용할 수 있도록 가상 거래를 해보고, 실제 투자에 적용하기 바랍니다.

8장은 여러분께 새로운 내용이었을 것입니다. 10장 차트 설정에서는 차트 설정에 대한 방법을 설명합니다.

[표 10]은 10장에서 설명한 차트 설정 방법입니다. 참조하기 바랍니다.

[표 10] 기술적 지표 조합

구분	기술적 지표	비고
기본	RSI + 슬로우 스토캐스틱	• 가장 간단함 • 일 단위, 주 단위, 월 단위 차트 등 모든 차트에 가장 무난하게 사용 • 일 단위: EMA(20) +/-, EMA(89) • 주 단위: EMA(13), EMA(26), EMA(52) • 월 단위: SMA(12), SMA(24)
가격 위주 분석	RSI + 슬로우 스토캐스틱 + MACD	• MACD는 후순지표로 그 흐름을 확인하기 위한 용도로 추가 사용 • 가장 추천
가격 + 거래량	RSI + 슬로우 스토캐스틱 + CMF	• Accumulation과 Distribution 분석에 좋음
전체 흐름	RSI + 슬로우 스토캐스틱 + ADX	• 테슬라 같은 상승세가 강한 주식에 적합
FAANG + MSFT	RSI + MACD + CMF + ATR	• 시장 주도 주식들이기 때문에 RSI로 가격 움직임의 속도를 파악하여 비교 강세를 파악 • MACD로 확인 • CMF로 Accumulation과 Distribution 확인 • ATR로 변동성을 확인

THE
BIBLE
OF THE
U.S.
STOCK
MARKET
INVESTING

9장

차트 패턴 분석

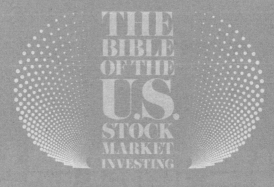

- 펀더멘털 분석은 '무슨 주식을 살 것인가What to buy?' 관련 분석이고,

- 기술적 분석은 '언제 사고팔 것인가When to buy or sell?' 관련 분석입니다.

- 차트 패턴 분석은 '언제 사고팔 것이며 얼마나 올라갈 것이고 얼마나 내려갈 것인가?' 관련 분석입니다.

일정 패턴에 의한 가격 상승 혹은 하락 폭의 질문에 대한 답을 찾기 위해 1930년대부터 본격적으로 분석을 하고 이렇게 분석한 자료를 바탕으로 패턴을 정의한 것입니다.

제가 소개하는 10개의 패턴은 가장 대표적이면서 가장 널리 분석되는 패턴입니다. 기술적 분석은 분석하는 기간이 1년 이상의 장기 분석이라 하더라도, 가격의 움직임과 거래량을 일 단위 차트 기준으로 대부분 14일 동안의 움직임을 관찰합니다.

이에 반해 차트 패턴 분석은 짧게는 2달, 길게는 1년 이상의 관찰 기간을 가지고 정의한 것입니다.

여기에 정의된 10개의 차트 패턴은 통계적 자료를 가지고 있으면서, 우리에게 어느 방향으로 얼마나 움직일지를 확률적으로 보여줍니다.

처음에는 차트 패턴 찾기가 쉽지 않을 것입니다. 그런 경우는 Finviz.com에 접속해서 보유 주식을 보면 자동으로 만들어진 차트 패턴을 확인할 수 있습니다. [차트 88]은 LRCX의 차트입니다.

레벨 1 및 레벨 2 분들께서 기술적 분석을 직접 해보고, 확인이 필요한 분들은 Finviz.com을 참조하면 좋습니다.

[차트 88] LRCX 차트 패턴

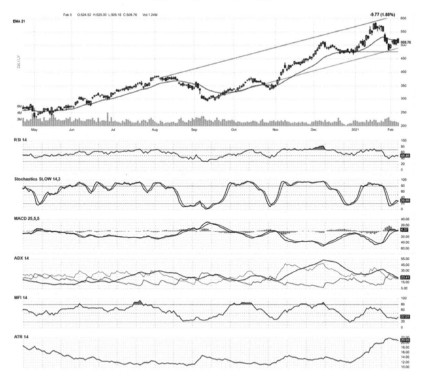

01 3의 법칙

미국에서는 '매직 넘버 3'라고 부르기도 하는데 저는 '3의 법칙3 Touch Rule'
이라고 하겠습니다. 차트 패턴에서는 '브레이크아웃Breakout'이라는 개념이 중
요합니다. 위로 올라가든 아래로 내려가든, 차트 패턴을 분석하는 목표는 특
정 차트 패턴에서 어느 방향으로 언제 브레이크아웃이 되는지를 보는 것입
니다.

이렇게 브레이크아웃하는 데 있어 법칙이 하나 있습니다. 브레이크아웃을
해서 가고자 하는 방향으로 한 번에 가는 것이 아닌 3번을 두드리다가 뚫고
갑니다. 이것이 '3의 법칙'입니다.

[그림 43] 상승 삼각형, 사각형, 정이등변 삼각형

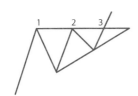 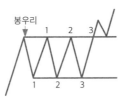 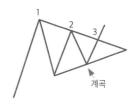

차트 패턴은 추세선을 사용해서 그 모양이 결정됩니다. 주가가 위에 위치한 추세선까지 가는 것을 봉우리Peak, 아래 부분까지 내려가는 것을 계곡Valley 이라고 합니다. 이 법칙은 다음 차트 패턴에 적용됩니다.

- 상승Ascending, 하락Descending, 정이등변 삼각형Symmetrical Triangle
- 사각형Rectangle, 플래그Flag, 쐐기형Wedge, 페넌트Pennant
- 헤드앤숄더Head and Shoulder

10개 차트 패턴 중 9개가 이 법칙에 해당합니다. 그러므로 여러분께서는 꼭 '3의 법칙'을 기억하기 바랍니다.

02 채널 차트 패턴

기존에 설명한 추세선은 대부분 선을 한 개만 이용한 추세선입니다. 차트 패턴은 이 추세선을 여러 개 이용하는 것이고, 2개의 추세선을 이용하는 기본적인 패턴은 채널 패턴입니다. 이 채널 차트 패턴은 트렌드를 보는 것입니다. '3의 법칙'이 적용되는 경우도 있고 그 이상 적용되는 경우도 있어서 '3의 법칙' 범주에 넣지를 않았습니다. [그림 44]가 전형적인 채널 패턴입니다.

두 추세선이 서로 평행이어서 영어로 Parallel 채널이라고도 합니다. 8장 3절에서 변동성을 설명하면서 표준편차를 설명한 것을 기억할 것입니다. 표

[그림 44] 상승 채널, 하락 채널, 사각형 또는 박스권

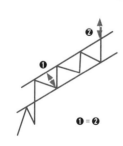
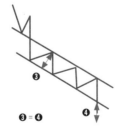
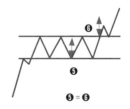

준편차를 이용할 뿐 그 분석도 채널 패턴에 속하는데 이를 회귀Regression 채널 패턴이라고 합니다.

대부분의 차트에서 비슷하게 나타나는데, 브레이크아웃이 되면 채널 패턴 당시 두 선 사이의 가격 차이만큼 최소한 상승을 하거나 하락을 하게 됩니다. 물론 브레이크아웃이기 때문에 더 상승할 수도, 더 하락할 수도 있습니다. 그렇지만 대부분 기본적으로 채널 사이의 가격 차이만큼은 브레이크아웃 이후 움직입니다(예: 1=2, 3=4, 5=6).

그러면 애플의 2020년 4월 16일부터 7월 23일(98일, 거래일 수 68일)까지 상승 채널의 움직임과 브레이크아웃 이후 가격 움직임을 보겠습니다.

[차트 89] 애플 차트 - 상승 채널 패턴

분할 이후이기 때문에 위의 차트 가격에 4배를 더 하겠습니다. 채널 패턴은 트렌드를 보는 것과 동일합니다. 채널 안의 가격 차이가 5.97달러이니 당시 23.88달러입니다. 7월 23일 하락 방향으로 브레이크아웃이 됩니다. 하락한 가격은 6.14달러로서 24.56달러가 채널 패턴이 브레이크아웃한 후 하락한 금액입니다.

물론 절대적인 것은 아닙니다. '대부분'의 경우 저 정도의 가격 움직임 현상이 일어납니다. 대형 기관들의 펀드 매니저들은 알고리즘에 의한 트레이딩을 하고 있습니다. 따라서 위와 같은 채널 패턴이 무너지는 경우 얼마만큼 하락할지가 알고리즘 조건에 들어 있기 때문에 짧은 시간 안에 채널 안의 가격 차이만큼 내려갈 확률이 더 높습니다.

상승 및 하락 채널 패턴을 간단하게 부를 때는 채널 상승Channel Up, 채널 하락Channel Down, 그리고 박스권은 채널Channel이라고만 이야기하는 경우도 있습니다.

테슬라 주식 차트를 하나 더 보겠습니다. 2020년 5월 5일에서 7월 2까지 상승 채널 패턴이 있는데 브레이크아웃 이후 가격이 얼마나 상승하는지를 보겠습니다.

[차트 90] 테슬라 차트

테슬라의 경우 채널의 가격 폭이 28.91달러이고, 브레이크아웃이 되면서 그 가격 이상 상승을 했습니다. 100%의 확률은 아니지만, 브레이크아웃 후 가격 변동은 최소한 채널 가격의 폭만큼 움직일 확률이 70% 이상이라는 것은 기억하기 바랍니다.

03 10개 차트 패턴

차트 패턴에 대해 공부를 하면 지속 패턴Continuation Pattern 및 반전 패턴 Reversal Pattern이라는 용어를 많이 보게 됩니다. 소개할 10개의 차트 패턴들이 어디에 속하는지 보겠습니다.

지속 패턴	반전 패턴
• 사각형 • 상승 삼각형 • 하락 삼각형 • 정이등변 • 플래그 & 페넌트 • 컵앤핸들 • 쐐기형	• 더블탑 & 더블바텀 • 헤드앤숄더 • 역 헤드앤숄더

여기에서 플래그Flag & 페넌트Pennant는 전 레벨 선택 사항입니다. 기간도 단기이고 실제 사례도 찾기 어렵습니다. 그러므로 플래그 & 페넌트는 그냥 지나치셔도 좋습니다.

이제 10개 차트의 간단한 그림을 살펴보겠습니다. 다음의 그림들은 가장 단순한 형태로 만들어진 것들이지만, 여러분께서 이 그림을 보고 어떠한 모

504

양이 만들어지고 '3의 법칙'에 의해 어느 '3'에서 브레이크아웃이 되는지 파악하기 바랍니다.

(1) 사각형

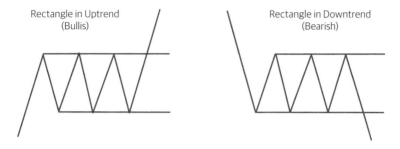

Rectangle in Uptrend
(Bullis)

Rectangle in Downtrend
(Bearish)

(2) 상승 삼각형

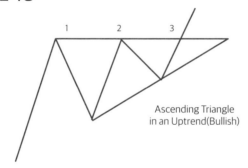

Ascending Triangle
in an Uptrend(Bullish)

(3) 하락 삼각형

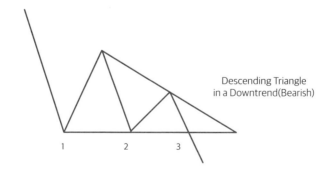

Descending Triangle
in a Downtrend(Bearish)

(4) 정이등변 삼각형

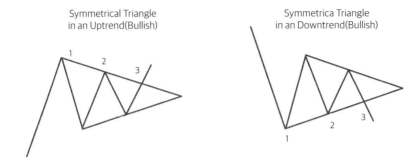

Symmetrical Triangle
in an Uptrend(Bullish)

Symmetrica Triangle
in an Downtrend(Bullish)

(5) 플래그 & 페넌트(Flag & Pennants)

플래그Flag는 국기 모양의 직사각형 모형이고, 페넌트Pennants는 삼각형 모형의 깃발입니다.

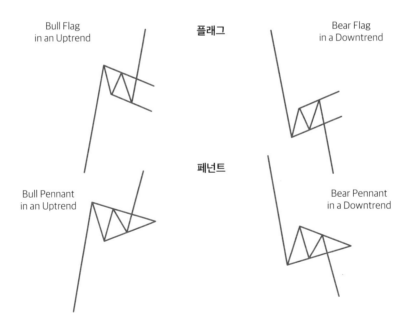

Bull Flag
in an Uptrend

플래그

Bear Flag
in a Downtrend

페넌트

Bull Pennant
in an Uptrend

Bear Pennant
in a Downtrend

(6) 쐐기형(하향 쐐기형 & 상향 쐐기형)

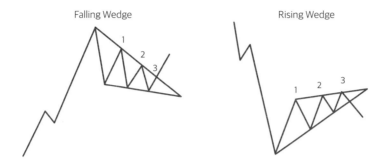

Falling Wedge   Rising Wedge

(7) 더블탑 & 더블바텀(Double Top & Double Bottom)

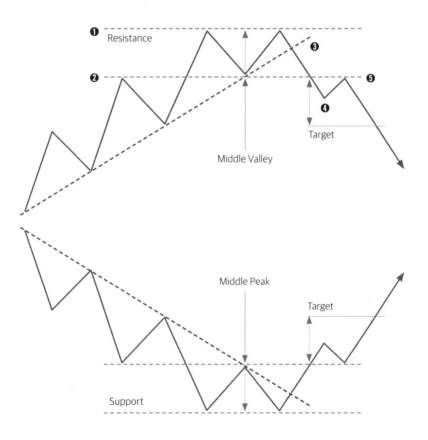

(8) 헤드앤숄더(Head & Shoulder Pattern)

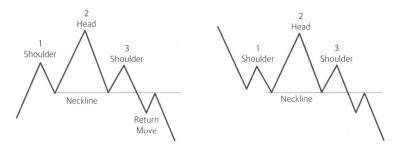

(9) 역 헤드앤숄더(Head & Shoulder Bottom (Inversed) Pattern)

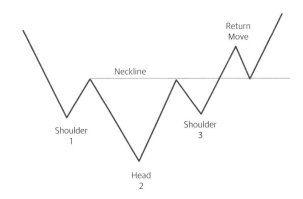

(10) 컵앤핸들(Cup and Handle Pattern)

자료: Investros.com

10가지 패턴을 레벨별로 숙지해야 할 패턴은 다음과 같습니다.

레벨 1: 채널 패턴, 더블탑 패턴만 보시고 이 역시도 선택 사항입니다.
레벨 2: 삼각형 패턴, 플래그 & 페넌트, 쐐기형 패턴은 선택 사항입니다.
레벨 3: 플래그 & 페넌트 패턴만 선택입니다.

제가 알고 있는 차트 패턴은 60개가 넘지만 이 60개의 패턴이 차트 분석에 반드시 필요하다고 생각하지는 않습니다. 제가 소개하는 10개의 차트 패턴은 실제로 17개이며, 이 17개의 패턴이면 충분합니다. 그나마 제가 레벨별로 추천하니, 여러분께서 최종 판단하기 바랍니다.

미국에서 출간된 일부 차트 관련 해설 책들을 보면 '더블탑Double Top'과 '더블바텀Double Bottom'을 구분합니다. 제가 하나로 묶어서 구분한 이유는 메커니즘이 비슷하기 때문에 오히려 단순하게 접근할 수 있도록 하기 위함입니다.

10개의 차트 패턴에 대해 설명을 함에 있어서 통계적인 부분은 토마스 N. 불로우스키Thomas N. Bulowski의 《Encyclopedia of Chart Pattern》과 《Bloomberg Terminal》에 제공되는 고객 이해 자료를 이용했습니다.

- 각 패턴 밑에 표를 하나 만들었습니다.
  다음 10가지 사항을 구분해서 여러분의 이해를 더욱 쉽게 도와주는 표입니다. 차트 패턴의 특성, 형성 기간, 주가 트렌드, 거래량 트렌드, 브레이크아웃 방향, 패턴 확인 방법, 평균 상승 가격, 실패율, 심리적 요인, 매수·매도 시기가 표에 포함되며, 차트 패턴별로 해당 사항이 없는 곳은 '해당 사항 없음'으로 표기했습니다.

- 각 패턴별 해당하는 실제 사례를 보여주며,

- 여러분께서 직접 연습할 수 있도록 연습용 차트도 포함했으니, 가능한 한번 해보기 바랍니다.

④ 사각형

이 사각형Rectangle 패턴이 차트 패턴 중 가장 기본입니다.

이 패턴은 특히 Accumulation, Distribution에 잘 나오는 패턴입니다.

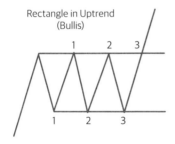

Rectangle in Uptrend
(Bullis)

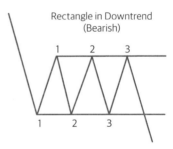

Rectangle in Downtrend
(Bearish)

구분	특징
특성	Accumulation 및 Distribution에 해당 지지선과 저항선(평행 채널) 최소한 2번은 지지선과 저항선을 왔다 갔다 해야 함
형성 기간	평균 70일(2달 반)
주가 트렌드	지지선과 저항선 사이에서 움직임
거래량 트렌드	거래량이 평균 20일 거래량보다 상승 혹은 하락을 하면 브레이크아웃 가능성이 있음
브레이크아웃 방향	상승(up)과 하락(Down) 모두 가능
패턴 확인	지지선과 저항선이 수평으로 형성
평균 상승 가격	지지선과 저항선 사이의 가격 폭
실패율	해당 사항 없음
심리적 요인	Bull과 Bear들의 힘겨루기보다는 관망을 하는 시기 Accumulation과 Distribution 사이클을 확인할 것
매수·매도 시기	• 거래량이 이동평균선 20일 미만으로 있을 가능성이 많은 시기임 • 상승 하락장 상관없이 50%의 확률이 있다고 판단을 할 것 • 거래량이 이동평균선 20일 이상 된다고 하더라도 상승장에서는 지지선(아래 추세선)을 두 번째 찍고 반등하는 경우 매수 준비를 할 것 • 만약 지지선 3에서 반등을 못 하면 지지선과 저항선 1/3 가격 폭이 손절 구역이 될 가능성이 높음 • 반대의 경우도 비슷하게 적용함

[차트 91] 아마존 사각형 차트 패턴

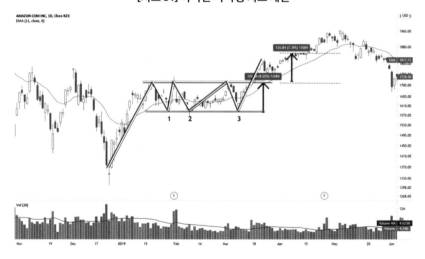

차트 분석

- 상승 트렌트Up Trend 사각형 차트입니다.

- 두 번째 지지선이 형성되는 데까지 거래일 수 기준 14일, 일반 캘린더 기준 21일이 걸렸습니다. 저 순간부터는 사각형 패턴을 형성하는 과정으로 보아야 합니다.

- 저항선은 2018년 5월 23일 최고점입니다. 차트를 확장해서 확인하기 바랍니다.

- 브레이크아웃이 되기까지 거래일 수 40일, 캘린더 기준으로 59일이 소요되었습니다.

- 트렌드의 최고 최저가 차이는 126.84달러이고, 약 25 거래일 이후 목표 가격(브레이크아웃 + 가격 폭)에 도달했습니다. 브레이크아웃 이후 4거래일 동안 112.37달러가 상승했습니다.

- 거래량을 보면 Accumulation의 단계로서 2 부근에서 3 부근까지 가격의 변동 및 거래량에 극심한 변동이 없으며 EMA(21)을 잘 타고 가고 있었습니다.

- 매수를 하는 경우 3 이후 3월 8일 거래량이 20일 이동평균선 이상으로 증가하고 EMA(21)을 지나며, 3의 지점에서 반등하는 경우 1/3 매수, 브레이크아웃 부근에서 1/3, 브레이크아웃하는 순간 1/3을 매수하는 것이 정석입니다.

다음은 LNG를 공급하는 루이지애나에 위치한 Cheniere Energy Partners(CQP) 차트입니다. 여러분께서 다음 차트에 사각형 패턴을 직접 만들어서 확인해보기 바랍니다.

우선 차트에 그려보고, 2020년 1월 12일경의 차트를 확인해보기 바랍니

[차트 92] 사각형 패턴 연습 CQP

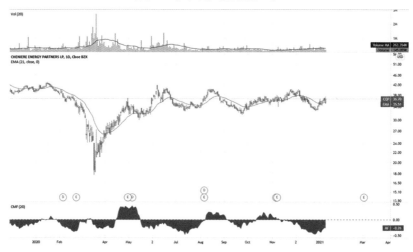

다. 전형적인 유틸리티Utility 회사로서 2018년부터 다시 흑자를 만든 회사로서 시가총액 200억 달러 미만의 소형주입니다. 성장은 한계에 다다른 것으로 판단되며, 배당률이 6.85%입니다. 이런 남부에 위치한 회사들은 허리케인이 오는 초여름부터 가을 중간까지는 투자를 피하고, 겨울 초입 이후인 12월 두 번째부터 LNG 수요가 증가합니다. 유틸리티주들은 계절성Seasonality과 섹터 로테이션에 민감하며, 성장성은 시장에 비해 아주 낮습니다.

가격의 움직임보다는 항상 거래량 우선으로 보고 유틸리티 주식들은 투자를 하기 바랍니다.

05 상승 삼각형

상승장에 나오는 차트 패턴입니다.

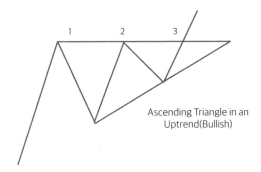

1 2 3

Ascending Triangle in an
Uptrend(Bullish)

구분	특징
특성	상승장에서 많이 보는 패턴. 상승 중 상승 스트림(Stream)이 약해지는 상태이지만 다시 올라가려고 하는 패턴. 위의 추세선은 저항선이고, 아래의 움직임은 HH, HL가 무너진 이후 다시 올라가는 패턴입니다.
형성 기간	평균 60일(2달)
주가 트렌드	상승세가 약해져서 주가가 오르지를 못하는 상태
거래량 트렌드	거래량이 평균 20일 거래량 미만이나, CMF는 브레이크아웃이 다가오면 증가하는 추세
브레이크아웃 방향	상승(Up)
패턴 확인	상승세를 타고 있는 주식에서 많이 보이는 패턴 위의 저항선은 수평. 아래의 지지선은 우상향
평균 상승 가격	단기 상승: 저항선 1번과 지지선 1번의 직선 폭 평균 상승: 강세장 35%, 약세장 30%
실패율	13%(강세장), 12%(약세장)
심리적 요인	사각형보다 상승세가 약간 우세한 패턴
매수·매도 시기	• 매수 시기는 2번과 3번 사이가 제일 좋습니다. • 약세장인 경우는 브레이크아웃되는 3에 매수하는 것이 제일 안전합니다. • 매수 후 평균 10일 정도 상승합니다. • 강세장에서 브레이크아웃 시 신규 최고가가 아니면 통계상 신규 최고가를 기록할 때까지 걸리는 날 수는 185일, 하락장에서는 97일 정도입니다. • 브레이크아웃 이후 풀백이 일어나면 평균 57% 정도입니다. • 풀백이 일어나는 경우 피보나치 되돌림으로 지지선을 확인하기 바랍니다.

[차트 93] 테슬라 상승 삼각형

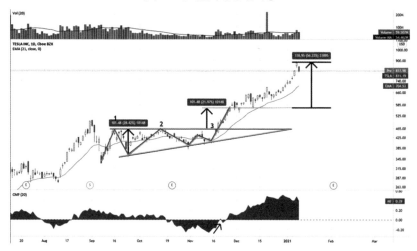

- 차트 형성 기간은 거래일 기준 54일, 일반 캘린더 기준 77일입니다. 급상승을 하는 회사여도 항상 매수 기회는 있습니다. 차트를 보지 않으면 고점이라 생각해서 매도할 가능성이 있는 부근으로 착각할 수 있으며, 신규 매수 및 추가 매수 지점이 됩니다.

- 차트 가격 폭이 101.48달러이며 이후 거래일 수 6일 동안 이 목표 가격에 도달했습니다. 이후 계속해서 상승세를 타고 있습니다.

  - 차트 패턴 안에서 EMA(21) 이하로 내려오는 2와 3 부근이 매수 지점입니다. 제 블로그를 보신 분들은 이미 아시겠지만, 2와 3 사이의 아래 접점 부근에서 테슬라 콜옵션을 매수했습니다. CMF의 음수 부분이 줄어드는 신호와 EMA(21) 및 기타 지표들을 보고 판단했으며, 현재 약 4,000%가 넘는 수익률을 보여주고 있습니다. (옵션 수익률은 1,000%가 넘는 것이 많습니다. 너무 놀라지 말기 바랍니다. 대신 고위험성이기 때문에 투자액을 항상 조정합니다.)

- 차트의 통계만 적용하는 경우 현재 브레이크아웃 이후 거래일 기준 37일이 경과하고 있으며, 아직은 리세션이기 때문에 강세장이라 이야기를 하는 것보다 약세장의 상승Bullish으로 시장에서는 판단하고 있습니다.

- 만약 이 이론의 통계적 확률이 높다면 신규 최고가까지(이미 거래일 기준 35일 만에 신규 최고가 기록) 대략 2021년 2월 중순에 발행할 수 있습니다.

- 통계 수치의 확률은 강세장에서 73%, 약세장에서 63%이니, 차트를 확인해보기 바랍니다.

[차트 94]는 마이크로소프트 차트입니다. FAANG 주식들이 2020년 9월 초 고점 이후 모두 힘을 못 쓰고 있습니다. 모두 상당히 무거운 모습으로

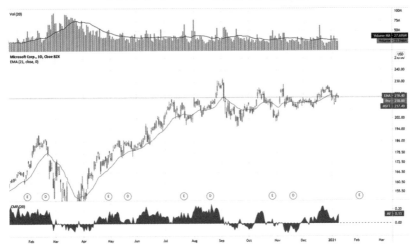

[차트 94] MSFT 차트: 상승 삼각형 패턴 연습

거래량이 지원되지 않고 있습니다. Accumulation 혹은 Distribution 구간이 형성되고 있으며 실적 발표 이후 MSFT는 상승을 했습니다. 이 점을 고려하면서 상승 삼각형 패턴을 만들어보기 바랍니다.

06 하락 삼각형

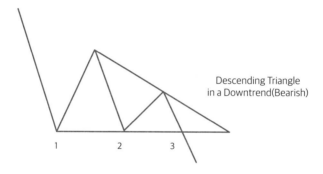

Descending Triangle
in a Downtrend(Bearish)

1   2   3

구분	특징
특성	이 패턴은 약간 찾기가 어려움. 하락장 혹은 Distribution 이후 2차 Distribution에서 볼 수가 있음. 저항선은 우하향하고, 지지선은 수평을 이룸.
형성 기간	평균 55일
주가 트렌드	완만한 하락장 혹은 상승장에서 모멘텀이 식으면 생김.
거래량 트렌드	거래량은 이동평균선 20일 이내에서 움직임. 그리고 브레이크아웃 전날 거래량이 상당히 적음.
브레이크아웃 방향	브레이크아웃은 하락 방향임.
패턴 확인	수평 지지선에 2번은 반등이 되어야 함.

평균 하락 가격	패턴 내의 가장 폭이 넓은 가격 차이만큼 내려감(브레이크아웃 이후 평균 10일). 평균 강세장: 16%, 약세장: 25%
실패율	강세장: 16%, 약세장: 11% 강세장에서는 상승 모멘텀이 식은 것이기 때문에 실패율도 높고, 하락세도 약세 장보다 낮음.
심리적 요인	급하게 하락하는 경우 반등세가 일어난 후 점점 그 세력이 약해지는 경우에 많이 나옴. 즉 가격이 급하락하면 매수를 조급하게 하는 경향이 많은 투자자를 공격 하는 현상이 많은 패턴임.

매수·매도 시기	• 하락 삼각형은 상당히 만나기 힘든 패턴임. 특히 신약 개발 실패 및 실적이 예
	  상보다 상당히 안 좋은 경우에 발생함.
	• 이런 경우 관심 종목 중의 하나라 하더라도 최소 2달 동안은 건드리지 않는 것
	  이 좋음.
	• 만약 매수를 하게 되면 상당 기간 보유를 해야 하는 패턴임.

[차트 95] 하락 삼각형 패턴: 알리바바(BABA)

[차트 96] 하락 삼각형 연습: WIX

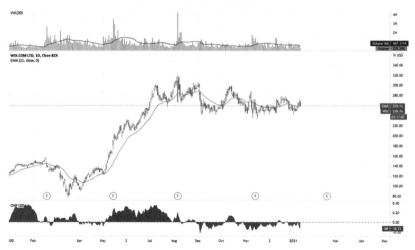

07 정이등변 삼각형

Symmetrical은 한국어로 '대칭對稱'입니다. 그래서 이해를 편하게 하기 위해 '정이등변 삼각형'이라고 제가 별칭을 지었습니다.

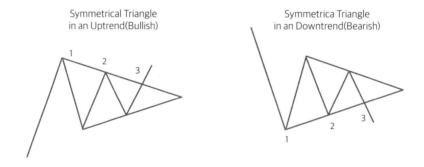

Symmetrical Triangle in an Uptrend(Bullish)

Symmetrica Triangle in an Downtrend(Bearish)

[차트 97](524쪽)을 보면 '3의 법칙'에서 실패해서 브레이크아웃에도 실패한 패턴입니다. 패턴의 이론만 따른다면 애플의 주가는 하락해야 합니다. 하지만 산타 랠리가 시작되는 시기여서 반등을 하고 브레이크아웃이 Upward로 된 차트입니다.

정상적인 패턴이 아니기에 가격 상승폭도 한계를 보여준 차트입니다. 만약

구분	특징
특성	제일 많이 나오는 패턴임. 쐐기형과 비슷한 패턴이어서 구분이 어려울 때도 있음. 형성 기간으로 구분함. 구분 기준은 3주임.
형성 기간	평균 38~40일 정도로 2달에 걸쳐서 형성됨. 최소 3주 이상이 되어야 함. 3주 미만이면 페넌트 가능성이 많음.
주가 트렌드	이 시기는 통합으로 갈 것인지, 브레이크아웃을 통해 상승 혹은 하락을 고민하는 시기임.
거래량 트렌드	브레이크아웃되는 경우 일반적으로 거래량이 많아짐.
브레이크아웃 방향	대부분 브레이크아웃이 생기면서 원래의 트렌드와 같은 방향으로 진행됨.
패턴 확인	1을 잘 설정해야 함. 상승 트렌드에서 하락하는 지점 및 하락 트렌드에서는 반등하는 지점이 1이 되어야 함. 최소 2개의 접점이 만들어지는 경우부터 패턴이 형성됨.
평균 상승 가격	1과 1이 만나는 다른 선과의 가격 차이 (브레이크아웃 이후 평균 10일) 상승 트렌트 정이등변 삼각형: 31%, 하락 트렌드: –19%
실패율	상승 트렌드: 9%, 하락 트렌드: 9%
심리적 요인	이 패턴은 어디로 갈 지 모르는 상황으로, Bull과 Bear들이 밀고 당기기를 장시간 하는 기간임. 거래량으로도 판단이 어려운 기간임.
매수·매도 시기	• 상당히 혼란스러운 시기임. 약간씩 브레이크아웃이 될 듯하면서 올라가거나 내려오다가 다시 삼각형 안으로 들어오는 경우가 많음. • 매수 및 매도는 공격적이면서 손실을 감수하면 2를 반등하고 올라오는 지점부터, 안정적으로 매수를 하려면 3의 지점을 확인하는 것을 추천함. • 매도의 경우 손절 구간은 3을 내려가는 중 2의 지점과 수평인 점에서 손절 구간을 설정할 것.

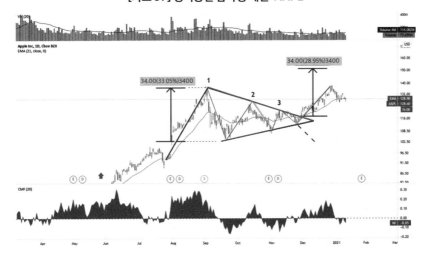

[차트 97] 정이등변 삼각형 패턴: AAPL

올라간다면 주당 150달러까지 올라가면서 산타 랠리를 더 강하게 이끌어주어야 하는데, 힘이 많이 부족해 보입니다. 가장 어려워 보이는 점은 거래량이 많이 늘지를 않고 있다는 점에 있습니다.

이러한 경우는 가격 상승·하락보다는 삼각형 대칭 기준점에서 최고점 사이에 통합Consolidation이 일어납니다. 그러므로 3이 브레이크아웃되는 시점을 가장 무난한 매수 시점으로 추천합니다.

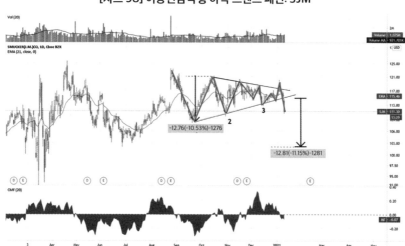

[차트 98] 이등변삼각형 하락 트렌트 패턴: SJM

[차트 98]은 스머커스Smucker's라고 해서 마트에 가보면 있는 과일잼을 만드는 회사입니다.

이 차트를 하락 트렌드 패턴에 소개한 것은 3번 브레이크아웃 접점을 만날 때까지 여러 번 가격이 상승과 하락을 반복하기 때문입니다. 이러한 경우에는 차트 패턴을 놓치기 쉽습니다. 특히 거래량에 주목해서 치밀하게 관찰해야 합니다.

급하게 매수를 하면 실패하는 확률이 높은 차트 패턴이니 이 차트 패턴이 형성되는 경우는 브레이크아웃을 반드시 확인하고 매수 및 매도를 결정해야 합니다.

현재 하향 브레이크아웃이니 이 책을 읽는 시점에서 가격이 어떻게 되었는 지 확인하기 바랍니다. 특히 CMF 및 거래량을 확인하고, ATR과 ADX도 같 이 확인하기 바랍니다.

보통 차트 패턴을 가격 움직임과 거래량만을 가지고 설명하지만, 기술적 지표와 연결하면 브레이크아웃 전 상황과 그 이후의 상황을 판단하는 데 상 당한 도움을 받을 수 있습니다. 연습 차트는 아마존입니다.

[차트 99] 이등변삼각형 패턴 연습: AMZN

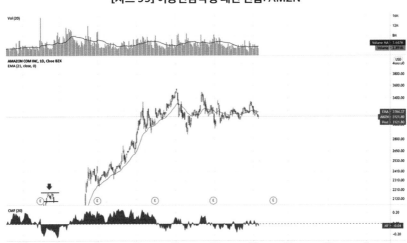

글을 쓰고 있는 1월 12일경에 아마존은 EMA(50)이 무너진 상태입니다. 상승보다는 하락이 더 우세한 상태입니다.

[차트 99]의 차트 패턴을 분석해보면 양방향으로 모두 브레이크아웃 가 능성이 있습니다. 브레이크아웃이 하락 방향인 경우 2,482달러, 상승 방향인 경우 3,939달러로 목표가를 정할 수 있습니다.

[차트 100] 아마존 이등변삼각형 패턴 연습

08 플래그 & 페넌트

이미 설명한 사각형 패턴 및 삼각형 패턴과 다른 것은 플래그와 페넌트 Flags & Pennants는 단기간에 나오는 패턴이라는 점입니다.

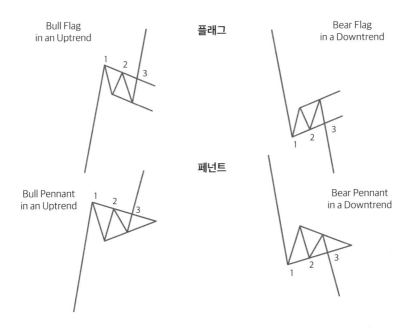

구분	특징
특성	단기간 급상승하거나 급하락 이후 잠시 머무는 상태에서 주로 나오는 패턴임.
형성 기간	평균 10일. 최대 기간 3주. 대부분 3주 미만임.
주가 트렌드	주가가 갑자기 상승을 하거나 하락을 한 후 약간 멈추는 상태.
거래량 트렌드	항상 쉬어 가는 지역에서는 거래량이 줄어듦.
브레이크아웃 방향	양방향 모두 가능.
패턴 확인	3주 미만. 단기적 조정 구간.
평균 상승 가격	패턴 폭이 기준임. 강세장: 23%, 약세장: 17%
실패율	강세장: 4%, 약세장: 3% 낮은 실패율은 이 패턴이 현재의 가격 TREND를 계속 유지한다는 반증임.
심리적 요인	• 주로 스마트 머니인 기관들이 실적이 좋을 것이라 예상을 하는 경우 Accumulation 단계에서 개인들 모르게 매수를 함. 이후 가이드도 좋게 내놓으면 주식 가격이 급상승을 하게 됨. 이러한 경우 개인 투자자들도 추격 매수를 하게 되면서 주식 가격이 급상승을 하게 됨. • Accumulation 단계에서 매수를 한 스마트 머니 및 곰 세력들이 매도를 통한 수익을 실현하고, 대부분의 곰 세력들이 매도가 마무리된 후 Bull의 세력들이 매수를 다시 시작하는 구간임. • Bear의 경우에는 반대로 생각하면 됨.
매수·매도 시기	트렌드가 지속되기 때문에 3번에서 브레이크아웃되는 경우가 매수·매도 시기임.

[차트 101] 플래그(강세장), 비욘드미트(BYND)

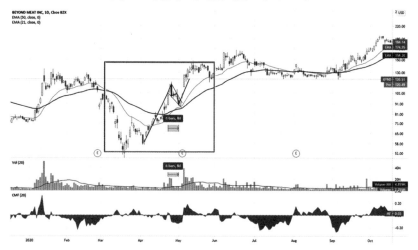

[차트 102] 플래그(약세장) 패턴, VRTX

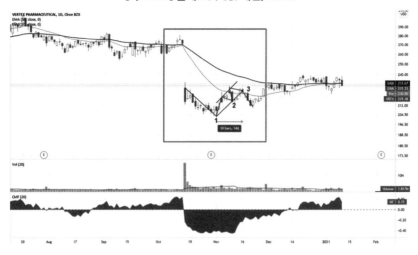

[차트 101]은 비욘드미트Beyond Meat라는 회사의 차트입니다. 2020년 하락
장 이후 급격한 상승을 했습니다. 거래 기준일 13일 동안 43.99달러(74.69%)
가 상승한 이후 거래 기준일 6일(일반 캘린더 기준 8일)간 형성된 플래그 패턴입
니다. 이후 거래기준일 8일간 49.96달러(52.96%) 상승을 합니다.

[차트 102]는 버텍스 파마슈티컬스 인코퍼레이티드VRTX의 차트입니다. 신
약 개발 중지를 하고 난 후 급락을 한 회사입니다. 개발 중이던 신약의 시장 규
모가 작고 회사 전체 매출에 별 영향을 안주는 데도 불구하고 급락한 차트입
니다.

하향 플래그 패턴으로 형성 기간은 거래기준일 10일입니다. 하향 브레이크
아웃 이후 반등을 하기는 했지만, 플래그 패턴으로 정의할 수 있습니다.

[차트 103]은 페넌트 패턴으로 핀듀오듀오PDD라는 중국 온라인 리테일러
사업자입니다. 실적 발표 이후 급등하면서 34달러(65.23%) 상승을 한 후 페넌
트(강세장) 패턴을 거래 기준일 13일 동안 형성한 후 다시 상승 브레이크아웃

하는 차트입니다. 그런데 이 차트에서는 '3의' 법칙이 아닌 다섯 번 만에 브레이크아웃을 하는 경우입니다. 이는 바리에이션Variation으로 보기 바랍니다.

[차트 103] 상승 페넌트 패턴: PDD

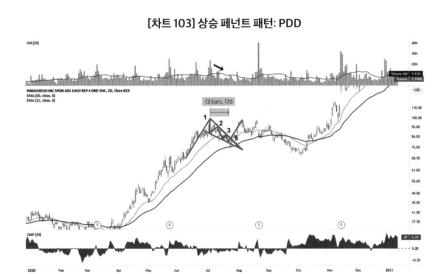

[차트 104] 하락 페넌트 패턴: 넷플릭스

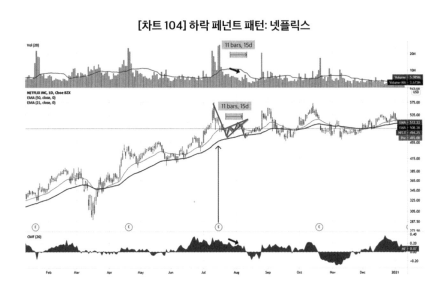

그다음 넷플릭스Netflix 차트는 페넌트(약세장)로 기준 거래일 15일 동안 차트 패턴을 형성한 후 하락 트렌드를 이어가는 차트입니다.

09 쐐기형

'Wedges'를 구글에서 찾아보면 구두 굽이 여성분들 하이힐만큼 높은데 중간에 틈이 없는 구두 모양입니다. 정이등변 삼각형하고 거의 유사합니다. 쐐기형Wedge 패턴은 Continuation 패턴으로 하향 쐐기형Falling Wedge은 내려 가는 모습이지만 상승세이고, 상향 쐐기형Rising Wedge은 오르는 모양이지만 실제로는 하락세에서 나타나는 차트 패턴입니다. 'Wedges'라 부르는 이유는 앞의 플래그와 페넌트 패턴처럼 깃대의 봉까지 포함하는 모양 때문이라고 합

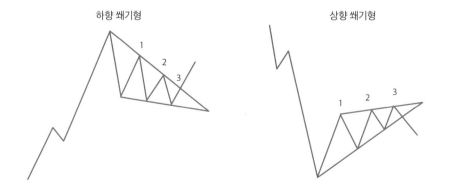

구분	특징
특성	하향(Falling) 쐐기형: 상승(Bullish) 패턴 상향(Rising) 쐐기형: 하락(Bearish) 패턴
형성 기간	플래그 및 페넌트와 비슷하지만 기간이 3주 이상으로 평균 40일 정도 걸립니다.
주가 트렌드	하향 쐐기형은 상승세를 급하게 보이다가 약간 조정을 받고 다시 계속해서 상승하는 패턴입니다. 상향 쐐기형은 그 반대가 됩니다.
거래량 트렌드	거래량은 20일 이동평균선 미만으로 거래가 됩니다.
브레이크아웃 방향	하향 쐐기형은 상향 방향으로, 상향 쐐기형은 하향 방향으로 브레이크아웃됩니다.
패턴 확인	쐐기형 패턴이 좀 찾기가 어렵습니다. 하락 채널과 비슷하기도 하고, 패턴을 만들려고 하면 2번 접점에서 브레이크아웃되는 경우가 많습니다. 하지만 기본적으로 상승 및 하락을 하는 경우 HH, HL 또는 LH, LL를 만들면서 최고점 혹은 최저점에 깃봉을 만드는 경우가 이 패턴입니다. 깃봉인 지점이후부터 '3의 법칙'을 적용합니다.
실패율	하향과 상향 둘 다 11%입니다. 패턴을 찾기가 어려워서 그렇지 이 패턴이 나오면 쐐기형 패턴으로 갈 확률이 높다고 할 수 있습니다.
평균 상승 가격	 Falling Wedge in an Uptrend (Bullish) 54달러 지점이 1차 목표 가격 지점인데 평균 10일 정도 소요됩니다.
심리적 요인	지속 패턴은 트렌드를 막으려 하는 반대세력의 매도 및 매수세가 적어지면 원래의 트렌드를 다시 찾아가는 패턴입니다.
매수·매도 시기	• 하향 쐐기형의 경우, 공격적인 투자자들은 2번 접점 이후 3번 방향으로 갈 때 매수를 1/2을 하고 브레이크아웃이 되는 경우 그 나머지를 매수하는 것이 좋은 매수 전략입니다. • 상향 쐐기형의 경우는 급락을 하는 경우에 반등을 하는 경우입니다. 3번 접점에서 브레이크아웃을 못한다면, 2번과 3번 사이의 아래 추세선과 수평선에서 손절 포인트를 잡기 바랍니다.

니다. 플래그 및 페넌트와의 차이점은 쐐기형은 기간이 정이등변 삼각형의 기간과 비슷하다는 점입니다.

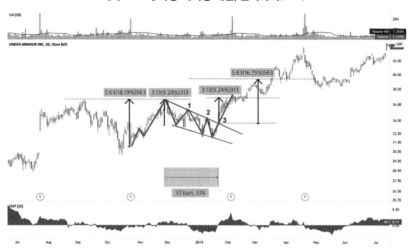

[차트 105] 하향 쐐기형 패턴, 언더아머(UAA)

[차트 105]는 언더아머 차트입니다.

- 2014년에서 2015년까지 전성기를 맞이했던 언더아머 주식 차트입니다.
- 형성 기간은 거래일 기준 37일, 캘린더 기준 57일입니다.
- 패턴의 가격의 폭은 3.13달러이고 패턴을 시작한 부분부터는 가격 폭이 5.63달러입니다.
- 1차 목표 지점인 3.13 상승 부분까지는 거래일 기준 8일이 소요되었습니다.

[차트 106]은 상향 쐐기형 패턴으로서 룰루레몬입니다.

- 2013년 6월 10일 룰루레몬 실적이 기대치 이하여서 -27.39%(22.36달러) 하락합니다.
- 한 번 반등을 하고 다시 하락을 해서 81달러에서 59달러까지 하락합

니다.

- 이후 거래기준일 38일, 캘린더 기준 55일 동안 상향 쐐기형 패턴을 형성합니다.

- 2013년 8월 14일 브레이크아웃이 하향 방향으로 다시 이루어지면서

[차트 106] 상향 쐐기형 패턴: 룰루레몬(LULU)

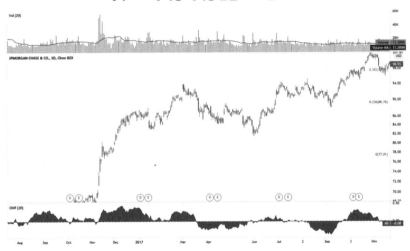

[차트 107] 하향 쐐기형 연습: JP모건(JPM)

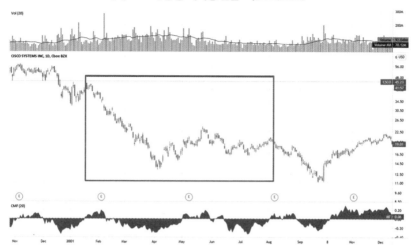

[차트 108] 상향 쐐기형 연습: 시스코(CSCO)

거래일 4일 만에 패턴 가격의 폭이었던 6.22달러만큼 하락합니다.

• 2013년 12월 11일 실적도 안 좋아서 2014년 1월 13일에 브레이크아
  웃 2차 하락분인 22.36달러가 하락합니다.

상향 쐐기형 패턴은 상당히 찾기가 어렵습니다. 그래서 차트 패턴을 설명
하는 책에 쐐기형 패턴이 제외되기도 합니다. 그래도 레벨 3는 연습해보기 바
랍니다. 연습용 차트 중 [차트 108]은 2001년 시스코Cisco의 차트입니다. 한번
상향 쐐기형을 직접 찾아보기 바랍니다. 이 쐐기형 패턴에서 선을 그릴 때 약
간씩 오버되어 벗어날 수도 있습니다.

시스코의 차트에서 상향 쐐기형은 저 박스 안에 형성되니 한번 패턴을 찾
아보기 바랍니다.

⑩ 더블탑 & 더블바텀

이제부터 소개하는 4개 패턴은 아마도 주식 차트 패턴에서 제일 중요하다고 해도 과언이 아닐 정도로 많이 발생하고 투자자들의 심리를 가장 잘 표현합니다. 더블탑Double Top은 가격이 신규 최고가를 기록하는 경우에 제일 많이 발생합니다. 2020년처럼 시장이 급등하는 경우 더블탑이 많이 나옵니다. 더블탑이 나오는 경우 유의해야 하는 사항은 올라가는 확률보다 내려가는 확률이 높다는 점에 있다는 것입니다. 다음의 패턴이 더블탑입니다.

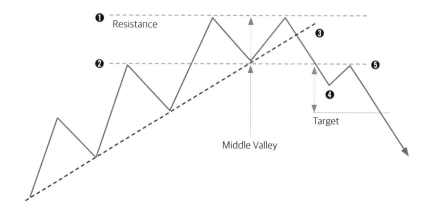

이 패턴은 미국 개인 투자자여도 대부분 숙지하고 있는 차트 패턴입니다. 즉 많이 인지하는 만큼 이 패턴이 나오게 되면 많은 투자자들이 이를 염두에 두고 매매를 한다고 판단해야 합니다. 지지선과 저항선 사이의 가격의 폭이 보통의 경우 트레이딩 목표 금액이 됩니다.

더블탑이 되는 경우 대부분의 투자자가 공매를 염두에 두거나 매도를 생각합니다.

- ❶을 두 번 접하면서 가운데 계곡Middle Valley이 선명하게 만들어지면 더블탑이라고 50%의 확률을 가지고 판단해야 합니다.
- ❶과 ❷ 사이의 가격 폭이 더블탑에서 하락하는 범위입니다.
- ❸의 추세선 이하로 주식이 하락을 하면 75% 확률을 가지고 더블탑이라 판단해야 합니다. 이때부터 많은 투자자가 부분 매도 및 부분 공매를 시작합니다.
- ❷의 선 이하로 주식 가격이 하락하면 90%의 확률로 더블탑이라 판단해야 합니다. 대부분 경험이 오래된 투자자들은 매도를 합니다.
- ❹ 부분에서 ❺까지 반등이 일어납니다. 초보 투자자들은 저 시점에서 매수를 하고, 경험이 오래된 투자자들은 마지막 손절 지점으로 매도를 해야 합니다.
- 그리고 타깃Target만큼 하락을 하게 됩니다. 이후는 시장 상황을 보고 판단해야 합니다. 2020년처럼 주식시장이 과열이 되는 경우를 제외하고는 상당히 하락합니다.

이 더블탑과 달리 주가가 하락하다가 바닥Bottom을 찍는 경우 반등하는 시점에서 더블바텀Double Bottom이 일어납니다. 이때는 아주 좋은 매수의 기회로

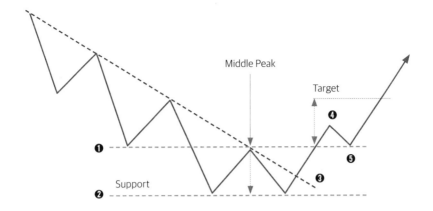

판단해야 합니다. 더블탑과 더블바텀의 두 꼭지가 형성되는 기간은 가장 보편적인 것이 2~6주 정도입니다.

더블탑과 180도 반대라고 생각하면 됩니다. 하나 더 추가한다면 더블바텀의 형태가 아니어도 ❸의 추세선처럼 가격이 상승 방향으로 브레이크아웃되면 ❺까지는 최소한 상승을 하고, 시간은 걸리지만 타깃 구간까지는 갑니다. 이 설명은 하락 채널 패턴의 반대적 개념으로서 채널 패턴처럼 두 라인이 수평이 아니고 두 선이 벌어지는 모습 혹은 모아지는 모습의 경우에 나옵니다.

구분	특징
특성	• 주식 가격이 신규 최고가격을 만든 후, 매수에 대한 열기가 식거나 더 이상 상승 모멘텀이 부족하지만 Bull 세력들이 아직 기대를 하고 있는 상황 • 꼭 두 꼭지가 수평이여야 한다는 것은 '절대적'이지는 않음. 두 꼭지들의 가격 차이가 3% 이내이면 더블탑으로 판단. • 더블바텀은 더블탑과 반대 상황이나, 두 꼭지의 수평이 절대적이 아닌 5%까지 허용함.
형성 기간	더블탑: 평균 50일. 2~6주에 걸쳐 형성되는 것이 제일 일반적임. 더블바텀: 평균 40일. 2~7주 정도가 일반적임.
주가 트렌드	더블탑: 과열된 상승장에서 나오고 상승세 중임. 더블바텀: 하락장, 실적 하락 및 악재에 나오는 경우가 많음.
거래량 트렌드	첫 번째 꼭지가 제일 거래량이 많고, 이후 거래량이 감소함. 단, 거래량은 패턴을 확인하기 위한 필수적 요인은 아니고, 그동안 관찰한 평균 트렌드임.

브레이크아웃 방향	더블탑: 하락 방향 더블바텀: 상승 방향
패턴 확인	가운데 계곡 부분이 첫 번째 봉보다 가격이 낮아야 하며, 첫 번째 꼭지보다 가운데 계곡의 주가가 낮아야 함. 3의 추세선 이하로 주가가 하락을 하고, 2번 지지선이 무너지면 더블탑임. 더블바텀은 반대임.
평균 상승·하락 가격	지지선과 저항선 사이가 1차 하락 가격대임.
실패율	더블탑: 10% 더블바텀: 4%
심리적 요인	더블탑: 너무 급등을 한 후 시장의 상승 열기가 식는 경우 많이 발생 더블바텀: 더블탑과 반대의 경우
매수·매도 시기	더블탑이 되는 경우는 매수 판단을 가능한 없애고, 매도 시점을 보아야 함. • 1차 매도 시점: (3) • 2차 매도 시점: (3)에서 하락을 해서 (2)의 지지선이 무너지는 경우 • 3차 매도 시점: (4)에서 반등을 하면서 (5)로 다시 오는 경우 더블바텀은 더블탑과 반대임. 2020년은 SPX가 더블탑이 9월 1일에서 11월 2일까지 형성되었으나, 산타 랠리 및 프레지던셜 주기에 의해 더블탑이 실패를 하고 다시 상승을 함. 이렇게 실패할 확률도 있으니, 항상 시장의 큰 흐름을 확인하면서 매수·매도를 해야함.

[차트 109] 더블탑: 페이스북(FB)

[차트 109]는 페이스북의 더블탑 차트입니다. 전형적인 더블탑입니다. 기간은 거래기준일 기준 25일 동안 형성된 더블탑 차트입니다. 목표치 도착 후 급상승하는 경우도 있습니다.

540

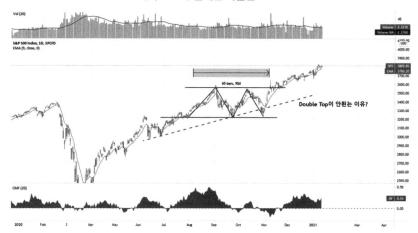

[차트 110] 실패한 더블탑 SPX

더블탑의 실패율은 10%입니다. 2020년 8월부터 형성된 더블탑은 형성 기간 거래일 기준으로 65일이 소요되었습니다. 일반적인 경우보다 1달 정도 시간이 더 소요되었으며, 당시 시장 자체의 약한 조정이 있었던 시기입니다.

거래량도 전형적인 더블탑을 보여준 시기여서 관망을 치밀하게 하였던 시기에 산타 랠리에 대한 기대, 2차 스티뮬러스Stimulus에 대한 기대, 프레지던셜

[차트 111] 더블바텀: 알리바바(BABA)

주기Presidential Cycle에 의해 다시 반등하면서 더블탑이 실패한 패턴입니다.

더블탑을 확인하는 조건은 아니지만, 추세선과 어설프게 연결이 되는 경우는 실패할 확률이 있습니다. 그러므로 더블탑 및 더블바텀을 확인 시 항상 추세선을 참조하여 판단하기 바랍니다.

알리바바는 중국 최대의 온라인 리테일러Retailer이지만, 정치적 리스크 및 중국 주식이어서 변동성이 높은 주식입니다([차트 111] 참조). 미국 및 중국과의 무역 전쟁을 했던 트럼프 행정부 시기에 변동성이 특히나 높았던 주식입니다. 거래 기준일 14일로서 2주 이상 형성된 더블바텀 패턴입니다. 4에서 5의 경우 1의 지지선까지 내려오지 않았지만, 이런 더블바텀도 많습니다.

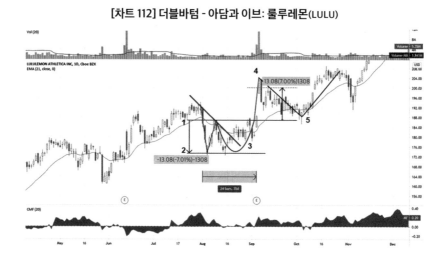

[차트 112] 더블바텀 - 아담과 이브: 룰루레몬(LULU)

더블탑과 더블바텀을 세밀하게는 '아담과 이브Adam & Eve'를 사용해 구분합니다([차트 112]). 세밀한 차이는 있으나 여기서는 개념만 이야기하겠습니다. 지지선과 저항선 사이의 두 꼭지 중 하나의 모습이 V자 형태이면 '아담'이라 부르고, U자 형태이면 '이브'라 부릅니다. 굳이 명칭을 아담과 이브로 호칭한 이유는 설명하지 않아도 알 것이라 생각합니다. 이 둘의 차이는 형성 기간과 가격 변동의 폭입니다.

차트 패턴을 깊숙이 들어가지 않는 이상 위와 같이 구분한다는 정도만 알아도 충분합니다. 단지 이브가 나오면 기간이 5~10일 정도 더 소요된다고 알고 있으면 됩니다. '이브와 이브'의 경우는 평균 소요기간이 70일로 일반 캘린더 기준 14주 정도 소요가 됩니다. 즉 아주 완만하게 진행되며, 지지선과 저항선 사이도 '아담과 아담'보다는 폭이 2배 정도 더 넓습니다.

[차트 112]의 룰루레몬의 경우는 소요 기간이 캘린더 기준으로 35일(약 4주)에 걸쳐서 형성된 더블바텀 패턴입니다. 연습은 더블탑은 [차트 113]의 트위터TWTR로, 더블바텀은 [차트 114]의 마이크로소프트MSFT로 해보기 바랍니다.

[차트 113] 더블탑 연습: 트위터(TWTR)

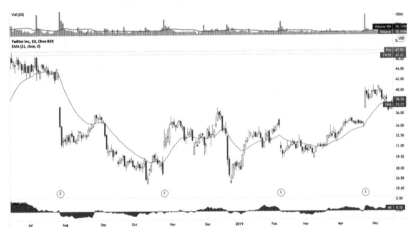

[차트 114] 더블바텀 연습: 마이크로소프트(MSFT)

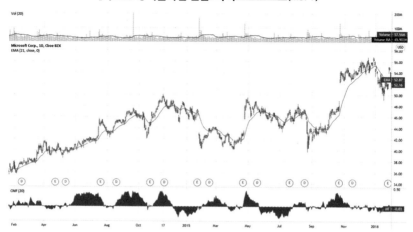

⑪ 헤드앤숄더탑

헤드앤숄더는 차트 패턴에서 '가장 많이 알려진' 패턴입니다.

헤드앤숄더탑은 반전 패턴입니다. 상승장에서 결국 하락을 하는 패턴과 하락장에서 반등을 시도하다가 다시 하락을 하는 패턴입니다. 대부분 헤드앤숄더탑은 그림 좌측의 유형이 많습니다.

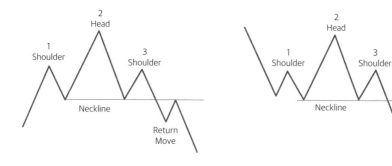

구분	특징
특성	• 헤드앤숄더탑 패턴은 이익을 추구하는 패턴이 아닌, 여러분의 자산을 지키는 패턴 • 헤드앤숄더탑의 결과는 하락을 하는 패턴. 여러분에게 최적의 매도 타이밍을 알려주는 패턴
형성 기간	평균 60일
주가 트렌드	상승장에서는 좌측의 패턴이, 하락장에서는 우측의 패턴이 나옴.
거래량 트렌드	• 보통의 경우 1번 꼭지가 제일 거래량이 많음. 그리고 3번 꼭지가 제일 낮음. 거래량이 뒷받침이 안 되기 때문에 저항선 밑으로 하락을 하는 패턴임. • 가운데 2번 꼭지의 경우는 거래량이 높지만 그렇지 않은 경우도 있음.
브레이크아웃 방향	Downward 브레이크아웃임.
패턴 확인	• 세 꼭지가 있으면서 가운데 꼭지가 제일 높아야 함. 1과 3꼭지는 동일한 수평선상에 있을 필요는 없음. 단지 목선(Neckline)이라는 계곡이 가능한 수평선상에 있으면 헤드앤숄더라고 정의함. • 그리고 2번 꼭지를 기준으로 대칭의 느낌이 있어야 함. • 꼭지 1,2,3의 사이가 겨드랑이처럼 형성이 되어야 최종적으로 헤드앤숄더탑으로 확인을 함.
실패율	평균 4%
평균 하락 가격	2번 꼭지와 목선까지 가격의 폭이 평균 하락하는 범위임. 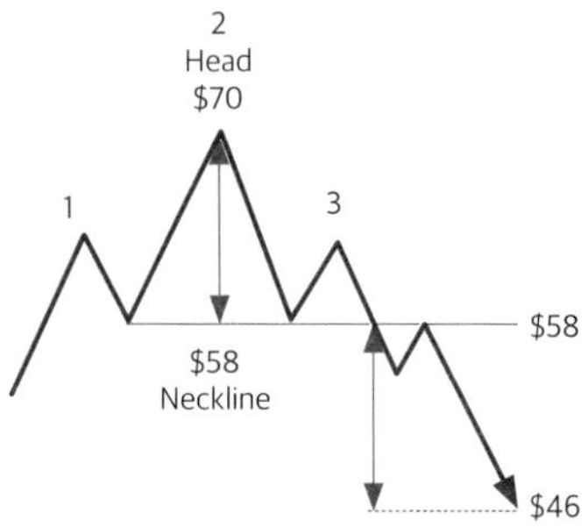 위의 그림처럼 12달러 정도가 보통의 경우 하락하는 범위임.
심리적 요인	• 스마트 머니가 시장을 주도하면서 상승을 계속하는 트렌드에서 많이 발생함. • 이러한 상승세에서 개인 투자자들이 참여를 하면서 주가가 계속 상승을 하다가, 1번 지점에서 스마트 머니들이 이익 실현을 함. • 1번 꼭지에서부터 하락을 하면서 Buy-the-Dip(저가에 매수) 투자자들이 지금이 기회다 하면서 매수를 함. 또한 모멘텀 투자자들이 함께 주식 매수를 시작함. • 이 투자자들에 의하여 2번까지 상승을 하게 됨. • 2번 꼭지에서 스마트 머니 및 모멘텀 투자자들이 이익실현을 시작함. • 이러한 매도에 의하여 다시 목선(Neckline)까지 밀림. • 다시 한 번 개인 투자자들이 매수를 시작함. • 기술적 지표를 참조하는 투자자들 및 알고리즘에 의해 매매를 하는 기관들이 헤드앤숄더탑 패턴을 지각하고 매도를 시작함.
매도 시기	• 3번 꼭지 이후에 헤드앤숄더 패턴이 확인되면 매도를 시작해야 함. • 혹시 3번 꼭지 이후 매도를 못한 투자자들은 대부분 목선(Neckline)까지 초 단기적으로 반등을 함. 이때 매도를 해야 함.

[차트 115]는 전형적인 헤드앤숄더탑입니다.

- 형성 기간이 거래일 기준 45일이 소요되었으며, 머리꼭지Head와 목선 Neckline의 가격 폭이 170달러만큼 하락합니다.

[차트 115] 헤드앤숄더탑: 아마존

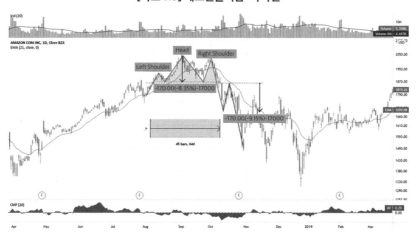

[차트 116] 헤드앤숄더탑: 애플(AAPL)

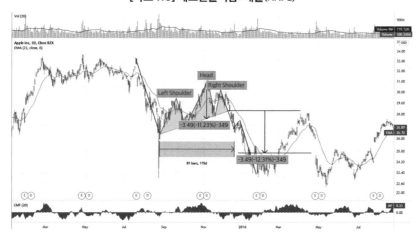

앞의 [차트 116]은 하락장에서 볼 수 있는 헤드앤숄더입니다. 목선은 수평일 필요는 없고 1, 2, 3 꼭지 사이의 계곡이 목선과 추세선을 만들어주면 됩니다. 거래 기준일 81일이 소요되었습니다.

[차트 117] 헤드앤숄더탑 연습: 테슬라

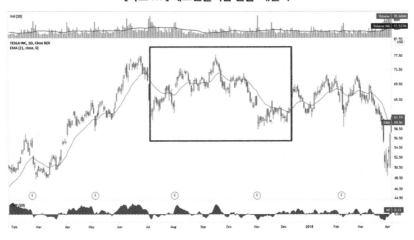

[차트 118] 헤드앤숄더탑 연습: 골드만삭스(GS)

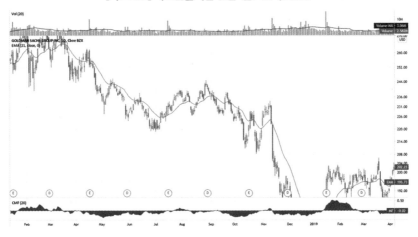

12 헤드앤숄더바텀

헤드앤숄더바텀 또는 역 헤드앤숄더 Inverted Head and Shoulder 패턴은 차트 패턴 중 실패율이 가장 낮으면서 여러분께 쉽게 돈을 벌게 해주는 차트 패턴입니다. 다른 차트 패턴에 대한 이해가 어렵고 적용하는 법이 쉽지 않겠다 생각해도, 이 헤드앤숄더바텀 패턴은 여러분께서 주식시장에 참여하는 동안은 항상 주목해야 합니다. 이 차트 패턴은 어느 주식시장에서도 통하는 패턴입니다.

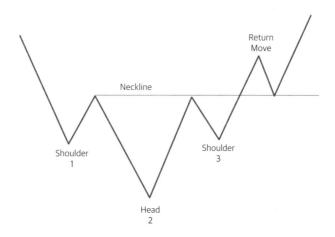

구분	특징
특성	• 시장 하락세에서 나타나며, 바닥을 찍고 반등할 확률이 상당히 높은 패턴임. • 특성은 헤드앤숄더탑과 동일함. 단지, 모양만 반대로 되었다고 생각하면 됨. • 앞 그림의 2개 중 투자자들은 좌측의 그림 같은 패턴이 나오는 경우, 바닥을 친 것임. • 패턴이 보여주는 수익 구간은 꼭지 2번과 목선이 폭만큼임. • 그 이후 더 상승 보다는 풀백이 일어날 확률이 48% 정도임. • 목표 수익까지의 평균 성공률은 약 74%임.
형성 기간	평균 70일
주가 트렌드	하락세이며 바닥을 찍고 상승을 하는 트렌드
거래량 트렌드	• 꼭지 1번에서 거래량이 제일 많음. 이때는 매도 거래량이 우세함. • 꼭지 3에서 거래량이 줄어들면서 반등을 함. • 꼭지 3의 근처에서부터 CMF(Chaikin Money Flow), RSI, 슬로우 스토캐스틱을 참조하면 더 좋은 결과를 창출함.
브레이크아웃 방향	상승 방향
패턴 확인	패턴 확인은 목선이 확실하게 이루어져야 함. 단, 목선(Neckline)이 꼭 수평일 필요는 없음.
평균 상승 가격	헤드앤숄더탑과 동일함.
실패율	평균 3%
심리적 요인	• 가장 낮은 지점에서 매수를 하려 관망을 하다, 매수세가 들어오는 심리임. • 이러한 요인으로 머리(꼭지 2) 부분에서 매도세가 강하게 일어나는 경우, 매수세가 곧 들어옴. • 스마트 머니가 매수를 시작하는 지점으로서, 펀더멘털 및 실적 상승을 기대하고 매수를 하는 Accumulation 지점이 되기도 함. • Accumulation 지점이 반드시 수평 채널일 필요는 없음.

매수·매도 시기	• 실패율은 3%로 낮으나, 하락장에서는 위험성이 있으므로 개인 투자자들은
	  - 목선을 뚫고 상승하는 지점에서 1/3을,
	  - 그리고 다시 목선으로 내려오는 지점에서 1/3을,
	  - 목선에서 반등해서 올라가는 지점에서 나머지 1/3을 매수하는 것을 추천함.
	  - 목표 가격 도달 확률이 74%임.
	  - 목표 가격 도달 이후 Pull Back이 일어날 확률은 45%임.

공격적 투자자용 매수 시기(레벨 3 필수)

• 더블탑 및 더블바텀에서 추세선을 가운데 계곡하고 이어서 그린 것을 기억하기 바랍니다. 헤드앤숄더에서도 그 개념을 사용합니다.

• 단지, 주식 자체가 열세에 있기 때문에 리스크가 있습니다. 왜냐하면 헤드앤숄더바텀이 될지, 아니면 하락 추세선이 하락 채널 패턴처럼 움직이는 중일지에 대한 해석이 이 당시에는 불분명하기 때문입니다.

• 헤드앤숄더바텀은 목선이 하락하는 형태의 저항선으로 있는 경우에도

만들어지므로 경험이 적은 투자자들에게는 혼돈을 줄 수 있습니다.

- 책에서 보면 그래도 명확해 보이나, 실제 해당 일에는 가격이 하락하는 형태로 보이기 때문입니다. 한번 다음 아마존의 하락 목선 차트와 사우스웨스트 에어라인스Southwest Airlines의 상승 목선 차트를 보겠습니다.

[차트 119] 헤드앤숄더바텀: 아마존

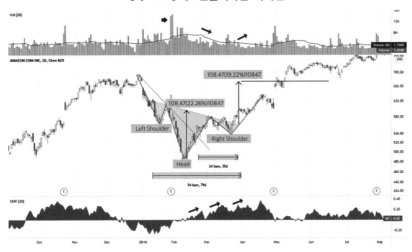

[차트 120] 헤드앤숄더바텀: 사우스웨스트 에어라인스(LUV)

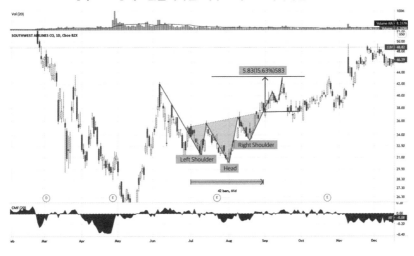

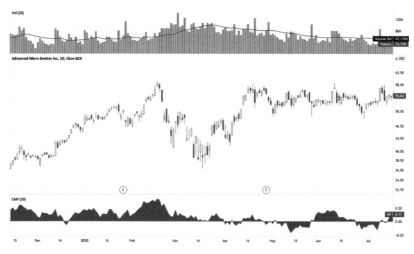

[차트 121] 헤드앤숄더바텀: AMD

차트 패턴 연습을 하도록 2020년 3월 하락장에서 나름 찾은 주식이 AMD입니다([차트 121]). 연습을 해보면 찾아내겠지만, 목표치보다 1% 정도 모자라고 이후에 다시 하락을 합니다. 이런 패턴이 실제로 많이 일어납니다.

그래서 제가 항상 1% 정도 혹은 100달러가 이론적인 목표 가격이면 90달러 정도로 목표를 삼으라고 이야기하는 것입니다. 물론 바닥을 찍은 후 시장 상황에 따라서 더 상승할 수도, 아니면 목표가 보다 훨씬 낮은 곳까지 상승할 수도 있습니다.

⑬ 컵앤핸들

장기 투자자들에게 더할 나위 없이 좋은 차트 패턴입니다. Investors. com이라는 미국의 증권 분석 주간 신문이 있는데 대부분의 주식 투자자들은 매주 토요일 배달되는 이 신문을 많이 참조합니다. 저도 구독을 하는데 《월스트리트저널》이나 블룸버그보다 내용적인 면에서 훨씬 좋습니다.

이 신문회사의 창업자가 월스트리트의 유명한 트레이더 출신입니다. 이 컵앤핸들의 신봉자인데 이 패턴을 주로 이용해서 억만장자Billionaire가 된 트레이더입니다.

컵앤핸들Cup and Handle은 브레이크아웃이 되면 15~50%의 수익을 창출할 수 있습니다. 더 공격적인 투자자들은 100% 이상 수익을 낼 수 있는 투자 방법입니다. 공격적인 투자자들에게는 리스크가 많지만, 브레이크아웃부터 매수를 하는 투자자들은 안정적으로 30~50%의 수익을 낼 수 있는 차트 패턴입니다.

다음 그림은 Investors.com에서 가지고 왔습니다.

30% 상승을 하기 위한 전제 조건으로 두 가지가 선행됩니다.

- 그전에 승승장구하다가 급락을 하는 경우입니다. 즉 최소 20% 정도는 상승을 한 후 하락하는 경우입니다.
- 베이스Base가 형성되어야 합니다. 최소 7주 정도의 베이스가 형성되어야 합니다. 또한 컵 손잡이가 없는 경우는 최소 6주 정도의 베이스가 형성되어야 합니다.
- 손잡이 형성 기간은 최소 5일 정도이나, 가끔은 몇 주를 가기도 합니다. 몇 주를 가더라도 하락폭이 적어야 합니다. 2% 이내가 적당합니다.
- 그리고 위의 이전 상승세Prior Uptrend에서 하락은 8~12% 정도여야 합니다. 하지만 약세장에서는 하락폭이 좀 더 클 수 있습니다. 이런 경우 더 좋은 투자의 기회가 나오는 경우가 많은데 베이스가 상당히 길고, 두 자리 숫자의 하락폭이 있습니다.

[차트 122]는 전형적인 컵앤핸들 패턴입니다.

- 당시의 배경은 넷플릭스의 실적이 좋았음에도 새로운 경쟁자들이 시장에 진입을 하게 되었습니다. 2019년 6월 실적 발표일에 실적이 좋았음

구분	특징
특성	앞의 설명 참조
형성 기간	최소 6~7주
주가 트렌드	앞의 설명 참조
거래량 트렌드	브레이크아웃되는 시점부터 거래량이 폭증합니다.
브레이크아웃 방향	상승
패턴 확인	핸들이 만들어지면서 브레이크아웃되는 순간
평균 상승 가격	30% ~ 50%. 때로는 몇 개월에 거쳐 100% 수익률도 성취 가능함. 하지만 15% 내외에서 그치는 경우도 많음.
실패율	3%
심리적 요인	• 어떠한 사유에 의하여 주가가 급락을 하는 경우, 다시 그 가격까지 오기에는 상당한 시간이 소요됨. • 대부분의 개인 투자자들은 이때가 Buy the dip이라고 보고 저가 매수의 기회로 생각해서 조급하게 투자를 하는 경우가 많음. • 실제로 스마트 머니가 들어오지 않는 이상은 이때 매수를 하는 것은 기회 비용의 상실이 많음. • 스마트 머니가 움직이면서 거래량이 늘어나는 경우, 브레이크아웃될 확률이 높으며 이 브레이크아웃이 되는 시점부터 개인 투자자들 및 모멘텀 투자자들이 투자를 시작함.
매수·매도 시기	• 보수적 투자자: Investors.com의 가이드라인처럼 컵 손잡이가 베이스 (Base) 고점을 뚫고 올라가는 시점 • Inverstors.com은 10센트 이상 지점부터 매수를 추천 • 매도 시기는 30% 이후, 시장 상황 및 주가 흐름을 보고 결정할 것

[차트 122] 컵앤핸들: NFLX

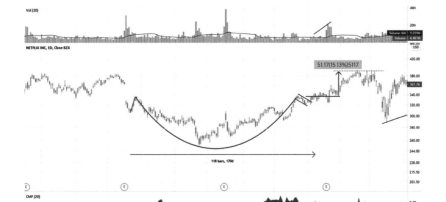

에도 경쟁이 치열해지기 시작했다고 향후 가이던스를 좋지 않게 발표했습니다.

- 당시 넷플릭스는 FAANG 주식 중 가장 떠오르는 주식이었으며, 420달러 수준의 최고가를 기록한 후 380달러대를 유지하고 있었습니다.

- 실적 발표 이후 시장은 넷플릭스에 비우호적이면서 공격적으로 변했으며, 이에 의해 주가는 380달러에서 250달러까지 약 -32% 하락합니다.

- 두 번째 실적 발표 시에 실적은 좋았으며 가이던스도 좋게 평가를 했으나, 영화 제작을 위해 10억 달러 단위의 투자 계획을 발표합니다. 주가가 안 좋아서 회사채 발행도 정크 본드(BBB: 회사의 신용도 평가가 위험성에 있는 회사들이 회사채를 발행하는 경우 정크 본드라 부름) 수준으로 발행해서 시장 투자자들의 반응은 냉담한 상태였습니다.

- 400달러를 넘던 주식이 300달러를 넘지 못하고 있었으나, 가이던스는 기회를 엿보기 좋은 시기입니다.

- 이후 11월 말부터 시작된 산타 랠리와 연말 넷플릭스 구독자 수의 증가에 대한 기대감, 디즈니 플러스가 2019년 11월 12일부터 서비스를 시작했지만, 콘텐츠의 한계로 인해 넷플릭스의 주가가 상승을 하기 시작합니다.

- 2019년 12월 19일 컵 모양이 만들어지고, 핸들로 약간 하락을 한 후, 2020년 1월 8일부터 컵앤핸들 차트에 의한 브레이크아웃이 일어난 후 약 15.31% 상승을 합니다.

- 2월부터 전체 시장이 코로나 바이러스로 인하여 시장이 하락을 하게 되었고, '스테이 홈Stay Home'의 새로운 문화에 의해 넷플릭스는 팬데믹 기간에 가장 주목을 받는 주식이 되어 2020년 7월 13일 575달러의 신규 최고가를 기록하고 글을 쓰는 지점에는 500.86달러의 가격을 보

여주고 있습니다.

- 전형적인 컵앤핸들 차트로서 시장 상황이 2월에 나쁘지 않았다면 가격은 더 상승할 수도 있었을 것이지만, 이것이 주식시장입니다.
- 컵앤핸들에서는 한 번 풀백이 강하게 일어나면 그 시점이 매도 시기가 됩니다.

[차트 123]은 약간 공격적인 투자자들을 위한 설명입니다. 넷플릭스의 컵앤핸들 형성 기간은 거래 기준일로 118일, 캘린더로 170일입니다. 거의 6개월 동안 넷플릭스 투자자들은 지켜보는 기간이었습니다.

Inverstors.com에 의하면 베이스 기간에 매수하는 것을 피하라고 하면서 만약 투자하는 경우 투자 전략 목표의 약 3분의 1만을 보유하라고 합니다.

- 저 같은 경우는 옵션으로 헤징을 하면서 공격적으로 80% 투자를 했습

[차트 123] 컵앤핸들: 넷플릭스, 공격적 투자용

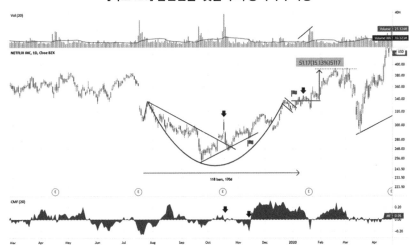

니다. 투자를 하는 시점 컵앤핸들뿐만이 아닌, 디즈니 플러스도 구독하면서 경쟁자의 콘텐츠와 경쟁력을 꼼꼼하게 확인한 후 매수 결정을 했습니다. 컵 안의 추세선이 브레이크아웃되는 시점을 보면서 거래량과 다른 기술적 지표들을 확인한 후 30%를 투자했으며 이후 깃발이 보이는 지점에서 CMF의 거래량이 양수로 변하는 것을 며칠 간 확인한 후 50%를 매수하고 나머지 20%는 브레이크아웃되는 시점에서 매수를 마감했습니다.

- 고점이 392달러인데 많은 사람이 400달러를 넘길 것이라 기대를 했지만, 저는 하락 전의 가격이 380달러대여서 이 지점에서 매도를 하고 나옵니다. 평균 수익률은 37% 전후였습니다. 위의 차트 이외에 피보나치 되돌림도 같이 점검하면서 투자 결정을 했습니다.

- 산타 랠리 이후 주식이 최고점 대비 3% 하락하는 지점을 손절 포인트로 선정했습니다.

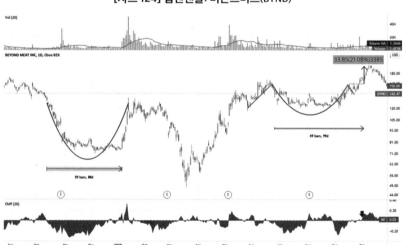

[차트 124] 컵앤핸들: 비욘드미트(BYND)

2019년 상장한 비욘드미트([차트 124])는 IPO 가격 42달러에서 출발해서 90일 만에 240달러까지 420% 성장을 한 주식이었습니다. 이후 그 열기는 식어서 하락세로 돌아섰으며, 주식 분석가들이 CNBC에 나와서 매도를 부추기고, 또한 완두콩PEA으로 만든 인공 고기였는데 이 사람들이 개인적인 감정을 가지고 가짜 고기Fake Meat라고 몰아붙이며 마치 테슬라처럼 공격한 주식입니다.

140달러대에서 하락하여 75달러대로 거래 기준일 58일, 캘린더 기준일 83일 동안 주식이 50% 하락한 상태였습니다. 이후 맥도날드에 납품하기 위해 캐나다에서 시범 운영한다는 소식에 거래 기준일 6일 만에 약 75%가 상승한 주식입니다.

컵앤핸들처럼 보이지만, 컵앤핸들이 아닌 이유는 컵앤핸들이 시작되는 점은 20% 정도 오르다가 하락을 하는 경우로 보기 때문입니다.

우측의 컵앤핸들은 가장 바람직한 컵앤핸들 패턴으로 브레이크아웃 지점부터 21%의 수익을 보여줍니다. 컵앤핸들은 항상 목표가 부근 이후 풀백이

[차트 125] 컵앤핸들: 애플

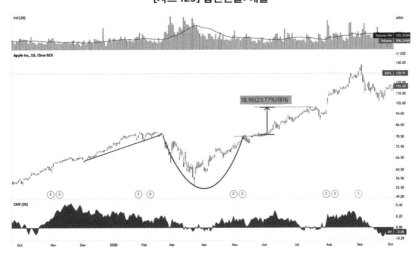

일어납니다. 통계상 풀백이 일어나는 확률은 60%이니 시장 상황을 꼭 확인하면서 목표 매도가에 도달하면 과감하게 매도를 하기를 추천합니다.

2020년 3월 이후 추가 매수 판단 지점으로 유용하게 사용할 수 있었던 패턴이 컵앤핸들입니다. 당시 전 고점 이후 시장에서 더 성장할지에 대한 논의가 많았는데 애플([차트 125])은 컵앤핸들 패턴을 바탕으로 브레이크아웃 지점에서 23.8% 상승을 합니다.

컵앤핸들은 큰 그림을 보지 않으면 찾기가 어렵습니다. 따라서 다음의 차트들을 통해 컵앤핸들 외에 피보나치 되돌림도 같이 확인하면 매수 판단에 도움을 받을 수 있기 때문입니다.

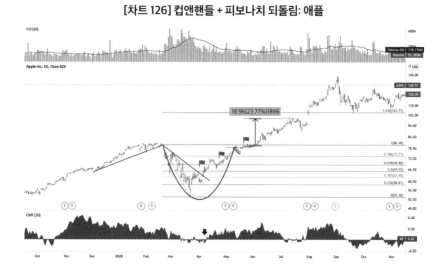

[차트 126] 컵앤핸들 + 피보나치 되돌림: 애플

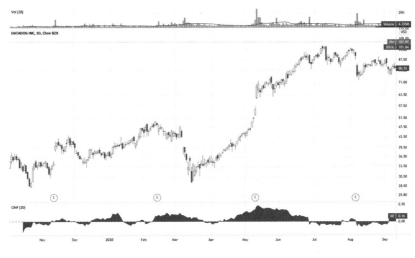

[차트 127] 컵앤핸들 연습: 데이터도그(DDOG)

자료: 와이즈노믹스

 차트 패턴은 차트를 장기로 보아야 합니다. 그리고 차트 패턴이 중요한 것은 처음에 이야기한 것처럼 '어느 방향으로 얼마나 움직일지, 그리고 가능하다면 그 방향성과 움직임의 성공 확률을 근거로 판단'하는 패턴입니다.

 가능한 연습을 많이 해보기 바랍니다.

8장 및 9장 정리

6장에서 9장까지 여러분께서 기본적으로 숙지해야 할 시장 트렌드, 펀더멘털, 기술적 지표, 그리고 차트 패턴 분석까지 마무리를 했습니다.

이 모든 것을 한 번 읽고서 아무리 연습을 했다 하더라도 체계적으로 암기하여 활용하기는 쉽지 않습니다. 시장을 보다 보면 기술적 분석 및 차트 패턴에 대해 놓칠 때도 있습니다.

너무 기술적 분석과 차트 패턴에 의존하다 보면 시장의 전체 큰 흐름을 놓칠 수도 있습니다. 기술적 분석과 차트 패턴을 항상 7장 1절의 시장 흐름 판정 방법과 같이 연관시키기 바랍니다.

이 모든 것을 안다 하더라도 이 분석 방법에 대한 여러분의 자신감이 없으면 그냥 눈으로 보면서 기회를 놓칠 수도 있습니다.

주식시장에서 매매 결정을 하는데, 모든 분석은 하나의 참고 자료이지 절대적인 기준이 될 수는 없습니다. 하지만 이 분석들은 매매별로 최대한의 수익을 만들 수 있는 좋은 무기입니다. 좋은 주식도 예상하지 못했던 순간 하락하는 경우가 있습니다. 면밀한 분석을 통해 시장 평가를 했음에도 여론이 여러분의 생각과 반대로 이야기하면 판단이 흐려질 수도 있습니다. 그런 경우 반드시 7장의 시장 흐름과 8장의 Accumulation과 Distribution을 확인해야 합니다.

때로는 분석에 의한 판단이 정확할 때도, 때로는 실패할 수도 있습니다. 모든 기술적 분석 및 차트 패턴은 실패율이 있습니다.

어떠한 지표 혹은 어떠한 패턴을 정의하여 접목을 시키기 전에 여러분께서 해야 하는 진행 단계가 있습니다.

첫째, 여러분께서 지금 소유하고 있는 주식 혹은 소유하고 싶은 주식을 우선 선정하기 바랍니다. 그 누구의 의견도 모두 좋습니다. 그리고 펀더멘털 분석을 먼저 하기 바랍니다. 그리고 여러분이 선정한 기준의 70%가 넘으면 우선은 투자 대상으로 놓기 바랍니다.

둘째, 시장 트렌드 분석, 기술적 지표, 차트 패턴을 투자 대상을 선정한 날부터 지난 5년간 '일 차트'기준으로 세밀하게 분석하기 바랍니다. 그리고 당시 거시경제 상황을 꼭 확인하고 급등 혹은 급락이 있는 경우 그 이유를 찾아내기 바랍니다.

셋째, 이 과정을 통하여 여러분께 제일 잘 맞는 대표적 차트 셋업을 찾고, 여러분이 소유한 주식에 또한 제일 잘 맞는 지표를 찾아내기 바랍니다.

넷째, 12장에 소개한 트레이드 저널에 여러분께서 분석한 자료로 매매 전략을 세우기 바랍니다.

다섯째, 그리고 해당 주식(들)의 다시 지난 3년을 보면서 머릿속에만 그리는 것이 아닌, 직접 여러분의 노트에 매매 시 유의할 점을 찾기 바랍니다.

여섯째, 준비가 되면 10장 1절의 데이 패턴을 보고 현재의 데이 패턴을 예측해보기 바랍니다.

일곱째, 분할 매수를 원칙으로 매수 목표 가격에서 주저하지 말고 '매수' 버튼을 누르기 바랍니다

여덟째, 자리에서 일어나서 두발자국 뒤에서 크게 시장의 움직임을 관찰하기 바랍니다. 그리고 여유롭게 가격의 움직임, 거래량 그리고 변동성을 관찰하기 바랍니다. 그 움직임을 트레이드 저널 비고란에 남겨두기 바랍니다.

아홉째, 여러분의 논리적 근거에 의한 판단을 믿고 기다리면 됩니다.

열째, 시기가 오면 분할 매수를 추가하고, 시기가 오면 분할 매도를 하면서 수익을 창출해보기 바랍니다.

욕심은 금물입니다. 욕심은 내야 하는 시점에 욕심을 내야 하고, 물러날 때는 물러날 줄 알아야 합니다. 우리는 시장에서 보이지 않는 작은 존재이기에 시장 앞에서 겸손하면서 냉정하게 시장을 바라보기 바랍니다.

THE
BIBLE
OF THE
U.S.
STOCK
MARKET
INVESTING

10장

차트 설정

THE
BIBLE
OF THE
U.S.
STOCK
MARKET
INVESTING

3장 마무리에 썼던 내용 중 제가 생각하는 주식시장에서 성공하는 능력
에 대한 이야기가 있습니다.

주식시장 성공을 위한 필요 능력	
1	"하늘에서 세상을 보며 불확실성에서 확실성을 찾는 능력"	거시경제의 이해, 금융시장 및 연준의 이해 (3장과 4장)
2	"확실성을 가지고 내게 맞는 투자 전략을 선정하는 것"	투자 목적, 수익 목표, 투자 원칙, 투자 스타일. (5장)
3	"나의 투자 전략에 맞는 주식을 선정하는 능력"	펀더멘털 분석(6장)
4	"목표 수익과 승률을 분석하여, 실수가 없는 투자 방법으로 가능한 모든 거래에서 수익을 내는 것"	시장 흐름, 기술적 분석, 차트 패턴 분석(7장, 8장, 9장) 차트 설정 및 실전 매매 기법(10장, 11장)
5	"장기 투자, 단기 투자를 적절하게 배합하여, 리스크를 관리하여 원금의 손실을 최소화하는 투자 능력"	리스크 관리 및 포트폴리오 구성(12장)
6	"이를 실행하는 논리적 근거와 냉정한 실행력"	성공적인 투자자가 되기 위하여(12장 3절)

10장과 11장에 걸쳐 가능한 모든 거래에서 수익을 내는 방법을 소개하겠
습니다.

저도 미국 주식시장에 입문하기 전에 주린이 시절이 있었습니다. 그때부터 공부하고 배우고 경험한 방법 중 가장 효과적으로 판단되는 방법들만 소개하겠습니다.

10장의 내용은 다음과 같습니다.

- 8장 3절(384쪽)에서 소개한 설명한 캔들 스틱을 이용하여 주식시상을 몸으로 느끼는 방법을 보여드립니다.
- 그리고 하루의 가격 패턴 여섯 가지를 소개해드립니다. 물론 절대적이지는 않지만, 대부분 이 패턴에서 움직입니다.
- 개인 투자자들이 절대로 알 수 없는 하루의 시간대 별 주식시장의 움직임이 있습니다. 어느 시간대에 그 하루의 움직임을 판단하고, 어느 시간대에는 절대로 매수·매도를 하면 안 되고, 또는 매수·매도를 할 수 있는 시간대가 있습니다. 트레이더들은 이 시간에 맞추어서 공격 혹은 방어를 합니다. 이 시간대만 여러분께서 알아도 도움이 될 것입니다.
- 10장 2절에서는 8장 5절 후반에 설명한 기본 차트 및 레벨 2, 레벨 3에 맞는 설정을 소개합니다. 제가 가장 좋다고 판단하는 설정 방법들입니다.

차트를 몸으로 느끼는 실전 방법

5분, 15분, 30분, 일 차트를 동시에 관찰할 것

차트는 주어진 시간별로 보아야 하는 것을 구분해야 합니다.

5분 차트	1~5일	15분 차트	2주일(거래 기준 10일)
30분 차트	한 달(거래 기준 20일)	1시간 차트	1분기(거래 기준일 60일)
일 차트	1년	주 차트	5년

차트 설정 시 주의점: 기술적 지표는 일 차트에만 활용해야 합니다.

기술적 지표의 기준이 대부분 종가이기 때문에 일 차트 외에는 기술적 지표가 왜곡된 정보를 전달할 가능성도 있습니다. 10일 이내를 보는 15분 단위 미만의 차트에는 이동평균선, 거래량, CMF, VWAP을 사용하는 것이 제일 바람직합니다.

캔들 스틱에서 여러분께 소개해드린 패턴은 두 가지입니다. 장악형Engulfing 과 도지Doji입니다. 다시 한 번 정리한 후 진도를 나가겠습니다.

(1) 캔들 스틱은 주어진 시간(5분, 15분, 30분, 일 등) 내의 시장 감수성Sentiment · Bullish · Bearish을 표현합니다.

(2) 캔들 스틱의 과거 흐름은 미래 예측을 가능하게 해주며, 40여 개가 넘는 패턴 중 여러분께 추천하는 것은 2개입니다. 장악형과 도지입니다.

① 대부분의 주식 차트에는 이 패턴을 선정할 수 있습니다.

② 장악형은 리버스 패턴을 보여주는 것입니다.

③ +자 형태('도지'로 호칭)처럼 시작 가격과 종료 가격이 같은 경우 가격이 올라갈지 내려갈지를 고민하는 상황 - 즉 매수자와 매도자가 서로 관망하는 시기 - 이라고 판단을 합니다.

④ 캔들 스틱 패턴에서는 우선 이 두 가지만 참조하라고 이야기하고 싶습니다.

캔들 스틱은 다시 한 번 강조하지만, 여러분에게 도움을 주는 것보다는 시야를 아주 좁게 만들 가능성이 많습니다. 이 책을 마스터한 후 더 많은 공부를 하고 싶으면 인터넷에서 무한적으로 찾을 수 있습니다. 꼭 캔들 스틱 패턴에 대해 공부하고 싶은 분들은 다음 두 권의 책을 추천합니다.

- 스티븐 닉슨Steve Nison, 《Japanese Candlestick Charting Techniques》: 전체 분량 315페이지
- 토마스 불코우스키Thomas N. Bulkowski, 《Encyclopedia of Candle Stick Charts》: 전체 분량 940페이지

그러면 다음은 5분 차트, 15분 차트, 30분 차트 그리고 일 차트를 설정해 캔들 스틱을 보면서 가격의 흐름을 살펴 보겠습니다. [차트 128]과 같은 화면

을 만들면 됩니다.

4개의 차트를 동시에 보는 이유는 단 하나입니다. 현재 Bull과 Bear 중 어느 세력의 힘이 더 강한지를 파악하는 것입니다.

- 5분 차트는 장이 시작해서 종료될 때까지의 장중 흐름을 봅니다. 길게는 5일 짧게는 당일의 흐름에만 집중을 합니다.
- 15분 차트는 피봇 포인트를 보는 데 사용합니다. 최소 5일 길게는 10일, 즉 일주일에서 이주일 동안의 흐름에 집중을 하면서 지난 기간 동안 누구의 힘이 더 강한지를 느끼는 것입니다.
- 30분 차트는 한 달을 보는 것입니다. 한 달 동안 급등 혹은 급락이 있었는지 등 내가 관찰하는 주식이 지난 한 달 동안 상승세인지 하락세인지를 파악합니다.
- 일 차트는 최소 3개월에서 1년을 보면서 여러 기술적 지표 및 차트 패턴 등을 접목해서 큰 그림을 보아야 합니다.

5분 차트는 가장 적은 시간에서 하루 Bull과 Bear의 싸움을 치열하게 보는 차트입니다.

- [차트 129]는 전형적인 Bull 투자자들이 주도하는 시장입니다.
- 거래량을 주목해야 합니다. 상승장의 경우는 주로 오전 9:45 이후부터 11:30까지 거침없는 상승을 합니다. 이때 거래량이 증가를 하는 추세입니다.

설정	사항
이동평균선	EMA(13), EMA(55), EMA(233)
캔들 스틱 패턴	장악형(상승 + 하락): HTS 차트에서 찾을 수 있음
비교 지표	VIX(오실레이터 창에 선택 가능)

[차트 129] 분 차트: 상승장

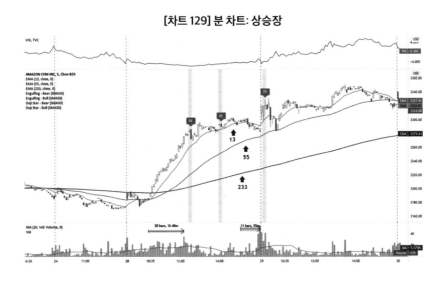

- 이 차트에서 BE가 보일 것입니다. 하락장악형Bearish Engulfing이 나왔다는 패턴입니다. 그러면 다음 3개 봉은 하락을 나타내는 움직임을 보여줍니다. 5분 차트에서는 하락장악형을 참조만 하기 바랍니다. 상승장에서 그 순간 갑자기 곰들이 황소를 한번 시험 삼아 한 대 때린 것입니다.

이동평균선은 SMA보다 EMA를 사용하는 것을 추천합니다. SMA와 EMA는 트레이더들에게는 큰 차이가 있지만, 일반 개인 투자자들은 SMA를 사용해도 무방합니다.

- EMA(13)은 조변석개 같은 시장 참여자들의 마음 변화로,
- EMA(55)는 약간 공격적인 투자자들의 마음 변화로,
- EMA(233)은 점잖게 긴 수염을 만지면서 관망하는 참을성이 많은 투자자로 생각하면 이해가 쉬울 것입니다.
- VIX를 놓은 이유는 시장 변동성이 큰 날 주식 가격에 영향을 많이 주기 때문입니다.

시간대별 유의점

오전 9:30에서 오후 9:45 혹은 10:00 그리고 오후 3시 이후부터 장 마감까지는 스마트 머니들이 시장을 테스트하는 시간입니다.

- 개인 투자자들은 가능한 이 시간대에 멀리 앉아서 시장을 관망해야 합니다.
- 가능한 개인 투자자들은 오전 9:45에서 오후 3시까지만 시장에 참여하기를 추천합니다. 특히 오후 3시 이후는 스마트 머니들이 매도를 하

면서 시장을 테스트하는 시간입니다. 그 시간 동안 시장이 스마트 머니
의 매도량을 모두 흡수하고 상승을 하면 그다음 날 주식이 오를 확률
이 많고, 그 반대이면 내려갈 확률이 많습니다. 장 10분 전에 갑자기 하
락을 하다가 장 마감이 되면 급등을 하는 이유가 바로 여기에 있습니다.

[차트 130]은 전형적인 하락상의 차트입니다.

[차트 130] 5분 차트: 하락장

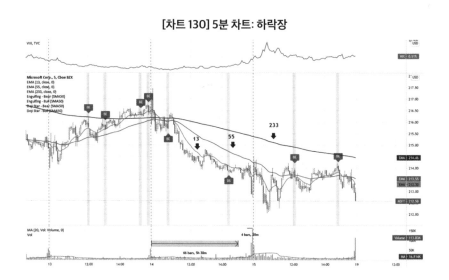

하락장의 경우는 EMA(55) 선 밑에서 반등을 못 합니다. 이런 날은 거래량
도 상당히 낮습니다. 만약 거래량이 20일 이동평균선보다 높으면 약간 긴장
을 하고 시장을 관찰해야 합니다. 장 종료 20분을 남기고 스마트 머니들이 시
장을 테스트합니다. 이런 패턴의 날은 황소가 그동안 힘이 빠져서 좀 쉰다고
생각하면 이해가 쉽습니다.

이처럼 5분 차트는 가장 낮은 단위로 시장의 힘을 판단하는 것입니다.

차트 2: 15분 차트 ^{L1 L2 L3} ○ ● ●

피봇 포인트는 15분 단위로 관찰하는 것이 제일 좋습니다.

- 15분 단위로 차트를 관찰하면 26개의 캔들 스틱(봉)이 생깁니다. 대형 기관의 알고리즘에서 트레이딩 제일 소 단위가 15분입니다(물론 상이할 수도 있습니다).

- 15분 단위의 움직임은 하루의 분위기를 제일 잘 표현한다고 할 수 있습니다. 15분 단위로 10시부터 장 마감까지의 6시간 트렌드를 보면 시장의 분위기를 파악하기 좋습니다.

- 여기에 EMA(21)을 같이 참고하면 그 주의 트렌드를 알 수 있습니다. 다음 차트는 마이크로소프트의 1월 11일부터 1월 15일까지 일주일간의 차트 흐름입니다.

Set Up	사항
이동평균선	EMA(21)
기술적 지표	피봇 포인트(Daily)

[차트 131] 15분 차트

- 차트에서 확인하듯이 EMA(21) 위로 가격이 움직인 날은 수요일 하루 밖에 없습니다. 분명한 하락세입니다.
- 이 하락세가 지속된 1주일 동안,
  - 월요일은 S1
  - 화요일은 S2 아래로
  - 수요일은 R1
  - 목요일은 S2
  - 금요일은 피봇 포인트와 S1 사이에서 가격이 움직입니다.
  - 특히 미국 개장 시간 목요일 오후에 S2까지 내려가면 금요일 오전은 반등을 시도합니다. 금요일 오후에 반등에 실패하면 월요일 오전 장이 밀립니다.

하락세가 일주일간만 지속된 것인지, 아니면 그 전주부터 지속된 것인지 30분 차트를 통해 확인하면 그 흐름을 더욱 정확하게 알 수 있습니다.

차트 3: 30분 차트 이용법

- 30분 차트는 한 달간의 흐름을 보는 것이 기준이지만 [차트 132]와 같이 2주일을 보는 데도 최적입니다.
- 저는 5분 단위 차트는 2일, 15분 단위 차트는 일주일, 30분 단위 차트는 2주일을 기본으로 합니다.
- VIX는 선이 아닌 에어리어Area로 선택해서 보는 것이 더 명확합니다. [차트 132]를 보면 거래량은 장 마감 1시간 전부터 30분간 급격한 거래량을 보여줍니다. 스마트 머니들이 시장을 테스트하는 것입니다. EMA(200) 위를 못 넘고 네모 박스 구간에서 반등을 시도해 보다 힘이

셋업	사항
이동평균선	EMA(21), EMA(50), EMA(200)
기술적 지표	없음
선택 사항	VIX

[차트 132] 30분 차트

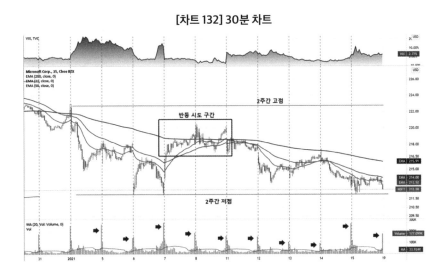

부족합니다. 2주간의 최고점과 최저점이 저항성과 지지선이 됩니다.

차트 4: 일 차트 이용법 L1 L2 L3 ● ● ●

4개의 차트를 동시에 보아야 하기 때문에 여기에서는 기술적 지표를 이용하면 차트 자체가 너무 복잡해지는 문제가 있습니다. 그래서 가능한 단순하게 4개의 차트를 한 번에 비교할 때 일 차트에는 거래량과 RSI만을 설정하는 것이 단순합니다.

SMA(200)의 단순 이동평균선을 추가할 수도 있습니다. [차트 133]에서 관찰하듯이 MSFT의 차트 패턴에서 정이등변 삼각형 패턴을 볼 수 있습니다. 3의 지점을 잘 브레이크아웃하고 상승을 하고 있습니다. 이 경우

Set Up	사항
이동평균선	EMA(20) +/-(+는 최고가, -는 최저가), EMA(89)
기술적 지표	RSI
선택 사항	CMF

[차트 133] 일 차트

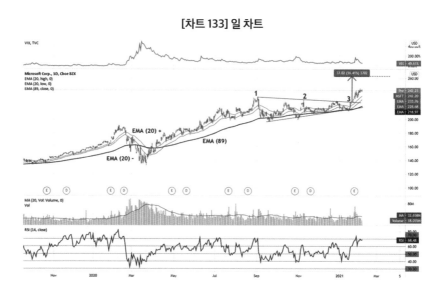

Accumulation에서 마크 업 단계로 진입했습니다.

- 현재의 가격이 242.20달러인데 차트 패턴에 의해 262달러까지 상승할 수 있습니다.
- 그러나 거래량이 줄고 있습니다. 또한 RSI가 70을 넘을 듯 못 넘고 있습니다.

만약 지금 여러분에게 마이크로소프트 주식 1만 주로 221만 2,650달러(한화 24억 원)가 있다면 이 4개의 차트만을 가지고 앞으로 어떻게 매매 전략을 세워야 할까요?

4개의 차트를 보면서 여러분의 투자 목적과 목표에 알맞게 다시 한 번 생각해보기 바랍니다.

몸으로 느끼기 L1 L2 L3 ○ ● ●

제가 여러분께 차트를 이용해서 가격 흐름을 몸으로 느껴보라고 하는 것은 캔들 스틱의 패턴만 외워서 캔들 스틱을 보는 경우 대부분 큰 흐름을 놓치게 되기 때문입니다.

- 우선 가격의 움직임을 몸으로 느껴보기 위해 4개의 차트 중 일 차트를 이용해서 오늘 하루부터 지난 5년간의 가격 흐름을 관찰해보기 바랍니다.
  - 가격이 매일 상승하고 하락하면서 그 폭은 어느 정도인지
  - 시작 가격, 종료 가격, 최고가, 최저가의 하루 폭은 어느 정도 되는지,
  - 그리고 30분 차트를 보면서 지난 6개월의 움직임을 본 후 점점 더 작은 단위인 5분까지 내려오는 것입니다.
  - 시작 가격, 종료 가격, 최고가, 최저가의 5일 움직임을 30분 차트로 관찰해보세요. 13개의 캔들 스틱이 나옵니다.
  - 30분마다 가격의 움직임 속에서 매수자와 매도자 중 누가 그 30분을 지배했으며 얼마만큼 큰 힘으로 지배했는지 느껴보기 바랍니다.
  - 30분간 매수세가 강했다면 그 이후에 얼마나 그 매수세가 진행되었는지,
  - 매도세가 강했다면 얼마나 매도세가 강했는지.

- 또한 오전 내내(30분 캔들 스틱 6개 = 180분 = 3시간) 매도세가 강했다면 언제 이 움직임이 전환되었는지, 전환되었다면 몇 시간 동안 움직여서 시작 가격보다 높게 혹은 낮게 그날을 마무리했는지,
- 특히 장 종료 1시간 전 동안 가격의 움직임은 어떠했는지

시장 종료 전 1시간 동안의 움직임이 그다음 날 개장 이후 첫 30분 동안 어느 방향에 영향을 주었는지, 즉 전날이 하락세였다면 하락세가 지속되었는지, 아니면 반대로 전날 하락세에서 반등하여 상승세가 되었는지 등을 관찰해보세요.

- 그러면 30분 단위에서 15분 단위, 5분 단위까지 내려와 차트를 한번 점점 더 작은 단위로 관찰하기 바랍니다. 어디서 가격이 상승을 하다 멈추고 다시 밀렸는지, 어디서 가격이 하락을 하다가 멈추고 다시 반등을 했는지. 그리고 혼자 물어보세요. 왜 이때 이랬을까? 그런 다음 그 당시의 뉴스도 찾아보고 뉴스가 없다면 비슷한 동종 업계의 주식 아니면 ETF 가격도 확인해보기 바랍니다.
- 가격이 갑자기 바뀐 이유를 모를 수도 있습니다. 이유를 모르는 경우 그 이유를 찾는 것보다 우리가 볼 수 없는 세상에서 황소와 곰의 싸움이 어떻게 진행되고 있는지를 느껴야 합니다. 바로 전 가격의 폭 움직임과 현재의 움직임이 다음 움직임에 어떠한 영향을 주는지 보고, 혹시나 이러한 패턴이 캔들 스틱 패턴(2개만 보기 바랍니다)에 포함되는지 아닌지에 대해 느끼는 것이 중요합니다.
- 어느 순간에 누가 주도권을 가지고 있는지를 보세요. 상승세는 매수 세력이, 하락세는 매도 세력이 테슬라 주식을 매매하는 시장에서 주도권

을 가지고 있는지 한번 보세요. 왜 갑자기 50달러가 상승을 하는지, 왜 갑자기 100달러가 하락을 하는지, 상승한다면 그 상승 시간은 얼마나 걸렸고 상승하는 동안 저항 없이 상승을 했는지, 아니면 올라가다가 하락한 후 다시 올라가는 모습들을 눈으로 보면서 머릿속에서는 캔들 차트가 만들어지는 느낌을 갖도록 해보세요.

1일 단위 차트에서 시작해 5분 단위 차트까지 확인이 끝나면 역으로 5분 차트에서 시작해 1일 차트로 가보세요. 그리고 이제 한 가지 생각을 더 해보세요.

모든 차트에서 어느 지점에서 상승을 하다가 저항을 받아 밀리는지 혹은 떨어지는지를 차트에 표시해보세요. 그리고 이 지점이 1년 차트에서 지지선인지 혹은 저항선인지 확인해보기 바랍니다.

여러분이 하루 매수할 수 있는 테슬라 주식 수가 1만 주라고 가정을 해보겠습니다. 약 700만 달러 정도이니 77억 원 정도를 가지고 각 시간별 차트를 기준으로 시간 동안 테슬라 주식을 운영한다고 생각해보세요. 하루에 100달러 움직이면 100만 주(약 11억 원)의 수익이 왔다 갔다 한다고 생각을 해보세요.

그리고 아주 전문가라고 생각하고 어떠한 지점에서 'Buy Low – Sell High'를 하고, 어디까지나 가정이므로 어느 지점에서 공매Short-Sell를 'Sell High – Buy Low' 해본다고 생각하세요. 하루가 아닌, 일 단위 차트에서 이를 구상해도 좋습니다. 매번 가격이 움직일 때가 아닌, 일주일에 최대 거래 회수 3회로 한정을 두고 트레이딩한다고 상상하고 관찰해보세요.

그러면서 5분, 15분, 30분, 60분, 1일 차트를 보고 여러분의 매수·매도 전략을 상상해보세요. 어느 차트가 내 기준에 제일 좋을까? 어느 차트를 내 메인Main 차트로 설정하고, 나머지를 보조 차트로 볼 것인가 하는 상상을 해보세요.

이 과정을 눈으로 보면서 머리로 이해하고 마지막은 몸으로 느껴보세요.

그리고 여러분께서 가장 보유량이 많은 주식 혹은 관심 있어 하는 주식의 5분, 15분, 30분, 1일 차트를 놓고서 모니터 1개 혹은 여러 개의 모니터를 이용하여 가격의 움직임을 보기 바랍니다.

그리고 이 개별 주식 차트를 3장 3절에서 설명한 ETF와도 연결시켜야 합니다.

현금 가격 (Spot Price)	선물가격 (Futures Price)	ETF	내 관심 주식이 속한 ETF	관심 주식
$DJI	/YM	DIA		
$SPX	/ES	SPY		
$COMP	/NQ	QQQ, QQQM		

여러분께서 분석하고자 하는 주식이 어느 지수에 속해 있으며, 그 지수의 선물은 무엇이고, 이 지수가 어느 ETF에 가장 큰 영향을 주는지, 내가 분석하고자 하는 주식이 어느 ETF에 가장 많은 비율을 차지하고 있는지 보세요.

그리고 이들의 가격 움직임을 같이 보면서 몸으로 그 움직임을 느껴보기 바랍니다. 그러면 어느 한순간 차트의 가격 흐름이 어디로 향하든지 여러 시나리오를 가지고 대응할 수 있는 능력이 여러분에게 생기게 됩니다.

일 패턴 유형

일 패턴Day Pattern에는 여섯 가지 유형이 있습니다. 대부분 이 유형 안에서 하루의 주식 가격이 움직입니다.

(1) 상승장세

(2) 상승 후 하락

(3) 상승 후 하락 후 상승

(4) 하락장세

(5) 하락 후 상승

(6) 하락 후 상승 후 하락

이 유형을 알아두면 하루에 어떠한 식으로 주가가 움직이더라도 대응 시나리오를 만드는 데 도움이 될 것입니다.

패턴 1: 상승장세

- 전형적인 상승장세 유형입니다.
- 프리 마켓Pre-Market에서 갭 업GAP Up(전일보다 높은 시작가)으로 시작해 거침없이 EMA(13)를 타고 올라가면서 전일 대비 8% 상승한 차트입니다.

[차트 134] 상승장세: 테슬라 2021년 1월 7일

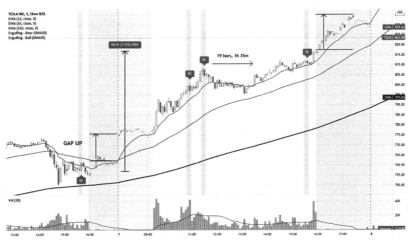

- EMA(13)의 선 이하로 내려오는 시간은 11:50에서 13:10까지이며, 오전 상승세는 11:30부터 하락세로 돌아섰다가 다시 13:10부터 상승을 합니다.
- 11시와 11:30에 하락장악형 패턴이 생기면서 이후 3개의 봉이 밀리거나 하락세로 전환됩니다.
- 15:00 이후 스마트 머니들의 매도 테스트가 있었지만, 이를 모두 소화하고 상승합니다.
- 이러한 경우 애프터 마켓After-Market에서도 상승을 하고, 그다음 날도 오전 11시까지는 계속 상승하는 것이 일반적인 상승장세입니다.

패턴 2: 상승 후 하락

- 상승 후 하락입니다. 전일 종가보다 -3.12% 하락하는 갭 다운GAP Down(종가보다 시작가가 낮음)에서 시작합니다. 9:30 전에 하락한 후 출발합니다.

[차트 135] 상승 후 하락: AAPL

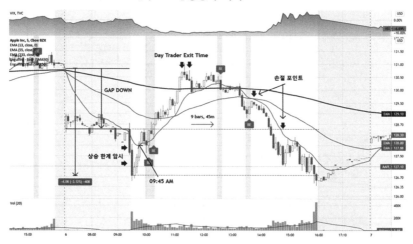

- 이 경우 트레이더들은 이 지점에서 매수한 후 이 폭의 1.5~2배의 차익을 보고 엑시트합니다.
- 9:45부터 오전 장의 방향이 결정됩니다. EMA(13) 선 이하로 내려오지 않습니다.
- 11:20부터 데이 트레이더들이 엑시트합니다. 11:30~12:30까지 매도세가 줄어들어 반등하는데 만약 이 시간 이후 계속 반등을 하면 1~2% 상승장으로 마감할 확률이 높습니다.
- 12:30부터 매도세가 시작되고 베어리시 장악형이 등장합니다.
- 오후 2:00 이후 하락세가 급해지면 종가까지 그 하락세가 대부분의 경우 유지됩니다.
- 금일 시작 가격 아래로 하락을 하면 금일 최저가 부근 근처에서 종가가 형성될 확률이 높습니다.
- 매도를 생각한 투자자들은 11:00 부근에서 매도하는 것이 제일 바람직하지만, 가격이 계속해서 오를 것이라는 희망 속에 손절을 못하는 경우는 손절 포인트-EMA(13) 이하로 주가가 내려갈 때 혹은 금일 시작가-에서 매도를 추천합니다.

패턴 3: 상승 후 하락 후 상승

- 갭 업과 갭 다운 없이 시작합니다.
- 9:45까지 상승을 하다가 그때부터 하락하기 시작합니다. 그리고 11:30부터 EMA(55)를 넘어서면서 본격적인 상승을 합니다.
- 12:30부터 다시 하락을 하기 시작합니다. 이후 3:10에는 EMA(233) 선 밑으로 내려갔다가 마지막 10분을 남기고 상승합니다.
- 이날의 결과는 +0.03%입니다. 가격 폭은 60달러이며 최고가 3,226달

[차트 136] 상승 후 하락 후 상승: 아마존

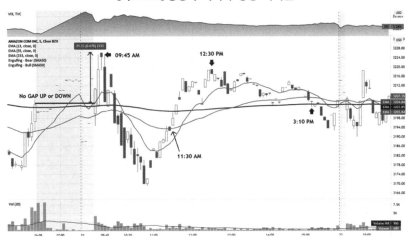

러에서 최저가 3,166달러 사이를 움직이다가 3,200달러 시작가에서
3,206달러 종가로 마무리합니다.

일 차트에서 이날의 분위기가 어떠했는지 차트로 확인을 해보겠습니다.

[차트 137] 상승 후 하락 후 상승

2020년 12월 20일에서 우리가 일 차트에서 보는 것은 작은 + 도지 표시입니다. 아마존의 그간의 움직임으로 보아서 [차트 137]은 별로 움직인 것이 아닙니다. 하지만 5분 차트로 보면 그 움직임이 커 보입니다. 이러한 점을 여러분이 몸으로 직접 느껴보라고 이야기한 것입니다. 하루의 움직임 캔들 스틱 안에 380만 주의 거래가 일어났습니다. 이들의 움직임을 여러분도 어느 순간에 분석이 아닌 몸으로 느낄 수 있어야 합니다.

패턴 4: 하락 장세

- 전형적인 하락장세입니다.
- 갭 다운으로 시작해서 EMA(13)을 타고 내려가나 EMA(55) 선까지 도달하지 못하는 장세입니다.
- 매도를 못 하는 경우는 주식 차트를 안 보는 것이 정신 건강에 좋은 날입니다.
- 1시간에 걸친 급한 하락은 10:30부터 반등을 하다가, 12:30 이후 EMA

[차트 138] 하락장세: NIO, 2021년 1월 15일

(55)를 넘지 못하면 오후 장세는 또 한 번의 하락을 예상해야 합니다.

- 오후 2시부터 다시 하락을 하는 장세입니다.

- 더 안 좋은 하락장은 2020년 3월과 같이 하루에 10% 이상 하락하는 날인데, 그런 경우는 극히 드물기 때문에 이 차트를 일반적인 하락장세로 소개합니다.

- 보통 7% 이상 하락하는 날 볼 수 있는 차트입니다.

패턴 5: 하락 후 상승

- 하락장세하고 다르게 갭 다운 없이 시작합니다.

- 그리고 9:45까지 3개의 캔들 스틱이 급하게 하강하고 상승합니다. 그러면 9:45까지 내려온 가격이 지지선 혹은 저항선이 됩니다. 이날은 저항선이 되는 날입니다.

- 그리고 11:30까지 약 -3.7% 하락을 합니다. 11:30부터 반등을 시작해서 12:30 이후에도 보합세를 겪다가 EMA(55) 선을 넘습니다. 그러면

[차트 139] 하락 후 상승: 테슬라 2020년 12월 22일

안정적으로 하락 후 상승이 됩니다.

- 이후 EMA(233) 선을 넘는 경우가 그렇게 많지는 않습니다. 즉 상승을 해도 한계가 있는 것이 대부분입니다.

- 9:45 지점의 저항선 부근에서 장을 마감하게 됩니다.

- 이렇게 변동이 심한 날이었는데 개장 후 11:30까지 -5.32% 하락하고 최저 지점에서 4.26% 상승한 후 결국 -1.46% 하락한 장입니다.

- 테슬라 주식은 급상승을 한 주식이기 때문에 하루 변동성이 아주 높습니다. 그래서 트레이더들이 거래하기 좋아하는 주식입니다.

패턴 6: 하락 후 상승 후 하락

- 애플같이 지수를 좌우하는 주식의 경우 전체 시장 하락장에서 자주 일어나는 패턴입니다.

- 하락장에서는 9:45의 가격이 지지선 혹은 저항선이 되는 경우가 대부분입니다.

[차트 140] 하락 후 상승 후 하락: 애플 2020년 12월 29일

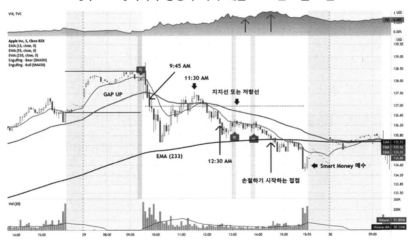

- 이후 반등을 빠르게 시도하면서 11:30까지 상승을 합니다. 11:30에서 상승세는 다시 하락세로 바뀝니다.
- 12:30 이후에도 지속적으로 하락을 하는 경우는 반등할 가능성이 낮습니다.
- 이러한 경우 트레이더 및 펀드들은 지지선이 무너졌다고 생각하고 매도를 시작합니다.
- 그리고 EMA(233) 선마저 무너지면 매도세가 더 가파르게 일어납니다. 이때는 개인 투자자들도 가세해서 매도하기 시작하는 시기입니다.
- 주식이 다음 날 상승할 것이라고 믿는 세력들이 매수하기 시작하면서 보합세가 이루어지나, EMA(13)을 넘기에는 한계가 있습니다. 그러면 매도세가 더욱 강하게 들어옵니다.
- 마지막 10분 동안은 스마트 머니가 매도가 아닌 매수를 합니다. 매도세가 얼마나 강한지 테스트하는 것입니다. 이 매도세가 약해지면서 EMA(55) 부근까지 상승하면 그다음 날 오전 장이 상승할 가능성이 높고 그렇지 않으면 하락할 가능성이 높습니다.

애플은 대표적 테크 ETF인 QQQ의 비중이 12.37%로 1위이고, 2위인 마이크로소프트는 9.12%입니다. 애플의 움직임은 QQQ에 영향을 주는데 대부분의 관계는 반대입니다. ETF가 움직이는 방향으로 그 속한 주식이 움직이지만, 애플은 QQQ를 지배한다고 해도 과언이 아닙니다. 단, 1년에 1~2번 정도 마이크로소프트가 무섭게 상승하는 날이 있습니다. 이때는 애플 주식이 약세를 보여도 QQQ는 상승합니다. 그런데 그런 날이 드물게 보입니다.

QQQ의 2020년 12월 29일 차트 패턴을 보겠습니다.

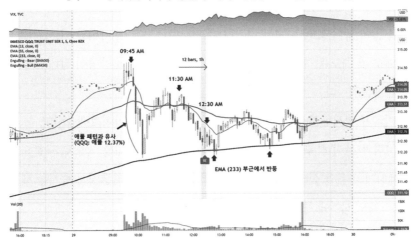

[차트 141] QQQ 하락 후 상승 후 하락: QQQ 2020년 12월 29일

- 오전장 9:45까지는 애플의 영향이 미미하지만, 이후 10:10까지는 애플의 하락세가 QQQ의 하락을 이끌었습니다.
- 12:30까지의 패턴은 비슷하게 움직였습니다. 이후 EMA(233) 접점을 두 번 접하게 되면서 애플 외의 다른 주식들의 애플 대비 상승세로 EMA(13) 부근에서 마무리합니다.

일 패턴이 항상 이 여섯 가지 패턴 안에서 움직이는 것은 아닙니다. 하지만 대부분은 이들 패턴 내에서 움직이므로 여러분이 매수·매도를 마음먹은 날 이들 패턴을 이용하여 더욱 좋은 가격에 매수·매도를 결정할 수 있기 바랍니다.

시간별 주도권

앞의 차트에서 제가 시간대를 보여준 것은 시간별 주도권을 보여주기 위함이었습니다. 많은 한국분들이 일상생활 때문에 프리 마켓에서 매수하는 경우를 많이 봅니다. 꼭 매수를 하거나 매도해야 하는 날이 아니면 이 시간대에는 매수 및 매도를 하지 않는 것이 좋습니다. 아직 시장의 방향이 정해지지 않았기 때문입니다.

미국 주식시장의 시간대별로 어떠한 일이 있는지를 알아보겠습니다.

그림과 같이 하루 시간대 중에서 가장 중요한 시간대를 색으로 구분하고 자세하게 내용을 설명했습니다. 이 시간대의 특징만 여러분께서 숙지를 해도 매수·매도 시기에 큰 도움이 될 것입니다.

프리마켓	• 프리마켓은 스마트 머니들이 그날의 시장을 테스트하기 전 분위기를 살피는 시간임. • 유럽계 펀드 및 전날 매수를 못한 투자자들이 시장 참여가 높음. • 대부분 프리마켓의 가격 움직임대로 움직이는 경우가 강한 강세장 외에는 일어나지 않으므로, 가능한 매수를 하지 말 것.
9:30 ~ 9:45 스마트 머니들의 시장 테스트	• 이 시간대에도 가능한 매수 매도를 하지 않을 것. • 스마트 머니들이 전날 매도로 끝을 냈다면 이 15분 동안 매도를 이어가는 시장임. • 매도 세력과 매수 세력의 기 싸움을 하는 시간임. • 강한 강세장과 약세장 외에는 대부분 이 시간대의 움직임과 반대로 움직일 가능성이 많음.
9:45 ~ 10:00	• 시장의 1차 방향이 결정되는 시간임. • 전날 종가와 시작가의 GAP을 가지고 판단함. • 즉 갭 업(전날 종가보다 시작가 높음) 이상으로 상승을 하면 매수세가 오전 동안 강하게 일어날 확률이 높음. • 갭 다운의 경우 반대임. • 데이 트레이더들이 시장에 참여하는 시간임.
11:00 ~ 11: 20	• 전문 데이 트레이더들이 시장에서 수익을 챙기고 나가는 시간임.
11:20 ~ 11:30	• 오전 트렌드가 데이 트레이더들의 매도로 인하여 그 흐름이 주춤거림. • 하락세의 경우 데이 트레이더들의 Short (공매) 포지션을 정리하는 시간으로 하락세가 주춤 거리는 시간임.
11: 30 ~ 13:00	• 스마트 머니 혹은 대형 펀드 트레이더들이 점심 먹으러 가는 시간임. • 이 시간 대는 대부분 오전 트렌드와는 반대로 움직임. 즉 상승장은 상승세가 주춤거리면서 풀 백이 생김. 하락장은 반등을 하는 시기임. • 시장이 강한 강세장이면 이 시간대에서 매수를 하고, • 시장이 강한 약세장이면 이 시간대에서 매도를 하여야 함. • 만약, 이 시간대에도 강한 상승세가 이어지면, 그날 그 주식은 5% 이상 상승을 하는 경우가 많으니 보유 주식인 경우 즐겁게 모니터를 보고 있으면 됨. • 이 시간대에 하락세가 계속해서 이어지고 매도를 할 의향이 없으면 모니터를 끄고 다른 일을 하는 것이 좋음. 지속적인 하락으로 가장 저점에 매도할 가능성이 높음.
13:00 ~ 15:00	• 가장 지루한 시간임. • 가능한 매수·매도를 하지 말고 장을 관망하고 있어야 함. • 만약 오전 상승세가 이어지면 장 마감까지 이어질 가능성이 높음. • 이 시간에 주가가 EMA(55) 이하로 내려가면 상승세가 무너질 가능성이 높음.
15:00 ~ 15:10	• 15:00부터 스마트 머니들이 시장을 테스트하기 시작하는 구간임. • 데이 트레이더들에게는 이 시간 전에 모든 트레이딩을 마무리하는 것이 원칙임. • 10분 동안은 그날 시장 장세의 반대로 움직이는 가능성이 높음. • 상승장에서는 급작스러운 매도세가 나오고, • 하락장에서는 급작스러운 매수세가 나오는 경우가 많음.
15:10 ~ 15:50	• 스마트 머니는 조금씩 매도를 하면서 시장을 테스트함. • 매도를 통해서 매수세가 이를 모두 흡수하면서 상승을 하는 지를 판단해서 그 다음 날 시장 전략을 세움.
15:50 ~ 16:00	• 스마트 머니들이 가장 강렬하게 시장을 테스트하는 시간. • 마지막 10분 동안은 스마트 머니들의 매도세가 제일 강함. • 하락장(지수 1.5% 이상 하락)에서는 매수를 통한 매도세의 힘을 테스트함.

기본 차트 셋업

슬로우 스토캐스틱은 세 가지 설정이 가능합니다.

구분	기술적 지표	비고
기본 L1 L2 L3 ● ● ●	RSI + 슬로우 스토캐스틱	• 가장 간단함 • 일 단위, 주 단위, 월 단위 차트 등 모든 차트에 가장 무난하게 사용
가격 위주 분석 L1 L2 L3 ○ ● ●	RSI + 슬로우 스토캐스틱 + MACD	• MACD는 후순지표로 그 흐름을 확인하기 위한 용도로 추가 사용 • 가장 추천
가격 + 거래량 L1 L2 L3 ○ ●	RSI + 슬로우 스토캐스틱 + CMF	• Accumulation과 Distribution 분석에 좋음
전체 흐름 L1 L2 L3 ●	RSI + 슬로우 스토캐스틱 + ADX	• 테슬라 같은 상승세가 강한 주식에 적합
FAANG + MSFT L1 L2 L3 ○ ●	RSI + MACD + CMF + ATR	• 시장 주도 주식들이기 때문에 RSI로 가격 움직임의 속도를 파악하여 비교 강세를 파악 • MACD로 확인 • CMF로 Accumulation과 Distribution 확인 • ATR로 변동성을 확인
공통 부분	이동평균선	• 일 단위: EMA(20) +/-, EMA(89) • 주 단위: EMA(13), EMA(26), EMA(52) • 월 단위: SMA(12), SMA(24)

- 표준: (14, 3, 3): 민감함. 단기 및 스윙 트레이더Swing Trader에게 적합. 장기 투자자들에게는 오히려 혼잡.
- 장기: (25, 5, 5): 보수적 중기 투자 및 장기 투자자들에게 적합. 시장의 흐름과 궁합이 좋음.
- 장기 2: (21, 5, 5): 시가총액 100위 이상 기업에 (25,5,5)보다 조금 더 민감함.

가격 위주의 차트 설정을 8장 5절에서 다시 가져왔습니다. 제 방법이 아니고 일반적으로 트레이더들이 사용하는 차트 설정에 대해 소개하겠습니다. 레벨 2의 경우 EMA(20) +/-를 따라오기 힘든 분들은 이 차트 설정을 이용해도 좋습니다.

가격 움직임과 거래량 위주입니다. 변동성 지수인 ATR은 레벨 2를 공부한 분들과 레벨 3에게도 필수적이므로 레벨 3 역시 참조해서 이 차트 설정을 보

[차트 84] LRCX 차트 설정 완료

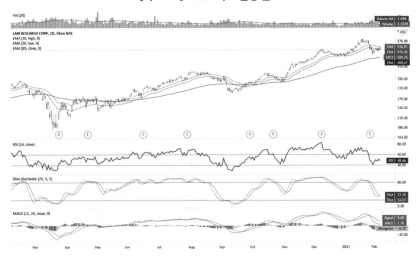

구분	필요 사항
이동평균선	EMA(21), EMA(50), EMA(89), SMA(200)
가격 움직임 분석	ZigZag(Deviation 1%, Depth 10) 피보나치 되돌림
기술적 지표	RSI(14) 슬로우 스토캐스틱(14, 3) CMF(21) ATR(14) - 선택 사항

[차트 142] 기본 차트 셋업

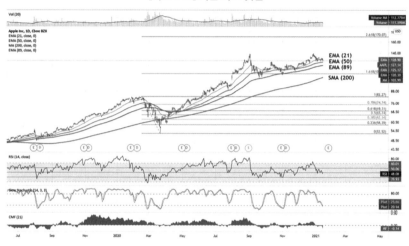

기 바랍니다. 단지 슬로우 스토캐스틱의 설정을 (14, 3, 3)과 (21, 5, 5) 중 백테스트를 해보고 가장 편한 것으로 선택하기 바랍니다.

[차트 143]은 zigzag(1%, 10)를 포함한 것으로, 여러분께서 직접 HH, HL, LH, LL를 그리지 않더라도 시스템에서 자동으로 계산해서 보여줍니다. 더 세밀하게 보고 싶은 분들은 직접 그리는 것도 좋지만, 시간을 효율적으로 활용하기 위해서는 zigzag 사용을 추천합니다.

[차트 144]는 변동성 지수인 ATR을 포함한 기본 셋업 2입니다. 저는 이 셋업을 제 기본 차트로 놓고 일 차트로 사용합니다.

한 가지 여러분께 추천하는 것은 RSI의 과열 매수, 과열 매도 구간이 70과 30인데 여기에 40, 50, 60에도 선을 그어서 잘 볼 수 있도록 하기 바랍니다.

상승장에서 하락 시 40이 최종 저지선이고 하락장에서 상승 시 60이 저항선임을 잊지 마시고 차트를 분석하기 바랍니다.

[차트 143] 기본 차트 셋업: 지그재그 포함

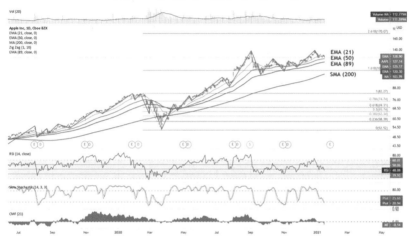

[차트 144] 기본 차트 셋업 2

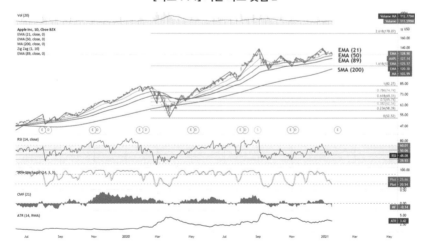

THE
BIBLE
OF THE
U.S.
STOCK
MARKET
INVESTING

11장

실전 매매 기법

THE
BIBLE
OF THE
U.S.
STOCK
MARKET
INVESTING

11장에서는 제가 주식시장에서 사용하는 기법을 레벨에 맞추어 구분하여 소개하겠습니다.

매매 기법	LEVEL		특징
시장 흐름 기준 매매	1, 2, 3	• 시장 흐름 기준 매수 및 매도 • 시장 진입 및 퇴진(Entry & Exit) • 시장 흐름에 의한 수익 창출 및 손실 최소화	• 가장 효율적이고 가장 따라하기 쉬움
GO & STOP	1, 2	• 월가 전문가가 만들어낸 장기투자법 • 지난 11년간 약 6번 매매 • 저축식 장기 투자에 적합 • DJIU(Dow Jones Utility Average) 필요 • ATR 필요	• ATR의 이해가 필요 • 시장 흐름 기준 매매법보다 보수적 접근
기본 차트 설정 매매	2, 3	• 전제: 시장 흐름에 의한 시장 진입 및 퇴진 결정 • RSI + 슬로우 스토캐스틱 + MACD	• 기술적 지표를 이용하여 • 최적의 매수·매도 시점 이용
Laser 1석2조 매매	3	• 전제: 시장 흐름에 의한 시장 진입 및 퇴진 결정 • 책에서 소개한 기술적 지표 모두 사용 • 최소 1년 적은 자본으로 매매 실습 훈련 • 매매 실습 훈련 후 SPX 수익과 비교 • 첫해 SPX 수익보다 20% 높지 않으면, 재고해야 함 • 시간적 언어적 제약이 없어야 함 • 펀더멘털 분석에도 익숙해서 좋은 주식 선정 능력 필요 • 행동 경제학 책 숙달 필요	• 적용 가능한 수준이 되면 • 투자자도 놀라는 수익 창출 가능 • 시장 분석 능력이 좋아야 함 • 실행력이 있어야 함

- 11장 1절의 시장 흐름 기준 매매법은 7장에서 설명한 시장 흐름 판정 방법을 근간으로 결정합니다. 레벨에 상관없이 이 방법은 공통입니다.

- 제 멘토 중의 한 분인 고든 스콧Gordon Scott의 'Go & Stop' 방법을 11장 2절에 소개합니다. 기술적 분석에 있어서 월스트리트에서 최고로 인정받는 분 중의 한 사람입니다. 시장 흐름 매매 법과 비교해서 더 보수적이고 편안하게 시장을 볼 수 있는 장점이 있습니다. 지난 11년 6번 매매하는 기법이지만, 2020년 3월 하락장에서는 그 효용을 볼 수 없었던 단점이 있습니다.

- 11장 3절에서 기본 차트 매매는 시장 흐름 기준 매매에 의해 시장을 진입하는 경우 가장 최적의 매수 및 매도 시기를 찾는 것입니다. 8장 5절 변동성 기술적 지표(ATR)에서 소개한 것과 동일하며, 아마존의 실 사례를 보여드리겠습니다.

- 11장 4절에서는 제 투자 방법인 Laser 1석2조 투자 방법을 소개합니다. 이 투자 방법은 제가 9장까지 설명한 모든 것을 포함하며, 그 사용은 레벨 3에 국한합니다. 레벨 3라고 해도 상당한 훈련이 필요합니다. 프로 트레이더로 일하면서 경험한 매매 기법 중 일반 개인 투자자 중 실력이 되는 분이 사용하기에 좋은 방법입니다.

- 11장 5절의 어닝 트레이딩에서는 실적과 주가의 관계를 상세하게 살펴보고 그에 따른 매매 기법을 설명합니다.

- 11장 6절은 IPO 주식들의 매수 및 매도 방법을 소개합니다. IPO 주식은 변동성이 높습니다. 이 변동성이 높은 주식을 초기에 매수한 후 급한 하락으로 인해 상당히 오랜 기간 스트레스를 받고 또한 기회비용 자체를 상실하는 경우를 많이 봅니다. 상장 초기에 매매를 하면서 수익을 창출할 수도 있고 좋은 가격으로 매수하여 아메리칸 드림을 실현할 수

있는 방법입니다.

- 11장 7절은 테슬라, 애플, CGC의 차트 설정을 보여드립니다.

이 책에서는 혹시 많은 분들이 바랄 수도 있는 데이 트레이딩 차트 선정 및 매매 기법은 소개하지 않습니다.

데이 트레이딩은 시장의 흐름을 읽는 능력, 이론에 대한 지식, 개별 거래에 대한 수익 목표 및 손실에 대한 리스크 정하기, 엄청난 집중력, 그리고 냉철한 이성을 갖춘 승부사 기질이 없으면 100% 실패하는 트레이딩입니다. 그리고 데이 트레이딩을 위해서는 자본도 많이 필요합니다. 평범한 개인 투자자에게 데이 트레이딩은 결코 쉽지 않습니다.

제가 만약 이 책에서 데이 트레이딩 방법을 소개한다면 도움보다는 오히려 독이 될 가능성이 많습니다. 판도라의 상자를 선물하는 것에 다름 아닙니다. 혹 기회가 있다면 실력이 되는 분들에게 그 방법을 전수할 수 있도록 하겠습니다.

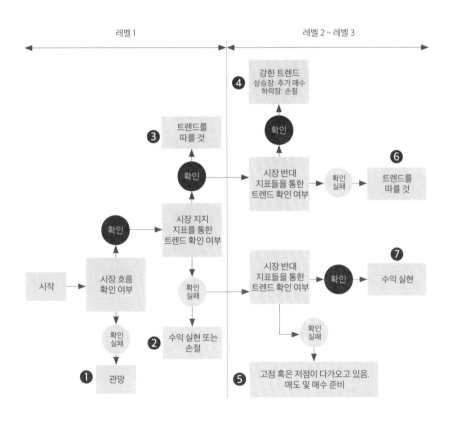

L1 L2 L3

01 시장 흐름 매매 기법

레벨 1 | 레벨 2 ~ 레벨 3

시작 → 시장 흐름 확인 여부

확인 → 시장 지지 지표를 통한 트렌드 확인 여부

확인 → ❸ 트렌드를 따를 것

확인 실패 → ❶ 관망

확인 실패 → ❷ 수익 실현 또는 손절

시장 반대 지표들을 통한 트렌드 확인 여부

확인 → ❹ 강한 트렌드 상승장: 추가 매수 하락장: 손절

확인 실패 → ❻ 트렌드를 따를 것

시장 반대 지표들을 통한 트렌드 확인 여부 → **확인** → ❼ 수익 실현

확인 실패 → ❺ 고점 혹은 저점이 다가오고 있음. 매도 및 매수 준비

이미 설명을 여러 번 했기 때문에 간략하게 핵심만 설명하겠습니다.

이 매매 기법의 핵심은 Accumulation과 Distribution구간을 찾는 것이고, 나아가 시장 급락 상황에 빠르게 대처하는 방법입니다.

우선 시장 흐름을 확인해야 합니다. 아래 차트에서 EMA(20)+/- 지점과 수정 MACD를 확인하는 것이 첫 번째 단계입니다.

그 다음 도표는 시장 지지 지표까지의 순서입니다.

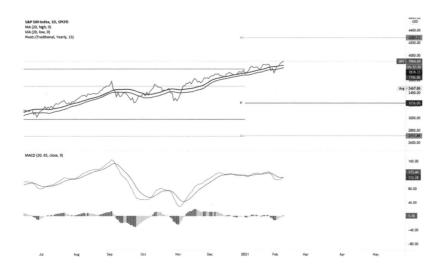

순서	지표 및 참조 사항	확인 여부
시장 흐름 확인	SPX, SPX 이동평균선, 수정 MACD	
AD LINE + AD VOLUME LINE	SPX와 방향이 동일한지 확인 AD Line과 AD Volume Line의 방향이 다르면, 시장 하락 확인	
ABOVE SMA 50	50% 이상 - 시장 하락 확인 불가 50%: 경계선으로 시장 하락 가능성 40% 미만: 시장 하락 확인	
ABOVE SMA 200	50% 미만: 손절	
맥클레런 서메이션	마이너스 구간은 하락 흐름 플러스 구간은 상승 흐름	

위의 순서로 다음 차트에서 확인합니다.

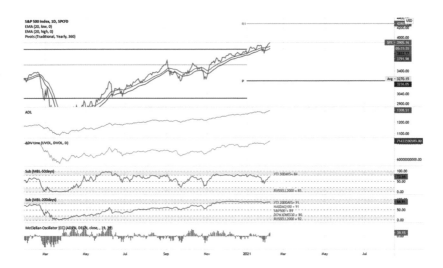

레벨 2와 레벨 3는 시장 반대 지표까지 확인을 해야 합니다.

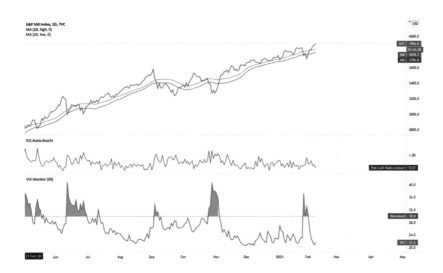

그러면 이 결과에 따라서 처음에 소개한 흐름Flow을 따라가면 됩니다.

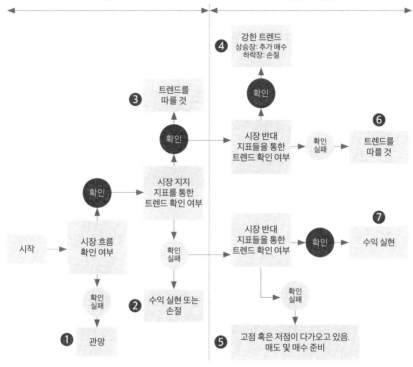

1~7의 방법론에 대해 설명을 하겠습니다.

(1) 시장이 상승장도 아니고 하락장도 아닌 경우

　① 이런 시장의 트렌드에서는 투자하지 말고 관망할 것

(2) 시장 트렌드는 확인이 되나, 시장 지지 지표들이 트렌드를 확인하지 못하는 경우

　① 거시경제 뉴스 및 섹터 로테이션에 민감하게 반응하는 시장

　② 초보 투자자들은 수익 실현 혹은 손절 기능을 이용하여 손실 최소화 대비

(3) 시장 트렌드가 확인되고 시장 지지 지표들이 트렌드를 확인해주는 경우

　① 건강한 트렌드임.

② 풀백이 오는 경우 추가 매수를 할 것

(4) 시장 트렌드가 확인되고 시장 지지 지표 및 시장 반대 지표들이 이를 확인해주는 경우

① 강한 트렌드임

② 마진Margin(미국 증권사 대출)을 이용해서 더 투자할 것(숙련된 투자자에만 해당. 한국 증권사 계좌 소유주분들은 추가 자금 투입)

(5) 시장 트렌드는 확인이 되나, 시장 지지 지표 및 시장 반대 지표 둘 다 트렌드를 확인해주지 못하는 경우

① 트렌드가 대부분 대형 주식Heavy Weighted Stocks 위주로 형성됨. 나머지 주식들은 상승하지 못하는 상태임

② 시장 고점 혹은 트렌드가 하락인 경우 바닥이 다가오는 경우임.

③ 매도 준비. 혹은 미국 거주 '아주 숙련된' 투자자들은 공매Short Sell 준비

(6) 시장 트렌드는 확인이 되고 시장 지지 지표들도 이를 확인해주나, 시장 반대 지표들이 이를 확인해주지 못하는 경우

① 반대 지표들을 무시할 것

② 지지 지표들이 트렌드를 확인해주는 기간 동안은 트렌드를 따를 것

③ 풀백이 있는 경우 추가 매수할 것

④ 만약 트렌드가 베어리시의 경우 추가 매도할 것

(7) 시장 트렌드가 시장 반대 지표들에 의해 확인되나, 시장 지지 지표들이 확인 못 해주는 경우(예를 들어 시장은 상승세이며 VIX 및 풋-콜 비율도 상승을 확인해주나 지지 지표들은 이를 확인하지 못하고 반대로 가는 경우)

① 트렌드를 따르면서 수익 실현 및 손절 설정

② 절대로 추가 매수 혹은 대출, 빚, 마진 사용하지 말 것

02 Go & Stop 매매 기법

개인 투자자들 중 저축 목적이거나 제 책을 읽어도 이해가 안 되는 분들을 위해 장기 투자 전략을 소개합니다. 이 방법은 몇 안 되는 제 멘토들 중의 한 분인 고든 스콧이 만든 방법이며 제 판단으로 저축 위주의 장기 투자자들 중 조정(최고점 대비 시장 지수 -10%인 경우)에 덜 민감하면서 관망을 하는 분들을 위한 매매 방법입니다.

이 방법은 3~4년에 2번 정도 매매를 하는 법입니다. 대신 이 방법을 사용하려면 시장이 조정에 온다는 여론에도 무덤덤해야 하며 여러분의 수익을 일주일에 최대 한 번 정도만 확인하는 분들에게 적합한 방법입니다.

만약 ATR을 읽어보지 않았다면 이 매매 기법에 관심이 있는 분들은 ATR을 읽기 바랍니다.

저축식 장기 투자는 개별 주식보다는 지수 위주의 ETF를 강력히 추천합니다. 아무리 좋은 주식이라고 해도 장기 투자를 하는 경우 어떠한 일이 벌어질지 모릅니다. 이러한 위험을 피하기 위해서는 ETF에 수수료를 준다고 해도 지수 ETF를 선택하는 것이 좋은 방법입니다.

구분	필요 사항
차트 기간	일 차트 혹은 주 차트
이동평균선	일 차트: SMA(200), 주 차트: SMA(52)
기술적 지표	ATR
비교 지수	Dow Jones Utility Average(DJU)

고든의 Go & Stop 전략은 상당히 단순합니다.

- 일 단위 차트를 기준으로 S&P500 지수인 SPX를 SMA(200)을 사용하여 가격 움직임을 본다. 일 단위 차트가 너무 복잡하면 주 단위 차트를 이용하여 SMA(52) −1년 52주− 를 사용한다.
- ATR을 사용하여 시장의 변동성 중 황소와 곰의 의견 차이Disagreement의 폭을 확인한다. 서로 가는 방향이 다르면 변동성이 높아서 ATR 값이 높을 것이고, 황소와 곰 중 한쪽의 힘이 강하면 ATR 값이 안정된다.
- 위의 두 가지만 가지고 전체 시장 흐름을 파악하는 데는 한계가 있다. 그러한 이유는 지수가 SMA(200) 미만으로 내려가고 곧 반등이 일어날 수 있는 가능성이 존재하기 때문이다. 이를 보완하기 위해 많은 사람에게 생소한 Dow Jones Utility Average(DJU)를 사용한다.

- Dow Jones Utility Average(DJU)
(1) 15개 유틸리티 회사들의 성과를 지수로 전환
(2) 시장의 변동성이 높아지고, 시장이 하락할 기미가 보이면 투자자들은 안전한 주식으로 투자처를 옮긴다. 이때 가장 많이 투자되는 주식이 유틸리티 회사들이다.
(3) 유틸리티 회사들은 다른 업종에 비해 높은 배당을 준다. 그리고 시장의

변동성에 비해 비교적 낮은 변동성으로 안정을 추구Safety-Seeking하는 투자자들이 선호하는 주식군이다.

(4) 황소와 곰의 이견이 커지면 다음 두 가지 현상이 일어난다.

- 첫째, 시장의 변동성이 커진다(ATR 값의 상승).

- 둘째, 투자자들은 현재의 투자 자산인 주식에서 다른 투자처를 찾는다. 이 경우 유틸리티 주식들에 투자가 많이 투자된다.

(5) SPX가 하락하면서 SMA(200) 근처로 오거나 그 이하로 하락한다. 이에 따라 ATR이 오르면서 DJU가 상승하면 여러분은 현재의 주식 투자를 스톱Stop해야 한다.

(6) SPX가 SMA(200) 접점 부근에서 움직이면서 ATR이 안정적인 낮은 값을 보여주고 DJU가 하락을 하면 여러분은 새로운 투자를 위해서 고Go해야 한다.

- 고든에 따르면 SMA(200) 선 미만으로 SPX가 하락한 후 ATR과 DJU를 확인하고 Go와 Stop을 추천합니다.
- SMA(200) 접점에서 움직이는 경우 다시 반등할 가능성이 높다고 판단을 합니다.

그러면 실제 사례를 보겠습니다. 이 고든의 Go & Stop 투자 방법론은 1993년에서 2020년까지 6번의 매수, 5번의 매도만을 필요로 합니다. 단점으로는 최대 -10% 내의 조정장에서는 관망을 해야 하고, 리세션에서는 직전 최고점 대비 -8%~-18% 이후에 매도 신호가 나옵니다. 즉 -20% 이상의 하락이 오는 리세션만을 피하는 투자 방법입니다. 이 Go & Stop은 캔들 스틱보다는 라인으로 보는 것이 더 편합니다.

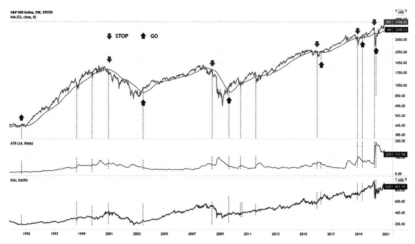

[차트 145] Go & Stop 1993~2020

Go & Stop 매매 순서

스텝 1: 일 단위 기준 차트의 SMA(200) 혹은 주 단위 기준 차트의 SMA(52) 선으로 가격이 내려가는지를 관찰한다.

스텝 2: 가격이 이동평균선 이하로 내려가면 ATR과 DJU를 통해 평가한다.

스텝 3: Go 사인으로 판명되면 관심 있는 ETF 및 주식들의 매수 전략을 세운다.

스텝 4: Stop 사인으로 판명되면 보유 주식의 매도 전략을 세운다.

스텝 5: 만약 Go하고 Stop 사인이 분명하지 않으면 기존의 트렌드가 지속될 것으로 판단해야 한다.

- 1994년 8월 22일(일 단위 차트로 분석)

[차트 146] Go & Stop 1994년 8월 22일

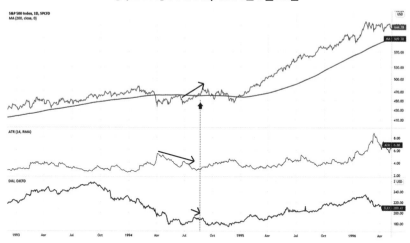

(1) SPX가 SMA(200)를 넘어서 상승

(2) ATR이 하락 중(즉, 상승세의 안정화)

(3) DJU의 하락

(4) Go Sign – 매수

[차트 147] Go & Stop 1998~1999

- 1998년 8월 24일 및 1999년 9월 23일

(1) SPX가 SMA(200) 아래로 하락

(2) 1998년 8월 24일

① ATR 상승: 하락세 지속

② DJU: SPX와 비슷하게 움직임

③ Go & Stop 판명이 어려움

④ 단점: 1998년 7월 16일 최고점 이후 1998년 10월 6일까지 SPX
-19.12% 하락. 전 고점으로 회복하는 데 캘린더 기준 150일(5개월)
소요

(3) 1999년 9월 23일

① ATR 급변동 없음

② DJU는 SPX와 비슷하게 움직임

③ Go & Stop 판명이 어려움

④ 단점

- 전 고점 대비 -13% 하락

- 전 고점으로 회복하는 데 캘린더 기준 139일(4개월 19일) 소요

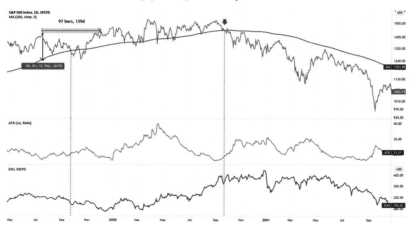

[차트 148] Go & Stop 2000

- 2000년 9월 22일

(1) SPX 가격이 SMA(200) 이하로 하락

(2) ATR 급상승: 하락 트렌드가 더욱 강해짐

(3) DJU: 상승

(4) STOP 사인으로 판명 – 매도

[차트 149] Go & Stop 2000~2003

[차트 150] Go & Stop 2003

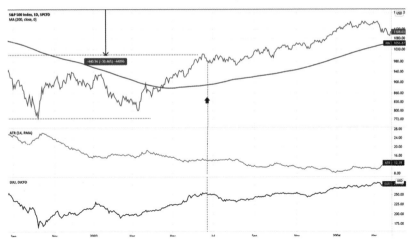

- 2003년 4월 13일

(1) SPX 가격이 SMA(200) 위로 상승

(2) ATR은 완만한 하락세: 현재 상승 트렌드 유지 가능성 높음

(3) DJU는 SPX와 비슷하게 상승(4월 13일)

(4) DJU가 2003년 6월 13일부터 하락

(5) 6월 13일 Go 사인 − 매수 준비

(6) 단점

　　① 시장의 바닥보다 26% 높은 지점에서 매수

(7) 장점

　　① 수익은 적을지 몰라도, 상승세가 결정된 시점에서 안전 매수

(8) 전 고점 대비 회복에 854일 소요(2년 4개월 소요)

(9) 시장 폭락 폭: −46.2%

(10) Stop 이후 Go 사인까지의 최고점 대비 폭: −32.24%

이 이론에 의해,

- 2008년 1월 4일: Stop
- 2009년 8월 24일: Go
- 2015년 8월 19일: Stop
- 2016년 4월 19일: Go
- 2018년 12월 3일: Stop
- 2019년 3월 22일: Go

약 11년 동안 매수·매도를 합쳐서 6번의 매매를 하게 됩니다. 약 2년에 한 번 정도입니다.

고든이 Go & Stop 매매 기법을 발표한 것이 2013년입니다. 이 매매 방법은 불행히도 2020년 3월 폭락장에서 STOP 사인을 판단하지 못합니다. 이때는 유틸리티 주식들도 SPX와 더불어 다 하락을 했기 때문입니다. SMA와 ATR은 매도 신호를 뒷받침해주지만 DJU는 그렇게 하지 못했습니다. 만약 향후에 2020년 3월과 같은 폭락이 온다면 이 점도 감안을 해서 매매 시기를 고려하기 바랍니다.

기본 차트 매매 기법

기본 차트 설정으로 매매 기법에 대해 아마존을 예로 들어보겠습니다.

다음은 아마존의 기본 차트 설정입니다.

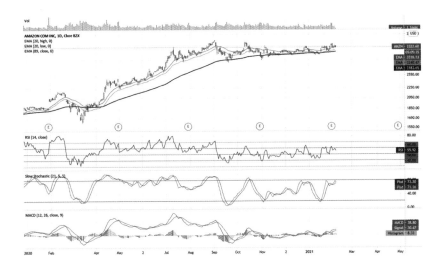

피보나치 선을 적용해봅니다.

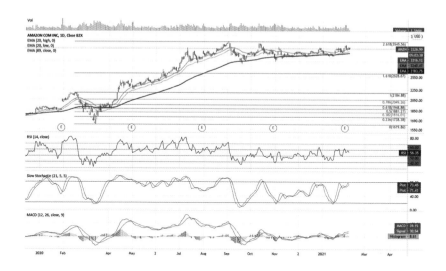

피보나치 선이 참 재미있습니다. 어떻게 아마존은 3,545선을 넘지 못하는
지, 그리고 2020년 3월의 피보나치 되돌림은 어떻게 저렇게 정확한지 경탄을
금할 수가 없습니다.

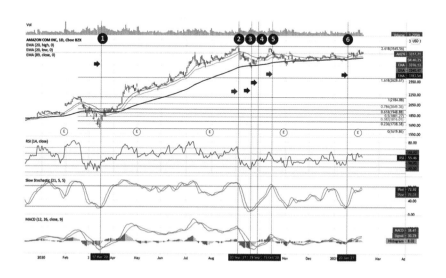

	수직선 1	수직선 2	수직선 3	수직선 4	수직선 5	수직선 6
RSI	4	1	4	2	1	4
슬로우 스토캐스틱	매수확인	매도확인	Buy into Weakness	매수	매도	매수
MACD	Buy into Weakness	매도확인	관망	매수	관망	매수
EMA(20. 최고가)		하락형 터치		매수	하락형 터치	상승형 터치
EMA(20, 최저가)	상승형 터치			상승형 터치	하락형 터치	
EMA (89)			집점			
기술적 지표 분석 결과	매수	매도	Buy into Weakness	매수	매도	매수
결정	매수	매도	분할 매수	매수	매도	매수

RSI 기준
• 상승 고점 매도: 1
• 상승 하락 후 반등 시 추가 매수: 2
• 상승 하락 시 손절: 3
• 하락 저점에서 매수: 4
• 하락 반등에서 저항선에서 매도: 5
• 하락 반등에서 저항선 브레이크 후 매수: 6

Buying into Strong: 상승장에서 매수
Buying into Weakness: 약세장에서 반등의 기미가 있어 보이는 경우 매수
Selling into Strong: 상승장에서 시장 Top이 온다고 생각하고 매도
Selling into Weakness: 하락장에서 매도

여러분께서는 이 메트릭스Matrix를 잘 활용하기 바랍니다. 이러한 메트릭스가 있는 것과 없는 것의 차이는 큽니다.

04 Laser 1석2조 투자 방법

제 투자 방법은 Laser 1석2조 방법론으로서 같은 주식을 장기 투자한다고 가정한 후, 초기 자본으로 추가 자본 투입 없이 주식 수를 증가시키는 방법입니다. 주식 수가 증가하고 주가도 오른 다면 그야말로 두 가지를 성공적으로 성취할 수 있는 방법입니다.

고든의 Go & Stop 투자 방법과 비교를 한다면 다음과 같습니다.

필요 사항	Gordon Scott 'GO &STOP'	Laser '1석2조'
이동 평균선	SMA(200)	EMA(21), EMA(50), SMA(200)
기술적 지표 및 비교 지수	• ATR	• 추세선 • RSI • 슬로우 스토캐스틱 • MACD(선택) • ADX • CMF • ATR(선택) • 차트 패턴
참고 지수	• Dow Jones Utility Index(DJU)	• 시장 흐름 판정 방법 • 10Y2YS • GOLD 및 은/금 비율 • 미국 10년 국채 수익률

장점	• 편하고 쉬움 • 주(Week) 단위 차트만 보면 됨 • 시장의 큰 움직임만 보면 됨 • 10년에 많으면 두 번 정도 거래	• 같은 자본으로 주식 수를 더 늘릴 수 있음 • 시장이 조정 및 리세션이 오는 경우 받는 스트레스는 없음 • 개별 주식과 지수 모두를 냉철하게 분석할 수 있음 • 장기에서 단기까지 모두 사용할 수 있음
단점	• 개별 주식에는 맞지 않음 • 최대 -20%는 감수하는 전략임 • 모멘텀 주식에는 사용 못함 • 다른 사람들이 모멘텀 주식으로 수익이 나는 경우, 상대적 박탈감을 느낄 수 있음 • 시장이 하락하는 경우 심적 고통이 있을 수 있음	• 주식시장에 대한 상당한 지식을 필요로 함 • 경험과 냉철한 이성이 필요 • 조급한 경우 실패할 확률이 높음 • 시장에 적극적 참여 필요함 • 1년에 최소 3회 정도 거래 필요 • 본인의 지식과 경험을 믿지 못하면 실패할 확률이 높음

이 매매 방법의 순서에 대해 소개를 하겠습니다.

스텝 0: 시장 흐름 판정 방법

• 매일 확인하는 지표

스텝 1: 이동평균선 셋업

　- 3개월 이내 단기 투자 목표: 5~15% - EMA(21), EMA(50), EMA(89)

　- 1년 이상 중기 투자 목표: 15~20% - EMA(50), EMA(89), SMA(200)

스텝 2: 피보나치 되돌림

　- 피보나치 되돌림 1: 2~3년 전 최고점 대비 급락한 최저점을 연결

　- 피보나치 되돌림 2: 18개월 내의 최고점과 급락한 최저점을 연결

스텝 3: 추세선

　- 피보나치 되돌림을 보면서 추세선, 지지선, 저항선, 차트 패턴 찾기

　- 피보나치 익스텐션: 최근 3개월 내의 HH, HL, LH, LL가 새롭게 시작하는 지점이 최저점이 되고, 이후 가장 오른 지점을 최고점으로, 그리고 그 최고점에서 그 이후의 최저점까지 3개의 지점을 연결하여 지지선과 저항선을 찾는 방법

스텝 4: 기술적 지표 선정

- RSI, 슬로우 스토캐스틱, MACD, ADX, CMF, ATR을 모두 선정

스텝 5: 백테스트

- 이들을 모두 활용해서 지난 5년간 차트를 분석

- 이들 중 그 주식에 제일 잘 맞는 기술적 지표 3개 선정. (최대 4개)

- 트레이딩 저널에 있는 모든 항목을 분석하고 연결할 것

스텝 6: 차트 셋업 최종 선정

스텝 7: 목표 수익 및 손절 구간 설정

스텝 8: 초기 실전 트레이딩

- 30% 손해를 보아도 감수할 수 있는 자금으로 매매 실시

- 자금의 25%씩 분할 매수 실시

- 전체 100% 투자 후 3달(1분기) 동안 손절 구간에 들어오지 않는 이상
  매매 금지

- 3달 동안 반드시 실적 발표일을 포함할 것

- 3달 동안 가상 거래를 실시할 것. 그리고 그 가상 거래를 노트에 기록
  할 것

스텝 9: 가상 거래 수익(손실) 리뷰

- 가상 거래는 철저하게 실전처럼 이행할 것.

- 가상 거래 시 시장 흐름을 분석하는 것을 잊지 말 것

- 가상 거래 시 가장 편안하게 주식을 매매할 수 있는 환경을 만들 것

스텝 10: 실전 거래

- 4번에 거쳐서 분할 매수한 주식을 실전으로 전환하기 시작

- 목표 수익과 손절 구간에 알람을 설정할 것

- 목표 수익에 도달하면 EMA(21) 위에서 주식이 움직이는 경우 관망
  하면서 매도 시기를 찾을 것

- 만약 주식이 계속 상승을 하는 경우 장기 전환 전략으로 바꿀 것

스텝 11: 본격 실전 거래 후보 선정

- 본격적으로 실전 거래를 위한 투자 후보 주식을 30개 선정할 것
- 가능한 매일 가격의 움직임을 4개 차트(5분, 15분, 30분, 일 단위)를 통해 확인하고 차트의 흐름을 몸으로 느낄 것
- 하루 2시간 정도 30개 후보 주식들의 차트 패턴, 거래량을 확인할 것
- 거시경제지표를 확인하고 예측할 것

스텝 12: 실전

- 욕심은 금물
- 냉정한 이성과 판단으로 자신을 믿으면서 매매를 시작할 것
- 그리고 항상 트레이딩 저널을 기록할 것

차트 선정: 스텝 1에서 스텝 5

프리-스텝 1: 주식 선택

트레이딩 전에 우리는 좋은 주식을 선택해야 합니다. 선택 방법은 6장에서 설명한 펀더멘털을 기준으로 선정해야 합니다. 선정 기준은 펀더멘털 분석에서 모두 다루었습니다. Finviz.com을 이용하는 방법도 6장에서 이미 설명했습니다.

Laser 1석2조 투자 전략의 설명에 LRCXLam Research Corporation 회사로 예를 들겠습니다. LRCX는 반도체 장비회사로서 재무도 튼튼하고, P/E도 저평가된 꾸준하게 성장하는 아주 좋은 회사입니다. 삼성전자, 대만반도체 등 대부분의 반도체 회사들이 LRCX의 고객입니다.

[표 10] 2018년 반도체 장비 업종 성장 비교

	AMAT	%	ASML	%	LRCX	%
Revenue	14,698		8,962		8,014	
Gross Profit	4,511	31	4,020	45	3,603	45
NI	1,721	12	1,557	17	1,698	21
매출 성장률		36		30		36
FCF	3,444		1,494		1,175	
전년 FCF	2,313		1,341		587	
FCF 성장률	49%		11%		100%	

2018년 2월 15일에 첫 매수를 한 회사입니다. 그 당시 동종 업계의 주식 성장을 살펴보겠습니다.

당시 업계 1위는 AMAT였고 LRCX는 미국 상장회사들 중 3위의 회사였습니다. 2017년 대비 매출이 36% 성장을 하고, 매출총이익Gross Margin 45%, NI 마진NI Margin 21%로 가장 우수한 경영 성과를 성취하는 중이었습니다.

[차트 151] 반도체 장비업체 주식 성장률

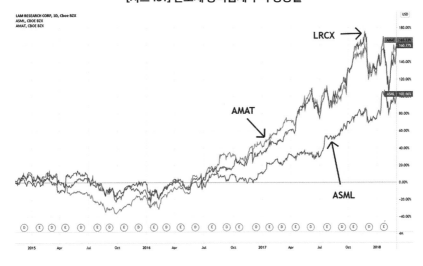

특히 FCF의 성장률이 2017년 대비 100% 성장을 하고 있던 중이었습니다. 2015년까지는 성장세가 크지 않다가 2016년부터 시장점유율을 높이면서 애널리스트들이 미래 성장성도 좋게 판단하는 주식이었습니다.

주식 성장률도 ASML보다 월등히 뛰어난 면을 보여주고 있었습니다. 2015년부터 3년 성장률은 AMAT 165.33%, ASML 102.66%, LRCX 160.77%로, 당시 1등이던 AMAT과 비슷한 주식 성장률을 보여주던 시절입니다. 투자 당시의 재무비율을 찾기가 어려워 2020년 기준으로 LRCX를 뒤돌아보면 2015년부터 EPS는 매년 32.50%의 성장을 이루고 있습니다. 이처럼 재무 상태가 튼튼한 회사입니다.

Index	S&P 500	P/E	31.99	EPS (ttm)	17.63
Market Cap	81.25B	Forward P/E	22.33	EPS next Y	25.25
Income	2.61B	PEG	1.65	EPS next Q	5.70
Sales	11.06B	P/S	7.35	EPS this Y	10.20%
Book/sh	37.30	P/B	15.12	EPS next Y	10.42%
Cash/sh	46.20	P/C	12.20	EPS next 5Y	19.38%
Dividend	5.20	P/FCF	57.50	EPS past 5Y	32.50%
Dividend %	0.92%	Quick Ratio	2.70	Sales past 5Y	13.80%
Employees	11300	Current Ratio	3.30	Sales Q/Q	46.70%
Optionable	Yes	Debt/Eq	1.08	EPS Q/Q	80.90%
Shortable	Yes	LT Debt/Eq	0.92	Earnings	Jan 27 AMC
Recom	2.10	SMA20	10.43%	SMA50	17.05%

2020년 기준으로 LRCX의 경영 상태를 보겠습니다. Finviz.com에 나오는 회사 분석 자료입니다(6장에 설명한 내용을 기준으로 복습하겠습니다).

- 우선 시가총액이 730억 달러이면 대형주에 소속됩니다.
- 매출은 110억 달러(약 12조 원)밖에는 안 되지만 상당히 탄탄한 회사입니다.
- P/E가 31.99으로 S&P500(1월 20일 기준) 41.74보다 저평가된 회사입니다.

- Forward P/E는 P/E 31.29보다 적은 22.33이니 무난합니다.

- PEG도 1.65로서 적정 수준입니다.

- P/Cash Flow와 P/Free Cash Flow는 높은 수준이나 동종 업계에서는 평균 수준입니다.

- Quick Ratio(2.70)와 Current Ratio(3.30)는 아주 훌륭한 수준입니다.

- Debt/Equity는 1.08로서 만족할 만한 수준입니다.

- 향후 5년 EPS 성장을 19.38%로 예상하고 있습니다.

Insider Own	0.30%	Shs Outstand	145.27M	Perf Week	1.09%
Insider Trans	-24.95%	Shs Float	143.70M	Perf Month	16.68%
Inst Own	87.70%	Short Float	1.89%	Perf Quarter	53.80%
Inst Trans	-0.08%	Short Ratio	1.92	Perf Half Y	58.91%
ROA	19.20%	Target Price	492.17	Perf Year	80.48%
ROE	53.50%	52W Range	181.38 - 585.42	Perf YTD	19.39%
ROI	21.40%	52W High	-3.68%	Beta	1.33
Gross Margin	46.40%	52W Low	210.87%	ATR	19.24
Oper. Margin	28.00%	RSI (14)	66.78	Volatility	3.76% 3.32%
Profit Margin	23.60%	Rel Volume	0.85	Prev Close	564.19
Payout	25.60%	Avg Volume	1.41M	Price	563.85
SMA200	56.37%	Volume	1,199,173	Change	-0.06%

- 기관 보유율Inst Own이 87.70%로 안정적입니다(기관이 많이 보유할수록 좋은 주식으로 시장에서 판단합니다).

- ROA, ROE, ROI는 투자가 많이 필요한 회사로서 상당히 좋은 성과를 보여주고 있습니다.

- 특히 매출총이익 마진, 영업이익 마진, 당기순이익 마진은 46.40%, 28%, 23.60%이며, 제가 처음 매수를 한 2018년보다 약간의 성장을 한 상태입니다.

- 배당Dividend도 1.05%로 마이크로소프트(1.03%), 애플(0.63%)보다는 높지만 고배당주들보다는 낮습니다. 하지만 2020년 1월 주가가 290달러대였으며, 지난 5년간 약 +600%의 높은 성장을 한 회사로서는 좋은 배당률을 유지해주고 있다고 판단합니다.

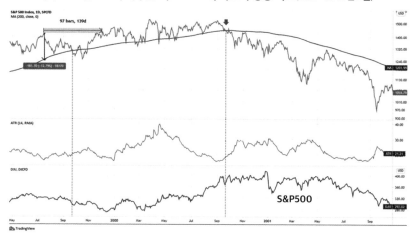

[차트 152] LRCX, 다우존스, S&P500, 나스닥 성장 비교(2015~2018년 2월)

전체 시장과 비교해도 LRCX는 성장성이 높은 회사로 판단을 할 수 있습니다. 주식 선정이 마무리되면 마켓 트렌드 셋업(Pre Stage 2)을 마무리한 후 본격적인 매매 셋업으로 들어가겠습니다.

Pre-셋업 2: 마켓 트렌드 투자 프로세스 차트 셋업

[차트 153] 마켓 브레스 차트

스텝 1: 이동평균선 셋업

- 중단기 투자 목표: 5~15% - EMA(21), EMA(50), EMA(89)
- 장기 투자 목표: 15~20% - EMA(50), EMA(89), SMA(200)

이동평균선	중단기	장기	활용 방법
EMA(21)	O	X	단기 투자 매수·매도
EMA(50)	O	O	중단기 및 장기 매수·매도
EMA(89)	O	O	중단기 최종 손절 구간
SMA(200)		O	장기 최종 손절 구간

이동평균선을 EMA(20)+/-에서 바꾼 이유는 장기 투자로서 오래 가지고 있는 전략으로는 너무 자주 거래를 해야 하기 때문입니다. 그래서 EMA 선정을 변화했습니다. 하지만 실제 매수·매도 시 최종적으로 확인할 때 EMA(20)+/-도 참조하기 바랍니다.

설정한 차트를 보겠습니다.

[차트 154] LRCX: Laser 1석2조 투자 스텝 1

스텝 2: 피보나치 되돌림

[차트 155] 피보나치 되돌림 1

피보나치 되돌림 1(2~3년 전 최고점 대비 급락한 최저점을 연결)을 보면 2018년에 만든 피보나치 선이 지금까지 지지선과 저항선으로 나와 있습니다. 상당히 놀라운 점은 2020년 3월 하락장에서 최저점이자 피보나치 되돌림 1의 0.618 지점인 183.56달러가 지지선이 되었다는 점입니다. 그 당시 최저가가 181.3달러였습니다. 그 지점을 최저점으로 반등이 시작되었습니다. 그리고 1.618 지점인 352달러 이상의 상승 시도 세 번째에 이를 넘어버립니다. 다음 구간은 2.618의 675달러인데 구간 차이가 너무 높아서 더 자세히 보도록 피보나치 되돌림 2: 18개월 내의 최고점과 급락한 최저점을 연결합니다.

피보나치 되돌림 2의 구간을 보면 1.618인 527.75달러를 넘어서 현재 547.53달러의 가격대를 이루고 있습니다. 가격 움직임으로는 상승세를 잘 타고 있습니다. 그러면 이 2개의 피보나치 되돌림를 같이 사용하여 지지선과 저항선으로 봅니다. 피보나치 되돌림 1의 지지선은 352달러이고 저항선은

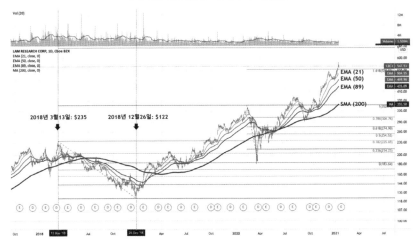

[차트 156] 스텝 2: 피보나치 되돌림 2

675달러였지만, 2개를 합쳐서 보면 527달러가 나옵니다. 다음 지지선과 저항선은 527달러이고 저항선은 675달러가 됩니다. 약 28%의 상승이 남아 있습니다.

스텝 3: 추세선으로 지지선과 저항선 그리기

피보나치 되돌림 1과 2를 사용하여 지난 3년간 지지선과 저항선을 확인했습니다. 이를 바탕으로 [차트 157]에서 지지선과 차트 패턴을 찾을 수 있습니다. 지지선 1은 527달러 선으로 피보나치 되돌림 1.618지점, 지지선 2는 467달러, 지지선 3은 387달러 선으로 찾았습니다.

[차트 157]은 상승 채널 패턴입니다.

[차트 158]의 상태에서 한 번 더 정교한 최근의 지지선과 저항선을 만들어 볼 수 있습니다. 피보나치 익스텐션이라는 피보나치 선입니다. 이 선은 세 점을 연결해야 합니다. 출발점은 최근에 HH, HL가 무너진 지점에서 시작해서 현재의 고점을 두 번째 점으로 하고 마지막 점은 두 번째 지점부터 가장 많

[차트 157] 스텝 3-1: 추세선 및 차트 패턴 그리기(이동평균선은 이해를 돕기 위해 제거함)

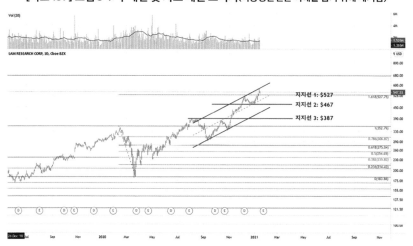

지지선 1: $527
지지선 2: $467
지지선 3: $387

이 하락한 지점을 연결합니다. Zigzag를 이용하면 더 편하게 세 지점을 찾을 수 있습니다.

4개의 차트(차트 158~161)를 참조하면서 차트 셋업의 변하는 과정을 보고 익숙해지기 바랍니다.

[차트 158] 스텝 3-2: 피보나치 익스텐션(세 지점을 연결)

[차트 159] 스텝 3-3: 피보나치 익스텐션 + 지지선

[차트 160] 스텝 3-4: 피보나치 익스텐션 + 지지선 + 차트 패턴

[차트 161]에서 스텝 3의 최종 단계인 LRCX의 피보나치 저항선을 통하여 향후 3~6개월 사이의 지지선과 저항선, 그리고 차트 패턴 사이에서 가격이 어떻게 움직이는지 순수하게 '가격 움직임'을 관찰할 수 있게 됩니다.

차트 화면이 복잡해질 수도 있지만 여기에 EMA(21), EMA(50), EMA(89) 선을 보이게 합니다. 4개의 차트를 보면서 어떻게 변하는지 확인하기 바랍니다.

[차트 161] 스텝 3-5: 피보나치 익스텐션 + 지지선 + 차트 패턴 + EMA(21,50,89)

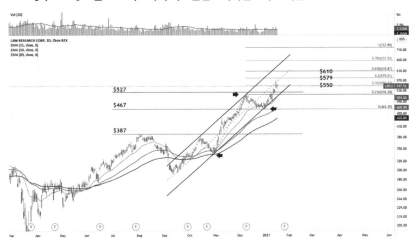

[차트 161]은 스텝 3에서 마무리된 차트를 아래 차트에서 30분 단위 차트로 보면 한 달 동안의 LRCX 가격 움직임을 분석할 수 있습니다.

[차트 162] 스텝 3: 30분 차트

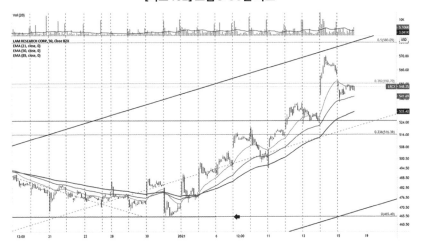

[차트 162]를 보면 지난 한 달 동안 LRCX의 가격이 이동평균선 위 혹은 아래에서 어떠한 변동성을 가지고 움직이며, 또 언제 이동평균선 위로 올라가면서 지지선과 저항선에서 그 가격이 움직이는지 파악할 수 있습니다. 이를 면밀하게 관찰하고 몸으로 느껴야 합니다. 자세히 보면 지지선과 저항선이 참으로 잘 맞는 것을 찾아낼 수 있을 것입니다.

스텝 4: 기술적 지표 선정(RSI, 슬로우 스토캐스틱, MACD, ADX, CMF, ATR을 모두 선정)

이제 차트에 기술적 지표 6개를 선정합니다. 갑자기 6개가 생기니 차트가 복잡해 보일 수 있습니다. 이런 경우 가능한 모니터를 수평이 아닌 수직으로 세워서 분석하고 그 순서를 잘 기억하기 바랍니다.

RSI → 슬로우 스토캐스틱 → MACD → ADX → CMF → ATR

[차트 163] 스텝 4: 기술적 지표 선정

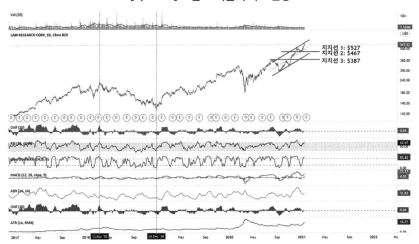

가격 움직임 선행지수(RSI, 슬로우 스토캐스틱) → 가격 움직임 확인 지표(MACD) → 주식 방향 확인(ADX) → 매수·매도 거래량 확인(CMF) → 변동성 확인(ATR)의 순서입니다.

이 책에서 소개한 기술적 지표 중 가장 보편적으로 사용되는 지표들입니다. [차트 163]은 6개의 기술적 지표들을 선정한 차트입니다.

실제 트레이딩에서 6개의 지표를 모두 보는 투자자는 별로 없습니다. 기술적 지표 2~3개 정도가 제일 적합합니다. 하지만 투자 전략을 세우는 공부 시간에는 이 6개의 기술적 지표들을 가능한 사용하고, 실시간 매수·매도를 하는 경우는, 5분-15분-30분-일 차트 4개를 보고 결정합니다.

이유는 투자 전략을 세울 때 상당한 시간을 투입해서 주식을 분석하기 때문이고, 실제 시장이 개장하는 동안은 꼭 필요한 경우에만 봅니다. 주식 분석은 개장 시간에 하는 것이 아니기 때문입니다.

위의 6개가 힘들면 다음 표의 조합 중에서 사용을 하기 바랍니다.

다시 한 번 더 강조하지만, 차트에 기술적 지표가 많은 것이 좋다고 이야기

구분	기술적 지표	비고
기본	RSI + 슬로우 스토캐스틱	• 가장 간단함 • 일 단위, 주 단위, 월 단위 차트 등 모든 차트에 가장 무난하게 사용. • 일 단위: EMA(50), EMA(89), SMA(200) • 주 단위: EMA(13), EMA(26), EMA(52) • 월 단위: SMA(12), SMA(24)
가격 위주 분석	RSI + 슬로우 스토캐스틱 + MACD	• MACD는 Lagging Index로 그 흐름을 확인하기 위한 용도로 추가 사용
가격 + 거래량	RSI + 슬로우 스토캐스틱 + CMF	• Accumulation과 Distribution 분석에 좋음
전체 흐름	RSI + 슬로우 스토캐스틱 + ADX	• 테슬라 같은 상승세가 강한 주식에 적합
FAANG + MSFT	RSI + MACD + CMF + ATR	• 시장 주도 주식들이기 때문에 RSI로 가격 움직임의 속도를 파악하여 비교 강세를 파악 • MACD로 확인 • CMF로 Accumulation과 Distribution 확인 • ATR로 변동성을 확인

할 수 없습니다. 내가 투자한 또는 투자 예정인 주식에 맞추어 선정하는 것이 제일 바람직합니다. 그래서 주식 공부 시간에 이 조합이 맞는지 안 맞는지 검증하는 과정을 거쳐야 합니다. 많은 시간이 소요되어도 스스로 백테스트해본 후 여러분 스스로가 선정한 기술적 지표들에 대한 믿음을 가져야 합니다.

우리는 주식시장이 우리가 원하지 않는 방향으로 움직일 때 제일 혼란스럽습니다. 여러분의 분석에 의해 선정된 지표들에 대한 믿음이 없으면 혼돈의 시기가 올 때 더 방향을 잃어버립니다.

스텝 5: 백테스트

백테스트Back Test를 여섯 가지 모두 가지고 분석하려고 하면 책을 한 권 더 집필해야 할 정도로 그 양이 많습니다. 본 책에서는 RSI만 가지고 분석을 할 것이고, 여러분은 시간을 투자해서 스스로 검증해보기 바랍니다.

RSI가 가장 중심이 되는 기술적 지표입니다. 차트의 가격 움직임을 안 보고도 가격이 지난 거래 기준일 14일 동안 비교적 어떻게 움직였는지 확인하는 것이 핵심이며, 이 RSI를 100% 활용할 줄 아는 것이 제일 중요합니다.

다음 표를 절대로 잊어서는 안 됩니다.

	10	20	30	40	50	60	70	80	90
상승 트렌드									
상승 후 하락 시 지지 구간				■	■				
하락 트렌드									
하락 후 상승 시 저항 구간						■	■		

[차트 164] 스텝 5: RSI 검증

[차트 164]는 단지 '가격의 움직임'과 'RSI'를 연동해서 보시기 바랍니다. [차트 165]에서 더욱 상세하게 RSI의 흐름을 LRCX 가격 움직임과 연동해서 분석하겠습니다.

[차트 165] 스텝 5: 가격 움직임과 RSI 연동 분석

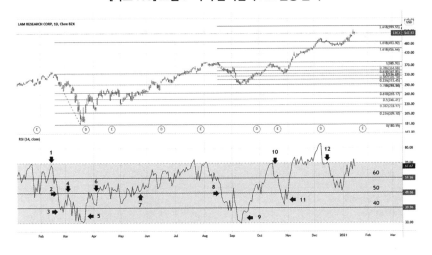

1번: RSI가 과열 매수 최고점에서 내려옵니다. 당시의 가격이 얼마이든 그 고점을 찍고 내려오는 것입니다. 'Relative' 즉 비교적이라는 개념을 항상 염두에 두기 바랍니다. 그 전 14일의 관찰 기간 중 가격 움직임의 속도가 높은 (빠른) 수준이라는 의미이고, 과열 매수 구간으로 들어간 것은 '빠르게 움직여서 그 관찰 기간 중 비교적 제일 높은 수준'이라는 의미입니다.

2번: 상승 트렌드에서 하락으로 전환한 후 상승세로 전환하기 위한 지지선이 40~50구간입니다. 이제 지지선으로 들어왔다는 의미입니다. 즉 지지선에 가까워진다는 의미는 반등의 기회도 있지만 하락의 기회도 있는 접점입니다. 하락세에서는 지지선이 무너질 수 있는 양면의 동전 구간으로 진입을 한 것입니다. 이날이 2020년 2월 21일입니다. 가능하면 컴퓨터에서 차트를 같이 보면서 책을 읽기 바랍니다. 핸드폰으로 차트를 보는 것은 권하지 않습니다. 핸드폰의 작은 화면은 여러분께서 제 책을 읽고 자유자재로 매매를 할 수 있는 이후에만 보기 바랍니다.

3번: 상승 트렌드의 40이 무너지고 37이라는 이야기는 하락세로 전환되고 있다는 신호입니다. 실제로 1번 341달러에서 3번 292달러까지 −15% 하락을 했습니다. 100주를 소유했다면 4,900달러(약 500만 원이 넘는 돈)를 7일 동안 놓치게 된 것입니다.

4번: 40을 넘어서 반등세로 가지만 50이 저항선이 됩니다. 이후 5번까지 하락을 합니다. 4번이 306달러이고 5번이 187달러입니다. 여러분께서 1번 고점에서 매수를 해서 징기 전략에 의해 매수 후 보유Buy-and-Hold 전략으로 가면 341달러에서 187달러로 하락하는 것입니다. 100주 보유했다면 15,400달러(약 1,700만 원)의 손실이 생깁니다. 반대로 처음 매수하는 투자자 혹은 1의 지점에서 매도를 한 후 현금 동원력이 충분한 투자자는 5번에서 반등을 하여 30 또는 40을 넘는 순간이 매수의 기회가 되는 것입니다.

6번: 하락 후 상승 시 마지막 저항선인 50을 넘으면서 상승세로 전환됩니다. 추가 매수의 기회 신호입니다. 하지만 이후 60을 못 넘으면서 상승세가 약해지다가 7번에서 50을 넘으면서 상승세가 유지됩니다.

11번: 8번부터 12번까지는 이러한 순환의 연속이 됩니다. 11번의 경우 9번에서 10번까지 상승한 후 과열 매수 지점인 10부터 하락을 하나 11번 지점에서 반등을 이루어냅니다. 이때도 4번 같이 준비된 투자자는 수익을 더 창출할 수 있게 됩니다.

잘 한번 관찰해보기 바랍니다. 12개월 동안 과열 매수 70 지점 부근 혹은 그 이상을 넘은 적은 6번입니다. 반대로 과열 매도 구간인 30 이하로 내려간 적은 없습니다. 그러면 40을 기준으로 상승해서 보면 4번입니다. 이 구간만 가지고 매수·매도를 했다고 가정을 해보고 다음 두 가지 경우를 비교해보기 바랍니다.

- 2020년 2월고점부터 2021년 1월 말까지 매수 후 보유Buy-and-Hold
- 2020년 2월 고점부터 2021년 1월 말까지 과열 매도 구간에서 매수하고 과열 매수 구간에서 매도하는 경우

[차트 166]에서는 RSI만 보고 RSI의 움직임으로 가격 움직임을 분석해보는 연습을 해보겠습니다.

그러면 LRCX의 2019년 3월부터 2020년 4월까지 RSI의 움직임만 보면서 가격 움직임을 추측해보는 순서입니다. 더 세밀하게 분석을 해서 몸으로 느끼라고 [차트 155]와는 다른 기간을 선정했습니다.

RSI에서 불필요한 구간이 하나도 없습니다. 30이하는 과열 매도, 70 이상은 과열 매수 구간입니다. 또한 여러분께서 중요하게 보아야 하는 부분은

[차트 166] 스텝 5: RSI 하나로 주식 가격 분석하기

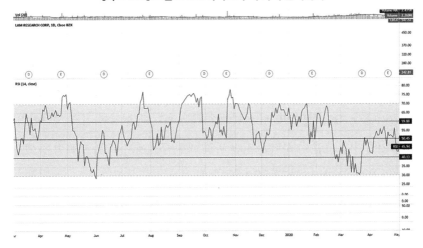

30~40, 40~50, 50~60 사이의 구간입니다. RSI 흐름만 보고 주식 가격의 움직임을 추측해보기 바랍니다. 또한 그 추측에 이동평균선을 RSI 어느 지점에서 크로스Cross할지도 상상해보기 바랍니다.

처음 시작은 과열 매수까지 상승 후 하락을 시작해서 30 부근까지 하락을 합니다. 가격이 많이 떨어졌을 것입니다.

과열 매수에서 과열 매도 구간까지 급하락하는 경우가 지난 3년간 몇 번이 있었는지를 지금 확인해보기 바랍니다.

다섯 번 있습니다. 그러면 이 다섯 번 동안 고점에서 저점까지의 가격 하락이 얼마나 될지 찾아보기 바랍니다.

70에서 30으로 하락을 하면서 주가는 약 -19% 하락합니다.

하락은 30 선에서 반등을 하기 시작합니다. RSI만을 가지고 가격이 얼마만큼 상승을 하는지는 모릅니다. 이 상승세는 전 하락세보다는 느리지만 과열 매수 구간인 70을 넘습니다. 잠시 70 부근에 머물다가 급하락을 하면서 40~50구간까지 내려옵니다. 얼마나 하락을 했을까요?

13% 정도 하락을 합니다.

이후 등락이 있었지만 과열 매수 구간에 들어섭니다. 그러면 바로 전 과열 매수 구간의 가격보다 새로운 과열 매수 구간의 각 중 어느 가격이 높을까요? 동일한 가격일까요?

그러다가 70이 무너지면서 급하게 하락을 합니다. 상당한 가격 하락이 있었을 것입니다. 그럼 이 하락은 저번 과열 매수 구간에서 40까지 하락을 했을 때보다 누가 더 많이 하락을 했을까요?

이런 식으로 한번 분석을 해보고, 이렇게 과거 3년치를 분석해보기 바랍니다. 이 방법으로 연습을 많이 하면 기술적 분석에 대한 눈이 열립니다. 그리고 RSI라는 기술적 지표와 가격 움직임을 연동해서 예상할 수 있는 능력이 생깁니다.

그러면 여러분의 백테스트에 있어서 여러분이 원하는 답을 찾게 됩니다. 기술적 지표의 식에 대한 검증을 위한 백테스트가 아닌, RSI를 이용해서 가격 움직임을 예측할 수 있는 여러분의 능력을 발견하고 그 능력이 여러분께

[차트 167] 스텝 5: RSI, 슬로우 스토캐스틱, MACD

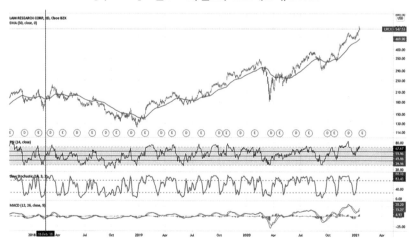

자신감을 줄 것입니다.

기술적 지표들은 모두 훌륭한 분석 도구입니다.

백테스트를 하는 목적은 여러분과 궁합이 제일 잘 맞는 기술적 지표를 찾는 것입니다. 이 결과가 실제로 기술적 지표의 식을 통한 궁극의 목표와 동일한 것을 발견하게 될 것입니다.

차트 최종 셋업인 스텝 6는 스텝 5에 시간을 투자해서 만든 결과이어야 합니다. 하지만 그럴 시간이 없다는 분들을 위해 [차트 167]의 기본 셋업을 추천합니다. RSI + 슬로우 스토캐스틱 + MACD입니다.

RSI 외의 다른 기술적 지표들에게 도움을 받기 위해서는 기술적 지표 위주의 선정이 아닌, 여러분의 매매 행위 기준에 제일 적합한 매매 행위를 판단하여 테스트하는 것이 바람직합니다.

예를 들어보겠습니다.

	상승장	하락장
매수	EMA(21), EMA(50), EMA(89)	EMA(89), 피보나치
매도	20% 수익 후의 EMA(21), 피보나치	EMA(21), EMA(50)

위의 기준에 의하면, 상승장에서 조정 받은 후 상승을 하는 경우 제 매수 구간은 주식이 EMA(50) 혹은 EMA(89)를 넘는 경우로 정합니다. 물론 무조건적이 아닌, 상황을 보고 결정해야 합니다. 이후 상승장에서 최고점 이후 조정 혹은 Distribution이 있다면 어느 지점에서 매도를 할지 결정합니다. 위의 조건은 제가 임의로 예를 든 것입니다. 여러분께서 원하는 방향으로 변경해도 좋습니다.

그리고 저 수직선은 여러분께서 현실적으로 여러분의 현재의 매매 행위 기준으로 해도 좋고, 주식의 흐름을 이미 알고 있으니 구간별로 최저점에서 사서 최고점에서 파는 이상적인 지점에서 매수·매도 지점을 정해도 좋습니다.

다음으로는 Laser 1석2조 투자법에 대해 사례 연구를 할 것입니다.

여러분께서 2018년 2월 15일 LRCX 100주를 그날 가장 낮은 가격 근처에 185달러에 매수했다고 가정하고 분석을 하는 것입니다. 현재 LRCX의 가격은 547달러입니다. 현재 수익률은 295%, 수익은 3만 6,200달러입니다.

차트를 보면서 여러분이 3년 동안 3번의 사이클을 거치면서 3만 6,200달러보다 최소한 15%는 더 빌 수 있는지, 아니면 동일 자본에서 세후(세금은 25%로 계산하기 바랍니다) 장기 투자로 인한 수익보다 더 좋은지, 아니면 수익에 상관없이 1만 8,500달러로 시작해서 100주가 아닌, 더 많은 주식을 가질 수 있는지 실제처럼 매매한 수익을 비교하는 방법입니다.

Laser 1석2조 투자 방법의 목적은 두 가지입니다.

- 동일 자본으로 수익을 장기 투자보다 많이 낼 수 있는지에 대한 여러분의 훈련
- 동일 자본으로 LRCX는 장기 투자 주식으로 좋은 주식이니 여러분의 매매 방법으로 세금까지 모두 지불한 후 주식을 100주 이상으로 늘릴 수 있는지에 대한 훈련

동일 자본을 이용해 3년 10번 이내의 매매로 주식 수를 늘릴 수 있다면 성공한 것입니다. 그렇지 못하다면, 냉정한 소리로 들릴 수 있지만 Go & Stop 혹은 '장기 투자'가 맞을 수 있습니다. 주식 매매는 훈련이 중요합니다. 실제 상황처럼 지표들을 보면서 한번 해보기 바랍니다.

세 가지 지표로 힘들면 다른 지표들도 포함해서 분석하기 바랍니다.

백테스트라는 것에는 지표 간의 상관관계 중 이상적인 것을 선정하는 방법도 있지만, 제가 추천하는 백테스트는 여러분 '자신'의 매매 행위에 가장 이

상적인 지표를 찾고 그 지표를 몸으로 해석하는 데 목표가 있습니다. 실제 매매로 하면서 여러분에게 제일 잘 맞고 마음을 편하게 해주는 지표를 찾아내기 바랍니다.

반드시 여러분에게 적합한 기술적 지표를 찾아보고 다음 장으로 넘어갈 수 있도록 하세요. 부탁드립니다.

Laser 1석2조 투자 방법

Laser 1석2조 투자 방법의 취지는 두 가지입니다.

첫째, 가능한 돈을 많이 벌자.

둘째, 내가 주식을 하는 동안 절대로 마음 고생하지 말자. 기회를 만들자.

이 방법은 시장을 보는 능력이 절대적으로 있어야 합니다. 왜 주식 전문가들이나 워런 버핏이 자신의 부인 및 개인 투자자들에게 SPY ETF를 사서 평생 보유하라고 했을까요? 아마도 그분들은 시장을 볼 수 있는 능력이 안 되기 때문입니다. 장기 투자를 하면서도 하루 수익에 일희일비할 수 있기 때문입니다. 당연히 평정심을 잃어버릴 것이고, 귀가 얇아지면서 책임 안 지는 뉴스에 냉철한 판단 없이 가장 낮은 지점에 매도를 할 것입니다.

Laser 1석2조 투자 방법은 무에서 유를 창조한 것이 아닙니다. 많은 분들께서 이런 식으로 투자를 하고 싶었지만, 논리적 근거의 부족 때문에 실패한 경험으로 도전하기 어려운 분야였을 것입니다. 주식의 대단한 고수라고 해도 모두 처음이 있습니다. 그분들이 고수가 된 것은 각고의 노력을 바탕으로 한 분석과 공부의 결과라고 판단합니다.

주식시장이 과열된 분위기로 상승을 할 때 수익을 내는 것은 시장이 좋아서 누구나가 돈을 벌 수 있기에 '이지 머니Easy Money'라고 합니다. 진정한 고수는 시장이 폭락할 때 수익을 내거나 자산의 손실이 없는 분들입니다. 이를 위해서는 공부도 많이 해야 하고, 시장과 주식을 눈과 머리만이 아닌 몸으로도 느낄 수 있어야 합니다. 테슬라 자동차의 자율운행 시스템처럼 여러분은 시장과 주식시장의 움직임을 몸으로 느끼면서 냉정한 이성과 논리적 판단력으로 투자해야 합니다. 이 투자 방법이 여러분에게 진정으로 도움이 되기를 바랍니다.

Laser 1석2조 투자 방법은 방법론이라고 하기보다는 지금까지 레벨 3분들에게 설명한 모든 것을 하나로 모아서 매매하는 방법입니다. 그래서 제가 투자 중장기로 보유하고 있는 LRCX를 선택해서 실 사례를 보여드립니다.

Laser 1석2조 매도·매수 기준

하락 후 매수	• 주가가 EMA(21)을 넘는 경우 • 주가가 EMA(50)을 넘는 경우 • 주가가 EMA(89)를 넘는 경우 • 피보나치 저항선을 넘는 경우 • 디버전스가 일어나는 경우 • 위의 5개를 단독 혹은 복합적으로 사용
상승장 매도	• 목표 수익률 20% 전후 • 최소 수익률 18% • 고점 이후 5% 이상 하락 후 피보나치 지지선 이하로 하락하는 경우 • EMA(50) 이하로 하락을 한 후, 3번 이상 반등을 실패하는 경우
하락장 매도	• 매수 가격 부근에서 EMA(21), EMA(50), EMA(89) 이하로 내려가는 경우 • 하락장에서 EMA(89) 선이 제일 위에 있는 데, 주가가 EMA(50) 부근에서 머물고 기술적 지표 RSI, 슬로우 스토캐스틱, MACD가 약세를 보이는 경우
보합장 매수	• 주가가 EMA(50)을 넘는 경우 • RSI, 슬로우 스토캐스틱 및 MACD가 모두 상승 지표인 경우 • RSI, 슬로우 스토캐스틱이 매수 가능성이지만, MACD가 아닌 경우, ADX, CMF, ADR 확인. 이 중 2개의 신호가 무난하면 매수 • CMF로 Accumulation 단계에 있는 경우
보합장 매도	• 주가가 EMA(50)이 무너지는 경우 • RSI, 슬로우 스토캐스틱, MACD가 모두 하락을 예견하는 경우 • 수익률이 20%를 넘는 경우
매수 유지	• 기술적 지표들이 과열 매수, 과열 매도 구간이지만 주가가 EMA(21), EMA(50), EMA(89) 위에 있는 경우

손절 구간	• 한 달 보유 중 -6%
차트 패턴	• 위의 매수·매도 구간에서 항상 차트 패턴을 이용

LRCX를 장기 투자로 2018년 2월 15일 185달러에 매수해서 100주를 보유한 것과 Laser 1석2조 방법을 사용한 비교를 보겠습니다(세금 25% 계산).

	장기 투자(매도 없이 보유)	1석2조
주식 수	100	241
자산(세전)	54,723달러	132,029달러(마지막 거래만 세전)
자산(세후)	45,667.25달러	120,190달러(모든 거래 세금 계산)
매매 거래 수	0	10
수익률	195.8%	549.7%

Laser 1석2조 거래는 매번 수익이 생길 때마다 세금 25%를 감산하여 남은 자본을 가지고 계속해서 LRCX의 주식 수를 늘려가면서 매매를 한 결과입니다.

펀더멘털이 좋은 주식 하나만 가지고도 이렇게 좋은 수익을 낼 수 있습니다. 매매 없는 '장기 투자'보다 수익도 높고, 주식 수도 늘릴 수 있습니다. 큰 기회를 잡는 것이 아닙니다. 시장을 보고 흐름을 파악해서, 최소한의 손실 없이, 최소한의 매매로, 하지만 많은 공부와 노력을 동반하여 기회를 잡는 방법입니다.

[차트 168] LRCX Laser 1석2조 투자 여정

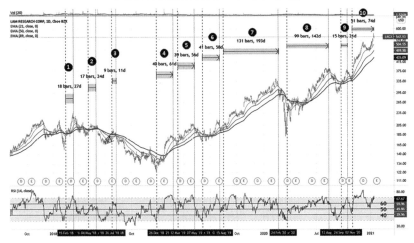

거래 1

	매수	매도	수익	비고
100주	2018년 2월 15일	2018년 3월 14일	23.1% 수익	투자 일수: 18일
금액	185달러	227달러	4270달러	세금: 1,067달러
잔고	18,500달러	22,700달러	3,203달러(17.31%)	21,703달러

2018년 2월 시장이 조정을 받습니다. SPX가 최고점 대비 −12.1%가 하락합니다. SMA(200)일 선을 잠깐 찍고 반등을 합니다. 이 SPX가 EMA(89) 상승 후 EMA(50)도 뚫고 상승합니다.

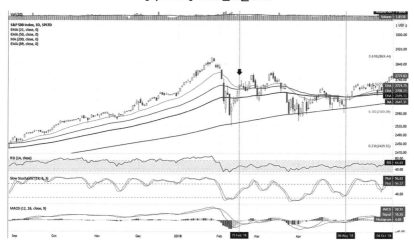

[차트 169] 2018년 2월 SPX

그럼 이때의 마켓 브레스는 어떠한지 확인을 해야 합니다.

[차트 170] 마켓 브레스

7장 2절에서 마켓 브레스를 설명하면서 필요 기술적 지표들에 대해 이야
기를 했습니다. 마켓 브레스에 나오는 8개 기술적 지표는 대형 투자 기관, 시

장 분석 유료 서비스, 프로 트레이더 등이 공통적으로 보는 지표들입니다.

- 등락선Advanced-Decline Line과 등락 거래량 선Advanced-Decline Volume Line에 '디버전스'가 없이 서로 상승을 하고 있습니다. 즉 상승 트렌드로 반등을 확인시켜주고 있습니다.

- 하이-로우 인덱스High-Low Index도 회복되고 있습니다.

- Above SMA(50)도 양수로 전환되었습니다.

- Above SMA(200)도 회복세를 보여줍니다.

- 수정 MACD는 후순지표이지만 히스토그램Histogram이 줄어드는 상황입니다.

- 맥클레런 오실레이터McClellan Oscillator는 이미 양수로 전환되었습니다.

[그림 45] 마켓 브레스 투자 프로세스

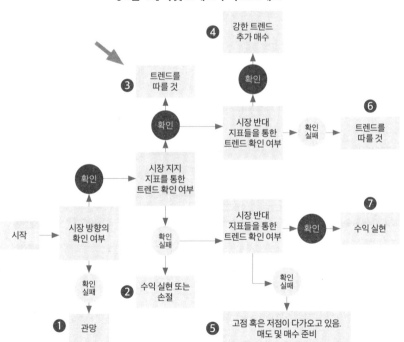

- 암스 인덱스Arms Index(TRIN)도 1.07로 매수세가 살아 있습니다.

[그림 45] 트렌드 위주의 투자 프로세스로 판단 시 (3)에 해당하는 답을 구합니다. 투자를 결정합니다.

이날은 시장이 반등한 이후 상승 트렌드로 확인된 날로 LRCX를 매수합니다.

[차트 171] LRCX Laser 1석2조 거래 1

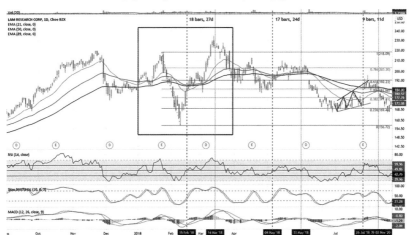

1월 25일과 2월 9일의 최고가와 최저가의 두 점을 기준으로 피보나치 되돌림을 만듭니다. 피보나치 되돌림Fibonacci Retracement(이하 FR) 선은 Laser 1석 2조 투자 방법의 가장 중심이 되는 기준선입니다.

FR 0.5인 184.88달러와 EMA(21)을 2월 15일에 LRCX 주가가 모두 돌파합니다. 조금 더 공격적으로 투자를 하면 0.382지점인 177달러 부근에서 매수하는 것이 좋으나, 안전한 투자를 위해서는 EMA(21)을 넘는 순간 매수하는 것이 바람직합니다.

매수 결정 전에 RSI, 슬로우 스토캐스틱, MACD 모두 매수 결정에 이의가 없는 상황입니다.

- RSI: 60에서 30으로 하락 후 상승 최종 저항선이 50을 넘어서는 상황
- 슬로우 스토캐스틱: %K가 %D를 위에 있는 상황으로 매수해도 괜찮은 상황
- MACD: 패스트 라인이 슬로우 라인을 크로스하는 상황으로 상승세 확인

새로운 주식을 처음으로 매수하는 경우는 마켓 트렌드 투자 프로세스의 판단 후 위의 세 기술적 지표의 매수 사인이 OK를 하는 경우에 첫 매수를 하는 것이 좋습니다.

1월 25일과 2월 9일 동안 한 달이 안 되는 기간에 –29% 하락한 상태이기 때문에 우선 매도 시점을 FR의 1이자 전 고점인 218달러로 잡아 약 20%의 수익률을 목표로 합니다.

이후 LRCX의 주가는 처음 산 FR지점이 지지선으로 작용하면서 EMA(21, 50, 89)를 모두 넘어서며 상승세로 변합니다. 상승하는 과정에서도 기술적 지표들을 항상 확인하고 있어야 합니다. 디버전스가 생길 수도 있기 때문에 이를 지켜보아야 합니다.

3월 9일 LRCX는 5.74% 상승합니다. 더 상승세를 유지할 수 있는지 관망하다가 3월 13일 캔들 스틱 베어리시 장악형이 나옵니다. 하루를 더 확인해 보고 매도를 결정하는 것이 좋습니다. 3월 14일 캔들 스틱은 DOJI가 되고, RSI, 슬로우 스토캐스틱이 이미 전날부터 하락세로 돌아섭니다. 이러한 경우 며칠 내로 FR 1지점인 218달러로 하락할 가능성이 높습니다.

마켓 브레스를 확인합니다.

[차트 172] 마켓 브레스 2018년 3월 14일

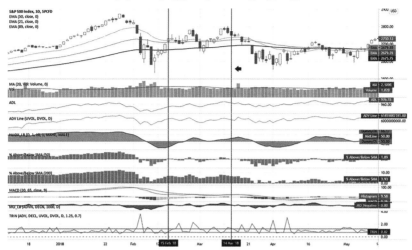

8개의 지표들이 상승 트렌드를 확인시켜주지 못하고 있습니다.

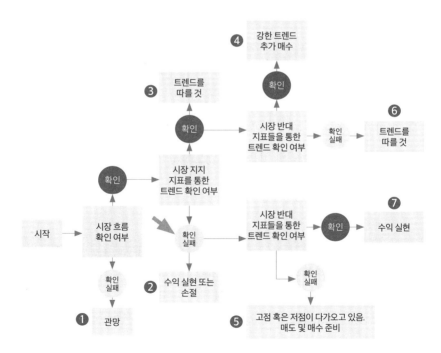

이미 목표 수익률 20%를 달성한 상태이므로 수익 실현 매도를 결정합니다.

실제로 3월 12일 당시 신규 최고가인 234.88달러로 약 26.7%의 수익률을 기록하면서 지표만을 가지고 분석하면 3월 12일에 매도를 해야 했음에도 사람의 욕심 때문에 하루 더 기다려본 결과, 최고점 대비 -4.4% 지점에서 매도를 결정하고 매매하게 됩니다. 이 점이 거래 1의 가장 큰 단점으로 향후 더 냉정한 이성적 판단을 하도록 반성의 여지를 남기게 됩니다.

세 기술적 지표로 매수·매도 확인 시 100% 동일 의견이 나올 때는 다른 기술적 지표들은 참조하지 않는 것이 좋습니다. 단, 거래량은 확인을 해야 합니다. 거래량이 하락하는 상태이기 때문에 매도 결정을 지원해주는 점을 확인하게 됩니다.

첫 거래에서 세후 수익률 17.3%, 세후 이익 3,203달러로 한 달 동안의 거래치고는 나쁘지 않은 수익률을 기록합니다.

20% 목표 수익률이라고 하면 대부분 20% 이상을 원합니다. 하지만 제 추천은 장의 변동성이 심한 경우는 20% 목표 수익 이후, 장의 상승세가 확고한 상태가 아닌 변동성이 커지는 경우는 18~19% 수익률부터 매도 준비를 해야 합니다. 대부분의 경우 20%에 목숨을 걸다가 그 이상 올라가면 마음을 놓으면서 갑자기 장중 -3% 이상 하락하는 경우 조바심에 매도를 하는 경우가 많습니다. 여러분께서는 이러한 일을 겪지 않도록 준비를 해야 합니다.

거래 2

	매수	매도	수익	비고
115주	2018년 5월 4일	2018년 5월 31일	6.4% 수익	투자 일수: 17일
금액	188달러	200달러	1385달러	세금: 346.3달러
잔고	21,703달러	23,088달러	세후 1,038.9달러 (4.79%)	22,741달러

거래 2로 늘어난 잔고 2만 1,703달러로 LRCX의 매수 시기를 관망합니다. SPX가 3월 23일부터 4월 18일까지 높은 변동성을 보이면서 SMA(200) 선을 겨우 지지대로 삼고 있습니다. 좋은 매수 기회가 되는 시점이지만, 당시 오바마 행정부 시절 QE의 혜택이었던 낮은 금리를 더 이상 유지하지 않고 연준에서 기준금리를 상승하고 있는 중이고, 계속해서 상승을 하겠다는 정책 발표로 시장에 곧 리세션이 올 것이라는 의견이 지배적인 상황입니다.

이런 경우는 상당히 조심스럽게 매수를 결정해야 합니다. 거의 매일 트럼프 대통령은 연준 이자를 낮추어야 한다고 하고, 중국과의 무역 전쟁 이슈로 인해 시장은 최고점이 되면 얼마 안 있어서 조정에 들어가는 변동성이 높은 상황이었습니다. 이렇게 정치적 리스크가 많은 시기는 조심스럽게 시장에 접근을 해야 합니다.

미국 주식시장은 한국과 달리 연준의 정책 및 행정부의 정책에 따라 시장이 급작스럽게 변동을 합니다. 황소와 곰이 항상 힘겨루기를 하기 때문입니다.

[차트 173] 마켓 브레스

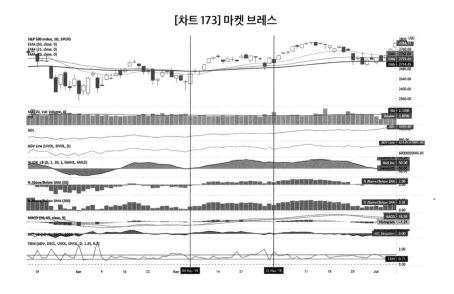

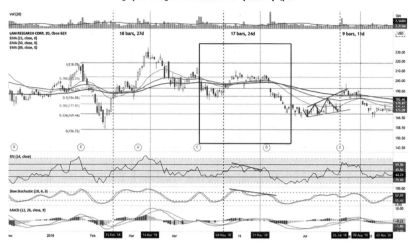

[차트 174] LRCX Laser 1석2조 거래 2

곰이 아무리 힘이 좋다고 하나, 시장은 황소가 더 많습니다. 이러한 상황에서는 매수 준비를 하고 있어야 합니다. 5월 4일 워런 버핏이 지난 1분기에 애플 주식을 매수했다는 소식에 다우지수가 300포인트 상승하고 실업률이 3.9%로 하락합니다. 애플은 이날 13.45% 상승을 합니다. 애플은 현재 미국 주식시장에서 상징성이 아주 높습니다. 애플이 움직여야 미국 주식시장이 움직입니다. 그동안 주춤했던 매수세가 시장에 유입됩니다.

마켓 브레스는 Above SMA(50) 외에는 조심스럽게 반등을 준비하고 있다고 해석됩니다. 매수를 결정하고 LRCX를 분석합니다.

3월 14일 매도 이후 LRCX는 FR 0.5 지점까지 하락하면서 이 선이 지지선으로 0.618지점인 192달러 사이를 8달러대에서 2주 정도 위치하고 있습니다. 트럼프 대통령의 쇼맨십Showmanship을 통해 중국과의 관세 협정에 대한 진전을 기대하는 자금들이 매수를 준비하고 있는 상황이었습니다.

마켓 브레스 및 전반적인 시장이 호전되는 분위기에 LRCX도 매수 기회로 판단을 합니다. FR 0.618과 EMA(21)를 넘는 분위기로 판단해서 188달러에 115주를 매수합니다. 거래 1에 비해 15주를 시작할 때의 자본금으로 주식 수가 증가합니다. 기술적 지표인 RSI, 슬로우 스토캐스틱은 이미 매수 사인을 주었고 MACD로 확인을 하고 매수를 최종 결정합니다. 아직 장이 완전한 상승세가 아니기 때문에 그리고 3주 정도 변동성이 있는 보합장이 지속됩니다. 3주 동안 3일 빼고는 EMA(21) 위에 주가가 위치하고 있어서 관망을 합니다.

매수 이후 RSI와 슬로우 스토캐스틱이 디버전스를 보여줍니다. 주가도 FR 0.786의 저항선을 뚫고 상승 시도를 해보다 거래량이 급격하게 늘어나지 않고 SPX의 주가 흐름보다 안 좋은 상태입니다. 기술적 분석 중 피보나치 되돌림의 저항선을 넘지 못하고 RSI와 슬로우 스토캐스틱의 디버전스가 동시에 일어나면 "가능한 빨리 손 털고 나오세요"라는 신호입니다.

차트 패턴도 무엇이라 정의하기 어려운 패턴을 보여줍니다. 이러한 경우는 무리하게 차트 패턴을 해석하려 시도하지 않는 것이 좋습니다. 매수·매도에서 프라이오리티Priority를 주어야 하는 상황에서 피보나치 되돌림 →EMA → 기술적 지표의 순서가 좋습니다. 차트 패턴이 확실하게 만들어지는 경우는 네 가지를 모두 동시에 확인해야 합니다.

5월 31일 주가가 EMA(21), (50), (89) 모두 하향 방향으로 무너지는 것을 확인하고 매도를 실행합니다. 이후 2일 정도 상승했지만, 디버전스를 확인한 이상 LRCX는 당분간 투자를 보류합니다. 세후 4.79% 수익에 만족을 하는 수밖에 없습니다. 이 이상은 당시의 상황에서 100% 인간의 욕심에 의한 감정적 보유로 이어질 것이기 때문입니다.

[차트 173]의 마켓 브레스는 상승 트렌드가 흔들리는 상황입니다.
* AD 라인과 AD 거래량 라인이 하락세이고

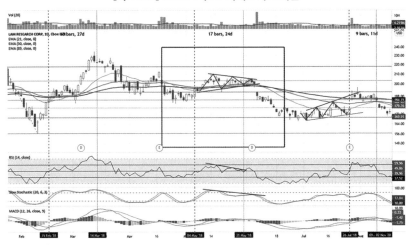

[차트 175] Laser 1석2조 거래 2 차트 패턴

- 맥클레런 오실레이터도 음수이고
- TRIN은 1.65로 셀링 프레슈어Selling Pressure가 나오는 시점입니다.

지수 ETF에 투자하고 있었다면 보유Hold 전략이 맞는 방법입니다. 하지만 LRCX의 디버전스는 개별 주식에 있어서 주가 하락에 의한 '치명타'를 맞을 수 있기에 이 경우는 수익 실현 혹은 손절을 하는 것이 맞는 전략입니다.

거래 3

	매수	매도	수익	비고
128주	2018년 7월 26일	2018년 8월 9일	4% 수익	투자 일수: 9일
금액	177달러	184달러	902달러	세금: 225.5달러
잔고	22,741달러	23,643달러	세후 676.4달러(2.97%)	23,418달러

5월 31일 이후 LRCX의 주가는 198달러에서 167달러로 약 -16% 하락을 합니다. 그리고 FR 0.236인 169달러가 지지선으로 작용을 합니다. 이 선

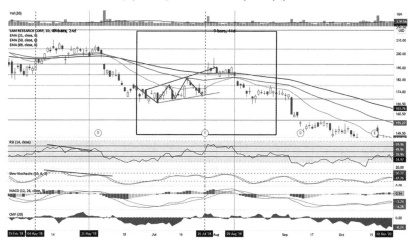

[차트 176] LRCX Laser 1석2조 거래 3

이하로 하락을 하면 FR을 만든 최저점인 156달러까지 하락할 수 있기 때문
에 관망을 해야 하는 시기입니다.

2018년 7월 26일 장 마감 후 실적 발표가 있는 데 예상 외로 좋은 실적으
로 2.58% 상승을 합니다. 당시 깜짝 실적으로 EPS의 예상치가 4.98달러였
는데 5.31달러를 발표합니다. 그런데 다음 분기 매출 및 실적 예측치가 이번
분기보다 안 좋았습니다. 그럼에도 주식이 상승했기에 기대하면서 매수를 했
습니다.

RSI, MACD는 매수에 이의가 없는 상태이나 슬로우 스토캐스틱은 매수
에 동의하지 않는 해석을 보여줍니다. 차트 패턴도 반등을 하는 모습이었으
며, EMA(21)을 넘는 주가 흐름에 매수를 합니다. 선 거래보다 13주를 추가로
매수하여 128주를 보유하게 됩니다.

결국 다음 분기의 매출 하락 및 회사가 발표한 실적 감소는 주가에 그대로
영향을 줍니다. 실적 발표 이후 주가가 EMA(89) 선에서 줄타기를 하고 있습
니다. 결국 8월 4일 주가가 3개의 이동평균선－EMA(21), EMA(50), EMA(89)

[차트 177] 마켓 브레스 거래 3

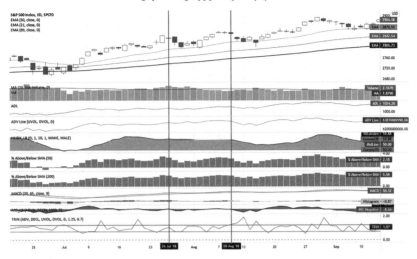

밑으로 장중에 내려가고, FR 0.618인 192.33달러가 강한 저항선이 되고 FR 0.5인 184.88달러의 지지선도 겨우 유지하는 주가 흐름 또한 세 가지 기술적 지표들이 주가의 하락세를 보여주어 손실을 내지 않은 것에 만족하고 8월 9일 184.49달러에 매도를 결정합니다.

거래 3은 나쁜 거래Bad Trade였습니다. 이번 분기 실적이 아무리 좋아도 다음 분기 예상치가 안 좋게 발표되면 매수를 자제해야 합니다.

매도를 결정한 2018년 8월 9일의 마켓 브레스는 매도 신호를 주지 않는 상황입니다. 다음장에서 설명할 어닝 트레이딩의 케이스 1의 Distribution Day 평균이 7일이었는데, 결국 7일째부터 Distribution이 시작된 것으로 판단합니다.

Laser 1석2조 매매 전략을 소개하면서 제가 항상 맞다고 이야기하는 것은 아닙니다. 저도 인간이고 아무리 냉정한 이성으로 투자를 하려고 해도 거래 3처럼 '깜짝 실적'에 심리가 흔들린 거래입니다.

여러분도 실적 발표 후 11장 5절 어닝 트레이딩에서 소개할 통계자료를 참조해서 매매 전략을 세우기 바랍니다.

거래 4

	매수	매도	수익	비고
179주	2018년 12월 26일	2019년 2월 25일	37% 수익	투자 일수: 40일
금액	131달러	179달러	8,659달러	세금: 2,164.8달러
잔고	23,418달러	32,077달러	세후 6,494.3달러 (27.73%)	29,912달러

SPX는 8월 9일부터 10월 3일까지 상승장으로 보여주다가 10월 4일부터 12월 24일까지 리세션이라고 정의할 수 있는 고점 대비 –20% 구간까지 내려갑니다. 당시 연준이 기준금리를 인상했습니다. 주가 자체의 하락세에 연준의 기준금리 인상으로 인한 시장 하락으로 인해 LRCX는 8월 9일부터 12월 24일까지 LRCX 주식이 123.28달러(-33% 하락)로 하락합니다.

이 기간 동안 고민이 생깁니다. LRCX를 장기적으로 보유하기 위해 거래를 지속할지, 아니면 기회가 더 좋을 것 같은 주식으로 옮겨 탈지에 대한 질문이 생기지만, 펀더멘털이 좋고 2018년부터 1월부터 1년 동안 개장 시간 내내 가격 움직임을 보았기 때문에 포트폴리오에서 제거하지 않습니다. 시장의 최저점을 찾고 있는 시기였습니다.

마켓 브레스를 분석하면 10월 4일 주식시장의 본격적인 하락 이전인 9월 26일부터 하락 가능 신호를 주고 있었습니다.

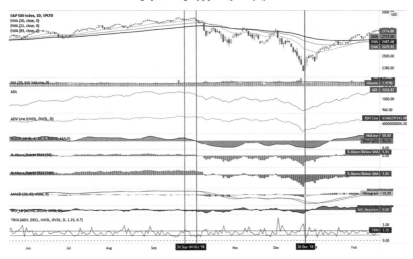

[차트 178] 마켓 브레스 거래 4

10월 4일부터 시작한 하락장은 [차트 178]에서 보듯이 SPX가 EMA(89) 밑에서 가격을 형성하는 시기입니다. 즉 공매의 시기입니다.

12월 26일 산타 랠리가 없을 것이라는 비관 속에서 크리스마스 다음 날부터 시장이 반등을 시작합니다. 마켓 브레스를 보면 12월 24일 이후 급격하게 반등합니다. 물론 마켓 브레스 자체의 기술적 지표만을 보면 상승 트렌드가 확인되는 2019년 1월 4일이 정확한 시기입니다.

하지만 12월 26일의 시장 분위기를 무시할 수는 없었습니다. 그래서 LRCX의 기술적 지표들도 최저점을 보여주어 과감하게 베팅을 합니다. 여기에서 중요하게 생각해야 하는 것은 펀더멘털 분석입니다.

LRCX는 펀더멘털이 좋은 회사입니다. 만약 거래 4가 실패한 거래가 된다 하더라도 주식시장의 우상향 트렌드가 있기 때문에 장기 투자로 전환할 수 있는 주식을 선택해야 합니다.

주당 131달러로 주식 수는 179주로 증가했습니다. 그리고 전 FR의 최저점 이하로 주가가 하락을 했기에 새로운 FR을 만듭니다. 첫 매도일 전날의 고

[차트 179] LRCX Laser 1석2조 거래 4

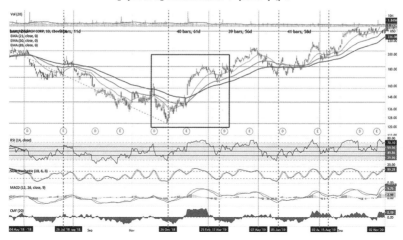

점과 12월 24일의 저점을 연결합니다.

특히 24일에 RSI가 30에서 반등을 시작하고 슬로우 스토캐스틱도 %K가 %D를 넘어서고, MACD도 가능성이 있다고 판단해서 약 4개월 3주 만에 매수를 결정합니다. 주식시장도 77일동안 -19.8% 정도 하락을 했기 때문에 반등의 이유는 충분하다고 판단해야 합니다.

이후 주식시장은 강한 회복세로 돌아섭니다. 이때부터 새로운 피보나치 되돌림 선이 기준이 되어서 LRCX 주식을 봅니다. 2019년 2월 13일 0.618지점인 183.29달러를 넘으려는 시도를 5일간 하지만 밀리게 됩니다. 피보나치 되돌림 선이 만들어지면 저는 이 선을 최우선적으로 매수·매도를 결정하는 기준으로 삼습니다. 5번 시도 후 1번 하락을 하고 그다음 날 다시 시도를 하지만 못 넘는 것을 확인한 후 RSI, 슬로우 스토캐스틱, MACD 모두 하락세로 돌아선 것을 확인하고 매도를 결정해야 합니다. 이 매도가 2019년 2월 25일입니다.

마켓 브레스는 상승 트렌드가 흔들리는 상황은 아니었으나, 맥클레런 오

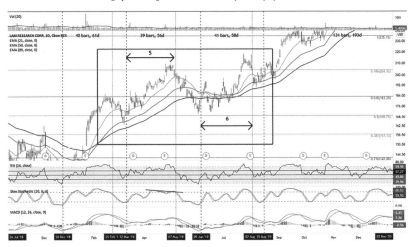

[차트 180] LRCX Laser 1석2조 거래 5 & 6

실레이터가 흔들리는 상황이었습니다. 거래별 목표 수익이 세후 20%였기에 거래 4에서 세후 27%의 수익에 만족하고 매도를 결정한 것입니다.

거래 5

	매수	매도	수익	비고
174주	2019년 3월 12일	2019년 5월 7일	16.2% 수익	투자 일수: 39일
금액	172달러	200달러	4,847달러	세금: 1,211.7달러
잔고	29,912달러	34,759달러	세후 3,635.2달러 (12.15%)	33,556달러

거래 4 이후 새롭게 매수한 날이 2019년 3월 12일인데 오히려 세금을 내고 나서 주식 수가 174로 5주가 줄었습니다. 아쉽지만 당시의 지표로 매도한 논리적 근거에는 후회를 하지 않는 것이 좋습니다. 이미 지난 일이고 당시의 매도에 대한 논리적 근거는 절대로 나쁘지 않았기 때문입니다. 매번 성공적인 거래를 할 수는 없는 노릇입니다. 트레이더들이 70% 이상의 성공확률을 보유하고 있다면 이는 최고 수준의 트레이더로 구분할 수 있습니다.

[차트 181] 마켓 브레스 2019년 5월 7일

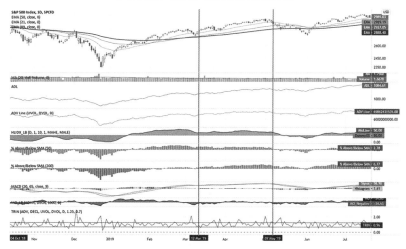

거래 5는 FR 0.5선인 169.71달러 이하로 주가가 하락한 후 며칠 만에 반등을 시도합니다. 다시 FR 0.5 선을 넘어선 후 EMA(21)을 넘는 시점에서 3개의 기술적 지표가 RSI는 반등 신호(40에서 50으로 반등), 슬로우 스토캐스틱은 매수에 OK 사인을 줍니다. MACD에서 매수 확인을 할 수 없는 상황이 되지만, FR과 EMA(21)을 보고 매수를 결정합니다. 이때가 상당히 고민이 되는 매수 시점입니다. 투자 프라이오리티에 의해 FR과 EMA, RSI, 슬로우 스토캐스틱이 매수에 대한 지지를 하는 경우 매수를 해도 무방합니다. 단, 손절 구간은 -6%로를 염두에 두고 매수해야 합니다.

이후 LRCX 주가는 EMA(21) 위로 잘 갑니다. 이 시기는 관망을 하면 됩니다. 거래 기준일로 39일, 캘린더로 56일이니 2달 동안 지켜보았습니다. FR 0.786 선인 204달러를 넘어선 후 상승세가 약해집니다. 대부분의 경우 주가가 하락한 후 FR 0.618까지는 시간이 걸려도 무난하게 상승을 합니다. 하지만 FR 0.618에서 상승을 하면서 0.786을 넘는 것은 상당한 매수세가 들어오지 않으면 후퇴할 가능성이 많은 지점입니다. 시장 지지 지표들도 일제히 하락세로 돌아섰습니다.

FR 0.786이 강한 저항선이 되고 EMA(21) 선을 이하로 내려가려는 날 과 감하게 매도를 결정합니다. RSI, 슬로우 스토캐스틱, MACD 이 세 지표 모두 하락세를 보여줍니다. 특히 슬로우 스토캐스틱의 디버전스는 조기 경고 신호를 이용하여 매도 결정을 내리게 되었습니다. 또한 SPX도 EMA(50)이 무너지려고 하는 상황이었습니다.

거래 6

	매수	매도	수익	비고
180주	2019년 6월 4일	2019년 8월 1일	14% 수익	투자 일수: 36일
금액	180달러	206달러	4,713달러	세금: 1,178.3달러
잔고	33,556달러	38,269달러	세후 3,534.8달러 (10.53%)	37,091달러

2019년 6월 4일 SPX가 -7.6%의 하락 이후 반등을 시도하면서 SMA(200) 선 위로 올라갑니다. 그리고 SPX 자체의 기술적 지표-RSI, 슬로

[차트 182] SPX 2019년 6월 4일

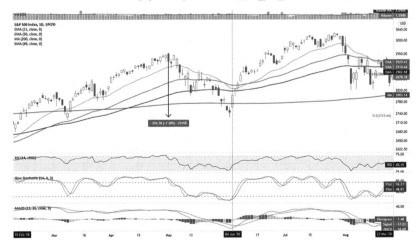

우 스토캐스틱, MACD –가 모두 반등 신호를 보여줍니다.

마켓 브레스도 확인을 합니다.

[차트 183] 마켓 브레스 거래 6

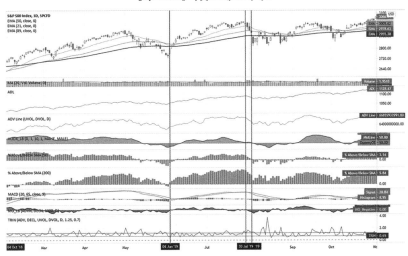

2019년 6월 4일의 마켓 브레스도 반등에 대한 확인을 해줍니다.

[차트 180]을 보면 LRCX의 주가는 EMA(89)를 넘으려고 하고, 또한 FR 0.618지점인 183.29달러를 넘으려고 시도합니다. 그리고 세 기술적 지표가 매수 OK 사인을 줍니다. 그러면 매수를 해도 좋습니다.

이날 180달러에 180주를 매수합니다. 첫 자본으로 시작해서 주식 수는 100주에서 180주로 80주 더 증가했습니다. 이후 약 2달(캘린더 기준 58일) 동안 변동이 꽤 있습니다. 2019년 7월 24일 FR 0.786인 204.52달러를 넘어서 216달러까지 상승을 하지만, 7월 31일 실적 발표 후 실적이 좋았음에도 주가가 하락을 하려 합니다. 다시 0.786지점인 204달러 지점이 지지선 역할을 못해주고 EMA(21) 선 이하로 가려 하고, 세 기술적 지표가 하락세를 보여주면서 매도를 결정합니다.

물론 이후의 가격 흐름을 보면 '보유'가 정답입니다. 하지만 2019년 당시 10Y2YS가 0.13 베이시스 포인트Basis Point로 살얼음을 걷기 시작합니다. 즉 수익률 곡선이 평평한 수익률 곡선Flat Yield Curve이 되어가는 점을 무시할 수 없습니다. 당시의 수익률 곡선을 보겠습니다.

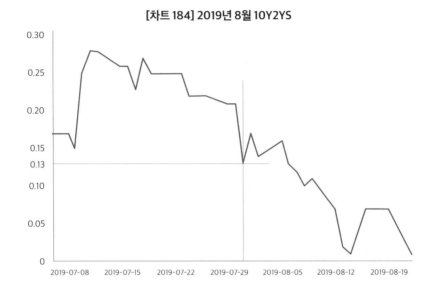

[차트 184] 2019년 8월 10Y2YS

앞의 4장 5절에서 소개한 수익률 곡선 종류에 있는 내용을 다시 한 번 가져옵니다.

단기 미국 국채의 수익률과 장기 미국 국채 수익률의 차이가 아주·적은 경우에 일어납니다. 정상적인 수익률 곡선Normal Yield Curve을 기준으로 한다면 장기 미국 국채 수익률이 낮아지는 것은 미래가 불확실하고 경기가 침체되고 있다는 조기 경고 신호입니다.

경기가 침체되면 물가와 이자가 낮은 수준으로 경기가 회복될 때까지 유지되기 때문에 투자자들이 장기 미국 국채를 매입하지 않습니다. 이는 연준에서 곧 연준 기준금리를 하향 조정할 것이라고 예상을 하기 때문에 장기 미국 국채의 수요가 없어지고, 이는 장기 미국 국채 수익률이 낮아지는 현상으로 이어지며 시중은행에서의 대출도 지양하게 됩니다.

그래서 평평한 수익률 곡선은 리세션의 전조로 시장에서 생각합니다.

마켓 브레스 및 거시경제의 흐름을 무시하고 개별 주식만 보면, 미국 주식 시장에서의 성공 확률은 낮아집니다. 아쉽더라도 매도를 하는 것이 정답입니다.

그런데 거래 7에서 아주 재미있는 일이 벌어집니다.

거래 7

	매수	매도	수익	비고
179주	2019년 8월 29일	2020년 2월 24일	45.1% 수익	투자 일수: 193일
금액	207달러	300달러	16,747달러	세금: 4,186.6달러
잔고	37,091달러	53,838달러	세후 12,559.9달러 (33.86%)	49,651달러

10Y2YS가 'Flat'이 되거나 'Inversed Curve'가 되어서 시장이 즉각 반응을 하면 그때부터 버블이 터진다고 판단하면 됩니다. 그러나 시장 반응이 무덤덤하면 버블이 더 커진다고 판단을 하면 됩니다. 수익률 곡선이 'Flat'이 된 후 SPX가 -7% 하락 후 반등을 시도합니다. S&P500이 이렇게 변동성이 크다는 것은 시장이 더 과열될 수 있다는 의미입니다.

이는 새로운 버블의 기회가 온다는 의미입니다. 투자자들이 비관적인 미래보다 낙관적인 미래에 베팅을 하는 분위기가 이루어집니다. 지난 2008년 이후의 상승장세를 바꾸기가 어려운 상황으로 해석이 됩니다.

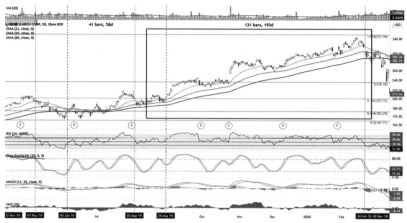

시장은 다시 불타오르기 시작을 했습니다. 'Inversed Curve'가 나온 8월 28일 이후 오히려 시장은 더 반등을 했습니다. 버블이 더 커지기 시작한 것입니다.

버블은 누가 대포를 쏴서 터지지 않는 이상 약간씩 바람이 샐 경우 그 바람을 살살 더 보충하면 터지지 않고 조금씩 더 커집니다. 이럴 때는 주식시장의 분위기에 편승을 해야 합니다. 하지만 언제 터질지 모르기 때문에 손절 구간으로 -6%를 염두에 두고 가야 합니다.

이런 상황을 보고 2019년 8월 29일 207달러에 179주를 매수합니다. 7주가 줄어들었으나 거래 6의 매도를 후회하지 않습니다. 지표들은 당연히 매도 신호를 주었기 때문입니다.

장은 상당히 오랜 기간 상승을 합니다. 좋은 실적, 트럼프 대통령의 적극적인 주식시장에 대한 정책 등은 무너질 수 있는 시장을 계속 상승시켰습니다.

이 기간 동안 EMA(21) 위로 대부분 있었으며, 2019년 11월 말에서 12월 초까지 산타 랠리 전의 조정이 왔지만 산타 랠리에 대한 기대감, 대통령 임기 마지막 해의 사이클, 그리고 트럼프 대통령의 연임에 대한 기대로 시장은 랠리가 강하게 지속되었습니다.

[차트 186] 마켓 브레스 거래 7

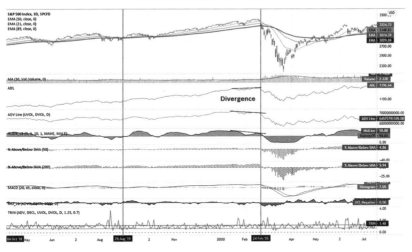

뜻하지 않은 코로나 바이러스 소식이 있었지만, 미국 주식은 남의 일인 것처럼 지칠 줄 모르고 상승을 합니다.

2020년 2월 12일 다우지수가 29,568을 고점으로 30,000을 넘지 못하고 이후 하락을 합니다. SPX도 3,393을 2월 19일에 기록하고 하락을 합니다. 불안한 시기가 다가옵니다.

[차트 186]은 2월부터 AD 라인과 AD 거래량 라인의 디버전스가 나오고 있었습니다. AD 라인과 AD 거래량 라인이 디버전스가 나오면 시장 하락의 조기 경고 신호입니다. 시장 자체의 하락을 예견하는 것이기 때문에 모든 포트폴리오의 주식 비중을 줄이고 현금 확보를 해야 하는 시기입니다.

LRCX도 FR 1,618인 351.94달러를 향해 가다가 344달러를 고점으로 하락합니다. 이후 5일동안 LRCX는 -13% 하락을 합니다. 2020년 2월 24일 EMA(21)에서 급작스럽게 EMA(50) 선도 무너집니다.

모든 지표들이 매도를 하라고 이야기합니다. 이런 경우는 미련 없이 매도를 해야 합니다. 2월 24일 300달러에 179주를 모두 매도합니다. 그리고 세전 수익률 45.1%(수익 1만 6,747달러)로 처음 투자금 1만 8,500달러의 100%에 가까운 수익률을 창출합니다.

이렇게 위험한 신호가 오는 경우는 냉정한 판단이 제일 중요합니다. 심적으로는 상승을 할 것이고 약간의 조정이 있더라도 감수하겠다는 마음이 앞서고 그 판단이 논리적 근거로 뒷받침해줄 수 있으면 그 판단이 결과를 떠나서 맞습니다. 하지만 자신의 희망에 의한 감정이 우선이라면 재고를 해보아야 합니다.

거래 8

	매수	매도	수익	비고
233주	2020년 3월 24일	2020년 8월 13일	71.4% 수익	투자 일수: 99일
금액	220달러	377달러	35,437달러	세금: 8,859.3달러
잔고	51,380달러	85,089달러	세후 26,578달러 (53.53%)	76,229달러

시장은 패닉이었습니다. 이때까지 다우지수가 400포인트 하락을 하면 세상이 무너진다고 생각을 할 정도로 큰 하락이었습니다. 그런데 1,000포인트가 쉽게 하락하고 2,000포인트 이상 하락을 하고 2,000포인트 상승을 하는, 주식시장 역사상 이런 시기가 없었습니다.

월스트리트의 손꼽히는 헤지펀드 매니저인 빌 애크만Bill Ackman이 CNBC와의 40분에 걸친 인터뷰 도중 울면서 "나는 내 아버지를 죽게 하지 않을 겁니다I am not goanna let my daddy die"라고 말한 것은 유명한 이야기입니다. 혹시라도 자신의 아버지가 코로나 때문에 위험해질 것을 걱정한 것인데 이때 다우지수는 애크만의 인터뷰에 의해 반등하다가 1,000포인트 하락합니다. 그런데 그 다음 질문으로 "그래서 당신은 지금 매수한 주식이 있나요?"라고 물었더니 그는 눈물을 흘리는 와중에도 "어제와 오늘 스타벅스, L브랜드L Brand 등을 많이 매수했습니다"라고 답했습니다. 아버지의 생사가 걱정되는 와중이지만 주식시장은 저점이라 판단하고 매수한 것입니다. 바로 이 점을 우리도 배워야 할 것입니다.

이렇게 끝을 모르고 앞이 안 보이는 경우에는 개별 주식의 움직임을 보는 것은 무의미합니다. 지수의 움직임을 보아야 합니다.

[차트 187] SPX 피봇 포인트

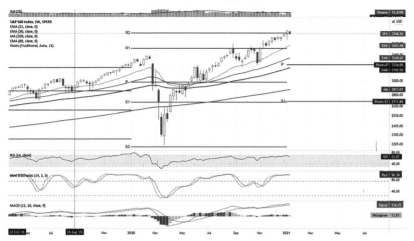

지수의 움직임과 이동평균선은 같이 움직이기에 이런 경우에는 전혀 도움을 주지 않습니다. 이 경우 가장 좋은 지표는 피봇 포인트를 사용해야 합니다. 주 단위 차트로 SPX를 관찰한 [차트 187]을 보면, S2 지점인 2,174 위에서 반등을 시작합니다. 매수 시기가 왔습니다.

피봇 포인트로 반등을 확인한 후 마켓 브레스를 보아야 합니다.

맥클레런 오실레이터를 시작으로 조심스럽게 반등 신호가 나옵니다. 이를 바탕으로 LRCX 223주를 주당 220달러에 매수합니다.

[차트 188] 마켓 브레스 거래 8

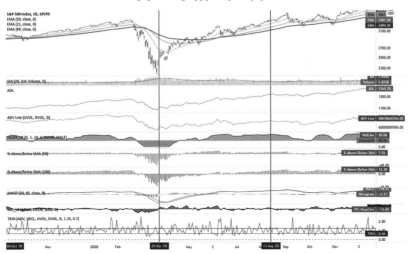

[차트 189] LRCX Laser 1석2조 거래 8

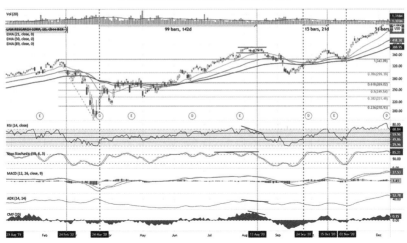

지난 12개월 동안 새로운 최저점이 나왔기 때문에 새로운 피보나치 되돌림로 새로운 저항선과 지지선을 만듭니다.

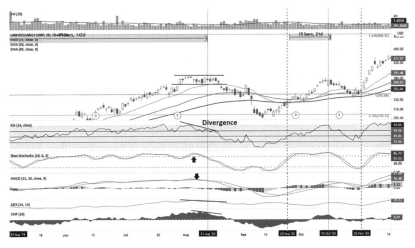

[차트 190] LRCX Laser 1석2조 거래 8 매도

시장의 회복세가 빠르게 진행되었고 전 고점이던 FR 1인 343달러를 넘어서면서 거침없이 상승합니다. 칩Chip 주식의 단점 중 하나가 다른 주식 섹터들이 상승을 할 때 갑자기 이유 없이 하락하는 것입니다. 이는 칩 주식의 특성상 Accumulation과 Distribution이 많이 일어나기 때문입니다. 거래 기준일 11동안 가격 움직임이 거의 없습니다. 이러한 경우 Accumulation과 Distribution을 고려해야 합니다. LRCX가 펀더멘털상 좋은 회사이지만, 시장에서 그렇게 많이 알려지게 된 것은 2020년 9월 이후입니다. 그래서 아직도 평균 거래량이 일 1.365M(136만 5,000주)밖에 안 되는 주식이었습니다. 그래서 이렇게 Accumulation과 Distribution이 예상되는 구간은 기술적 지표를 잘 보아야 합니다.

[차트 190]을 보면,

- RSI에서 디버전스가 발생을 합니다.
- 슬로우 스토캐스틱도 이미 %K가 %D 이하로 내려가 있습니다.

- MACD의 패스트 라인도 슬로우 라인 밑으로 내려가 있습니다.

- ADX도 30의 고점을 찍고 하향하고 있습니다.

- CMF의 순매수량도 하락하고 있습니다.

- 거래량도 줄어드는 상황입니다.

디버전스가 일어나면 80% 이상 하락할 확률이 높다고 판단하고 매도를 준비하는 것이 좋습니다. 물론 가격이 하락할 때 기술적 지표들이 상승하는 디버전스는 매수를 준비해야 합니다.

2020년 8월 13일 220주를 377달러에 매도합니다.

거래 9

	매수	매도	수익	비고
233주	2020년 9월 24일	2020년 10월 15일	14.8% 수익	투자 일수: 21일
금액	327달러	375달러	11,258달러	세금: 2,814.6달러
잔고	76,229달러	87,488달러	세후 8,443.8달러 (11.08%)	84,673달러

디버전스가 일어난 후 LRCX는 FR 0.786 선이 지지선이 되어 290달러대에서 반등을 합니다. 좀 공격적인 투자자들은 이때 매수를 하면 좋습니다. 안정적으로 보기 위해서는 FR 0.786이 지지선으로 있으면서 EMA(89)는 넘어야 합니다. 그때가 안정적인 매수 구간입니다.

- RSI도 40에서 반등하여 50을 넘어가면서 상승세에 대해 확인을 해주고,

- 슬로우 스토캐스틱도 50 이상으로 좋습니다.

- MACD도 이미 패스트 라인이 슬로우 라인을 넘었습니다.

- 실제로 매수 시기가 좀 늦은 것이지요.

- 하지만 너무 욕심을 내는 것보다 많은 수익을 창출한 후에는 보수적인 접근도 필요합니다.

[차트 191] LRCX Laser 1석2조 거래 9

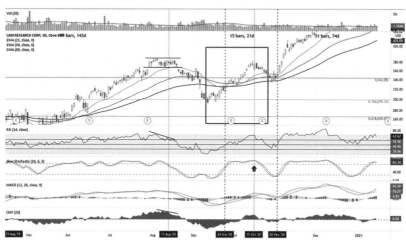

2020년 10월 15일에 매도를 합니다.

LRCX의 기술적 지표로서 RSI, 슬로우 스토캐스틱, CMF가 모두 고점을 보여주고 있습니다. 마켓 브레스는 맥클레런 오실레이터와 Above SMA(50)이 약한 추세입니다. 또한 차트 패턴이 더블탑이 되고 있는 과정입니다.

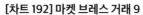

[차트 192] 마켓 브레스 거래 9

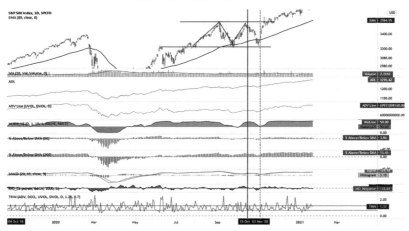

더블탑을 설명한 6장 10절의 실패한 더블탑 패턴에서 실패한 더블탑Failed Double Top을 소개했습니다. SPX의 기술적 지표도 안 좋아 보이고 당시 대통령 선거에서 바이든 후보자가 우세해지면서 시장에 정치적 리스크가 나오던 시기였습니다.

SPX의 더블탑을 보고 보유하는 것은 리스크가 있다고 판단한 후 매도를 했습니다. 당시 제 블로그 글을 읽으신 분들은 기억하시겠지만 저는 시장이 더블탑이 될지, 아니면 실패한 더블탑이 될지 모르니 시장을 잘 보라고 추천을 했습니다.

목표 수익인 20%에는 미달했지만, 우선은 2020년 10월 15일 종가 375달러에 매도를 실행합니다.

거래 10

	매수	매도	수익	비고
241주	2020년 11월 2일	보유 중	55.9% 수익	투자 일수: 51일
금액	351달러	547달러(현재가)	47,356달러	세금: 11,839달러
잔고	84,673달러	132,029달러	세후 35,517달러 (41.95%)	120,190달러

678

다행스럽게도 더블탑은 실패한 더블탑으로 전환되는 것 같아 보여서 LRCX 주가가 EMA(50)과 EMA(21)을 넘고 FR 1인 343달러를 지지선으로 잘 활용하는 것을 보고 매수를 결정하게 됩니다. 또한 10월 21일 발표한 LRCX의 실적이 좋음에도 시장에서 매도를 한 것을 보고 이 매도세가 줄

[차트 193] LRCX Laser 1석2조 거래 10

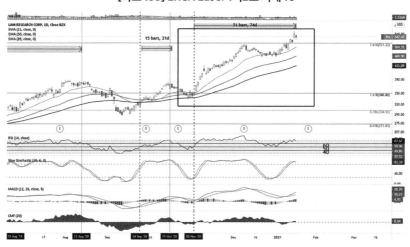

[차트 194] LRCX Laser 1석2조 향후 계획

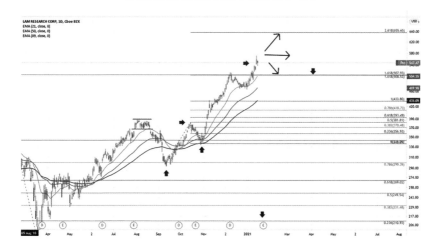

어드는 지점에서 매수를 하려고 매수 전략을 세워놓고 있었습니다. 그래서 2020년 11월 2일 351달러에 241주를 매수합니다.

시장은 글을 쓰는 시점인 2021년 1월 19일 547달러입니다.

향후 매도 계획은 다음과 같습니다. 18,500달러로 시작한 Laser 1석2조 투자법은 12만 달러(세후 기준)가 되었습니다. 그냥 매수 후 보유Buy-and-Hold로 있는 경우는 4만 6,000달러 정도입니다. 마지막 거래 10의 세전 수익률은 55.9%입니다. 사실 이 짧은 시간 내에 이런 수익은 보기 힘든 경우입니다. 2020년은 테슬라에 엄청난 열풍이 불어서 55% 수익도 작아 보일 수 있습니다.

하지만 51일이라는 약 2달도 안 되는 기간 동안의 55% 수익은 아주 훌륭합니다. [차트 194]를 보면 피보나치 익스텐션을 하나 더 만들었습니다. 화살표 3개가 같이 있는 부분입니다. 피보나치 선이 참 경이로운 것은 두 개 FR의 1.618지점이 같습니다. 우연인지 아니면 피보나치 수열이 세상의 진리를 보여주는 것인지 잘 모르겠지만 저 수치는 매도에 큰 의미를 줄 수 있습니다.

현재 GAP이 발생한 상황입니다. 런어웨이 갭Runaway Gap이 될지 이그조스천 갭Exhaustion Gap이 될지 모르지만, 현재 이 가격에서 −6% 하락을 하면 매도할 전략입니다.

이렇게 상승을 급하게 하는 경우 수익을 지키는 것이 중요하기 때문입니다.

Laser 1석2조 방법에 대한 견해

Laser 1석2조 매매 방법은 단순한 하나의 룰에 의한 매매 방법이 아닙니다. 많은 미국의 투자자들이 알고리즘 트레이딩에 의한 프로그램을 만들어서 유료로 팝니다. 만약 그 방법들이 신의 한 수가 되었다면, 이미 미국에서 그 방법을 만든 프로그래머는 조 단위 부자가 되었을 것입니다.

이 매매 방법은 대형 펀드 및 프로 트레이더들이 사용하는 교과서적 매매 방법입니다. 그러므로 지식도 깊어야 하고, 경험도 있어야 하며, 판단력도 좋아야 합니다. 그렇다고 도전을 못 할 정도로 어려운 방법은 아닙니다.

한 가지 당부할 것이 있습니다. 이 방법을 사용하면서 2~3년 내로 주식 수를 2배로 만들겠다는 욕심은 내지 마시기 바랍니다. 최소한의 목표로 시장이 조정을 받을 경우 손실 및 정신적 스트레스는 없애겠다는 마음에서 출발하기 바랍니다.

앞서의 거래 5와 거래 9에서 보듯이 실패하는 경우도 있습니다. 특히 자산이 늘어날수록 이익도 늘어나지만 미국 국세청에 지불해야 하는 세금도 많아집니다.

Laser 1석2조 투자 전략에서 가장 중요한 것은 자산을 늘려가면서 주식 수도 100주에서 얼마나 더 증가시킬 수 있는지 지금부터 여러분이 사용할 차트를 보고 한번 연구해보는 것입니다.

Tradingview.com도 좋고, 여러분이 사용하는 증권사의 차트를 이용해도 전혀 상관없습니다. 여러분의 눈에 제일 잘 맞고 디자인도 깨끗하고 사용하기 제일 편한 차트를 이용해보기 바랍니다. 그리고 다시 한 번 당부하지만 연준 기준금리의 변화, 미국 10년 국채의 수익률 변화, 실질금리, 10Y2YS의 움직임, 금 가격, 미국달러 환율의 변화 등을 확인하고, 마켓 브레스 투자 프로세스를 같이 사용하면서 여러분께서 어떻게 투자하면 좋을지 생각을 해보기 바랍니다.

이를 위해서는 지금까지 제가 설명한 것들을 가능한 여러분이 확인해보아야 합니다. 네, 쉽지 않습니다. 그래서 여러분께서 연습을 해보아야 합니다. 여러분께서 가능한 현실을 생각하면서, 한국에 거주하는 분들은 여러분의 시간을 어떻게 활용해서 거래를 할 것인지도 꼭 염두에 두어야 합니다.

일 단위 차트만 잘 보아도 도움이 됩니다. 피보나치 선을 잘 이용하기 바랍니다. 이 피보나치 선은 여러분께서 주식시장에 참여하는 동안 많은 도움을 줄 것입니다.

제 책은 여러분에게 낚시하는 법을 가르쳐주는 책입니다. 낚시하는 법을 눈과 머리로만 배우고, 직접 낚시를 하지 않으면 무용지물입니다. 책을 다 읽는 것보다 실제 제가 소개하는 내용을 여러분의 것으로 만드는 것이 더 중요합니다.

꼭 여러 번 실제 상황처럼 연습해보기 바랍니다.

05 어닝 트레이딩

펀더멘털 분석의 꽃은 실적이라고 믿는 한 사람입니다. 또한 주식 가격과 제일 밀접한 연관을 가지고 있습니다.

통계적으로 실적 발표 이후 주식 가격의 변동이 아주 높습니다. 또한 발표 당시의 시장 트렌드와 밀접한 관계가 있습니다. 우선 실적에서 가장 중요한 지표인 EPSEarning Per Share(주당 실적)에 대해 알아보고, 실적이 발표될 때마다 통계적으로 주가가 어떻게 움직이는지를 보겠습니다.

$$EPS = \frac{\text{순이익} - \text{배당금}}{\text{실적 발표 시점의 일반주 주식 수}}$$

EPS가 높으면 투자자들은 프리미엄을 내고서라도 보유를 하려고 합니다. EPS는 주식 수량에 따라 달라질 수 있습니다. 애플이 2020년 주식 분할(1주 당 4주)을 했기 때문에 각 주당 EPS가 25% 수준이 되었습니다. 우선 시가총 액 톱 20위 주식들을 보겠습니다.

주식 가격에 따라 EPS의 범위가 0.51(테슬라)부터 22,565(버크셔 A)까지

[표 11] 시가총액 상위 20위 주식(EPS 기준으로 정렬)

No.	Ticker	Company	Market Cap	P/E	Fwd P/E	PEG	▼ EPS	EPS this Y	EPS next Y
1	BRK-A	Berkshire Hathaway Inc.	550.47B	15.54	21.84	-	22565.36	-6.20%	16.65%
2	GOOGL	Alphabet Inc.	1285.98B	36.57	30.76	2.18	51.75	12.50%	19.09%
3	GOOG	Alphabet Inc.	1305.00B	36.73	30.98	2.19	51.75	5.60%	18.20%
4	AMZN	Amazon.com, Inc.	1664.22B	96.41	72.51	2.94	34.15	15.90%	30.05%
5	UNH	UnitedHealth Group Incorporated	329.04B	19.97	19.08	1.63	17.40	17.50%	8.62%
6	FB	Facebook, Inc.	764.07B	32.55	26.15	1.96	8.43	-15.10%	12.29%
7	JPM	JPMorgan Chase & Co.	415.26B	17.46	12.13	36.07	7.66	20.40%	14.57%
8	BABA	Alibaba Group Holding Limited	698.35B	34.47	20.93	9.87	7.50	67.50%	20.29%
9	WMT	Walmart Inc.	420.68B	21.12	25.48	3.05	6.93	114.90%	2.74%
10	MA	Mastercard Incorporated	331.70B	49.57	39.96	4.85	6.64	43.30%	29.65%
11	JNJ	Johnson & Johnson	431.49B	26.17	18.19	6.08	6.25	0.50%	12.29%
12	MSFT	Microsoft Corporation	1711.27B	36.46	30.25	2.51	6.20	13.40%	10.47%
13	NVDA	NVIDIA Corporation	348.52B	89.62	46.96	4.07	6.12	-25.10%	20.18%
14	PG	The Procter & Gamble Company	323.46B	24.86	21.82	2.84	5.23	246.70%	6.60%
15	V	Visa Inc.	472.81B	44.39	29.53	3.69	4.55	-18.60%	25.52%
16	TSM	Taiwan Semiconductor Manufacturing Company Limited	565.66B	38.16	31.83	1.56	3.38	-1.70%	17.42%
17	AAPL	Apple Inc.	2372.18B	42.57	31.84	3.29	3.27	10.20%	8.85%
18	TSLA	Tesla, Inc.	802.53B	1676.51	211.71	-	0.51	14.90%	70.90%
19	DIS	The Walt Disney Company	316.45B	-	36.27	-	-1.56	-125.10%	185.78%
20	BRK-B	Berkshire Hathaway Inc.	566.00B	-	21.43	-		-4.80%	16.80%

천차만별입니다. 이는 주당 가격의 차이 때문입니다. 그래서 여기에서 우리가 주목해야 하는 것은 EPS 미래 성장률을 보아야 합니다.

[표 11]을 보면 코로나 바이러스로 성장이 멈추었던 디즈니가 185.78%로 제일 성장할 것이라 예상되며, 이를 따라서 테슬라, 아마존의 높은 성장을 예견하고 있습니다. 이 책을 읽는 시점에 EPS 성장이 20%가 넘을 것으로 보이는 7개의 주식을 잘 분석해보기 바랍니다.

디즈니, 테슬라, 아마존, 마스터카드, 비자, 알리바바, 엔비디아의 7개 주식입니다. 이런 주식들은 테슬라 외에는 베타 변동성도 낮기 때문에(8장 3절 변동성에서 설명) 장기 투자에도 현재로는 좋은 주식들입니다.

ETF에 수수료 주기 싫고 직접 고르고 보는 재미와 주식시장을 경험하고 싶은 초보분들은 시가총액 상위 20개 회사 중 EPS 성장률이 과거에도 좋았으며 앞으로도 좋을 주식들을 선택해서 동일 비중으로 투자하는 것이 상당히 좋은 포트폴리오 선정입니다.

[표 12] 시가총액 상위 20위 주식(2022년 EPS 성장률 기준)

No.	Ticker	Company	Market Cap	P/E	Fwd P/E	PEG	EPS	EPS this Y	▼ EPS next Y
1	DIS	The Walt Disney Company	316.45B	-	36.27		-1.56	-125.10%	185.78%
2	TSLA	Tesla, Inc.	802.53B	1676.51	211.71	-	0.51	14.90%	70.90%
3	AMZN	Amazon.com, Inc.	1664.22B	96.41	72.51	2.94	34.15	15.90%	30.05%
4	MA	Mastercard Incorporated	331.70B	49.57	39.96	4.85	6.64	43.30%	29.65%
5	V	Visa Inc.	472.81B	44.39	29.53	3.69	4.55	-18.60%	25.52%
6	BABA	Alibaba Group Holding Limited	698.35B	34.47	20.93	9.87	7.50	67.50%	20.29%
7	NVDA	NVIDIA Corporation	348.52B	89.62	46.96	4.07	6.12	-25.10%	20.18%
8	GOOGL	Alphabet Inc.	1285.98B	36.57	30.76	2.18	51.75	12.50%	19.09%
9	GOOG	Alphabet Inc.	1305.00B	36.73	30.98	2.19	51.75	5.60%	18.20%
10	TSM	Taiwan Semiconductor Manufacturing Company Limited	565.66B	38.16	31.83	1.56	3.38	-1.70%	17.42%
11	BRK-B	Berkshire Hathaway Inc.	566.00B	-	21.43		-	-4.80%	16.80%
12	BRK-A	Berkshire Hathaway Inc.	550.47B	15.54	21.84	-	22565.36	-6.20%	16.65%
13	JPM	JPMorgan Chase & Co.	415.26B	17.46	12.13	36.07	7.66	20.40%	14.57%
14	FB	Facebook, Inc.	764.07B	32.55	26.15	1.96	8.43	-15.10%	12.29%
15	JNJ	Johnson & Johnson	431.49B	26.17	18.19	6.08	6.25	0.50%	12.29%
16	MSFT	Microsoft Corporation	1711.27B	36.46	30.25	2.51	6.20	13.40%	10.47%
17	AAPL	Apple Inc.	2372.18B	42.57	31.84	3.29	3.27	10.20%	8.85%
18	UNH	UnitedHealth Group Incorporated	329.04B	19.97	19.08	1.63	17.40	17.50%	8.62%
19	PG	The Procter & Gamble Company	323.46B	24.86	21.82	2.84	5.23	246.70%	6.60%
20	WMT	Walmart Inc.	420.68B	21.12	25.48	3.05	6.93	114.90%	2.74%

실적 발표일 이후 주가 움직임

미국 주식에 투자를 한 후 가장 놀라셨을 때가 실적 발표일이었을 것입니다. 장 종료 후 실적을 발표하면 주가가 ±10% 움직이는 것은 보통의 일이 될 정도로 미국 주식은 실적에 아주 민감합니다. 어떨 때는 실적이 좋고 흠잡을 곳도 없는데 갑자기 떨어지는 경우도 있으며, 실적이 안 좋았음에도 상승하는 경우도 있습니다. 또한 주가가 떨어졌다가 그다음 날 회복하는 경우도 있고, 며칠을 떨어지다가 다음 분기 실적 발표일까지 회복 못 하는 경우도 있습니다.

초보 투자자들의 경우 1년을 1사이클로 두었을 때 2번 정도 지나면 실적으로 모멘텀 트레이딩을 하려는 투자자들을 옆에서 많이 보았습니다. 모르긴 몰라도 이들의 승률은 대부분 50%를 넘지 못합니다. 왜 그럴까요? 대부분의 패인은 다음과 같습니다.

(1) 시장 트렌드(Bull vs. Bear)만 보고 그 방향에 동승한 다음 미래만 보는

경우

(2) 실적이 반전 패턴(방향을 바꾸어주는 것)이라 판단하고 성급하게 매수하는 경우

(3) 실적이 좋았음에도 하락하는 경우, 이를 기회라고 생각하고 매수를 했으나 다시 매수가격으로 돌아오는데 참지 못하고 매도하는 경우

(4) 실적이 안 좋았음에도 상승을 하는 경우, 주식 가격이 올라갈 것이라고 생각해서 매수를 했으나 다시 주식 가격이 하락을 해서 손실을 보는 경우

실적에 따라서 주식 가격이 가장 민감하게 움직이는 것은 사실입니다. 하지만 대부분 최저점을 가는 데 걸리는 시간과 최고점을 가는 데 걸리는 시간이 상이합니다.

차트 패턴을 통계적으로 제일 정확하게 분석한 사람인 토마스 불코우스키는《Encyclopedia of Chart Patterns, Second Edition》에서 1991~2004년까지 차트 패턴을 세밀하게 분석했습니다. 제가 좋아하는 스타일의 책입니다. 1,000페이지 정도 되고 미국 대학원 때 공부하던 교과서 같습니다. 그 자료에 보면 실적Earning 관련 가격이 어떻게 움직였는지에 대한 통계자료가 있습니다.

		강세장		약세장
실적 발표 후 상승	1	57%	3	61%
실적 발표 후 하락	2	43%	4	39%

실적 발표 후 그 실적의 좋고 나쁨을 떠나 상승과 하락 비율을 보면서 놀랐던 것은 약세장에서 실적을 발표한 후 무려 61%의 상승 비율을 보인 때문

입니다. 일반적인 상식으로 생각하면 약세장에서 실적을 발표하면 더 하락할 것이라고 생각하는데 6:4의 비율로 실적 발표 후 상승한 주식들이 더 많았습니다.

1~4번은 케이스 번호입니다. 이 숫자를 연계하여 보도록 하겠습니다.

케이스 2와 같이 실적이 안 좋으면 하락하는 것이 일반적 상식이지만, 실적이 좋았음에도 하락하는 경우도 있습니다. 이미 그 주가에 실적 예상치가 반영이 되었거나, 아니면 실적이 좋았음에도 시장 기대치보다 낮은 경우 주가가 하락하게 됩니다.

		강세장		약세장
실적 발표 후 주가 상승 %	1	24%	3	14%
실적 발표 후 최고점까지 걸리는 날 수		69일		40일
Distribution Days		7일(41%)		7일 (41%)
실적 발표 후 주가 하락 %	2	13%	4	17%
실적 발표 후 최저점까지 걸리는 날 수		28일		25일
Accumulation Days		7일 (47%)		7일 (48%)

Pull Back(Throwback)		강세장		약세장
상승 중 30일 이내 하락 (상승 % 대비)	1	41%	3	44%
		10일		10일
하락 중 30일 이내 상승 (하락 % 대비)	2	41%	4	45%
		11일		11일

After End of Trends		강세장		약세장
최고점 이후 트렌드가 끝나는 경우 하락	1	-27%	2	-31%
최고점 이후 트렌드가 끝나는 경우 상승	3	51%	4	37%

케이스 3은 시장에서 예상한 실적이 아주 안 좋을 것이라고 예상을 했는데 이보다 좋은 경우에 주식 가격이 상승을 하는 경우입니다.

그런데 실적이 좋고 나쁘다고 주식 가격의 흐름이 대세적으로 상승 혹은 하락을 바꾸는 경우는 아주 적습니다. 대부분 강세장에서 실적이 좋음에도 하락하면 최저점을 바닥으로 찍고 다시 상승을 하게 됩니다.

케이스 1: 강세장 – 실적 발표 후 상승하는 경우
- 최고점까지의 평균 주가 상승률: 24%
- 최고점까지 걸리는 날 수: 평균 69일
- 최고점에서 이익 실현하는 날 수 및 규모: 7일간 전체 물량의 48% 매도 (최고점이라고 판단이 되는 7일 동안 전체 물량의 48%가 이익을 실현한다는 의미입니다.)
- 실적 발표 후 주가 상승 중 풀백이 일어나는 경우: 보통 최고점까지 3번 정도 풀백이 일어나며, 실적 발표일 종가 기준으로 풀백 바로 전날 종가 기준의 상승률 기준 41% 정도 하락
① 실적 발표일 종가: 100달러
② 첫 풀백까지 주가 상승률: 10% (가정), 종가 110달러. – Higher High 패턴
③ 풀백: 10일간 평균 6.49% 하락, 103.51달러 – Higher High 유지
④ 최고점 주식 가격: 124달러 (실적 발표 후 약 69일) – Higher High 유지
⑤ 최고점 이후 조정 시 최저 가격 지점: 92.4달러(124달러 × -27%) – Higher High 붕괴

통계상 이런 식으로 움직인다는 의미입니다. 그리고 최고점인 124달

[차트 195] Accumulation & Distribution

러 근처에 도달하면 '수익 실현'을 하는 Distribution이 일어납니다. Accumulation & Distribution이라고 와이코프 마켓 사이클Wyckoff Market Cycle입니다.

기관들 및 대형 펀드들은 Accumulation에서 매수를 해서 Distribution에서 매도를 하고, 심리적 냉철함이 부족한 개인 투자자들은 Accumulation 단계에서 매도하고 Distribution 단계에서 매수를 합니다.

Accumulation하고 Distribution 보통 7일 정도 진행됩니다. 영업일 기준으로 일주일이 5일이니 약 일주일 반 정도 소요된다는 의미입니다.

그러면 다른 케이스들도 보겠습니다.

	케이스 2	케이스 3	케이스 4
실적 발표일 종가	100달러	100달러	100달러
첫 풀백(5% 가정)	95달러	105달러	95달러
풀백 시 움직임	96.94달러 (5% × 41% = 2.05%, 95달러 × 102.05% = 96.94)	102.9달러	97.6달러
최고·최저점 가격 (도달하는 날 수)	87달러	114달러	83달러
	28일	40일	25일
최고·최저점 이후 조정기 가격 지점	131.37달러	71달러	113.71달러

최고점·최저점의 판단은 52주 최고가, 52주 최저가 기준으로 보면 좋습니다. 대부분 2분기 연속으로 실적이 뛰어나면 52주 최고가를 기록하며, 2분기 동안 실적이 안 좋으면 시장에서 버리는 분위기라고 생각을 하면 좋습니다.

또한 앞의 자료는 70%의 성공률만 보입니다. 원래는 80% 이상의 성공률을 보여야 차트 패턴에 포함되는 것이 정설입니다. 그러므로 앞의 자료를 참고로 매수·매도를 하는 경우는 집중을 많이 해야 합니다.

주식별로 다르지만 실적이 발표하기 1달 전부터 가격이 상승 혹은 하락을 하는 경우가 많습니다. 안전하게 투자하고 싶으면 실적이 발표된 후 세 번째 풀백이 일어날 때 매수하는 것이 좋습니다. 공매Short Selling를 하려는 분들은 두 번째 풀백 이후 진행을 하는 것이 좀 더 안전합니다.

넷플릭스를 보고 한번 확인을 해보겠습니다. 확인 전에 앞에서 이야기한 수치는 정확하게 % 및 날 수가 맞는 것은 아닙니다. 통계이기 때문에 오차범위가 있음을 명심하기 바랍니다.

[차트 196] 넷플릭스 실적 발표 후 주가 움직임

(1) 실적 발표일: 2020년 7월 16일

　　① 종가 527.39달러

　　② 실적 저번 분기 대비 185% 상승

　　③ 다음 날 7월 17일 주식 가격 하락: 케이스 2

　　④ 종가 492.99달러(-6.52%)

(2) 7월 24일: 장중 최저 467.54달러(저항선 부근)

　　① 실적 발표일 종가 대비 11.37% 하락

　　② 실적 발표 후 최저가 도달 평균 하락 13%와 1.63% 차이

(3) 8월 4일 － 종가 509.64달러

　　① 풀백: 기간 7일 소요

　　② 7월 24일 저가 대비 상승률 9%

　　③ 케이스 2의 통계상 평균 상승률 4.7%(11.5% × 41% = 4.7%)보다 5%

　　　상승

(4) 8월 11일까지 다시 하락: 종가 466.93달러

　　① 실적 발표일 기준 소요 기간: 18일 소요

　　② 실적 발표일 종가 대비 11.46% 하락

　　③ 실적 발표 후 평균 하락 13%와 1.54% 차이

(5) 9월 1일 － 종가 556.55달러

　　① 풀백 기간 19일 소요

　　② 상승률 19.2% 상승

(6) 9월 18일 최저점 458.60달러 도달

　① 소요 기간 46일 소요.

　② 실적 발표일 종가 대비 13% 하락

(7) 10월 14일 종가 572.49달러

　① 최저점 대비 24.8% 상승

　케이스 2의 통계 수치와 100% 싱크는 아니지만 비슷하게 움직이는 것을 봅니다. 우리가 혼돈스러울 수 있는 부분은 (4) 부분이 최저점이냐 아니냐 하는 판단입니다. 차트 패턴에 '3의 법칙'이 있습니다. 지지선 혹은 저항선을 세 번 치고 올라가서 저항선을 세번 뚫고(브레이크아웃) 올라가면 주식 가격이 상승을 하고 저항선을 넘지 못하면 대부분 다시 지지선 근처에서 가격이 안정화되거나 하락하는 경우가 많습니다.

　그러면 위의 경우 (4)의 부분보다 (6)의 부분을 최저가로 보는 것이 차트 패턴상의 해석으로는 조금 더 설득력이 있어 보입니다. 이 경우 실적 발표일 종가 대비 13% 하락을 정확하게 맞추었습니다.

　그렇다고 위의 통계 숫자가 100% 정확하다는 이야기는 절대로 아닙니다. 위의 자료는 70% 정도의 성공률을 보여주기 때문에 하나의 참조 사항으로 보아야 합니다.

　여러분께서 보유하고 계신 주식들에 한번 대입해보기 바랍니다. 그러면 내가 보유한 주식이 실적에 의해 움직이는 패턴의 통계와 얼마나 맞는지를 분석해보기 바랍니다. 이 이론을 몰랐더라면 가격 움직임에 대해 시나리오도 만들지 못했겠지만, 이제 여러분에게는 또 하나의 무기가 생긴 것입니다.

　저는 개인적으로 통계 수치에 대한 신뢰를 높이 평가합니다. 중요한 결정을 내려야 할 때 가장 중요하게 판단할 수 있는 자료이기 때문입니다. 통계는 주식시장만이 아닌 모든 경영 환경에서 도움을 주었습니다. 여러분에게도 도움이 되기를 바랍니다.

IPO 트레이딩

IPO 주식은 변동성이 아주 높습니다. IPO 주식에서 80% 이상 실패하는 경우는 IPO 공개하는 날, 그리고 그다음 날 매수하는 분들이 1~2주 내로 매도를 못 하는 경우, 길게는 5년 정도 원금을 지키려 하는 마음 아픈 일이 벌어집니다.

IPO 주식은 1~2달 동안의 투자로 20% 수익을 목표로 수익을 내는 것이 첫 번째 수익 전략이고, 두 번째는 12개월 이내에 주식 가격이 하락을 하면 그때 다시 매수하는 방법이 있습니다.

단 조건은 아무 IPO 주식을 하면 안 되고 시장에서 IPO 전에 주목을 받는 주식에만 해당합니다. 즉 여러분께서 IPO 주식을 거래하다가 매도 시점 혹은 시장에서 외면 받는 경우 장기 보유로 전환을 해도 괜찮은 주식에만 해당하는 내용입니다.

IPO 트레이딩 룰

(1) 시장에서 주목받는 IPO만 대상으로 할 것

(2) 욕심은 금물

(3) 기준 거래일 첫 5일의 가격 폭이 확정될 때까지 거래하지 말 것

(4) 실패 확률도 높음

(5) 손절 -6%를 항상 지킬 것

(6) 바이오테크 주식에는 적용하지 말 것

어떻게 하는지 보겠습니다.

비욘드미트: 2019년 5월 2일 상장

스텝 1: 첫 5일 동안 시작 가격과 종가 중 최고점과 최저점의 폭을 찾는다.

스텝 2: 이후 주가가 스텝 1의 폭 이하로 내려왔다가 반등을 하면 매수한다.

스텝 3: 첫 5일의 (시가와 종가 중) 최고점을 넘으면 Step 1의 폭만큼 오를 가능성이 높다.

스텝 4: 최대 2번 오른 후에는 최고가 대비 -6% 이하로 내려오면 손절하고 수익 실현한다.

스텝 5: Step 1의 폭이 이 주가의 지지선과 저항선이 되는 확률이 높다.

스텝 6: 상장 6개월 후 매수했는데 스텝 1의 폭에 의한 상승을 못하는 경우 하락할 확률이 더 높다.

스텝 7: Laser 1석2조 방법은 아님. 하지만 IPO 주식은 갑자기 상승을 하면서 2년 내 500% 이상 상승을 할 수 있으니, 양도세금 생각하지 말고 관찰하면서 매수·매도 작전을 실행한다.

스텝 8: 스텝 1 범위 이하로 하락(초기 상장 가격 이하)하는 경우 손절한다.

케이스

- 비욘드미트BYND

- 빅커머스BIGC

- 브룸VRM

- 1라이프 헬스케어ONEM

- 팔란티어테크PLTR

- 펠로톤PTON

- JAMF(적용 불가 사례)

- UBER(적용 불가 사례)

[차트 197] IPO 트렌딩 1: 비욘드미트(BYND)

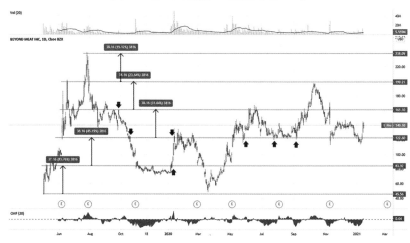

[차트 198] IPO 트레이딩 2: 빅커머스(BIGC)

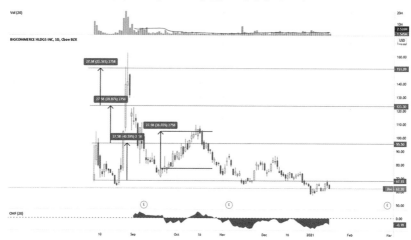

[차트 199] IPO 트레이딩 3: 1라이프 헬스케어(ONEM)

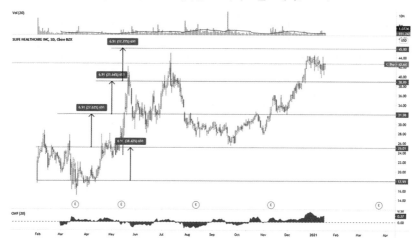

[차트 200] IPO 트레이딩 4: 팔란티어테크(PLTR)

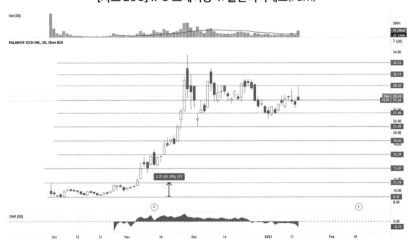

[차트 201] IPO 트레이딩 5: 에어비앤비(ABNB)

[차트 202] IPO 트레이딩 6: 펠로톤 인터랙티브(PTON) 1

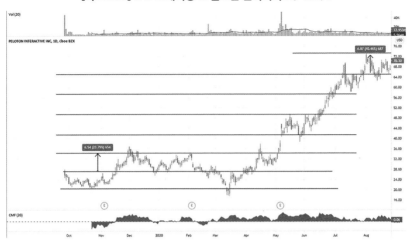

[차트 203] IPO 트레이딩 7: JAMF 홀딩(JAMF) 적용 불가 사례

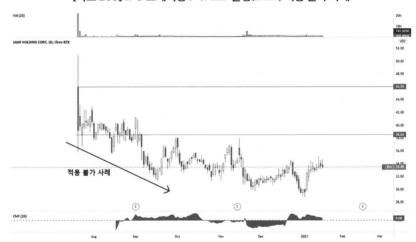

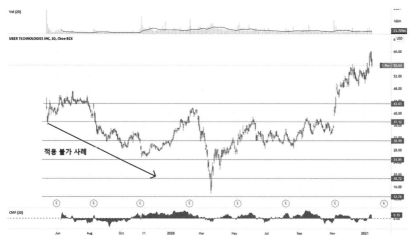

이 IPO 트레이딩은 스텝 1의 폭을 넘지 못하고 첫 5일 최저가 이하로 하락하는 IPO 주식의 경우 적용이 불가합니다.

셋업 예시:
테슬라, 애플, CGC

각 주식별로 사용해야 하는 기술적 지표를 찾아내는 것이 중요합니다. 주식별로 꽤 큰 차이를 보일 수 있기 때문입니다.

공용적으로 사용할 수 있는 지표 구성은 8장 마지막 페이지(493쪽)를 다시 한 번 참조하기 바랍니다. 이번 절의 마지막에서는 테슬라, 애플 그리고 CGC의 셋업 실 사례를 소개하겠습니다.

테슬라

- EMA(21), EMA(50), EMA(89)
- ADX
- RSI
- 슬로우 스토캐스틱

테슬라처럼 급하게 상승하는 주식은 ADX로 매수 시기를 처음 결정하고 RSI와 슬로우 스토캐스틱으로 확인한 후 저가에 매수하는 방법을 추천합니다.

테슬라 경우 매도보다 매수에 중점을 두는 이유를 따로 이야기하지 않겠습니다. 앞으로 얼마나 더 상승하고 세상이 어떻게 변화할지 모르지만 현재 가장 성장성이 있어 보이며, 가장 고평가된 주식인 것은 부정할 수 없습니다.

만약 주식시장에서 조정이 온다면 제일 먼저 매수세가 들어오는 주식은 테슬라라고 생각합니다. 이처럼 상승하는 주식에 있어서 중요한 것은 비교적 서점에 매수를 하는 것에 있습니다. 이럴 때 가장 유용하게 사용하는 지표는 ADX입니다. 차트를 보겠습니다.

테슬라의 주식이 하락을 하게 되면 ADX가 40 이상에서 20 이하로 내려오게 됩니다. 그리고 20 이하로 내려오면 하락이 거의 끝났다고 해석을 하면 됩니다. 그리고 20 미만에 있으면 매수 기회가 됩니다. 한번 차트를 확인해보기 바랍니다. 테슬라처럼 우상향으로 가려는 주식들의 ADX가 낮으면 낮을수록 가격은 거의 움직이지 않습니다.

이 구간이 여러분이 비교적 낮은 가격에 매수할 수 있는 구간이 됩니다. 이 구간에서 RSI와 슬로우 스토캐스틱의 저점이 되고 반등하는 시점에 매수를

[차트 205] 테슬라 차트 셋업

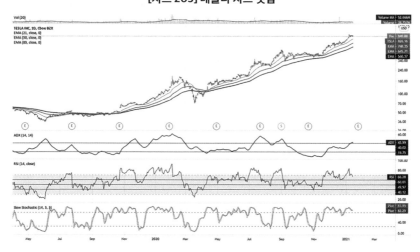

결정하기 바랍니다. 2개가 동시에 낮은 구간에서 결정을 해야 합니다. ADX가 20 이하의 구간에서 RSI가 하락하면서 40에서 반등을 하는 경우 슬로우 스토캐스틱도 30 이하의 구간에서 %K가 %D를 크로스하는 경우 최적의 매수 시기가 됩니다.

매도는 거의 하지 않는 것으로 알고 있지만, 매도는 피보나치 되돌림을 이용하기 바랍니다.

애플

- EMA(21), EMA(50), EMA(89)
- 슬로우 스토캐스틱
- MACD
- RSI

애플은 미국을 대표하는 주식이기 때문에 거래량이 많습니다. 하루 평균 거래량이 분할 이후 약 1억 주 정도 됩니다. 이런 경우 주식의 움직임이 민첩하지 못하게 됩니다. 이 경우는 다음의 순서로 매매 전략을 설정하기 바랍니다.

매도는 철저하게 슬로우 스토캐스틱의 디버전스를 찾기 바랍니다. 즉 주가는 상승을 하는데 슬로우 스토캐스틱의 위 꼭지들이 하락을 하는 LH, LL의 형태가 보이면 매도 준비를 하기 바랍니다.

매수는 MACD를 먼저 보고 패스트 라인이 슬로우 라인을 넘으면 RSI를 같이 확인하고 매수를 하면 결과가 좋을 것입니다.

[차트 206]을 보면서 한번 연구해보기 바랍니다.

[차트 206] 애플 차트 셋업

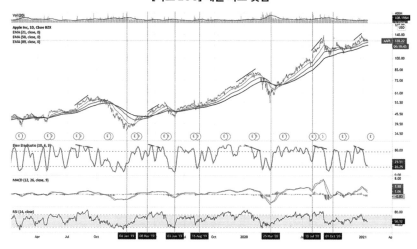

CGC

CGC는 대마초 주식으로 미국 주식 중 오바마 행정부 때 가장 뜨거운 주식이었습니다. 1달러 주식이 3년 안에 57달러가 되었습니다. 하루 변동 폭으로 ±10%는 예사로운 일의 주식이었습니다. 55배, 즉 5,500%의 수익을 만든 전설적인 주식입니다. 초기에 트레이더 친구들하고 1달러에 샀다가 10달러가 넘어가면서 매도한 기억이 있는 주식입니다. 변동성이 너무나도 커서 중간에 몇 번 매매를 한 주식입니다.

블로그에 14달러대에 매매 훈련을 하라고 추천을 했습니다. 변동성이 높은 주식을 가지고 매매를 하면 변동성에 대한 두려움이 없어지기 때문이지요. 지금까지 보유했다면 현재 32달러로 100% 이상 수익을 만들었을 것입니다.

차트를 먼저 보겠습니다([차트 207]).

CGC는 RSI와 슬로우 스토캐스틱이 제일 정확하게 맞는 주식입니다.

두 기술적 지표가 과열 매도 구간에 있으면서 수직선상에 두 지표가 정확하게 맞으면 매수이고, 과열 매수 구간에 있으면 매도 신호입니다. 딱 한 번 맞

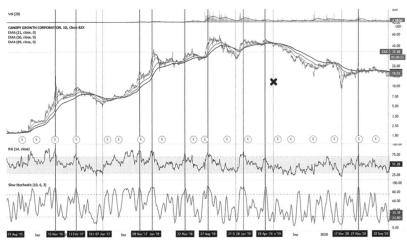

지를 않았습니다. 차트의 X자 표시입니다. 저런 경우도 있으니 EMA(21) 선을 사용해서 보충으로 이용하기 바랍니다. 그리고 매수와 매도 두 꼭지들이 연속적으로 과열 매수와 과열 매도를 순환하는 것이 아니니, 꼭 백테스트를 해보고 실제로 확인한 후 매수·매도하기를 추천합니다.

11장 정리

아무리 차트를 잘 이용한다 하더라도 매매란 결국 논리적 근거에 의한 냉정한 이성을 바탕으로 이루어져야 합니다. 하지만 자신의 자금을 직접 관리하는 개인 투자자들의 경우 아무리 장기 투자라 하더라도 하루의 수익에 민감할 수밖에 없습니다.

한국분들의 주식 투자 패턴은 장기 투자보다는 일확천금의 투자를 원합니다. 만약 테슬라같이 1년 700% 주식이 없었다면 지금처럼 미국 주식에 대한 관심이 있었을까 하는 의구심이 듭니다. 제가 미국 주식을 처음 거래할 때 한국의 많은 주식 전문가 및 여의도 친구들이 미국 주식 투자를 말렸습니다.

제가 판단하는 미국 주식시장은 상당히 정직하고 정확합니다. 만약 회사에서 거짓 공시 및 공시를 제대로 하지 않으면 미국의 거머리 같은 변호사들이 떼를 지어서 소송을 합니다. 그 소송은 물론 3년 이상을 갑니다. 회사로서는 상당히 귀찮은 일이 됩니다. 물론 작전 세력도 있고 친한 개인 트레이더들 간 공격하려는 주식을 서로 공유하고 같이 매매를 하는 경우도 많습니다.

이러한 시장의 모든 상황을 차트는 가격 움직임, 거래량 그리고 변동성을 가지고 보여줍니다. 다우존스지수를 만든 찰스 다우가 미국 1세대 차트 분석가인 점을 다시 한 번 상기시킵니다. 차트 분석이 모든 것을 해결해줄 수는 없습니다. 그러면 많은 투자자들이 알고리즘에 의해 조 단위의 수익을 이미 벌었을 것이기 때문입니다.

제가 소개한 Laser 1석2조 투자법은 이해는 가지만 실제 실행하기 어려운 투자 방법입니다. 하지만 그렇다고 난공불락도 아닙니다. 여러분이 지금까지 모르고 도전을 해보지 않았을 뿐입니다. 지금은 시장이 과열되어서 누구나가 돈을 버는 이지 머니 시장입니다.

하지만 진정한 고수는 시장이 하락되는 순간부터 돈을 법니다. 하락장에 눈을 뜨고 스트레스 받는 투자자가 되는 것과 하락장에 자기 자본을 보호하고 지키는 것은 큰 차이가 있습니다. 11장이 여러분께 진정한 도움이 되기를 바랍니다.

THE
BIBLE
OF THE
U.S.
STOCK
MARKET
INVESTING

12장

성공적인
투자자가 되기
위하여

마지막 12장입니다. 12장에서는 리스크 관리, 포트폴리오 구성, 그리고 제 당부의 말로 모든 여정을 마칠까 합니다.

MS Finance 과정의 'Portfolio Management' 수업 교수님이 월스트리트 출신이었습니다. MS Finance 과정은 애널리스트 및 월스트리트의 펀드 매니저를 키우는 과정입니다. 당시에는 미국에서 이 과정이 있는 대학원이 5개 학교도 되지 않았는데 지금은 MBA만큼 많습니다.

금융시장에 관심 있는 자제의 부모님 혹은 공부를 본격적으로 더 하고 싶은 분들은 MBA보다는 MS Finance를 더 추천합니다. 런던 비즈니스 스쿨London Business School이 랭킹으로 1위인 데다가 영국이 미국보다 비거주민으로 취직하기도 더 좋습니다.

이 과정에서 성공적인 투자를 위하여 시장을 분석하고 통계 모델을 만들어서 예측하고 파생상품 시장도 배웠습니다. 지금처럼 인터넷이 발달하지 않았기 때문에 자료를 찾고 분석을 하려면 잠잘 시간도 모자라는 시절이었습니다.

'Portfolio Management' 시간에는 좋은 주식을 선정하는 법도 배우지만 가장 중요시하는 것은 리스크 관리입니다. 여러분이 평생 한번도 들어보지 못한 용어를 통해 그러한 방법을 습득합니다.

미국 시장의 개인 투자자들 중 성공적인 수익률을 기록하는 이들의 공통점은 '리스크 관리'에 뛰어나다는 것입니다. 시장이 좋을 때는 이 리스크 관리가 눈에 안 들어오는 것이 사실입니다. 많은 투자사분들께서 월스트리트의 전설인 워런 버핏의 투자법을 따라 하고 있습니다.

이분은 온화한 인상과는 달리 투자에 있어서만큼은 승부사 기질 및 리스크 관리가 제일 뛰어난 분입니다. 워런 버핏은 급등하는 테슬라보다는 안정적으로 수익을 주는 주식들을 선정합니다.

아마존은 버크셔(워런 버핏의 투자회사)에서 2019년부터 1,800달러대에 매수하기 시작했습니다. 어느 주식을 선택하는 것에 대한 정답은 없습니다. 장기 투자라고 하면서 고위험-고수익 주식에 투자하면 어느 날 예상치 못한 위험에 직면할 수도 있습니다.

워런 버핏은 옵션의 대가입니다. 투기성 옵션 투자가 아닌, 자산을 지키는 옵션 투자를 선호합니다. 이것이 원래 옵션의 목적입니다. 즉 리스크 관리에 그 누구보다도 뛰어난 사람입니다. 버핏의 사무실 복도에는 1930년부터 시장이 폭락할 때 발행된 신문들이 걸려 있는데, 그는 복도를 지나갈 때마다 리스크 관리의 중요성을 다시금 되새긴다고 합니다.

주식 변동성을 측정하는 베타 값이 1 이하인 주식들은 리스크가 적은 주식들입니다. 하지만 그만큼 S&P500보다 큰 성장을 기대하기 어렵습니다.

현실을 보면, 한국의 많은 투자자분들은 장기 투자를 이야기하면서 고위험-고수익 주식을 선호합니다. 한국의 고도성장에 따른 독특한 문화인 '빨리빨리'가 정확하게 주식 투자 전략에도 우리가 모르는 사이에 잠입해 있기 때문입니다.

지금같이 주식 지수가 최고가를 경신하는 시기를 지난 30년간 여러 번 보았습니다. 많은 분들이 높은 기대감과 흥분, 그리고 저마다의 꿈을 꾸면서 주식시장에 투자합니다. 시차도 맞지 않는 미국 시장에 투자한 이유는 돈을 많이 그것도 아주 많이 벌고 싶은 이유입니다.

미래가 안 보이는 한국 사회의 현실도 여기에 한몫을 하고 있습니다. 이것이 많은 사람들이 지금 미국 주식시장을 찾는 이유일 것입니다. 시차가 같지 않아 잠을 설쳐야 함에도, 한번도 미국 실물경제를 경험하지 못한 분들도 미국 주식시장을 두드립니다.

시장이 한 번씩 흔들리면 경험이 적은 사람들은 심리적으로 크게 동요합니다. 이것은 인간의 본성이기 때문에 어쩔 수 없습니다.

다시 한 번 강조하지만 성공적인 투자자가 되기 위해 여러분은 리스크 관리를 잘해야 합니다. 투자의 원칙에서 가장 중요한 것은 리스크 관리이며, 이를 통해 여러분은 꾸준한 수익을 창출할 수 있을 것입니다.

01 리스크 관리

손절 구간 선정

리스크 관리 중 가장 중요한 것은 손절 구간의 선정입니다. 결국 여러분 스스로가 이 손절 구간을 정하는 것입니다. 은퇴를 위해 장기 투자를 하는 일반

개인별 민감도	고점 대비 하락 퍼센트
은퇴가 5년 미만인 경우	
높음	5%
중간	12%
낮음	20%
은퇴가 5년 이상에서 15년 미만인 경우	
높음	10%
중간	20%
낮음	30%
은퇴가 15년 이상 남은 경우	
높음	20%
중간	35%
낮음	50%

적인 경우의 손절 구간을 보여드리겠습니다. 제 멘토에게서 배운 리스크 관리를 위한 수치입니다.

Go & Stop의 경우에는 20% 정도의 리스크를 감수하는 매매 전략입니다. 제가 소개한 Laser 1석2조 투자법은 -5% 내외의 손절 구간을 염두에 두고 만든 매매 전략입니다. 프로 트레이더들은 한 달 수익이 -6%가 나는 지점의 전후를 손절 구간으로 선정합니다.

여러분도 앞의 표를 보고 리스크 관리의 지점을 어디에 두어야 할지 결정하기 바랍니다. 이 리스크 관리를 위해 이 책에서 주식시장과 연관된 채권시장 등의 자산시장, 연준의 통화정책 방향, 시장 트렌드 분석, 펀더멘털 분석, 기술적 분석 및 차트 분석을 공부한 것입니다.

리스크 관리를 위한 원칙이 생기면 자산을 보호하고 공격적인 투자도 가능해집니다.

헤징 Hedging

헤징의 원래 목적은 리스크를 없애는 것입니다. 옵션 상품이 있기 전에는 대부분 채권과 주식의 비율을 조정하면서 투자를 했습니다. 그런데 2008년 이후 연준의 기준금리가 2% 이하로 하락한 이후는 채권과 주식에 분산 투자하는 전통적인 방법을 그렇게 추천하지는 않습니다.

미국 및 캐나다에서 미국 주식을 하면 옵션에 대해서 자유롭게 투자할 수 있습니다. 옵션은 가장 적은 자본으로 최대의 효과를 만들어 리스크를 없앨 수 있습니다.

그런데 한국에서 투자하는 분들은 옵션시장에 접근을 할 수 없습니다. 미국에서 투자하는 개인 투자자들은 공매도 할 수 있지만, 한국에서는 할 수 없습니다.

제가 여러분께 소개하는 헤징 방법은 교과서적인 방법이 아닙니다. 실용적인 방법, 그리고 손쉬운 방법을 소개합니다. 아주 쉬운 방법이나 실천을 주저하는 방법들입니다. 지금부터 세 번의 사이클(1년 = 1사이클)을 지난 후에 돌이켜보면 제가 추천한 헤징 방법이 제일 현실적이고 안전한 것임을 느끼게 될 것입니다.

여러분께 추천하는 헤징 방법은 세 가지입니다.

(1) 현금화
(2) 다구좌 운영
(3) 잉여현금 구좌 개별 운영

(1) 현금화

가장 손쉬우면서도 가장 하기 어려운 방법입니다.

2020년 3월에 많은 투자자분들이 한국 주식시장에서 인버스 ETF로 수익을 만드신 분들의 이야기를 듣고 인버스 ETF를 헤징의 수단으로 생각하는데, 저는 여기에 부정적인 의견을 가지고 있습니다. 특히 개인 투자자들을 위해서는 말입니다. 인버스 ETF를 매수하는 것은 공매를 하는 것과 같은 맥락이기 때문입니다.

우리가 모두 동의하는 것 중의 하나는 주식시장은 조정과 리세션이 있지만 계속해서 성장한다는 것입니다. 여기에서 장기 투자로 매매 없이 매수 후 보유할 것인지, 아니면 저처럼 기회를 더 발굴할 것인지는 투자 방법의 선택입니다.

공매는 프로 트레이더들도 숙달된 훈련과 강심장이 있어야 가능합니다.

매수로서의 포지션과 공매의 포지션은 시장을 보는 심리적 시각이 다릅니다. 프로 트레이더들도 급락이 예견되는 시장 외에는 공매를 3일 이상 하지 않습니다. 그러기에 약간의 조정장에 인버스 ETF를 매수해도 그렇게 수익을 내는 경우는 많지 않습니다.

인버스 ETF로 수익을 많이 내는 경우, 이때의 수익을 생각해서 시장의 냉정한 분석 없이 오로지 감으로 인버스 ETF 및 레버러지Leverage 인버스 ETF를 매수하는 경우 손실이 많이 발생합니다.

그래서 저는 여러분이 주식이 하락하는 신호가 보이면 현금화를 시키고 잠시 주식시장에서 발을 빼는 훈련을 권합니다.

우리 한국 사람들은 근면한 민족입니다. 그래서 일을 하지 않으면 불안합니다. 주식시장에서도 현금을 그냥 두고 있으면 오히려 불안합니다. 뭔가 매일 돈을 투자해야 한다는 강박관념에 사로잡힌 경우가 많습니다. 그렇지만 한국과 미국의 시차 때문에 데이 트레이딩을 할 수도 없는 노릇입니다.

여기에서 우리 스스로 냉정해져야 합니다. 미국 주식시장에서 기회는 매일 옵니다. 그러므로 현금화하는 시간을 오히려 주식시장을 더 냉정하게 분석하고 좋은 주식을 찾는 시간으로 만들 수 있기를 바랍니다.

(2) 다구좌 운영

구좌를 2개 이상으로 운영하는 것은 적극 추천하는 방법입니다. 구좌를 구분하는 경우 투자의 목적에 따라 장기 투자, 중기 투자, 고위험 고수익 투자로 구분하기 바랍니다. 그리고 각 구좌당 일정 금액으로 또 구좌를 구분하기 바랍니다. 예를 들어 1만 달러 혹은 5만 달러 기준으로 하면 제일 이상적인 다구좌 운영이 됩니다.

- 장기 투자 구좌

저축식으로 꾸준하게 운영하면서 지수 ETF 등 미국 경제의 저력을 실감하는 구좌로 운영하기 바랍니다. 개별 주식의 경우 베타 값이 1.5 이하이면서 현재 미국 시가총액 50위권 내의 주식들로 구성하는 것이 좋습니다.

- 중기 투사 구좌

성장성이 보이는 주식 들 중 현재 주가 가격이 100달러 미만인 주식들을 선정하기 바랍니다. 주식시장에서 가장 성장성이 좋은 주식 가격대는 60~80달러대의 주식들입니다. 100달러를 넘기기 어렵지만, 두 분기의 실적이 좋으면 100달러가 넘을 경우 140달러까지는 훌륭하게 성장합니다.

좋은 사례로 룰루레몬, 핀듀오듀오PDD 등이 있습니다.

- 고위험 고수익 구좌

투자금 규모는 다른 투자 구좌보다 적게 가기 바랍니다. 공격적인 투자를 하고 싶기에 시장의 모멘텀인데 너무 위험한 주식들을 투자하는 구좌입니다.

구좌를 세 가지로 나누는 이유는 무엇일까요? 대부분의 개인 투자자들이 본인의 포트폴리오에서 몇 가지 주식이 마이너스 수익률을 기록하면 손절하지 않고 '평단가'를 낮추는 투자에 들어갑니다. 트레이더들은 '평단가'를 낮추는 투자를 하지 않습니다. 주식 가격이 하락하는 데는 그 이유가 있기 때문입니다.

저도 지금까지의 투자를 반성해보면 손실이 난 주식의 대부분은 평단가를 낮추다가 실패한 주식들입니다. 시장과 주식 분석에 의한 판단보다는 감정이 앞선 심리적 판단에 근거했기 때문입니다.

다구좌를 운영하면 이렇게 '평단가' 낮추는 투자를 지향할 수 있습니다.

여러분의 구좌를 보는 시각이 변하기 때문입니다.

• 구좌를 일정 금액 단위로 구분하는 이유

제 지인 중 한국 주식시장에서 크게 성공한 친구가 있습니다. 경제적 자유를 일찍 얻어 남의 돈을 투자하는 서비스업에서 졸업하고, 자신의 재산으로 투자하면서 즐겁게 인생을 사는 친구입니다.

이 친구도 제 멘토 중 한 명인데 그가 저에게 가르쳐준 것 중 가장 여러분께 소개하고 싶은 것은 일정 금액 기준으로 구좌를 구분하는 것입니다. 상승장에서는 이 일정 금액 기준의 구좌가 큰 효과가 없어 보입니다. 하지만 지난 3월 같은 급락장에서 이 효과는 대단합니다. 예를 들어 여러분께 50만 달러가 있는 구좌 하나와 5만 달러가 있는 구좌 10개가 있는데, 시장이 급락을 합니다. 50만 달러 구좌가 50% 하락해서 25만 달러가 허공에 날아갔다고 하면 정신적 피로도는 극에 달하면서 심리적으로 불안할 수밖에 없습니다.

하지만 5만 달러 구좌 10개 중 5개가 하락을 하면 소위 선수들끼리 이야기할 때 뚜껑을 닫고 1~3년 뒤에 보겠다고 하면 마음이 편해집니다. 그리고 남은 5개의 구좌에 집중해서 투자를 하게 되지요. 그러면 평단가를 낮추려는 매매 행동을 자연스럽게 없앨 수 있습니다. 또한 하락장에서 수익을 극대화할 수 있는 기회도 찾을 수 있게 됩니다.

(3) 현금 구좌 개별 운영

제가 투자 수익을 관리하는 방법 중 하나는 장기 투자로 Laser 1석2조를 하는 주식 이외의 투자에서 창출한 현금 수익의 일부분은 개별 현금 구좌로 이체하는 것입니다.

주식 투자 구좌에 현금이 있으면 투자자들은 자연스럽게 재투자에 들어

갑니다. 장점도 있고 단점도 있습니다.

제가 현금 구좌를 개별 운영하라는 이유는 다음과 같습니다.

무엇보다 수익 중 일부분은 여러분을 위해 사용하기 바랍니다. 여러분의 노력에 대한 스스로의 상Reward입니다.

트레이더들은 주식 투자가 본업입니다. 수익을 통해 생활비, 자식들 교육비 등을 지출해야 합니다. 하지만 여러분에게 주식 투자는 본업이 아닌 부업입니다. 부업을 하면 열심히 일을 한 만큼 이에 대한 보상을 받아야 합니다. 단순히 목적 없이 돈을 버는 것이 아닌, 수익의 일부분을 여러분 혹은 여러분 가족을 위해 사용하기 바랍니다.

저는 수익이 나면 50%는 현금 구좌로 이체하여 30%는 생활비로 운영을 하고 20%는 이후에 다가올 기회를 위한 투자 준비금으로 활용합니다. 여러분도 일정 기준을 가지고, 일부는 가족을 위해, 일부는 여러분 스스로의 노력에 대한 보상적 차원Reward으로 사용하기 바랍니다.

작은 보상일지라도 여러분 스스로의 투자 목표는 더욱 견고해지고 성취감과 만족도는 더욱 높아질 것입니다.

투자 여행Journey

Laser 1석2조 투자 및 옵션 투자를 하면서 단순히 거래별 수익이 20%라는 것은 1년 후에 보면 별 의미가 없어질 수 있습니다. 이러한 경우 더 큰 목표를 만드는 것이 좋습니다.

저는 매년 한국 자금 5,000만 원으로 시작하는 새로운 구좌를 만듭니다. 이 구좌를 얼마만큼 불릴 수 있을지가 하나의 도전이 됩니다. 그 목표 설정 금액을 보여드립니다(미국달러 기준).

(1) 45,000

(2) 55,000

(3) 65,000

(4) 80,000

(5) 100,000

(6) 130,000

(7) 170,000

(8) 210,000

(9) 250,000

(10) 290,000

(11) 350,000

(12) 410,000

(13) 450,000

제 경험으로 체득한 구간별 지지선과 저항선입니다. 꼭 피보나치 선처럼 넘을 듯 못 넘을 듯하다가 그 중간에 머물고는 했습니다. 저 구간을 넘기는 재미가 짜릿하고 얼마나 자신에게 자신감과 자유로움, 그리고 더 큰 성취감을 주는지 한번 느껴보기 바랍니다.

트레이드 저널 Trade Journal

제가 만들어서 사용하는 트레이드 저널입니다.

과거 미주미 카페에 첨부 파일로 올렸는데 아마 많은 분들께서 이해를 못하고 그냥 한번 읽고 지나쳤을 것입니다.

721쪽 표는 여러분께 적극적으로 추천하는 트레이드 저널입니다.

모든 항목을 이 책에서 다루었으니 별다른 문제 없이 이해할 것이라 믿습니다. 하단 부분의 ETF와 피어Peers에 대해 설명하자면, 여러분께서 선정한 주식은 대부분 ETF에 포함되어 있습니다. 그러면 그 주식 비중이 가장 많이 포함된 5개 ETF의 수익률을 분석하기 바랍니다. 그리고 그 ETF 가격 움직임도 고려해서 매매 전략에 반영하면 좋습니다.

또한 경쟁자일 수도 있겠지만 동종 업종의 비슷한 주식들도 같이 선정해서 비교하기 바랍니다. 더불어 다소 번거로운 일일 수도 있겠지만 미국 증권사의 구좌가 있는 분들은 피델리티Fidelity에서 ETF 및 피어 그룹Peer Group에 대해 한눈으로 확인이 가능하니 참조하기 바랍니다.

여기에서 중요한 것 몇 개만 설명을 하겠습니다. 주식을 선정할 때 그 주식에 대한 소스Source를 적기 바랍니다. 스스로 선정한 것이라면 펀더멘털인지, 기술적 지표가 좋아서인지, 그리고 모멘텀이 좋아서인지를 기록해야 합니다. 분할 매수이면 매수가, 손절 가격, 목표, 매도 가격도 일일이 기록하기 바랍니다. 매수를 하는 경우 피봇 포인트와 S1, S2, R1, R2 사이의 구간에서 어느 부분에서 매수를 한 것이지, 그리고 가능한 EMA, SMA가 어디 있었는지도 기록하기 바랍니다. 쇼트 인트레스트Short Interest도 기록하고, 옵션을 하는 분들은 오픈 인트레스트Open Interest도 여러분이 매수한 가격 기준으로 기록하기 바랍니다. 매수 전략을 세우기 전 트레이드 저널을 사용하여 투자 후보 주식을 분석하는 것만 해도 최소 30분 정도 소요됩니다. 자연스럽게 시장을 분석하고 주식을 분석하게 됩니다. 도움이 많이 될 것입니다.

Trade Journal & Trade Set Up

Trade Journal & Trade Set Up				Stock Selection Source		Trade No	

						Equity	Options
Date		Symbol		Product			
Managed Capital		Invested Capital		No of Shares			
Purchase Price		Exit Price		Profit/ Loss			
Trade Profit Goal		Risk Tolerance (1/5)		20/50/89/200 SMA			

Positioning	Long	Short	Breakout/Breakdown	Rounds		
Investment Horizon	Day Trading	Overnight	Swing	Days	Long-Term	

Price Index						
Pre-Market		Market Trends	Dow	Trading Index	EMA	
Open			S&P		Volume	
Close			Comp		Fibonacci	
Intra-High		Leading ETF	Overall		RSI	
Intra-Low		52 High			Slow Stochastic	
		52 Low			MACD	
					ADX	
					CMF	
					ATR	

Solvency Ratio		Operating Ratio				
Liquidity Ratio	Turnover Ratio	Profitability & Efficiency		Dividends	Debt	
- Quick Ratio		- Profit Margin		- Dividends/Share	- Debt to Equity	
- Current Ratio		- Gross Profit			- Debt Coverage	
- FCF/Share		- Operating Profit		- Div. Payout Ratio	- Debt to Asset	
- ROE		- EBIT				
- ROI		- EBITDA				

	1	2	3	4	5	6
ETF (Portion)						
Last Quarter Growth						
Peers						
Last Quarter Growth						

Second sheet

	Current	Previous	-2Q	-3Q		
Earning						

				Short Interests	
Investor.com		P/E		Open Interests	
WSJ.com		Ind AVG P/E		+1 Week, ITM	
Bloomberg		MKT CAP		+ 1 Month, ITM	
Trader Community		Sentiment		+2 Month, ITM	
TipRank		Technical Events		+3 Month, ITM	
Self-Selection				+6 Month, ITM	
Fundamental		Unusual Option Activities? - YES or NO		LEAP, ITM	
Technical		If Yes, When			
Momentum		What Strike?			

Trade Zone	Resistance		Support			
	R3			Entry		
				Stop Loss		
				Target		
				Exit		
	R2			Entry		
				Stop Loss		
	R1			Target		
		Mark Price		Exit		
			S1	Entry		
				Stop Loss		
			S2	Target		
				Exit		
			S3			

	Good Trade?		Bad Trade?			
		Stock Selection		Analysts		
		Trade Strategy		5 Start Analyst		
		Attention		Name		
		Breaking News		Target Price		
		Buy & Sell Objective		Rate		
		Personal Emotion				
		Greedy				
		Patient				
		Fast Button				

Techical Analysis		Comments

02 포트폴리오 구성

포트폴리오 구성

이번 포트폴리오 구성에 있어서 저는 "어떠한 주식을 고를 것인가?"라는 주제보다는 좀 다른 이야기를 할 것입니다.

다음은 제가 아들에게 추천하는 포트폴리오 구성인데, 이 내용을 자세하게 살펴보겠습니다.

- 50%
  - 안전한 대형주. 즉 애플, 아마존, 테슬라, QQQ, SPY가 여기에 속합니다.
  - 베타 값은 최대 1.5로 놓기 바랍니다.
  - 6장에서 설명한 성장형 주식 선택 방법을 사용하기 바랍니다.

- 30%
  - 중소형 주 중 리스크가 있는 주식들. 특히 가격대가 60~80달러대

의 주식들로, 제 블로그의 글을 읽은 분들은 기억하겠지만 PDD, DDOG, SQ가 60~80달러대에 있을 때 이 주식들을 눈여겨보라고 추천한 적이 있습니다.

- 이렇게 성장성을 보유한 이 가격대에 있는 주식들의 실적이 2분기 정도 좋을 경우 100달러를 금방 넘고 100달러를 넘으면 140달러까지 쉽게 상승합니다. 현재 SQ는 266달러, PDD는 167달러, DDOG는 99달러입니다. 이런 주식들을 포트폴리오에 30% 정도 담아둘 것을 추천합니다.
- 베타 값은 2.0 전후까지 포함해도 좋습니다.
- 성장형 주식 선택 중 중형 사이즈Medium Size를 여기에 포함하기 바랍니다.

- 10%: 실적 위주의 공격적 투자 주식
  - 철저한 모멘텀 위주의 거래입니다.
  - 실적이 올라가는 주식을 여기에 포함하기 바랍니다.
  - 계속해서 좋아지면 이 주식이 성장형 주식으로 편입이 되는 것입니다.
- 10%는 항상 현금으로 두고 있는데, 중소형주가 모멘텀이 강하면 최대한 달만 이 현금을 유용하기 바랍니다.

포트폴리오 주식 수에 대한 당부를 하겠습니다. 블로그 이웃분들에게 포트폴리오를 점검해달라는 이메일을 많이 받습니다. 냉정한 소리이지만 메일을 받고 제가 '헉' 했습니다. 자본은 5만달러 미만인데 주식 수는 20개가 넘는 분들을 많이 보았기 때문입니다. 백화점이라고 이야기하는데 솔직히 저는 남대문시장의 느낌이었습니다.

포트폴리오의 주식 수는 최대한 7개 이내로 하기 바랍니다.

저는 리밸런싱Rebalancing을 자주 하지만, 최대 5개 이상 넘어가지 않습니다. 가지고 싶고 담고 싶은 주식들은 많지만 자금은 한정되기 때문에 1~2주씩 최대한 많은 주식을 담는 방식은 절대로 바람직하지 않습니다.

주식시장은 취미 삼아서 액세서리를 사는 곳이 아닙니다. 철저하게 돈을 벌기 위한 복적을 가지고 있어야 합니다. 7개도 실상은 많습니다. 5개가 제일 좋습니다. 그래서 집중적으로 분석하고 기회를 잡고 수익을 실현하면서 리밸런싱도 하고, 유연성을 가지고 대처해야 합니다.

20개 주식이면 1,000억 이상 운용하는 펀드 매니저들 수준입니다.

30개의 관심 종목

5개에서 7개의 주식을 선정하려면, 여러분께서 최소한 30개의 주식을 관심 종목에 두고 항상 분석을 해야 합니다. 저는 매일 100개 정도의 주식을 관심 종목으로 두고 그 변화를 매일 점검합니다. 그 종목에 대해서만큼은 누구보다도 잘 분석하고, 흐름을 알아두는 것이 좋습니다.

관심 종목은 펀더멘털 위주로 선정을 하기 바랍니다.

6장에서 소개한 Finviz.com을 잘 이용해보기 바랍니다.

애널리스트

미국은 애널리스트가 아주 많습니다. 그만큼 좋은 애널리스트도 있지만, 전혀 도움이 안 되는 애널리스트도 많습니다. 많은 분들께서 씨킹알파Seeking Alpha를 참고하는 것으로 알고 있습니다. 이 씨킹알파의 의견을 참조할 때 약간은 조심할 필요가 있습니다. 물론 냉정하게 판단하는 분석가들도 많지만, 여론 몰이하는 사람들도 적지 않기 때문입니다.

유려하게 말도 잘하고 분석도 어느 애널리스트 답지 않게 잘하는 사람들도 많습니다. 하지만 자신의 포지션에 도움을 주기 위해 책임을 안 지는 한도 내에서 여론 몰이하려는 사람도 많다는 점을 명심하기 바랍니다.

애널리스트를 분석하기에 가장 좋은 사이트는 'Tip Ranks'입니다. 상세히 보려면 유료 서비스를 신청해야 합니다. 월 30달러 정도 하는데 유료화까지 하면서 사용할 정도는 아닙니다. 저는 E-Trade에 구좌가 있는데 거기에서는 'Tip Ranks'와 연결하여 부가 서비스로 제공됩니다.

예를 들어 테슬라를 보면 애널리스트들의 가격 예상치가 나옵니다. 절대적이지는 않지만 매수·매도에 참조하기는 좋습니다. 한국에 계신 분들은 이

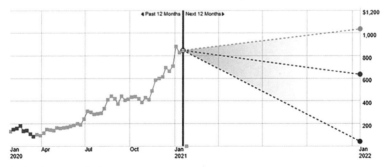

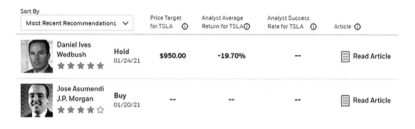

것이 불가능하니 Tip Ranks(tipranks.com)에 들어가면 그래프는 확인할 수
있습니다.

이 정보까지는 무료이며 애널리스트들의 분석을 검토하는 데 어느 정도
도움이 될 것입니다. 단순히 일회성으로 보는 것이 아닌, 관심 종목 30개의
목표 가격을 매주 확인하기 바랍니다. 10주 정도 지나면 보는 눈이 달라질 것
입니다.

03 성공적인 투자자가 되기 위하여

네 가지만 이야기하고 책을 마무리하려 합니다.

연준의 정책을 알고, 금 가격을 알고, 달러화의 움직임을 알고, 펀더멘털을 누구보다 더 잘 분석하고, 주식의 차트 분석과 기술적 분석을 200% 잘 안다고 하더라도 제일 중요한 것은 다음 네 가지라고 생각합니다.

첫째, 미국 주식시장은 일확천금을 실현하는 곳이 아닙니다.

둘째, 투자 수익률 목표의 설정입니다.

셋째, 주식시장에서 여윳돈은 없습니다.

넷째, 제일 중요한 것으로 여러분 자신을 믿기 바랍니다.

이 네 가지가 여러분을 성공적인 투자자로 만들지, 아니면 보통의 개인 투자자이자 아웃사이더로 남을지를 결정할 것입니다.

미국 주식시장은 일확천금을 실현하는 곳이 아닙니다

주식시장에서 몇 백억을 벌었다고 말하는 주식 고수들이 있습니다. 그분들이 단 한 번의 투자로 몇 백억을 벌었을까요? 아닙니다. 누구보다도 일찍 일어나서 공부하고 분석하고 열심히 일했을 것입니다.

그런데 대부분의 개인 투자자들은 그분들의 노력한 과정은 보지 않고 결과만 보려고 합니다. 주식시장에 대한 심도 있는 분석이 아닌, 쉽게 투자 기술만 전수받아서 쉽게 이익을 내려 합니다. 이런 분들께서 제일 좋아하는 곳이 소위 '리딩 방'입니다.

미국도 주식 관련 스팸 이메일이 많이 옵니다. '100달러 가지고 15만 달러를 벌었네' 하면서 유혹의 손길을 뻗칩니다. 이 유혹에 들어가는 순간 여러분은 투자자도 투기군도 아닌 '도박꾼'이 되는 것입니다. '도박사'는 도박을 분석하고 승부사로서 투자하는 어려운 직업입니다. '도박꾼'은 욕심만 앞선 사람들입니다. 도박꾼의 결말은 항상 똑같습니다.

진정한 주식시장의 고수들은 자신의 투자 기법을 가르치는 것보다 운이 좋았다며 겸손한 자세를 취합니다. 이분들의 투자에 있어서 성공한 비결은 대부분 동일합니다.

목표 수익, 꾸준한 수익, 리스크 관리, 시장에 대한 겸손함.

항상 여러분께서 갖추어야 할 성공한 투자자가 되기 위한 필수 사항입니다.

투자 수익률 목표 설정

블로그 이웃분들께서 저에게 상담을 요청하는 경우가 많습니다. 특히 포트폴리오 리뷰를 부탁하는 경우 현재 투자한 주식과 목표 수익률, 그리고 투자 기간을 요청합니다.

제가 놀라는 경우는 목표 수익률이 너무 높을 때입니다. 100%는 기본이고 1,000%를 원하는 분들도 계셨습니다. 이것이 무조건 나쁘다는 것이 아니라, 약간 눈을 낮추어서 현실적인 목표 수익률을 설정할 필요가 있습니다.

저 같은 경우는 거래별 20%를 설정합니다. 그리고 매도 구간은 14%가 넘어가면 준비합니다. 20%라는 목표 수익률을 설정하면 대부분 18~19%에서 그치다가 내려가는 경우가 많습니다. 70달러 주식을 매수하면 100달러를 넘어가려고 노력하다가 밀리는 경우도 많습니다.

즉 10, 100이라는 0이 붙어 있는 단위가 명목상 저항선이 되는 경우가 많습니다. 120달러 주식을 100달러에 매수하려 하다가 실제 100달러 근처에 올 경우 100달러가 무너지는 시점에 매수하려고 기다리는데 대부분 101달러에서 반등을 합니다.

투자자들의 심리가 반영되는 것입니다.

현실적인 투자 수익률을 목표로 삼기 바랍니다. 현실과 이상의 괴리가 적어야 인생이 행복합니다.

여윳돈은 없다

여러 나라에서 일을 하면서 느낀 것은 유독 우리나라만 증권사 소속 주식 전문가들이 나와서 주식은 여윳돈으로 투자하라고 말한다는 것입니다. 이해도 가는 한편 무책임하다는 생각도 많이 듭니다. 여러분의 자산은 정말 소중합니다.

과거 2005년 정도까지는 증권사 브로커들이 주식을 추천하고 매수 및 매도 시기를 알려주던 시절이었습니다. HTS가 나오기 전에는 브로커를 잘 만나야 돈을 벌 수 있었던 시기였으니까요.

주식시장이 지금처럼 활활 타오르는 시절도 있지만, 몇 년에 걸쳐서 암울한 시기도 있습니다. 이 암울한 시기에 그들이 하는 이야기는 항상 같습니다.

이해합니다.

그런데 세상이 재미있으면서도 슬픈 것은, 시장이 활활 타오를 때가 경제가 좋은 시절이라는 것입니다. 돈의 유동성이 좋습니다. 그래서 여기저기서 자금을 만들어서 주식시장에 투자합니다. 경제적 자유를 위해서요. 그런데 안 좋은 시절이 오면 주식시장만이 아닌 모든 경제활동이 위축됩니다. 많은 자금을 주식시장에 넣었는데 평균 –20%의 자산 손실이 발생하고 어떠한 경우는 깡통 구좌까지 갑니다.

네, 견디면 됩니다. 몇 년이고 기다리면 주식은 그 자리로 돌아옵니다. 이것은 재미있는 일입니다. 그런데 슬픈 일은 꼭 –50% 되는 시기에 자금이 급히 필요해진다는 것입니다.

돈을 벌기 위해 주식시장에 투자를 했는데 원금 이하의 자금이 되지요. 대출도 막히고 여러모로 어려운 상황이 됩니다. 가장인 남편을 바라보는 가족들, 자식들 교육비를 위해 투자한 어머니들…. 이렇게 되면 손절하고 50%가 된 자산으로 급한 자금을 메꾸는 방법밖에 없습니다. 많이들 후회합니다.

저는 젊은 시절 한국 주식시장에 투자하면서 한창 중국 펀드가 떠오를 때 이와 같은 경험을 했습니다. 중·고등학교 동창이던 증권사 브로커와 은행 창구 직원들의 무책임한 한마디에 쓴웃음을 지으면서 한국 주식시장을 나왔던 것입니다.

"그래서 주식은 여윳돈으로 하는 거야."

이것이 그들의 무책임한 한마디였습니다.

자본주의 사회에서 돈은 모두 소중합니다. 그리고 자산을 불려야 어느 정도 살 수 있습니다. 돈 없으면 사회에서 대접 못 받는 불행한 사회가 되어버린 작금의 현실에서 여윳돈으로 주식 투자한다는 생각은 버리기 바랍니다.

미국의 많은 개인 투자자들의 투자 목적은 연금과 같이 노후를 대비하기 위함이고, 배당주에 투자를 많이 하는 것도 바로 이 때문입니다. 이분들에게 물어보면 여윳돈이라고 하는 사람은 찾기 어렵습니다. 여러분은 노후 자금을 위해서 투자를 하는데, 손실이 나면 여윳돈이라고 여유를 즐길 수 있습니까?

LG그룹 고 구자경 회장님은 그 모든 것을 이루고도 현직에서 은퇴한 후 명예회상 시절 인화원에서 10원짜리도 아끼가면서 모으신 분입니다. 돈이 부족해서 구자경 회장님께서 10원짜리를 모으셨을까요?

현대그룹 창업자인 정주영 회장님의 30년 된 구두를 생각해보세요. 돈이 한국에서 제일 많은 분인데 돈이 없어서 구두를 30년 신으셨을까요?

아닙니다.

돈의 소중함을 알기 때문입니다.

주식시장은 전쟁터입니다. 돈의 소중함을 알아야 그 전쟁터에서 승리할 수 있습니다.

저는 제 투자 데스크 모니터 중 가장 중요한 모니터에 100달러 화폐를 붙여놓았습니다. 그리고 그 옆에 100달러에서 3,000달러 사이에 구간을 주어서 이 돈으로 무엇을 할 수 있는지 적어놓았습니다. 500달러면 동부에서 공부하는 아들을 만나러 갈 수 있습니다. 1,200달러면 한국에 오는 이코노미 좌석을 구매할 수 있습니다. 3,000달러면 할 수 있는 일들이 더 많습니다.

이렇게 적어놓으면 투자할 때 집중도가 향상됩니다.

간곡히 부탁하건대, 여윳돈으로 투자한다는 여유로운 생각은 저 멀리 태평양으로 던져주기 바랍니다.

여러분 자신을 믿기 바랍니다

투자의 전설이 된 워런 버핏은 자신의 사후, 아내에게 SPY ETF를 물려줄 것이라고 이야기했습니다. 이 행간의 의미를 살펴보기 바랍니다. 그녀는 버핏이 출근할 때 맥도날드에서 먹을 모닝세트의 돈까지 1센트 단위로 정확하게 맞추어서 준다고 합니다. 남편의 내조를 잘하는 과거 우리의 어머니 상입니다.

미국 41대 대통령인 고 부시George H.W. Bush 대통령의 아내인 바바라 여사는 미국 사회의 전통적인 어머니 상입니다. 남편 내조에, 자식들 키우고, 집 안 예쁘게 꾸미고, 음식 잘하고, 손님 초대 잘하는 어머니 상이 아직도 미국의 어머니 상입니다.

그런 어머니들이 남편 사후에 주식 투자를 한다면 아무리 워런 버핏의 아내이고 한때 퍼스트레이디였다 해도 잘할 수 있을까요? 그렇지 않을 것입니다.

그런 분들을 위해서 투자의 전설인 워런 버핏이 SPY ETF를 적극 추천하는 것입니다. 미국 경제의 저력을 믿고 따르는 것입니다. 그리고 투자도 쉽습니다.

이 책을 읽고 열심히 공부했음에도 이해가 어렵고 도저히 도전하기 어렵다 하는 분들은 워런 버핏의 이야기를 그대로 따라가기 바랍니다. 서운해도 이것이 현실입니다. 냉정하게 이야기하는 것입니다.

이 책으로 미국 주식을 공부한 후 어렵기는 하지만 더 열심히 해보겠다는 분들은 더욱 적극적으로 도전해보기 바랍니다. 처음이어서 다소 어려워 보일 수도 있겠지만 이 책에는 제가 미국 주식시장에 투자하면서 가장 갈망하던 내용만을 담았습니다. 성공적인 투자를 위한 필수적인 지침서라 감히 자부합니다.

도전하다가 난관에 부딪히는 분들을 위해 제가 더 도움을 드릴 수 있도록 개인 홈페이지에서 미국 주식시장 유료 방송을 하고 있습니다. 시작한 지 얼마 안 되지만, 곧 더 체계적이고 좋은 내용을 선사해드리겠습니다.

미국 주식시장에서 전문가 수준으로 투자를 하는 것은 쉽지 않은 여정입니다. 비록 주식시장 공부는 어렵지만, 어느 한순간 달라지는 여러분을 발견할 것입니다. 그만큼 성취감도 높아질 것이고 자신감도 쌓일 것입니다.

이 책을 읽는 20대, 30대 분들은 앞으로 50년 이상 투자하면서 경제적 자유를 누릴 수 있는 기회를 많이 찾을 수 있을 것입니다. 40대 이상 분들은 잃어버린 자신감을 찾고 젊은 날의 희망과 성취감을 되찾을 수 있을 것입니다.

성공적인 투자자가 되기 위하여 가장 중요한 것은, 여러분 스스로 납득할 만한 논리적 근거로 투자하는 것입니다. 그리고 그 투자를 믿는 것입니다.

목표 수익, 손절 구간 다 뒤로 두고 여러분 스스로의 논리적 근거가 그 누구에게 이야기해도 설득할 수 있는 투자의 논리적 근거가 된다면, 그 투자는 결과를 떠나서 바람직하고 좋은 투자라 할 수 있습니다.

하늘은 스스로 돕는 자를 돕는다고 했습니다.

내가 흘린 땀은 나를 배반하지 않습니다. 혹 배반 당했다는 생각이 든다면 그것은 흘려야 할 땀이 부족했을 뿐입니다. 한 번만 더 땀을 흘리기 바랍니다. 결국 웃는 자는 여러분입니다.

책을 마무리하겠습니다. 최선을 다해서 지난 8개월간 매일 10시간 넘게 투자하며 이 책을 집필했습니다. 처음에는 한 달이면 될 줄 알고 시작한 작업이었는데 이렇게 많은 시간이 걸렸습니다. 그동안 많이 기다려주신 여러분에게 머리 숙여 감사드립니다.

이 책이 진정으로 여러분께 많은 도움이 되기를 바랍니다.

이 마지막 문장을 읽은 여러분은 이미 성공한 투자자입니다.

아이들을 위한
조기 주식 교육에 대하여

제가 2020년 6월 15일 미주미 카페를 탈퇴하면서 마지막으로 남긴 글 중 제 아들에 관해 이야기한 것이 있습니다. 여기에서 그 글을 소개하겠습니다.

• • •

제 아들이 지금 10학년인데 곧 11학년이 됩니다. 아이에게는 그동안 조부모님과 일가친척들에게 받은 용돈을 모아 약 4,000달러의 목돈이 있었는데요. 작년 여름에 제가 E 트레이드에 구좌를 하나 만들고 제가 조금 더 돈을 보태서 8,500달러로 주식 투자를 시작했습니다.

주식 선정은 아들이 직접 합니다. 아들 포트는 제가 3일에 한 번씩 들어가서 결과에 대해 서로 이야기하고 논의도 하고 토론도 합니다. 아들에게 어릴 때부터 구좌를 만들어준 이유는 다음과 같습니다.

이름이 기억이 잘 안 나지만 1950~1970년대에 월스트리트에서 세 손가락 안에 드는 펀드 매니저가 있었는데 그에게 성공 비결을 물어보니, 자신이 어릴 때 아버지가 뉴욕에서 어떤 매매상을 했다고 합니다. 'Commodity'로 기억하는데요. 아버지가 9살 때부터 자신에게 매일매일 물건 가격과 은행 이자 등의 데이터를 매일 직접 손으로 기록하도록 시켰다고 합니다. 때문에 본인은 1930년대의 대공황 및 1, 2차 세계대전 등 굵직한 일들이 일어날 때마다 세상 돌아가는 이치를 몸소 체득할 수 있었고, 이 데이터를 바탕으로 투자자가 되어서 크게 성공했다고 합니다. 이처럼 우리가 익히 알고 있는 전설적인 투자자들은 이미 10대부터 투자 경험을 쌓기 시작했습니다.

저 역시 처음에는《월스트리트저널WSJ》중 제가 찍어준 데이터를 매일 엑셀에 기록하라고 했습니다. 하지만 한창 놀고 싶은 때였을 아들이 제 말을 들었겠습니까. 하지만 다행스러운 것은 독서를 좋아했던 탓에 〈Dummies〉 시리즈 중 'Stock', 'ETF', 'Commodity' 등 몇 개를 추천해주었더니 책을 읽은 후 아는 척을 하더군요. 그런데 얼마 후 아들이 구글링으로 몇 개 종목을 골라왔는데 놀랍게도 이들 종목은 몇 달 지나지 않아 100% 이상의 수익을 실현했습니다. 이를 보고 제가 실제로 구좌를 만들어준 것입니다.

최근 미국에서는 Stimulus Check를 받아서 로빈후드Robinhood(미국 증권 스마트폰 위주의 브로커)를 이용하여 고등학생들에게도 주식 투자 광풍이 불고 있습니다. 아들 주위에 돈 많은 친구들도 있는데 고등학생임에도 5만 달러로 시작해서 20만 달러를 벌었다는 친구도 있더군요. 무식하면 용감하다고 정말 말도 안 되는 하이 리스크High Risk한 종목에 들어가서 돈을 번 아이들도 있었습니다. 이를 보고 아들이 제게 와서 이 종목에 들어가겠다고 할 정도였습니다.

한번은 아빠가 옵션Option에 투자하는 것을 보더니 자기도 무슨 종목 콜Call을 사네 마네 합니다. 그래서 제가 어떤 근거로 그런 판단을 했는지 물어보았습니다. 그런데 거기에 대한 아들이 대답이 걸작입니다.

"돈만 벌면 되지, 무슨 근거가 필요해?"

아들의 대답에 적잖게 실망한 저는 "나는 네가 그런 식으로 쉬운 돈Easy Money을 버는 것을 원하지 않는다. 그렇게 돈을 벌면 평생 동안 그런 주식만 쫓아다니게 될 것"이라고 말했습니다. 그랬더니 아들 녀석은 "나한테 설교하지 마You (are) lecturing me!"라고 화를 내며 제 방으로 들어가 버렸습니다.

어쩔 수 있나요. 저는 아들이 화가 진정될 때까지 기다린 후 다시 이야기를 시작했습니다.

"아빠는 네가 지금 투자금을 모두 잃어도 상관없어. 네가 너의 분석과 판단 하에 그 종목에 들어간다면 말이지. 아빠는 네가 어른이 된 다음 월스트리트의 펀드 매니저를 직업으로 삼지 않더라도 평생 동안 재산을 쌓아가는 방법 중 하나로 주식과 친하게 지내기를 원해. 그러려면 네가 판단하는 근거와, 그 근거를 가지고 너의 판단력을 키워가야 한단다."

이런 제 진심이 전해졌는지 아들은 "OK" 하고 씩 웃어 보입니다.

아들이 앞으로 커가면서 어떻게 행동할지는 알 수 없습니다. 하지만 제 품 안에 있을 때까지는 제대로 된 투자의 방향을 가르쳐주고 싶습니다.

이후 약 8개월이 지났습니다. 미국에서도 좋은 대학에 가려면 많은 노력을 해야 하는 것은 똑같습니다. 그런데 아들은 바쁜 와중에도 주식시장을 보면서 장기 투자와 단기 투자를 나누는 안목이 생겼습니다. SAT 시험도 보아야 하고 AP 테스트도 보아야 하니 주식시장을 매일 볼 수 없으니까 장기 투자할 수 있는 종목을 사고 싶다고 해서 제가 테슬라와 애플을 추천했습니다. 테슬라는 분할 이후 420달러에 매수해서 주식 수는 얼마 안 되지만 현재 보유하고 있고, 애플 역시 분할 이후 100달러 초반에 보유하고 있습니다.

처음 한동안은 100달러에 울고 웃고를 반복했습니다. 콜옵션을 사겠다고 해서 100달러 안에서 해보라고 했더니 1시간 후에 와서 200달러를 벌었다고 자랑하더군요. 그러다가 1시간 후에는 100달러 손해 보았다고 울상을 짓는 식이었습니다. 하지만 이제는 좀 냉정한 마음가짐을 가진 것 같습니다. 주위에서 아무리 많은 조언을 해주어도 경험만큼 좋은 것은 없습니다.

한번은 아들에게 다음과 같은 이야기를 해주었습니다.

"10년에 한 번은 큰 리세션이 오는데, 네가 지금 18살이니까 앞으로 50년 동안 주식 투자를 한다고 하면 다섯 번의 기회가 더 있는 셈이야. 그런 관점에서 보면 2020년은 네가 돈으로도 살 수 없는 시장을 경험하는 거야. 이런 경험은 결코 쉽게 얻을 수 없어. 이런 시장에서 연준이 어떤 통화정책을 발표했을 때 주식시장이 어떠한 방향으로 움직이는지 잘 관찰해보면 좀 더 많은 것을 얻을 수 있을 거야."

아이들의 학습 능력은 참으로 뛰어납니다. 제가 미국 증권사 플랫폼에 익숙해지려고 한 달을 공부한 것을 아들은 이틀 만에 돌파하더군요.

아이들의 능력은 무한합니다. 이 아이들에게 단순히 주식을 물려주는 것이 아닌 주식시장에 조금이라도 참여해보도록 하는 것은 부모가 아이들에게 해줄 수 있는, 결코 돈으로 환산할 수 없는 큰 자산이 된다고 믿습니다.

워런 버핏은 고등학생 시절 스스로 돈을 벌어 40에이커Acre의 농장을 샀습니다. 그는 청소년기 때부터 돈의 개념이 확실히 정립되어 있는 투자자였습니다. 이처럼 전설적인 월스트리트 투자가들은 대부분 중학교 혹은 고등학교 때부터 현실 사회에 직간접적으로 참여합니다.

미국 고등학교의 사회 시간에는 모의 주식 투자 시간이 있습니다. 우리 아이들은 수능 공부하느라고 바쁘지만 미국 아이들은 고등학생부터 주식에 대해 배웁니다. 월스트리트에서 성공한 재미교포들은 많아도 한국에서 고등학교를 졸업해서 성공하는 사람은 극소수입니다. 개인적으로 현재 월스트리트에서 일하는 대한민국 분들이 꼭 성공하기를 간절히 바라는 사람입니다. 이 분들의 성공 사례가 우리 아이들에게 롤모델이 되어줄 테니까요.

지금 당장 자녀들의 구좌를 만들어서 본인이 원하는 주식을 매수하게 해주세요. 그 주식이 무엇이든 묻지 말고 이 애들이 직접 선택해서 주식시장을 느끼고 깨닫게 해주기 바랍니다. 부모로서 도움이 될 만한 신문, 잡지, 책을 소개해주고 같이 토론도 하기 바랍니다.

아이들이 어떠한 근거로 투자를 했는지 스스로 깨닫게 해주세요. 더불어 하루하루의 수익과 손실에 연연해하지 말고 주식 투자에서 성공할 수 있는 냉철한 판단력과 승부사 기질을 키우게 해주세요. 그러면 스스로 경쟁에 강해지면서 모든 분야에서 강해집니다.

혹여나 투자금을 모두를 날리더라도 논리적 근거로 투자를 했다면 칭찬을 해주세요. 그리고 자식들과 같이 왜 이번에는 이렇게 되었는지 애들의 눈에 맞추어 토론을 같이 하고 다음에는 이런 일이 벌어지지 않도록 지원해주기 바랍니다.

주식시장에 필요한 학문적인 지식은 대한민국 정규 고등학교 과정에서 모두 배웁니다. 거시경제, 이자율, 통화정책은 사회 경제 시간에 모두 배우고 로그, 분산, 표준편차, 통계 모두 수학 시간에 배웁니다. 우리의 고등학교 때를 뒤돌아보세요. 우리 역시 이게 살아가는 데 왜 필요한지 모르면서 배우지 않았나요?

주식시장에서 투자의 경험이 쌓이면 아이들이 학문을 배우는 목적을 스스로 깨닫게 됩니다. 내가 소유한 회사를 좀 더 알기 위해 재무제표도 보려고 할 것입니다. 뉴스에서 본 경제 기사가 내 주식에 어떤 영향을 미치는지 미국 연준의 통화정책을 알아보려 할 것입니다. 그렇게 경제를 보는 눈이 커질 것입니다. 단순한 수익이 목적이 아닌 큰 세상의 경제를 알게 되는 것입니다. 그렇게 걸어갈 길을 알려주고 함께 가는 것이 제가 생각하는 우리 아이들을 위한 주식 교육입니다.

다시 한 번 말하지만 아이들의 재능은 무한합니다. 그리고 앞으로의 세상은 이 아이들이 어떠한 길을 걸어가든 자산의 일부는 주식시장에 필수적으로 투자하는 세상입니다. 그렇기 때문에 주식만큼 조기 교육의 성과가 빛이 나는 곳은 없을 것입니다.

더불어 투자 수익의 일부분은 반드시 주위의 소외된 분들에게 그 규모에 상관없이 도와주도록 이끌어주기 바랍니다. 아이들에게 가장 좋은 살아 있는 교육이 될 것입니다.

애들이 주식시장에서 돈을 벌기 위해서는 냉정할 필요도 있지만, 그 순간이 지나면 마음이 따스한 아이들로 키우게 길을 가르쳐주기 바랍니다. 그것이 아이들이 세상을 등지지 않고 품에 안고 살아가며, 그 아이들이 세상을 아름답게 만들어주는 참 교육입니다.

여러분의 아이들이 모두 경제적 자유를 획득하고 세상을 행복하게 살고, 주위의 소외되고 어려운 환경에 있는 분들을 도울 수 있는 어른이 되기를 바랍니다. 돈보다 소중한 것은 부모 자식 간의 사랑이고, 부부의 화목이며, 형제 간의 우애이고 주위 사람들을 배려해주는 것입니다.

조기 주식 교육으로 아이들이 마음의 여유가 생겨서 행복하게 사는 길을 열어주기를 진심으로 기원합니다. 이것이 제가 생각하는 우리들의 아이들을 위한 주식 교육입니다.

THE
BIBLE
OF THE
U.S.
STOCK
MARKET
INVESTING

부록

미국 주식 투자가 더욱 강해지는

3가지 분석 기법
정복하기

1장 펀더멘털 분석 BACK TEST

2장 시장 흐름 지표 보는 법

3장 기술적 분석에 강해지는 법

THE
BIBLE
OF THE
U.S.
STOCK
MARKET
INVESTING

1장

펀더멘털 분석
BACK TEST

비교 가치
평가 방법 지표

1장에서는 펀더멘털에 사용했던 지표들에 대한 상세한 내용과 백테스트Back Test를 설명합니다. 본문에서 활용 방법을 주로 이야기했다면, 부록에서는 교과서처럼 설명한다고 생각하면 됩니다. 특히 본문에 설명하지 않은 지표들도 포함하고 있습니다.

이름	의미	비교 방법 및 참고 사항
P/E Ratio	$$\frac{\text{Market Price per Share(1주 주식가격)}}{\text{Earning per Share(EPS, 주당 실적)}}$$ P/E Ratio 애플: 39.14 테슬라: 1,253.96	P/E Ratio가 5이면, 실적 1달러에 여러분은 5배의 돈을 내고 주식을 소유한다는 의미입니다. 애플의 경우 실적 1달러 대비 39.14달러를 지불해서 주식 1주를 보유한다는 의미이고, 테슬라는 실적 1달러에 1,253.96달러를 지불한다는 의미입니다.
P/E Ratio TTM	TTM이라는 단어가 있는 경우, Trailing Twelve(12) Months라는 의미로 현재부터 지난 12개월(1년)을 판단 기간으로 정의한 것입니다. 1년 실적을 기준으로 한 주식 가격을 평가한 P/E Ratio가 가장 일반적으로 사용됩니다.	실제로 발표된 실적(Earning)을 기준으로 하기 때문에 가장 보편적으로 사용합니다.
Forward P/E Ratio	$$\frac{\text{Market Price per Share}}{\substack{\text{Estimated Future Earnings per Share} \\ \text{(예상 실적 예측치)}}}$$ 기업들의 Earning Guidance(실적 예상 보고)에 의해 다음 1년 예상 실적으로 분모로 사용하여 그 값을 구합니다.	기업의 실적 예상 보고를 기준으로 하는 판단은 한계성이 존재합니다.

PEG (Price / Earing to Growth Ratio)	P/E Ratio / EPS Growth Rate Forward P/E Ratio의 약점을 극복하기 위해 만든 지표입니다.	EPS Growth Rate를 과거 성장률과 미래 성장률의 평균 성장률을 대입해서 결정하는 것이 일반적입니다.
P/S Ratio	Market Price per Share / Sales Per Share 일반적으로 과거 1년 매출을 기준으로 계산합니다. Revenue 또는 Sales Multiple이라고 부릅니다. 소비자 경기소비재(Consumer Cyclical)의 상장이 얼마 안 된 기업들을 평가할 때 유용합니다.	매출 대비 시장 가격을 평가하는 지표입니다. 동종 업계 비교에만 사용하는 것이 바람직합니다.
P/B Ratio	Market Price per Share / Book Value per Share 1주당 주식 가격을 재무제표상의 1주 가격으로 나누어서 비교하는 지표입니다. ROE와 같이 사용하는 경우 제일 효과적입니다.	Book Value per Share는 총자산(Total Assets)에서 총부채(Total Liabilities)를 감산해서 전체 주식 수로 나눈 값입니다.
P/C Ratio	Market Price per Share / Operating Cash Flow per Share 영업활동을 통한 현금 창출능력을 판단하는 지표입니다.	성장의 한계가 있는 높은 배당주를 선택할 때 제일 유용하게 쓰이는 지표입니다.
P/FCF Ratio	Market Capitalizaiton(시가총액) / Free Cash Flow 잉여현금은 추가 이익이라고 생각해서 판단하면 좋은 지표입니다.	P/C Ratio와 비슷하나 좀 더 정확한 지표입니다. 낮은 수치인 경우 저평가되었다고 판단합니다.

위 표는 펀더멘털 분석에서 사용된 비교 가치 평가 지표 8개입니다.

이 지표들을 가치 평가로 어떻게 여러분께서 사용할 수 있는지를 분석해보겠습니다. (다음부터 나오는 주식 선택은 Finviz.com을 이용했습니다.)

주가수익비율(P/E Ratio)

우선 시가총액 20위의 회사들의 비교 가치 평가 지표들을 보겠습니다([표 1]).

P/E Ratio는 개별 주식들을 비교하는 것보다는 그 주식이 속한 지수(예: S&P500), 11개 섹터, 그리고 산업군과 비교하는 것이 가장 일반적입니다.

S&P500 TTM이 2021년 1월 23일 41.74입니다(https://www.wsj.com/market-data/stocks/peyields). 그러면 시가총액 20위에서 S&P500 P/E Ratio

[표 1] 시가총액 20위 비교 가치 평가

No.	Ticker	Company	▼ Market Cap	P/E	Fwd P/E	PEG	P/S	P/B	P/C	P/FCF	Dividend	EPS	EPS next 5Y
1	AAPL	Apple Inc.	2372.18B	42.57	31.84	3.29	8.64	36.31	26.08	40.01	0.59%	3.27	12.92%
2	MSFT	Microsoft Corporation	1711.27B	36.46	30.25	2.51	11.63	13.85	12.40	50.71	0.99%	6.20	14.55%
3	AMZN	Amazon.com, Inc.	1664.22B	96.41	72.51	2.94	4.78	19.93	24.33	67.48	-	34.15	32.80%
4	GOOG	Alphabet Inc.	1305.00B	36.73	30.98	2.19	7.60	6.05	-	-	-	51.75	16.81%
5	GOOGL	Alphabet Inc.	1285.98B	36.57	30.76	2.18	7.49	6.04	9.70	37.80	-	51.75	16.81%
6	TSLA	Tesla, Inc.	802.53B	1676.51	211.71	-	28.48	49.48	55.23	188.83	-	0.51	-
7	FB	Facebook, Inc.	764.07B	32.55	26.15	1.96	9.67	6.64	13.74	39.82	-	8.43	16.60%
8	BABA	Alibaba Group Holding Limited	698.35B	34.47	20.93	9.87	7.73	5.27	11.01	27.86	-	7.50	3.49%
9	BRK-B	Berkshire Hathaway Inc.	566.00B	-	21.43	-	2.28	0.00	-	-	-	-	23.30%
10	TSM	Taiwan Semiconductor Manufacturing Company Limited	565.66B	38.16	31.83	1.56	12.22	10.49	21.12	-	1.35%	3.38	24.50%
11	BRK-A	Berkshire Hathaway Inc.	550.47B	15.54	21.84	-	2.23	1.34	20.53	20.43	-	22565.36	-14.50%
12	V	Visa Inc.	472.81B	44.39	29.53	3.69	21.64	12.79	23.59	67.16	0.63%	4.55	12.03%
13	JNJ	Johnson & Johnson	431.49B	26.17	18.19	6.00	5.34	6.68	14.02	54.04	2.47%	6.25	4.30%
14	WMT	Walmart Inc.	420.68B	21.12	25.48	3.05	0.77	5.09	29.37	23.20	1.48%	6.93	6.93%
15	JPM	JPMorgan Chase & Co.	415.26B	17.46	12.13	36.07	5.94	1.71	0.30	-	2.69%	7.66	0.48%
16	NVDA	NVIDIA Corporation	348.52B	89.62	46.96	4.07	23.59	22.11	34.37	90.85	0.12%	6.12	22.05%
17	MA	Mastercard Incorporated	331.70B	49.57	39.96	4.85	21.27	56.82	31.22	55.14	0.53%	6.64	10.23%
18	UNH	UnitedHealth Group Incorporated	329.04B	19.97	19.08	1.63	1.30	5.06	18.75	20.92	1.44%	17.40	12.25%
19	PG	The Procter & Gamble Company	323.46B	24.86	21.82	2.84	4.46	6.83	-	45.07	2.43%	5.23	8.74%
20	DIS	The Walt Disney Company	316.45B	-	36.27	-	4.84	3.74	17.66	157.51	-	-1.56	41.57%

TTM보다 높은 회사는 아마존, 애플, 테슬라, 비자, 마스터카드, NVIDIA 6개 회사들입니다. 페이스북과 마이크로소프트가 포함 안 된 것이 의아스럽지요? (이 책의 초안을 쓰던 때는 2020년 12월 17일이었습니다. 이때는 애플이 포함되지 않았습니다. 제가 블로그에 애플 주가가 상승하지 않으면, 산타 랠리의 폭이 한정될 것이라고 이야기한 바 있습니다. 애플은 미국 주식시장에 주는 상징성 및 그 영향력이 대단합니다. 현재 애플이 상승하고 있습니다. 책을 읽는 시점에서 2021년 애플 주식 가격의 움직임과 S&P500의 움직임을 잘 살펴보기 바랍니다.)

[차트 1] 표 1에서 선정된 주식들의 성과 비교

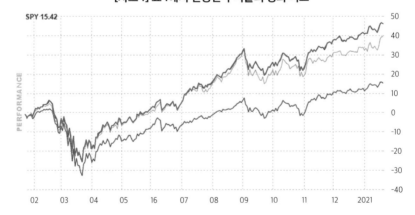

그러면 이들과 S&P500의 주식 성장을 비교해보겠습니다([차트 1]).
S&P500의 2020년 수익률은 15.42%입니다. 시가총액 20위의 회사들의 수익
률은 39.42%이고 이 20개 회사들을 동일한 비중(EW: Equal Weight – 포트폴리오
가 100이라고 하면 20개의 회사이니 각 회사별로 5의 비중을 두는 것으로 시가총액이 적은 회
사의 주식을 더 많이 보유해야 합니다)인 경우, 46.20%의 성장을 보입니다. (이제부터 위
의 그래프에 대한 비교는 EW – 동일 비중 – 만을 기준으로 하겠습니다.)

그러면 P/E Ratio가 S&P500보다 높은 20개 회사들을 보겠습니다.

[표 2] 시가총액 기준 S&P500 P/E보다 높은 Top 20 회사들

No.	Ticker	Company	▼ Market Cap	P/E	Fwd P/E	PEG	P/S	P/B	P/C	P/FCF	Dividend	EPS	EPS next 5Y
1	AAPL	Apple Inc.	2372.18B	42.57	31.84	3.29	8.64	36.31	26.08	40.01	0.59%	3.27	12.92%
2	AMZN	Amazon.com, Inc.	1664.22B	96.41	72.51	2.94	4.78	19.93	24.33	67.48	-	34.15	32.80%
3	TSLA	Tesla, Inc.	802.53B	1676.51	211.71	-	28.48	49.48	55.23	188.83	-	0.51	-
4	V	Visa Inc.	472.81B	44.39	29.53	3.69	21.64	12.79	23.59	67.16	0.63%	4.55	12.03%
5	NVDA	NVIDIA Corporation	348.52B	89.62	46.96	4.07	23.59	22.11	34.37	90.85	0.12%	6.12	22.05%
6	MA	Mastercard Incorporated	331.70B	49.57	39.96	4.85	21.27	56.82	31.22	55.14	0.53%	6.64	10.23%
7	PYPL	PayPal Holdings, Inc.	298.06B	95.17	55.52	4.14	14.68	15.98	21.05	58.94	-	2.65	22.99%
8	NFLX	Netflix, Inc.	251.13B	95.68	62.36	2.11	10.54	24.15	29.92	389.05	-	5.91	45.25%
9	ASML	ASML Holding N.V.	246.29B	58.93	49.25	2.86	14.72	14.26	45.97	95.14	0.50%	9.66	20.60%
10	ADBE	Adobe Inc.	229.20B	43.57	35.72	2.61	17.81	19.36	43.54	51.69	-	10.84	16.67%
11	NKE	NIKE, Inc.	220.59B	79.45	36.05	2.32	5.77	20.61	18.68	105.34	0.79%	1.75	34.30%
12	XOM	Exxon Mobil Corporation	210.68B	78.53	27.10	5.77	1.08	1.14	23.85	-	7.34%	0.60	13.61%
13	CRM	salesforce.com, inc.	208.96B	135.60	64.47	7.66	10.30	5.10	22.01	58.66	-	1.67	17.94%
14	TMO	Thermo Fisher Scientific Inc.	201.43B	42.16	24.89	2.52	7.07	6.40	-	37.58	0.17%	12.21	16.73%
15	ABT	Abbott Laboratories	197.73B	60.02	25.80	4.52	6.14	6.38	41.79	94.16	1.60%	1.88	13.28%
16	AVGO	Broadcom Inc.	191.77B	73.63	16.64	9.32	8.03	7.89	25.17	31.62	3.10%	6.32	7.90%
17	DHR	Danaher Corporation	169.06B	57.26	32.75	2.96	9.21	4.88	29.72	43.14	0.30%	4.16	19.73%
18	NEE	NextEra Energy, Inc.	165.96B	42.23	33.72	4.82	9.12	4.43	84.63	27.32	1.66%	1.99	8.75%
19	TMUS	T-Mobile US, Inc.	158.51B	46.57	44.80	-	2.64	2.50	24.12	-	-	2.80	-1.40%
20	MDT	Medtronic plc	158.21B	44.94	20.01	4.35	5.68	3.12	11.08	90.56	1.99%	2.59	10.33%

[차트 2] 표 2에서 선정된 주식들의 성과 비교

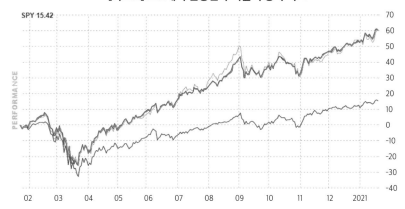

이 회사들은 S&P500보다 고평가된 회사들입니다. EW으로 지난 1년간 60.26% 상승했습니다. 그렇다면 S&P500 지수가 앞으로 10% 더 오를 것이라고 일반적인 상식으로 생각한다면 이들이 오를까요, 아니면 저평가된 기업들이 오를까요?

여기에 답하는 데는 한계가 있습니다. 일반적으로 비교하는 지수(S&P500)의 P/E보다 저평가된 기업이 상승 잠재력이 있다고 이론적으로 이야기할 수 있지만, 지금 주식시장의 성장을 이끌어온 것은 S&P500보다 P/E Ratio가 높은 주식들입니다. 그 상승세가 주춤하는데 S&P500 시장 자체가 10% 오를 수 있을까요? 이 질문에 대한 답은 여러분 스스로 찾아보아야 합니다. 즉 저평가주라도 이렇게 시장이 좋은 경우는 저평가 주식이 아닐 수 있습니다. 그래서 많은 투자자들이 저평가 주식보다는 모멘텀Momentum 주식을 선호하기도 합니다. 본인의 논리적 판단에 의해 저평가 주식을 선택한다면 후회 없이 선택하기 바랍니다.

S&P500의 P/E보다 낮은 시가총액 20위 기업에는 마이크로소프트, 구글, 페이스북 등이 있습니다. 그러면 S&P500의 P/E Ratio 41.74보다 낮은 범위의 기업들을 시가총액 기준으로 보겠습니다.

[표 3] P/E Ratio 41.74 이하 시가총액 상위 20위 기업

No.	Ticker	Company	▼ Market Cap	P/E	Fwd P/E	PEG	P/S	P/B	P/C	P/FCF	Dividend	EPS	EPS next 5Y
1	MSFT	Microsoft Corporation	1711.27B	36.46	30.25	2.51	11.63	13.85	12.40	50.71	0.99%	6.20	14.55%
2	GOOG	Alphabet Inc.	1305.00B	36.73	30.98	2.19	7.60	6.05	-	-		51.75	16.81%
3	GOOGL	Alphabet Inc.	1285.98B	36.57	30.76	2.18	7.49	6.04	9.70	37.80		51.75	16.81%
4	FB	Facebook, Inc.	764.07B	32.55	26.15	1.96	9.67	6.64	13.74	39.82	-	8.43	16.60%
5	BABA	Alibaba Group Holding Limited	698.35B	34.47	20.93	9.87	7.73	5.27	11.01	27.86	-	7.50	3.49%
6	TSM	Taiwan Semiconductor Manufacturing Company Limited	565.66B	38.16	31.83	1.56	12.22	10.49	21.12	-	1.35%	3.38	24.50%
7	BRK-A	Berkshire Hathaway Inc.	550.47B	15.54	21.84	-	2.23	1.34	20.53	20.43	-	22565.36	-14.50%
8	JNJ	Johnson & Johnson	431.49B	26.17	18.19	6.08	5.34	6.68	14.02	54.04	2.47%	6.25	4.30%
9	WMT	Walmart Inc.	420.68B	21.12	25.48	3.05	0.77	5.09	29.37	23.20	1.48%	6.93	6.93%
10	JPM	JPMorgan Chase & Co.	415.26B	17.46	12.13	36.07	5.94	1.71	0.30	-	2.69%	7.66	0.48%
11	UNH	UnitedHealth Group Incorporated	329.04B	19.97	19.08	1.63	1.30	5.06	18.75	20.92	1.44%	17.40	12.25%
12	PG	The Procter & Gamble Company	323.46B	24.86	21.82	2.84	4.46	6.83	-	45.07	2.43%	5.23	8.74%
13	HD	The Home Depot, Inc.	297.71B	24.54	22.91	2.92	2.37	198.60	20.32	25.09	2.11%	11.57	8.41%
14	BAC	Bank of America Corporation	281.04B	15.59	13.98	59.72	4.93	1.12	0.30	7.83	2.28%	2.02	0.26%
15	TM	Toyota Motor Corporation	246.29B	15.19	14.08	1.92	0.98	1.02	2.95	30.74	2.87%	9.74	7.90%
16	INTC	Intel Corporation	238.93B	11.11	12.55	2.21	3.06	3.18	13.09	16.20	2.33%	5.10	5.03%
17	VZ	Verizon Communications Inc.	236.41B	13.00	11.50	5.47	1.84	3.66	26.32	20.53	4.37%	4.42	2.37%
18	NVS	Novartis AG	235.22B	31.38	15.19	4.04	4.74	4.06	21.64	47.21	3.19%	3.09	7.77%
19	CMCSA	Comcast Corporation	226.80B	21.79	16.83	3.64	2.18	2.59	16.55	18.21	1.89%	2.23	5.98%
20	KO	The Coca-Cola Company	210.65B	25.15	23.04	10.56	6.29	11.20	9.97	99.08	3.38%	1.93	2.38%

[차트 3] 표 3에서 선정된 주식들의 성과 비교

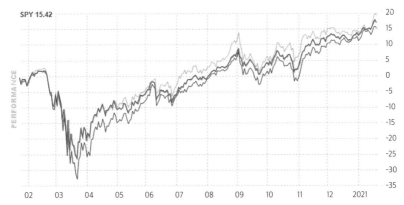

꽤 놀라운 현상을 발견할 수 있습니다. 16.49%로 S&P500의 수익 15.42%와 아주 비슷합니다. 여러분께서 주식 선정 및 모멘텀 투자를 하는 경우는 이 부분을 놓치지 않기 바랍니다.

그러면 2020년 가장 인기 있었던 Technology 섹터를 보겠습니다. 11개 섹터들의 비교 가치 평가 지표를 보겠습니다.

Technology가 43.24로 4위입니다. 대부분 1위라고 생각하셨지요? S&P500 P/E Ratio가 41.74이니 비슷하게 평가되었다는 이야기입니다. S&P500의 시장 평가가 실적Earnings 기준으로 시장 가치Market Value라고 이야기하면 Technology 섹터는 S&P500에 비해 고평가된 것이 아니라고 판단할 수 있습니다.

[표 4] 11개 섹터 비교 가치 평가

No.	Name	Market Cap	▼ P/E	Fwd P/E	PEG	P/S	P/B	P/C	P/FCF
1	Consumer Cyclical	7831.97B	51.66	31.54	3.10	2.62	6.21	11.63	35.89
2	Energy	2477.32B	48.03	16.96	14.77	0.83	1.04	7.80	22.51
3	Real Estate	1501.74B	47.66	42.42	4.88	5.49	2.44	18.24	60.94
4	Technology	12692.05B	43.24	29.67	2.73	5.65	8.93	15.47	43.43
5	Industrials	4376.80B	35.96	23.42	4.09	2.05	4.17	11.02	31.53
6	Healthcare	7442.37B	34.63	19.98	3.14	2.51	4.93	14.67	36.80
7	Communication Services	7338.55B	31.44	27.82	1.88	3.93	4.17	14.94	42.09
8	Basic Materials	2144.46B	31.21	16.43	3.51	2.20	2.52	12.22	26.68
9	Consumer Defensive	3513.48B	26.21	20.43	3.03	1.52	4.58	19.85	34.09
10	Utilities	1253.58B	24.56	18.70	4.07	2.33	1.76	27.31	46.51
11	Financial	8669.29B	21.21	15.03	2.65	2.72	0.01	0.54	8.84

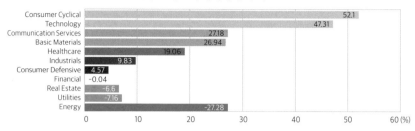

[차트 4] 11개 섹터의 성과 비교

그럼 Technology 섹터의 P/E Ratio가 S&P500보다 작은 주식들 중 시가 총액 상위 20위 주식들을 보겠습니다([표 5]).

Technology 섹터에서 P/E Ratio 41 이하 시가총액 20위권의 회사들의 지난 1년간 수익률은 35.42%입니다. 위와 같은 방법(P/E Ratio를 꼭 41 이하로 할 필요 없음. 본인이 원하는 조건을 선정하면 됨)을 통해 11개 섹터에서 20개씩 선정한다면 220개의 투자 후보군이 생기는 것이고, 여러분은 이 후보들 사이에서 10개 이내의 주식을 선정하여 최적의 포트폴리오를 만들어야 합니다. 물론 ETF도 포함해야 할 것입니다.

P/E Ratio로 11개 섹터를 비교하는 것은 비즈니스 사이클Business Cycle(경기순환 주기)을 분석하는 과정이기도 합니다. 앞서 3장 3절 ETF 시장에서 설명한 내용을 다시 한 번 반복하겠습니다. 섹터 로테이션은 경기순환 주기로 시장 트렌드를 확인할 수 있는 또 하나의 방법입니다.

P/E Ratio에서 파생된 Forward P/E Ratio와 PEG는 미래의 실적에 대한 기대를 보여줍니다. 즉 경기순환 주기는 1~6개월 선행한다고 이야기를 했습니다. 그러므로 이 경기순환 주기와 포워드 P/E Ratio 및 PEG는 연관성이 높습니다. 예를 들어 경기가 과열되면 물가가 상승합니다. 물가가 상승되면 연준에서 기준금리를 올려서 과열된 경기를 식히려 합니다. 이 경우 어느 섹터가 혜택을 받을까요? 기준금리가 인상되면 금융Financial 섹터의 수익이 증가합니다. 원자재Materials 섹터와 에너지Energy 부문도 금리 인상에 의해 커머더티 가격이 상승해서 수혜를

받게 됩니다. 3장에서 시중금리와 커머더티는 같은 방향으로 움직인다고 설명했습니다.

반대로 경기 불황Recession에서는 연준의 기준금리가 내려가면 시중금리도 하락합니다. 이 경우 경기순환주Cyclical Stocks인 소비자 경기소비재Consumer Discretionary의 실적이 올라갑니다.

[표 5]를 다시 보겠습니다. 2021년 1월이 경기가 회복되는 중이지만, 미국경제연구소NBER: The National Bureau of Economic Research의 발표에 따르면, 2020년 2월 4일부

[표 5] Technology 섹터 P/E Ratio 41.74 이하 시가총액 상위 20위

No.	Ticker	Company	▼ Market Cap	P/E	Fwd P/E	PEG	P/S	P/B	P/C	P/FCF	Dividend	EPS	EPS next 5Y
1	MSFT	Microsoft Corporation	1711.27B	36.46	30.25	2.51	11.63	13.85	12.40	50.71	0.99%	6.20	14.55%
2	TSM	Taiwan Semiconductor Manufacturing Company Limited	565.66B	38.16	31.83	1.56	12.22	10.49	21.12	-	1.35%	3.38	24.50%
3	INTC	Intel Corporation	238.93B	11.11	12.55	2.21	3.06	3.18	13.09	16.20	2.33%	5.10	5.03%
4	QCOM	QUALCOMM Incorporated	188.09B	35.86	20.36	1.48	7.99	30.19	16.77	123.34	1.60%	4.53	24.18%
5	CSCO	Cisco Systems, Inc.	188.01B	18.18	13.28	2.96	3.91	4.96	6.26	20.56	3.22%	2.46	6.14%
6	ORCL	Oracle Corporation	177.18B	18.31	12.89	1.68	4.50	22.69	4.59	19.30	1.59%	3.30	10.90%
7	ACN	Accenture plc	169.33B	31.23	28.09	3.14	3.79	9.02	19.51	26.67	1.38%	8.16	9.93%
8	TXN	Texas Instruments Incorporated	160.99B	32.66	29.50	3.27	11.72	19.03	29.18	87.59	2.36%	5.29	10.00%
9	SAP	SAP SE	158.71B	25.61	21.60	4.35	4.69	4.24	16.39	34.23	1.36%	4.98	5.89%
10	SNE	Sony Corporation	129.34B	14.04	22.35	2.70	1.62	2.56	3.04	13.68	0.46%	7.20	5.20%
11	IBM	International Business Machines Corporation	106.17B	13.23	10.29	-	1.41	4.99	6.81	14.17	5.50%	8.96	-1.09%
12	AMAT	Applied Materials, Inc.	99.61B	27.11	19.56	1.69	5.79	9.21	17.36	38.39	0.83%	3.92	16.05%
13	MU	Micron Technology, Inc.	92.71B	31.05	10.38	1.69	4.20	2.30	13.18	-	-	2.65	18.38%
14	LRCX	Lam Research Corporation	82.72B	31.99	22.26	1.65	7.48	15.12	12.42	58.54	0.92%	17.63	19.38%
15	INFY	Infosys Limited	79.53B	31.62	27.13	3.95	6.14	7.94	22.34	50.70	1.76%	0.58	8.00%
16	VMW	VMware, Inc.	56.77B	35.41	19.31	4.02	4.68	6.68	-	14.74	-	3.80	8.80%
17	DELL	Dell Technologies Inc.	56.17B	23.83	10.14	8.56	0.61	64.36	4.97	7.54	-	3.19	2.78%
18	KLAC	KLA Corporation	47.07B	37.11	23.34	3.05	7.94	17.24	23.04	43.71	1.18%	8.22	12.15%
19	CTSH	Cognizant Technology Solutions Corporation	42.97B	29.87	20.27	11.90	2.56	3.92	9.39	17.43	1.09%	2.70	2.51%
20	APH	Amphenol Corporation	40.19B	34.84	31.23	4.47	4.83	7.84	27.60	40.14	0.88%	3.80	7.80%

[차트 5] 표 5에서 선정된 주식들의 성과

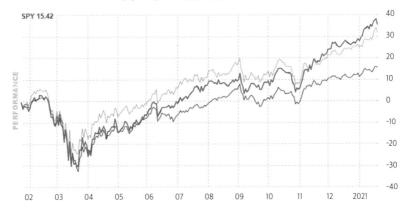

터 경기 불황이라고 정의했습니다. P/E Ratio가 지난 1년간의 실적을 가지고 계산을 하는 것이니, 이 소비자 경기소비재Consumer Cyclical의 P/E Ratio는 11개 섹터 중 가장 높은 51.66을 보여주고 있습니다. 이렇게 경기순환 주기를 P/E Ratio과 잘 이용하면 좋은 주식을 선택할 수 있습니다.

경기 불황으로 접어든 경우 소비자 경기소비재 산업들의 P/E Ratio를 보겠습니다. 산업Industry은 각 섹터Sector의 하부 단위입니다.

2020년의 경우, Stay-Home 명령으로 인터넷Internet 유통업체들이 강세를 보였습니다. 이 인터넷 유통업체들 중 P/E Ratio 30이며 시가총액이 10억 달러가 넘는 회사들을 보겠습니다([표 7]). 아마존, 알리바바, 엣시Etsy, 오버스탁 등 2020년에 인기 있었던 주식들의 리스트가 나옵니다. 동일 비중으로 투자를 했다면 172.77%의 수익을 낼 수 있었습니다.

[표 6] 소비재 산업 P/E Ratio

No.	Name	▼ Market Cap	P/E	Fwd P/E	PEG	P/S	P/B	Dividend	EPS next 5Y
1	Internet Retail	3146.66B	67.97	47.38	2.94	4.85	11.85	0.01%	23.12%
2	Auto Manufacturers	1521.08B	53.35	33.78	6.96	2.32	3.20	0.57%	7.66%
3	Restaurants	488.10B	45.11	28.80	2.20	4.00	18.99	1.65%	20.54%
4	Home Improvement Retail	443.50B	25.27	21.96	1.87	2.05	63.38	1.82%	13.50%
5	Specialty Retail	276.21B	31.36	21.70	2.69	1.28	8.12	0.61%	11.67%
6	Footwear & Accessories	252.11B	67.66	31.76	2.18	4.18	12.72	0.74%	31.04%
7	Apparel Retail	228.29B	113.67	25.51	14.33	1.99	9.89	0.82%	7.93%
8	Travel Services	183.28B	130.26	33.03	30.28	4.73	2.83	-	4.30%
9	Auto Parts	174.68B	35.65	17.93	3.20	1.03	3.04	0.59%	11.15%
10	Packaging & Containers	166.30B	27.65	15.49	3.37	1.13	3.86	1.97%	8.21%
11	Leisure	149.95B	98.10	27.95	15.46	3.45	3.44	2.10%	6.35%
12	Resorts & Casinos	148.92B	98.95	60.83	17.27	3.89	5.17	0.21%	5.73%
13	Lodging	141.36B	437.66	43.08	-	4.18	15.40	0.42%	-2.34%
14	Residential Construction	121.92B	12.83	9.20	1.03	0.94	1.93	0.81%	12.46%
15	Apparel Manufacturing	102.51B	143.10	22.74	26.68	1.87	4.55	1.21%	5.36%
16	Furnishings, Fixtures & Appliances	61.67B	22.81	15.36	2.45	1.15	3.12	1.23%	9.30%
17	Auto & Truck Dealerships	58.67B	22.58	15.77	2.39	0.54	3.13	0.41%	9.43%
18	Personal Services	58.19B	45.43	27.55	4.80	3.08	8.21	0.96%	9.47%
19	Recreational Vehicles	41.25B	36.19	16.33	2.24	1.25	4.87	0.99%	16.15%
20	Gambling	26.87B	-	53.52	-	2.91	4.77	0.71%	30.46%
21	Department Stores	24.59B	222.02	20.44	-	0.36	1.91	0.23%	-2.87%
22	Luxury Goods	12.71B	-	12.78	-	1.02	2.89	0.07%	23.00%
23	Textile Manufacturing	3.15B	26.17	25.70	36.21	1.52	2.46	1.01%	0.72%

[표 7] 소비자 경기소비재 P/E Ratio > 30, 시가총액 > 10억 달러

No.	Ticker	Company	▼ Market Cap	P/E	Fwd P/E	PEG	P/S	P/B	P/C	P/FCF	Dividend	EPS	EPS next 5Y
1	AMZN	Amazon.com, Inc.	1664.22B	96.41	72.51	2.94	4.78	19.93	24.33	67.48	-	34.15	32.80%
2	BABA	Alibaba Group Holding Limited	698.35B	34.47	20.93	9.87	7.73	5.27	11.01	27.86	-	7.50	3.49%
3	JD	JD.com, Inc.	154.26B	33.47	41.70	5.51	1.44	6.32	8.22	26.75	-	2.84	6.08%
4	ETSY	Etsy, Inc.	27.87B	125.20	98.34	2.06	20.22	39.05	18.28	54.28	-	1.71	60.90%
5	BZUN	Baozun Inc.	5.75B	41.23	20.42	8.45	4.49	2.35	8.26	-	-	0.84	4.88%
6	OSTK	Overstock.com, Inc.	3.13B	284.14	342.98	-	1.40	7.90	5.89	18.63	-	0.24	
7	RVLV	Revolve Group, Inc.	2.58B	55.97	52.48	2.86	4.39	14.48	16.26	29.42	-	0.65	19.56%

752

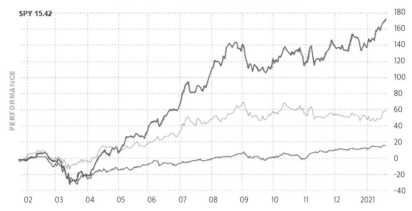

이처럼 P/E Ratio를 가지고 투자할 주식을 선정하는 것이 교과서적 접근 방법입니다. 물론 P/E Ratio는 주식시장이 과열되는 경우 아주 고평가될 수 있어서 P/E Ratio가 선택을 혼란스럽게 만드는 단점이 있습니다. 그래서 여러 지표와 짝Pair을 지어 선택하는 경우도 많고, 경기순환 주기를 참조로 선택하는 경우도 많습니다. 또한 백테스트Back Test로 보는 결과이기 때문에 투자 당시의 심리적 요인 및 상황도 무시할 수 없습니다.

P/E Ratio를 한국에서는 PER(퍼)라 부르는데, 미국에서는 P/E Ratio(피이 레이시오)라고 이야기합니다. 혹시라도 나중에 미국에서 공부할 분들은 수업시간에 '퍼'라고 말하면 교수 및 동기들이 전혀 알아듣지 못할 것입니다. 참고하기 바랍니다.

포워드 주가수익비율(Forward P/E Ratio)

일반적으로 P/E Ratio는 지난 1년간의 실적을 기준으로 합니다. 하지만 미국 금융 사이트에서 정확성을 보여주기 위해 TTM(Trailing Twelve Months)을 표기합니다. 지난 12개월을 추적한 것이니, 당연히 과거만 보여주는 것입니다. 그럼 미래도 보아야 하겠지요? 그래서 사용하는 것인 Forward P/E Ratio입니다.

[표 8] P/E Ratio 40 이상의 시가총액 상위 20위

No.	Ticker	Company	▼ Market Cap	P/E	Fwd P/E	PEG	P/S	P/B	P/C	P/FCF	Dividend	EPS	EPS next 5Y
1	AAPL	Apple Inc.	2372.18B	42.57	31.84	3.29	8.64	36.31	26.08	40.01	0.59%	3.27	12.92%
2	AMZN	Amazon.com, Inc.	1664.22B	96.41	72.51	2.94	4.78	19.93	24.33	67.48	-	34.15	32.80%
3	TSLA	Tesla, Inc.	802.53B	1676.51	211.71	-	28.48	49.48	55.23	188.83	-	0.51	-
4	V	Visa Inc.	472.81B	44.39	29.53	3.69	21.64	12.79	23.59	67.16	0.63%	4.55	12.03%
5	NVDA	NVIDIA Corporation	348.52B	89.62	46.96	4.07	23.59	22.11	34.37	90.85	0.12%	6.12	22.05%
6	MA	Mastercard Incorporated	331.70B	49.57	39.96	4.85	21.27	56.82	31.22	55.14	0.53%	6.64	10.23%
7	PYPL	PayPal Holdings, Inc.	298.06B	95.17	55.52	4.14	14.68	15.98	21.05	58.94	-	2.65	22.99%
8	NFLX	Netflix, Inc.	251.13B	95.68	62.36	2.11	10.54	24.15	29.92	389.05	-	5.91	45.25%
9	ASML	ASML Holding N.V.	246.29B	58.93	49.25	2.86	14.72	14.26	45.97	95.14	0.50%	9.66	20.60%
10	ADBE	Adobe Inc.	229.20B	43.57	35.72	2.61	17.81	19.36	43.54	51.69	-	10.84	16.67%
11	NKE	NIKE, Inc.	220.59B	79.45	36.05	2.32	5.77	20.61	18.68	105.34	0.79%	1.75	34.30%
12	XOM	Exxon Mobil Corporation	210.68B	78.53	27.10	5.77	1.08	1.14	23.85	-	7.34%	0.60	13.61%
13	CRM	salesforce.com, inc.	208.96B	135.60	64.47	7.66	10.30	5.10	22.01	58.66	-	1.67	17.69%
14	TMO	Thermo Fisher Scientific Inc.	201.43B	42.16	24.89	2.52	7.07	6.40	-	37.58	0.17%	12.21	16.73%
15	ABT	Abbott Laboratories	197.73B	60.02	25.80	4.52	6.14	6.38	41.79	94.16	1.60%	1.88	13.28%
16	AVGO	Broadcom Inc.	191.77B	73.63	16.64	9.32	8.03	7.89	25.17	31.62	3.10%	6.32	7.90%
17	DHR	Danaher Corporation	169.06B	57.26	32.75	2.96	9.21	4.88	29.72	43.14	0.30%	4.16	19.37%
18	NEE	NextEra Energy, Inc.	165.96B	42.23	33.72	4.82	9.12	4.43	84.63	27.32	1.66%	1.99	8.75%
19	TMUS	T-Mobile US, Inc.	158.51B	46.57	44.80	-	2.64	2.50	24.12	-	-	2.80	-1.40%
20	MDT	Medtronic plc	158.21B	44.94	20.01	4.35	5.68	3.12	11.08	90.56	1.99%	2.59	10.33%

Forward P/E Ratio는 향후 12개월의 실적을 예측하여 계산하는데, 이는 회사의 발표 자료 및 애널리스트들의 예측을 감안하여 계산합니다.

투자자들이 이 Forward P/E Ratio를 중요시하는 이유 중의 하나는, 미국 주식은 실적Earning에 따라서 주식 가격이 아주 큰 영향을 받기 때문입니다. 예를 들어 예측한 실적보다 좋은 실적이 나오면 '깜짝 실적Earning Surprise'이 되면서 주가가 상승하는 경우가 많습니다. 그래서 실적을 중요시하는 애널리스트들은 이 Forward P/E Ratio를 중요시합니다. 하지만 기업들은 대부분 보수적으로 실적을 예상합니다. 어느 한 회사가 실적 예상을 과대하게 한다고 시장에서 판단하는 경우, 애널리스트들은 '매도' 추천을 하는 경우도 있습니다. 그 대표적인 예가 2019년 하반기부터 본격적인 상승을 한 '테슬라'였습니다.

현재의 P/E Ratio과 Forward P/E Ratio를 비교하는 방법은 Forward P/E Ratio가 현재의 P/E Ratio보다 낮으면 향후 1년간의 실적이 지금보다 좋을 것이라고 판단하는 것입니다. 분모가 '미래 실적 예측치'이기 때문에 분모가 증가하면 구하는 값이 줄어듭니다. P/E Ratio과 Forward P/E Ratio의 분자는 동일하므로 포워드 P/E Ratio가 줄어드는 회사를 여러분은 찾아야 합니다. 시가총

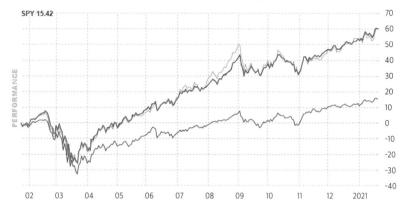

[차트 7] 표 8에서 선정된 주식들의 성과

액 20위의 회사들은 모든 Forward P/E Ratio가 P/E Ratio보다 작습니다. 이 Forward P/E Ratio는 그 주식이 속한 지수, 섹터 내에서 보는 것이 좋습니다. 만약 Forward P/E Ratio가 그 주식이 속한 산업의 평균 Forward P/E Ratio보다 낮다면 실적을 좋게 보는 것이기 때문에 투자자들은 기꺼이 투자를 하려고 합니다.

이 기준으로 주식을 선정한 경우, 동일 비중으로 60.26%의 수익이 창출됩니다. 이 Forward P/E Ratio의 단점은 회사의 예상 실적을 다음 분기에 발표할 때 '어닝 서프라이즈'를 위해 보수적으로 발표한 경우 애널리스트의 주관에 의해 객관적인 분석이 어려울 수 있다는 것입니다.

PEG

P/E Ratio 30 이상 회사들 중 시가총액 Top 20위 회사들의 리스트입니다. 20개 회사 모두 Forward P/E Ratio 값이 적으니, 모두 향후 12개월간 성장을 예측한다는 의미입니다. 단점으로 이야기한 보수적 예측 등이 정확한 예측을 인위적으로 방해할 수 있다고 판단해서 이보다 더 좋은 지표를 참조하게 되었습니

다. 그 지표가 PEG P/E Ratio to Growth Rate입니다.

　PEG는 Forward P/E Ratio의 단점을 보완한 지표입니다. 주식 비교를 할 수 있는 P/E Ratio를 EPS 성장률 EPS Growth Rate을 이용하여 나누는 것인데, Forward P/E Ratio과 다른 점입니다. Forward P/E Ratio는 회사에서 주관적으로 결정한 발표 자료를 이용하기에 객관성이 떨어진다고 합니다. EPS 성장률은 현재를 기준으로 1년 동안 EPS의 성장률을 사용합니다. 성장률은 과거 1년간 혹은 일반적으로 예측된 향후 1년간 예측 성장률을 사용하든 아니면 둘의 평균을 사용하기도 합니다. 지난 1년 동안 성장한 실질적이며 검증된 비율을 이용하기에 주관성이 배제되는 점에서 더 정확하다고 이야기합니다.

　A 주식의 현재 P/E Ratio가 2이고 EPS 성장률이 10%였다고 가정한다면 PEG는 20이 됩니다(2 ÷ 0.1 = 20). PEG 값이 높으면 성장률 대비 고평가되었다고 판단하며, 낮으면 저평가되었다고 판단합니다. PEG 값 1이 기준이 됩니다. PEG가 1 이상이면 과대평가된 주식으로, 반대로 1 이하이면 저평가 주식으로 판단합니다. 그럼 PEG 1 이하의 주식들 중 시가총액 20위의 주식들을 보겠습니다.

[표 9] PEG<1 주식 중 시가총액 상위 20

No.	Ticker	Company	▼Market Cap	P/E	Fwd P/E	PEG	P/S	P/B	P/C	P/FCF	Dividend	EPS	EPS next 5Y
1	LFC	China Life Insurance Company Limited	146.86B	8.08	8.63	0.13	1.20	1.00	11.75	3.00	4.60%	1.40	62.30%
2	CHTR	Charter Communications, Inc.	128.06B	51.12	30.77	0.99	2.71	4.87	99.82	20.87	-	12.65	51.85%
3	FDX	FedEx Corporation	68.34B	27.62	13.54	0.96	0.91	3.19	8.19	31.87	1.02%	9.20	28.14%
4	VRTX	Vertex Pharmaceuticals Incorporated	61.94B	23.25	20.72	0.92	10.34	7.61	10.07	20.79	-	10.22	25.24%
5	UBS	UBS Group AG	57.81B	9.78	10.82	0.82	5.21	0.90	0.09	1.07	2.42%	1.52	11.92%
6	NEM	Newmont Corporation	50.79B	20.86	14.24	0.47	4.58	2.19	9.88	20.82	2.59%	2.96	44.12%
7	VOD	Vodafone Group Plc	47.78B	16.94	29.80	0.66	0.88	0.73	2.49	-	6.03%	1.04	25.50%
8	CEO	CNOOC Limited	44.66B	6.86	7.92	0.22	1.45	0.64	1.84	2.90	8.57%	14.25	31.80%
9	GOLD	Barrick Gold Corporation	42.69B	13.80	16.06	0.36	3.50	1.83	9.00	19.18	1.53%	1.70	38.55%
10	ERIC	Telefonaktiebolaget LM Ericsson (publ)	39.98B	22.66	16.73	0.84	1.45	3.94	6.11	41.04	1.35%	0.52	26.82%
11	EBAY	eBay Inc.	38.81B	17.90	15.23	0.99	3.80	13.44	10.98	28.17	1.13%	3.15	18.07%
12	STM	STMicroelectronics N.V.	36.87B	39.87	27.14	0.81	3.79	4.62	10.45	58.80	0.43%	1.00	49.00%
13	MRVL	Marvell Technology Group Ltd.	35.73B	25.29	38.30	0.68	12.37	4.21	42.94	79.85	0.46%	2.08	37.00%
14	CS	Credit Suisse Group AG	34.05B	7.96	8.58	0.61	1.95	0.65	0.07	-	2.26%	1.72	13.00%
15	ORAN	Orange S.A.	31.90B	9.89	10.31	0.65	0.62	0.88	-	-	6.06%	1.18	15.10%
16	DHI	D.R. Horton, Inc.	28.20B	12.11	8.63	0.73	1.39	2.39	9.34	26.38	1.03%	6.42	16.60%
17	FCAU	Fiat Chrysler Automobiles N.V.	23.98B	6.57	5.06	0.33	-	0.89	-	-	-	2.32	20.11%
18	BIO	Bio-Rad Laboratories, Inc.	17.57B	5.09	53.18	0.29	7.38	2.00	15.22	47.61	-	116.78	17.80%
19	AEM	Agnico Eagle Mines Limited	17.45B	26.78	18.51	0.42	5.89	3.12	54.27	106.98	1.98%	2.64	64.08%
20	HZNP	Horizon Therapeutics Public Limited Company	17.20B	21.23	18.15	0.70	9.46	4.35	9.97	87.12	-	3.66	30.20%

[차트 8]을 보면 동일 비중으로 40.67%의 성과를 내고 있습니다. 지금 이 글을 수정하는 시점이 2021년 1월 23일입니다. 초안을 쓸 때 분석했던 [차트 9]를 보겠습니다. 이때가 2020년 12월 28일이었습니다.

이때까지 동일 비중으로 17.57%의 수익입니다. 한 달 동안 수익률이 17.57%에서 40.67%로 23% 상승을 했습니다. PEG가 비교 가치 평가 방법에서 가장 좋은 지표 중의 하나라고 평가를 받는 경우는 P/E Ratio과 같이 사용했을 때입니다. P/E Ratio이 높으면 일반적으로 주식 가격이 고평가되었다고 판단합니다.

[차트 8] 표 9에서 선정된 주식들의 성과

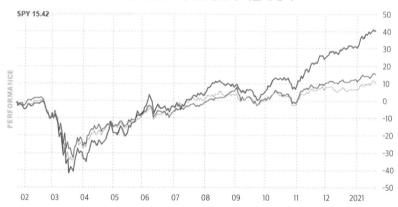

[차트 9] PEG<1 시가총액 상위 20 - 2020년 12월 18일

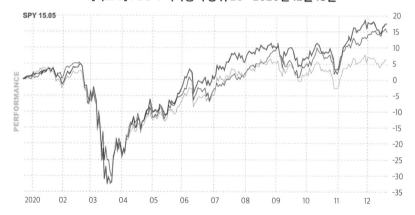

A 주식의 P/E Ratio이 높은데 PEG가 낮다면 어떻게 판단을 해야 할까요? P/E Ratio가 높아도 PEG가 낮으면 아직 상승할 여력이 있다는 의미입니다. 반대로 P/E Ratio가 낮은데 PEG가 높다면, 이 주식은 올라가기가 힘든 주식입니다. 다음의 케이스를 보겠습니다. S&P500의 P/E Ratio보다 높은 P/E Ratio 41 이상, PEG가 1 이하인 주식을 찾아보면 7,610개의 선택 가능 주식(ETF 포함) 중 두 회사가 나옵니다.

- Charter Communication(CHTR): P/E Ratio 51.12, PEG: 0.99
- Corsair Gaming, Inc.(CRSR): P/E Ratio: 52.72, PEG: 0.81

그런데 코세어Corsair는 2020년 9월 23일 상장된, 아직 2분기도 안 지난 회사입니다. 그러면 딱 한 개의 회사밖에 없다는 이야기입니다. 그래서 PEG를 2로 올려보겠습니다.

한번 찾아보았습니다. 그랬더니 23개의 주식이 선정되었습니다. 이 중 20개의 주식을 보여드리겠습니다([표 10]). 이 중 두 회사 EXEL과 GOOS는 Forward P/E Ratio가 P/E Ratio보다 높습니다. 그 외는 모두 낮으니, Forward P/E Ratio의 조건은 만족을 시킨다고 가정해보고 이 회사들의 지난 1년간의 성과를 보겠습니다.

[차트 10]을 참조해보면, 이 23개 주식들의 지난 1년 성과는 동일 비중으로 71.88%를 성취했습니다. 이렇게 지표를 여러 방면으로 이용해보면, 좀 더 세밀하고 좋은 주식들을 선정할 수 있는 기준을 찾을 수 있습니다.

재무제표만 보고 그 숫자만을 분석한다면, 이렇게 주식을 찾을 수 있을까요? 미국 주식시장에서 여러분께서 절대적으로 중요하게 생각해야 하는 것이 있습니다. 미국 주식시장은 유료 서비스 및 무료 서비스가 넘쳐납니다. 스스로 분석하는 데 시간을 투자하는 것은 현명한 일이 아닙니다. 시간은 이 책을 읽는 것과 같

[표 10] P/E Ratio > 40, PEG < 2

No.	Ticker	Company	▼ Market Cap	P/E	Fwd P/E	PEG	P/S	P/B	P/C	P/FCF	Dividend	EPS	EPS next 5Y
1	CHTR	Charter Communications, Inc.	128.06B	51.12	30.77	0.99	2.71	4.87	99.82	20.87	-	12.65	51.85%
2	CPRT	Copart, Inc.	27.40B	40.16	32.75	1.80	12.21	9.96	45.24	76.83	-	2.85	22.30%
3	WPM	Wheaton Precious Metals Corp.	18.73B	42.50	25.79	1.58	18.13	3.27	89.29	30.31	1.19%	0.95	26.97%
4	FSLR	First Solar, Inc.	12.41B	51.09	29.63	1.97	3.54	2.09	7.61	84.38	-	2.09	25.95%
5	SAM	The Boston Beer Company, Inc.	11.43B	77.99	40.47	1.67	7.25	12.31	72.77	97.13	-	11.93	46.69%
6	EXEL	Exelixis, Inc.	6.86B	46.22	51.97	1.00	7.16	3.70	5.77	18.42	-	0.48	46.00%
7	AY	Atlantica Sustainable Infrastructure plc	5.05B	77.63	35.37	1.57	5.15	3.26	5.13	28.42	3.64%	0.60	49.50%
8	AUY	Yamana Gold Inc.	4.94B	42.89	27.32	1.07	3.33	1.16	-	-	1.35%	0.12	40.04%
9	SAFE	Safehold Inc.	3.99B	67.05	54.67	1.82	27.52	3.12	61.24	-	0.85%	1.14	36.90%
10	BCPC	Balchem Corporation	3.86B	46.23	34.81	1.93	5.60	4.63	48.86	42.19	0.49%	2.55	24.00%
11	CRSR	Corsair Gaming, Inc.	3.73B	52.72	30.32	0.81	2.53	8.38	32.09	-	-	0.73	65.35%
12	CARG	CarGurus, Inc.	3.71B	54.53	28.53	1.99	6.65	10.51	15.09	29.51	-	0.58	27.35%
13	MAXR	Maxar Technologies Inc.	2.93B	54.59	50.27	1.82	1.76	3.07	48.83	-	0.08%	0.92	30.00%
14	JELD	JELD-WEN Holding, Inc.	2.93B	53.01	15.73	1.81	0.70	3.31	4.83	10.73	-	0.55	29.30%
15	DOOR	Masonite International Corporation	2.68B	62.51	14.35	1.25	1.24	4.20	8.92	11.69	-	1.74	50.00%
16	OMI	Owens & Minor, Inc.	1.99B	51.15	11.20	1.53	0.25	3.72	25.70	6.38	0.04%	0.54	33.44%
17	GOOS	Canada Goose Holdings Inc.	1.89B	46.85	50.00	1.64	-	16.64	-	-	-	0.68	28.57%
18	LNN	Lindsay Corporation	1.66B	43.79	36.04	1.91	3.50	5.35	11.34	70.92	0.85%	3.42	22.90%
19	BRBR	BellRing Brands, Inc.	967.76M	40.91	25.84	1.88	0.98	-	19.87	10.18	-	0.60	21.77%
20	TCX	Tucows Inc.	876.24M	58.00	-	2.00	2.68	8.73	85.91	438.12	-	1.43	29.00%

[차트 10] 표 10에서 선정된 주식들의 성과

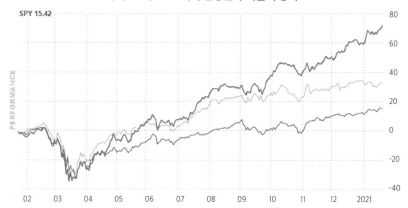

은 체계 잡기에 투자하고 실제 분석은 전문적인 서비스를 이용해서 시간을 절약해야 합니다. 장기 투자 혹은 중단기 투자에 상관없이 여러분의 분석 능력은 좋은 주식을 선택하는 중요한 실력이 됩니다. 이러한 실력이 여러분께서 매일 기회를 찾는 원동력이 됩니다.

하지만 항상 염두에 두어야 할 것은, 비교 가치 평가를 포함한 펀더멘털 분석은 내가 투자하고자 하는 주식들의 최종 후보들을 찾는 하나의 참조 사항이라는 점입니다. 그래서 시장 트렌드, 펀더멘털, 차트 분석까지 같이 보는 것이 더욱 높은 수익을 창출할 수 있는 길입니다.

주가매출비율(P/S Ratio)

주식 가격을 매출Sales(Sales의 다른 명칭은 Revenue로 미국에서 통용됩니다)로 나눈 것입니다. 똑같은 의미이지만, 공식을 다르게 표현하므로 헷갈리지 않기를 바랍니다.

$$\frac{\text{주식시장 가격(Market Price per Share)}}{\text{주당 매출(Sales per Share)}} = \frac{\text{시가총액(Market Capitalization)}}{\text{매출(Sales or Revenue)}}$$

위의 공식은 동일합니다. 단지 표현만 다를 뿐입니다. 혹시라도 여기에 사용되는 공식과 인터넷에서 참조하는 공식이 다른 경우는 표현의 차이로 이해하면 됩니다. P/S Ratio는 같은 섹터 및 같은 산업군 비교에만 사용하기 바랍니다. 외형만 보는 것이기 때문에 비교 가치 평가 방법 중 제일 열세한 지표입니다.

우선 P/S Ratio가 낮으면 저평가되었다고 볼 수 있고, 높으면 과대평가되었다고 볼 수 있습니다. 하지만 섹터별, 산업별로 매출과 주식 가격은 전혀 다른 이야기가 될 수 있습니다. Technology 섹터와 REITs를 P/S Ratio로 비교하는 것은 무리가 있습니다. 그래서 같은 산업군 내에서만 비교를 하라고 추천드립니다. 또한 실적Earning과 부채Debt. Liability에 대해서는 고려하지 않기 때문에 한계가 있음을 꼭 알아두기 바랍니다. 이 단점을 극복하는 방법으로 EV/SalesEnterprise Value/Sales를 참조합니다.

그렇다면 단점이 많은 이 지표를 소개하는 이유는 무엇일까요? P/S Ratio는 수익을 아직은 내지 못하는, 초창기 회사들을 비교하는 데 좋습니다. 특히 소비자 경기소비재Consumer Cyclical, Consumer Discretionary 회사들을 평가하는 데 좋습니다. 이들은 성장을 하고 있지만, 아직은 수익을 내지 못해서 P/E Ratio를 계산할 수 없는 회사들을 판단하는 데 좋은 지표로 사용됩니다. P/S Ratio는 1~2 정도는 괜찮다고 판단하고, 1 이하이면 저평가, 4 이상이면 과대평가로 시장에서 판단합니다.

이런 방법으로 지난 1년 동안 상장을 하고 P/S Ratio가 2 이하인 주식들을 소비자 경기 소비재에서 찾아보면 8개의 나왔습니다([표 11]). 동일 비중으로 58.39%의 수익을 창출했습니다. 물론 회사의 규모는 작은 회사들이므로 P/S Ratio를 통해 찾기 적합한 회사들입니다. 그러면 지난 2년간 상장한 회사들의 성과를 보겠습니다. 동일 비중으로 수익률이 4.22%입니다. (14개 회사가 선정됩니다.)

20개의 주식들이 선정되었고 동일 비중으로 30.85%의 성과를 보여줍니다. 현재 이 주식들은 2020년 하반기부터 Russell 2000의 지수와 같이 소형주들이 급성장하면서 같이 성장한 주식들입니다. 만약 2020년 11월 기준이었다면

[표 11] 소비자 경기소비재 중 지난 1년 안에 상장하고 P/S가 2 이하인 주식

No.	Ticker	Company	▼ Market Cap	P/E	Fwd P/E	PEG	P/S	P/B	P/C	P/FCF	Dividend	EPS	EPS next 5Y
1	REYN	Reynolds Consumer Products Inc.	6.20B	17.85	14.60	2.16	1.93	4.17	15.81	-	2.98%	1.65	8.25%
2	WOOF	Petco Health and Wellness Company, Inc.	6.06B	-	-	-	1.28	68.07	30.97	28.59	-	-0.02	-
3	PTVE	Pactiv Evergreen Inc.	2.77B	5.25	8.22	0.11	0.34	-	1.72	8.88	-	3.02	49.52%
4	ASO	Academy Sports and Outdoors, Inc.	2.06B	-	9.62	-	0.38	1.75	2.36	-	-	-	30.79%
5	ONEW	OneWater Marine Inc.	531.60M	12.41	8.34	-	0.52	1.91	8.04	2.58	-	2.82	-
6	CSPR	Casper Sleep Inc.	316.53M	-	-	-	0.67	8.49	3.29	-	-	-2.89	17.80%
7	AOUT	American Outdoor Brands, Inc.	281.13M	-	12.44	-	1.30	1.03	8.29	-	-	-	-
8	GOED	1847 Goedeker Inc.	64.32M	-	-	-	1.28	22.91	18.38	-	-	-	-

[차트 11] 표 11에서 선정된 주식들의 성과

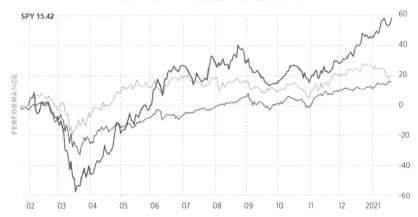

[차트 12] 지난 2년 내 상장한 회사들 중 P/S Ratio 2 이하인 주식들의 성과

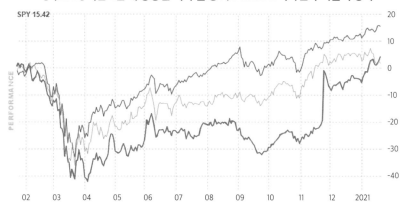

[차트 13] 지난 3년 내 상장한 회사들 중 P/S Ratio 2 이하인 주식들의 성과

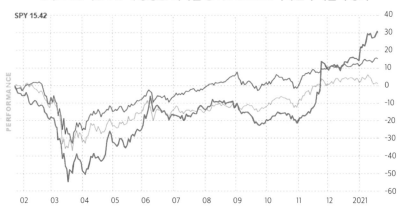

[차트 13]에서 보듯이 마이너스 성장을 보여주는 주식들입니다.

이러한 점들을 고려해서 P/S Ratio를 잘 이용하면 도움이 될 것입니다.

주가순자산비율(P/B Ratio)

Book Value는 한국말로 장부 가치로 표현합니다. 쉽게 표현하면, 모든 빚을

청산한 후 남은 가치를 장부 가치라 이야기할 수 있습니다. 즉 재무제표상 평가하는 가치입니다. 재무제표는 과거의 실적을 바탕으로 그 결과를 보여주는 것입니다. 미래를 볼 수 없다고 했습니다. 주식은 기업의 미래를 보고 그 미래의 성장성에 투자를 하는 것이며, 그러한 미래를 볼 때에는 기업의 현금 창출 능력을 살펴 봅니다. 이 경우 과거와 미래를 현재의 기준에서 비교하기 위해 미래를 보고 투자한 현재 시장 가격Market Price과 과거의 경영 성과를 보여주는 재무제표의 항목(자산과 부채)을 가지고 계산한 Book Value로 평가를 할 수 있습니다.

또한 여러분은 적당한 가격을 지닌, 성장 가능성이 있는 주식을 찾기 위한 지표로 P/B Ratio를 사용할 수 있습니다. 보다 더 좋은 선택을 하기 위해 ROEReturn On Equity와 함께 성장 지표Growth Indicator로 사용하면 좋습니다. 과대평가된 주식들은 ROE 수치가 낮으면서 높은 P/B Ratio를 보여줍니다. 반대로 ROE가 높으면서 P/B가 낮은 주식들은 저평가된 주식들로 볼 수 있습니다.

P/B Ratio의 값이 어느 정도가 되어야 좋은 수치라고 정해진 것은 없습니다. 섹터별, 산업별로 산업적 특성상 P/B Ratio를 가지고 다른 섹터들하고 비교하기에는 무리가 있습니다. 통상적으로 1 이하이면 좋은 수치라고 하지만, 가치주 투자자들은 3 이하도 대부분 고려합니다. ROE는 보통의 경우 15~20%가 좋은 수치입니다.

P/B Ratio가 3 이하이면서 ROE가 25% 이상인 주식들 중 시가총액 10억 달러 이상을 조건으로 선택하면, 24개의 주식들이 나옵니다. 이들은 시가총액 상위 20위 회사들입니다([표 12]).

수익률은 동일 비중인 경우 42.68%입니다. 그런데 여기에서 우리가 한번 생각해보아야 할 것이 있습니다. 20개 주식들 중 11개 주식의 Forward P/E Ratio가 P/E Ratio보다 큽니다. 이는 Earning 성장률을 지금보다 낮게 예측하고 있다는 의미입니다. 우측을 보면 내년 EPS 예측이 금년보다 부진할 것이라고 예측을 합니다. 이러한 점들을 모두 잘 파악해서 보기 바랍니다.

[표 12] P/B Ratio > 3, ROE > 25%, 시가총액 > 10억 달러 상위 20위

No.	Ticker	Company	▼ Market Cap	P/E	Fwd P/E	PEG	P/S	P/B	P/C	P/FCF	Dividend	EPS	EPS next Y	ROE
1	KR	The Kroger Co.	25.13B	8.95	12.53	1.11	0.19	2.57	11.53	7.95	2.15%	3.75	-20.25%	31.20%
2	BIO	Bio-Rad Laboratories, Inc.	17.57B	5.09	53.18	0.29	7.38	2.00	15.22	47.61	-	116.78	14.03%	49.90%
3	EQH	Equitable Holdings, Inc.	12.14B	-	5.11	-	0.91	0.75	1.40	-	2.53%	-0.75	16.21%	36.70%
4	YY	JOYY Inc.	7.36B	13.72	16.24	3.86	1.77	1.13	1.99	-	2.24%	6.63	35.49%	26.10%
5	HUN	Huntsman Corporation	6.33B	39.11	14.71	3.43	1.05	1.94	5.42	-	2.30%	0.72	106.01%	32.50%
6	SLM	SLM Corporation	4.97B	9.41	8.15	0.47	2.32	2.76	1.12	-	0.91%	1.41	17.61%	28.70%
7	VIRT	Virtu Financial, Inc.	4.85B	6.03	10.56	-	1.63	2.18	8.54	5.60	3.86%	4.12	-56.09%	42.60%
8	NXST	Nexstar Media Group, Inc.	4.74B	9.10	8.11	0.16	1.12	2.17	11.57	7.60	2.07%	11.86	-15.85%	26.20%
9	PFSI	PennyMac Financial Services, Inc.	4.40B	3.51	4.18	0.17	1.13	1.43	8.31	-	1.01%	17.01	-31.73%	54.30%
10	AVNT	Avient Corporation	4.03B	57.85	18.45	6.89	1.39	2.44	6.97	129.45	2.00%	0.74	39.61%	36.40%
11	FHI	Federated Hermes, Inc.	3.01B	9.59	9.89	1.93	2.09	2.50	6.90	19.61	3.61%	3.12	-0.72%	26.30%
12	WOR	Worthington Industries, Inc.	2.89B	5.33	17.31	0.13	1.03	2.30	3.37	11.76	1.81%	10.39	-13.51%	53.40%
13	COOP	Mr. Cooper Group Inc.	2.78B	5.04	5.68	0.24	1.10	1.17	2.94	1.09	-	5.94	-39.49%	26.00%
14	LGIH	LGI Homes, Inc.	2.70B	11.14	9.77	0.75	1.30	2.74	58.26	15.52	-	9.93	-1.36%	27.80%
15	TROX	Tronox Holdings plc	2.51B	2.67	13.63	0.05	0.94	1.58	3.48	23.25	1.64%	6.37	142.25%	107.00%
16	QFIN	360 DigiTech, Inc.	2.25B	5.81	4.39	-	1.15	1.89	3.02	-	-	2.75	15.33%	38.20%
17	BIG	Big Lots, Inc.	1.89B	3.24	9.21	0.20	0.31	1.54	3.45	5.52	2.36%	15.70	-24.95%	57.90%
18	KEN	Kenon Holdings Ltd.	1.66B	4.98	-	-	4.48	1.72	3.72	135.31	3.95%	6.15	-	43.50%
19	VCTR	Victory Capital Holdings, Inc.	1.58B	8.84	5.56	0.89	1.99	2.40	28.05	7.24	1.20%	2.65	10.41%	32.60%
20	CANG	Cango Inc.	1.41B	2.32	17.78	0.21	6.73	0.61	3.56	-	2.87%	3.75	20.99%	32.90%

[차트 14] 표 12에서 선정된 주식들의 성과

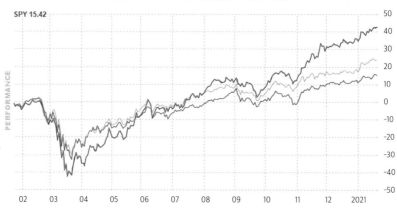

주가현금흐름비율(P/C Ratio)

비교 가치 평가 지표들 중 제가 개인적으로 선호하는 지표는 P/Cash Flow와 P/Free Cash Flow Ratio입니다. 둘 중 하나를 선택하라면 P/FCF입니다. 아무리 실적이 좋아도, 아무리 미래가 좋다고 해도 그 수치가 재무제표에서 가지고 온 것이라면 항상 왜곡될 가능성이 있습니다. 일반 회계 규칙은 회사의 경영 목표 내에서 유연성이 있기 때문입니다. 하지만 현금은 은행 구좌에 남아 있는 현금과 동일해야 하므로 왜곡이 전혀 불가능합니다. 그리고 현금 창출을 다른 회사들보다 많이 하는 회사들이 주식시장에서도 높은 평가를 받습니다.

그런데 이 수치를 모든 섹터에서 동시에 보면 또 고민이 생기게 됩니다. 시장을 선도하는 주식들은 시장 가격이 과대평가되었다고 나올 수밖에 없는 환경이 있습니다. P/E Ratio보다 P/C Ratio가 더 좋은 비교 가치 평가 지표라고 합니다. 특히 Technology 섹터는 산업의 특성상 마진이 낮습니다. 그래서 현금 창출 능력이 다른 섹터보다 낮지만 주식 가격은 다른 섹터보다 높게 평가를 받습니다. Technology 같은 경우 P/C Ratio가 높을 수밖에 없는 이유입니다. 그래서 가능한 동일 섹터 내에서 사용하는 비교 지표로 이용되어야 합니다.

오라클이 4.85로 가장 낮은(가장 바람직한) 수치를 보여주고 AMD는 65.77로 가장 높은(고평가) 수치를 보여주고 있습니다. P/C Ratio는 10 이하인 경우 저평가되어 있다고 이야기하고 높을수록 과대평가되었다고 평가합니다. 이 기준에 맞는 Technology 섹터의 주식들은 시스코CSCO, 오라클ORCL, 소니SNE, IBM입니다.

그런데 문제는 지금처럼 시장이 과열된 분위기에서는 절대치 숫자인 10을 기준으로 주식을 선정해도 시장 평균 성장률보다 좋은 주식을 찾기가 어렵다는 점

[표 13] P/C Ratio, Technology 섹터

No.	Ticker	Company	▼Market Cap	P/E	Fwd P/E	PEG	P/S	P/B	P/C	P/FCF
1	AAPL	Apple Inc.	2372.18B	42.57	31.84	3.29	8.64	36.31	26.08	40.01
2	MSFT	Microsoft Corporation	1711.27B	36.46	30.25	2.51	11.63	13.85	12.40	50.71
3	TSM	Taiwan Semiconductor Manufacturing Company Limited	565.66B	38.16	31.83	1.56	12.22	10.49	21.12	-
4	NVDA	NVIDIA Corporation	348.52B	89.62	46.96	4.07	23.59	22.11	34.37	90.85
5	ASML	ASML Holding N.V.	246.29B	58.93	49.25	2.86	14.72	14.26	45.97	95.14
6	INTC	Intel Corporation	238.93B	11.11	12.55	2.21	3.06	3.18	13.09	16.20
7	ADBE	Adobe Inc.	229.20B	43.57	35.72	2.61	17.81	19.36	43.54	51.69
8	CRM	salesforce.com, inc.	208.96B	135.60	64.47	7.66	10.30	5.10	22.01	58.66
9	AVGO	Broadcom Inc.	191.77B	73.63	16.64	9.32	8.03	7.89	25.17	31.62
10	QCOM	QUALCOMM Incorporated	188.09B	35.86	20.36	1.48	7.99	30.19	16.77	123.34
11	CSCO	Cisco Systems, Inc.	188.01B	18.18	13.28	2.96	3.91	4.96	6.26	20.56
12	ORCL	Oracle Corporation	177.18B	18.31	12.89	1.68	4.50	22.69	4.59	19.30
13	ACN	Accenture plc	169.33B	31.23	28.09	3.14	3.79	9.02	19.51	26.67
14	TXN	Texas Instruments Incorporated	160.99B	32.66	29.50	3.27	11.72	19.03	29.18	87.59
15	SAP	SAP SE	158.71B	25.61	21.60	4.35	4.69	4.24	16.39	34.23
16	SHOP	Shopify Inc.	146.94B	763.20	332.60	-	59.81	23.35	24.01	799.91
17	SNE	Sony Corporation	129.34B	14.04	22.35	2.70	1.62	2.56	3.04	13.68
18	AMD	Advanced Micro Devices, Inc.	114.86B	129.41	51.35	3.39	13.29	28.38	64.86	164.80
19	IBM	International Business Machines Corporation	106.17B	13.23	10.29	-	1.41	4.99	6.81	14.17
20	NOW	ServiceNow, Inc.	105.69B	153.68	98.31	5.89	25.04	39.10	35.81	91.27

입니다. 이 P/Cash Flow와 P/Free Cash Flow는 시장이 경기 회복 혹은 리세션Recession에 진입할 때 사용하면 상당히 유용합니다. 또한 배당주에서 더욱 유용합니다. 마케팅 수업에서 캐시 카우Cash Cow로 정의한 회사들이 있습니다. 소처럼 느려서 더 이상 높은 성장은 기대하기 어렵지만, 안정적으로 배당을 줄 수 있는 회사들을 지칭합니다.

현재로서는 주식 가격이 2020년에 많이 상승하여 10이라는 기준으로 투자에 유리한 회사를 찾기가 어렵습니다. P/Cash Flow가 힘을 못 쓰는 이유입니다. P/C Ratio 10 이하의 회사들은 2,737개가 나옵니다. 이 중 시가총액 500억 달러 이상, P/Cash Flow 10 이하의 상위 20개 주식은 [표 14]와 같습니다.

만약 현재의 시장 상승 때문에 P/C Ratio가 효과가 없다면, 이 58개 회사들의 주식 성과도 낮아야 할 것입니다. 물론 구글Google이 포함되어 있지만, 한번 어떠한 결과가 나오는지를 보겠습니다.

동일 비중으로 9.71%의 수익으로 수익률은 S&P500 수준에도 못 미치게 됩니다. 만약 P/C Ratio가 효과가 없다면, 그 기준을 시가총액 1위인 애플의 P/C Ratio인 26.08을 기준으로 26.08 이하의 주식들은 찾아보면 138개가 나옵니

[표 14] P/C Ratio > 10, 시가총액 > 110달러 시가총액 상위 20 주식들

No.	Ticker	Company	▼ Market Cap	P/E	Fwd P/E	PEG	P/S	P/B	P/C	P/FCF	Dividend	EPS	EPS next Y
1	GOOGL	Alphabet Inc.	1285.98B	36.57	30.76	2.18	7.49	6.04	9.70	37.80	-	51.75	19.09%
2	JPM	JPMorgan Chase & Co.	415.26B	17.46	12.13	36.07	5.94	1.71	0.30	-	2.69%	7.66	14.57%
3	BAC	Bank of America Corporation	281.04B	15.59	13.98	59.72	4.93	1.12	0.30	7.83	2.28%	2.02	24.92%
4	TM	Toyota Motor Corporation	246.29B	15.19	14.08	1.92	0.98	1.02	2.95	30.74	2.87%	9.74	33.13%
5	KO	The Coca-Cola Company	210.65B	25.15	23.04	10.56	6.29	11.20	9.97	99.08	3.38%	1.93	11.14%
6	CSCO	Cisco Systems, Inc.	188.01B	18.18	13.28	2.96	3.91	4.96	6.26	20.56	3.22%	2.46	6.37%
7	ORCL	Oracle Corporation	177.18B	18.31	12.89	1.68	4.50	22.69	4.59	19.30	1.59%	3.30	7.31%
8	RDS-A	Royal Dutch Shell plc	154.47B	-	15.37	-	0.70	0.97	4.33	15.21	3.39%	-4.30	82.18%
9	JD	JD.com, Inc.	154.26B	33.47	41.70	5.51	1.44	6.32	8.22	26.75	-	2.84	39.12%
10	BMY	Bristol-Myers Squibb Company	144.75B	-	8.66	-	3.67	2.91	6.84	18.15	3.04%	-0.11	16.71%
11	HON	Honeywell International Inc.	143.74B	30.05	25.62	11.41	4.33	7.86	9.58	56.92	1.84%	6.73	12.26%
12	WFC	Wells Fargo & Company	143.05B	85.75	9.46	-	2.70	0.82	0.32	5.83	1.25%	0.37	47.64%
13	C	Citigroup Inc.	137.19B	11.98	7.47	9.90	2.16	0.73	0.14	-	3.33%	5.12	33.11%
14	MS	Morgan Stanley	136.31B	12.51	14.05	2.53	2.65	1.43	1.44	-	1.89%	5.93	-9.85%
15	SNE	Sony Corporation	129.34B	14.04	22.35	2.70	1.62	2.56	3.04	13.68	0.46%	7.20	-17.19%
16	TOT	TOTAL SE	122.50B	-	14.60	-	0.94	1.28	3.35	-	6.98%	-2.28	129.39%
17	RY	Royal Bank of Canada	120.71B	13.62	11.23	10.33	4.37	1.88	0.21	1.17	3.96%	6.19	8.89%
18	BA	The Boeing Company	119.38B	-	188.50	-	1.88		4.40	-	-	-7.88	112.20%
19	HSBC	HSBC Holdings plc	115.33B	-	26.75	-	2.36	0.59	0.10	-	-	-0.56	67.74%
20	PTR	PetroChina Company Limited	114.26B	20.93	14.27	-	0.35	0.32	7.49	69.87	7.73%	1.56	175.27%

[차트 15] 표 14에서 선정된 주식들의 성과

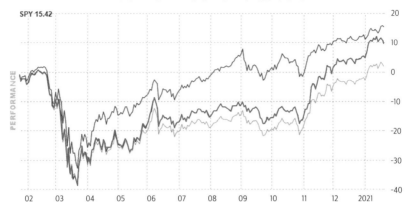

다. 정확한 비유는 어렵지만, 애플의 P/C Ratio를 통해 애플보다 Cash Flow 측면에서 저평가되었다고 가정하고 찾아볼 수 있습니다.

22%의 성과로 S&P500보다 약 7% 높은 성과를 보여줍니다. 그럼에도 왜 시장 분석가들은 P/C Ratio가 좋다고 이야기를 할까요? 이 P/C Ratio를 제대로 활용하는 방법을 P/FCF에서 소개를 하겠습니다.

[표 15] P/C Ratio <26.08 시가 총액 상위 20

No.	Ticker	Company	▼ Market Cap	P/E	Fwd P/E	PEG	P/S	P/B	P/C	P/FCF	Dividend	EPS	EPS next Y
1	MSFT	Microsoft Corporation	1711.27B	36.46	30.25	2.51	11.63	13.85	12.40	50.71	0.99%	6.20	10.47%
2	AMZN	Amazon.com, Inc.	1664.22B	96.41	72.51	2.94	4.78	19.93	24.33	67.48	-	34.15	30.05%
3	GOOGL	Alphabet Inc.	1285.98B	36.57	30.76	2.18	7.49	6.06	9.70	37.80	-	51.75	19.09%
4	FB	Facebook, Inc.	764.07B	32.55	26.15	1.96	9.67	6.64	13.74	39.82	-	8.43	12.29%
5	BABA	Alibaba Group Holding Limited	698.35B	34.47	20.93	9.87	7.73	5.27	11.01	27.86	-	7.50	20.29%
6	TSM	Taiwan Semiconductor Manufacturing Company Limited	565.66B	38.16	31.83	1.56	12.22	10.49	21.12	-	1.35%	3.38	17.42%
7	BRK-A	Berkshire Hathaway Inc.	550.47B	15.54	21.84	-	2.23	1.34	20.53	20.43	-	22565.36	16.65%
8	V	Visa Inc.	472.81B	44.39	29.53	3.69	21.64	12.79	23.59	67.16	0.63%	4.55	25.52%
9	JNJ	Johnson & Johnson	431.49B	26.17	18.19	6.08	5.34	6.68	14.02	54.04	2.47%	6.25	12.29%
10	JPM	JPMorgan Chase & Co.	415.26B	17.46	12.13	36.07	5.94	1.71	0.30	-	2.69%	7.66	14.57%
11	UNH	UnitedHealth Group Incorporated	329.04B	19.97	19.08	1.63	1.30	5.06	18.75	20.92	1.44%	17.40	8.62%
12	DIS	The Walt Disney Company	316.45B	-	36.27	-	4.84	3.74	17.66	157.51	-	-1.56	185.78%
13	PYPL	PayPal Holdings, Inc.	298.06B	95.17	55.52	4.14	14.68	15.98	21.05	58.94	-	2.65	19.42%
14	HD	The Home Depot, Inc.	297.71B	24.54	22.91	2.92	2.37	198.60	20.32	25.09	2.11%	11.57	4.95%
15	BAC	Bank of America Corporation	281.04B	15.59	13.98	59.72	4.93	1.12	0.30	7.83	2.28%	2.02	24.92%
16	TM	Toyota Motor Corporation	246.29B	15.19	14.08	1.92	0.98	1.02	2.95	30.74	2.87%	9.74	33.13%
17	INTC	Intel Corporation	238.93B	11.11	12.55	2.21	3.06	3.18	13.09	16.20	2.33%	5.10	-7.72%
18	NVS	Novartis AG	235.22B	31.38	15.19	4.04	4.74	4.06	21.64	47.21	3.19%	3.09	11.01%
19	CMCSA	Comcast Corporation	226.80B	21.79	16.83	3.64	2.18	2.59	16.55	18.21	1.89%	2.23	14.72%
20	NKE	NIKE, Inc.	220.59B	79.45	36.05	2.32	5.77	20.61	18.68	105.34	0.79%	1.75	28.10%

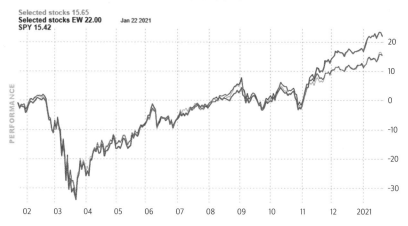

주가잉여현금흐름비율(P/FCF Ratio)

Free Cash Flow는 회사의 순이익과 관련 깊은 것 위주로 설명을 했습니다. P/C와 마찬가지로 낮으면 저평가, 높으면 과대평가되었다고 판단하지만, 이 역시도 동일 섹터 내에서 비교하는 것이 제일 바람직합니다.

P/C Ratio와 P/FCF를 동일 섹터 내에서 비교를 해보겠습니다. 유틸리티Utility 및 REITs는 원래 현금이 많고 성장성이 다른 섹터에 비해 낮은 면이 있기 때문에, 2020년에 가장 많이 성장한 소비자 경기소비재 섹터를 비교해보겠습니다.

조건은 P/C Ratio 10 이하, P/FCF Ratio 10 이하를 주었습니다. 이 섹터의 전체 주식 493개에서 74개의 주식이 선택되었으며, 이중 시가총액 상위 20위의 기업들을 보겠습니다([표 16]).

동일 비중으로 47.52%의 성과를 보여줍니다. 그렇다면 여러분께서 소비자 경기 소비재 섹터에서 주식을 선택하는 경우, 저평가된 기업을 찾을 수 있게 됩니다. 특히 우리 귀에 익숙한 Ford Motor(F), LB(L Brand), KB Homes(KBH) 등의 주식을 고려할 수 있습니다. 여기에서 우리가 조심해야 하는 부분은 2020년 코로

[표 16] 소비자 경기소비재, P/C < 10, P/FCF < 10, 시가총액 상위 20

No.	Ticker	Company	▼ Market Cap	P/E	Fwd P/E	PEG	P/S	P/B	P/C	P/FCF	Dividend	EPS	EPS next Y	ROE
1	HMC	Honda Motor Co., Ltd.	51.27B	20.15	9.72	1.05	0.41	0.62	1.75	9.73	2.65%	1.37	42.02%	3.00%
2	F	Ford Motor Company	46.57B	-	11.24	-	0.36	1.38	1.04	3.11	-	-0.03	3500.00%	-0.50%
3	BBY	Best Buy Co., Inc.	29.74B	17.54	15.15	1.82	0.65	7.31	5.23	6.93	1.91%	6.55	-2.89%	46.80%
4	LB	L Brands, Inc.	12.53B	-	14.32	-	1.07	-	4.78	7.83	-	-0.78	3.16%	12.10%
5	WHR	Whirlpool Corporation	12.29B	13.39	10.37	66.95	0.65	3.68	3.48	8.67	2.52%	14.80	6.81%	27.60%
6	MHK	Mohawk Industries, Inc.	10.88B	20.11	14.88	30.71	1.17	1.31	9.15	7.78	-	7.45	23.49%	6.60%
7	GPS	The Gap, Inc.	8.58B	-	17.80	-	0.61	3.56	3.24	9.49	4.29%	-2.83	158.70%	-42.20%
8	KSS	Kohl's Corporation	7.45B	-	18.66	-	0.45	1.44	3.84	8.57	-	-1.58	189.00%	-4.80%
9	PVH	PVH Corp.	7.02B	-	15.00	-	0.92	1.49	4.81	9.46	-	-16.03	448.70%	-23.40%
10	TOL	Toll Brothers, Inc.	6.31B	14.77	8.60	0.95	0.89	1.33	4.60	7.50	0.87%	3.44	22.08%	9.50%
11	DKS	DICK'S Sporting Goods, Inc.	6.17B	16.81	13.61	1.31	0.68	2.71	5.82	4.32	1.83%	4.05	-14.34%	20.40%
12	QRTEA	Qurate Retail, Inc.	5.48B	7.24	5.62	1.34	0.39	1.37	5.25	2.76	-	1.62	-4.66%	14.60%
13	FL	Foot Locker, Inc.	4.90B	15.01	10.78	-	0.65	1.88	3.52	7.03	1.26%	3.17	74.48%	13.60%
14	M	Macy's, Inc.	4.26B	-	19.49	-	0.22	1.79	2.75	4.86	-	-12.12	122.10%	-110.30%
15	TMHC	Taylor Morrison Home Corporation	3.92B	18.65	7.64	0.98	0.65	1.15	7.16	3.92	-	1.63	99.65%	6.50%
16	KBH	KB Home	3.77B	13.50	7.18	0.69	0.82	1.45	5.22	7.77	1.42%	3.13	13.73%	11.90%
17	IGT	International Game Technology PLC	3.70B	-	20.06	-	0.97	3.79	3.92	7.43	4.49%	-4.03	523.80%	-66.30%
18	MTH	Meritage Homes Corporation	3.58B	9.82	7.40	-	0.85	1.63	5.87	6.74	-	9.70	23.73%	18.20%
19	CWH	Camping World Holdings, Inc.	3.30B	18.01	10.74	0.52	0.63	23.04	6.84	4.12	1.00%	2.00	1.30%	-
20	PTVE	Pactiv Evergreen Inc.	2.77B	5.25	8.22	0.11	0.34	-	1.72	8.88	-	3.02	651.40%	18.60%

[차트 17] 표 16에서 선정된 주식들의 성과

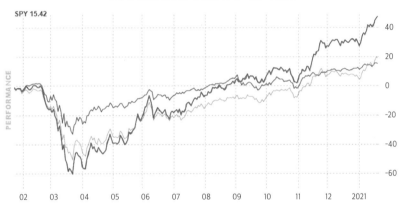

나 바이러스 이후 오프라인 리테일 사업자들의 성과가 다른 섹터에 비해 좋지 않다는 점입니다. 만약 경기가 회복되고 많은 사람이 다시 백화점 및 오프라인 상점을 방문한다면 좋은 선택일 수도 있겠지만, 역으로 회복하는 데 시간이 많이 걸릴 수도 있습니다.

* * *

여기에 소개한 비교 가치 평가를 위한 Ratio를 Valuation Ratio라 통칭합니다.

정리를 해보겠습니다.

Ratio 이름	분자	분모	평가 기준	최적 사용처
P/E Ratio TTM	시장 가격	실적	S&P500 P/E	섹터별 비교
Forward P/E Ratio	시장 가격	실적 예상치	P/E보다 낮은 경우 = 성장	
PEG	P/E Ratio	실적 성장률	저평가<1, 과대평가>2	P/E 와 같이 평가
Price/Sales Ratio	시장 가격	매출	저평가<1, 과대평가>4	경기소비재, 성장 초기 회사
Price/Book Ratio	시장 가격	장부 가격	저평가<3, 과대평가>3	ROE와 같이 평가
Price/Cash Flow Ratio	시장 가격	현금흐름	저평가<10, 과대평가>10	섹터별 비교
Price/FCF Ratio	시장 가격	잉여현금	저평가<10, 과대평가>10	

위의 조건들을 엄격하게 적용하면 단 9개의 주식만을 찾을 수 있습니다. 그래서 조건을 조금 변형시켜서 주식들을 찾아보겠습니다.

- P/E 30 이상 43 이하

- Forward P/E 35 이하

- PEG 2 이하

- P/S: 제외

- P/B 3 이하

- P/Cash Flow 20 이하

- P/FCF 20 이하

의 조건을 주고 주식을 찾아보았습니다.

7,610개의 주식 중 몇 개가 있을까요?

2021년 1월 23일 기준으로 17개를 찾았습니다([표 17]).

17개 회사들이지만 지난 1년의 수익률은 동일 비율인 경우 36.67%를 보여줍니다. 물론 회사 규모는 작은 회사들입니다.

[표 17] 30 < P/E < 43, Forward PE < 35, PEG < 2, P/B < 3, P/C < 20, P/FCF < 20

No.	Ticker	Company	▼ Market Cap	P/E	Fwd P/E	PEG	P/S	P/B	P/C	P/FCF	Dividend	EPS	EPS next Y	ROE
1	WBK	Westpac Banking Corporation	61.11B	33.77	14.33	15.35	2.91	1.14	0.75	1.41	4.72%	0.50	11.87%	3.50%
2	IP	International Paper Company	20.19B	41.21	13.73	17.02	0.97	2.86	3.65	14.59	3.97%	1.25	32.67%	6.90%
3	WRB	W. R. Berkley Corporation	11.72B	36.99	19.52	3.87	1.51	2.04	4.56	10.15	0.73%	1.78	54.89%	5.80%
4	AFG	American Financial Group, Inc.	7.48B	30.32	9.35	14.53	1.00	1.18	2.00	3.59	2.36%	2.80	20.14%	4.20%
5	EME	EMCOR Group, Inc.	5.40B	39.43	16.84	2.63	0.61	2.66	7.95	8.17	0.53%	2.47	-3.54%	7.00%
6	CBPO	China Biologic Products Holdings, Inc.	4.58B	33.20	22.15	2.75	8.90	2.43	4.15	18.77	-	3.56	11.25%	7.90%
7	WCC	WESCO International, Inc.	4.25B	33.00	12.32	3.30	0.41	1.31	12.07	9.04	-	2.55	27.72%	4.40%
8	ENS	EnerSys	4.10B	41.42	16.64	4.14	1.39	2.77	9.90	17.23	0.75%	2.25	26.60%	7.10%
9	ALG	Alamo Group Inc.	1.83B	31.32	20.91	4.75	1.56	3.00	19.61	12.40	0.36%	4.91	26.81%	10.10%
10	PIPR	Piper Sandler Companies	1.83B	40.89	12.68	4.09	1.62	1.82	4.92	3.37	1.48%	2.49	-2.30%	4.80%
11	SYKE	Sykes Enterprises, Incorporated	1.66B	31.38	13.85	3.14	0.98	1.93	12.63	17.16	-	1.32	11.28%	6.30%
12	BGCP	BGC Partners, Inc.	1.42B	32.44	5.55	2.59	0.69	1.92	2.89	12.17	1.04%	0.12	23.01%	6.60%
13	GIII	G-III Apparel Group, Ltd.	1.32B	39.19	12.01	32.66	0.58	1.00	8.85	4.68	-	0.69	455.45%	2.70%
14	ARCB	ArcBest Corporation	1.24B	30.93	12.78	3.00	0.44	1.54	3.54	9.28	0.66%	1.57	19.75%	5.40%
15	GBX	The Greenbrier Companies, Inc.	1.24B	39.68	16.91	5.67	0.51	0.94	1.71	5.51	2.93%	0.93	16669.23%	2.40%
16	TCS	The Container Store Group, Inc.	688.62M	32.80	16.73	2.14	0.79	2.09	11.14	7.08	-	0.38	-3.51%	6.80%
17	DFIN	Donnelley Financial Solutions, Inc.	641.41M	38.80	14.70	3.88	0.73	2.33	15.68	8.33	-	0.49	-29.95%	6.20%

[차트 18] 표 17에서 선정된 주식들의 성과

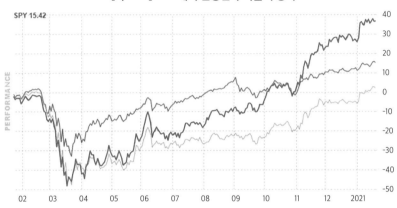

비교 가치 평가를 잘 활용하려면 이 수치들은 하나의 참고 사항으로 두어야 합니다. 주식시장이 상승Bullish할 때 이 수치들을 기준으로 저평가 주식을 찾으면, 시장에서 관심이 없는 주식들을 선택할 확률이 높습니다. 다른 주식들은 시장의 관심이 높아서 상승을 하는데 여러분께서 선택한 주식들은 가격 상승이 낮을 수 있기 때문입니다. 특히 단편적으로 전체 주식들과 이 수치를 비교하는 경우 여러분께서 귀에 익숙한 주식들보다는 시장에서 생소한 주식을 선택할 수 있습니다.

비교 가치 평가 지표들은 말 그대로 비교를 해서 좋은 주식을 선정하거나 현재 소유한 주식들의 펀더멘털 가치를 보는 것입니다. 가능한 동일 섹터, 동일 산업 구분 내에서 비교를 하시고, 이 지표를 단독으로 사용하는 것보다는 여러분의 투자 목적에 맞추어서 활용하기 바랍니다.

제가 가장 추천하는 것은 P/E Ratio, Forward P/E Ratio, PEG를 활용하는 방법입니다. 우선 PEG를 3 이하 혹은 2~4의 범위로 선정합니다. P/E Ratio를 여러분의 투자 목적에 맞추어 선정합니다. S&P500 기준인 41을 경계로 찾아도 되고, 여기보다 약간 낮은 35를 기준으로 사용해도 좋습니다.

그리고 나온 결과를 가지고 Forward P/E Ratio를 P/E Ratio와 비교하는 것입니다. PEG를 3 이하로 선정하면 117개의 주식이 선택됩니다. 다음 [표 18]은 이 117개 주식들의 시가총액 상위 20위 회사들입니다.

이 주식들의 P/E Ratio와 Forward P/E Ratio를 비교해서 Forward P/E Ratio가 높은 회사들은 제거하는 것입니다. 이 경우 18위인 Cadence Design System을 제외합니다. 그리고 EPS, EPS 성장 및 6장에서 언급한 Financial Ratio를 잘 사용해서 주식을 선정하는 것이 제일 논리적이라 판단합니다.

주식시장의 가치 평가는 하나의 참고 사항임을 잊지 마시기 바랍니다. 그래서 시장 트렌드, 펀더멘털, 기술적 지표의 세 방향을 같이 확인해야 좋은 기회를 잡을 확률이 높아집니다.

[표 18] PEG 3 이하, P/E Ratio > 35 이상 시가총액 상위 20

No.	Ticker	Company	▼ Market Cap	P/E	Fwd P/E	PEG	P/S	P/B	P/C	P/FCF	Dividend	EPS	EPS next Y	ROE
1	MSFT	Microsoft Corporation	1711.27B	36.46	30.25	2.51	11.63	13.85	12.40	50.71	0.99%	6.20	10.47%	40.70%
2	AMZN	Amazon.com, Inc.	1664.22B	96.41	72.51	2.94	4.78	19.93	24.33	67.48	-	34.15	30.05%	24.50%
3	GOOG	Alphabet Inc.	1305.00B	36.73	30.98	2.19	7.60	6.05	-	-	-	51.75	18.20%	-
4	GOOGL	Alphabet Inc.	1285.98B	36.57	30.76	2.18	7.49	6.04	9.70	37.80	-	51.75	19.09%	17.30%
5	TSM	Taiwan Semiconductor Manufacturing Company Limited	565.66B	38.16	31.83	1.56	12.22	10.49	21.12	-	1.35%	3.38	17.42%	28.90%
6	NFLX	Netflix, Inc.	251.13B	95.68	62.36	2.11	10.54	24.15	29.92	389.05	-	5.91	44.29%	31.50%
7	ASML	ASML Holding N.V.	246.29B	58.93	49.25	2.86	14.72	14.26	45.97	95.14	0.50%	9.66	23.92%	25.90%
8	ADBE	Adobe Inc.	229.20B	43.57	35.72	2.61	17.81	19.36	43.54	51.69	-	10.84	17.91%	33.90%
9	NKE	NIKE, Inc.	220.59B	79.45	36.05	2.32	5.77	20.61	18.68	105.34	0.79%	1.75	28.10%	30.60%
10	TMO	Thermo Fisher Scientific Inc.	201.43B	42.16	24.89	2.52	7.07	6.40	-	37.58	0.17%	12.21	9.83%	16.30%
11	QCOM	QUALCOMM Incorporated	188.09B	35.86	20.36	1.48	7.99	30.19	16.77	123.34	1.60%	4.53	11.89%	122.70%
12	DHR	Danaher Corporation	169.06B	57.26	32.75	2.96	9.21	4.88	29.72	43.14	0.30%	4.16	20.03%	11.30%
13	AZN	AstraZeneca PLC	140.35B	55.99	17.95	2.89	5.42	11.45	16.62	-	2.63%	0.95	19.73%	20.70%
14	CHTR	Charter Communications, Inc.	128.06B	51.12	30.77	0.99	2.71	4.87	99.82	20.87	-	12.65	48.71%	9.20%
15	SBUX	Starbucks Corporation	121.35B	134.25	30.45	2.70	5.16	-	26.20	-	1.73%	0.77	20.99%	-12.10%
16	DE	Deere & Company	98.37B	35.10	19.56	1.45	2.77	7.41	13.92	17.24	1.00%	8.69	19.65%	22.20%
17	MNST	Monster Beverage Corporation	46.42B	39.64	33.54	2.70	10.50	10.06	27.73	40.62	-	2.23	12.92%	28.20%
18	CDNS	Cadence Design Systems, Inc.	38.55B	35.72	47.85	2.43	15.28	15.72	29.50	46.01	-	3.85	6.49%	48.30%
19	STM	STMicroelectronics N.V.	36.87B	39.87	27.14	0.81	3.79	4.62	10.45	58.80	0.43%	1.00	29.58%	12.60%
20	CTAS	Cintas Corporation	34.19B	36.49	32.84	2.92	4.93	9.47	48.62	30.22	1.08%	8.89	2.21%	27.80%

02 재무제표 기준 가치 평가 방법

재무제표 기준 가치 평가 방법을 구분한 것은 재무제표에서 나오는 수치를 기준으로 가치 평가를 하기 때문입니다. 주식시장에서 많이 사용되는 Enterprise Value를 이용하는 방법, ROE 등 자본 관련 수익을 보는 방법, 여러분께는 생소할 Free Cash Flow Yield(잉여현금 수익률)을 보는 것 등 방법은 많습니다. 6장의 재무비율과 다른 점은 6장은 재무제표를 이용하여 그 회사 경영을 재무적 네 가치(유동성, 지급 여력, 경영 활동, 수익성) 측면에서 보는 것이므로 회사의 본질적 재무 가치 경영에 기준을 두는 것이고, 여기서는 6장에 포함되는 항목들 중 주식과 밀접한 관계가 있는 수치들을 보는 것입니다. 또한 비교 가치 평가 방법의 단점이 있는 경우, 이를 보완해서 보는 장점을 가진 가치 평가 방법입니다.

EV/Revenue & EV/EBITDA

대부분 이미 설명을 한 것이고 여기에서는 Enterprise Value를 이해해야 합니다. Enterprise Value라 부르니, 뭐 아주 거창한 의미를 생각하실 수 있는데 한마디로 상장회사들을 M&A 할 때 배수로 사용하는 지표로 많이 이용됩니다.

여러분이 상장회사 A를 인수한다고 가정을 하겠습니다. M&A 한다는 소문이 들면 인수 대상 회사의 주식 가격이 상승합니다. 대부분의 경우 인수 가격이 시장 가격보다 높기 때문이지요. 한국말로 경영권 프리미엄을 지불한다고 하는데, 이 프리미엄을 지불하기 위한 논리적 근거를 가지고 있어야 인수 회사도 이사회 및 주주총회의 승인을 받을 수 있는 것입니다.

만약 이 회사를 인수할 경우 자산, 부채를 인수합니다. 물론 회사의 현금도 인수합니다. 자산은 회사를 운영하는 뿌리이기 때문에 당연히 인수를 해야 하고, 부채도 이 회사를 운영하는 데 필요한 자금입니다. 부채가 없으면 이 회사의 운영이 불가능하기 때문입니다. 그러므로 새로운 인수자는 부채도 인수를 해야 합니다.

그런데 자산 가치와 자본 가치에는 차이가 있습니다. 자산 가치만을 인수하는 방법은 순 자산 가치Net Asset Value를 인수하는 경우이고, Enterprise Value는 자산을 가지고 이 사업을 경영하여 주식시장에서 인정받는 자본 가치가 됩니다. 자본에 투자한 투자자들과 부채에 투자한 투자자들(예: 회사채 인수 투자자 등)을 포함한 가치에 현금을 제외한 것을 Enterprise Value라고 합니다.

다시 생각하면, 투자한 투자자들의 투자 가치에 현금을 제외한 것을 Enterprise Value라고 합니다. 그래서 식은 다음과 같습니다.

Enterprise Value = 시가총액 + 부채 − 현금

또 다른 방법으로는 재무제표에서 그 항목별 가치를 가지고 오는 것이 있습니다. 이 방법은 좀 복잡하니 여기에서 설명은 제외하겠습니다. 우리에게는 이 공식을 가지고 Enterprise Value를 계산하는 것이 그 목적이 아니기 때문입니다. 이 Enterprise Value를 하나의 배수Multiple로 만들어서 다른 기업과 비교하게 됩니다. 배수로 사용하기 위해서는 Enterprise Value가 분모가 되고, 가장 일반적으로 비교를 할 수 있는 매출Revenue과 순영업이익EBITDA을 사용하여 비교를 합니다.

EV/Sales(EV/Revenue)는 매출 창출 능력을 비교하고, EV/EBITDA는 부채를 포함하여 계산한 수치이기에 EV/EBITDA를 더 정확하다고 평가합니다. 단지 수익을 창출 못 하는 초창기 성장회사들은 EV/Revenue로 대신 비교합니다.

EV/Revenue는 배수의 개념으로 사용되어서 보통 1~3(1x~3x) 사이에 있으며 낮을수록 저평가되었거나 더 매력적으로 판단합니다.

EV/EBITDA는 10 이하이면 회사의 평가가 좋다고 혹은 건강하다Healthy고 판단합니다. 이 수치는 tradingview.com에서 무료로 찾을 수 있습니다 (tradingview.com → 주식 Symbol 입력 → 차트 밑 우측 하단 Financials에서 찾을 수 있음).

EV/EBITDA의 단점은 CapEx 및 감가상각비를 포함하지 않습니다. 그래서 미래의 성장을 위한 투자인 CapEx 및 감가상각비의 금액이 적은 회사들에게 유리한 점이 있습니다. 이를 보완하기 위하여 P/E Ratio를 같이 사용하여 주식을 평가합니다.

일반적인 투자자들은 낮은 P/E Ratio와 낮은 EV/EBITDA를 선호하면서 주식을 선택합니다. 그러나 한 가지 유념할 점은, 수치를 절대적으로 판단하지 말고 동종 섹터 및 동종 업종 내에서 비교 판단해야 한다는 것입니다.

잉여현금흐름수익률(Free Cash Flow Yield)

P/E Ratio의 단점을 보완하여 사용되는 Free Cash Flow Yield는 회사의 잉여현금 창출 능력을 다른 회사들과 비교할 수 있는 좋은 지표입니다.

$$\text{Free Cash Flow Yield} = \frac{\text{잉여 현금(Free Cash Flow)}}{\text{시가총액(Market Capitalization)}}$$

이 수치를 자동으로 계산해서 보여주는 곳이 Tradingview.com입니다.

비교 가치 평가의 P/Free Cash Flow의 식과 분자와 분모가 바뀐 식입니다.

그렇다면 P/Free Cash Flow와 별 차이가 없어 보입니다. 이를 더 세밀하게 분석하는 방법은 시가총액 대신 Enterprise Value를 사용하는 것입니다.

$$\text{Free Cash Flow Yield} = \frac{\text{잉여 현금(Free Cash Flow)}}{\text{Enterprise Value}}$$

Free Cash Flow Yield는 P/E Ratio와 같이 사용하면 제일 믿을 만한 지표라고 평가합니다. 그러면 두 가지 식을 가지고 [표 19]를 통해 Free Cash Flow Yield를 사용하여 가치를 평가하는 방법을 보겠습니다.

Free Cash Flow Yield는 그 회사의 영업 성과를 판단하는 제일 좋은 지표입니다. Free Cash Flow Yield와 함께 P/E Ratio를 같이 보아야 하는 이유를 이야기하겠습니다. S&P500의 P/E Ratio는 42.08, Nasdaq 100는 39.27입니다(2020년 12월 28일 기준). 이 P/E Ratio보다 낮은 회사들은 상대적 저평가로 볼 수 있습니다.

[표 19]에서 아마존, 테슬라, 엔비디아, 나이키, 애플, 코스트코, 뱅크오브아메리카Bank of America의 7개 회사를 비교해 보겠습니다. 주식시장에서 가장 높은 평가를 받고 있는 테슬라는 P/E Ratio는 1,310입니다. 즉 미래에 대한 기대치가 제일 높은 주식 중의 하나입니다. 하지만 Free Cash Flow Yield는 0.28% 또는 0.38%로 7개 회사 중에 가장 낮습니다. 그러므로 상당한 고평가를 받고 있는 주식입니다.

반대로 Free Cash Flow Yield가 가장 높은 주식은 뱅크오브아메리카입니다. 하지만 P/E Ratio는 14.25로 S&P500의 42.03의 절반도 안 되는 저평가 주식입니다. 두 주식 모두 P/E Ratio와 Free Cash Flow Yield 간 괴리가 큽니다. 그러하면 저 7개 주식 들 중 리스크가 적은 주식은 애플과 코스트코로 볼 수 있습니다. P/E Ratio는 애플이 39.39, 코스트코가 38.03으로 S&P500보다 낮으니 곧 상승 가능성이 있습니다. 이들의 Free Cash Flow Yield는 3.73%,

3.88%로 다른 7개 기업보다 좋습니다.

리스크Risk를 줄이고 안전한 투자를 하는 분들에게 추천하는 가치 평가 방법

[표 19] Free Cash Flow Yield 비교(2020년 12월 28일)

(단위: 백만 달러)

Free Cash Flow Yield 계산(TTM)	아마존	테슬라	엔비디아	나이키	애플	코스트코	아메리카 은행
Ticker	AMZN	TSLA	NVDA	NKE	AAPL	COST	BAC
Free Cash Flow	24,663	1,832	4,230	1,995	73,365	6,418	26,356
시가총액 (Market Cap)	1,606,431	658,791	328,615	215,504	2,153,363	162,564	248,018
Free Cash Flow Yield							
Free Cash Flow/Market Cap	1.54%	0.28%	1.29%	0.93%	3.41%	3.95%	10.63%
P/Free Cash Flow	65.14	359.60	77.69	108.02	29.35	25.33	9.41
Enterprise Value	1,639,560	475,983	340,016	181,760	1,968,860	165,589	666,308
Free Cash Flow Yield							
Free Cash Flow/EV	1.50%	0.38%	1.24%	1.10%	3.73%	3.88%	3.96%
EV/Free Cash Flow	66.48	259.82	80.38	91.11	26.84	25.80	25.28
P/E Ratio	94.76	1,310.75	87.22	83.81	39.39	38.03	14.25
Forward P/E Ratio	70.55	182.89	45.42	37.03	29.25	33.47	13.60

입니다. 단지 이를 직접 계산해서 보여주는 곳이 찾기 힘듭니다. 하지만 핸드폰 계산기 하나만 있으면 계산이 가능합니다. Enterprise Value 및 Free Cash Flow는 대부분의 증권사 플랫폼에 있습니다. 또한 Tradingview.com에 Enterprise Value 및 Free Cash Flow가 있으니 이를 이용하면 됩니다.

ROA, ROE, ROI

이 친구들은 재무제표상 상당히 객관적으로 판단할 수 있는 수치입니다. 명확하게 비율로 나오는 숫자이기 때문에 회사의 규모에 상관없이 사용할 수 있습니다. 비교 가치 평가 방법은 말 그대로 비교를 위한 가치 평가 방법임을 잊지 말기

구분	이름	식	해석	좋은 수치 기준
유동성 비율 (Liquidity Ratio)	Current Ratio	$\dfrac{\text{Current Assets}}{\text{Current Liablities}}$	단기 유동성 능력 평가	중간값: 1.5~2.1 추천: 2.0 이상
	Quick Ratio	$\dfrac{\text{Cash + Current AR}}{\text{Current Liabiliites}}$	보다 보수적인 단기 유동성 능력 평가	전체평균: 1.2 ~ 1.6 추천: 1.35 이상
	Current Ratio와 Quick Ratio의 차이는 단어의 차이를 보면 이해가 쉽습니다. Current는 현재이고 Quick은 퀵서비스처럼 아주 단기적인 의미가 있습니다. 유동자산(Current Assets) 중 당장 현금화할 수 있는 자산만을 가지고 평가를 합니다. 유동자산은 1년 이내 현금화할 수 있는 자산-재고 및 선지급금 등-을 모두 포함합니다. Quick Ratio는 오늘 당장 현금화할 수 있는 현금, 예금, 주식 등 유가증권만을 가지고 평가합니다. 예를 들어 일주일 내에 현금이 필요해서 재고를 정리해야 한다면 제값 받기 어렵겠지요? 이런 의미로 이해를 하면 쉽습니다.			
지급여력 비율 (Solvency Ratio)	Debt to Equity (부채비율)	$\dfrac{\text{Total Liabiliites}}{\text{Total Equity}}$	자기자본 대비 부채비율	전체 평균: 5.5~6.0 추천: 2 이하
	LT Debt to Equity (장기 부채비율)	$\dfrac{\text{LT Liabiliites}}{\text{Total Equity}}$	자기자본 대비 장기부채 비율	추천: 0.5 이하
	Balance Sheet을 보면, Liabilities + Shareholders' Equity가 있습니다. 이 둘의 비율을 보는 것입니다. 2 이하를 추천한다고 했지만, 산업별로 다를 수가 있습니다. 중장비 기계 및 고가의 장비를 요구하는 산업은 부채비율이 높을 것이고, 그렇지 않은 기업은 낮을 것입니다. 지금처럼 시장 금리가 저렴하고 연준 정책에 의하여 물가가 안정된 경우는 기업들이 투자를 해야 하는데 이 자금은 시장에서 유상증자를 통한 방법이 대출에 의한 방법이 대표적인 방법입니다. 지금처럼 금리가 낮으면 최고경영자들은 대출을 선호할 것입니다. 성장 초기의 회사들은 유상증자가 좋을 것입니다. 기업 경영 환경에 따라 그 수치는 달라질 수 있습니다. 그래서 그 회사가 속한 섹터 및 산업 평균보다 낮은 경우(좋은 경우임) 시장에서 받아들이는 데는 문제가 없습니다. 일반적으로 장기 부채비율은 0.5 이하를 바람직하다고 주식시장에서 받아들입니다. 장기 부채비율이 높을수록 미래에 대한 리스크가 커진다고 생각하는 애널리스트들이 많습니다. 이 견해에 여러분의 찬성과 반대 의견은 중요하지 않습니다. 이들이 시장에 대한 영향력이 우리보다 크기 때문입니다. 이들의 기준을 따르는 것이 오히려 여러분의 주식 선택에 도움이 될 것입니다.			

778

		Total Liabilities / Total Assets	자산 대비 부채비율	중간값: 0.65 추천: 0.4 이하
지급여력 비율 (Solvency Ratio)	Debt Ratio	$\dfrac{\text{Total Liabilities}}{\text{Total Assets}}$	자산 대비 부채비율	중간값: 0.65 추천: 0.4 이하
		이 비율은 재무제표를 크게 바라보는 관점입니다. 위의 Debt to Equity의 추천 비율이 2라고 하면, Liabilities: Equity = 2:1입니다. 그러면 자산을 3(2+1)으로 두고 Liabilities: Asset=2:3이 된다면 값은 0.67 정도 나옵니다. 그래서 미국 상장사 중간값이 0.65 정도이니 산업 평균 수치가 이해될 것입니다. 물론 부채가 적으면 적을수록 좋지만 이는 경영 환경에 따라 변할 수 있습니다. 이론적으로는 0.4 이하가 좋다고 하지만, 0.5 이하면 잘 운영한다고 판단해도 좋습니다.		

		재무제표상의 Gross, Operating, Net Profit Margin에 대해 절대적인 판단 기준은 없습니다. 그래서 중간값과 시가총액 상위 20위 회사들의 최고 최저 범위를 보고 스스로 기준을 만들어 평가하는 것이 제일 바람직합니다.	
	Gross Margin	최저 21.1%(테슬라) 최고 79.3%(버크셔 A) 애플(시총 1위): 38.2%	중간값: 40%
	Operating Margin	최저: -3%(디즈니) 최고: 64.5%(버크셔 A) 애플: 24.1%	중간값: 7-8%
	Net Profit(Net Income) Margin	최저: -4.4%(디즈니) 최고: 47.9%(버크셔 A) 애플: 20.9%	중간값: 2%
수익성 비율 (Profitability Ratio)	위의 수치를 보시고 버크셔 주식을 매수하려고 생각하신 분들은 다음 사항도 참조하기 바랍니다. P/E가 현재 14.97이고 Forward P/E가 21.04, 그리고 ROE가 시가총액 20위 회사 중 하위 3등입니다. 그러므로 항상 시장 트렌드, 펀더멘털, 기술적 지표까지 모두 고려한 후 판단하기를 추천합니다.		
	ROA	$\dfrac{\text{Net Income}}{\text{Average Total Assets}}$	2년 평균 자산 규모 대비 수익 평가	추천: 5% 이상 자산은 산업별로 요구되는 규모가 다릅니다. 동종 업계에서만 비교를 하고, 다른 경쟁사보다 높은지만 확인하는 것이 바람직합니다.
	ROE	$\dfrac{\text{Net Income}}{\text{Average Toal Equity}}$	2년 평균 자기자본 대비 수익 평가	S&P500 평균: 14% 추천: 15% 이상
	ROI	$\dfrac{\text{순투자이익}}{\text{투자자금}} \times 100\%$	기업의 투자 대비 수익	높으면 높을수록 좋음. 보통 50% 이상을 추천하지만, 25% 이상이면 괜찮음(애플 ROI: 31.7%).

바랍니다.

(중간값은 평균값이 아닌 미국 시장 상장사들의 수치 중 가장 중앙에 많이 분포된 값을 표현합니다. 산수 개념인데 평균을 구해서 비교하기에는 무리가 있는 경우, 중간값을 이용하는 경우가 많습니다. 이때 사용되는 개념이 Median입니다. 또한 위에 나오는 회계 용어는 인터넷에 아주 잘 설명되어 있습니다. 더 상세한 공부를 필요로 하는 분들은 찾아보기 바랍니다. 제가 일방적으로

이야기를 하는 것보다는 한번 찾아보는 것도 많은 도움이 될 것입니다.)

지금까지 가볍게 펀더멘털 분석을 생각한 분들이 많을 것입니다. 미국은 경제의 재무에 대한 지식과 활용도 측면에서 세계 그 어느 나라에 비해서도 가장 선진화되어 있습니다. 이 수치를 전체적으로 활용하는 것도 좋지만, 항상 섹터와 산업을 고려해야 합니다.

다음의 기준을 가지고 어떠한 회사들이 주식시장에 있는지 분석해보겠습니다.

Current Ratio > 2	Quick Ratio > 1.35	Debt/Equity < 2	LT Debt/Equity < 0.5	ROA > 5%
ROE > 25%	ROI > 25%	Gross Margin > 20%	Operating Margin > 20%	NI > 10%

이 조건으로 주식을 찾으면 7,610개의 주식 중 11개를 찾을 수 있습니다.

[표 20] Financial Ratio 기준으로 찾은 11개 주식

No.	Ticker	Company	ROA	ROE	ROI	Curr R	Quick R	LTDebt/Eq	Debt/Eq	Gross M	Oper M	Profit M	Beta	Price
1	MNST	Monster Beverage Corporation	22.80%	28.20%	26.20%	3.70	3.20	0.00	0.00	58.30%	35.00%	27.00%	1.09	88.20
2	FAST	Fastenal Company	21.10%	30.60%	26.70%	4.40	2.20	0.13	0.14	45.80%	20.10%	15.10%	1.23	47.72
3	TER	Teradyne, Inc.	23.20%	42.10%	26.40%	3.30	3.10	0.20	0.20	57.00%	28.70%	23.60%	1.35	137.95
4	GGG	Graco Inc.	15.80%	28.40%	30.30%	3.30	2.40	0.24	0.27	51.50%	22.90%	18.90%	0.57	75.83
5	TREX	Trex Company, Inc.	25.70%	34.50%	31.90%	3.10	2.60	0.00	0.00	41.40%	27.10%	20.50%	1.47	98.16
6	POWI	Power Integrations, Inc.	24.10%	26.90%	26.00%	9.00	7.40	0.00	0.00	50.40%	50.10%	44.70%	0.99	94.37
7	INMD	InMode Ltd.	24.10%	28.70%	33.40%	7.20	6.80	0.00	0.00	85.20%	31.10%	32.60%	-	59.67
8	OFLX	Omega Flex, Inc.	30.40%	46.50%	44.10%	2.70	2.10	0.00	0.00	62.90%	23.00%	17.60%	0.44	150.71
9	DMLP	Dorchester Minerals, L.P.	25.60%	27.10%	47.50%	7.60	7.60	0.00	0.00	88.60%	51.20%	49.70%	1.48	12.42
10	CPRX	Catalyst Pharmaceuticals, Inc.	53.30%	62.80%	34.60%	7.90	7.60	0.00	0.00	86.00%	34.40%	60.50%	1.43	3.60
11	UG	United-Guardian, Inc.	31.80%	37.00%	38.90%	10.00	8.70	0.00	0.00	58.60%	38.10%	32.80%	0.05	14.23

[차트 19] 표 20에서 선정된 주식들의 성과

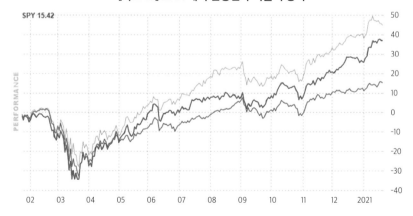

동일 비중으로 투자했을 때 지난 1년 동안 36.76%의 수익률을 보여줍니다. 저는 위의 11개 주식들을 향후 5년 동안 지켜볼 생각입니다. 7,610개 중 균형이 제일 잘 잡힌 회사들이며, 아직 성장 가치가 높은 회사들이 많아 보입니다.

여러분도 조건을 약간씩 변경해가면서 주식들을 찾아보기 바랍니다. 이 작업을 통해 여러분은 인터넷 및 유튜브에서 떠도는 소식이 아닌, 좋은 주식을 펀더멘털이라는 논리적 근거로 찾고, 이들의 지난 성과를 확인하고, 최근의 성장 및 미래의 성장을 보여주는 지표(EPS Growth next year, EPS Growth next 5 years)까지 모두 확인할 수 있습니다.

펀더멘털에서 중요한 점은 Ratio를 외우는 것이 아니라, 그냥 가볍게 이해는 하되 잊으면 안 된다는 것입니다. 작은 노트에 제가 소개한 기본값을 적어두고 여러 숫자를 대입해가며 주식 찾는 과정에서 도움을 받아야 합니다. 6장 내용 중 주식 고르기의 기준이 여기의 펀더멘털입니다.

2장

시장 흐름
지표 보는 법

시장 지지 지표
(Market Breadth Indicator)

지표 이름	지표 내용
Advance-Decline Line (I)	Net Advance(순수 상승) 주식 수
Advance-Decline Volume Line (II)	Net Advance(순수 상승) 거래량
High-Low Index (III)	52주 최고가 및 최저가 Ratio
Above SMA50 (IV)	SMA 50위에 위치한 주식 비중
Above SMA 200 (IV)	SMA 200 위에 위치한 주식 비중
수정 MACD (V)	단기 EMA와 중기 EMA 비교
McClellan Oscillator (VI)	Net Advance를 MACD 형태로 변형
Arms Index (TRIN) (VI)	Advance-Decline 주식 수와 거래량의 비율을 분수로 계산한 지수

위의 지표들은 증권사 및 Stockcharts.com, Tradingview.com에 모두 있습니다.

Stockcharts.com을 이용해서 AD Line ($NYAD), AD Volume Line ($NYUD), High-Low Index ($NYHILO), Above SMA 50 ($NYA50R), Above SMA 200 ($NY200R), MACD (20, 65, 9), McClellan ($NYMO), Arms Index ($TRIN)를 선정했습니다. Tradingview.com에서는 차트 위의 '지표' 부분에

서 지표 이름을 검색하면 모두 나옵니다. 여러분의 증권사 차트에 없는 경우도 있을 수 있으니, 없는 경우는 제공되는 것들만 이용해도 무방하다고 생각합니다. High-Low Index에는 SMA 20일을 추가로 설정하기 바랍니다.

지표 이름	지표 판단 기준
Advance-Decline Line (I)	• 차트의 지표와 같은 방향이 좋습니다. 만약 지수는 상승하는데, 이 라인이 수평 혹은 아래 방향으로 움직이면 지수가 보합 혹은 하락할 가능성이 보이는 것입니다.
Advance-Decline Volume Line (II)	• AD Volume Line이 AD Line과 반대로 가는 경우를 Bearish Divergence 라 하고, Divergence가 생기는 경우 지수의 움직임이 깨질 가능성이 높은 경우입니다. 차트에서 보면 ❻에 해당하는 부분입니다.
High-Low Index (III)	• High-Low는 비율로 나타내게 됩니다. • $\dfrac{\text{New High}}{\text{New High + New Low}}$ 의 식을 가지고 퍼센트로 표현을 하게 됩니다. 여기에 SMA 20선을 도입하여 이 선을 기준으로 지수가 이 선을 뚫고 아래로 내려가면 시장 강도가 약해지는 것이고, 위에 있으면 상승세를 유지한다고 판단합니다.
Above SMA50 (IV)	• NYSE에 상장된 주식들이 SMA 50일선 위에 있는 경우의 퍼센트를 계산한 지표로서 60% 이상이면 상승세가 유지된다고 판단합니다.
Above SMA 200 (IV)	• 위와 비슷하나 50%를 기준으로 보게 됩니다.
수정 MACD (V)	• MACD는 기술적 지표에서 널리 사용되는 지표로서 EMA를 기준으로 기본 값은 12, 26, 9를 사용합니다. • 하지만 시장 강도를 볼 때는 이 기본값을 수정하여 판단합니다. • 20, 65, 9값을 넣어서 보면 판단에 도움을 줍니다. • MACD는 단기선(20)이 장기선(65) 위에 있으면 시장 강도가 좋은 것이고, 지나치면서 하락을 하면 시장이 하락한다는 신호입니다.
McClellan Oscillator (VI)	• McClellan Oscillator는 Advance/Decline Line의 MACD입니다. CNN Money에서 제공하는 Fear & Greedy Index에도 사용되나 약간 차이가 있습니다. 여기서는 주식 수를 기준으로 하고, CNN은 Volume을 기준으로 합니다. 차이는 있으나 그렇게 큰 차이는 없습니다. • 0을 기준으로 양(+)의 경우는 상승, 0 미만은 하락을 이야기합니다. 하락 인 경우, 시장이 Down Trend 확률이 높습니다. • 시장의 움직임을 빠르게 판단을 하는 경우, McClellan Oscillator가 제일 좋습니다.
Mcclellan Summation Index	• McClellan Oscillator가 단기적인 평가를 하기 때문에 시장 흐름에서는 장기적인 시장 흐름을 제대로 판단할 수 있습니다. 본문에는 McClellan Summation Index를 사용했으며, 부록에서는 McClellan Oscillator를 가지고 판단하는 법을 보여드립니다.
Arms Index (TRIN) (VI)	• 1을 기준으로 1 이상이면 매도세(Selling Pressure)가 강해지고, 1 이하면 매수세가 강하다고 판단합니다.

이를 숙지하고 차트를 보겠습니다.

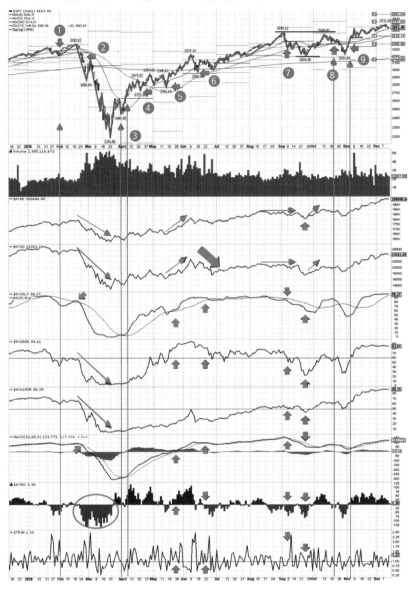

[차트 20] SPX 시장 Direction 및 마켓 브레스(Market Breadth)

2020년의 SPX를 예로 들겠습니다.

❶의 경우, HH가 무너지고 LL, LH 이후 LL 2번이 생긴 때입니다. High-Low Index가 20일선 밑이고, 50일 이상 주식 수가 40% 정도이며, 맥클레런McClellan 지수가 음수이고, Arms Index는 2를 넘어서서 Selling Pressure가 높았지만, 이내 곧 상승장으로 돌아선 시점입니다. 이런 경우 시장이 하락한 것을 알았으니 매도를 해야 한다는 의견도 있을 수 있지만, 마켓 브레스Market Breadth가 약해진다고 느낄 뿐, 매도를 강하게 추천할 수 있는 시기는 아닙니다. 이동평균선도 50일선 위에 있고, 피봇 포인트Pivot Point는 P지점 위에 있기에 냉정하게 매도를 이야기할 수 있는 시기라고 판단하기 어렵습니다. 이러한 경우는 Contrarian Indicator를 참조하여 최종 판단을 해야 합니다.

❷의 경우는 이야기가 달라집니다. 우선 월 단위 피봇 포인트가 무너지면서 S1도 무너지고 S2도 무너지는 상황입니다. LL이 어디인지를 모르고, 200일선도 무너졌습니다. 그럼 매도를 해야 하는 시기입니다. 더욱이 모든 지표가 시장 하락을 보여줍니다. 그럼 주저 없이 매도해야 합니다.

❸의 경우에는 화살표가 두 개 있습니다. 지표상으로 3월 23일의 바닥에서 매수를 결정할 수 있는 지표는 [차트 62](440쪽)의 연 단위 피봇 포인트밖에 없습니다. 그 외의 지표들은 바닥을 유지하는 모습이 보입니다. 공격적인 프로 트레이더들은 분할 매수를 시작하는 지점입니다. 개인 투자자들은 약간 보수적으로 투자를 해야 합니다. 그러면 ❸ 화살표가 두 개 있습니다. 이 부근에서 매수를 시작하는 것이 올바른 판단입니다. 지표들이 모두 하락에서 바닥을 거쳐서 상승하기 시작했기 때문입니다.

❹의 경우는 HH가 끝나고 LL이 만들어지는 시점입니다. 이 당시에는 급격한 주가 회복을 기대하지 못할 때였습니다. 다시 폭락을 할지 보합으로 갈지에 대해서 뉴스에서 토론을 많이 하던 시기였습니다. ❹를 보시면 8개 지표들 중 3개 SMA 50, SMA 200, Arms Index만 제외하고는 모두 상승으로 돌아선 상태입니다. 확률적으로 상승:하락 추세가 5:3으로 우세하지만, 확신을 할 수 없으니

Contrarian Indicator를 참조해야 합니다.

❺의 경우는 Arms Index 외에 지표들이 상승하고 있으며 하락을 해도 피봇 포인트의 P이기 때문에 추가 매수를 해야 하는 시점입니다. 또한 짧은 기간이지만 차트 패턴에서 자주 사용되는 더블바텀Double Bottom이 이루어졌기 때문에 매수 기회로 판단하는 것이 우세합니다.

❻의 경우 상당한 고민을 해야 하는 시기입니다. HH가 무너지면서 LL이 만들어지고 있으며, AD Line과 AD Volume Line 방향이 반대입니다. 그리고 McClellan이 음수로 변해 있으며 Arms Index에 Selling Pressure도 나옵니다. 또한 50일선은 넘었으나 200일선을 넘지를 못했기에 보수적인 펀드들은 매수세에 적극적으로 참여하지 않는 시점입니다. 이런 경우 Contrarian Indicator를 확인한 후 최종적으로 결정해야 합니다.

❼의 경우는 LL이 두 번 만들어지면서 S1이 무너지는 상황입니다. AD Line, AD Volume Line을 제외한 대부분의 지표들이 하락세를 이야기하고 있습니다. 이런 경우 하락세이니 매도를 염두에 두고 Contrarian Indicator를 참고해서 결정합니다. 이 경우에 매도하지 못한 분들은 풀백Pull Back이라 판단을 하는 경우, 그 기회를 보아야 합니다. 9월 말경에 더블바텀이 만들어집니다. 이 지점이 S2 지점입니다.

❽의 경우는 그 전에 매도를 했어야 합니다. 그전에 더블탑Double Top이라는 차트 패턴이 생겼기 때문입니다. 더블탑은 대부분 하락을 하고, 더블바텀은 대부분 상승을 합니다. 제가 블로그에서 이보다 먼저 매도를 추천한 시점이기도 합니다. 이때 Arms Index를 보시면 Buying Power(매수세)가 강한 것을 볼 수 있습니다(0.5~1 사이). 블로그에서는 이 부근을 지난 후 매수 추천을 드렸습니다. 모든 지표가 안정적인 상승세를 보여주기에는 부족했으며 수익이 약간 떨어지더라도 안전한 시점에 매수를 추천드리고 싶었기 때문입니다.

그래서 ❾의 시점에 매수 추천을 했습니다. 개인 투자자들은 대부분의 지수가 상승을 이야기할 때를 매수 시점으로 판단하는 것이 안전합니다.

'아하' 하고 이해가 쏙쏙 되는 분도 계시고, 알 듯 말 듯한 분들도 계실 것입니다. 다음 장에 나오는 Contrarian Indicator까지 공부하신 후 S&P500 지수, 나스닥 지수, 그리고 보유하고 계시는 주식 중 비중이 가장 높은 2~3개 주식을 골라 2020년, 3년, 5년 차트를 펼친 다음 선을 그어보십시오.

이제 하나씩 알아가는 차트와 기술적 분석이 여러분의 투자 판단에 상당히 도움을 줄 것입니다.

02 시장 반대 지표
(Contrarian Indicators)

　안정적인 수익을 원하는 투자자는 변동성Volatility을 싫어하고 공격적으로 기회를 마련하려는 투자자들은 변동성을 좋아합니다. 변동성을 좋아하더라도 항상 수익을 창출할 수는 없습니다. 이 변동성을 잘 이용해야 합니다. 미국 주식은 장기적으로 보면 항상 우상향으로 왔지만 변동성이 심합니다. 보유하신 주식이 하루에 7% 이상 오르기도 하고, 이제 올라가는 일만 남았다고 생각을 하고 있는데 갑자기 7% 이상 하락하는 경우도 많습니다.

　이러한 시장 변동성을 측정하는 것이 시장 반대 지표Contrarian Indicator입니다. 쉽게 설명을 드리면, 가까운 미래에 시장의 변동성이 높을지 낮을지를 보여주는 지표입니다. 변동성이 높다는 것은 시장의 방향이 현재와는 반대 방향으로 바뀔 확률이 높다는 의미입니다.

　변동성을 보는 지표들은 다음과 같습니다. 이 여섯 가지 지표들을 Contrarian 혹은 Sentiment Indicator라고 합니다. 이 중 세 가지는 유료 서비스를 이용해야 하기 때문에 일반 투자자들이 접근하기 어려운 수치입니다. NYSE Short Interest Ratio는 일 기준으로 제공을 하는 곳이 거의 없습니다. 스마트 머니Smart Money와 덤 머니Dumb Money 지수Index는 Sentimentrader.com

지표 이름	지표 내용	지표 Ticker
VIX	• 공포 지수(Fear Index) • S&P500의 ETF인 SPY의 변동성을 기준으로 만든 지표 • SPY의 파생상품인 옵션 계약을 분석한 지표 • 향후 30일을 기준으로 분석한 지표 • SPY의 현재 가격 이상의 콜옵션과 이하의 풋옵션의 계약 건수를 기준으로 분석한 지표 • 일반적으로 VIX가 20 이하이면 안정적이고, 30이 넘어가면 시장 변동성이 높으니 시장이 하락할 가능성이 높다고 분석함. • VIX 값이 높으면 매수의 기회로, VIX가 낮으면 매도의 기회로 여김.	VIX, $VIX
Put-Call Ratio	• 전체 주식들 중 파생상품 거래가 가능한 주식들의 풋옵션과 콜옵션의 거래수를 기준으로 분석하는 지표. • 풋옵션/콜옵션 • 풋옵션 계약 수와 콜 옵션 계약 수가 같으면 1이 됨. • 일반적으로 투자자들은 콜옵션을 더 매수하기 때문에 0.7을 기준으로 삼음. • 이 비율이 1 이상이면 시장이 하락할 것이라고 판단하고, 0.5~0.7이면 시장이 상승할 것이라고 판단함.	$CPC, $CPCE $CPCI
AAII Sentiment Survey	• AAII(American Association of Individual Investors)에서 유료 서비스 사용자들에게 향후 6개월의 황소(Bull), 곰(Bear) 시장에 대한 설문 결과를 제공함. • https://www.aaii.com/sentimentsurvey? • 매주 설문조사 결과가 달라짐. • 시장에서 가장 설득력 있는 설문조사	
NYSE Short Interest Ratio	• NYSE 시장의 전체 주식 계약 수 대비 공매 (Short Interest) 비율. • 한 달에 한 번 발표 • https://www.nyse.com/markets/reports • 유료 서비스 업체들은 매주 자체적 통계를 통해 자료를 제공함.	
Smart Money Index	• 개장 후 30분, 장 종료 전 1시간 동안의 주식 가격의 움직임으로 판단하는 지표 • 대형 자본 펀드들이 이성보다 감성이 앞서는 일반 투자자들을 대상으로 시장의 방향을 테스트하는 시간 • 유료 서비스인 Sentimentrader.com에서 제공함. • Smart Money Index가 높으면 시장 하락을, 낮으면 상승으로 판단함.	
Dumb Money Index	• Smart Money의 반대 개념 • 주로 개인투자자들의 성향을 판단한다고 이야기함. 이 지수가 올라갈수록 시장은 상승한다고 판단됨.	

에서 제공하는데 월 유료비가 39~69달러입니다.

개인 투자자들은 VIX와 Put-Call Ratio, AAII Survey이면 충분하다고 생각합니다.

다음 분석표에서 시장 지지 지표Market Breadth Indicator로는 결론을 내리지 못한 부분이 ❶, ❸, ❻, ❼이었습니다. ❶의 경우는 시장 반대 지표Contrarian Indicator가 나

[차트 21] SPX Contrarian Indicators

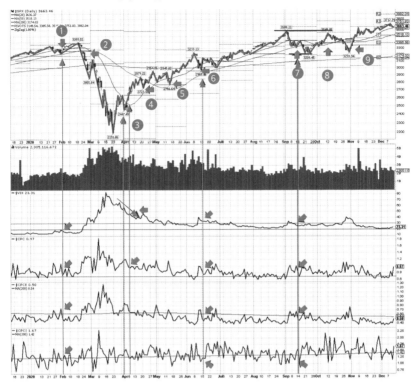

빠 보이지 않아서 매매 없이 관망하는 자세로 판단을 해야 합니다. ❸의 경우는 첫 번째 화살표에서는 관망을 하는 것이 맞습니다. 일시적인 반등 혹은 Dead Cat Bounce와 패턴이 비슷합니다. ❻은 매수와 관망 중에 선택해야 합니다.

❼의 경우는 차트 패턴을 안 보았다면 실수할 수 있는 구간입니다. 시장 반대 지표의 값이 너무 좋습니다. 그래서 고민을 해보아야 합니다. 우선 Breadth가 약합니다. Breadth가 약하면 시장 반대 지표들이 아무리 좋은 수치가 나와도 우선 순위에서 밀립니다. 그리고 Put-Call Ratio가 1 부근이어서 매수를 하지 않는 것이 바른 판단입니다.

여러분도 이런 판단을 할 수 있게 되길 바랍니다.

유료 서비스인 스마트 머니Smart Money와 덤 머니Dumb Money도 같이 보았다면 얼

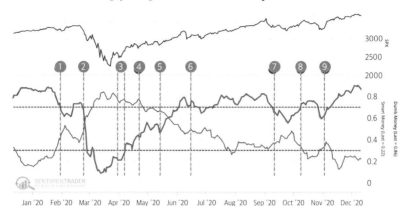

[차트 22] Smart & Dumb Money Index

마나 더 도움이 되었을까요?

스마트 & 덤 머니 지수Smart & Dumb Money Index를 보면 ❶은 매도해야 하는 시기입니다. 0.7을 기준으로 그 이상이 되면 과열된 희망Optimism, 0.3 이하이면 과열된 비관Pessimism으로 판단합니다. ❶에서는 0.7 이하로 덤 머니가 하락하고 스마트 머니가 상승을 하고 있으므로 곧 하락장이 온다는 이야기입니다. ❷도 마찬가지입니다. ❸의 경우는 첫 번째 수직선과 두 번째 수직선에서 분할 매수를 하는 것이 맞습니다. ❻의 경우는 스마트 머니 지수가 내려가지 않아서 관망하는 것이 맞는 판단이 됩니다. ❼의 경우는 조용히 관망 혹은 매도를 하는 것이 맞는 판단이겠지요.

여기서 한 가지 유의해야 할 점은, 기술적 분석이라는 것이 100%의 정답을 주지는 않는다는 것입니다. 그리고 줄 수도 없습니다. 그러나 그동안은 불확실성으로 시장을 보았다면, 이런 지표를 근거로 판단할 경우 불확실성을 아주 많이 줄일 수 있습니다.

THE
BIBLE
OF THE
U.S.
STOCK
MARKET
INVESTING

3장

기술적 분석에
강해지는 법

- 펀더멘털 분석은 좋은 주식을 고르기 위한 것이 목적이고,
- 기술적 분석은 가격 방향을 예측하는 것이 목적이고,
- 차트 패턴 분석은 가격 상승 및 하락 폭을 예측하는 것이 목적입니다.

기술적 분석 및 차트 분석은 투자자들의 심리를 분석하는 것과 동일하다고 생각합니다. 제 스스로가 정한 차트 분석과 기술적 분석은 다음과 같습니다.

주식시장의 군중심리Crowd Psychology를 가장 정확하게 표현해주며, 세상의 모든 것들이 서로 연관되어 가격이 결정되는 논리적 근거를 보여주고, 이 논리적 근거를 통계적 검증을 통하여 많은 투자자들에게 가격 움직임Price Action을 예측할 수 있도록 해준 분석. 특히

① 가격의 움직임
② 거래량의 변화
③ 변동성

을 축으로 분석한 것이 차트 분석이고 이를 기술적 분석이라고 합니다.

차트 분석은 1900년대부터 주식 가격의 움직임을 여러 패턴으로 정의했으며, 역사적 통계 자료의 분석을 통해 검증된 것만 시장에서 보편적으로 사용됩니다. 기술적 분석은 차트 분석을 더욱 정교하게 해주는 기능을 가진 지표들을 사용하여 매매 시기를 더욱 정확하게 해주는 분석이고, 여기에 사용되는 지표를 기술적 지표라고 합니다.

기술적 분석과 차트 분석은 동일한 개념입니다. 단지 다음 표와 같은 차이가 있을 뿐입니다.

	가격 움직임	거래량	변동성	기간
차트 분석	V	V		단기~장기
기술적 분석	V	V	V	단기

저는 차트 분석 및 기술적 분석을 펀더멘털 분석보다 주식시장에서 더 유용하게 사용합니다. 차트 분석과 기술적 지표를 잘 이용하면, 가격이 상승을 하면 어디에서 저항을 받고, 하락을 하면 어느 근처에서 지지를 받을 수 있는지 예측하여 대응 전략을 수립할 수 있습니다. 또한 얼마나 기다리면 저항선을 뚫고 상승을 할 것인가, 아니면 지지선을 지키지 못하고 그 아래로 가격이 떨어질지를 분석합니다. 상당히 정확합니다.

그렇다면 20년 이상의 장기 투자를 목표로 하는 분들의 경우 당연히 다음과 같이 의문이 들어야 합니다.

'현재를 기준으로 좋은 주식을 선정해서 저축 식으로 꾸준히 투자하면 결국 장기 투자가 승률이 더 높다고 하는데, 왜 시간을 투자해서 차트 분석과 기술적 분석을 해야 하나요?'

네, 충분히 그렇게 생각할 수 있습니다.

자세한 설명을 위해 지금처럼 시장이 과열되었던 1999~2000년 사이로 되돌아 가보겠습니다. 이때는 제가 경영 컨설턴트로 일하던 시절이었기에 아직까지도

[그림 1] 웹반 주식

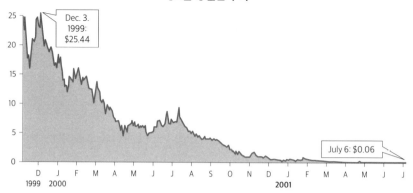

또렷하게 기억하고 있습니다.

1999년 근처에 주식을 샀으면 저는 100% 웹반Webvan, 시스코Cisco, Yahoo에 투자했을 것입니다. 웹반을 기억하시는 분이 있을지 모르겠습니다. 1996년에 e-커머스e-Commerce 시장에서 미래를 바꾸는 혁명적 기업이라고 해서 세쾨이어 캐피털Sequoia Capital(실리콘밸리의 유명한 벤처캐피털), 소프트뱅크, 골드만삭스에서 엄청나게 투자를 받고 1999년 11월에 상장을 했습니다. 어마어마한 인기가 있었습니다. 세상을 바꾸는 기업이라며 WSJ, 포브스, 블룸버그, 골드만삭스 등 모든 언론, 애널리스트들의 칭송이 하늘을 찔렀고, 상장하는 날 IPO 가격보다 65% 올랐습니다.

결국 이 웹반은 왕이 되려다 거지가 된 대표 주식입니다. 거지가 되는 조짐이 보이기 시작을 하면서 1장에서 이야기한 것처럼 칭송하던 모든 이들이 언제 그랬냐는 듯 등을 돌렸습니다. 그리고 2001년에 부도가 났습니다. 20년 바라보고 매수를 했으며, 가격이 조정을 받을 때마다 매수의 기회다 하면서 매입을 더 했으면 그 투자금은 100% 모두 허공으로 사라지게 됩니다.

Yahoo! 한번 생각해보겠습니다. 세상을 바꾸었지만 2016년 헐값에 버라이즌Verizon(V)에 매각된 뒤 역사 속으로 사라졌습니다. 그러다가 2020년 지금처럼 주식시장에 광풍이 불 때, 많은 사람들은 50~80달러 가격대에 엄청나게 매

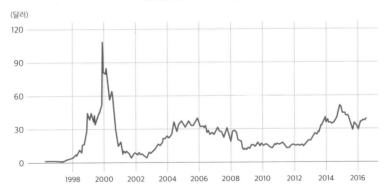

[그림 2] Yahoo 주식

입을 했습니다. '지금 안 사면 이 가격에 다시는 살 수 없어' 하는 대중 공포 심리가 이 광풍을 주도했습니다. 공포라는 감정은 하락 시장에만 나오는 것이 아닌, FOMO(the Fear Of Missing Out: 나만 소외되는 공포)에 의해 불쌍한 개인 투자자들만 엄청나게 매수를 했습니다.

이런 주식들이 미국에 역사적으로 아주 많았습니다. 그러면 여러분은 80달러에 매수하셨다가 10달러 미만으로 내려가는 그 고통을 참고 30달러로 회복하면 매도를 하시겠습니까? 20년 저축이 목표인데요.

그럼 2000년 당시 ETF를 매수했으면 별 문제가 없지 않았나요? 네, 맞습니다. 그런데 당시는 ETF 상품이 지금처럼 선택의 폭도 적었으며, 선택의 폭이 적다 보니 인기도 없었습니다. 당시는 수수료를 엄청 내야 하는 뮤추얼 펀드Mutual Fund의 세계였습니다. (개인적으로 20년 이상의 저축형 장기 투자는 개별 주식은 피하고 ETF 위주로 가야 합니다. 그래야 웹반, Yahoo, 시스코 같은 기업들을 ETF 펀드 매니저들이 리밸런싱Re-balancing을 해줍니다. 이에 비하면 수수료는 절대로 아까운 것이 아닙니다.)

시스코는 2000년 주식 가격이 지금보다 높습니다. 애플이요?

2000년에 애플은 스티브 잡스가 돌아와서 iMac을 만들고 있었습니다. 제가 1994년에 Macintosh LC 2를 가지고 있었는데 그 당시 300만 원짜리 컴퓨터인데 다른 컴퓨터와 호환이 안 되던 시절이었습니다. 디자인하는 분들 아니면 무용

지물인 컴퓨터였습니다. 인터넷이 나오기 전의 컴퓨터는 워드, 엑셀, 파워포인트, 그리고 간단한 게임 외에는 할 일이 없었습니다. iPod가 선풍적인 인기를 끌고 있었는데 당시에는 소니, 아이와, 파나소닉 등 일본 제품의 MP-3가 더 좋은 시절이었습니다. 그 당시의 상황은 애플에 거금을 투자하기에는 시대적으로, 그리고 성장성이 보이는 회사는 아니었기에 많이 주저했을 것입니다.

애플은 아이폰이 나오던 2007년이 최적의 투자 시기였습니다. 아이폰이 나오면서 성장을 했으니, 그때가 최적으로 매수하는 시기입니다. 그러면 2000년에 7년 후 아이폰이 나올 것을 예상하고 7년 동안 저축으로 자금을 모으고 있었어야 하나요? 지금 뒤돌아보면 쉽게 이야기할 수 있지만, 당시는 주식 말고도 부동산 등 좋은 대처 투자 자산이 많던 시절입니다.

그래서 저축식 장기 투자는 반드시 ETF로 하기를 바랍니다.

극과 극의 예를 들었지만, 미국 주식시장은 한국 주식시장과는 달리 기업이 그 성과를 못 내거나 미래가 안 보이면 아주 빠른 시간에 투자자들이 뒤도 안 돌아보고 투매를 합니다. 오히려 미국증권위원회SEC가 아닌 투자자들이 공매라는 제도로 기업을 퇴출시킵니다. 반론이 있을 수도 있지만, 공매라는 제도로 인해 기업들이 함부로 투자자들을 경시할 수 없는 것이 미국 주식시장입니다.

공매로 피해를 보는 투자자들도 많습니다. 그래서 차트 분석과 기술적 분석이 아주 유용하게 사용되는 것입니다. 매수 당시 세상을 바꿀 것이라고 이야기한 주식도 부도가 날 수 있는 것이 현실이고, 아무리 나쁜 주식이라 하더라도 세상을 바꿀 수 있는 창조적인 일을 만들어서 성장을 할 수도 있습니다.

대형 투자 펀드 및 전문 투자자들은 자신들의 투자 원칙에 맞추어서 매도 시기를 정하고 일정 수익을 실현하며 리밸런싱Re-balancing을 하면서 포트폴리오를 변화합니다. 이들의 장점은 개인 투자자들보다 막대한 자금과 남들보다 빠른 정보를 수집할 수 있다는 것입니다. 그리고 마지막으로 자신들의 투자 펀드 목적과 목표에 전문화된 알고리즘 트레이딩 프로그램이 있습니다.

이 트레이딩 프로그램은 결국 수십, 수백 개의 조건을 주어서 특정 조건이 되면 매수를 하고, 또 다른 조건에 맞으면 매도를 하도록 알고리즘이 설정되어 있습니다. 그 조건에 사용되는 변수는 무엇으로 결정해야 할까요? 주식시장에서 트레이딩에 사용되는 변수는 차트 패턴 및 기술적 분석 외에는 그 변수를 넣을 수 있는 것이 없습니다. 물론 우리가 3장에서 배운 금융시장의 조건을 더 세밀하게 넣을 수 있을 것입니다. 실질 금리가 1% 미만이 되면 '금'을 매수할 준비를 하고 있다가 '금'의 가격 움직임을 보고 매수 시기를 정하는 것이지요.

실제로 차트 패턴과 기술적 지표는 주식보다 외환시장, 커머더티 시장, 그리고 선물시장에서 그 활용도가 아주 높습니다. 제가 설명한 3장은 천천히 변하는 거시경제의 시장이고, 매일 변하는 가격은 차트 패턴과 기술적 분석에 거의 의지합니다.

차트 분석을 우선으로 하여 그 큰 그림을 먼저 보고, 이후 기술적 지표를 이용해서 세밀한 분석을 하는 법을 설명할 것입니다. 그러면 주식이 상승할 때, 목표 설정한 수익 근처에서 실현을 할 수 있으며, 주식이 하락하게 되면 그 하락 폭을 예측해서 매도를 하든 추가 매수를 하든 여러분 스스로의 투자 전략을 실현할 수 있기 때문입니다.

1장에서 미국식 관점에서 미국 주식시장을 보아야 한다고 강조한 것은, 궁극적으로 차트 분석과 기술적 분석을 편견 없이 이해하고 여러분께 많은 도움이 되기를 바라는 마음에서였습니다.

다시 한 번 강조하지만, 가격의 움직임, 거래량Volume, 변동성Volatility이 가격 결정의 중심입니다.

기술적 분석에서는 하나하나의 지표에 대한 이론적 설명은 지양하고, 간단한 설명과 대부분 이 지표들을 어떻게 활용해야 하는지에 대해 더 집중했습니다. 기술적 지표에 대한 이론을 더 파악하고 싶을 경우 stockcharts.com의 ChartSchool에 들어가면 상세히 나와 있습니다. 기술적 지표에 대해 많은 지표를 설명하는 것을 지양하고, 제 경험상 가장 유용하고 꼭 필요한 차트 분석과 기술적 분석 위주로 설명했습니다. 차트 분석과 기술적 분석이 저에게 엄청난 도움을 주었듯이 여러분께 많은 도움이 되기를 바랍니다. 아무리 기술적 지표를 잘 분석하고 판단의 근거로 삼는다 하더라도, 스스로의 믿음이 부족하면 결코 기술적 지표의 논리를 판단의 근거로 삼을 수 없습니다. 공부를 하더라도 이를 적용하는데 상당한 시간이 필요합니다. 그러므로 차트 분석을 공부하면서 그 믿음을 더하기 위해 스스로의 검증 과정이 필요하게 됩니다. 시간이 걸립니다. 빨리 먹는 밥이 체하기 쉽다고, 차트 분석과 기술적 분석은 천천히 여유를 가지고 공부하시고, 여러분께서 보유한 주식 가격을 과거 5년 전부터 보면서 이 이론을 마스터하기 바랍니다. 매일 기회를 잡을 수 있는 참고서가 될 것입니다.

Open Interest
(변동성 관련)

Open Interest는 개별 종목의 옵션과 선물에 아직 체결되어 있는 계약 수입니다. 한국말로는 미결제약정이라고 합니다. 여기에서 약간 옵션 이야기를 더 하겠습니다.

Options Chain이라는 표를 한번 보겠습니다.

[그림 3] Apple Options Chain

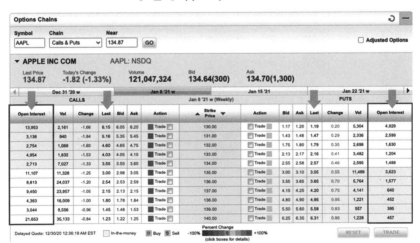

각 가격대에 아직 남아 있는 계약 수를 Open Interest 라 합니다. 이 Open을 일반 상점의 영업 중을 알리는 'Open'과 동일한 의미로 보면 옵션 계약자들이 영업 중, 즉 '투자 중'이라는 이야기이고 Interest는 '관심이 있다'라는 의미이지요. 그래서 이를 Open Interest라 부릅니다.

이 Open Interest인 옵션 계약 수를 가지고 Put-Call Ratio를 측정하는 것입니다. 주식별로 다르지만, 애플과 같은 대형주의 경우 2년 이상의 만기 기간까지 옵션을 투자할 수 있습니다. 2020년 12월 말인 현재 애플의 옵션 만기일은 2023년 3월 17일까지 확장되어 있습니다. 만기가 현재보다 9개월 이상의 옵션 상품을 LEAPS(Long-term Equity Antici Pation Securities)라 부릅니다. 제가 개인적으로 시장이 조정 이상이 되면 우량주 위주로 2년 정도 보고 투자하는 옵션입니다. 투자비용 대비 효율성이 높은 상품입니다.

한국에서 미국 증권사 구좌를 통해 거래하는 분들은 옵션 매매를 할 수 없지만, 외국에 거주하는 분들은 옵션 매매가 가능하니 시장이 급격한 하락을 해서 반등이 길어질 때는 저렴하게 이 LEAPS 옵션을 2년 정도 보시고 투자하는 것도 아주 좋은 방법입니다.

가격(Price)		거래량(Volume)		Open Interest		시장 상황 분석
-	상승	-	증가	-	증가	Trends: 강함 시장: Bullish 가격: 상승세 지속
-	상승	-	감소	-	감소	Trends: 약함 시장: 점진적 Bearish 가격: 상승세가 약해지고 있음
-	하락	-	증가	-	증가	Trends: 약함 시장: 하락(Bearish) 가격: 하락세 지속
-	하락	-	감소	-	감소	Trends: 반등이 보임 시장: 점진적 상승(Bullish) 가격: 하락세가 약해지고 있음

이렇게 아직 살아 있는 계약 수가 Open Interest입니다. Open Interest를 보고 시장을 판단하는 방법이 있어서 여기에 소개하려고 합니다. 주식은 가격, 거래량, 변동성이라고 이야기했는데, 앞에서 설명한 표준편차 및 ATR 외에 변동성을 약간 쉽게 판단하는 것이 Open Interest입니다.

Open Interest는 Options Chain을 전문적으로 보여주는 곳 외에는 불행히도 개별 주식에 대한 것은 찾을 수가 없으나 SPX에 대해서는 차트에서 찾을 수 있습니다. (Tradingview.com은 있습니다.)

피보나치 되돌림
(Fibonacci Retracement)

피보나치는 이탈리아 최고의 수학자로서 당시까지 유럽에서 사용되던 로마숫자를 아라비아숫자로 전환하게 만든 큰 업적을 가지고 있습니다. 피보나치의 수열은 많은 분들이 이미 알고 있겠지만 다음과 같이 되어 있습니다.

1,1,2,3,5,8,13,21,34, 55,89, 144, 233, 377…

1, 1+1=2. 1+2=3, 2+3=5, 3+5=8, 5+8=13의 순서로 나가는 순열이 피보나치의 순열입니다. 황금비율은 이 순열을 가지고 우리가 한 번은 보았을 위대한 그림을 완성시킵니다.

위의 숫자를 가지고 피보나치 되돌림Fibonacci Retracement 숫자를 찾아냅니다. 그냥 가볍게 보세요. 그래도 제일 많이 사용할 것인데 누가 물어보면 이게 이런 것이야 하고 어깨가 으쓱하면서 이야기해줄 정도는 되는 게 좋습니다.

피보나치 되돌림 숫자는 23.6%, 38.2%, 61.8%, 78.6%, 100%, 168%, 268%로 구분됩니다. %를 사용하지 않는 경우, 0.236처럼 소수점으로 표현됩니다. 1.618이 황금비율이라고 하는데, 이는 21÷13, 34÷21, 55÷34가 평균적으로

[그림 4] 피보나치 황금비율

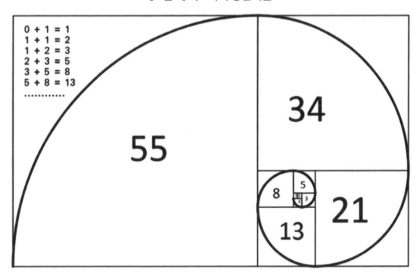

1.6180이 됩니다.

그리고 순열 13 이상의 숫자들 중 다음 숫자를 분모로 나누면 0.618(13÷21, 21÷34 등)이 되고, 순열 13 이상의 숫자들 중 그 다다음 숫자를 분모로 나누면 (13÷34, 21÷55 등) 0.3820이 된다고 합니다. 저런 순서대로 나온 숫자가 피보나치 되돌림으로 사용됩니다.

그러면 실제로 이 피보나치 되돌림을 이미 보여준 주식들의 차트에 적용해서 정확성이 얼마나 좋은지를 판단해보겠습니다.

[차트 23]을 다시 보겠습니다. 애플이 2019년 35.58% 하락한 차트입니다. 지지선과 저항선을 임의로 그리면서 그 하락점을 알아본 차트입니다.

이 차트에 피보나치 되돌림을 적용해보겠습니다.

[차트 23] 애플 차트

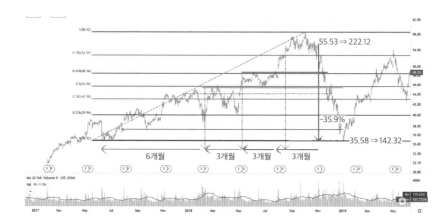

어떠세요? 상당히 정확하지요? 피보나치 되돌림은 하락한 지점 혹은 하락 직전의 고점과 여러분께서 보고자 하는 지점의 가능한 발견할 수 있는 최하점을 연결하면 그 값이 상당히 정확하게 나옵니다. 0.786지점은 정확하게 매칭이 되었고, 0.618와 0.5는 약간의 차이가 있으나 상당히 정확하게 나오고 최하점도 정확하게 매칭이 됩니다. 더 놀라운 것은 이 지지선이 저항선도 된다는 것입니다.

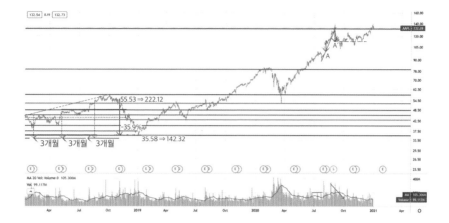

보이시나요? 이 최저점에서 상승한 애플 주식은 2020년 3월 1.618 지점에서 최고점을 이룬 후, 1 지점까지 하락을 하고, 이후 다시 2.168 지점까지 상승을 합니다. 그것이 글을 쓰는 시점인 2020년 12월 30일입니다. '와' 소리 나오시죠? 그럼 나스닥 지수를 보겠습니다.

[차트 24] 나스닥 100지수: 피보나치 되돌림

2020년 3월 폭락 직전의 최고점과 폭락 시 최저점을 연결하면 상당히 정확하게 지지선과 저항선을 발견할 수 있습니다. 그리고 1.618 지점을 넘기려고 노력한 2020년 4분기를 확인할 수 있습니다.

[차트 25] 테슬라 차트: 피보나치 되돌림 적용

차트를 한번 천천히 자세히 보기 바랍니다. 피보나치 되돌림 선이 지지선이 되었다가 반등하고 올라가면 저항선으로 변합니다. 한번 여러분이 사용할 수 있는 차트를 다음과 같이 구성을 하고 천천히 보기 바랍니다.

[차트 26] 테슬라 차트: 피보나치 되돌림 + 추세선

피보나치 되돌림 및 이동평균선도과 추세선Trendline도 그려보기 바랍니다.

[차트 27] 마이크로소프트 피보나치 되돌림 + Zigzag 적용

마이크로소프트입니다. 위의 조건에 ZigZag(Deviation: 1%, Depth 5, Tradingview.com) 조건을 주었습니다. ZigZag는 HH-HL-LH-LL를 직접 그리기 어려울 때 사용하는 기술적 지표라고 설명한 것 기억나죠? 그러면 복잡한 캔들 스틱을 볼 필요 없이 프라이머리 트렌드Primary Trend를 확인할 수 있습니다. 이 트렌드하고 피보나치 되돌림도 같이 분석해보세요.

물론 지난 과거를 보는 것이기 때문에 현재 보는 입장에서는 명백한 답을 가질 수는 없습니다. 백테스트Back-Test의 한계입니다. 하지만 실제로 이러한 상황이 온다면, 심리적으로 냉철하게 어떻게 대처할 것인지에 대한 전략을 세우고 이 전략을 실행할 수 있는 논리적 판단의 근거를 마련할 수 있어야 합니다. 이와 같은 논리적 근거가 없으면 심리적으로 흔들리면서 패닉 매도를 하거나 추격 매수를 할 수밖에 없고, 또한 이 나쁜 습관이 없어지지 않게 되는 것입니다.

피보나치 되돌림 및 다른 피보나치 기술적 지표만으로도 책을 한 권 더 쓸 수 있습니다. 그만큼 피보나치가 주식시장에 미치는 영향은 아직도 크며, 다른 어떤 지표들보다도 더 정확하게 사용됩니다. 피보나치 지표에는 되돌림Retracement 말고 몇 가지가 더 있습니다.

저는 피보나치 되돌림이 제일 정확하다고 판단하기 때문에 다른 피보나치 지표들은 설명을 하지 않겠습니다.

Moving Average Convergence Divergence (MACD)

03

MACD는 유명한 기술적 지표이고 일반 투자자들이 매수·매도의 신호로 보기는 하지만, 정작 그 원리를 알기 어려워 믿음이 약할 때가 많습니다.

우선 다음의 그림이 시장에서 통용되는 MACD입니다. MACD(12, 26, 9)라 하며 그 옆에 두 개의 값이 표현됩니다. 42.233, −0.782. 그러면 이 MACD가 무엇이고, 저 숫자들은 무엇인지 알아보고 어떻게 매수·매도의 신호로 사용되는지에 대해 알아보겠습니다.

MACD의 이름처럼 Moving Average를 사용하는데, 그림에서 볼 수 있듯 선이 두 개이니 이동평균선이 두 개인데 왜 12, 26, 9가 나오는지 궁금한 분들이 많을 것입니다. MACD에 사용되는 이동평균선은 3개입니다. 하나는 MACD 선이라고 해서 그림에서 굵게 보이는 선입니다. 그리고 얇게 보이는 선을 신호선Signal line이라 이야기합니다. MACD를 발견한 이유는 이동평균선의 Crossover가 시

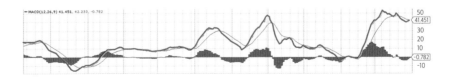

장 트렌드에 비해 상당히 늦게 확인되는 것을 보고, 이를 조금 더 빠르게 만든 것입니다. 물론 그래도 Lagging Indicator이지만 많은 투자자들이 이 지표를 매수·매도의 판단 기준으로 참조합니다. MACD는 EMA를 사용합니다. 이는 좀 더 빠른 움직임을 관찰하려는 목적으로 선정되었습니다.

- MACD Line: 빠른 선

  EMA(12) − EMA(26)
- Signal Line: 느린 선

  MACD Line의 EMA(9)

  여기에 사용되는 EMA는 우리가 보려는 주식의 EMA가 아닌, MACD Line의 EMA입니다.
- 매수·매도 시기:

  매수: 느린 선이 빠른 선을 뚫고 올라가는 경우

  매도: 느린 선이 빠른 선을 뚫고 내려오는 경우

이제 약간 감이 잡히실 것입니다.

두 개의 EMA를 가지고 이들의 차이를 봅니다. 26을 선정한 이유는 현재로부터 지난달(지난 30일)의 주가 트렌드를 분석하는 것이고, 12는 지난 2주간(지난 14일)의 주가 트렌드를 분석해서 이 차이를 보는 것이라고 이 지표를 만든 제럴드 아펠Gerald Appel이 설명합니다. 과거에는 월요일에서 토요일까지 주식시장을 열었기 때문에 이 수치가 나오는 것입니다. 1주일 6일이니 2주일이면 12일. 평균적으로 한 달이 30일 중 4번의 일요일을 제외해서 26일을 한 달로 보는 것이지요. 9는 일주일(6) 더하기 일주일의 반(3)을 보는 것입니다.

자, 이제 조금 감이 잡히지요? MACD는 관찰 기간이 다른 (지난 30일, 지난 14일) 이동평균선들의 움직임을 관찰하여 트렌드를 확인하면서 이를 따라가는

Trend Following 지표입니다. 그리고 이 변화를 더욱 편하게 볼 수 있도록 한 것이 히스토그램Histogram, 즉 MACD에 보면 막대그래프가 보입니다. 이 막대그래프의 공식은 다음과 같습니다.

MACD Line − Signal Line (Fast Line − Slow Line)

MACD Line과 Signal Line을 보는 것이 너무 미세해서 잘 안 보이는 경우, 이 막대그래프를 보면 됩니다. 이 그래프가 0이면 둘이 접점이 되는 것입니다. 막대그래프가 위로 향하면 MACD Line이 더 높은 것으로 이론적으로 아직 상승세가 유지되고 있다는 의미이고, 아래로 향하면 상승세가 전환되고 있다는 의미입니다.

애플 주식 차트를 보면서 실제로 활용할 수 있는 사례를 소개하겠습니다.

[차트 28] 애플 차트 + MACD

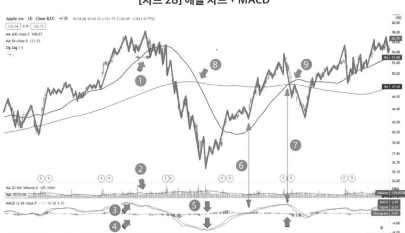

2019년 11월이 중심이 된 애플 차트입니다. 여러 번 사용하니 눈에 좀 더 익으시죠? 자, 다시 한 번 고찰을 해보겠습니다. 2019년 9월에 매도에 대한 고민을 해야 합니다.

❶의 지점에서 HH가 무너지고, LH가 만들어집니다. 우선 트렌드가 변하는 상황이 생긴 것이지요. 더욱이 주가가 50일선을 뚫고 약간 하강을 합니다. 고민이 됩니다. 보유Hold를 하는 것이 좋은지, 매도를 하는 것이 좋은지 엄청난 고민을 하게 됩니다.

그러면 이 상황에서 거래량과 기술적 지표를 보아야 합니다. ❷의 거래량은 20일 평균 미만입니다. 거래량이 줄어든다는 것은 하락장에서도 상승장에서도 그렇게 좋은 신호는 아닙니다.

MACD를 보여주는 ❸의 지점과 ❹의 막대그래프를 같이 보아야 합니다. 느린 선Slow Line이 빠른 선Fast Line을 뚫고 하락을 하려 합니다. 그런데 비슷하게 ❶의 기간 동안 내려갑니다. 이러한 경우 ❹의 막대그래프를 보면 확연히 막대그래프가 아래를 향하고 있으며 그 높이도 약하지만 증가세를 보여주고 있습니다. 아래 방향 막대그래프의 높이가 높아질수록 주식 가격은 하락한다는 트렌드를 확인시켜주는 것입니다. 우리가 네 가지 고려 사항을 보았고, 이 네 가지 모두 하락세를 보여주고 확인시켜준다면 매도가 맞는 투자 행위가 됩니다.

그러면 이 좋은 애플 주식의 저점에서 매도한 동일 금액을 가지고 주식 수를 늘릴 수 있는 절호의 기회를 찾아야 합니다. 애플 주식만을 선호하거나 동일 주식을 장기로 보유하고 싶을 때 동일 자금으로 주식 수를 늘리는 방법입니다. 잘 보고 그 전략을 펼치기 바랍니다.

진득하게 여유를 가지고 기다려야 합니다. 괜히 이 자금을 다른 곳에서 더 벌겠다고 투자하지 말고, 애플만 보유하겠다고 생각을 하며 여유를 가지고 기다려야 합니다. 즉 그동안은 낚시를 하러 가는 시간입니다.

❺까지 내려오는 동안 반등도 있었지만, LH-LL의 트렌드가 깨지지는 않습니

다. 그러면 기다려야 합니다. ❺ 지점에 오니 LL가 HL로 변하기 시작합니다. 매수 시기입니다. 그러면 MACD를 보고 확인을 해야 합니다. MACD의 빠른 선이 느린 선을 뚫고 올라가고 막대그래프는 위 방향으로 전환됩니다. 그럼 매수 시기가 된 것입니다. 그렇다고 과감하게 한 번에 모두 사는 것이 아닌 분할 매수를 하면서 차근차근 매도 시기 신호가 올 때까지 매수를 합니다.

흔들리는 시기가 항상 옵니다. ❻의 시기입니다. HH가 무너지면서 새로운 출발점이 될지, LH로 움직일지 고민이 되는 시기입니다. 그러면 확인을 하러 가야지요. MACD도 불안해 보입니다. 거래량은? 거래량은 20일선 위에 있습니다. 그러면 2~3일 더 확실하게 확인이 될 때까지 기다려야 합니다. 왜? 트렌드 변화에 대한 확인을 한 것이 아무것도 없습니다. 그리고 MACD 라인이 상승세이면서 0의 지점을 뚫고 올라가려는 움직임을 잘 보고 있어야 합니다.

다시 상승세를 타고 주가는 상승하다가 ❼의 지점을 만나게 됩니다. 우선 HH는 깨지고 속절없이 하락세처럼 보입니다. 주가는 50일선도 뚫고 하락을 합니다. MACD 및 MACD 막대그래프도 모두 하락을 확인시켜줍니다. 이러한 상황에서 저는 미련 없이 매도합니다. 시장을 예측할 수 없기 때문입니다.

여기에서 이동평균선만 보는 분들의 한계가 나옵니다. ❽은 데스 크로스Death Cross로서 이미 주가는 하락할 만큼 하락했는데 이동평균선의 신호인 매도 신호가 나왔습니다. 이 데스 크로스는 최악의 신호로 변하는 것입니다. ❾의 지점은 골든 크로스Golden Cross입니다. 아니, 주가가 팍팍 떨어지는 데 황소Bull의 신호인 골든 크로스가 나온 것입니다.

이렇게 우리 스스로 검증을 해가면서 하나씩 그 정확도를 발전시켜야 합니다. 우리는 주식 선정 시 우량주 가치 주식 등 여러분의 투자 목적에 맞는 주식들을 찾아서 포트폴리오에 담을 것입니다. 그리고 가능한 낮은 가격에 매수를 하고 가능한 높은 가격에 매도를 하는 것이 투자 전략으로 남아야 하고, 이를 차트 분석과 기술적 지표를 가지고 확인하면서 매수·매도를 이루어나가야 합니다.

그럼 앞의 차트에 피보나치 되돌림을 대입하면 차트는 복잡해 보이지만, 여러분 판단에는 도움이 될지 안 될지를 다시 한 번 확인해보기 바랍니다.

[차트 29] 애플 차트 MACD + 피보나치 되돌림

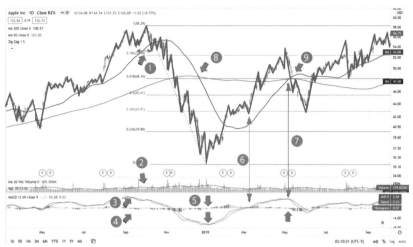

❻ 지점에서는 지지선이 되어주고, ❼ 지점에서는 지지선이 무너지는 것을 확인합니다. 그리고 ❶ 부분에서 매도 결정을 못 했다면, 지지선이 무너지는 것을 보았으니 매도에 논리적 근거가 하나 더 추가되므로 매도에 확신을 가져도 됩니다.

주식 거래에 있어서 대형 펀드, 헤지펀드, 전문 트레이더, 일반 트레이더 등이 매매를 결정할 때는 차트와 기술적 지표를 참조할 수밖에 없으며, 보는 지표들은 거의 비슷합니다. 별다른 방법이 없습니다. 단지 이 지표들의 세부적인 조건을 변경하는 것인데 저희는 일반적으로 통용되는 조건을 가지고 매수·매도에 대한 논리적 근거로 사용하는 것이 제일 무난합니다.

Directional Movement (DM)
& Average Directional
Movement (ADX)

MACD와 ADX는 추세를 판단하는 지표로서 Trend Following Index라고 합니다. 트렌드 지표는 주로 강도Strength, 방향Direction, 가격 트렌드 기간을 분석하는 것이 그 목적입니다. MACD가 주식 가격 트렌드의 방향 판단 확인이 다른 지표들보다 우세하다면, Directional Movement Index는 트렌드 강도Trend Strength에 더 우세하게 판단을 하는 지표입니다.

Directional Movement는 대부분의 차트 분석에서 찾을 수 있습니다. 그 지표에 보면 +DI, -DI 선이 나옵니다.

+DI, -DI만을 나타낸 차트이고, 또 하나의 선을 추가하기도 합니다.

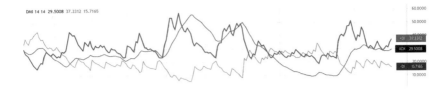

선이 3개나 되니 상당히 복잡해 보이죠? 가운데 진한색은 ADX라고 해서 Average Directional Movement입니다.

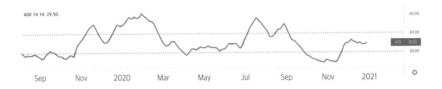

이 ADX만 가지고 분석을 하기도 합니다.

그러면 이 친구가 어떻게 계산이 되고, 어떻게 활용하면 되는지에 대해 알아보겠습니다. Directional Movement 계산은 약간 식이 재미없습니다. 그래서 가볍게 개념만 설명하고, 식에 대한 설명보다는 이를 활용하는 법에 더 집중을 하겠습니다. Directional Movement는 전날 가격 대비 오늘 가격을 비교하는 것입니다.

어제 가격보다 오늘 올랐다면 +DM이 되는 것이고, 오늘 하락을 했다면 −DM이 되는 것이지요. 여기에서 어제의 최고가, 최저가의 Range와 오늘의 최고가, 최저가 Range를 비교해야 합니다. 어제의 Range 내에서 오늘 가격의 최고가 최저가 및 종가가 그 안에 있다면 DM=0이 됩니다.

그리고 어제 Range보다 오늘은 넓은데, 어제 Range 대비 위아래가 동일하다면 이 또한 DM=0이 됩니다. "무슨 소리야" 하는 분들을 위해 다음 그림을 하나 만들었습니다.

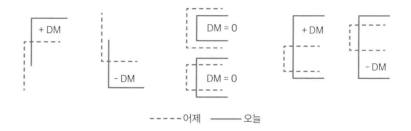

----- 어제　　——— 오늘

ATR에서 이야기한 True Range를 기억하는지요? True Range가 가격의 변동성을 보여주는 것이니, 위의 DM 움직임을 가지고 TR로 나누어서 나온 값이 DI가 됩니다. 금방 설명 끝납니다. 조금만 더 보세요.

$$+DI = \frac{+DM}{TR} \qquad -DI = \frac{-DM}{TR}$$

그래서 이 둘의 차이를 가지고 절댓값을 구합니다. 그런데 단 하루의 움직임을 가지고 판단하기에는 무리가 있을 것입니다. 그래서 이들을 기본적으로 14일 단위로 계산해서 그 값을 가지고 판단을 합니다.

$$ADX = \frac{|+DI - -DI|}{+DI + -DI} \times 100$$

위의 DX는 하루 기준이 아닌 지난 14일 동안의 가격 움직임을 계산한 것을 의미하는 것입니다.

자, 이제 이 DX의 의미에 대해 이야기를 하겠습니다. 이 DX는 투자자들의 군중심리를 나타내는 것이라 합니다. 간단하게 이야기하면 어제까지 지난 14일 동안 가격의 움직임이 얼마나 강하게Strong 진행되었는지 판단하게 됩니다. +DI와 -DI의 폭이 점점 더 넓어지면 상승세 혹은 하락세가 강해지는 것이고, 폭이 좁아지면 그 트렌드가 약해진다는 의미입니다. 그리고 -DI가 위에 있고 +DI가 밑에 있으면 주식 트렌드가 강하게 하락을 한다는 의미입니다.

+DI, −DI를 가지고 매수·매도의 신호로 사용하는 경우도 있는데, 저는 그렇게 추천을 드리지 않습니다. 잘못된 신호들이 자주 나옵니다.

그래서 대안으로 ADX를 많이 참조합니다. ADX를 판단하는 것은 세 가지 정도로 압축됩니다.

- 20~40 범위 기준
  - 20 미만인 경우, 주식이 일정 범위 내에서 움직이는 상태
  - 20 이상인 경우, 새로운 트렌가 시작되는 상태(이 경우 바로 전 피크Peak 지점에서 20까지 하락한 후 다시 상승하는 경우입니다.)
- 25 기준
  - 25 이상이면 피크로 가는 경우, 아주 강한 트렌드의 지속
- 10 기준
  - 10 미만이면 매수·매도세가 상당히 정적이며, 시장에서 관심이 거의 없어진 상태

ADX를 분석하면서 유의할 점은 가격의 방향을 나타내는 지표가 절대로 아니라는 것입니다. 상승 및 하락의 강도Strength를 보여주는 것입니다. 하락장에서도 20을 넘어가면서 ADX가 상승을 하면 하락장의 강도가 강해지는 것으로 판단을 해야 합니다. 상승장에서도 10 이하로 내려가면 상승이 거의 멈춘 상태로 보아야 합니다.

테슬라의 차트를 보면서 같이 분석을 해보겠습니다([차트 30]).

ADX가 20~25 미만으로 내려오지 않으면, 현재 유지하고 있는 트렌드가 지속되는 것으로 보아야 합니다. 2020년 3월에 코로나 바이러스로 시장이 폭락하는 시간 동안 테슬라의 주식은 20 밑으로 내려왔다가 반등을 합니다. 즉 새로운

[차트 30] 테슬라 차트 MACD + ADX

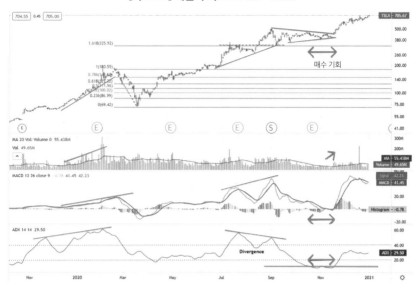

트렌드인 황소 트렌드로 전환한다고 판단해야 합니다. 그리고 40을 넘으면서 더욱 강하게 기존의 트렌드가 이어지는 것이고요. 하지만 9월에 디버전스Divergence 가 생깁니다. 이는 가격은 상승을 하는데 ADX 같은 지표는 하락하는 형태를 이야기합니다. 그러면 주식이 상승을 하는 경우, 곧 조정이 일어날 가능성이 높다고 보아야 합니다. 수평 화살표는 ADX가 10 이하로 내려간 지점입니다. 즉 20 미만으로 가면서 주식이 일정 범위로 움직이다가 10 이하로 내려가면서 거래량도 적어지는 등 매수세가 상당히 적었던 기간으로 해석을 해야 합니다. 실제로 테슬라 주식은 380~460달러 사이를 움직이는 상황이었으며, 트렌드는 상승세로 전환하기에는 역부족으로 보이는 상황이었습니다.

하지만 거래량이 바닥에서 약간씩 증가하는 상태이기 때문에 하나의 매수 기회로도 판단할 수 있습니다. 하지만 리스크는 좀 많은 상황이지요. 11월 16일 종가가 408달러였습니다. 테슬라는 이때 전기차 모멘텀으로 긍정적인 매수세가 멈춘 듯해 보입니다. 정이등변 삼각형Symmetric Triangle의 패턴을 보이면서 5장에서 소개한 '3의 법칙'에 의해 테슬라 콜옵션을 매수하여 2,000% 이상의 수익을 남기게 되는 시점입니다. 운도 상당히 작용하기는 했습니다. 제가 매수하고 테슬라가 S&P500에 진입한다는 공식 발표가 났기 때문입니다. (제 블로그를 당시에 읽은 분들은 기억을 할 것입니다. 그리고 옵션의 수익은 주식과 다르기 때문에 2,000%라고 해도 주식으로 하면 70% 정도 됩니다. 대신 투자금이 주식의 1/100도 안 되기 때문에 파생상품의 장점이 있는 것이지요. 하지만 투자금 모두를 손해볼 수도 있는 상황이었습니다. 그러므로 옵션은 상당한 경험을 가진 투자자 아니면 접근하기 어려운 시장입니다.)

세 가지 논리적 판단을 가지고 매수를 하게 되었습니다.

- 차트 패턴: 정이등변 삼각형의 마지막 반등을 할 수 있는 세 번째 터치Touch 구간
- 거래량의 상승 시작
- ADX의 10 미만으로 저점에서의 매수 가능성

ADX 하나만 보았을 때는 이 구간은 매수를 하면 안 되는 구간입니다. Trend Following Indicator로서 트렌드 전환이 전혀 보이지 않기 때문입니다. 하지만 위에 언급한 세 가지 논리적 근거에 두 가지 논리적 근거가 추가됩니다.

05 RSI(Relative Strength Index)

오실레이터Oscillator의 기본 개념에 대해 457~458쪽에서 설명했습니다. 다시 한 번 언급을 하면, 측정하는 지표를 환산해서 그 값이 0~100 사이에서 움직이도록 만든 것입니다.

RSI와 슬로우 스토케스틱을 같이 분석하면 좋은 이유는 이들이 과열 매수와 과열 매도의 특성을 가지고 있으며, 주식 가격 중 종가Closing Price를 기준으로 하기 때문입니다. 이 두 개의 지표들과 이동평균선의 조합이 제가 가장 추천하는 단순하면서도 강력한 차트 분석 기능을 가지고 있습니다. 특히 일 단위와 주 단위를 보는 경우 상당한 도움이 됩니다.

만약 차트 분석에 있어서 많은 기술적 지표를 이해하기가 힘들면 RSI, 슬로우 스토케스틱 두 개는 필수적으로 설정을 하고 만약 하나 더 추가한다면 트렌드를 최종적으로 확인할 수 있는 MACD를 같이 두는 것이 제일 보편적이면서 가장 많이 사용하는 기술적 지표들입니다.

우선 차트에서 가장 보편적으로 사용되는 RSI부터 설명을 하겠습니다. RSI는 Relative Strength Index가 풀 네임Full Name입니다. Relative라는 단어는 미국에서 꽤 중요하게 사용되는 단어입니다. 절대평가를 하기보다는 비교평가를 합니다. Relative를 사용한 이유는 이 지표가 다른 것은 아무것도 고려하지 않고 단지 가격 움직임만을 관찰한 것이기 때문입니다. 또 다른 주식과 비교한 것도 아닌, 단지 그 해당 주식의 가격만을 분석한 것입니다. 이를 만든 사람은 웰스 와일더 Wells Wilder(1930~)라는 분으로 기계공학자, 부동산 개발을 거쳐서 기술적 분석가로 변모한 분입니다.

이분은 RSI, ATR, ADX, Parabolic SAR을 만든 분입니다. 기술적 지표의 대가입니다. 1978년에 만든 지표가 RSI로서 50년 넘게 기술적 지표에서 대표적인 지표로 사용되고 있습니다.

RSI는 다음과 같이 주식 차트 하단에 표현됩니다.

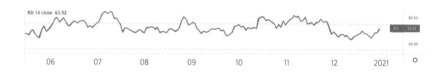

식은 다음과 같습니다. 식을 꼭 외우시거나 자세히 볼 필요는 없습니다. 지표를 설명해주면서 식 설명을 안 하고 활용 방법만 이야기하는 책도 많습니다. 저는 여러분께서 개념을 한 번이라도 확인하라는 의미로 소개하고 있습니다. 기술적 지표가 많아서 나중에 솔직히 식도 잊어먹는 것이 다반사입니다.

$$RSI = 100 - \frac{[100]}{1 + RS}$$
RS = 종가 기준 평균 상승 금액 / 종가 기준 평균 하락 금액

이 RS를 조건으로 주어진 기간 동안의 평균을 다시 산출해서 계산하는 것입니다. 다른 지표들과 마찬가지로 일반적으로 14일을 사용합니다. 그래서 보통 RSI(14)라고 표현을 하는 것입니다. 여기서 종가Closing Price를 기준으로 계산한 이유를 설명하겠습니다.

하루의 주식시장에서 과장될 수는 있지만, 가장 중요한 것은 종가입니다. 종가는 그날 하루 투자자들의 매매 행위의 결과를 나타내기 때문에 가장 중요하다고 평가합니다. 상승해서 시장이 마무리되면 황소에 베팅을 한 투자자들이 이익을 챙기고 반대로 하락을 하면 곰들이 이익을 챙기게 됩니다. RSI는 이러한 황소와 곰들의 힘겨루기 결과를 보여주는 것입니다.

RSI의 과열 매수 구간은 70, 과열 매도 구간은 30으로 통상적으로 선정을 합니다. 과열 매수와 과열 매도를 약간 쉽게 설명하겠습니다.

과열 매수Overbought: RSI 값이 70을 넘어가면, 고평가Overvalued되었다고 판단해서 곧 반전 패턴Reversal Pattern이나 풀백Pull Back이 일어날 확률이 높은 상태를 이야기합니다.

과열 매도Oversold: RSI 값이 30 이하로 내려가면, 저평가Undervalued된 상태로 곧 매수세가 일어날 확률이 높은 상태를 이야기합니다.

14일을 선정한 이유는 1달의 반을 이야기한 것인데 약간 재미있습니다. 사실한 달 동안 주식시장이 열리는 날은 20일 정도입니다. 그러면 10을 써야 정확합니다. 그런데 이분이 14일을 쓴 이유는 28일을 한 달로 본 것이고, 이 28일이 음력으로 해를 계산하면 28일이 한 달이 됩니다. 그래서 14일을 사용한 것이라고 언급을 했습니다. 그럼에도 창시자가 설정한 14일을 기본으로 사용하고 있습니다. 10으로 바꾸어도 상관은 없지만, 모두 14를 사용할 때는 그냥 따라가는 것이 좋습니다.

- 주식이 상승 트렌드Up Trend인 경우

- RSI 범위: 40~90

  – 40~50: 지지Support 구간

- 주식이 하락 트렌드Down Trend인 경우

- RSI 범위: 10~60

  – 50~60: 저항Resistance 구간

[차트 31] 테슬라: RSI, MACD, ADX

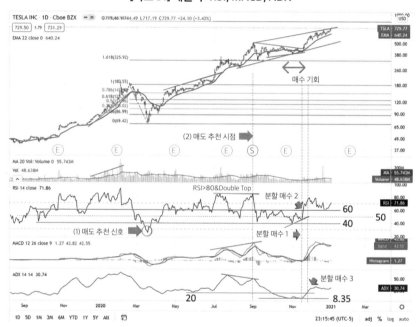

테슬라 차트를 이용해서 같이 RSI가 어떻게 움직이는지를 보겠습니다. 앞 장에서 설명한 MACD와 ADX도 같이 사용합니다.

MACD와 ADX를 가지고 2020년 11월 테슬라 주식의 매수 시기를 찾는 것은 거래량 상승 요인이 제일 커 보입니다. 이외의 MACD와 ADX는 바닥을 반등하려는 것은 인지할 수 있지만, 그 외에 달리 확인할 수 있는 방법이 없어 보이지요? 이런 경우는 매수를 해도 주식 가격이 2~3%만 흔들려도 심리적으로 쫓기는 상태가 되어서 좋은 기회를 잡았음에도 성급한 마음에 매도하게 되는 경우가 많습니다. 그러면 RSI라는 친구를 추가로 대입했을 때, 우리들의 판단에 어떻게 도움이 되는지를 같이 살펴보겠습니다.

매수 추천 신호(1): RSI가 30 이하로 내려가면 매수를 해도 무방하다는 신호입니다. 3월 폭락장에서 RSI 값이 24까지 하락을 했습니다. 이때부터 관망을 하는 것입니다. 그리고 공격적인 투자자분들은 30이 지나면서 분할 매수를 하고, 40이 지나는 시점에서 MACD를 보고 확인을 하고 분할 매수를 진행하면 됩니다. 즉 MACD의 빠른 선이 느린 선을 지나는 것을 확인하고 매수를 하면 됩니다. 그리고 RSI가 50 미만으로 내려가지 않으면 보유Hold하고 있으면 됩니다.

이후 테슬라의 주가는 1,500달러까지 상승을 합니다. 이때 피보나치 되돌림의 1,618 지점을 뚫고 올라가는 것이 어려워 보입니다. 여기에서 고민이 시작됩니다. 매도를 할까, 아니면 보유를 계속하고 있어야 할까 하는 어려운 고민이 시작됩니다. 지표를 보겠습니다. 이 경우는 RSI를 30 미만에서 매수한 주식을 우선은 분할 매도하는 것이 좋습니다. 그 근거로는,

- RSI가 84까지 올라갑니다. 과열되었다는 신호입니다.
- 그리고 거래량이 줄어듭니다.
- MACD의 빠른 선이 느린 선 밑으로 내려갑니다.
- 그리고 ADX가 하락을 합니다. ADX가 하락을 하는 것은 상승세가 약해지고 있다는 신호입니다.
- 만약 이때 10~20년 보유할 목적이면 계속 보유하면 됩니다. 차트에는 없지만 주식 가격이 SMA(50) 이하로 내려가지를 않았기 때문입니다.

'매도 추천 시점'(2)이라고 한 부분은, 당시 주식 분할 결정을 하면서 테슬라 및 애플의 주식 가격이 20% 이상 상승을 합니다. 당시 1,500달러에서 1,350달러 부근에서 주식 가격이 움직이는 상황이었습니다. 이후 2,500달러까지 약 1,000달러 정도 상승을 합니다. 약 74%의 상승이 있었습니다. 주식 분할의 경우 분할 결정 이후 통상적으로 약 20~25% 상승을 한 후, 분할 이후 20%의 하락을 하는 것이 통상의 경우입니다. 그러면 분할 이후 테슬라 주식은 피보나치 되돌림의 1.618 지점으로 다시 하락을 합니다. 이때가 '매도 추천 시점'이 됩니다. 그런데 통상적인 경우를 보고 판단을 하기에는 논리적 근거로 부족합니다. 그래서 기술적 지표로 확인을 하고 매도 결정을 해야 합니다.

- RSI가 다시 83이 되면서 저번 RSI 고점과 비슷한 지점에서 머물며 더블탑이 이루어집니다. 이 더블탑은 주식 하나에 한정되는 것이 아닌, 단기간 관찰 기간을 두면서 RSI에도 적용이 가능합니다.
- MACD는 Lagging Indicator이기 때문에 이 시기에 확인하는 것은 역부족입니다. ADX를 보시면 가격은 상승하는 디버전스를 보여주고 있습니다.
- 공격적인 투자자는 이때 매도를 하고, 약간 덜 공격적인 투자자는 MACD의 빠른 선이 느린 선 밑으로 내려가는 시점에 마지막 '확인'을 하고 매도를 하면 됩니다.

이 이후부터는 관망세로 돌아서야 합니다. RSI가 50~60 사이에서 움직이는 것은 황소와 곰이 관망을 하고 있다는 의미입니다. 더욱이 다른 MACD의 막대그래프도 아래로 향하고 ADX도 하락을 하고 있습니다. 즉 상승세의 힘이 약해진다는 의미입니다. 통상적으로 이런 관망기간은 장이 좋을 때는 2~3개월 지속되고, 장이 Sidewalk 시장인 경우는 6개월 이상 가기도 합니다. 어떻게 보면 상승장과 하락장은 투자자들이 주목을 많이 하는 시기이지만, Sidewalk인 경우는 냉철함이 제일 많이 무디어지는 시기입니다. 이 시기가 실제로는 가장 기회를 잡기 좋은 때입니다.

분할 매수 1: 테슬라 주식의 RSI가 40 지지선에서 더 이상 하락하지 않고 50을 넘었다가 다시 40~50 사이에서 반등을 합니다. RSI도 차트처럼 HH, HL, LH, LL의 패턴을 같이 봅니다. 특히 디버전스Divergence 및 컨버전스Convergence의 흐름이 있는지를 가장 주목하면서 관찰을 하게 되는데, RSI가 HH의 차트를 만들었습니다. 그러면 시장에서는 반등의 시기로 판단을 합니다.

- 이 경우 차트도 추세선Trendline을 찍으면서 다시 반등하는 모습을 보입니다.
- MACD는 빠른 선이 느린 선과 접점을 만들면서 상승하려 합니다.
- 단지 ADX는 아직도 10 미만으로서 정중동의 상태라고 시장 분위기를 말해줍니다.
- 그러면 테슬라 주식을 리스크 6%(매수 시점이 100이라고 하면 95에 손절하는 방법)를 생각하고 분할 매수를 합니다. 리스크 6% 법칙은 특별한 이유가 있어서 6%를 선정한 것은 아니고, 저는 6%의 리스크를 가지고 주식을 투자하는 방법이 제일 효과적이라고 판단을 해서 이를 선택한 것입니다.

분할 매수 2: RSI가 60을 넘어가면 상승 추세로 넘어가는 신호로 판단을 하기 때문에 이때 두 번째 분할 매수를 진행합니다.

- 가격도 상승세로 전환이 되었습니다.
- MACD의 빠른 선과 느린 선의 격차도 벌어지고, 이 차이를 표현해주는 막대 그래프도 윗 방향으로 증가하는 추세입니다.
- 단지 ADX가 아직은 20을 넘지 못하는 상황입니다. 이는 급하게 테슬라

주식이 상승했기 때문으로 판단을 합니다.

- 분할 매수 1과 분할 매수 2는 2~3일 정도의 차이가 있습니다.

분할 매수 3: RSI는 60을 넘었고 MACD의 빠른 선과 느린 선의 격차도 커지는 상황에서 ADX가 20을 넘어서면서 확실히 트렌드가 전환된 지점입니다. 이때 마지막 분할 매수를 하고, 이제 수익을 챙기는 일만 남겨주는 것입니다.

RSI는 위의 테슬라 차트처럼 과열 매수, 과열 매도라는 신호를 보여줍니다. 즉 시장의 트렌드가 반전Reverse될 것이라는 신호를 보여주는 것이지요. 그래서 이를 Leading Sign으로 생각하고 많은 투자자들이 이를 이용하여 매수·매도의 시기로 판단을 합니다. 그래서 RSI를 Leading Indicator라고 합니다. RSI를 제대로 이용하는 방법은 여러분께서 매수하려는 주식을 일 단위 차트로 최소 3년 이상의 차트를 펼치고, 가격의 움직임, 거래량, MACD, ADX, 그리고 RSI를 두고 천천히 수직선을 그려보아야 합니다. 이 선들이 이론과 잘 맞는지 안 맞는지를 우선 확인해야 합니다.

여러 번 언급을 하지만, 기술적 지표들은 100% 정확한 것이 아닙니다. 이 기술적 지표들로 항상 매수·매도가 이루어지는 것은 아닙니다. 주식마다 차이가 있습니다. 그래서 특정 주식에 기술적 지표를 적용할 때는 백테스트의 개념으로 어느 지표가 제일 잘 맞는지를 찾아내야 합니다. 그러면 기술적 지표의 활용도가 배가되어 갑니다.

06 슬로우 스토케스틱 (Slow Stochastic)

스토케스틱Stochastic은 흔히 추측 통계학으로서, 모집단에서 추출한 표본에 따라 모집단의 상태를 추측하는 학문입니다.

모집단: 전체 주식 가격 움직임

추출한 표본은 일정 기간 내의 주식 가격 움직임으로, 통상적인 경우 스토케스틱 오실레이터에서 14입니다. 일 차트로 보면 14일, 주 차트로 보면 14주가 되는 것입니다. 추출한 표본 내에서 가격 움직임을 분석해서 모집단의 상태인 주식 가격의 향후 모멘텀을 추측하는 것입니다. 스토케스틱의 기본적인 취지는 '가격이나 거래량의 변화보다 모멘텀이 더 빨리 변하며, 그래서 시장 방향을 예측하는 데 모멘텀을 이용하는 것이 더 정확하다'입니다.

이러한 의미에서 Stochastic을 Leading Indicator라고 이야기합니다.

스토케스틱 오실레이터의 창시자인 조지 레인George Lane에 의하면, 가격은 다음과 같이 움직이는 성향이 있다고 합니다.

- 상향 추세Uptrend 시장에서 종가는 당일 최고가 부근에서 마무리를 하려 하고,
- 하향 추세Downtrend 시장에서 종가는 당일 최저가 부근에서 마무리를 하려 하고,
- 종가가 당일 최고가 혹은 최저가 부근이 아닌 곳에서 마무리를 하면 현재의 트렌드의 모멘텀이 식어가는 것이다.

그래서 스토케스틱 오실레이터는 얼마나 현재의 모멘텀이 강한가를 측정하는 지표입니다. 이를 분석하기 위해 스토케스틱 오실레이터는 %K와 %D라는 이름으로 각기 다른 기간을 분석하여 모멘텀을 측정합니다.

$$\%K = \frac{\text{금일 종가 - 관찰 기간 동안의 최저가}}{\text{관찰 기간 동안의 최고가 - 관찰 기간 동안의 최저가}} \times 100$$

%K는 예를 들어 가장 보편적으로 관찰을 하는 기간을 14일이라고 한다면, 그 14일 동안 최고가와 최저가를 가지고 모멘텀을 보는 것입니다.

$$\%D = \frac{\text{최근 3일간의 합(금일 종가 - 관찰 기간 동안의 최저가)}}{\text{최근 3일간의 합(관찰 기간 동안의 최고가 - 관찰 기간 동안의 최저가)}} \times 100$$

%D는 3일 동안의 %K의 이동평균선SMA과 동일한 개념이 됩니다. 즉 %K의 1일 전, 2일 전, 3일 전의 움직임의 합을 보는 것이기 때문에 매일 변하게 되는 것이지요. 오늘을 디데이D day라고 한다면 금일의 %D는 D-1, D-2, D-3의 합이고, 어제의 %D는 오늘 기준으로 D-2, D-3, D-4이며, 그제의 %D는 D-3, D-4, D-5의 값이기 때문입니다.

이것이 스토케스틱 오실레이터의 기본 개념입니다. 즉 %K를 통해 14일(약 3주) 동안의 가격 움직임을 관찰하고, 이를 최근 3일 동안의 움직임을 각기 관찰한 것을 가지고 비교를 하는 것입니다. 이렇게 보는 것은 패스트 스토케스틱Fast Stochastic이라고 이야기를 합니다. 이 패스트 스토케스틱의 단점은 매우 민감해서 변화가 빠르게

움직입니다. 즉 잘못된 신호를 우리가 제대로 된 신호로 착각할 수 있다는 치명적인 단점이 있습니다.

그래서 이러한 단점을 없애기 위해 슬로우 스토케스틱을 사용합니다. 슬로우 스토케스틱은 다음과 같이 변하게 됩니다.

패스트 스토케스틱의 %D 가 슬로우 스토케스틱의 %K가 됩니다. 즉 패스트 스토케스틱의 %D만 가지고 모멘텀을 보는 것입니다. 다음의 설명이 좀 혼돈이 오기 쉽습니다. 저도 처음에 이 식을 이해하려 했을 때, 상당한 혼돈이 있었습니다. 패스트 스토케스틱의 %D를 패스트 %D라고 하겠습니다. 슬로우 스토케스틱의 %K, %D를 슬로우 %K, 슬로우 %D라고 하겠습니다. 슬로우 스토케스틱은 패스트 %D만 관찰을 합니다.

- Slow %K는 3일 동안의 Fast %K의 SMA입니다.
- Slow %D는 3일 동안의 Slow %K의 SMA입니다.

얼핏 보면 값이 동일할 것 같은데 다릅니다.

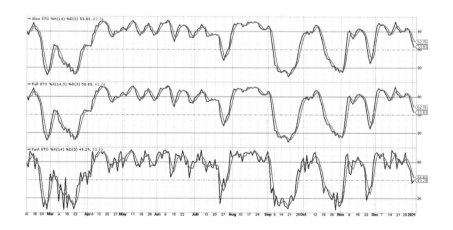

맨 위가 Slow, 가운데는 Full, 맨 아래는 Fast입니다. 우선 Fast를 보면 너무

민감하게 움직입니다. 그러면 투자 판단에 도움이 되는 것이 아닌, 잘못된 판단으로 이끌어 줄 수가 있어요. 그래서 이를 부드럽게Smooth 만들어준 것이 Slow입니다. Full은 Slow를 좀 더 자유자재로 변화시켜서 개인의 투자 목적에 맞추어 변화하는 것입니다. 두꺼운 선이 %K이고 얇은 선이 %D입니다. 슬로우 스토캐스틱의 식이 이해가 어려운 분들의 경우 이해할 필요는 없다고 판단합니다. 우리가 기술적 지표의 옳고 그름을 판단하는 것이 아닌, 특정 기술적 지표가 주식시장에서 많이 사용되는 것들이니 이들의 배경을 아는 것이 약간 더 도움이 되기 때문입니다. 더 중요한 것은 이 지표들을 어떻게 활용할 것인가입니다.

슬로우 스토캐스틱을 가지고 이를 활용하는 방법은 세 가지입니다.

- 과열 매수 & 과열 매도 레벨Overbought & Oversold Level
- 디버전스Divergence
- 크로스오버Crossovers

슬로우 스토캐스틱은 오실레이터의 기능인 과열 매수, 과열 매도 구간을 정해서 모멘텀을 판단할 수 있습니다. 두 번째로는 디버전스입니다. 디버전스는 우리가 가격으로만 보아서 판단 못 하는 조기 신호를 볼 수 있습니다. 세 번째로 MACD의 빠른 선과 느린 선처럼 빠른 선이 지나가는 순간Crossovers을 매수·매도 혹은 황소와 곰의 트렌드 변화로 판단하여 최종적으로 매수·매도를 판단합니다.

과열 매수 & 과열 매도 레벨(Overbought & Oversold Level)

목적	%K	%D	과열 매수	과열 매도	비고
트렌드 지표와 같이 사용하는 경우	5~10	3	80(%)	20(%)	매우 민감함
단독 사용 및 비교적 긴 기간을 분석하는 경우	14~21	3	70(%)	30(%)	크로스(Cross) 및 전환점이 매우 중요함
통상의 경우	14	3	80(%)	20(%)	다른 지표와 같이 사용해야 함

우선 과열 매수와 과열 매도 구간에 대해 보겠습니다.

과열 매수 구간에서의 매도 신호: 80을 넘어서 상승을 하다가 80 이하로 내려가면 매도 신호로 판단합니다. 과열 매도 구간에서의 매수 신호: 20 미만으로 하락을 했다가 30 이상을 상승하면 매수 신호로 판단합니다.

디버전스(Divergence)

디버전스는 여러 번 이야기한 것처럼 가격의 움직임과 지표의 움직임을 보는 것입니다. 가격은 하락하는데, 지표가 상승하면 매수 기회가 오는 것이고Bullish Divergence, 가격은 상승을 하는데 지표가 하락을 하면 조기 매도 신호를 보내주는 것입니다Bearish Divergence.

슬로우 스토케스틱은 주식 가격의 움직임이 반전되기 전에 디버전스를 통해 신호를 주는 기능이 뛰어납니다. 특히 하락 디버전스Bearish Divergence의 경우, 2~5일 전에 이러한 신호가 나옵니다. 하지만 이 지표가 시장의 변동성이 높을 때는 False Alarm을 보내주기 때문에 저는 다음과 같이 추천을 드립니다.

공격적 투자자들은 슬로우 스토케스틱과 RSI는 Leading Indicator로서 신호를 조기에 확인하여 EMA(21)로 확인해서 이용하고, 약간 덜 공격적 혹은 보수적 투자자들은 앞의 세 가지 지표와 트렌드 확인이 가능한 지표들(특히 MACD 히스토그램, ADX)을 같이 사용합니다.

크로스오버(Crossovers)

- %K – Fast Line, %D – Slow Line
- 상승 디버전스Bullish Divergence인 경우의 매수 신호
  - %K와 %D라인이 과열 매도 구간인 20 이하로 내려갑니다.

– 매수 1: 이 두 라인들이 과열 매도 선인 20을 상승하면 매수합니다.

– 매수 2: 과열 매도 선인 20 이상에서 %K 라인이 %D 라인을 뚫고 상승하면 매수합니다.

- 하락 디버전스Bearish Divergence인 경우의 매도 신호

– %K와 %D 라인이 모두 과열 매수 구간인 80 이상으로 상승합니다. 그리고 첫 번째 Peak를 만듭니다.

– 매도 1: 두 라인이 모두 과열 매수 구간인 80 이하로 하락하는 경우

– 매도 2: 과열 매수 선인 80이상에서 %K라인이 %D라인 밑으로 내려가는 경우

– 추가 사항: Price, %K, %D의 동일 방향 움직임

하나 더 추가를 한다면 가격 움직임과 %K, %D 라인의 움직임을 같이 보면 됩니다. 세 가지 모두 같은 방향으로 움직인다면 이 트렌드가 비록 단기간이지만 이 흐름이 지속될 것이라는 의미입니다. 즉 가격도 상승을 하는 HH, HL가 이루어지면서, %K, %D가 같이 상승을 한다면 이는 상승세를 확인시켜주는 것입니다.

반대로 가격은 하락을 하는 LH, LL가 이루어지면서 %K, %D가 같이 하락을 한다면 이는 하락세를 확인시켜주는 것입니다. 슬로우 스토케스틱을 단독으로 사용하는 것보다는 최소한 RSI와 같이 사용하면 기술적 분석을 이용하는 데 상당히 유용합니다. 단순한 것을 원하는 트레이더들은 RSI와 슬로우 스토케스틱만을 사용하기도 합니다. 둘을 동시에 사용했을 때 어떤 효과가 나오는지 보겠습니다.

슬로우 스토케스틱을 볼 때는 우선 RSI의 움직임을 먼저 본 후, 슬로우 스토케스틱을 보는 것이 좋습니다. 같이 동시에 신호를 주는 시기가 매수·매도 시기입니다. 1 구간은 RSI, 슬로우 스토케스틱, MACD 세 지표들이 디버전스 신호를 줍니다. 모두 고점에 있으면서 하락세입니다. 가격의 움직임은 EMA(21) 선 위에 있습니다. 이 경우 곧 주식 가격이 하락을 할 것이라는 '조기 경고 신호'입니다. 이를

[차트 32] 애플 차트 RSI, 슬로우 스토케스틱, MACD

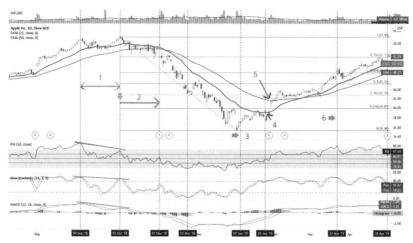

염두에 두고 있다가 2구간에서 EMA(21) 이하로 주가가 하락하고 곧 일주일 후에 EMA(50) 선과 접점을 하면, 매도를 하는 것이 좋습니다. 늦어도 2번 구간에서는 매도를 해야 합니다.

이후 애플 주가는 EMA(21), EMA(50) 이하로 계속 하락합니다. 관망을 해야 합니다. 절대 시장에서 안전한 신호를 주기 전에는 매수를 시도하면 안 됩니다. 3번에 들어서면서 RSI는 40에서 반등하고, 슬로우 스토케스틱은 %K가 %D를 넘어서고 MACD도 빠른 선이 느린 선을 넘어섭니다. 이때가 첫 분할 매수 구간입니다. 4번부터 애플 주가는 EMA(21)을 넘어섭니다. 나머지 지표들도 지원을 해주는 상태입니다. 분할 매수 두 번째 구간입니다. 5번에서부터 제일 안전하게 EMA(50)을 넘어섭니다. 그리고 피보나치 되돌림의 저항선도 뚫고 나가기 때문에, 이러한 경우 마지막 분할 매수를 하게 됩니다. 이후 6번 같은 경우, RSI와 슬로우 스토케스틱이 과열 매수 구간에 있지만, MACD가 안정적으로 뒷받침을 해주고, 주식 가격이 EMA(21)과 거리가 있기 때문에 매도할 필요 없이 보유하고 있으면 됩니다.

이렇게 RSI, 슬로우 스토케스틱, MACD를 활용하는 경우 기술적 지표를 사용하는 정확성을 더 높일 수 있습니다.

Volume Index

거래량Volume 관련 기술적 지표는 네 개를 소개할 것입니다. 첫 세 개의 지표들은 일반 개인 투자자부터 프로 트레이더들이 많이 사용하는 지표이고, VWAP은 데이 트레이더들이 사용하는 Intraday Trading에 맞는 지표입니다.

우선 거래량 관련 기술적 지표들이 어떠한 의미를 가지는지는 설명을 했습니다. 만약 기억이 잘 안 나면 다시 한 번 읽고 다음 글을 읽기 바랍니다. 'Volume Leads Price'라는 말은 투자자들에게 주는 의미가 상당합니다. 즉 거래량 관련 지표들은 대부분 Leading Indicator에 속한다는 이야기로 거래량이 시장 및 주식의 움직임을 먼저 파악할 수 있도록 설계되었습니다.

우선 세 가지 지표들—OBV, CMFChaikin Money Flow Index, Force Index를 비교해보겠습니다.

세 가지 지표 중 가장 무난하게 사용하는 것은 OBV와 CMF입니다.

구분	OBV	CMF	Force Index
목적	매수 거래량과 매도 거래량을 비교하여 주식의 트렌드를 확인하여 주는 지표	일정 기간 동안의 자금 유입과 자금 이탈을 계산하는 지표.	주식 가격 배후의 힘(Force)을 판단하는 지표
특징	스마트 머니 추적	Accumulation & Distribution Cycle 추적	기간을 유연하게 변경할 수 있음
핵심	거래량을 축적하여 계산	가격과 거래량을 조합해서 계산. 거래량의 MACD임.	가격과 거래량을 조합해서 계산. 단기에 적합함.
기준 기간	차트 기간 선정에 따라 계산. 3개월 차트 또는 3년 차트에 가장 효율적	21을 기준으로 측정	2일 - 단기 13일 - 중기
디버전스	패턴 파악에 사용	패턴 파악에 사용	패턴 파악에 사용
한계		브레이크아웃 GAP이 있는 경우, 이를 반영 못 함.	

Force Index

Force Index는 가격과 거래량을 '단기' 관찰한 기술적 지표입니다. 이 지표는 2일 동안의 가격 움직임과 거래량을 매번 계산해서 나온 값을 13일 동안의 이동평균선으로 환산한 분석 자료입니다. 황소와 곰의 모멘텀을 잘 측정하고, 가격과 거래량을 측정하여 분석하는 지표들 중 가장 좋은 지표 중의 하나로 평가를 받습니다.

하지만 앞의 두 지표들처럼 Accumulation & Distribution을 파악할 수가 없습니다. 그래서 단기 모멘텀을 가지고 스윙 트레이딩Swing Trading을 하는 투자자들에게 적격인 지표입니다. 식은 상당히 단순합니다.

Force Index = (금일 종가 − 전일 종가) × 금일 거래량

이 수치를 EMA로 관찰하는 지표입니다. 데이 트레이더들은 EMA(2)로, 스윙 트레이더들은 EMA(13)으로 관찰을 합니다.

지표의 기간을 구분하는 방법은 다음과 같습니다.

[그림 5] Force Index EMA(2) vs. EMA(13)

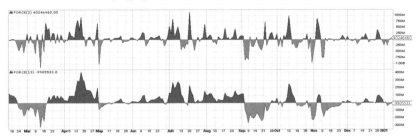

- EMA(2): 황소와 곰의 세력을 파악하는 단기 지표
- EMA(13): 황소와 곰의 세력을 파악하는 중기 지표

이 두 개 외에 EMA(3)을 이용하기도 합니다. EMA(13)은 보편적으로 관찰하는 기간입니다.

- 의미
    - Force Index의 양의 수치가 높을수록, 황소의 힘이 강해지고 있다는 의미입니다.
    - 반대로 음의 지수가 높으면, 곰의 힘이 강해지고 있다는 의미입니다.
    - Force Index가 평편해지는 경우, 곧 반전 패턴이 생긴다는 의미입니다.
- 일반적 매수·매도 시기
    - Force Index 값이 음수이면서 올라가는 상태가 되는 경우, 매수 시기로 해석합니다.
    - Force Index 값이 양수이면서 내려가는 상태가 되는 경우, 매도 시기로 해석합니다.

지금까지 보아온 아마존의 장기 차트에 Force Index EMA(13)을 대입해서 분석을 해보겠습니다.

[차트 33] 아마존 3년 차트 Force Index(13

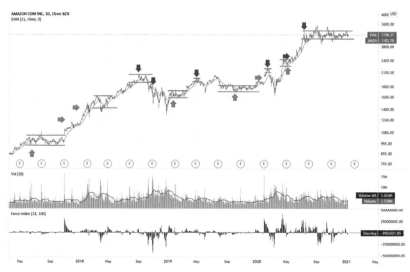

추세를 분석하기 어려워 보이죠? Force Index를 장기로 보면 이런 단점이 나옵니다.

[차트 34] 아마존 1년 차트 Force Index(13)

1년 차트로 보아도 가격 움직임만 양수에서 음수로 가니, 장기 투자자분들에게는 오히려 맞지 않는 기술적 지표로 보일 수 있습니다. 그러면 다음 차트를 보겠습니다.

[차트 35] 테슬라 7개월 차트 Force Index(13)

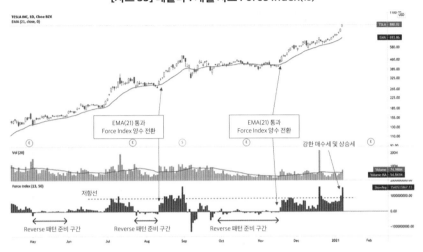

[차트 36] 테슬라 4개월 차트 Force Index(13)

마지막 차트에서 가장 확실하게 자금 흐름이 잘 보입니다.

거래량과 가격 움직임차트를 볼 때, 다음의 순서를 항상 기억하기 바랍니다.

- Accumulation & Distribution Cycle을 확인할 것
- OBV, CMF, RSI, Slow Stochastic을 이용해서 Divergence를 파악할 것
- 매수 및 매도를 하고 싶으나, 시기를 못 잡을 경우 Force Index (13)을 가지고 평편하게 움직임이 거의 없는 때를 관망하고 있다가 Force Index가 양으로 변하면 분할 매수를 시도하고, 상승하는 경우는 분할 매수로 주식 수를 추가할 것
- 지속적으로 Accumulation & Distribution Cycle을 확인할 것

09
VWAP

Volume-Weighted Average Price(VWAP: 브이 왑)은 철저하게 데이 트레이딩에 국한합니다. 이는 SPY 등 지수 ETF만을 거대 자본으로 데이 트레이딩을 하는 데이 트레이더들이 필수적으로 사용하는 지표입니다.

데이 트레이딩을 할 때는 기술적 지표를 보지 않습니다. 철저하게 가격 움직임과 거래량만을 봅니다. 가격 움직임을 위해서는 이동평균선을 이용하고, 거래량과 같이 보는 경우는 VWAP을 봅니다. VWAP은 캔들 스틱의 시간(1분, 5분, 15분 등)을 기준으로 Typical Price(고가, 저가, 종가의 평균)을 구합니다. 이 가격에 거래량을 곱해서(Typical Price × 거래량) 이를 다시 거래량으로 나누는 값입니다. 그러면 이를 계속해서 축적한 값을 가지고 다시 계산하는 방법입니다. 즉 고가, 저가, 종가의 움직임과 거래량을 시간 단위별로 계속 축적하여 계산해서 그 가중평균을 보는 방법입니다. 이동평균선과 상당히 유사한 개념으로 보면 됩니다. 그 주식이 상승을 하면 매수로 돈을 벌고, 그 주식이 하락을 하면 공매로 돈을 버는 것이 데이 트레이더들의 철저한 트레이딩 룰입니다. 대부분 이 움직임이 강한 시간이 오전 9:45에서 오전 11:30까지입니다.

ATR 기억 나지요? VWAP처럼 고점, 저점, 종가의 세 가지를 가지고 가격 움직임을 보는 것입니다. 현재 S&P500의 ETF인 SPY의 ATR은 4.86으로 하루 변동 폭이 4.86달러이고 보통 데이 트레이더들은 이 ATR에 1.5를 곱해서 이 폭을 이용하여 트레이딩을 하게 됩니다. 그러면 하루 7.29달러의 변동을 기대하면서 트레이딩을 합니다.

VWAP의 이론은 상당히 간단합니다.

- 하루 가격 움직임의 정확한 평균으로 VWAP보다 가격이 상승한 상태이면 VWAP 가격까지 하락을 하고 VWAP보다 가격이 하락한 상태면 VWAP 가격까지 상승을 합니다.
- 만약 개장부터 폐장까지 VWAP 위에 계속 있으면 그 주식은 해당일이 상당한 상승률을 기록하는 날이고 반대의 경우는 상당한 하락률을 기록하는 날입니다.

이러한 이론을 가지고 투자자들이 데이 트레이딩을 합니다. 한번 SPY 5분 차트로 지난 5일간의 가격 움직임을 보겠습니다.

[차트 37] SPY VWAP - 5분 5일 차트

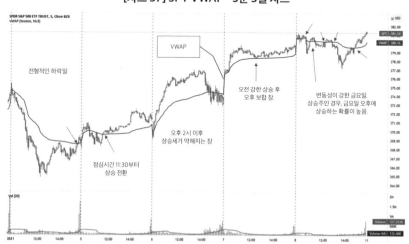

2021년 1월 2일은 전형적인 하락장입니다. [차트 37]과 같은 경우 지수는 최대 -1.5% 이상, 주식은 3% 이상 하락을 하다가 다시 올라오는 경우입니다. 대부분 저런 하락장에서는 오후 12:30에서 13:00부터 반등을 하게 됩니다. 5일 동안의 가격 움직임을 보면 대부분 VWAP을 지나게 됩니다. 고단수 프로 트레이더들 및 대형 투자 펀드들이 박리다매 형식의 Scalp Trading을 할 때 VWAP을 이용합니다.

대형 펀드에서는 Scalp Trading이라고 해서 다음과 같은 특징을 가지고 있습니다.

- 보유 시간: 수 초에서 수 분
- 매매 방법: 매수 및 공매
- 거래 매수 횟수: 수백 번
- 미국 증권사 거래 수수료 0달러(미국 증권사는 주식 매매에 거래 수수료가 없음)로 Scalp Trading 더욱 활발
- 거래량과 거래대금이 많아서, 박리다매 매매 기법을 사용
- 대부분 알고리즘Algorithm에 의한 자동 매매 방식을 사용

이동평균선은 캔들 스틱의 시간 기준 종가로 계산을 하지만, VWAP은 고가, 저가, 종가를 계속 축적하여 계산하기 때문에 투자자들은 하루의 가격 움직임을 볼 때 이를 많이 이용합니다.

디버전스 & 컨버전스 패턴
(Divergence & Convergence Pattern)

디버전스와 컨버전스는 그 모양에 따라 구분하여 부르기도 하지만, 하나로 통칭해서 부르기도 합니다. 디버전스는 우측 끝이 벌어지는 모양을 이야기하고 컨버전스는 우측 끝이 모이는 모양을 말합니다.

이 책에서는 두 가지를 구분하지 않고 디버전스로 설명했습니다. 디버전스에는 여섯 가지 유형이 있는데 이 책에서는 다섯 가지만 이야기했습니다(제외한 유형은 다소 혼란스럽습니다).

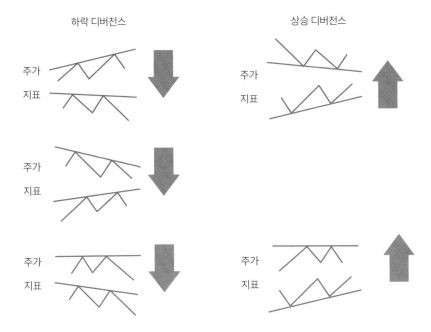

하락 디버전스는 주가는 오르는데 RSI, 슬로우 스토케스틱, MACD가 하락을 하는 경우, 주가는 하락세로 돌아섭니다. 주가가 거의 변동이 없는 상황에서도 지표가 하락을 하는 경우도 포함됩니다. 상승 디버전스는 반대의 경우입니다.

디버전스는 주식 매매에 상당히 유용한 지표 분석이므로 항상 확인하기 바랍니다.

지은이 소개_레이저 Dean Choi

고려대학교를 졸업한 후 미국 중부의 하버드라고 불리는 세인트루이스 워싱턴대학에서 경영학(MBA) 석사, 조지워싱턴대학에서 금융학 석사(Master of Science in Finance) 과정을 공부했다. 전략, 경영, IT 컨설턴트의 풍부한 경험을 바탕으로 런던과 로마 소재의 유럽 헤지펀드에서 기업 인수합병 본부장을 지냈다. 미국으로 이주한 후 우연한 기회에 미국 주식 투자에 발을 들여놓았다. 금융학 이론과 통계적 자료가 유용하게 사용되는 시장 메커니즘을 파악한 후 한 번 파고들면 끝을 보려는 성격 때문에 미국 주식 및 파생상품 프로 트레이더가 되었다. 지인의 요청에 의해 네이버 카페에 투자와 관련한 글을 쓰게 되었는데, 경영 및 산업 분야의 풍부한 지식을 바탕으로 한 시장 분석과 주식시장 메커니즘을 토대로 한 시장 분석 글이 미국 주식 투자자들의 큰 호평을 얻었다. 블로그 개설 이후 많은 독자들의 강력한 요청으로 이 책을 집필했으며, 저자가 미국 주식시장에 발을 들이면서 가장 배우고 싶어 하고 궁금해했던 부분들을 체계적으로 서술했다.

미국 주식시장은 한국에 비해 비교적 정직한 시장이어서 공부한 만큼 수익을 벌 수 있고 한순간의 대박이 아닌 오랜 기간 꾸준한 수익이 가능하기 때문에, 미국 주식 투자를 제2의 직업이자 평생 직업으로 삼아 경제적 자유를 누릴 수 있다는 투자 철학을 가지고 있다. 이러한 투자 철학과 국내에서는 보기 힘든 시장 분석, 기업 분석 및 시황 예측 그리고 알기 쉬운 지식 전달이 미국 주식 투자자들 사이에서 크게 호평 받았고, 독자들은 그를 '레이저 선생님'이라는 애칭으로 부르며 투자 철학을 따르고 있다. 현재는 개인 홈페이지의 라이브 방송을 통한 시황 분석 및 강의를 하고 있으며, 미국에 거주하는 주식 투자의 고수들과 함께 네이버에 '레이저 인베스터' 카페를 오픈하여 진지하게 투자하는 미국 주식 투자자들의 모임을 이끌어가고 있다.

저자는 독자들에게 미국 주식시장의 기회를 매일매일 잡기 위해서는 논리적 판단을 근거로 한 투자가 필수적이며 이를 위해서는 끊임없는 공부가 필요하다고 강조한다. 미국 주식시장에서는 공부한 만큼 수익을 낼 수 있다는 굳은 믿음 때문인데, 실제로 그에게서 투자를 배운 많은 사람들이 이를 입증하고 있다.

미국 주식에 관해 더욱 빠르고 정확한 정보를 만나보세요

저자가 운영하는 미국 주식시장 실시간 분석 및 강의 사이트

laserstock.us

네이버 레이저 인베스터 카페. 저자가 미국 주식시장 고수들을 초빙해서 회원들과 한마음 한뜻으로 시장을 분석하고 정보를 공유하는 카페

cafe.naver.com/laserinvestors

2020년 5월부터 1주일에 1번 미국 주식시장을 분석하는 블로그

blog.naver.com/xstrong77

미국 주식 투자 바이블

1판 1쇄 인쇄 | 2021년 8월 10일
1판 5쇄 발행 | 2024년 5월 27일

지은이 레이저 Dean Choi
펴낸이 김기옥

경제경영팀장 모민원 기획 편집 변호이, 박지선 마케팅 박진모
경영지원 고광현 제작 김형식
표지 디자인 블루노머스 본문 디자인 푸른나무디자인 인쇄 대원문화사 제본 우성제본

펴낸곳 한스미디어(한즈미디어(주))
주소 121-839 서울시 마포구 양화로 11길 13(서교동, 강원빌딩 5층)
전화 02-707-0337 | 팩스 02-707-0198 | 홈페이지 www.hansmedia.com
출판신고번호 제 313-2003-227호 | 신고일자 2003년 6월 25일

ISBN 979-11-6007-713-1 13320